suhrkamp taschenbuch
wissenschaft 1312

Politikverdrossenheit, Arbeitslosigkeit und neue Armut, Fremdenfurcht und Gewaltakte gegen Ausländer erreichen ungeahnte Dimensionen. Sie verdeutlichen die Kehrseite der Modernisierungen und die Hilflosigkeit unserer Institutionen. Wie sind diese beunruhigenden Veränderungen der sozialen Gesamtordnung zu verstehen? Das vorliegende Buch, das auf langjährigen qualitativen und quantitativen Forschungen in drei ausgewählten Regionen und einer breit angelegten repräsentativen Befragung für das Gesamtgebiet der alten Bundesrepublik beruht, versteht diesen Wandel als Teil einer umfassenden Modernisierung unserer Sozialstruktur.
Die Autorin und die Autoren arbeiten an der Universität Hannover.

Soziale Milieus im gesellschaftlichen Strukturwandel

Zwischen Integration und Ausgrenzung

Von Michael Vester, Peter von Oertzen,
Heiko Geiling, Thomas Hermann
und Dagmar Müller

Suhrkamp

Vollständig überarbeitete, erweiterte und aktualisierte Fassung der
zuerst 1993 im Bund-Verlag, Köln, erschienenen Ausgabe

Die Deutsche Bibliothek – CIP-Einheitsaufnahme
Ein Titeldatensatz für diese Publikation
ist bei Der Deutschen Bibliothek erhältlich.

suhrkamp taschenbuch wissenschaft 1312
Erste Auflage 2001
© Suhrkamp Verlag Frankfurt am Main 2001
Suhrkamp Taschenbuch Verlag
Alle Rechte vorbehalten, insbesondere das der Übersetzung,
des öffentlichen Vortrags, der Übertragung
durch Rundfunk und Fernsehen, auch einzelner Teile.
Kein Teil dieses Werkes darf in irgendeiner Form
(durch Fotografie, Mikrofilm oder andere Verfahren)
ohne schriftliche Genehmigung des Verlages reproduziert
oder unter Verwendung elektronischer Systeme
verarbeitet, vervielfältigt oder verbreitet werden.
Druck: Nomos Verlagsgesellschaft, Baden-Baden
Printed in Germany
Umschlag nach Entwürfen von
Willy Fleckhaus und Rolf Staudt

1 2 3 4 5 6 – 06 05 04 03 02 01

Inhalt

1. Einleitung: Der Wandel der Klassengesellschaft
   und die Krise der politischen Repräsentation 11

Erster Teil: Milieus und Politik

2. Milieus und gesellschaftspolitische Lager im
   Überblick 23

   (1) Die Dimensionen des sozialen Raums 26
       Vertikal: Trennlinien der Distinktion und der
       Respektabilität 26
       Horizontal: Traditionslinien der Autoritätsbindung
       und der Eigenverantwortung 29
       Zeit: Auffächerung der Milieus durch
       Generationenwechsel und Elitenwechsel 33
   (2) Typologie der westdeutschen sozialen Milieus 37
   (3) Raumbilder deutscher und europäischer Milieus ... 43
   (4) Zur Binnenstruktur sozialer Milieus 55
   (5) Gesellschaftspolitische Lager 58

3. Das Sozialmodell der Bundesrepublik und seine
   Krise 65

   (1) Die ›Arbeitnehmergesellschaft‹: Ein Modell der
       Systemintegration 68
   (2) Vertikale Integration: Leistung gegen Teilhabe ... 72
   (3) Horizontale Differenzierung: ›Postindustrielle
       Wissensgesellschaft‹ 74
   (4) Umformung der Klassenmilieus: Individualisierung
       und Generationenwechsel 77
   (5) Der Gestaltwandel der sozialen Frage:
       Destabilisierung der Lebenslagen 81

(6) Die Qualität des Lebens: Bewältigungsstrategien im Alltag 88
(7) Die Lager der Unzufriedenheit: Drei Formen politischer Verdrossenheit 100
(8) Die Lager der Selbstzufriedenheit: Erosion der Volksparteien? 106
(9) Die ostdeutsche Sonderentwicklung: Ein zweifacher historischer Bruch 112
(10) Perspektiven: Die Krise der politischen Repräsentation 116

Zweiter Teil: Theorien und Methoden

4. Theoretische Kontroversen: Auflösung oder Umwandlung der Klassengesellschaft? 121

  (1) Entproletarisierung: Verbürgerlichung oder ›Arbeitnehmermentalität‹? 123
  (2) ›Erosion‹ der Klassengesellschaft? Vom Neomarxismus zur ›Individualisierung‹ 129
  (3) Pluralisierte Klassengesellschaft: Differenzierung der Ebenen und der Pfade 135

5. Die relationale Klassentheorie: Ebenen und Achsen des Feldes sozialer Akteure 150

  (1) Felder: Die Dynamik der sozialen Beziehungen 152
  (2) Ebenen: Die relative Autonomie der Felder 155
  (3) Klassen: Soziale Trennlinien im Wechsel der Feldbedingungen 157
  (4) Habitus: Ein komplexes Syndrom körperlicher und mentaler Einstellungen 162
  (5) Milieus: Die Alltagsebene der Klassenpraxis 167
  (6) Achsen: Der Widerspruch zwischen produktiven Kräften und Herrschaftsverhältnissen 179
  (7) Lager: Die politisch-ideologische Ebene der Klassenpraxis 184

(8) Zeit: Die Relativität historischer Kontinuitäten und
    Brüche 188
(9) Forschungshypothese: Die *longue durée* der
    Klassenkulturen 204

6. Das Forschungsprojekt: Fragestellungen – Methoden –
   Hauptergebnisse 211

   (1) Intergenerationeller Habitus- und
       Mentalitätswandel 215
   (2) Dynamiken des beruflich-ökonomischen Feldes ... 219
   (3) Die neuen gesellschaftlich-politischen Milieus 221
   (4) Wandel der Gesamtfiguration sozialer Klassen 221
       Zur Anlage und Auswertung der
       Repräsentativbefragung 222
       Milieus und Trennlinien im sozialen Raum 244
       Die inneren Ungleichheiten der einzelnen
       Milieus 247
       ›Historische Ungleichzeitigkeiten‹ 248
       Die räumliche Position der ideologischen Lager 249

DRITTER TEIL:
MILIEUWANDEL UND MENTALITÄTSWANDEL

7. Biographien regionaler Bewegungsmilieus 253

   (1) Neue soziale Milieus 255
   (2) Milieubiographien 259
   (3) Phasen historischer Entwicklung 261
   (4) Reutlingen 265
   (5) Oberhausen 269
   (6) Hannover 273
   (7) Kohäsions- und Abgrenzungsdynamiken 277

8. Regionalentwicklung und Sozialstrukturen 280

   (1) Reutlingen 281
   (2) Oberhausen 286
   (3) Hannover 291

(4) Dimensionen einer sozialräumlichen Gliederung:
 Soziale Lage und urbane Verdichtung in
 Hannover 296

9. Mentalitäten im Generationenwechsel 311

 (1) Zur Analyse neuer sozialer Mentalitäten 312
  Zum Untersuchungsgang 313
 (2) Persistenz und Wandel: Zwei Fallbeispiele 317
  Von der Pflichterfüllung zum Hedonismus 319
  Vom Verzicht zur Selbstverwirklichung 321
 (3) Metamorphosen des Habitus 324

10. Mentalitäten neuer sozialer Milieus 328

 (1) Eine Typologie gewandelter Mentalitäten 331
  Die Humanistisch-Aktiven 335
  Die Ganzheitlichen 341
  Die Erfolgsorientierten 346
  Die neuen Arbeiterinnen und Arbeiter 351
  Die Neuen Traditionslosen Arbeiterinnen und
  Arbeiter 359
 (2) Neue und alte soziale Mentalitäten 363

Vierter Teil: Strukturen im sozialen Raum

11. Indikatoren der Öffnung und Schließung des sozialen
 Raums 373

 (1) Zur Analyse des sozialen Raums 375
 (2) Methode und Operationalisierung 380
 (3) Neue Spannungsfelder in der pluralisierten
  Klassengesellschaft 386
 (4) Wirtschafts- und Erwerbsstruktur 1950-1990 390
  Die fünfziger Jahre: Übergang zum fordistischen
  Modell 394
  Die sechziger Jahre: Öffnung des sozialen Raums 394
  Die siebziger Jahre: Bildungsreformen 396
  Die achtziger Jahre: Soziale Schließungen 398

(5) Exkurs: Zur Verteilung der Haushaltseinkommen   402
(6) Zur Expansion der neuen Berufe 1950-1987   407
(7) Soziale Positionen und Berufsräume   413
(8) Neue Berufe und neue soziale Milieus   422

12. Politik- und Gesellungsstile der Westdeutschen   427

(1) ›Typen‹ und ›Züge‹ gesellschaftlicher und
    politischer Einstellungen   429
    Faktorenanalysen   430
    Clusteranalysen   442
(2) Typen gesellschaftspolitischer Grundeinstellungen
    (Politikstile)   444
    Die Sozialintegrativen   446
    Die Radikaldemokraten   450
    Die Skeptisch-Distanzierten   454
    Die Gemäßigt-Konservativen   457
    Die Traditionell-Konservativen   460
    Die Enttäuscht-Apathischen   464
    Die Enttäuscht-Aggressiven   467
(3) Typen sozialer Kohäsion (Gesellungsstile)   472
    Die Erlebnisorientierten   475
    Die Suchenden   478
    Die Zurückhaltenden   481
    Die Unkomplizierten   483
    Die Bodenständigen   486
    Die Resignierten   488
(4) Politische Orientierung und Gesellungsstil   491

13. Die Typologie der westdeutschen sozialen Milieus   503

(1) Die hegemonialen Milieus: Geist und Macht   504
    Macht und Besitz: das Konservativ-technokratische
    Milieu   505
    Effizienz und Progressivität: Das Liberal-
    intellektuelle Milieu   506
    Bahnbrechend und wegweisend: Vom Alternativen
    zum Postmodernen Milieu   509
(2) Die Milieus der ›respektablen‹ arbeitenden Klassen:
    Der Kern der ›Arbeitnehmergesellschaft‹   510

Eigenverantwortung und Gegenseitigkeit:
Die Traditionslinie der Facharbeit 511
Pflicht und Hierarchie: Die ständisch-
kleinbürgerliche Traditionslinie 518
Jugendkulturelle Abgrenzung: Das Hedonistische
Milieu 521
(3) Spontaneität und Anlehnung: Die Traditionslinie
der Unterprivilegierten 522

14. Die Typologie der ostdeutschen sozialen Milieus 526

(1) Die hegemonialen Milieus: Funktions-,
Herrschafts- und Oppositionseliten 527
Die andere DDR: Technokratische
Funktionseliten 529
Bildung ohne Besitz: Das Bürgerlich-
humanistische Milieu 530
Zwischen Rückzug und Innovation:
Alternativmilieus 531
(2) Die Milieus der ›respektablen‹ arbeitenden Klassen:
Hauptbetroffene der sozialen Umstrukturierung ... 532
Eigenverantwortung und Gegenseitigkeit:
Die Traditionslinie der Facharbeit 532
Konventionell und wendig: Die ständisch-
kleinbürgerliche Traditionslinie 537
Jugendkulturelle Abgrenzung: Von der
asketischen zur hedonistischen Spontaneität 539
(3) Spontaneität und Anlehnung: Die Traditionslinie
der Unterprivilegierten 540

Anhang

Verzeichnis der Abbildungen 542
Erhebungsinstrument Repräsentativbefragung 546
Literatur 558

1. Einleitung:
Der Wandel der Klassengesellschaft und die Krise der politische Repräsentation

Dieses Buch ist eine Neufassung und Weiterentwicklung unserer 1993 in der ersten Auflage vorgestellten Untersuchung »Soziale Milieus im gesellschaftlichen Strukturwandel«. Zu den damals veröffentlichten Forschungsergebnissen sind rund 250 neue Seiten hinzugekommen, die weitere Jahre der Forschung auf einem neuen Stand der Erkenntnisse zusammenfassen.

Die ursprüngliche, von der Volkswagen-Stiftung geförderte Untersuchung ist die bisher einzige Überprüfung der populären These, daß sich die Großgruppen der früheren Klassengesellschaft durch den Wertewandel und die Individualisierung aufgelöst hätten. Das Projekt war als differenzierte Gesamtanalyse der Sozialstruktur angelegt. Es bestand aus drei Projektsträngen und einer abschließenden repräsentativen Befragung.[1]

---

[1] Das Forschungsvorhaben »Der Wandel der Sozialstruktur und die Entstehung neuer gesellschaftlich-politischer Milieus in der Bundesrepublik Deutschland« wurde von 1988 bis 1991 am Institut für Politische Wissenschaft der Universität Hannover durchgeführt. Teile der Repräsentativbefragung wurden von der Hans-Böckler-Stiftung und vom Institut für Information und Dokumentation in Bonn unterstützt. Die Leitung des Projektes lag bei Michael Vester, Peter von Oertzen und Bärbel Clemens, die Koordination der vier Pojekteile (vgl. Kapitel 6) bei Heiko Geiling. Mitarbeiter und Mitarbeiterinnen waren Heiko Geiling (geschäftsführende Leitung und Projektstrang 1: Milieus und soziale Praxis), Thomas Hermann (Projektstrang 2: Erwerbs- und Sozialstrukturen), Dagmar Müller (Projektstrang 3: Habitus und Lebensstile) sowie Andrea Lange (v. a. Zwei-Generationen-Interviews und deren hermeneutische Auswertung im selben Projektteil). Mehr als dreißig Mitarbeitern und Mitarbeiterinnen haben wir, wie in der ersten Auflage des Buches im einzelnen aufgeführt, für die fachkundige Mitarbeit als Interviewende, als Datenverarbeitende und als auswärtige Kooperationspartner zu danken. Die Auswertungen wurden nach 1991 fortgesetzt. Die erste Auflage des Buches erschien 1993 beim Bund Verlag in Köln, betreut von Josef Legrand. Die vorliegende Neufassung wurde im Auftrag der Autoren von Michael Vester, Heiko

Im Zentrum stand zunächst eine Schlüsselgruppe des sozialen Wandels: die als »Achtundsechziger« bekannten Milieus. In drei exemplarischen Regionen – Hannover, Oberhausen und Reutlingen – wurden die Wege untersucht, auf denen sich diese neuen gesellschaftlich-politischen Milieus von den alten Milieus abgelöst und nach und nach zu einem dauerhaften Element unserer Sozialstruktur verfestigt haben. Parallel wurden, in den gleichen Regionen, zahlreiche lebensgeschichtliche Interviews geführt, um zu ermitteln, nach welchen »Mentalitätstypen« sich diese Milieus aufgliederten. Auch die Elterngeneration wurde interviewt, um durch Vergleich festzustellen, ob die neuen Mentalitäten wirklich so radikal anders geworden waren wie behauptet. Diese Entwicklungen wurden mit dem Wandel der regionalen Wirtschafts- und Sozialstrukturen seit 1950 verglichen. Die Ergebnisse dieser Untersuchungsteile sind im Dritten Teil dieses Buches dargestellt.

Schließlich ermöglichte die Stiftung uns, den innovativen Forschungsansatz Pierre Bourdieus auf ein neues Gebiet anzuwenden. Wir konnten die erste repräsentative Befragung konzipieren und durchführen, mit der die Typologien und Feldstrukturen einer ganzen Gesellschaft differenziert und im Zusammenhang untersucht werden können, und zwar sowohl die Berufs- und Erwerbsverhältnisse wie auch die Formen der Lebensführung, der Mentalitäten, des sozialen Zusammenhalts und der politischen Beteiligung. Die Ergebnisse sind, zusammen mit einer statistischen Sozialraumanalyse, im Vierten Teil zusammengefaßt.

In nachfolgenden Projekten haben wir den neuartigen Ansatz Bourdieus für verschiedene Felder und Zielgruppen weiterentwickelt, u. a. für die Analyse der räumlichen Stadtmilieus, der städtischen Jugendkulturen, der Mentalitäten und des Bildungsverhaltens von Arbeitnehmer- und Elitemilieus, des geschlechtsspezifischen Habitus und des historischen Wandels des Unterschichthabitus über mehrere Jahrhunderte.[2] Mit diesen Pro-

Geiling und Daniel Gardemin, der auch die neuen Raumdiagramme machte, erarbeitet.
2 Diese Forschungen sind veröffentlicht u.a. in den Arbeiten von Hermann (1990), Vester/Hofmann/Zierke (1995), Völker (1994), Geiling (1996), Müller/Buitkamp (1996), Geiling/Schwarzer (1999), Gardemin (1998), Bremer (1999), Bremer u. a. (1999), Vögele/Vester (1999), Lange-Vester (2000), Buitkamp/Gaisreiter (2000).

jekten – die mit der von Land und Universität geförderten neuen Forschungseinrichtung der Arbeitsgruppe Interdisziplinäre Sozialstrukturforschung (›agis‹) möglich wurden – waren auch wesentliche Weiterentwicklungen der typologischen und der gesamtgesellschaftlichen Sozialstrukturanalyse, ihrer Theorie und einer entsprechenden multidimensionalen qualitativen und quantitativen Methodologie (MQQM) verbunden. Sie sind vor allem in den Ersten und Zweiten Teil dieses Buches eingeflossen.

Das so gewonnene neue Bild der Gesellschaft ist komplex, aber nicht unübersichtlich. Seine verschiedenen Ebenen und Dimensionen ließen sich daher jetzt, auch für den internationalen Vergleich, in Überblicken und sozialen Raumbildern veranschaulichen, die im zweiten Kapitel zusammengefaßt sind.

Insbesondere war es möglich, unsere Befunde zur Entwicklung der lebensweltlichen Milieus und der gesellschaftspolitischen Lager in die historische Darstellung unseres sozialstrukturellen Modells und seiner gegenwärtigen Krise zu integrieren (Kapitel 3). Dabei wird auch die zentrale These des Buches deutlich: Entgegen den Annahmen von Anthony Giddens und Ulrich Beck sind es nicht die Milieus, die heute zerfallen. Die Klassenkulturen des Alltags sind vielmehr, gerade wegen ihrer Umstellungs- und Differenzierungsfähigkeit, außerordentlich stabil. Was erodiert, sind die Hegemonien bestimmter Parteien (und Fraktionen der Intellektuellen) in den gesellschaftspolitischen Lagern. Daher haben wir auch heute *keine Krise der Milieus* (als Folge des Wertewandels), sondern *eine Krise der politischen Repräsentation* (als Folge einer zunehmenden Distanz zwischen Eliten und Milieus).

Die sozialen Milieus der nach Ständen, Klassen und Schichten gegliederten Gesellschaft haben sich seit der Entstehung der Bundesrepublik erheblich verändert. Als festgefügte politische Großgruppen, die sich als kämpfende Lager scharf gegeneinander abgrenzen, bestehen sie nicht mehr. Als lebensweltliche Traditionslinien, die sich nach dem Stil und den Prinzipien ihrer alltäglichen Lebensführung unterscheiden, wirken sie fort. Allerdings haben sich die »Familienstammbäume« der sozialen Milieus erheblich differenziert und modernisiert. Gleichwohl sind diese großen Traditionslinien heute immer noch durch erhebliche Kulturschranken und gegenseitige Vorurteile voneinander getrennt.

Die oft beklagten Bindungsverluste sind nur bedingt Erscheinungen eines Zerfalls der Milieus und Orientierungen. Am modernen Pol der Entwicklung, bei den jüngeren und besser ausgebildeten Milieus, sind vielmehr der gesellige soziale Zusammenhang und auch die gesellschaftspolitischen Grundorientierungen eher intensiv entwickelt. Der Zerfall ist eine Erscheinung des entgegengesetzten Pols, an dem sich die Milieuteile mit veraltetem Bildungskapital und die Modernisierungsverlierer befinden.

Die politischen Bindungsverluste gehen jedoch weit über dieses Viertel der Bevölkerung hinaus. Große Teile der Mitte sind überzeugt, daß schmale Gewinnergruppen durch die Modernisierungen privilegiert sind, während sie selbst durch verschiedene Formen sozialer Ungerechtigkeit und den Verlust kontinuierlicher Berufsperspektiven die Risiken tragen. Dies ist, nach unserer Diagnose, die Ursache der Krise der politischen Repräsentation. Das alte Sozialmodell ist in Frage gestellt und ein neues übergreifendes Arrangement zwischen den sozialen Gruppen noch nicht in Sicht, solange die Auseinandersetzungen zwischen den verschiedenen Elitefraktionen nicht zu einem Ergebnis gekommen sind.

Fortgeführt wurden nicht allein die empirischen Analysen, sondern, wie im Zweiten Teil des Buches deutlich wird, auch die Auseinandersetzungen mit den Theorien der Klassengesellschaft und ihrer Auflösung. Die neuen Konturen, die die soziale Ordnung durch den Wandel der Klassengesellschaft angenommen hat, sind inzwischen deutlicher zu erkennen. Dies setzt aber auch eine neue Sichtweise, einen theoretischen Paradigmenwechsel, voraus.

Die These, daß die alte Klassengesellschaft sich aufgelöst habe und daß die sozialen Zusammenhänge nun in freien Schöpfungsakten der Individuen autonom konstruiert würden, nimmt sich aus wie eine späte Strafe für die Sünden des Vulgärmarxismus der siebziger Jahre. Die Alternative dazu bleibt dem abstrakten Gegensatzpaar von materiell und ideell, objektiv und subjektiv, deterministisch und voluntaristisch usw. verhaftet. Im Grunde drehen die neuen Modetheorien die alten Mythologien, die die Menschen in ökonomische Schubladen einteilen, welche ihnen angeblich ihr kollektives Handeln vorschreiben, nur um. Sie pendeln ins andere Extrem.
Aber nicht alle Kritik mündet in neue Mythologien. Vor allem zwei Strö-

mungen haben zentrale Mängel des Vulgärmaterialismus bearbeitet. Die *institutionelle Schichtungstheorie* von Gösta Esping-Andersen kritisiert, daß die Reduktion der Klassenstruktur auf ›nackte‹ ökonomische Marktgesetze nicht berücksichtigt, wie institutionelle Regulierungen sehr verschiedene »Entwicklungspfade« moderner Sozialstrukturen – wie etwa in Schweden oder den USA – zustande bringen. Das von der Münchener Schule Karl-Martin Boltes ausgehende *Differenzierungsparadigma* thematisiert die Erfahrung und Praxis der Akteure, die neuen Differenzierungen der Lebensstile und Diskontinuitäten der Lebenswege und die neuen Ungleichheiten nach Alter, Geschlecht, Herkunftsland usw.

Beide Strömungen beschreiben die neuen Erscheinungen, aber stellen sie nicht so in den Zusammenhang der Entwicklungen, daß ihr Ausmaß und ihre Richtung überblickt werden könnten. Diese Leerstelle wurde bisher vor allem von den Theorien der »Dienstleistungsgesellschaft«, der »postindustriellen Wissensgesellschaft«, des »postmaterialistischen Wertewandels«, der »Individualisierung« usw. gefüllt, wie sie Daniel Bell, Anthony Giddens und Ulrich Beck vertreten. Diese Konzepte leben weitgehend davon, daß sie sich von dem Szenario der Marx-Orthodoxie negativ abgrenzen. Die Prognosen grundlegender Umwälzungen bleiben unbestimmt und werden, da sie nicht genau erforscht sind, oft verabsolutiert.

Für Prognosen interessant ist aber nicht das Absolute, sondern das Relative: Welche konkreten quantitativen Proportionen haben die sozialen Gruppen? Wie ist ihr relatives Kräfteverhältnis und wie regeln sie ihre Beziehungen und Auseinandersetzungen? Was sind ihre Vorstellungen von sich selbst und ihrer Lebensführung, von den Unterschieden und vom Zusammenleben sozialer Gruppen, von sozialer Gerechtigkeit und Politik?

Erst wenn wir das wissen, können wir beurteilen, wie weit die mit wohligem Grauen verbreiteten Thesen einer Auflösung sozialer Zusammenhänge und Orientierungen zutreffen. Das Ziel unserer Untersuchungen war daher, das Gesamtbild der sozialen Gruppen, ihrer Grundhaltungen, ihrer Beziehungen und ihrer Veränderungen in einer »sozialen Landkarte« zu beschreiben. Diese Landkarte mußte geeignet sein, die verwirrende Vielfalt der empirischen Informationen übersichtlich zu ordnen, ohne ihre Komplexität zu einem dogmatischen Schema zu vereinfachen.

Entwürfe für diesen Weg fanden wir in den Theorien, die die Gesellschaft als Feld von Beziehungen und Kräften verstehen und quer zu dem alten Gegensatzpaar von materiell und ideell stehen, indem sie sich der Praxis und den Beziehungen der sozialen Akteure zuwenden: im relationalen Paradigma beziehungsweise im Konzept des Feldes. Um dieses Paradigma nicht als bloße Metapher zu benutzen, mußte versucht werden, dieses Feld als realen sozialen Raum mit Ausdehnungen und Achsen zu konstruieren.

Die Möglichkeit, die Erscheinungen zu einem Gesamtbild zu ordnen, eröffneten uns Theorien und Methodologien, die ebenfalls aus der Kritik der alten Dogmen entstanden waren. Dies waren einerseits *Konzepte der sozialen Akteure*, das heißt der Milieus und Lager, die sich im sozialen Raum bewegen, und andererseits *Konzepte des sozialen Raums*, die die Gesellschaft als mehrdimensionales Kräftefeld von Akteuren auffassen.

Die klassischen Theorien der *Alltagskultur* gehen typologisch vor. Sie leiten das soziale Handeln nicht einseitig aus materiellen Interessen oder aus intellektuellen Idealen ab, sondern suchen ihre Eigengesetzlichkeiten, indem sie, wie die Ethnologie, Mentalität und Habitus aus der realen Beziehungspraxis erklären und verstehen.
Zentral ist der Begriff des *Milieus*. Er bezeichnet zunächst, im Sinne Émile Durkheims, soziale Gruppen, die aufgrund gemeinsamer Beziehungen (der Verwandtschaft, der Nachbarschaft oder der Arbeit) einen »Korpus moralischer Regeln« entwickeln. Diese Regeln des sozialen Umgangs bilden sich auch, wie die großen Untersuchungen von Max Weber, Raymond Williams, Stuart Hall und Edward Thompson bestätigen, in sozialen Klassen, Ständen und Schichten heraus. Sie verfestigen sich zu *Traditionslinien der Mentalität*, d. h. der inneren Einstellungen zur Welt (Geiger), oder, umfassender, des *Habitus* (Bourdieu), d. h. der ganzen, körperlichen wie mentalen, inneren wie äußeren »Haltung« eines Menschen.
Wenn es um die ganze Haltung geht, führt die isolierte Betrachtung einzelner Einstellungen zu Trugschlüssen – und auch zu jenen dramatisierenden Szenarien des Zerfalls der Orientierungen oder der Auflösung der Gesellschaft in eigensüchtige Hedonisten. Tatsächlich repräsentieren postmaterialistische oder individualisierte Einstellungen nur einen *einzelnen Zug*, der mit den vielen anderen Zügen der Mentalität eines Typus verbunden ist. Das Gesamtmuster eines Habitus umfaßt, im Sinne Webers, viel mehr: eine ganze *Ethik der alltäglichen Lebensführung*.
Auch empirisch gelangten wir zu dem Ergebnis, daß die neuen Mentalitätszüge sich zwar weiter verbreiten, aber doch keine vollständig neuen Mentalitätstypen hervorgebracht haben. Die historischen Traditionslinien der Milieus bestehen auch heute fort. Aber sie haben sich, wie *Familienstammbäume*, in neue Äste und Zweige mit stärkeren ›postmateriellen‹ oder ›individualisierten‹ Einzelzügen aufgefächert.
Eine weitere wichtige Unterscheidung bietet das Konzept des Lagers. Die herkömmlichen Theorien scheiterten in der Regel an ihrer Erwar-

tung, daß die Milieus, die durch Lebensführung und Lebensstile verbunden sind, auch weltanschaulich oder gesellschaftspolitisch einheitliche Lager bilden müßten. Lange wurde versucht, das empirische Paradox, daß die Milieus in Wirklichkeit nach verschiedenen Lagern geteilt waren, auf einen Mangel an Rationalität oder auf ideologische Manipulation zurückzuführen.

Die Analysen von Stein Rokkan und M. Rainer Lepsius zeigen, daß dieses Paradox der historische ›Normalfall‹ ist. Lager beziehen sich nicht auf die alltägliche Lebensführung, sondern auf das Feld der ideologischen und politischen Kämpfe, das eigenen und anderen Gesetzmäßigkeiten folgt. Alle Lager – liberal und konservativ, protestantisch und katholisch, sozialdemokratisch und nun auch »grün« – gehen auf historische Kämpfe zurück, in denen sich bestimmte Fraktionen der Volksmilieus für kürzere oder längere Zeit mit bestimmten Elitemilieus verbunden haben.

Das Feld der Akteure ist nach Dimensionen und Handlungsebenen räumlich gegliedert. Das Feldkonzept ist großen historischen Analysen, wie sie auch Durkheim, Weber und Thompson vorgelegt haben, implizit und wird hier oft mit Metaphern, die an elektromagnetische Felder und die Relativitätstheorie der modernen Physik erinnern, veranschaulicht. Es ist das Verdienst Bourdieus, diese Strukturierung in den Konzepten der *Achsen des sozialen Raumes* und der *relativen Autonomie der verschiedenen Felder* auch explizit entwickelt zu haben. Die Theorie und Methodologie der Achsen und Felder ist im Zweiten Teil dieses Buches systematischer entwickelt. Ihr Sinn soll hier an der These der »postindustriellen Wissensgesellschaft« erläutert werden.

Die vier Achsen des sozialen Raums sind »Differenzierungsachsen«. Auf ihnen lassen sich die vier wichtigen Differenzierungen der gesellschaftlichen Ordnung abtragen:
(1) horizontal die funktionale *Arbeitsteilung*,
(2) vertikal die soziale Über- und Unterordnung bzw. *Herrschaft*,
(3) in der dritten Raumdimension die relative Verselbständigung verschiedener *institutioneller Felder* und
(4) auf der Achse der historischen Zeit die praktischen Umwandlungen der Kräfte und Kräfteverhältnisse zwischen den Akteursgruppen.

Die ersten beiden Achsen beschreiben, im ökonomisch-beruflichen Feld (Abb. 6, S. 46 f.), den Widerspruch zwischen der horizontalen Dynamik der *Produktivkräfte* und der vertikalen Ordnung der Produktionsverhältnisse. *Horizontal* bildet sich, in Richtung des linken Pols, der historische Prozeß ab, in dem die Arbeitsteilung und damit auch die Spezialisierung, Kompetenz und Reflexivität der Einzelnen zunimmt. (Diese

Achse war lange Zeit auch die der Schwerpunktverlagerung zum Sektor der Dienstleistungen.) Unsere statistische Analyse (Kapitel 11) bestätigt diese Tendenz. Diese Zunahme des »kulturellen Kapitals« geschieht, wie schon Adam Smith und Émile Durkheim bemerkt haben, *auf allen vertikalen Stufen* der Gesellschaft. Sie ist daher kein Privileg der intellektuellen Elite, deren Führungsanspruch die Theorie der Wissensgesellschaft begründen möchte.

Als horizontaler Prozeß ändert die zunehmende Arbeitsteilung von sich aus nichts an der *vertikalen* Machtverteilung. Die Annahme von Giddens, daß Arbeiter eine neue Mentalität annehmen, wenn sie Dienstleistende werden, wird von unseren Untersuchungen nicht bestätigt. Sie bleiben Arbeitnehmer, und in jedem Arbeitnehmermilieu und Mentalitätstypus mischen sich Arbeiter, Angestellte und Dienstleistende (vgl. Abbildung 8a-b, S. 50 f.).

Die großen Veränderungen liegen vielmehr in der *neuen historischen Konfliktkonstellation* zwischen Unternehmern und Arbeitnehmern. Große Milieus der Arbeitnehmer haben sich zum intellektuellen Pol der Facharbeit und der technischen Intelligenz bewegt. Sie fügen sich nicht mehr so in Autoritätshierarchien ein wie früher und beanspruchen mehr Selbständigkeit und Mitbestimmung. Neue Spannungen fordern die Herrschaftshierarchien heraus, sich ebenfalls zu modernisieren.

Die Folge ist die Zunahme der Konflikte zwischen rivalisierenden Fraktionen der Elitemilieus. Die progressive kulturelle Intelligenz hat ihre Avantgardefunktion derzeit an die neu aufsteigenden, neoliberal tendierenden Milieus der »neuen Manager« verloren, die ihre akquisitiven Tugenden nun auch als allgemeines kulturelles Leitbild propagieren.

In diesem Konflikt geht es um die *institutionelle* Differenzierung auf der *dritten Achse* des sozialen Raums, d. h. darum, ob die Regulierungen des Wirtschafts- und Sozialsystems, die in den konstitutiven Konflikten der Bundesrepublik als Arrangements und Aushandlungssysteme zwischen den Großgruppen entstanden sind, der Entwicklung der Produktivkräfte hinderlich oder förderlich sind. Kontrovers sind der Primat der Politik über die Ökonomie, der Stellenwert der Kultur, der Abbau bürokratischer Hemmnisse, aber auch der sozialen Risikosicherungen.

Die Auseinandersetzungen zwischen den verschiedenen Elitefraktionen um die gesellschaftlichen Führungsrollen finden, als Auseinandersetzungen zwischen »alt« und »neu«, auf der *Zeitachse* statt, als Kampf um die Blockierungen und die Öffnungen für den Generationswechsel.

Für Joseph Schumpeter, der zur Legitimation des »innovativen« Unternehmertypus in verzerrter Form herangezogen wird, besteht Innovation zwar auch in der »Durchsetzung« neuer Methoden der Produktion und Vermarktung im Machtspiel der Konkurrenz. Aber die Funktion des »Unternehmers« erschöpft sich nicht im schnellen und virtuosen Machtspiel, wie es im heutigen Kult des »Chefs« gefeiert wird. Innovation setzt

auch eine integrative Fähigkeit, die »Kombination« einer Vielfalt von Faktoren, voraus, die vorher durchaus schon vorhanden waren, aber erst durch den »Unternehmer« zusammenwirken und produktiv werden können.
Der »Unternehmer« hat somit eine Doppelfunktion auf den ersten beiden Achsen des sozialen Prozesses. Dies macht heute das mehrdeutige Profil der »neuen Manager« und »neuen Macher« aus und begünstigt damit das Spiel mit dem Doppelsinn des Begriffs »Unternehmer«, der einerseits die Kapitalmacht und andererseits diejenigen bezeichnet, die etwas »unternehmen«, um verkrustete Verhältnisse wieder in Bewegung zu bringen. In der parvenuhaften Variante der neuen Aufsteiger überwiegt die Chefpose und der forsche Ton dessen, der noch nicht weiß, wie sehr Macht sich legitimieren und Zustimmung gewinnen muß, um zu wirken.

Das vorliegende Buch stellt diese veränderten Konstellationen zwischen den wirtschaftlichen Gruppen, den Milieus und den gesellschaftspolitischen Lagern an den verschiedenen Typologien und an den Dynamiken der Felder differenziert dar. Das zweite Kapitel faßt die Ergebnisse mit Hilfe von Übersichten und Raumbildern kurz zusammen. Die übrigen Kapitel sind so gegliedert, daß die Leserinnen und Leser, je nach ihrem Interesse, das Buch auch auswählend, wie ein Handbuch, lesen können.

Erster Teil:
Milieus und Politik

2. Milieus und gesellschaftspolitische Lager im Überblick

In diesem Kapitel versuchen wir, die Ergebnisse unserer Untersuchungen des sozialen Raums in einem vereinfachenden Überblick zusammenzufassen. Typologien und Raumbilder sollen die komplexen Gesamtstrukturen übersichtlicher machen. Die Zusammenschau dient nicht nur der Vereinfachung. Sie lenkt die Aufmerksamkeit auch auf die Beziehungen zwischen den Akteuren.

Die soziale Welt setzt sich nicht aus Einzelteilen zusammen, die erst völlig unabhängig voneinander sind und sich dann, ihren Eigenschaften entsprechend, zusammenfinden. Die Eigenschaften entstehen vielmehr im praktischen Zusammenwirken der Akteure. Bevor sie in sichtbare Handlungen eintreten, sind die Personen und sozialen Gruppen schon durch unsichtbare Beziehungen, Einschätzungen und Kräfteverhältnisse aufeinander ausgerichtet. Die sozialen Kräftefelder sind insofern elektromagnetischen Kräftefeldern vergleichbar, allerdings nicht im Sinne eines einheitlichen Bauplans, der alle seine Teile determiniert, sondern einer von den Akteuren gestalteten Spannung und Dialektik von Beziehungen.

Wenn wir die Milieus in den sozialen Raum einordnen (vgl. Abb. 6, S. 46 f.), erkennen wir eine solche Konfiguration, Aufteilung und Streuung sozialer Akteure. Das Feld der Beziehungen spannt sich nach mehreren Dimensionen räumlich auf. Die herkömmlichen Schichtungs- und Klassentheorien kennen nur die vertikale Achse sozialer Über- und Unterordnung und können daher viele Widersprüche und Entwicklungen nur als Paradoxe oder Ausnahmen und nicht im Zusammenhang erklären. Durch die »Reduktion« auf eine einzige Dimension kommt es zu Fehlprognosen, wie zur vulgärmaterialistischen Verelendungsthese oder zur entgegengesetzten These einer rein aus dem freien Willen der Individuen gesteuerten Entwicklung.

Demgegenüber ist das Konzept des mehrdimensionalen Feldes schon in der klassischen Soziologie und auch bei Historikern angelegt, die die Gesellschaft nach widerstreitenden Achsen, Ebenen und Dynamiken beschreiben. Pierre Bourdieu hat daraus ein explizites Konzept von Feldachsen entwickelt, das wir hier in erweiterter Form verwenden. Die Achsen sind nichts Statisches. Auf jeder Achse entwickelt sich eine spezifische Art der Spezialisierung und Differenzierung, also dessen, was »Modernisierung« genannt wird. Die Achsen entsprechen zugleich den vier theoretischen Grundkonzepten der klassischen Soziologie – Arbeitsteilung, Herrschaft, Institutionen und Geschichte:

(1) »Arbeitsteilung«: Auf der horizontalen Achse entwickelt sich die große historische *Dynamik*, in der die Arbeit, die technischen Produktionsmittel – und übrigens auch die Lebensweisen – immer vielfältiger und spezialisierter werden – und damit auch ›intelligenter‹ und ›produktiver‹.
(2) »Herrschaft«: Auf der vertikalen Achse differenzieren sich die Stufen und Formen der sozialen *Ordnung*, d. h. der Über- und Unterordnung bzw. des Mehr oder Weniger von sozialen Chancen, Wohlstand, Macht und Einfluß.
(3) »Institutionen«: In der dritten Raumdimension entwickelt sich die institutionelle Verselbständigung verschiedener *Handlungsfelder*. Die mentalen Vorstellungen gewinnen gegenüber der Praxis ein Eigenleben. Ebenso entwickelt nach und nach das Öffentliche gegenüber dem Privaten, das Politische gegenüber dem Wirtschaftlichen, das Heilige gegenüber dem Profanen abgetrennte und relativ autonome Sphären und Eigengesetzlichkeiten.
(4) »Geschichte«: Die vierte, in unserem Raumbild (Abb. 1) nicht darstellbare Dimension ist das Medium der *Zeit*, in dem sich soziale Kräfteverhältnisse umwandeln, in dem Praxis und Erfahrungen geschehen und in dem sich Ungleichzeitiges aneinander reibt, etwa im Wechsel der Produktions- und Lebensweisen, der Generationen und Eliten. Die Unbeweglichkeit derer, die etwas geworden sind, bedingt die Schnelligkeit derer, die noch etwas werden wollen.

Im Zweiten Teil dieses Buches sind diese Achsen ausführlicher erläutert, ebenso die Konzepte der Akteure, die das Feld ausmachen. Wir versuchen, auch die Akteure anders und realitätsnäher zu fassen, als dies die herkömmlichen Konzepte von Klassen, Schichten, Bewußtsein usw. tun. Zentral sind drei Konzepte:

Habitus bezeichnet die ganze innere und äußere Haltung eines Menschen. Er äußert sich im Geschmack, in der Mentalität und in der »Ethik der alltäglichen Lebensführung«, der das praktische Handeln folgt.
Milieus bezeichnet Gruppen mit ähnlichem Habitus, die durch Verwandtschaft oder Nachbarschaft, Arbeit oder Lernen zusammenkom-

Abb. 1: Die Dimensionen des sozialen Raums

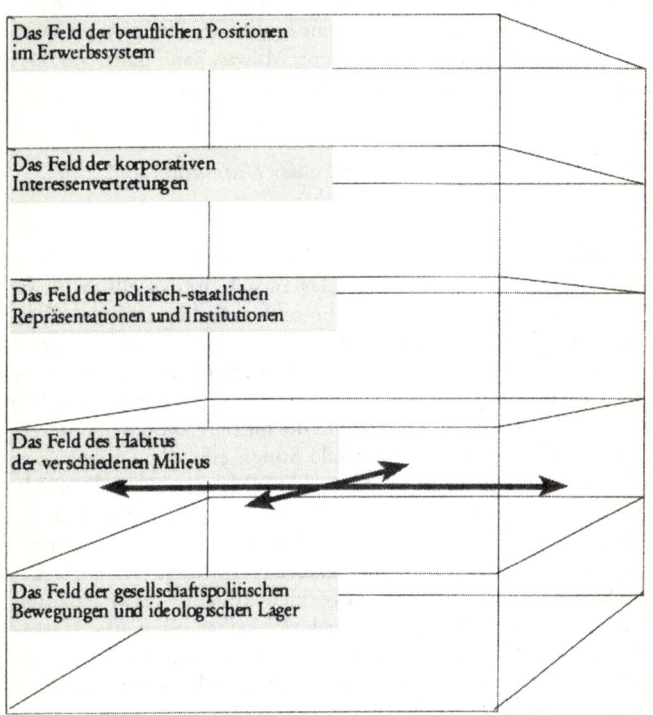

men und eine ähnliche Alltagskultur entwickeln. Sie sind einander durch soziale Kohäsion oder auch nur durch ähnliche Gerichtetheit des Habitus verbunden. Insofern sie ähnliche Orte im sozialen Raum einnehmen, sind sie die historischen Nachfahren der sozialen Klassen, Stände und Schichten.
Lager beziehen sich nicht, wie Habitus und Milieus, auf die alltägliche Lebensführung, sondern auf ein anderes Feld, das Feld der ideologischen und politischen Abgrenzungen und Kämpfe, das eigenen und anderen Gesetzmäßigkeiten folgt.

1. Die Dimensionen des sozialen Raums

Soziale Wahrnehmung ist meist standortgebunden. Wir nehmen keine »objektive« Position *über* dem Ganzen ein, sondern einen Ort *in* diesem Ganzen, der uns eine bestimmte Perspektive nahelegt. Unsere Wahrnehmung anderer Milieus kann daher verzerrt oder unvollständig und von blinden Flecken getrübt sein.

(a) Vertikal: Trennlinien der Distinktion und der Respektabilität

Am geläufigsten sind uns die vertikalen Unterschiede der Kultur und Lebensführung. Empirisch lassen sich drei gesellschaftliche Stufen unterscheiden, die durch besondere Kulturschranken voneinander abgegrenzt sind (Abb. 2). Diese vertikale Struktur drückt sich in zwei waagerechten Trennlinien aus. Die *Grenze der Distinktion* trennt die oberen von den mittleren Milieus. Die *Grenze der Respektabilität* trennt die mittleren von den unteren.

Wenn wir die Welt in vertikale Stufen einteilen, müssen wir prüfen, wieweit dabei das *Masse-Elite-Schema* eine Rolle spielt. Nicht wenige Angehörige der Bildungsmilieus neigen dazu, die Welt nach den Gegensatzpaaren rational–emotional, kultiviert–ungebildet, fein–grob, ideell–materiell, spirituell–trivial, asketisch–vergnügungssüchtig, individuell–kollektiv usw. einzuteilen. Sie grenzen damit immer auch sich selbst gegen »die Masse« ab. Die soziale Grenze, an der die Milieus der »höheren Kultur« sich von anderen Gruppen unterscheiden oder »distinguieren«, bleibt oft implizit. Bei den Besitz- und Machteliten – rechts oben im sozialen Raum – wird diese Grenze dagegen ausdrücklich gezogen. Man lebt exklusiv, es gibt wenige Berührungen in Alltag und Freizeit oder durch Verwandtschaftsbeziehungen.

Diese Grenze der Distinktion wird auch von unten wahrgenommen, jedoch mit anderen Vorzeichen. Ein Teil der mittleren und unteren Milieus sieht bei den oberen Milieus unerreichbare Vorbilder verwirklicht. Ein anderer Teil wertet die oberen Milieus nicht selten als dünkelhaft, verbildet, eingebildet und weltfremd oder, besonders wenn sie Macht ausüben, als rücksichtslos und nicht ehrlich (»Wer nach oben will, muß betrügen«).

Abb. 2: Der soziale Raum. Vertikale Struktur

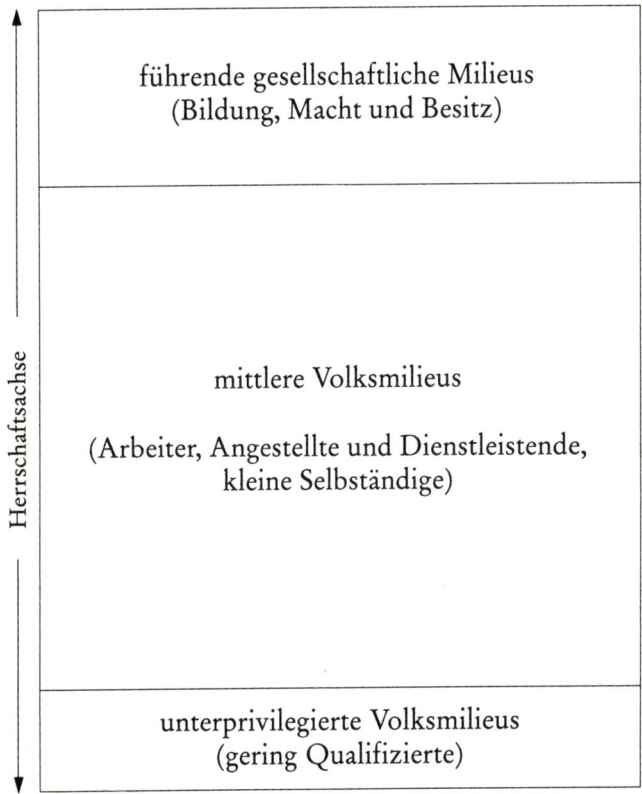

Weniger sichtbar von oben ist, daß sich die mittleren Milieus ebenfalls an einer kulturellen Schranke nach unten abgrenzen, an der Grenze der »Respektabilität«. Diese wird definiert durch Statussicherheit: Es kommt darauf an, eine beständige, gesicherte und anerkannte soziale Stellung einzunehmen, die durch Leistung oder durch Loyalität »verdient« ist. Geordnete und stetige

Arbeits- und Lebensverhältnisse sind sehr wichtig und werden in einer besonderen Leistungs- und Pflichtethik verinnerlicht.

Entsprechend wird es den unteren Milieus als Charaktermangel vorgehalten, daß sie eher unstetigen und unsicheren Beschäftigungen nachgehen, weniger Zuverlässigkeit und Bildungsstreben zeigen und eher auf günstige Gelegenheiten als auf eigenes, planmäßiges Schaffen setzen. Die unteren Milieus versuchen einerseits, durch Anlehnung an höhere Milieus mehr soziale Anerkennung zu gewinnen. Andererseits werten sie ihre Eigenarten, die von der übrigen Gesellschaft wenig respektiert werden, oft positiv: ihre Fähigkeit zu Spontaneität und Improvisation, ihre Flexibilität bei der Suche nach Gelegenheiten, ihr Gefühl für herzliche menschliche Beziehungen, ihr körperliches oder sportliches Können und ihre Fähigkeit, mit chaotischen Bedingungen und Schicksalsschlägen umzugehen.

Aufgrund ihrer Position zwischen oben und unten, zwischen »Privilegierten« und »Unterprivilegierten«, wird die respektable arbeitnehmerische Mitte mitunter auch als *»Mittelklasse«* bezeichnet. Dies trifft vor allem den konservativ-kleinbürgerlichen, nach oben orientierten Teil der arbeitnehmerischen Mitte.
Den Titel einer »Mittelklasse« beanspruchen traditionellerweise aber oft auch Gruppen des mittleren Besitz- bzw. Bildungsbürgertums, das in unserem sozialen Raum den unteren Teil der oberen Milieus bildet. Sie verstehen sich als »Mittelklasse«, da sie zwar zu den Wohlhabenden, aber nicht zur exklusiven Gruppe der Großen des Reichtums, der Macht und des Einflusses gehören.
Ein Beispiel für diese zwei möglichen Zordnungen einer Mittelklasse zeigt das Raumbild der englischen Milieus (Abb. 9b). In der oberen Mitte finden wir das »Progressive Middle Class Milieu«, das sich durch seine Modernität gegen das eher kleinbürgerliche »Traditional Middle Class Milieu« in der rechten Mitte abgrenzt.
Die jeweiligen mittleren Stellungen können mit verschiedenen Haltungen verbunden sein, teils mit dem selbstbewußten Stolz auf eigene Errungenschaften und Tugenden, teils mit der kleinbürgerlich-beflissenen Bewunderung oder Nachahmung der höheren Lebensart und Kultur.

*(b) Horizontal: Traditionslinien der Autoritätsbindung
und der Eigenverantwortung*

Die horizontalen Unterschiede von Kultur und Lebensführung sind uns oft weniger bewußt, aber doch in begrifflichen Gegensätzen wie progressiv–konservativ, traditionell–modern oder konventionell–individuell gegenwärtig. Milieus auf der gleichen vertikalen Rangstufe des Einkommens oder des Ansehens können sich in Lebensstil und Mentalität erheblich voneinander unterscheiden. Der Unterschied läßt sich an den Einstellungen zur Autorität festmachen. Für die einen ist eher *Hierarchiebindung*, für die anderen eher *Eigenverantwortung* der leitende Wert. Dem entspricht jeweils ein bestimmter innerer Habitus, aber auch eine reale äußere Autoritätsstruktur. Wir ordnen diese Grundeinstellungen auf der horizontalen Achse an, die das Spektrum von den hierarchischen Orientierungen (rechts von der Mitte) bis zu den selbstbestimmten Orientierungen (links von der Mitte) übergreift (Abb. 3). An den äußeren Rändern dieses Spektrums finden wir extreme Ausprägungen, und zwar rechts einen entschiedenen *Autoritarismus*, links einen *Avantgardismus*, der jede Konvention zurückzuweisen scheint.

Dieses Spektrum bezeichnet nicht nur individuelle Unterschiede, sondern auch Unterschiede zwischen den Milieus, das heißt den verschiedenen, von den Eltern an die Kinder weitergegebenen Traditionen. Ein Hauptergebnis unserer Untersuchungen ist, daß sich mindestens fünf solche (in sich weiter unterteilbare) Traditionslinien sozialer Milieus unterscheiden lassen (Abb. 4-5). Ordnen wir sie in die Raumbilder ein, so sehen wir, daß aus ihnen auch die horizontalen Unterteilungen auf jeder der drei vertikalen Stufen der Milieukonfiguration erklärt werden können (Abb. 6-9).

1. Die Traditionslinien der *obersten gesellschaftlichen Stufe* teilen sich nach dem klassischen Gegensatz von Bildung und Besitz bzw. Geist und Macht voneinander ab.

1.1. In der rechten Hälfte stehen die großen Leitmilieus von *Besitz und hoheitlicher Macht*, die einen exklusiven Lebensstil, ein klares Elite- und Machtbewußtsein, aber auch patriarchalische Verantwortung und verbindliche Formen gegenüber den anderen Milieus pflegen. In diesen Milieus gibt es selten Aufsteiger von unten. Am äußeren rechten Pol finden wir noch kleinere strikt autoritäre Führungsmilieus.

1.2. In allen diesen Eigenschaften grenzt sich, nach dem Gegensatzpaar von Geist und Macht, nach links die Traditionslinie der *Akademischen Intelligenz* ab, die ihren Schwerpunkt in den humanistischen und dienstleistenden Funktionseliten hat. Zu dieser Abgrenzung gehört, daß die Exklusivität nicht offen, sondern implizit, durch den Habitus der hochkulturellen Bildung, gepflegt wird. Hinzu kommen ein humanistisches und karitatives Ethos und die Überzeugung, eine idealistische Aufklärungsmission gegenüber den anderen Milieus erfüllen zu müssen. Der strebenden Grundhaltung entspricht auch das Prinzip, daß sozialer Aufstieg durch Leistung (statt durch ererbte Positionen) möglich sein soll.

1.3. Am äußeren linken Pol finden wir schließlich die Traditionslinie der *kulturellen Avantgarden*, die sich entweder ästhetisch, in den schönen Künsten und Lebensstilen, oder moralisch, in idealistischen Lebens- und Politikentwürfen, artikulieren.

2. Die ›respektablen‹ *Volksmilieus* teilen sich in zwei historische Traditionslinien und eine von diesen abgesetzte Jugendkultur.

2.1. Die linke Mitte gehört den Milieus der *Facharbeit* bzw. der *praktischen Intelligenz*. Sie richten sich nicht gern nach Autoritäten, sondern wollen eigenverantwortlich und gleichberechtigt handeln, gegründet auf ein besonderes Arbeits-, Bildungs- und Gemeinschaftsethos. Die Milieus dieser Traditionslinie sind zugleich sehr modern und historisch sehr alt, da sie auf die vorindustriellen Volksmilieus freier Bauern, Handwerker und Stadtbürger zurückgehen. Ihrer »innengeleiteten« Mentalität entspricht ein besonderes »soziales Gewissen«. Solidarität folgt dem Grundsatz »Leistung gegen Leistung«, außer wenn jemand unverschuldet in Not gerät.

2.2. In der rechten Mitte finden sich große Milieus mit einem hierarchischen, obrigkeitsgebundenen Weltbild. Es entspricht der Herkunft aus *kleinbürgerlich-ständischen* Traditionen, wie sie sich über lange Zeit in den »subalternen« Milieus von stadtbürgerlichen, staatsbürokratischen oder dorfgesellschaftlichen Hierarchien herausgebildet und konserviert haben. Väter, Chefs, Honoratioren und Politiker gelten noch als Vorbilder. Ihnen ist zu folgen, sie haben aber auch eindeutige Fürsorgepflichten gegenüber ihren Untergebenen. In diesem Patron-Klient-Verhältnis gilt der Grundsatz »Treue gegen Treue«. Am äußeren rechten Rand finden sich hier auch noch ungebrochen autoritäre Arbeiter und Angestellte.

2.3. Am linken Rand finden wir die Milieus der Jugendkultur, die sich von den Einschränkungen der Erwachsenenwelt freimachen wollen. Sie bilden keine eigenständige Traditionslinie, sondern sind die Kinder der bei-

Abb. 3: Der soziale Raum. Horizontale Struktur.

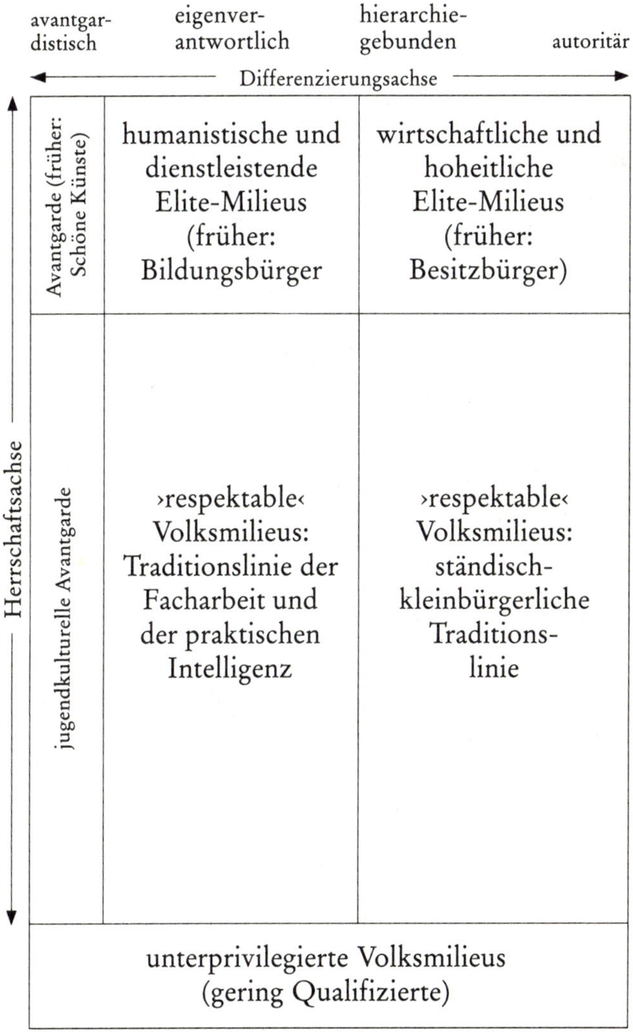

	avantgar- distisch	eigenver- antwortlich	hierarchie- gebunden	autoritär
	←——————— Differenzierungsachse ———————→			
Avantgarde (früher: Schöne Künste)	humanistische und dienstleistende Elite-Milieus (früher: Bildungsbürger)		wirtschaftliche und hoheitliche Elite-Milieus (früher: Besitzbürger)	
jugendkulturelle Avantgarde	›respektable‹ Volksmilieus: Traditionslinie der Facharbeit und der praktischen Intelligenz		›respektable‹ Volksmilieus: ständisch-kleinbürgerliche Traditions-linie	
	unterprivilegierte Volksmilieus (gering Qualifizierte)			

↕ Herrschaftsachse

den vorgenannten Volksmilieus, gegen deren Leistungs- bzw. Pflichtethik sie jugendtypisch rebellieren.

3. Die ›*unterprivilegierten*‹ *Volksmilieus* erfahren die soziale Welt über den Gegensatz von Macht und Ohnmacht. Da ihre eigenen Kräfte nicht hinreichen, lehnen sie sich an die Strategien der Traditionslinien der Mitte an und differenzieren sich entsprechend in drei Teilgruppen.

Die Perspektive der Ohnmacht entspricht den »unterständischen« Schichten vorindustrieller Gesellschaften, die nicht an der traditionellen ständischen Sicherheit und Ehre teilhatten – und in diesem Sinne auch als »traditionslose Milieus« bezeichnet werden. In einer solchen unsicheren und unkalkulierbaren Lebenslage schien es wenig Sinn zu haben, die für eine planmäßige Lebensführung notwendige »innengeleitete« Selbstdisziplinierung zu erwerben. Es kam vielmehr darauf an, flexibel und spontan auf gebotene Gelegenheiten zu reagieren, rasch dazuzulernen und Stärkere zu finden, an die man sich anlehnen konnte.

Dieser Mischung von Gelegenheitsorientierung und Anlehnung entsprechen Strategien eines »aktiven Fatalismus«. Zeitweise wird die sorglose Lebensweise im Hier und Heute vorgezogen, die die Augen vor Risiken verschließt und daher in Teufelskreise sozialer Destabilisierung und entsprechenden »underdog«-Erfahrungen führen kann. Langfristig kann daraus gelernt werden, aus Schaden klug zu werden. Dies nimmt häufig die Gestalt einer bewußten Übernahme der Lebensstrategien der mittleren Arbeitnehmermilieus an. Indem sie sich an die Lebensformen der »respektablen« Milieus über ihnen anlehnen, teilen sich die unterprivilegierten Milieus horizontal in drei Varianten:

3.1. Die rechten Teilmilieus lehnen sich an die kleinbürgerlich-patriarchalischen Formen der Wohlanständigkeit an.

3.2. Die mittleren Teilmilieus lehnen sich an die arbeitnehmerische Selbstdisziplin der über ihnen situierten Facharbeiter und Fachangestellten an.

3.3. Die linke Gruppe weist die Autoritätsnormen der herrschenden Gesellschaft auf ähnliche Weise zurück wie das jugendkulturelle Milieu über ihr.

(c) Zeit: Auffächerung der Milieus durch Generationenwechsel und Elitenwechsel

Die fünf großen Traditionslinien sind weiter in sich unterteilt. Dies wird bis zu einem gewissen Grade auch in unseren Übersichten und Raumbildern (Abb. 4-9) sowie in den ausführlichen Milieutypologien (Kapitel 13 und 14) sichtbar. Die Unterteilung in einzelne Milieus und Submilieus bezeichnet Varianten des jeweiligen Mentalitätstypus und der äußeren sozialen Stellung, die damit in der Regel verbundenen ist.

Für die westdeutschen sozialen Milieus liegen Daten seit 1982 vor. Diese erlauben es, historische Veränderungen abzubilden (Abb. 7 a-b). So wird erkennbar, daß sich, im Rahmen der Traditionslinien der Mitte, neue Einzelmilieus (die im Raumbild durch feine Linien voneinander getrennt sind) herausgebildet haben. Die neu entstandenen Milieus repräsentieren, wie die von uns erhobenen differenzierten Daten bestätigen (vgl. Kapitel 13.2), die jüngeren, besser ausgebildeten Generationen in moderneren Berufspositionen.

Jede Traditionslinie hat sich also, wie ein Familienstammbaum, schrittweise in neue Zweige und Äste aufgefächert. Diese Auffächerung zeigt sich, in verschiedenem Maße, auch in anderen Ländern (Abb. 9 a-c). Dabei sind die großen Traditionslinien immer annähernd gleich groß. Was sich verändert, sind die Unterteilungen.[1] Die nähere Analyse macht deutlich, daß es sich um eine Art »Milieu-Mobilität« (Hradil) handelt. Die jüngeren Milieus haben sich teils durch horizontale, teils durch vertikale Ortsveränderungen auf neue Erfahrungen und Berufe umgestellt und dabei auch ihren Habitus verändert. Diese »Habitus-Metamorphosen« haben aber, nach unseren Forschungen, keine völlig neue, »individualisierte« oder »hedonistische« Mentalität entstehen lassen. Sie sind vielmehr im Rahmen der elterlichen Traditionslinie geblieben, haben diese aber deutlich umgestaltet und »modernisiert«.

In den oberen Milieus fanden wir ebenfalls eine horizontale »Milieu-Mobilität« nach Generationen, aber außerdem auch, für vergleichsweise kleine Gruppen, Belege für vertikale Aufstiegs-

---

1 Die Zu- und Abwanderungen haben einen kleinen Umfang und gleichen sich in der Regel aus (vgl. Kapitel 13.1.2).

Abb. 4: Traditionslinien sozialer Milieus in West- und Ostdeutschland[2]

Die vertikalen Milieustufen und ihre horizontale Differenzierung nach Traditionslinien	Differenzierung der Traditionslinien: Untergruppen (–) und Generationen (*) in Westdeutschland (1982-1995)	Differenzierung der Traditionslinien: Untergruppen (–) und Generationen (*) in Ostdeutschland (1991-1997)
1. Obere Milieus (22% bis 25%)		
1.1. Traditionslinie von Macht und Besitz: Milieus der wirtschaftlichen und hoheitlichen Funktionseliten (ca. 10%)	Konservativ-technokratisches Milieu (ca. 9% - ca. 10%)	– Rationalistisch-technokratisches Milieu (ca. 6% - ca. 0%) – DDR-verwurzeltes Milieu (ca. 0% - 7%)
1.2. Traditionslinie der Akademischen Intelligenz: Milieus der humanistischen u. dienstleistenden Funktionseliten (ca. 10%)	Liberal-intellektuelles Milieu (ca. 9% bis ca. 10%), mit zwei Teilgruppen: – Progressive Bildungselite (ca. 5%) – Moderne Dienstleistungselite (ca. 4%)	Bürgerlich-humanistisches Milieu (ca. 10% - ca. 8%)
1.3. Traditionslinie der kulturellen Avantgarde (ca. 5%)	– Alternatives Milieu (ca. 5% - 0%) – Postmodernes Milieu (0% - ca. 5%)	Linksintellektuell-alternatives Milieu (ca. 7% - ca. 7%)
2. ›Respektable‹ Volksmilieus (64% bis 66%)		
2.1. Traditionslinie der Facharbeit und der Praktischen Intelligenz (27% bis 30%)	* Traditionelles Arbeitermilieu (ca. 10% - ca. 5%) * Leistungsorientiertes Arbeitnehmermilieu (ca. 20% - ca. 18%)	* Traditionelles Arbeiter- und Bauernmilieu (ca. 27% - ca. 12%) * Aufstiegsorientiertes Pioniermilieu (0% bis ca. 8%)

2 Die Zuordnung der westdeutschen Milieus ist auch mittels unserer repräsentativen Befragung von 1991 näher untersucht. Die Prozentsätze stützen sich auf Daten des ›Sinus‹-Instituts (SPD 1984, Becker u. a. 1992, Flaig u. a. 1993, ›Spiegel‹ 1996). Die Zuordnung der ostdeutschen

2.2.	STÄNDISCH-KLEINBÜRGERLICHE Traditionslinie (32% bis 23%)	* Modernes Arbeitnehmermilieu (0%-ca. 7%) * Kleinbürgerliches Arbeitnehmermilieu (ca. 28% - ca. 15%) * Modernes bürgerliches Milieu (0% - ca. 8%)	* Modernes Arbeitnehmermilieu (0% - ca. 9%) * Kleinbürgerliches Milieu (ca. 23%- ca. 12%) * Status- und karriereorientiertes Milieu (ca. 9%-ca. 5%) * Modernes bürgerliches Milieu (0% - ca. 10%)
2.3.	Avantgarde der JUGENDKULTUR (ca. 10%)	* Hedonistisches Milieu (ca. 10% - ca. 11%)	* Hedonistisches Milieu (0 % - ca. 10%) Subkulturelles Milieu (ca. 5% - 0 %)
3.	Traditionslinie(n) der UNTERPRIVILEGIERTEN VOLKSMILIEUS (8% bis 13%)	Traditionsloses Arbeitnehmermilieu, mit drei Teilgruppen: – Statusorientierte (ca. 3%) – Resignierte (ca. 6%) – Unangepaßte (ca. 2%)	– Traditionsloses Arbeitnehmermilieu (ca. 8% - ca. 13%) – Hedonistisches Arbeitermilieu (ca. 5% - ca. 0%)

bewegungen (vgl. Kapitel 13.1.2.). Diese Befunde sind angesichts der gegenwärtigen Kämpfe konkurrierender Elitefraktionen von besonderer Aktualität.

Die Hauptbewegungen oben und in der Mitte des sozialen Raums verliefen horizontal nach links, in die Richtung vermehrten kulturellen Kapitals, und zwar sowohl bei den Mentalitäten (vgl. Kapitel 13) wie im ökonomisch-beruflichen Feld (vgl. Kapitel 11.6.-8.).

Diese horizontalen und vertikalen Bewegungen, die jeweils eine Modernisierung der Milieus bedeuteten, sind historisch nicht neu, sondern offenbar ein Prinzip der Umstellung aller Milieus auf neue äußere Bedingungen und, für die oberen Milieus, der Erneuerung der Eliten durch den Generationenwechsel.

Die Abbildungen auf den vorangegangenen Seiten geben einen Überblick über die Gliederung der sozialen Milieus in fünf europäischen Gesellschaften (Abb. 4-5). Die Traditionslinien oder »Stammbäume« der Milieus sind in allen fünf Gesellschaften die gleichen und auch annähernd gleich groß. Aber sie sind, wie die

Milieus ist unsere Hypothese auf Basis neuerer ›Sinus‹-Untersuchungen (›Spiegel‹ 1998).

Abb. 5: Traditionslinien sozialer Milieus in Italien, Frankreich und Großbritannien[3]

ITALIEN (1991)	FRANKREICH (1991)	GROSSBRITANNIEN (1991)
1.1. Neo Conservatori (ca. 10%) 1.2. Borghesia Illuminata (ca. 10%) 1.3. Critica Sociale (ca. 5%)	1.1. Les Héritiers (ca. 4%) 1.2. Les Managers Modernes (ca. 11%) 1.3. Les Néo-Moralistes (ca. 10%) Les Post-modernistes (ca. 4%)	1.1 The Upper Classes (ca. 8%) 1.2. Progressive Middle Class Milieu (ca. 11%) 1.3. Socially Concerned (ca. 8%) Thatcher's Children (ca. 4%)
2.1. [*Cultura Rurale Tradizionale (ca. 7%)] * Cultura Operaia (ca. 12%) * Crisalidi (ca. 10%) 2.2. * Piccola Borghesia (ca. 23%) * Rampanti (ca. 11%) 2.3. Edonisti (ca. 7%)	2.1. Les Laborieux Traditionels (ca. 28%) 2.2. * Les Conservateurs Installées (ca. 16%) * Les Nouveaux Ambitieux (ca. 15%)	2.1. * Traditional Working Class Milieu (ca. 21%) * Progressive Working Class Milieu (ca. 14%) 2.2. * Traditional Middle Class Milieu (ca. 19%) * Social Climbers (ca. 6%)
3. Sottoproletariato Urbano (ca. 6%)	3. Les Oubliées (ca. 7%) Les Rebelles Hedonistes (ca. 5 %)	3. British Poor (ca. 9%)

anschließenden Raumbilder noch deutlicher zeigen (Abb. 6-9), verschieden unterteilt. Darin drückt sich aus, daß die historische Auffächerung oder »Modernisierung« der Milieus verschiedenen »nationalen Pfaden« gefolgt ist.

3 Die Zuordnungen sind Hypothesen von uns, gestützt auf Daten des ›Sinus‹-Institutes (Homma/Ueltzhöffer 1991).

2. Typologie der westdeutschen sozialen Milieus

Die historische Veränderung und Differenzierung der Milieus wird hier am Beispiel der westdeutschen sozialen Milieus zusammenfassend dargestellt. Ausführlichere historische und typologische Darstellungen – auch der ostdeutschen Milieuentwicklung – finden sich in den Kapiteln 3.6., 13 und 14 dieses Buchs.

1. In den oberen Milieus haben sich seit dem Zweiten Weltkrieg die Gewichte in mehreren Schüben zu jüngeren und moderneren Milieufraktionen verschoben.

In den ersten Nachkriegsjahrzehnten wurden die alten Eliten des Obrigkeitsstaats, des Militärs und des autoritären Unternehmertums nach und nach zurückgedrängt, zunächst durch die integrative Politik des (»rheinischen«) Konservatismus, dann auch durch technokratische Elitemilieus und schließlich neue Bildungsmilieus. Nach und nach ist das Muster der berufsständischen Selbstrekrutierung aus dem engen eigenen Berufsfeld (wie beispielsweise beim Militär) durch eine breitere Rekrutierung aus dem Milieu-Umfeld ersetzt worden.[4] Dies bedeutet aber nur, daß die Machteliten, die das obere Zehntel der oberen Milieus bilden, sich nun deutlicher aus den oberen Milieus insgesamt rekrutieren – mit der einzigen Ausnahme der Gewerkschaftseliten, die vor allem aus der Facharbeiterschaft aufgestiegen sind. Insgesamt hat die Milieu-Mobilität die Proportionen *zwischen* den Milieus nicht verändert, aber doch die Beziehungen zwischen ihnen dadurch demokratisiert, daß sich *in* den Milieus modernere Stile der Verständigung durchgesetzt haben.

1.1. Das *Konservativ-gehobene Milieu* (KON), mit etwa 10%, besteht nach wie vor aus den konservativen und bestsituierten Teilen der gehobenen Selbständigen, Freiberufler, Wissenschaftler, Manager und leitenden Angestellten. Bereits in der frühen Bundesrepublik hat es seine exklusive, erfolgs-, hierarchie- und machtbewußte Haltung durch einen verbindlichen und paternalistischen Stil akzeptabler gemacht. Inzwischen hat sich das Milieu durch die flexibleren technokratischen Stile der jüngeren Führungseliten modernisiert. Es wird daher jetzt als *Konservativ-technokratisches Milieu* (KONT) bezeichnet.

1.2. Das *Technokratisch-liberale Milieu*, mit ebenfalls etwa 10%, besteht aus den ›aufgeklärten‹ und gutsituierten Teilen der akademischen Elite, die als leitende und höhere Angestellte, Beamte und als Freiberufler tätig sind. Es setzt sich aus zwei Teilmilieus verschiedener sozialer Herkunft zusammen:

---

4 Bürklin u. a. 1997, vgl. Hartmann 1996.

1.2.1. Die *Progressive Bildungselite* (ca. 5%) entstammt überdurchschnittlich der gebildeten Oberschicht von Freiberuflern, Selbständigen und höheren Beamten. Sie umfaßt den größten Teil der wissenschaftlichen Intelligenz in Berufen der Natur-, Ingenieur-, Sozial- und Geisteswissenschaften, des Buchhandels und Verlagswesens, der Werbung und der Medien sowie der pädagogischen, psychologischen und therapeutischen Dienstleistungen. Sie pflegt einen elitären Progressismus. Ihr ehrgeiziges Arbeitsethos ist mit dem Sinn für die höhere Kultur, für individuelle Selbstverwirklichung und Selbstdarstellung und für neue und ungewöhnliche Wege verbunden, aber auch mit einem kritischen Engagement für politische Gleichstellung und soziale Gerechtigkeit.

1.2.2. Die *Moderne Dienstleistungselite* (ca. 4%) ist im Zusammenhang mit der Milieu-Mobilität entstanden, durch die sich die Eliten der früheren Bundesrepublik erneuert haben. Ihre Angehörigen sind überwiegend aus bildungsnahen Facharbeiter- und Angestelltenfamilien in verantwortliche Positionen aufgestiegen. Sie konzentrieren sich in Berufen der mittleren und höheren Verwaltung (nicht selten auch im Zusammenhang mit neuesten Datentechnologien), und zwar insbesondere im öffentlichen Dienst, im kaufmännischen Bereich und im Verlagswesen, bei Frauen außerdem besonders in beratenden, medizinisch-technischen und pädagogischen Tätigkeiten. Aufgrund ihrer Herkunft empfinden sie Vorbehalte gegenüber den Selbstinszenierungen der anderen Eliten und der großen Politik. Der konventionellen Distinktion des konservativen Milieus und dem hochkulturellen Progressismus der Bildungselite setzen sie einen ungezwungenen und toleranteren Lebensstil entgegen. Ihrem sozialen Ethos (wenig Vorbehalte gegen Ausländer, sozial Schwächere, unkonventionelle Lebensformen) entspricht aber ein eher durchschnittliches praktisch-politisches Engagement.

Gemeinsam ist beiden Teilmilieus ein hohes Arbeits- und Kulturethos, verbunden mit »postmaterialistischen« Werten und mit sozialer, staatsbürgerlicher und ökologischer Reformbereitschaft. Die progressiv-humanistischen Züge werden stärker akzentuiert, seitdem das Milieu große Teile des einstigen linken und dann zunehmend entradikalisierten Alternativen Milieus (ALT) aufgesogen hat. Es wird daher jetzt als *»Liberal-intellektuelles Milieu«* (LIBI) bezeichnet.

In der gegenwärtigen Elitenkonkurrenz versucht das Milieu, sich gegen die konservative Beharrung der Milieus zu ihrer Rechten und den postmodernen Avantgardismus der Milieus zu ihrer Linken abzugrenzen. Zugleich versucht es, als Leitmilieu einer Wissensgesellschaft, in der nicht Macht, sondern Kompetenz entscheiden sollte, an Boden zu gewinnen. Allerdings reklamieren die anderen Elitemilieus diese Leitpositionen ebenfalls, und sie haben damit das Liberal-intellektuelle Milieu, in dem derzeit noch die Älteren den Ton angeben, einstweilen in die Defensive gedrängt.

1.3. Die strategische Position der Avantgarde ist vorerst an das in den neunziger Jahren neu aufgestiegene *Postmoderne Milieu* (POMO) übergegangen, das mit etwa 5% ebenso groß ist wie früher das Alternative Milieu. Das Milieu ist relativ jung und gut gebildet. In ihm mischen sich eine ästhetische Avantgarde und neue Aufsteigermilieus der ›innovativen‹ Kultur- und Medienberufe und der kleineren Unternehmen der neuen Technologien und symbolischen Dienstleistungen. Seine Angehörigen inszenieren ihr Selbstverständnis als kulturelle Avantgarde und ihr Bedürfnis nach Erlebnis, Konsum und Abwechslung als ichbezogenes Privileg ohne einschränkende Verpflichtungen.

Die Dynamik dieses Milieus wird gegenwärtig überlagert von einer noch wenig untersuchten neuen Tendenz zur Herausbildung einer neoliberal orientierten Koalition. In ihr finden sich verschiedene Gruppen zusammen, die an einem steilen sozialen Aufstieg interessiert sind: neue berufliche und politische Aufsteiger, postmoderne Technokraten der »new economy«, die neue Managergeneration in etablierten Firmen und die neuen Technokraten des Blairismus unter den Politikern und Spitzenbeamten, die die Sparpolitik und die sozialen Einschnitte mit der Einführung eines autoritären Chefprinzips verbinden möchten. Nach den Berufspositionen ließe sich dieses neu entstehende kleine Milieu als *»neue Manager«*, nach dem empordrängenden Habitus, nachdem übrigens in Italien eines der Milieus benannt ist (Rampanti – vgl. Abb. 9c), als *»neue Macher«* bezeichnen.

2. Während bei den oberen Milieus die Elitekonkurrenz um den Einfluß in der Gesellschaft überwiegt, haben sich die mittleren Milieus vor allem durch verschiedene Schübe horizontaler Milieu-Mobilität verändert. Die ständischen Orientierungen sind durch ein arbeitnehmerisches Interessenbewußtsein und später durch Einstellungen der Selbst- und Mitbestimmung zurückgedrängt worden.

In den ersten Nachkriegsjahrzehnten ist der konservativ-ständische *alte Mittelstand* der kleinen Landwirte, Kaufleute und Handwerker von etwa 25% auf weniger als 5% der Bevölkerung geschrumpft. Der *neue Mittelstand* der Angestellten wuchs von etwa 20% auf fast 60% und vertauschte den alten ständischen Dünkel nach und nach mit einem arbeitnehmerischen Interessenbewußtsein gegenüber Unternehmern und Staat. Für die *industriellen Arbeiter* der Aufbaugeneration schließlich schwanden die alten Merkmale der proletarischen Unsicherheit und Rechtlosigkeit und der gering qualifizierten körperlichen Arbeit. Durch erkämpfte Rechte, hohes Fachkönnen und relative soziale Sicherheit rückten sie in die Standards der sozialen Mitte auf.

Für die nachfolgende Generation wurden seit den Jugend- und

Studentenbewegungen der sechziger Jahre die Werte und Ansprüche der Selbst- und Mitbestimmung immer wichtiger. Dies hat die Gesellschaft keineswegs in egoistische und verantwortungslose Einzelne aufgelöst, sondern den Rahmen der alten Identitäten freier und vielfältiger ausgestaltet. Das hängt insbesondere mit dem Selbstbewußtsein zusammen, das mit den fast überall verbesserten Ausbildungs- und Berufsqualifikationen wie auch der freieren Alltagskultur verbunden ist.

Die Hoffnungen auf mehr Selbstentfaltung sind durch die seit dem Ausgang der siebziger Jahre zunehmende soziale Unsicherheit für viele enttäuscht worden. Seitdem haben sich vor allem Einstellungen der politischen Verdrossenheit ausgebreitet, teils in der Form demokratischer Kritik, teils auch in Form rechtspopulistischen Ressentiments.

2.1. In der Mitte hat sich die *Traditionslinie der Facharbeiter und der praktischen Intelligenz* (etwa 30%) am entschiedensten modernisiert. Sie hatte dazu auch günstigere Voraussetzungen als die kleinbürgerlichen Milieus. Denn sie war schon immer wenig hierarchiegläubig, sondern setzte auf Eigenverantwortung, gegründet auf gute Ausbildung, Leistung und gegenseitige Hilfe. Durch die Erfahrungen der Wirtschaftskrise ist jedoch das Vertrauen in das Sozialmodell der Bundesrepublik nachhaltig erschüttert worden.

2.1.1. Das bescheidene und disziplinierte *Traditionelle Arbeitermilieu* (TRA), das unter Bedingungen der körperlichen Arbeit und des Mangels, aber auch eines engen und solidarischen Zusammenhalts aufwuchs, ist überaltert und auf 5% geschrumpft.

2.1.2. Die mittlere Generation, das *Leistungsorientierte Arbeitnehmermilieu* (LEO), ist mit gleichbleibend 18% derzeit noch das größte westdeutsche Einzelmilieu. Es ist in den Wachstumsjahren der Bundesrepublik entstanden und besteht hauptsächlich aus gut ausgebildeten modernen Arbeitnehmern, insbesondere (vorwiegend männlichen) Facharbeitern und (vorwiegend weiblichen) qualifizierten Angestellten. Die asketische Arbeitsmoral der Elternmilieus gilt zwar weiterhin, aber nicht deren Bescheidenheit. Für Leistung und Verantwortung erwartet das Milieu auch eine stärkere Teilhabe am Wohlstand. Von den kleinbürgerlichen Aufsteigern unterscheidet es sich dadurch, daß es die Chancengleichheit aller Arbeitenden, ohne Ansehen der sozialen Herkunft, des Geschlechts, des Herkunftslands usw. betont.

Aufgrund neuerer Erfahrungen beruflicher Unsicherheit hat sich das Milieu bereits zu Beginn der neunziger Jahre in zwei Untergruppen von je etwa 9% geteilt. Nur noch eine der beiden Gruppen, die der »*Ungebrochen Asketischen*«, vertraut noch darauf, daß Leistung zur inneren Arbeitzufriedenheit und zu einem gerechten sozialen Aufstieg führt. Die Gruppe der »*Geprellten*« dagegen sieht den Ertrag ihrer Leistung durch die Erfahrung der wirtschaftlichen Krise bedroht und beklagt verbittert, daß Leistungsgerechtigkeit nicht mehr gelte.

2.1.3. In der jüngsten Generation, im *Modernen Arbeitnehmermilieu* (MOA), haben die Werte der Selbstbestimmung, der guten Fachqualifikation und der Chancengleichheit eine neue Stufe erreicht. Das Milieu, das sehr rasch auf 7% gewachsen ist und immer noch wächst, repräsentiert eine neue, hochqualifizierte Arbeitnehmerintelligenz, die in modernen technischen, sozialen und administrativen Berufen und auch in Schrittmacherbranchen arbeitet, sich an der Basis vor Ort solidarisch engagiert und den großen Ideologien wie den höheren Ebenen von Wirtschaft und Politik sehr kritisch gegenübersteht. Im Beruf werden Kreativität, lebenslanges Lernen und Mitgestalten verlangt, in der Lebenswelt die Offenheit für neue und unkonventionelle Formen. Gleichwohl bleibt der Realismus der älteren Milieugenerationen gewahrt: Hedonismus und Selbstverwirklichung werden flexibel am Rahmen des Möglichen orientiert. Das Milieu knüpft in vielem an die alte Tradition der wandernden, kosmopolitischen Handwerker an.

2.2. Die Modernisierung hat nur eine Minderheit der *kleinbürgerlichen Traditionslinie* der Arbeitnehmermilieus erfaßt. Zwei Drittel gehören aufgrund veralteter Fähigkeiten zu den Verlierern des Strukturwandels. Aber so gut wie alle sehen ihre Standards von ausländischen Zuwanderern und der modernen Jugend bedroht und rufen nach einer autoritären Politik.

2.2.1. Das *kleinbürgerliche Arbeitnehmermilieu* (KLB) ist von etwa 28% (1982) auf etwa 15% (1995) geschrumpft. Der verbliebene Kern des Milieus kann sich nur wenig auf moderne Berufserfordernisse umstellen. Denn er umfaßt vor allem kleine und mittlere Angestellte und Selbständige, aber auch Arbeiter mit niedrigen Schulabschlüssen und veralteten Berufsausbildungen, die überwiegend in stärker hierarchisierten traditionellen Berufsgruppen mit eher bescheidenen Einkommen arbeiten. Zu den Verlierern des wirtschaftlichen Wandels gehört das Milieu auch aufgrund seines Habitus, der auf Einordnung in vorgegebene soziale Konventionen und Hierarchien des Berufs, der Politik und der Familie, also auf Sicherheit eingestellt ist. Die meisten sehen sich von der Modernisierung der Lebensstile und der Wirtschaft abgehängt und in ihrer Pflichttreue enttäuscht. So verarbeiten sie die Krise meist mit autoritären Ressentiments gegen die Ausländer und die moderne Jugend, die nach ihrer Ansicht von den Politikern zu sehr bevorzugt werden. Ein Fünftel hat starke rechtspopulistische Sympathien.

2.2.2. Die mittlere Generation der Traditionslinie hat sich zum *Modernen*

Bürgerlichen Milieu (MOBÜ) gewandelt, das etwa 8% umfaßt. Es ist durch seine mittleren Berufsqualifikationen und seine mittlere Angestellten- und Beamteneinkommen besser gesichert als das Herkunftsmilieu. So dominiert zwar weiter die Einordnung in berufliche und familiale Hierarchien, aber der bürgerliche Lebensrahmen wird durch Elemente der individuellen Selbstverwirklichung, des modernen Komforts und des Hedonismus kontrolliert modernisiert. Ein Drittel vertritt auch tolerantere Werte, aber die Mehrheit möchte das Erworbene nicht mit Ausländern teilen und wünscht sich starke und autoritäre Politiker.

2.3. Das *Hedonistische Milieu* (HED), das mit etwa 11% große Teile der Jugend der Mitte repräsentiert, kann aufgrund der Wirtschaftslage seine Ansprüche auf erweiterte Lebensentwürfe nicht verwirklichen und wendet sich daher enttäuscht, aber in der Regel nicht undemokratisch, von den Politikern ab.

Das Milieu betont, seiner Lebensphase entsprechend, den Lebensgenuß im Hier und Jetzt, die konsumorientierte Spontaneität und die demonstrative Unangepaßtheit. Dies entspricht auf den ersten Blick dem Bild der »Erlebnisgesellschaft«[5] und dem »Zuerst komme ich«. Jedoch relativiert sich dieser Eindruck bei genauerem Hinsehen. Denn die Lebensweise des Milieus ist doppelt risikoanfällig, wegen der noch geringen Ressourcen der Jugendphase und wegen der ökonomisch bedingten Verunsicherung der Lebensperspektiven. Die »Hedonisten« befinden sich meist in der Übergangsphase zwischen 20 und 30 Jahren, die zwischen Ausbildung und Jobs verläuft und in der die angestrebten Bildungsabschlüsse und Einkommen noch nicht erreicht sind. Das Milieu hat daher besonders viele Abbrecher, Schüler und Auszubildende, einfache Arbeiter und Angestellte und auch Arbeitslose. Die meisten haben nicht die Mittel, die Ansprüche auf ein gutes Leben und Komfort ohne starke Abstriche zu verwirklichen. So überrascht es nicht, daß das Milieu mit großer Mehrheit hinter den sozialen Sicherungen der Arbeitnehmergesellschaft wie auch den gewerkschaftlichen Interessenvertretungen steht. Nur ein Fünftel kann es sich leisten, einem »schrillen« Hedonismus zu huldigen, während die Mehrheit aus »Freizeithedonisten« besteht, die sich am Abend und am Wochenende mehr Freiräume wünschen.

3. Die *unterprivilegierten Milieus*, deren Lage in der Nachkriegsentwicklung teilweise deutlich stabilisiert worden ist, sind teilweise in ihren alten Teufelskreis von geringer Qualifikation und geringen Aussichten, ihre Lage durch eigene Anstrengungen zu verbessern, zurückgekehrt. Betroffen sind sie besonders von der

---

5 Vgl. Schulze 1992.

Auslagerung von Massenproduktion in Niedriglohnländer und von der Entstehung eines Niedriglohnsektors bei uns.

Die *Traditionslosen Arbeitermilieus* (TLO), mit ca. 12 %, für die ungelernte und unstetige Beschäftigungen typisch waren, hatten in der alten Bundesrepublik (wie auch in der DDR) erstmals dauerhafte Beschäftigungen als Arbeiter und Angestellte in körperlich belastenden Arbeiten am Fließband, im Bergbau und einfachen Dienstleistungen gefunden. Viele dieser Arbeitsplätze werden heute in andere Länder verlagert.
Als gering Qualifizierte, die an den Bildungsöffnungen kaum teilhatten[6], finden die Angehörigen des Milieus schwer neue Jobs. Sie stellen den Hauptteil der Dauerarbeitslosen. Viele sind genötigt, Arbeit in Bereichen des Gelegenheitserwerbs, der Niedriglöhne, der »geringfügigen Beschäftigungen« oder der extremen zeitlichen und körperlichen Belastung anzunehmen. Die Regel ist nicht, daß man sich in die Hängematte des Sozialstaats lehnt, sondern sich ebenso im »Hamsterrad« befindet wie die übrigen Arbeitnehmermilieus. Andere, erfolglose Teile des Milieus geraten tatsächlich vermehrt in Abwärtsspiralen der Resignation und Anomie.

3. Raumbilder deutscher und europäischer Milieus

Die nachfolgenden Raumbilder oder »Landkarten« zeigen die räumliche Gliederung der sozialen Milieus in West- und Ostdeutschland sowie in Frankreich, Großbritannien und Italien. – Die Raumbilder sind für die Neufassung dieses Buchs neu entwickelt worden. Sie gehen auf ein Experiment zurück, das wir am Anfang unserer Forschungen, im Jahre 1987, durchgeführt haben. Das Experiment führte zwei innovative Forschungen zusammen.
In der Lebensweltforschung des ›Sinus‹-Instituts war eine neue Methodologie entwickelt worden, mit der – über qualitative und dann auch quantitative Interviews – erstmals ein Gesamtüberblick über die Art und Größe der Typen sozialer Milieus und Mentalitäten in einer Gesellschaft gewonnen werden konnte.[7]
Diese Typen der alltäglichen Lebensführung entsprachen, wie wir rasch feststellten, den Typen historischer Klassenkulturen

---

6 Geißler (Hg.) 1994.
7 Becker/Nowak 1982.

bzw. den kurz vorher von Pierre Bourdieu entdeckten und in dem Buch ›Die feinen Unterschiede‹ vorgestellten Formen des Habitus sozialer Klassen[8] und umfaßten sogar mehr Untertypen. Aber das ›Sinus‹-Institut hatte noch keine Lösung dafür, wie diese Milieus in der Sozialstruktur verortet werden konnten.

Auf diesem Gebiet hatte aber Bourdieu, in derselben großen Untersuchung der französischen Gesellschaft, einen anderen wissenschaftlichen Durchbruch erzielt. Während die bisherigen Klassen- und Schichtungstheorien nur von vertikal angeordneten Berufsgruppen ausgingen, konnte Bourdieu diese rein ökonomische und vertikale Sichtweise vor allem auf zwei Weisen durchbrechen.

Zum einen entdeckte er die horizontale Achse des sozialen Raums, auf der sich die Berufe nach dem Anteil des »kulturellen Kapitals« differenzieren. Berufsstellungen mit mehr Ausbildungskapital wurden weiter links, Berufe mit mehr ökonomischem Kapital weiter rechts verortet. Die vertikale Verortung erfolgte nach dem Gesamtumfang beider »Kapitalsorten«. Auf diese Weise konnten alle Berufsgruppen in übersichtlichen Landkarten verortet werden.

Zum anderen konnte Bourdieu über umfangreiche Befragungen beweisen, daß jeder Berufsgruppe auch bestimmte äußere Lebensstile entsprachen, hinter denen sich wiederum ein bestimmter innerer Habitus verbarg. Es bestand also eine Entsprechung oder »Homologie« zwischen dem Ort eines Milieus im Raum der Berufe und seinem Ort im Raum des Habitus. Bourdieus Raumbild (Abb. 6, S. 46 f.) bringt diese beiden Ebenen auch sichtbar zusammen. Zwar besteht diese Entsprechung nicht im Verhältnis von eins zu eins, denn es gibt eine gewisse Streuung von individuellen Varianten und Abweichungen. Gleichwohl konzentrieren sich die meisten Fälle jedes Typus in einem räumlichen Schwerpunkt.

Bourdieu war damit, von den Berufen ausgehend, zu dem gleichen Ergebnis einer »Homologie« gekommen wie die ›Sinus‹-Forschung, die von den Mentalitätstypen ausging. Beide Ansätze ließen sich also verbinden. Unser Experiment zielte darauf, Synergieeffekte zwischen beiden zu entdecken und weiterzuentwikkeln. Dazu haben wir die (westdeutschen) Milieutypen, entsprechend den Berufsangaben der differenziertesten ›Sinus‹-Studie, in Bourdieus sozialen Raum (in Frankreich) eingetragen.[9]

---

8 Bourdieu 1982 [1979].
9 SPD [›Sinus‹] 1984; Bourdieu 1982 [1979], S. 212 f.

Das in Abbildung 6 (S. 46 f.) wiedergegebene Resultat stützte die Hypothese einer »Pluralisierung der Klassengesellschaft«. Durch den »postmaterialistischen Wertewandel« hatten sich die Mentalitätstypen zwar keineswegs von einem bestimmten Ort im ökonomischen Klassengefüge gelöst, und es gab auch noch deutliche soziale Trennlinien. Andererseits war die Struktur doch differenzierter als zuvor angenommen. Die Differenzierungen waren aber nicht identisch mit den beruflichen Teilungen, die die Theorie der »postindustriellen Wissensgesellschaft« (Bell) proklamierte. Vielmehr bestand jedes der Milieus der Arbeitnehmer sowohl aus Arbeitern wie aus Angestellten und Dienstleistenden. Die Unterschiede mußten daher mit den anderen Unterschieden verbunden sein, nach denen sich der soziale Raum strukturiert: mit den Differenzierungen nach kulturellem Kapital.

Im Verlauf unserer Untersuchungen, deren Theorie und Methode später ausführlich dargestellt wird, konnten wir den Ansatz Bourdieus weiterentwickeln und in empirischen Untersuchungen auf den westdeutschen und teilweise den ostdeutschen gesellschaftlichen Raum anwenden. Die beigefügten »Landkarten« geben, in stilisierter Form, die gefundenen Raumstrukturen wieder.

Die zeitlichen Veränderungen, die sich in den Raumbildern der west- und ostdeutschen Milieus ausdrücken, werden in den historischen Darstellungen der deutschen Gesellschaft (vgl. Kapitel 3) interpretiert.

Die Raumbilder der drei anderen europäischen Gesellschaften sind, obwohl sie keine neueren Daten als die von 1991 zugrunde legen können, ebenfalls eine Neuentwicklung. Vergleichende Untersuchungen der mehrdimensionalen gesellschaftlichen Gesamtstrukturen gibt es bisher sonst nicht. Sie zeigen eine bemerkenswerte Übereinstimmung der Grundmuster der Milieugliederung. Die großen Traditionslinien sind gleich. Die Unterschiede beginnen dort, wo sie sich in kleinere Teilmilieus ausdifferenzieren.

In den Volksmilieus zeigen sich deutlich verschiedene Modernisierungsstufen. In Italien sehen wir noch Milieus von etwa 7%, die den wenig modernisierten Agrarregionen entsprechen. Frankreich, Ostdeutschland und England haben noch die größten Milieus mit traditioneller Klassenmentalität, mit 28%, 23%

Abb. 6: Bourdieus Raum der sozialen Positionen und die Lage der Milieus

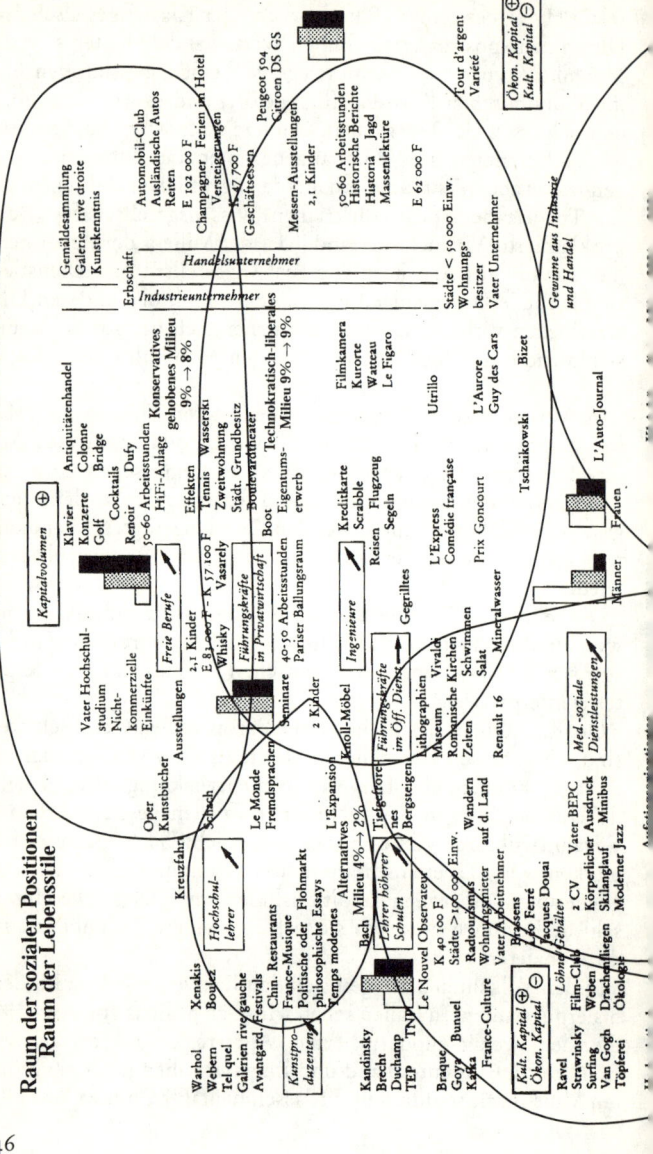

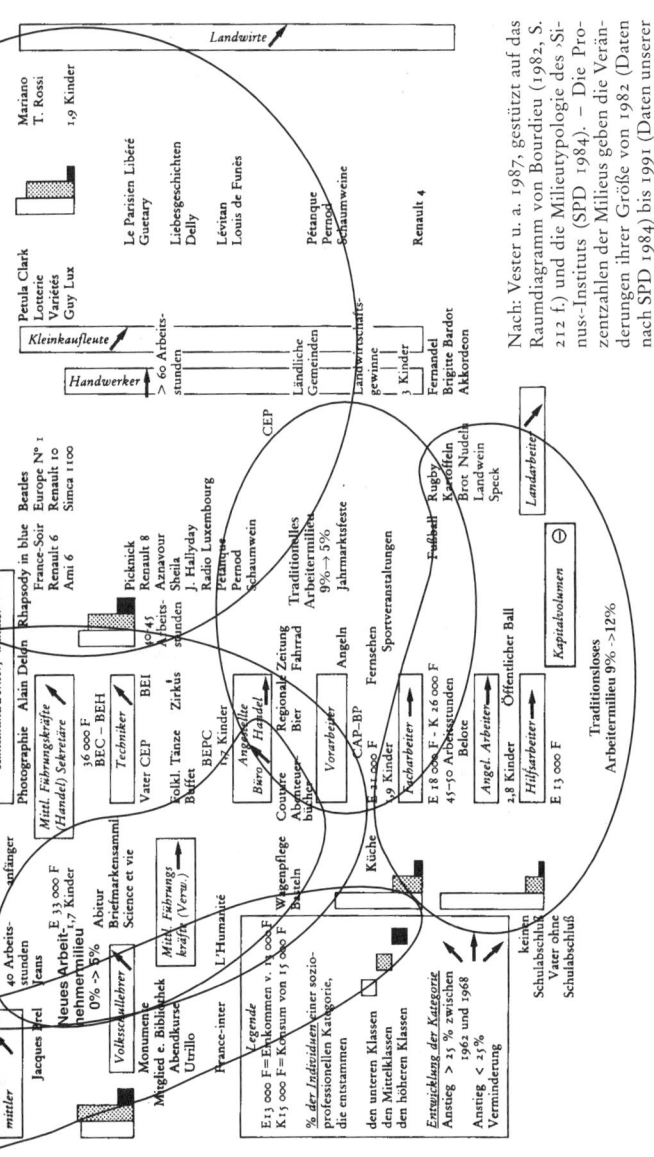

Nach: Vester u. a. 1987, gestützt auf das Raumdiagramm von Bourdieu (1982, S. 212 f.) und die Milieutypologie des ›Sinus‹-Instituts (SPD 1984). – Die Prozentzahlen der Milieus geben die Veränderungen ihrer Größe von 1982 (Daten nach SPD 1984) bis 1991 (Daten unserer Repräsentativbefragung) an.

Abb. 7a: Die Milieus der alltäglichen Lebensführung
im sozialen Raum Westdeutschlands 1982

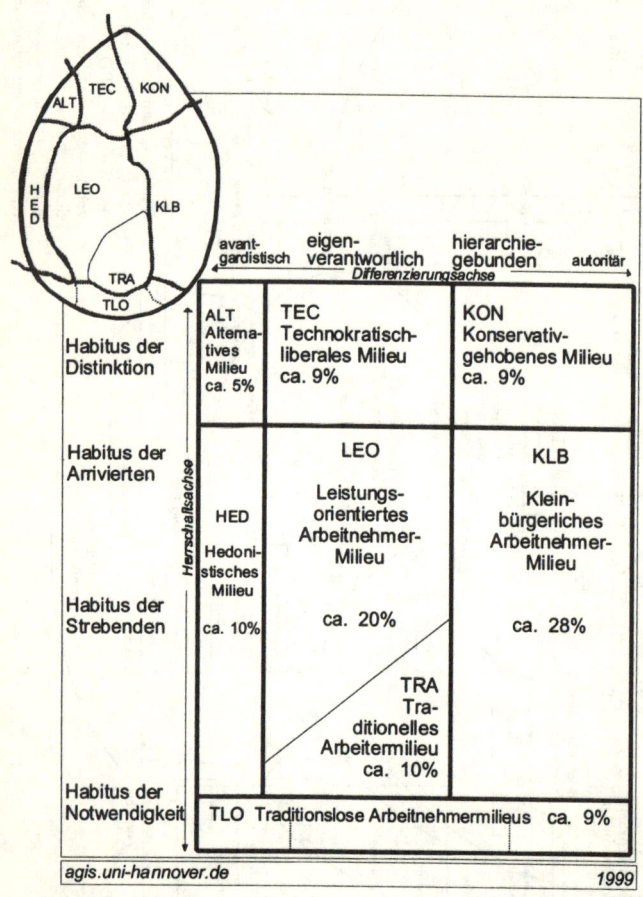

Abb. 7b: Die Milieus der alltäglichen Lebensführung
im sozialen Raum Westdeutschlands 1995

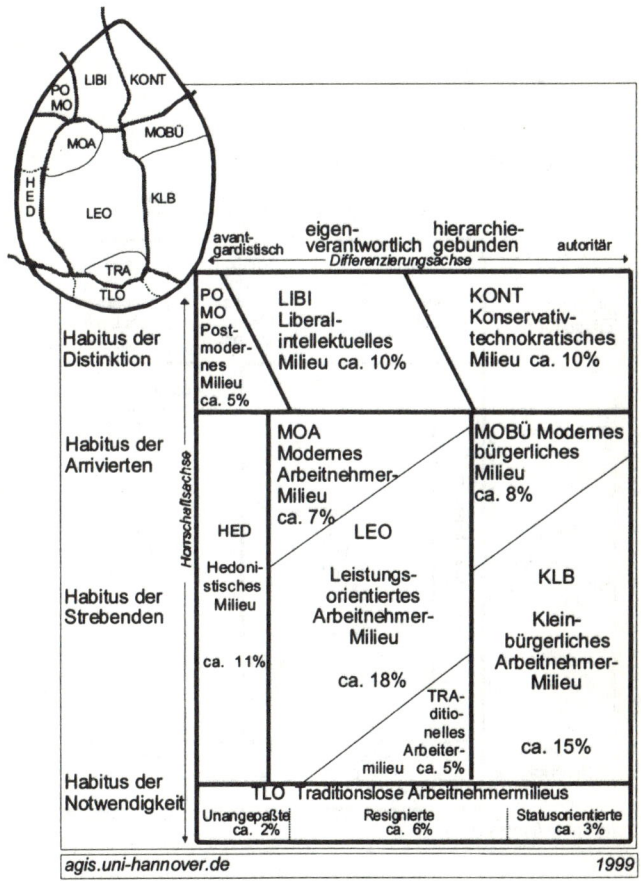

Abb. 8a: Hypothetische Landkarte der sozialen Milieus
in Ostdeutschland 1991

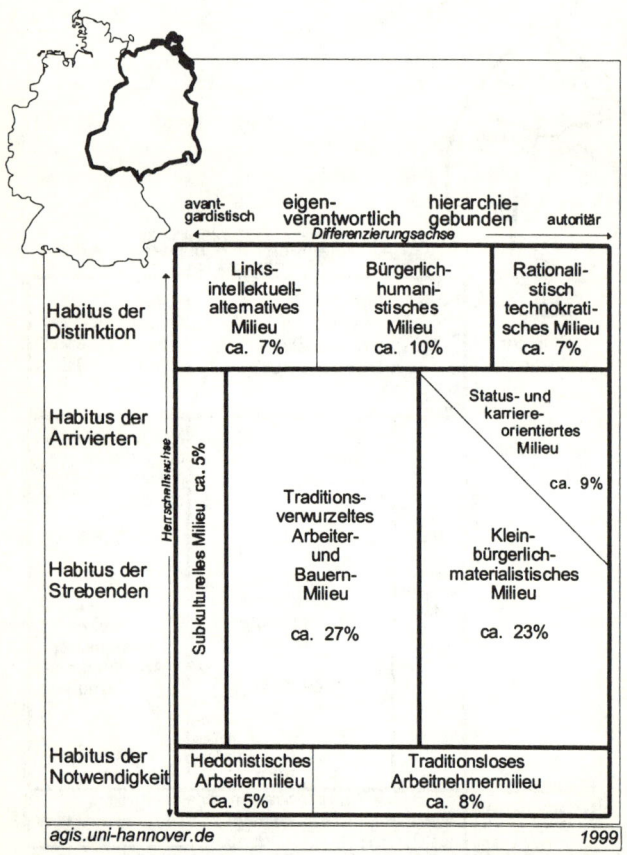

Abb. 8b: Hypothetische Landkarte der sozialen Milieus
in Ostdeutschland 1997

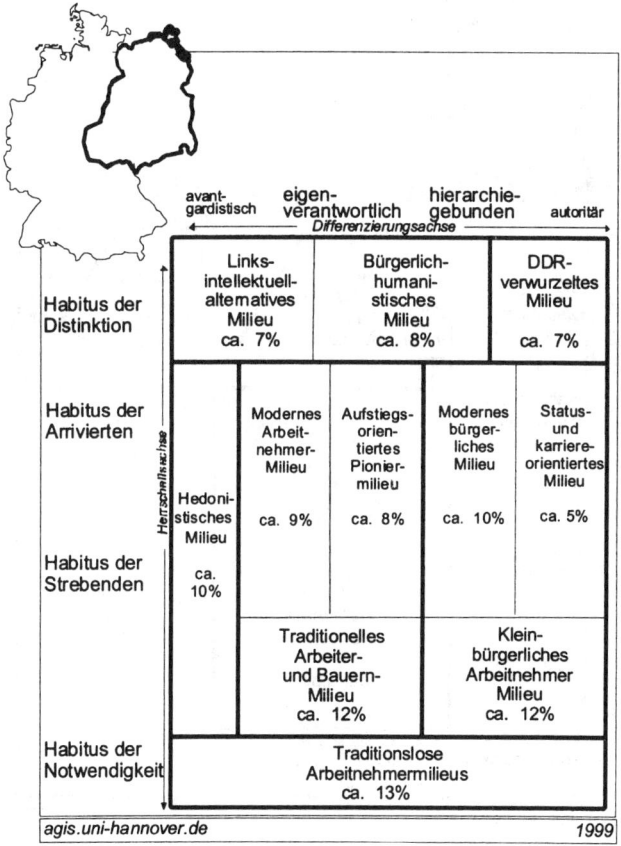

Abb. 9a: Hypothetische Landkarte der sozialen Milieus in Frankreich 1991

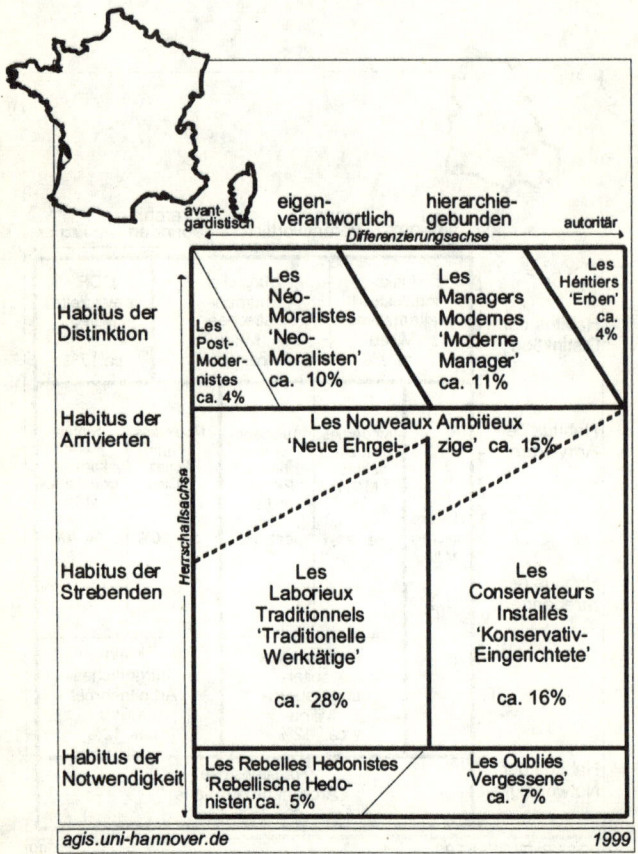

Abb. 9b: Hypothetische Landkarte der sozialen Milieus in Großbritannien 1991

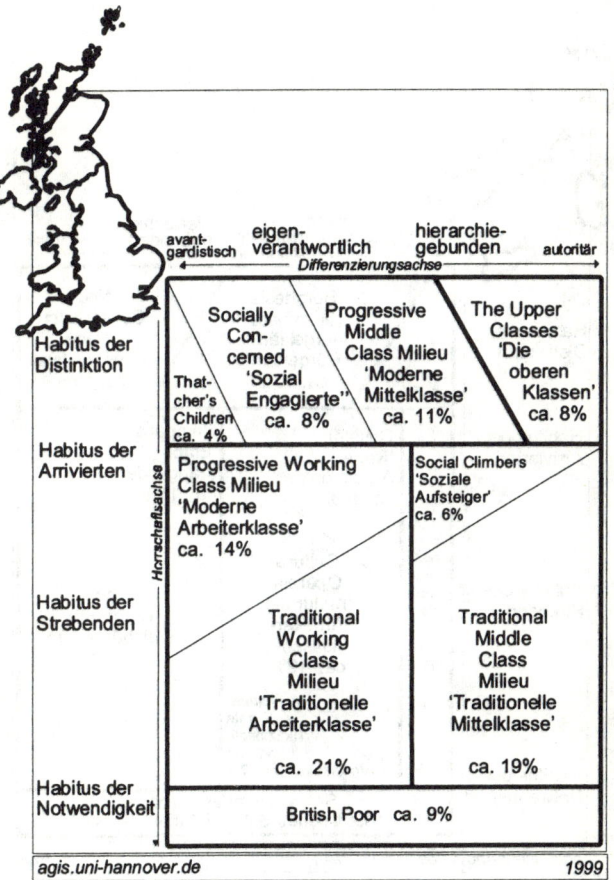

Abb. 9c: Hypothetische Landkarte der sozialen Milieus in Italien 1991

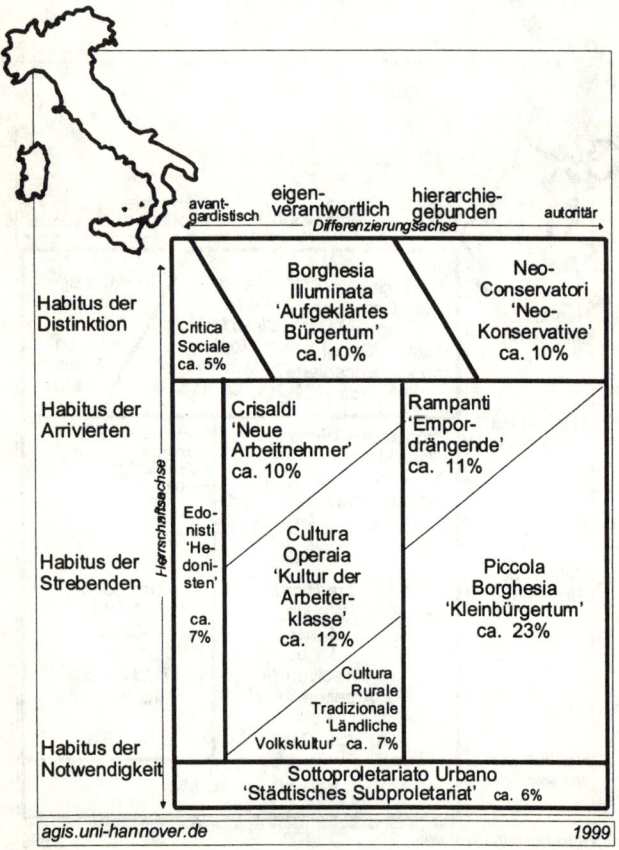

und 21%. Die Gesamtheit der eher nach traditionellen Klassengegensätzen gefärbten Milieus der Volksklassen liegt in fast allen Ländern sogar noch um 50%.

Der starke Modernisierungsunterschied zu Westdeutschland läßt sich nicht aus entsprechenden statistischen Unterschieden der Erwerbsstrukturen erklären. Denn die hochentwickelten Länder sind wirtschaftlich annähernd gleich entwickelt. Die Unterschiede der »nationalen Pfade« können in dem Maße nicht aus rein marktabhängigen Wirtschaftsentwicklungen erklärt werden, in dem die Klassenstrukturen durch den Sozialstaat, das Arbeits- und Wirtschaftsrecht und nicht zuletzt das »korporatistische« Aushandlungssystem von Kapital und Arbeit politisch reguliert werden.[10]

Dort, wo die unternehmerischen bzw. staatlichen Autoritätshierarchien autokratischer sind und wo die Menschen als Rechtssubjekte und als Gewerkschafts- oder Verbandsmitglieder weniger Mitbestimmung und Gegenmacht ausüben können, werden die Klassenbeziehungen stärker nach dem traditionellen Gegensatz von Macht und Ohnmacht wahrgenommen. In anderen Ländern haben die vermittelnden Institutionen – die Tarifautonomie, die Arbeitnehmerrechte im Betrieb, die Betriebsräte, die Mitbestimmung usw. – zwar autoritäre Erstarrungen und Bürokratisierungen hervorgebracht, aber auch eine größere Teilhabe an den sozialen und kulturellen Öffnungen. Dies hat nicht unwesentlich zu einem größeren Selbstbewußtsein der Arbeitnehmermilieus beigetragen.

4. Zur Binnenstruktur sozialer Milieus

Die innere Ungleichheitsstruktur der Milieus haben wir am Beispiel des ›Leistungsorientierten Arbeitnehmermilieus‹, das mit 18 % inzwischen das größte Einzelmilieu ist und das den Kern der gut qualifizierten Arbeitnehmer repräsentiert, untersucht.[11] Zu ihm gehören, wie zu allen Milieus, etwa gleich viel Männer und Frauen. Eine Unterteilung nach Berufsgruppen macht deut-

---

10 Dies wird besonders von der »institutionellen Schichtungstheorie« (Esping-Andersen 1993, S. 2) nachgewiesen (vgl. Kapitel 3.3.).
11 Gardemin 1998.

Abb. 10: Berufsgruppen und Geschlecht im Leistungsorientierten Arbeitnehmermilieu*

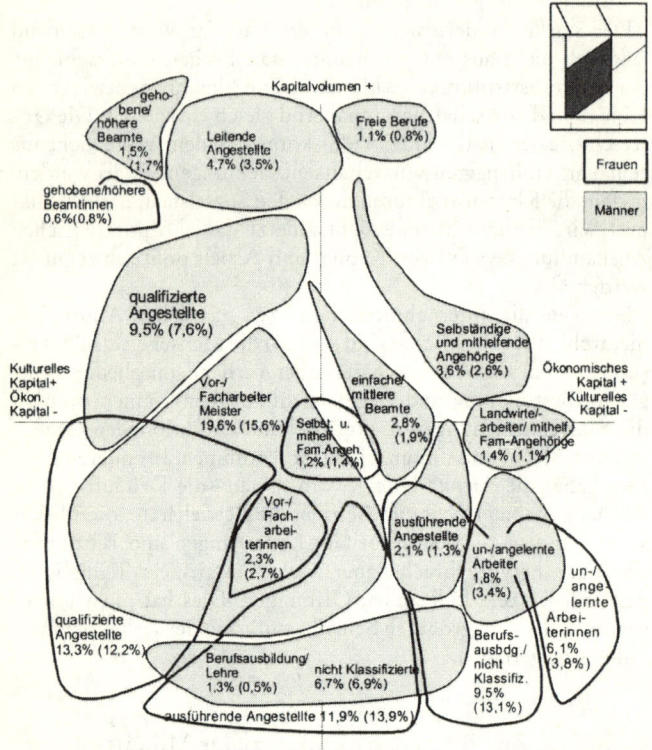

* In Relation gesetzte berufliche Teilräume nach dem iterativen Gruppenverfahren, verortet im Raum der sozialen Positionen (Bourdieu); Stichprobe nach Repräsentativbefragung 1991, agis.
Prozentangaben: Befragte im ›Leistungsorientierten Arbeitnehmermilieu‹ (in Klammern: Befragte in gesamter Stichprobe); Lesebeispiel: Vor-/Facharbeiter/Meister 19,6 % (15,6 %) = 19,6 % aller Befragten im ›Leistungsorientierten Arbeitnehmermilieu‹ sind männliche Vor-/Facharbeiter/Meister (15,6 % aller Befragten der gesamten Stichprobe sind männliche Vor-/Facharbeiter/Meister)
(agis.uni-hannover.de; Quelle: Gardemin 1998, S. 19)

lich, daß die innere Ungleichheit des Milieus in der Arbeitsteilung der Geschlechter liegt.

Unser Raumbild (Abb. 10) zeigt das Feld der weiblichen Berufsgruppen und das Feld der männlichen Berufsgruppen. Beide sind, wie Bögen aus Pergamentpapier, übereinandergelegt. Wir sehen dadurch, daß die beruflichen Trennlinien überwiegend auch solche des Geschlechts sind. Die Achsen des Feldes entsprechen den Bourdieuschen Kapitalsorten. Die vertikale Ausdehnung jeder Berufsgruppe entspricht der Spannweite der in ihr vertretenen Einkommensgruppen. Horizontal ist das Spektrum des Ausbildungskapitals der Berufsgruppe abgetragen, wobei die besser qualifizierten Berufe mehr links, die geringer qualifizierten mehr rechts positioniert sind. Die räumliche Verteilung der Berufsgruppen läßt eine bestimmte topologische Struktur, insbesondere bestimmte Häufungen und Trennlinien erkennen. Die Trennlinien der geschlechtlichen Segmentierung des Arbeitsmarktes, die zugleich die Linien der Arbeitsteilung zwischen Männern und Frauen sind, strukturieren sich nach beiden Raumachsen.

Auf der *vertikalen Achse* wird die ›domination masculine‹[12], die ›männliche Herrschaft‹, als allgemeines Gliederungsprinzip der einkommensmäßigen *Diskriminierung* der Frauen sichtbar. Beispielsweise sind bei den Männern die ausführenden Angestellten, die qualifizierten Angestellten und auch die Selbständigen deutlich in höheren Einkommensgruppen vertreten als die gleiche Berufskategorie der Frauen. Die Diskriminierung ist zugleich aber nicht so extrem, daß sie nicht auch eine große Zone relativer Gleichheit in der unteren Mitte zuließe.

Auf der Achse der *horizontalen* Differenzierung bilden sich die nichthierarchische, sektorale Arbeitsteilung und die Wanderungen der Vergangenheit vom Agrarsektor zur Industrie und zu den Dienstleistungen ab. Diese Wanderungen sind zugleich durch die geschlechtliche Arbeitsteilung, z. B. zwischen ›produzierenden‹ und dienstleistenden Tätigkeiten, mitstrukturiert.

Die ebenfalls vorhandene *ethnische Unterschichtung* kann hier nicht abgebildet werden, da für entsprechende repräsentative Untersuchungen der nicht deutschsprachigen Bevölkerung keine Mittel bereitstanden.

12 Bourdieu 1997b.

5. Gesellschaftspolitische Lager

Die sechs gesellschaftspolitischen Lager sind durch unsere repräsentative Befragung der Westdeutschen differenziert untersucht (vgl. Kapitel 3.7-8. und 12). Unser Raumbild (Abb. 11a) gibt die Orte an, den die Lager im Raum der Milieus einnehmen. Die Verortungen drücken den Spagat oder die Spannung aus, die die politischen Parteien bewältigen müssen, wenn sie ihre Klientele aus den verschiedenen Milieus und Lagern mobilisieren und repräsentieren wollen.

Drei der Lager (TKO, RAD und SOZ) vertreten konsistente Konzepte der Gesellschaftspolitik, verbunden mit dem Anspruch auf Führungsrollen Nur drei der Lager (TKO, GKO und RAD, senkrecht schraffiert) sind derzeit zufrieden, die drei anderen (SOZ, SKED und EA, waagerecht schraffiert) sind auf verschiedene Weise über die derzeit dominante Politik verdrossen. Die nachlassende Integrationskraft der oberen Milieus – eine Krise der politischen Repräsentation – drückt sich in vier Tendenzen aus.

(1) Die konservativen Kernlager erreichen mit gut 30% zwar noch weitgehend die konservativen Arbeitnehmermilieus, erodieren aber deutlich infolge modernerer Bildung und Lebensstile.

Das *Traditionell-Konservative Lager (TKO)*, mit ca. 14%, vertritt die klassische konservativ-hierarchische Gesellschaftsordnung aus der Perspektive des »Patrons«, der gegenüber seinen »Klienten« Vorrechte hat, aber auch zur Fürsorge verpflichtet ist. Die Bindekraft des Lagers wirkt daher noch erheblich nach unten, in den rechten, kleinbürgerlichen Teil des sozialen Raums hinein. Die politische Sympathie gilt ganz überwiegend der CDU/CSU und FDP, teilweise aber auch dem rechten SPD-Flügel.

Das Lager der *Gemäßigt-Konservativen (GKO)* vertritt das hierarchische Sozialmodell aus der Perspektive des »Klienten«, der dem Patron zur Treue verpflichtet ist, aber auch Fürsorge für die Arbeitnehmer erwartet. Mit etwa 18% bindet es noch einen großen Teil des konservativen Randes der mittleren und unteren Milieus, die überdurchschnittlich zur CDU/CSU und durchschnittlich zum rechten SPD-Flügel neigen. Allerdings lockern sich bei etwa 7% die konservativen politischen Bindungen; ein gutes Drittel des Lagers hat modernerer Bildung und Lebensstile und erwartet eine Öffnung zu toleranteren und weniger autoritären Stilen.

(2) Das ökologisch und zivilgesellschaftlich orientierte Radikaldemokratische Lager hat infolge elitärer und teilweise neoliberaler Orientierungen nur Bindekraft für gut 10% – in den oberen Milieus.

Abb. 11a: Die gesellschaftspolitischen Lager im Überblick

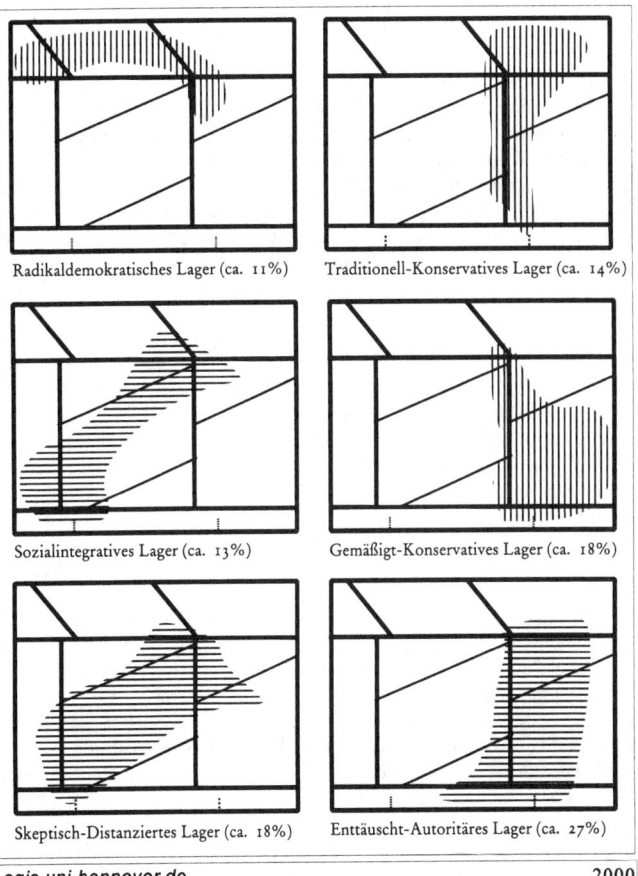

Das *Radikaldemokratische Lager (RAD)* vertritt ein progressiv-elitäres Sozialmodell. Das Progressive liegt in den Werten der »Zivilgesellschaft«: mehr Rechte für die Bürger, die Frauen, die Ausländer, die Umwelt usw. Das Elitäre liegt in der Ideologie des Leistungsaufstiegs. Sie rechtfertigt, daß man selbst höhere Positionen einnimmt, während die »Masse« die geringeren Positionen, die sie einnimmt, aufgrund geringerer Leistung auch verdient. Aufgrund dieses neoliberalen Zuges kann das Lager keine Milieus unterhalb der oberen und der gehoben-kleinbürgerlichen Milieus binden. Die überwiegenden Sympathien des Lagers für SPD, Grüne und FDP beziehen sich auf die Aufstiegsperspektiven, die diese Parteien bieten.

(3) Die beiden Lager der solidarischen Sozialmodelle sind mit mehr als 30% gut in den großen moderneren Arbeitnehmermilieus verankert, aber vom Abbau sozialer Sicherungen und vom gesellschaftspolitischen Kurs der politischen Eliten tief enttäuscht.

Das *Sozialintegrative Lager (SOZ)* vertritt ein progressiv-solidarisches Sozialmodell, d. h. die Werte der Zivilgesellschaft und zusätzlich universalistische Werte der sozialen Integration und Gleichstellung. Zentraler Wert ist die *Solidarität* aufgrund gegenseitiger Leistung und für sozial Benachteiligte. Es bindet, mit ca. 13%, überwiegend Teile der gesellschaftskritischen modernen Mitte, die überdurchschnittlich der SPD und den Grünen zuneigen. Von der großen Politik zunehmend enttäuscht, engagieren sie sich vor allem in Basispolitik.

Das Lager der *Skeptisch-Distanzierten (SKED)* vertritt, mit ca. 18%, große Teile der Milieus der modernen Arbeitnehmermitte. Sie vertreten das Sozialmodell der Bundesrepublik, das hohe Leistung durch *soziale Teilhabe* an Wohlstand und Sicherheit belohnt, dieses Modell sehen sie durch die Wirtschaftskrise und die Politik der wirtschaftlich und politisch Mächtigen zunehmend gefährdet. Auch ihre überdurchschnittliche Neigung zur SPD wird zunehmend enttäuscht. Ihre Desillusionierung verarbeiten sie meist mit skeptischer, aber nicht undemokratischer Distanz gegenüber der Parteipolitik.

(4) Für mehr als ein Viertel der Westdeutschen besteht die Bindekraft der großen Parteien nur noch äußerlich. Sie sehen sich von den Modernisierern im Stich gelassen und verarbeiten dies mit autoritären Ressentiments und rechtspopulistischen Sympathien.

Die Lager der *Enttäuscht-Autoritären (EA)*, 1991 bereits ca. 27%, sammeln sich aus Milieus mit geringen und unmodernen Ausbildungen. Es sind meist Ältere, aber auch Jugendliche ohne Perspektiven. Sie sehen sich als Modernisierungsverlierer, die von der übrigen Gesellschaft zunehmend aufgegeben werden. Sie verarbeiten dies mit Ressentiments gegen Ausländer, alles Moderne und die Politiker, die ihre Fürsorgepflicht verletzen. Obwohl sie mehrheitlich noch die großen Volksparteien wählen, sympathisieren sie mit einem autoritären Populismus.

Abb. 11b: Die gesellschaftspolitischen Lager Westdeutschlands I:
Lager mit gesellschaftspolitischen Konzepten

	SOZIALES PROFIL * Alter * Stellung und Lage * Soziale Herkunft * Zusammenhalt u. Gesellungsform	GESELLSCHAFTLICHES ORDNUNGSBILD * Reichweite politischer Gleichstellung * Reichweite sozialer Gleichstellung	SCHWERPUNKTE IM SOZIALEN RAUM * soziales Milieu * Parteisympathien	POLITIK * Verhältnis zur großen Politik * Partizipationsverhalten * Politikformen
TKO TRADITIONELL-KONSERVATIVE (ca. 14%)	* eher Ältere * höhere Angestellte, Beamte und Selbständige * oft mittelständische Herkunft	konservative Vorstellung von sozialer Hierarchie mit gestuften Rechten: * gegen zu ausgeprägte Rechte für Ausländer, Frauen, sozial Schwache, Arbeitnehmer und Gewerkschaften * für Leistungshierarchie	* Milieus im oberen und rechten sozialen Raum – Konservativ-technokratisches Milieu – Modernes Bürgerliches Milieu – teilweise Leistungsorientierter Arbeitnehmer * Schwerpunkte bei CDU/CSU und FDP (REP durchschnittlich; SPD und Grüne unterdurchschnittlich)	* Vertrauen zur Parteipolitik * politisch interessiert, aber Delegation politischer Beteiligung * gegen unkonventionelle Politikformen
* hierarchische Orientierungen (Patron-Klient-Muster) * konservativ-mittelständische Lagen und Stile	* stabiler und exklusiver Zusammenhalt; konventionell-distanzierte Gesellungsformen			
RAD RADIKAL-DEMOKRATEN (ca. 11%)	* v. a. jüngere und mittlere Altersgruppen * moderne Berufe in höheren Lagen * Herkunft häufig aus dem Bildungsbürgertum	»neues Politikmodell« des dritten Weges zwischen Sozialdemokratie und Neoliberalismus: * Bürger-, Umwelt- und Friedenspolitik * rechtliche und politische Gleichstellung der Frauen und Ausländer * geringere Wahrnehmung der Benachteiligung von Arbeitnehmern und sozial Schwachen	* Milieus im gesamten oberen sozialen Raum – Liberal-intellektuelles Milieu – Konservativ-technokratisches Milieu – teilweise auch Modernes Bürgerliches und Hedonistisches Milieu * Schwerpunkte bei SPD, Grünen und FDP (CDU/CSU und REP unterdurchschnittlich)	* kritische Einstellung zur Politik * trotzdem aktiv auch innerhalb von Parteien * ebenfalls engagiert in Basispolitik * für unkonventionelle Politikformen
* kritische politische Orientierungen (›Zivilgesellschaft‹) * Elitenbewußtsein * gehobene moderne Lagen und Stile	* stabiler und weiter Zusammenhalt; rege offene Geselligkeit			

[Abb. 11b: Fortsetzung]

Soziales Profil: * Alter * Stellung und Lage * Soziale Herkunft * Zusammenhalt u. Gesellungsform	Gesellschaftliches Ordnungsbild: * Reichweite politischer Gleichstellung * Reichweite sozialer Gleichstellung	Schwerpunkte im sozialen Raum * soziales Milieu * Parteisympathien	Politik * Verhältnis zur großen Politik * Partizipationsverhalten * Politikformen
SOZ **Sozialintegrative** (ca. 13%) * v.a. jüngere und mittlere Altersgruppen * moderne Berufe in höheren Lagen * Herkunft häufig aus Facharbeitermilieus	Politikmodell universeller sozialer Gerechtigkeit * Bürger-, Umwelt- und Friedenspolitik * politische und rechtliche Gleichstellung aller * soziale Gleichstellung auch der Frauen, Ausländer, Arbeitnehmer und sozial Schwachen	* Milieus in der linken Mitte des sozialen Raums – leistungsorientiertes Arbeitnehmermilieu – Hedonistisches Milieu – teilweise liberal-intellektuelles Milieu, sowie Modernes Kleinbürgerliches und Traditionsloses Arbeitnehmermilieu * Schwerpunkt bei SPD und Grünen (FDP durchschnittlich, CDU/CSU und REP unterdurchschnittlich)	* sehr enttäuscht und 'politisch verdrossen' * hohe Beteiligung an Basispolitik
* für soziale und politische Gleichstellung aller * solidarisches Bewußtsein * moderne mittlere Lagen und Stile * hohe politische Unzufriedenheit	* stabiler und weiter Zusammenhalt; rege offene Geselligkeit		* für unkonventionelle Politikformen

Quelle Abb. 11
Repräsentativbefragung »Gesellschaftlich-politische Milieus in Westdeutschland 1991«: Basis: n = 2.684; deutschsprachige Wohnbevölkerung ab 14 Jahren in Privathaushalten der BRD (West) und Berlin (West); Forschungsgruppe Sozialstrukturwandel, Universität Hannover

Abb. 11c: Die gesellschaftspolitischen Lager Westdeutschlands II:
Lager der gesellschaftspolitischen Abhängigkeit

	Soziales Profil: * Alter * Stellung und Lage * Soziale Herkunft * Zusammenhalt u. Gesellungsform	Gesellschaftliches Ordnungsbild: * Reichweite politischer Gleichstellung * Reichweite sozialer Gleichstellung	Schwerpunkte im sozialen Raum * soziales Milieu * Parteisympathien	Politik * Verhältnis zur großen Politik * Partizipationsverhalten * Politikformen
GKO GEMÄSSIGT-KONSERVATIVE (ca. 18%) * relativ gesicherte konservative Arbeitnehmer * ständische Kombination von (legitimer) Hierarchie und sozialer Gerechtigkeit * stabiler sozialer Zusammenhalt * politisch eher zufrieden	* alle Altersgruppen * viele Facharbeiter, bei den Jüngeren auch mittlere Angestellte und Beamte * Aufstieg bzw. Herkunft aus einfachen Bauern- und Arbeitermilieus und mittleren Milieus * Stabiler Zusammenhalt, rege konventionelle Gesellligkeit	Patron-Klient-Hierarchie: * wohlstandschauvinistisch, aber für Ausländerrechte; * für Leistungshierarchie, aber Sicherung von Arbeitnehmern und sozial Schwachen	* Milieus in der rechten Mitte des sozialen Raums – Kleinbürgerliches M. - teilw. Leistungsorientiertes und Traditionsloses Arbeitnehmermilieu * Schwerpunkt bei der CDU/CSU (SPD im Durchschnitt; FDP, Grüne und REP darunter)	* Vertrauen zur Parteipolitik * politisch eher passiv * überdurchschnittlich hohe Mitgliedschaft in Gewerkschaften * gegen unkonventionelle Politikformen
SKED SKEPTISCH-DISTANZIERTE (ca. 18%) * Moderne Arbeitnehmermitte * orientiert an Leistung und sozialer Gleichberechtigung * stabiler sozialer Zusammenhalt * hoher politischer Verdruß	* vor allem jüngere und mittlere Altersgruppen * mittlere Lagen von Facharbeitern und Angestellten; * häufig Aufstieg aus einfachen Arbeitermilieus; * Stabiler Zusammenhalt: - rege Gesellligkeit in vertrauten Kreisen; - Unsicherheit in der Konkurrenzgesellschaft	Soziale Gerechtigkeit als selbst erkämpfter und erarbeiteter Anspruch auf Teilhabe: * Solidarität auf Gegenseitigkeit der Leistung und für unverschuldet in Not Geratene * Selbstbewußte Skepsis gegenüber – den Oberen in Politik und Wirtschaft – allen Ideologien einschließlich der sozialen Marktwirtschaft – der Möglichkeit der Chancenverbesserung für Frauen, Ausländer und sozial Schwache	* Milieus um die modernere Mitte der Arbeitnehmermilieus: – Leistungsorientierte – Hedonisten – Traditionslose – teilweise Kleinbürgerliche u. Moderne Arbeitnehmerm. u. Lib.-Intell. M. * Schwerpunkt bei der SPD – CDU/CSU und FDP im Durchschnitt, Grüne darunter, – bei kleineren Gruppen Möglichkeit des Nichtwählens oder der rechtspopulistischen Protestwahl	* politisch desillusioniert, in Teilgruppen hohe 'politische Verdrossenheit' * viele Mitglieder und Basisaktivisten in der Gewerkschaften * Sympathie für unkonventionelle Politikformen

63

[Abb. 11c: Fortsetzung]

	SOZIALES PROFIL: * Alter * Stellung und Lage * Soziale Herkunft * Zusammenhalt u. Gesellungsform	GESELL-SCHAFTLICHES ORDNUNGSBILD: * Reichweite politischer Gleichstellung * Reichweite sozialer Gleichstellung	SCHWERPUNKTE IM SOZIALEN RAUM * soziales Milieu * Parteisympathien	POLITIK * Verhältnis zur großen Politik * Partizipationsverhalten * Politikformen
EA ENTTÄUSCHT-Autoritäre (ca 27%) * Modernisierungsverlierer mit traditionellem, bescheidenem Lebensstil und Zusammenhalt * hoher politischer Verdruß * Weltbild des Macht-Ohnmacht-Gegensatzes, verarbeitet mit Ressentiments u. Rechtspopulismus, in zwei Teilgruppen:	* viele Ältere, Rentner und Alleinlebende * v.a. einfache Arbeiter und Angestellte mit traditionellen Qualifikationen und bescheidenen Lagen * Herkunft aus einfachen Arbeitermilieus RES: auch Arbeitslose und Nichterwerbstätige REB: auch kleine Selbständige und auch Herkunft aus Bauernmilieus	Autoritäres Ressentiment der Modernisierungsverlierer: * Ungleichheit als Schicksal (underdog-Perspektive) * stark gegen vermehrte Rechte für Ausländer	* Milieus im rechten und unteren sozialen Raum: – Kleinbürgerliche Milieus – Traditionsloses Arbeitnehmermilieu – teilweise auch Traditionelles und Leistungsorientiertes Arbeitnehmermilieu	* sehr hohe Enttäuschung und „politische Verdrossenheit" * Rechtspopulismus * zwei Verarbeitungsweisen des Macht-Ohnmacht-Gegensatzes:
RES - RESIGNIERTE (ca. 13%): alte Modernisierungsverlierer, an Unterprivilegierung gewohnte Arbeitnehmer (fatalistisch-autoritär) **REB REBELLISCHE** (ca. 14%): neue Modernisierungsverlierer, Arbeitnehmer, kl.Selbständige, chancenlose Jugendliche (rebellierend-autoritär)	* unstabiler sozialer Zusammenhalt: reduzierte soziale Vernetzungen, eng familienkonzentriert RES: resignierte, eingegrenzte und konventionelle Geselligkeit REB: alle Gesellungsformen, teilweise über den Familienkreis hinaus	Unterschiede im Hierarchiebewußtsein: RES: arbeitnehmerisch-patriarchalisch: für mehr Rechte der Arbeitnehmer, aber nicht die Gleichstellung der Frauen REB: für soziale Hierarchie (nach Leistung), aber nicht gegen Gleichstellung der Frauen	* Rechtspopulistische Neigungen mit verschiedenen Sympathieschwerpunkten: RES: SPD und REP stark über dem Durchschnitt, CDU/CSU, FDP und Grüne darunter REB: REP stark überdurchschnittlich, CDU/CSU und SPD durchschnittlich	RES: – inaktiv und fatalistisch – häufig Gewerkschaftsmitglieder – gegen unkonventionelle Politikformen REB – Sympathie für aggressive Konfliktaustragung – Sympathie für unkonventionelle Politikformen

3. Das Sozialmodell der Bundesrepublik und seine Krise

In der deutschen Geschichte haben mehrfach wirtschaftliche Modernisierungsschübe, verbunden mit großen Gebietsveränderungen, schwierige gesellschaftliche Wandlungen eingeleitet und die politischen und sozialen Akteure vor kaum lösbare Aufgaben der inneren Integration und der außenpolitischen Orientierung gestellt. Noch heute können wir von der diagnostischen Schärfe lernen, mit der Max Weber diese Konstellation charakterisiert hat. In seiner Freiburger Antrittsrede von 1895 definierte Weber, am Beispiel der ökonomischen, ethnischen und politischen Integrationsprobleme der damaligen ostdeutschen Provinzen, das Problem als eines der »politischen Reife« – wir können auch sagen: der »politischen Kultur« – der gesellschaftlichen Klassen und vor allem ihrer politischen Führungsgruppen. Weder dem Junkertum noch dem Großbürgertum oder gar Kleinbürgertum und ebenfalls nicht der zur Staatsmacht drängenden Arbeiterelite traute Weber diese Reife zu. Er folgerte:

»Wir müssen begreifen, daß die Einigung Deutschlands ein Jugendstreich war, den die Nation auf ihre alten Tage beging und seiner Kostspieligkeit halber besser unterlassen hätte, wenn sie der Abschluß und nicht der Ausgangspunkt einer deutschen Weltmachtpolitik sein sollte. Das *Drohende* unserer Situation aber ist: daß die bürgerlichen Klassen als Träger der *Macht*interessen der Nation zu verwelken scheinen und noch keine Anzeichen dafür vorhanden sind, daß die Arbeiterschaft reif zu werden beginnt, an ihre Stelle zu treten. *Nicht* – wie diejenigen glauben, welche hypnotisiert in die Tiefen der Gesellschaft starren – bei den *Massen* liegt die Gefahr. Nicht eine Frage nach der *ökonomischen* Lage der *Beherrschten*, sondern die vielmehr nach der *politischen* Qualifikation der *herrschenden und aufsteigenden* Klassen ist auch der letzte Inhalt des *sozial*politischen Problems. Nicht Weltbeglückung ist der Zweck unserer sozialpolitischen Arbeit, sondern die *soziale* Einigung der Nation, welche die moderne ökonomische Entwicklung sprengte, für die schweren Kämpfe der Zukunft.«[1]

Max Webers Sorge um die soziale Einigung der Nation galt also der politischen Erfahrung und Kultur der politischen Klasse ei-

---

1 Weber 1988a, S. 23, Hervorhebung bei Weber.

nes Deutschen Reiches, das 1871 als ökonomischer Riese und politischer Zwerg in die Weltgeschichte zurückgekehrt war. Deutschland war, wie Italien, eine Spätkommernation der Industrialisierung und nationalen Einigung, und seiner politischen Klasse stand, ebenfalls wie in Italien, eine Generation später ihr Zusammenbruch und der Aufstieg einer faschistischen Machtelite bevor.

Ausdrücklich macht Max Webers Diagnose die massenpsychologische Zeitmode nicht mit, die gebannt auf den Zerfall der Alltagsgesittung und die Gefahr eines zivilisationszerstörenden »Aufstands der Massen« von links oder von rechts blickte. Ob und wie solche »soziale Desintegration« sich zu einer Bedrohung des politischen und wirtschaftlichen Gesamtsystems auswachsen kann, hängt vermutlich auch heute, gut 100 Jahre später, eher von der *Integrationskraft der gesellschaftlichen Eliten und Gegeneliten* ab. Denn in ihrer Hand liegt, bei der heutigen Verfassung unserer Gesellschaftsordnung, weitgehend die politische und wirtschaftliche »Systemintegration«[2], also die Herstellung wirtschaftlicher Leistungsfähigkeit und Verteilungsgerechtigkeit und der Kultur innen- und außenpolitischer Konfliktführung.

Die Analysen Webers sind deswegen wieder so aktuell, weil seit 1989 nicht wenige der von ihm untersuchten sozialen und politischen Konfliktpotentiale Deutschlands und Europas, die mit der Entstehung der Sowjetunion und ihres Kordons von Blockstaaten gleichsam arretiert waren, erneut aufgebrochen sind. Allerdings haben sich wesentliche sozialstrukturelle und politische Rahmenbedingungen verändert.

Die politische Integration war im Kaiserreich nicht allein durch die »Unreife« der Eliten, sondern auch durch eine ungewöhnliche Kumulation innerer und äußerer Konflikt- und Spannungslinien gefährdet.[3] Die durch drei große Kriege herbeigeführte Bismarcksche Reichsgründung von 1871 hatte die alten sozialen Gegensätze wiederbelebt. Dabei handelte es sich vor allem um die historischen Konfliktlinien zwischen protestantischen und katholischen, modernen und traditionellen, städtischen und ländlichen, bäuerlichen und großagrarischen Regionen und Lebenswelten – und ebenso den Gegensatz zwischen der preußi-

---

2 Lockwood 1979 [1964].
3 Lepsius 1973a; vgl. Rokkan 1965; Pappi 1983; Schmidt 1985.

schen Metropole und der Provinz. Neue Konfliktlinien kamen hinzu. Die kapitalistische Industrialisierung modernisierte und verstärkte die Klassenpolaritäten, große Wanderungen aktivierten die mit den Annektionen französischer, slawischer und dänischer Gebiete bereits erhöhte Vielfalt ethnisch-kultureller Gruppen.

In der Verdichtung dieser Konfliktlinien festigten sich, wie M. Rainer Lepsius[4] hervorhebt, die vier großen »*sozialmoralischen Milieus*«, die wir – um einer Verwechslung mit der grundsätzlich verschiedenen Ebene der vorpolitischen lebensweltlichen Milieus vorzubeugen – im weiteren Verlauf als gesellschaftlich-politische »*Lager*«[5] bezeichnen: das konservative Milieu, das bürgerlich-protestantische Milieu, das katholische Sozialmilieu und das protestantisch-sozialdemokratische Milieu. Jedes dieser Milieus beschreibt Lepsius als eine Art Tandem zwischen bestimmten lebensweltlichen Milieus und ihren politisch-ideologischen Führungsgruppen. Die Integrationskraft bzw. kulturelle Hegemonie dieser politischen Eliten war jedoch nicht krisenfest. Sie reichte nicht aus, in der Weimarer Republik einen dauerhaften Konsensus demokratischer politischer Kultur zu stabilisieren und die jüngere Generation zu binden, die vom raschen Wandel der Lebensstile und sozialen Deklassierungen verunsichert war. Die von Weber vorausgeahnte Konstellation von Massendemagogie und der Sehnsucht eines Teils des Großbürgertums »nach dem Erscheinen eines Cäsar, der sie schirme«[6], war eine wichtige Voraussetzung der nationalsozialistischen Machtergreifung von 1933.

Jedoch konnten die Massengefolgschaft und vor allem die Wählerstimmen von fast 40% für Hitlers Partei nur deshalb mobilisiert werden, weil die autoritären Mentalitäten, vor allem bei den kleinbürgerlich-autoritären Teilen der Angestellten und Arbeiter, die durch die Deklassierungsprozesse in der Wirtschaftskrise orientierungslos geworden waren, ein so großes Gewicht hatten.

---

4 Lepsius 1973a.
5 Vgl. die nähere Erläuterung in Abschnitt 7 und Kapitel 5.7.
6 Weber 1988a, S. 21, vgl. 1988b, S. 393.

1. Die ›Arbeitnehmergesellschaft‹: Ein Modell der Systemintegration

Nach 1945 entstand in Westdeutschland ein neues Modell gesellschaftlicher Integration. Es beruhte auf einer relativ umfassenden korporativen und parteipolitischen Repräsentation und Aushandlung der Konflikte zwischen den sozialen Gruppen. Sein Erfolg wurde möglich durch den langen Aufschwung des Nachkriegskapitalismus, zudem war es »in vieler Hinsicht von den traditionellen Konflikten des Deutschen Reiches entlastet; einige sind aufgelöst, wie der Konflikt mit den feudal-konservativen Großagrariern; andere haben an Bedeutung verloren, wie der Konfessionskonflikt und die regionalen Spannungen; geblieben, wenngleich wesentlich gewandelt, sind die Konflikte zwischen den sozialen Schichten und Statusgruppen«.[7]

Hinzu kamen entscheidende Lernprozesse der politischen Eliten. Die Regierungen Konrad Adenauers knüpften zwar an die konservativ-autoritäre deutsche Tradition an und förderten besonders den konservativen Mittelstand. Doch entwickelten sie die Kompromißfähigkeit nicht nur zwischen den bürgerlichen Parteien, sondern auch mit der Arbeiterbewegung. Alle grundlegenden sozialen Arrangements wurden nicht durch die Arbeitnehmerparteien, sondern, unter konservativen Regierungen, von den Gewerkschaften erkämpft. Die Mitbestimmung in der Schwerindustrie (Kohle und Stahl) erhöhte den wirtschaftlichen Einfluß. Das Betriebsverfassungsgesetz gab den Arbeitnehmern Rechte und Repräsentation in den Betrieben. Die Vierzig-Stundenwoche und der Lohnzuwachs erhöhten die Lebensqualität. Die Lohnfortzahlung für Kranke minderte die Existenzangst.

Diese Konstellation ermöglichte eine historisch neuartige »Öffnung des sozialen Raums«.[8] Damit veränderte sich auch die

---

7 Lepsius 1974, S. 268.
8 Das Theorem der »Öffnung des sozialen Raums« wurde 1945 von Maurice Merleau-Ponty entwickelt. Danach entstehen soziale Bewegungen nicht durch materielle Verelendung oder starke Unterdrückung. Vielmehr geben beginnende soziale Öffnungen den sozialen Gruppen die Chance und Ermutigung, ihre vorher schon angelegten »Lebensentwürfe« zu verwirklichen (Merleau-Ponty 1965, S. 503-508). – Merleau-Ponty erklärt damit soziales Handeln nicht aus quan-

Zusammensetzung und Mentalität der sozialen Klassen. Jedoch erfüllten sich nicht die Prognosen vulgärmaterialistischer Theorien[9], daß der materielle Wohlstand zur Anpassung und Verbürgerlichung der Arbeiterschaft führen würde. Der Wohlstand und die demokratischen Rechte öffneten vielmehr den Raum der Möglichkeiten und weckte den Appetit auf weiterreichende Entwürfe sozialer Veränderung. Daraus entstand der Wertewandel in den Milieus der Jugend und der Arbeitnehmer.

Die SPD, aber auch die neuen Protestbewegungen der jungen Generation erhielten nach 1960 allmählich mehr Zulauf. Sie konnten auf der neuen und integrationsstarken Konfliktkultur aufbauen und die autoritären Positionen zugunsten einer neuen Modernisierungsdynamik weiter zurückschieben. Die CDU geriet in die Defensive. Sie mußte 1966, als die erste wirtschaftliche Nachkriegsrezession das Sozialmodell zu gefährden schien, die SPD als Partner in die Regierung aufnehmen. 1969 wurde Willy Brandt Kanzler einer Koalition der SPD mit den Liberalen. Sie entwickelte die politischen und sozialen Reformen weiter. Nach seinem großen Wahlsieg von 1972 bezeichnete Willy Brandt das erweiterte Sozialmodell als »Arbeitnehmergesellschaft«.[10] Zugleich mobilisierte die modernisierte Sozialdemokrate Willy Brandts auch die Bildungsschichten durch eine tolerantere, kulturell vielfältigere Politik, die in der Außenpolitik Verständigung suchte und die nach innen mehr Teilhabe der Frauen, der Ausländer und sozialer Minderheiten sowie mehr Mitwirkung aller Bürger versprach – also das, was »Bürgergesellschaft« oder »Zivilgesellschaft« genannt wird.

Das Sozialmodell hatte seine Grenzen, aber es war doch modernisierungs- und konfliktfähiger als das staatsbürokratische Modell, das nach 1945 mit Hilfe der Sowjetunion in Ostdeutschland installiert wurde. In Ostdeutschland wurden die Chancen einer modernisierenden Konfliktkultur verspielt – spätestens mit der Niederschlagung des Arbeiteraufstandes vom 17. Juni 1953. Das von der Sowjetunion übernommene bürokratisch-schwerindustrielle Modell blockierte die auf moderne Diversifizierung

tifizierbaren materiellen Standards bzw. Interessen, sondern aus der Dynamik sozialer Beziehungen, insbesondere von Herrschaftsbeziehungen (vgl. Kapitel 5.9.).
9 Marcuse 1967 [1964]; Touraine/Ragazzi 1961.
10 Lepsius 1973b.

angelegten Wirtschaftspotentiale der ostdeutschen Regionen und die Leistungsdynamik der Produktivkräfte.

Als die DDR 1989 zusammenbrach, wurde allerdings offenbar, daß auch das westdeutsche Sozialmodell durch neue Dynamiken in Frage gestellt war. Seit der Ölkrise von 1973 hatten sich die Arbeitslosigkeit und die sozialen Spannungen wieder verstärkt. Mit dem Nachlassen des Wirtschaftswachstums wurde die Erweiterung des Sozialmodells gebremst. Durch die »Schließung«[11] sozialer Chancen wurden viele der unter der Regierung Brandts gestiegenen Erwartungen enttäuscht. Bis in die achtziger Jahre folgten nicht nur neue ökonomisch-gewerkschaftliche Interessenkonflikte, sondern auch große Bewegungen der Jugendlichen, der Frauen und des Bürgerprotestes gegen die Atomkraftwerke und die Nachrüstung mit Atomraketen. Nach 1990, als die deutsche Vereinigung und die globale Wirtschaftskonkurrenz den Druck nochmals steigerten, äußerte sich in beiden Feldern, der Ökonomie wie der Zivilgesellschaft, die Unzufriedenheit immer mehr als tiefe »Verdrossenheit« mit den Parteien. So ist die Krise der »Arbeitnehmergesellschaft« heute vor allem eine Krise der Repräsentation, das heißt der Art, in der die veränderten sozialen Kräfte durch veraltete korporative und politische Eliten und Institutionen vertreten werden.

Dem entspricht ein anhaltender Streit zwischen den politischen Lagern und Eliten, die um die Vorherrschaft konkurrieren. Die neoliberale Seite behauptet, daß ein neuer langfristiger Aufschwung nur möglich ist, wenn die Marktkräfte frei wirken, ungehindert durch staatliche Regulierung, Sozialpolitik und Gewerkschaftsmacht. Sie setzt auf die Kostensenkung auf der Angebotsseite der Produktion – und damit auf den Abbau des Sozialmodells der Nachkriegszeit und auf gestärkte vertikale Machtstrukturen für die Spitzen der Unternehmen und Bürokratien. Theoretiker in der Tradition von Keynes betonen dagegen, daß wirtschaftliches Laissez-faire nur zur Stagnation (bzw. einem »jobless growth«) und steigenden vertikalen Klassenunterschieden führen könne. Dies könne nur verhindert werden, wenn die staatlichen und gesellschaftlichen Kräfte (in begrenztem Maße) regulierend eingreifen und Impulse der Nachfrage schaf-

---

11 Weber 1964, S. 31-33, 260-62; Parkin 1983.

fen und wenn die sozialen Aushandlungssysteme verbessert würden.

Insgesamt war die Entwicklung des (west)deutschen Sozialmodells seit 1945 ein komplexer Prozeß. Ihr lagen Veränderungen auf allen vier »Achsen« des gesellschaftlichen Raums[12] zugrunde:

- Die *vertikale Dynamik* veränderte das Herrschaftsgefälle. Sie bestand in einem relativen Abbau alter vertikaler Unterschiede der Macht, des Wohlstands und der sozialen Sicherheit (Stichwort: Teilhabegesellschaft).
- Die *horizontale Dynamik* veränderte die Produktivkräfte und die Alltagskultur. Auf allen gesellschaftlichen Stufen nehmen die Arbeitsteilung und die intellektuelle Kompetenz zu (Stichwort: Wissensgesellschaft).
- Die *zeitliche Dynamik* entwickelte ihre Widersprüche und Konflikte einerseits in der zunehmenden Diskontinuität der Lebensläufe und andererseits im Kampf um den blockierten Generationen-, Eliten- und Politikwechsel (Stichwort: Individualisierung).
- Die *institutionelle Dynamik* führte vom Aufschwung zur bürokratischen Erstarrung der korporativen und politischen Institutionen, die sich gegenwärtig durch verschiedene innovative Entwicklungen auch wieder aufzulösen beginnt (Stichwort: Modernisierung).

Diese Dynamiken lagen den gesellschaftlichen Widersprüchen zugrunde. Die horizontale Dynamik bewegte sich hin zu modernen Produktivkräften und Alltagsmentalitäten. Die vertikalen Produktions- und Herrschaftsverhältnisse, verkörpert durch die Eliten und Machthierarchien, sträubten sich gegen diese Dynamik und gestanden eine vermehrte Teilhabe von unten nur nach immer neuen Konflikten zu. Die Entwicklung, deren Leitmotive und Hauptphasen nachfolgend beschrieben werden, war daher keine geradlinige Evolution. Sie verlief widersprüchlich und konfliktreich – und auch nicht auf allen Ebenen (Ökonomie, Gesellschaft, Kultur usw.) gleichzeitig.

---

12 Vgl. Kapitel 5.6.

2. Vertikale Integration: Leistung gegen Teilhabe

In den 1950er und 1960er Jahren konnten sich die Arbeitnehmer die Teilhabe am ›Wirtschaftswunder‹ durch Arbeitszeitverkürzungen sowie höhere Lohn-, Konsum-, Sozial- und Bildungsstandards erkämpfen. Während die traditionellen Agrar- und Industrieberufe der körperlichen Arbeit radikal schrumpften, wuchs die Mitte der Facharbeiter und qualifizierten Angestellten. Die Klassengesellschaft *»enttraditionalisierte«* sich. Nicht nur die ständisch-kleinbürgerlichen Strukturen, sondern auch die schroffen Klassenspaltungen aus der Zeit der Industrialisierung bauten sich ab.

- Von 1950 bis 1990 schrumpfte der konservativ-ständische *alte Mittelstand* der kleinen Landwirte, Kaufleute und Handwerker (mit ihren mithelfenden Familienangehörigen) von etwa 25% auf weniger als 5% der Bevölkerung.
- Zugleich wuchs der *neue Mittelstand* der Angestellten von etwa 20% auf fast 60%, zu einer großen Arbeitnehmergruppe, die den alten ständischen Dünkel nach und nach aufgab und sich an die industrielle Arbeiterschaft annäherte.
- Für die *Arbeiter* schwanden die alten Merkmale der sog. »Proletarität«, d. h. die unsichere Beschäftigung, die soziale Rechtlosigkeit und die eher geringe Fachqualifikation. Durch erkämpfte Rechte, hohes Fachkönnen und relative soziale Sicherheit erlangten sie ihrerseits Standards der sozialen »Mitte«.
- Dem entsprach eine (eher zögerliche) Modernisierung des *oberen Fünftels* der gesellschaftlichen Milieus. Die obrigkeitsstaatlichen und militärischen Eliten wurden zunächst durch einen integrativen (»rheinischen«) Konservatismus, dann auch durch technokratische Elitemilieus und schließlich neue Bildungsmilieus zurückgedrängt.

Diese Entwicklung wurde anfangs, je nach Perspektive, verschieden interpretiert. Konservative begrüßten sie als Weg in eine »nivellierte Mittelstandsgesellschaft« (Schelsky).[13] Kulturkritische Marxisten befürchteten eine Verbürgerlichung oder blinde Konsumhörigkeit der einst angeblich so kämpferischen Arbeiterklasse (Marcuse, Touraine).[14]

Beide Erwartungen erfüllten sich nicht. Das neue Modell gesellschaftlicher Konfliktregulierung und Integration lag jenseits

13 Schelsky 1965 [1954].
14 Marcuse 1967 [1964], Touraine/Ragazzi 1961.

der alten Alternative zwischen ständischer Harmonie und schroffen Klassengegensätzen. Einerseits waren jetzt die Klassengegensätze eindeutiger, weil die ständischen Zwischenschichten dahinschwanden. Andererseits waren sie durch das Aushandlungsmodell des »institutionalisierten Klassenkonfliktes«[15], das die Chance zum Kompromiß bot, entschärft. Das Modell war relativ unabhängig von direkter staatlicher Intervention. Seine Träger waren die autonomen Interessenverbände (»Korporationen«) von Kapital und Arbeit, in der Sozial- und Medienpolitik auch andere Verbände, insbesondere die Kirchen. Das »korporatistische Dreieck«[16] von Staat, Unternehmern und Gewerkschaften sicherte zwar nicht eine gleiche, aber doch eine bedeutsame Teilhabe der Arbeitnehmer an der Gesellschaft.

Diese Stärke wurde später auch zur Schwäche. Intern ermöglicht die institutionelle Bürokratie häufig zu wenig Beweglichkeit, Partizipation und Elitewechsel. Extern verlor sie an Repräsentativität. Dies traf besonders die Gruppen, die in den Verbänden oder durch die Verbände unzureichend vertreten waren: Frauen, Ausländer, gering Qualifizierte, Jugendliche und Rentner. Sie gerieten in die Peripherie des korporatistischen Machtfeldes, und ihre sozialen Standards blieben hinter der Entwicklung zurück.[17]

Diese Defizite stammten aus der Entstehungsperiode des »westdeutschen Pfads«. Der regulierte Kapitalismus (»soziale Marktwirtschaft«) war zunächst konservativ orientiert. Das patriarchalische Ernährermodell privilegierte die Erwerbstätigkeit der Familienväter, die regulierte Klassengesellschaft zielte zuerst auf die mittelständische und erst danach auf die arbeitnehmerische Klientel. Gleichwohl wurde der »rheinische Kapitalismus« zum Erfolgsrezept, das den konservativen Volksparteien in den Kernländern der Europäischen Gemeinschaft lange die Gefolgschaft der konservativeren Abeitnehmermilieus, die aus den früheren »ständischen« Milieus hervorgegangen waren, sicherte.

15 Geiger 1949, Dahrendorf 1957.
16 Kreckel 1992.
17 Diese Benachteiligungen, die sich nicht nach erwerbsbedingten, sondern für natürlich gehaltenen Merkmalen richten, werden auch unter dem Begriff »neue soziale Frage« (Geißler 1976) und »neue soziale Ungleichheiten« (Hradil 1987) diskutiert.

Doch die vertikale Bindung zwischen Patron und Klient wandelte sich durch die neuen Institutionen der Teilhabe. Es entstand ein gemeinsames Interessenbewußtsein der Arbeitnehmer gegenüber Unternehmern und Staat. Die historischen Differenzen zwischen Arbeitern und Angestellten, Protestanten und Katholiken und den verschiedenen Berufs- und Regionalmilieus schwächten sich ab. Verbindend war ein gemeinsames Selbstbewußtsein, gegründet auf Fachkönnen, erkämpfte Rechte und die Überwindung der proletarischen Not.[18] Diese ›Entproletarisierung‹ war keineswegs nach rückwärts, auf eine ›kleinbürgerliche‹ oder ›mittelständische‹ Einordnung gerichtet, sondern auf ein modernes, ›meritokratisches‹[19] Bewußtsein, das heißt das Prinzip »*Leistung gegen Teilhabe*«: Für die Bereitschaft zu hoher Arbeitsleistung wurde eine umfassende Teilhabe an den sozialen Chancen verlangt.

Der westdeutsche »Entwicklungspfad« unterschied sich zwar durch seine Konflikt- und Modernisierungsfähigkeit von der *DDR-Gesellschaft*. Dennoch gab es etwas Gemeinsames: die DDR war, wie Wolfgang Engler es nennt, eine *»arbeiterliche Gesellschaft«*. In beiden Gesellschaften war, wenn auch unter verschiedenen politischen Regulierungsformen, die Arbeiterklasse in die Mitte aufgerückt, deren sichere soziale Standards zuvor dem alten Mittelstand (den kleinen Eigentümern) und dem neuen Mittelstand (den »besseren« Angestellten) vorbehalten gewesen waren.

3. Horizontale Differenzierung: »Postindustrielle Wissensgesellschaft«

Das westdeutsche Integrationsmodell war in den siebziger Jahren bereits durch neue Dynamiken in Frage gestellt, die mit der These der »Wissensgesellschaft« verknüpft waren. Diese stützt sich auf die enorme Zunahme der arbeitsteiligen Spezialisierung und damit des Bildungskapitals der qualifizierten Facharbeit und der neuen Technologien. Die steigende Arbeitsproduktivität ermöglichte es einer Branche nach der anderen, mit immer weniger

---

18 Vgl. Niethammer 1983 ff.
19 Young 1961 [1958].

Arbeitskräften immer mehr Waren zu erzeugen. Von 1950 bis 1997 sank die Beschäftigung in der Landwirtschaft von etwa 25% auf etwa 3%, in der Industrie von etwa 43% unter 38%. Die Freigestellten wurden, jedenfalls bis 1973, meist nicht arbeitslos, sondern wechselten in andere, wachsende Branchen. Die Beschäftigung stieg in den öffentlichen und privaten Dienstleistungen von etwa 18% auf etwa 40%, in Handel und Verkehr von etwa 14% auf etwa 23%. – Die Daten scheinen auf einen eindeutigen Trend zu verweisen. Ihre Interpretation ist jedoch strittig.

Daniel Bell proklamierte die »*postindustrielle Wissens- und Dienstleistungsgesellschaft*« als einen Epochenbruch, der die Wirtschafts-, Herrschafts- und Mentalitätsstrukturen unaufhaltsam und grundlegend ändert.[20] Er begründete dies mit drei Tendenzannahmen:

– *Tertiarisierung:* In der Gesamtwirtschaft verdrängt der Dienstleistungssektor die zuvor dominante Industrie.
– *Wissensgesellschaft:* Im Betrieb wird die Macht des Kapitals durch die legitime Autorität des Wissens abgelöst.
– *Postmaterialismus:* Wohlstand und Sicherheit sättigen die materiellen Bedürfnisse. Die materialistischen Werte der (ohnehin verschwindenden) Arbeiterklasse werden durch den postmateriellen Wertewandel (Inglehart) der modernen Dienstleistenden verdrängt.

Über die Soziologen Ulrich Beck und Anthony Giddens[21] hat diese Deutung inzwischen großen Einfluß auf den Mainstream der öffentlichen Meinung gewonnen, als Teil einer »*Legitimations- und Integrationsideologie*« von mobilisierender Kraft. Sie legitimiert eine moderne Elite (des Wissens), die im Bündnis mit anderen Eliten (innovatorischen Unternehmern, Managern, Medienleuten und Politikern) und produktiven Leistungsträgern (den modernen Dienstleistenden) steht, vereint durch gemeinsame (postmaterialistische) Werte und Ideale.

Die Beschreibung bleibt jedoch an der Oberfläche der Erscheinungen. Sie rennt offene Türen ein, wenn sie auf die Modernisierung der Produktivkräfte und Mentalitäten hinweist. Sie irrt, wenn sie diese Entwicklung zu einem Evolutionsgesetz ver-

---

20 Bell 1985 [1973]; vgl. Touraine 1971.
21 Beck 1983, 1986; Giddens 1997, 1999.

absolutiert, nach dem sich mit naturgesetzlicher Notwendigkeit eine neue Elite durchsetzt. Vielmehr handelt es sich um eine neue Konfliktkonstellation mit politisch offenem Ausgang.

Die Tertiarisierung hat zwar erheblich zugenommen, aber *neben* dem Industriesektor und nicht gegen ihn. Dieser ist für Sozialprodukt und Export immer noch zentral, zumal ihm auch die zahlreichen produktionsbezogenen Dienstleistungen zugehören. Zudem ist die industrielle Produktion selber durch spezialisierte Facharbeit und neue Technologien erheblich modernisiert. Altindustrielle Sektoren mit geringer Arbeitsproduktivität sind weitgehend in Schwellenländer ausgelagert worden, so daß der alte Typus des gering qualifizierten Arbeiters nur noch um 10% der Bevölkerung umfaßt. Gleichwohl ist die heutige technologiegläubige Euphorie für die neuen Medien unberechtigt. Sie übersieht, daß es heute vor allem die personenbezogenen sozialen und kulturellen Dienste, u. a. für Alte, Kranke und Lernende, sind, die erheblich neue Arbeitsplätze schaffen.[22]

Die Zunahme qualifizierter Arbeit hat insbesondere die betrieblichen Herrschaftsverhältnisse nicht verändert. Die wissenschaftliche Intelligenz ist nach wie vor dem ökonomischen Kapital untergeordnet.[23] Das kulturelle Kapital hat sich zudem nicht nur oben, bei der akademischen Elite, sondern auf *allen* vertikalen Stufen der Arbeitswelt vermehrt. Diese »Kompetenz-Revolution«, gestützt durch die Bildungsreformen und den Wandel der Alltagskultur, hat die Masse der Arbeitnehmer verändert. Sie motiviert dazu, mehr Selbstbestimmung und Mitbestimmung zu beanspruchen. Entsprechend wachsen die sozialen Spannungen zwischen Kapital und Arbeit.

Auch der »postmaterialistische Wertewandel« bezeichnet eine eher relative Veränderung. Gewiß haben sich die Identitäten und Werte von der körperlichen Arbeit und den materiellen Verteilungsfragen zu darüber hinausreichenden sog. »postmateriellen« Ansprüchen verschoben. Aber diese Verschiebung deckt sich nicht mit dem Unterschied zwischen Arbeitern und Angestellten oder Dienstleistenden. Die großen Milieus der Facharbeiter waren schon immer an Bildung und anderen als materiellen Fragen interessiert. Ihre Kinder und Enkel haben daher alle eine hohe

---

22 Krüger 2000.
23 Vgl. Baethge u. a. 1995.

Qualifikation, ganz gleich, ob sie als Arbeiter oder als Angestellte und Dienstleistende tätig sind. Die vertikale Ungleichheit ist damit nicht verschwunden. Auch die Dienstleistenden sind Arbeitnehmer und verteilen sich, wie die Arbeiter, auf höhere und geringere Qualifikationen, auf eher sichere und eher unsichere Lagen. Die Nachfahren der alten Arbeiterklasse sind, auch als Dienstleistende oder Angestellte, Teil der *Arbeitnehmermilieus* geblieben, die etwa 75% der Bevölkerung ausmachen (vgl. Kapitel 13 und 14).

Insgesamt bedeuten also Tertiarisierung, Wissensgesellschaft und Wertewandel keinen Epochenbruch, der die Herrschaftsverhältnisse ändert, sondern eine horizontale Differenzierung, die die Produktivkräfte vielfältiger und intelligenter macht. Darauf sind die Institutionen der »Arbeitnehmergesellschaft« tatsächlich nicht hinreichend eingestellt. Der Widerspruch zwischen den modernisierten Produktivkräften und den gesellschaftlichen Kommandoverhältnissen wird zur Zeit in den sozialen Kämpfen zwischen Kapital, Staat und Arbeit neu ausgetragen. Dabei konkurrieren zwei Alternativen der Modernisierung miteinander. Die heute herrschende Politik versteht unter Innovation die Stärkung der Autorität der Spitzen, d. h. der »unternehmerischen« Eliten (vgl. Kapitel 5.8.) in der Wirtschaft wie in den öffentlichen Bürokratien bis hin zu den Universitäten. Die Gegenseite betont, daß die gestiegene Differenzierung und Fachkompetenz nach flacheren Hierarchien und mehr Entscheidungskompetenz am Arbeitsplatz verlangt. Die Autoritäten wiederum werten diese Ansprüche von unten als Behinderung der Leistungsfähigkeit in der globalen Konkurrenz der Märkte und fordern daher den Abbau sozialer Rechte.

4. Umformung der Klassenmilieus: Individualisierung und Generationenwechsel

Auch wenn die Veränderungen der *wirtschaftlichen Bedingungen* unbestreitbar sind, ist es fraglich, ob Veränderungen der *sozialen Beziehungen* und der *Kultur* bruchlos daraus abgeleitet werden können. Hier konkurrieren verschiedene Interpretationen miteinander.

Ulrich Beck leitet aus dem Übergang zur Dienstleistungs- und

Wissensgesellschaft die sog. *»Individualisierung«* direkt ab.[24] Er stützt sich auf drei Tendenzannahmen:

- *Heterogenisierung:* Die sozialen Lagen werden vielfältiger durch entstandardisierte Lebenslaufmuster und durch neue Ungleichheiten nach Geschlecht, Alter und Ethnie.
- *Bindungsverlust:* Soziale Bindungen an die traditionellen Herkunftsmilieus fragmentieren sich durch die Mobilität in neue Wohnorte, Berufe und Ausbildungen, wo die Bindungen lockerer sind und eher beliebig frei gewählt werden können.
- *Neues Politikmodell:* Mit der Erosion alter Bindungen zerfallen auch die sozialdemokratischen und sozialkatholischen Großgruppen. Deren Politik der materiellen Umverteilung wird durch ein neues Politikmodell »jenseits von rechts und links«, in dem es um postmaterielle Werte und um Lebensstile geht, ersetzt.[25]

Ein Motiv zu neuer Solidarisierung besteht nach Beck nicht. Die Individuen sind weder durch Arbeitshierarchien (die durch Wissenshierarchien ersetzt sind) noch durch materielle Interessen (die als gesättigt gelten), noch durch die kulturellen Traditionen ihrer Milieus (die als fragmentiert gelten) genötigt, sich zusammenzuschließen. Statt dessen wählen die Menschen ihre Lebensstile und Milieus aufgrund ihrer Bildungskompetenz in freier Reflexion und Entscheidung immer mehr selber. Die Individuen vollziehen also passiv und aktiv eine notwendige historische Tendenz, die »Enttraditionalisierung«.

Unsere Gegenthese versteht die sog. Individualisierung nicht als völlige Neuschaffung, sondern als *Umstellung*[26], als einen *relativen* Umbau der Mentalitäten und Milieus. Dies ließ sich mit unseren qualitativen und repräsentativ-quantitativen Befragungen, durchgeführt nach der Methodologie von Bourdieu, bestätigen. Danach haben sich die äußeren Lebensbedingungen zwar ein Stück weit in die angegebene Richtung verändert. Aber sie werden je nach Milieu verschieden verarbeitet. Die Zusammenhänge der Milieus haben sich nicht aufgelöst, sondern in ihrer Form geöffnet und modernisiert. Die Individuen haben die Mentalitäten, die sie in ihren Herkunftsmilieus erworben haben, nicht abgestreift, sondern in ihre neuen sozialen Kontexte mitgenom-

---

24 Beck 1983, vgl. Beck 1986.
25 Beck 1983, 1986; Giddens 1997, 1999.
26 Zum Konzept der Umstellung (»reconversion«) vgl. Bourdieu 1982 [1979], S. 227 ff., 711 f.

men. Dabei kam es vor allem bei der jüngeren Generation zu einer Art Dialektik zwischen mitgebrachten Dispositionen und neuen Umständen, durch die sich einzelne Mentalitätszüge umwandelten und auch neue Varianten der alten Milieus entstanden.

Der Milieuwandel folgte also keiner evolutionären Gesetzlichkeit, sondern er wurde, vor allem seit den sechziger Jahren, in den *Emanzipationskämpfen* der Jugendkulturen »gemacht«.[27] Er ergab sich nicht automatisch aus einer gewissen materiellen Sättigung. Vielmehr war den Jüngeren nicht mehr einsichtig, warum sie sich trotz mehr Wohlstand und Sicherheit noch den restriktiven Moral- und Disziplinmustern, die auf die alte Gesellschaft des Mangels und der Unsicherheit abgestimmt waren, fügen sollten. Zudem gewann die Jugendkultur ein strukturelles Eigengewicht.[28] Die verlängerte Ausbildungszeit und die Wanderungen an neue Lern-, Arbeits- und Wohnorte machten die Altersgruppen zu relativ autonomen Zentren einer intensiven Orientierungs- und Vergemeinschaftungsarbeit. Dadurch differenzieren sich die großen Traditionslinien der Milieus nach der Art von *Stammbäumen* (vgl. Abb. 4, S. 34 f.). Auch in anderen hochentwickelten Ländern haben, auf ähnliche Weise, sich die sozialen Milieus nicht fragmentiert, sondern entlang ihrer Traditionslinien aufgefächert (vgl. Abb. 5, S. 36).

Die Milieus sind somit einerseits als Nachfahren der früheren Stände, Klassen und Schichten (und ihrer Untergruppen) erkennbar. Andererseits haben sie auch gemeinsame Züge, in der jüngeren Generation vor allem in den Werten der Selbstbestimmung, der Selbstverwirklichung und – da es sich um Vergemeinschaftungen von (Alters-)Gleichen, um ›peer groups‹, handelte – auch der sozialen Mitverantwortung. Dies kann insbesondere an vier Entwicklungen beobachtet werden:

– in der *»Kompetenzerweiterung«* durch Bildungsreformen und erweiterte Erfahrungshorizonte[29];
– in der *»partizipatorischen Revolution«*, jener unglaublich gewachsenen Bereitschaft zur Mitbestimmung am Arbeitsplatz, in Bürgerinitiativen und in direkter Politik, verbunden mit Mißtrauen gegenüber der institutionellen Politik[30];

27 Clarke, Hall u. a. 1979; vgl. Geiling 1996.
28 Baethge 1991.
29 Dalton 1984.
30 Kaase 1984.

- in *der »Selbstverwirklichung«*, nicht nur in ihren hedonistischen Varianten, sondern, besonders bei den Frauen, als emanzipatorische Entwicklung der Person[31];
- in der *Entformalisierung* der alten, oft strikt von außen kontrollierten Formen von *Gesellung und Solidarität* – anstelle des oft behaupteten isolierenden Zerfalls sozialer Zusammenhänge.[32]

Die Gemeinsamkeiten hatten zugleich ihre Grenzen – die äußeren der materiellen Möglichkeiten und die inneren des eigenen Habitus, d. h. der Vorlieben, des Geschmacks und der Moral. So waren, oft erst nach Irrungen und Wirrungen, *Wahlverwandtschaften des Habitus* der Kompaß, mit dem die neuen Milieuzusammenhänge gesucht wurden. Die Milieu-Mobilität war daher hauptsächlich *horizontal*, sie führte auf annähernd gleicher sozialer Stufe in modernere, freiere Zusammenhänge. Eine Ausnahme bildeten die kleineren Milieus vertikaler Aufsteiger, die den Zusammenhang mit den Milieus ihrer Vergangenheit aufgaben und in andere Milieukulturen überwechselten.[33]

Die Differenzierung der Milieus kann, für die Periode zwischen 1982 und 1995, an den beiden »Landkarten« der westdeutschen Gesellschaft abgelesen werden (Abb. 7a-b, S. 48 f.). Sie sind vereinfachte Stilisierungen der in Wirklichkeit stärker unterteilten und differenzierten Positionen der Milieus im sozialen Raum. Die Verortung der (in Kapitel 13 und 14 beschriebenen) Milieus richtet sich insbesondere nach drei Achsen[34]: die vertikale Achse bezeichnet die soziale Über- und Unterordnung (»Herrschaft«), die horizontale die soziale Differenzierung (»Arbeitsteilung«), die dritte die Veränderungen in der historischen Zeit (»Generationen«). Die zeitlichen Veränderungen (durch Prozesse der sog. »Individualisierung«) sind abzulesen an der zunehmenden inneren Differenzierung der Milieu-Stammbäume der Mitte.

Die Milieus und ihre Untergruppen grenzen sich, wie sich empirisch belegen läßt[35], nicht nur nach ihren Mentalitäten vonein-

---

31 Unter anderen Beck 1986; Hradil 1987, 1992; Berger/Hradil 1990; Zapf 1987.
32 Vgl. Kapitel 12.3. und 12.4.
33 Vgl. Kapitel 13.1.2. und Bourdieu 1982 [1979], S. 529.
34 Vgl. Kapitel 5.6. und Bourdieu 1982 [1979], S. 195-219.
35 Vgl. Kap. 6.4, 10, 13 und 14 sowie Vögele/Vester (Hg.) 1999.

ander ab, sondern auch nach den bevorzugten Berufsprofilen. Unterscheidend ist dabei allerdings nicht die Sektorzugehörigkeit (Arbeiter, Dienstleistende usw.), sondern – so wie Bourdieu es auch für Frankreich ermittelte[36] – der Anteil an »kulturellem Kapital«, der ja weitgehend auf die mit jedem Habitus eng verwobene Einstellung zu Bildung und Qualifikation zurückgeht. Die vertikale Milieustufung entspricht überwiegend der Teilung in an- und ungelernte, fachqualifizierte und hochschulqualifizierte Gruppen. Die horizontale Differenzierung entspricht der Modernität der beruflichen Spezialisierung.

Die beschriebene Kontinuität der Klassenkulturen betrifft allerdings nur die Ebene der *alltäglichen »Lebensführung«* (Weber). Zu diskutieren bleibt die Frage nach den anderen Handlungsebenen: Wie verändert die *Heterogenisierung* der Lebenslagen die Stabilität der gewohnten Lebensweisen? Mit welchen Strategien *bewältigen* die verschiedenen Milieus diese Destabilisierung im Alltag? Wieweit haben sich die politischen oder weltanschaulichen Orientierungen in den großen gesellschaftspolitischen und ideologischen *Lagern* aufgelöst oder verschoben?

5. Der Gestaltwandel der sozialen Frage: Destabilisierung der Lebenslagen

Die neuen Umstände, auf die die jüngeren Milieus sich umstellen mußten, waren nicht allein mit der Zunahme sozialer Chancen, sondern bald auch mit gegenläufigen Tendenzen zunehmender Heterogenität und Unsicherheit verbunden. Seit der Ölkrise von 1973 wurden die Grenzen des Wirtschaftswachstums sichtbar. Es begann die noch heute anhaltende langfristige *Stagnation*, d. h. anhaltende Nachfrage- und Wachstumsschwächung bei steigendem »Arbeitslosensockel«.[37] Die Ursachen lagen paradoxerweise gerade im gewachsenen Wohlstand. Er ermöglichte es den »besserverdienenden« Gruppen, große Teile ihrer Einkommen dem Zyklus von Nachfrage und Angebot zu entziehen und sie in Anlagekapital bzw. Aktienspekulation zu investieren. (So stiegen z. B. von 1980 bis 1997 die Nettogewinne um 119%, die Netto-

---

36 Bourdieu 1982 [1979].
37 Zinn 1998, S. 55, 75.

löhne aber nur um 20%.) Die fehlende Nachfrage verursachte eine Spirale der unternehmerischen und staatlichen Kostendämpfung, die krisenverstärkend wirkte. Der Export konnte dies nur begrenzt ausgleichen, da sich die Nachfrage aus den gleichen Gründen auch in den anderen hochentwickelten Ländern abgeschwächt hatte. Die Exportbranchen versuchten zunehmend, ihre relative Position durch kosten- und arbeitssparende neue Rationalisierungen und Hochtechnologien zu verbessern. Die registrierte Arbeitslosigkeit in Westdeutschland stieg stufenweise von einer Million auf mehr als drei Millionen oder ca. 10% in den neunziger Jahren, die Armut auf etwa 10%.

Arbeitslosigkeit und Armut waren nur die Spitze des Eisbergs. Kaum wahrgenommen wurde das mehrfach größere Massiv unter der Oberfläche. Bis heute gilt die soziale Mitte weithin als nicht betroffen. Dies liegt an der überkommenen *statistischen Definition* der sozialen Frage durch physischen Mangel und moralische Verelendung. So wird darauf verwiesen, daß Arbeitslosigkeit, Armut und Anomie zwar bedauerlich groß seien, aber doch nur bei je etwa 10% lägen außerdem durch das sozialstaatliche Minimum abgesichert seien. Auch herrsche nur die sog. »politische Verdrossenheit« und kein bedrohlich großer Zulauf zu extremen Parteien, da diese nur vorübergehend und regional auf ebenfalls etwa 10% kämen.

Tatsächlich ist soziale Gerechtigkeit keine Frage absoluter Rechengrößen, wie etwa bei der Futterversorgung von Milchvieh. Sie wird vielmehr ›relational‹, mit Maßstäben der Angemessenheit und Verhältnismäßigkeit ›gemessen‹. In der gesellschaftlichen Praxis werden die sozialen Standards, so der Stand der Forschung, kulturell und historisch definiert. Sie betreffen nicht allein ökonomische Quantitäten, sondern eine Qualität: die »Lebensweise als ganze«.[38] Diese ist nach Milieus verschieden und verändert sich auch mit deren historischer Entwicklung. Ob eine Lebensweise angemessen, würdig, zumutbar ist, richtet sich vor allem nach dem Vergleich mit anderen Milieus und anderen Zeiten. Dieser Vergleich wird nicht zuletzt in moralischen und symbolischen Kategorien angestellt. Für die Mehrheit geht es dabei um eine kontinuierliche und geachtete Arbeit, um die Belohnung aufgewandter Mühen durch Erfolg, um die Freiheit von

---

38 Thompson 1987 [1963].

Zukunftsangst, um die Achtung und Anerkennung anderer, um die Kredit- und Glaubwürdigkeit.

Die Ursachen der heutigen »Krise der Repräsentation«, die der politischen Verdrossenheit zugrunde liegt, lassen sich nur verstehen, wenn wir auch den historischen Gestaltwandel der sozialen Frage verstehen. Die Verdrossenheit begann in der Alltagserfahrung. Eine Mehrheit sieht heute das Prinzip der Arbeitnehmergesellschaft – »Leistung gegen Teilhabe« – durch soziale Diskriminierung, Destabilisierung der Lebensläufe und Prekarität gefährdet. Viele empören sich, daß Menschen nach Geschlecht, Alter oder ethnischer Gruppe benachteiligt werden oder Menschen, die zuverlässig gelernt und gearbeitet haben, keinen sicheren und dauerhaften Arbeitsplatz bekommen können und auf die Gnade anderer angewiesen sind. Von den neuen Diskriminierungen sind auch wachsende Gruppen der gutausgebildeten sozialen Mitte betroffen. – Diese neue Konstellation läßt sich in vier Erscheinungsformen zusammenfassen, die seit den siebziger Jahren nacheinander Aktualität gewonnen haben und heute gleichzeitig und kumuliert nebeneinander bestehen.

(1) Seit den siebziger Jahren: *Diskriminierung bestimmter Personengruppen*, insbesondere von Frauen, Alten, Jugendlichen und Zugewanderten und verminderte Aufstiegschancen von Kindern aus den neuen Bildungsschichten oder aus den unterprivilegierten Milieus.
(2) Seit den achtziger Jahren: *diskontinuierliche Lebensläufe*, d. h. häufige Umstellungen zwischen Phasen des Jobbens, der Berufsarbeit, der Arbeitslosigkeit, der Weiterbildung, der Kinderversorgung usw.; nicht nur unten, sondern auch in der Mitte der Gesellschaft wird immer höhere »Flexibilität« und Belastbarkeit verlangt.
(3) In den neunziger Jahren: bei mehr als 25% der Bevölkerung *Verfestigung* eines Teils dieser unstetigen Biographien zur dauerhaften Schieflage des *»Wohlstands auf Widerruf«* oder »prekären Wohlstands«, d. h. eines hohen Risikos, daß auch Angehörige der sozialen Mitte periodisch unter die Armutsgrenze fallen.
(4) Schließlich: bei etwa 10% eine zunehmende Verfestigung sozialer Deklassierung durch *Armut* bzw. durch vollständige *Exklusion* aus dem Arbeitsmarkt und auch durch sozialmoralische Ausgrenzung in bestimmten Minderheiten und Wohnvierteln.

Diese neuen sozialen Ungleichheiten sind besonders von einer soziologischen Strömung untersucht worden, die die Individualisierungsthese nicht ideologisierend versteht, sondern die Heterogenisierung der *Arbeitswelt* und der *Lebenswelt* mit dem

»Paradigma der Differenzierung« (Berger) zu beschreiben sucht (vgl. Kapitel 4.3.). Sie bestreitet nicht die Wirksamkeit vertikaler Ungleichheiten und Herrschaftsverhältnisse[39] bzw. des Kapitalismus und seiner korporatistischen Regulierung[40]. Aber sie weist darauf hin, daß dieser ›objektiven‹ Ungleichheit in mehrfacher Hinsicht keine Homogenität der Erfahrungen entspricht, so daß es nur bedingt zum Gemeinschaftshandeln der sozialen Gruppen kommt.

Die erste Form der *sozialen Diskriminierung* wird nach diesem Paradigma seit den siebziger Jahren verstärkt unter dem Namen »neue soziale Frage« oder »neue soziale Ungleichheiten«[41] thematisiert. Von den Stelleneinsparungen und Einkommensdämpfungen war damals der korporativ gut vertretene Kern der Industriegesellschaft weniger betroffen als die schlecht vertretenen Gruppen der »sozialen Peripherie«. Die allmählich zurückkehrende Massenarbeitslosigkeit betraf zuerst die geringqualifizierten Milieus, die Frauen, die Alten, die Jungen und die Ausländer (deren Zuwanderung gestoppt wurde), also Gruppen, die ohnehin unterproportional am Wirtschaftswachstum teilhatten. Ähnlich war die Situation der »geprellten Generation«[42], d. h. jener Teile der jüngeren Jahrgänge, die durch die Bildungsreformen besser ausgebildet waren, aber zu spät kamen, um in Krankenhäusern, Sozialeinrichtungen, Schulen, Universitäten usw. noch einen sicheren Arbeitsplatz zu finden. Der sog. »Radikalenerlaß« der Bundesregierung machte zudem vielen von ihnen angst, wegen politischer Aktivitäten verfolgt bzw. vom öffentlichen Dienst ferngehalten zu werden.

Das zweite Phänomen, die *Verzeitlichung der sozialen Ungleichheiten* (P. A. Berger), wird zunehmend seit den achtziger Jahren beobachtet.[43] Es äußert sich in zwei Erscheinungen: Die Zeitregime der »Normalbiographie« wie auch der »Normalarbeitszeit« werden seltener. Sie verschwinden zwar nicht. Aber neben sie treten zunehmend entstandardisierte und deregulierte Zeitverhältnisse. Die Ursachen werden oft auf technologisch-ökonomische Zwänge zurückgeführt, d. h. vor allem die hori-

---

39 Hradil 1987; Berger 1986, 1996.
40 Kreckel 1992.
41 Geißler 1976; Hradil 1987.
42 Bourdieu 1982 [1979], S. 241ff.
43 Berger/Hradil 1990.; Berger 1996.

zontale Differenzierung der Arbeitsteilung. Tatsächlich aber liegen die Gründe ebensosehr im Interesse von Kapital und Staat, die Arbeitskosten und die Mitwirkungsrechte der Menschen abzubauen. Dies vergrößert die vertikale Ungleichheit zwischen sicheren und unsicheren, rechtlich deregulierten Berufspositionen und Soziallagen.

Die Normalbiographie der Industriegesellschaft macht *diskontinuierlichen und entstandardisierten Mustern des Lebenslaufs bzw. des Erwerbslebens* immer mehr Platz. Phasen der Ausbildung, des vollen oder prekären Erwerbs und der Erwerbslosigkeit wechseln einander ab. Den Hintergrund bildete das Ansteigen der Arbeitslosigkeit auf zwei, dann drei Millionen nach 1980, als die Krise verstärkt die Trägerbranchen des früheren Wirtschaftswunders und den zuvor gesicherten Kern der Arbeitnehmer erreichte. Die Unternehmen senkten jetzt die Kosten nicht mehr nur mit Rationalisierungen der Arbeitsorganisation und vermehrt mit neuen, extrem arbeitssparenden Technologien. Hinzu kam ein Paradigmenwechsel der betrieblichen Beschäftigungspolitik.[44] Qualifizierte Stammbelegschaften werden nun nicht mehr im Betrieb gehalten, sondern »verschlankt« durch »down-sizing«. Denn bei Bedarf können genügend qualifizierte Kräfte extern angeworben werden.

Dies führte nicht nur zur Arbeitslosigkeit, sondern zu einem *neuen Typus von Umstellungen: der Abwertungskarriere.* Sie trifft neben den Unterprivilegierten zunehmend die ›respektable‹ Mitte der Facharbeiter und Fachangestellten wie auch die neuen und alten Bildungsschichten. Längsschnittuntersuchungen[45] bestätigen, daß die statistischen Durchschnittswerte über die Erfahrung der Diskontinuität sozialer Lagen täuschen. So lag bereits 1977 bis 1988 die Arbeitslosigkeit zwar »nur« um zwei Millionen. Aber in der gleichen Zeit machten 13 Millionen Menschen, annähernd jede zweite Erwerbsperson, die Erfahrung einer vorübergehenden Arbeitslosigkeit. Wegen ihrer guten Grundqualifikation finden sie zwar meist bald wieder Beschäftigung. Jedoch wird diese relative Sicherheit inzwischen immer häufiger mit geringerem Einkommen und erhöhten Belastungen an Pendlerwegen, Mehrarbeit und Abwesenheiten von der Familie bezahlt.[46]

44 Berger 1996; Konietzka 1997; zusammenfassend: Sopp/Konietzka 1998.
45 Berger 1996; vgl Mutz, Ludwig-Mayerhofer u. a. 1995; Ludwig-Mayerhofer 1996.
46 Nach Umfragen sind heute die meisten Arbeitnehmer bereit, bei Entlassungen schlechtere Arbeitsbedingungen anzunehmen: längere Arbeitswege (74% dafür), schlechtere berufliche Positionen (61%) oder geringeren Verdienst (52%). Nur 1,2% haben es abgelehnt, im Sinne der Zumutbarkeitsregel einen Verdienst in Höhe der bisherigen Ar-

Die Entwertung des kulturellen Kapitals durch wiederholte Umstellungen trifft auch jene Jüngeren stärker, die immer wieder in Weiterbildungen, Arbeitsbeschaffungsmaßnahmen, Stellenvertretungen usw. investierten, um sich so nach und nach in eine feste Beschäftigung »hineinzuschrauben« – ohne aber sicher zu sein, ob der Stein, den sie emporgewälzt haben, nicht wieder zurückrollt.

Schließlich wird die »Normalarbeitszeit« durch »flexible« *Arbeitszeitregime* zurückgedrängt, die die Arbeitenden und ihre Familien stärker belasten.[47] Auch dies ist nicht nur arbeitspraktisch bedingt, wie in bestimmten Gesundheits- und Medienberufen, sondern auch durch die Gewinn- und Sparinteressen der Arbeitgeber, nicht nur im Einzelhandel. Die Gewerkschaften versuchen, darauf mit Tarifverträgen zu reagieren, die die Flexibilität teils durch Schutzbestimmungen begrenzen, teils durch Lohn- und Zeitausgleich kompensieren.

Die dritte Form neuer Ungleichheit, die *Prekarität*, d. h. dauerhafte Schieflage, von Berufspositionen und Sozialllagen, entwickelte sich gleichsam als Verfestigung der zweiten Form. Sie weitet sich seit den neunziger Jahren erheblich aus.

Zum einen entsteht ein *prekärer Arbeitsmarkt* mit »Arbeitnehmern zweiter Klasse«, in Bereichen der legalen Teilzeit-, Leih- und Niedriglohnarbeit und der Scheinselbständigkeit, und »Arbeitnehmern dritter Klasse« außerhalb der Legalität. Zunehmend werden auch öffentliche Dienstleistungen in Privatbetriebe ausgelagert, in denen die Arbeitsverträge, Löhne und Leistungen niedrigere Standards haben. Diese Prekarisierungen sind Gegenstand neuer Auseinandersetzungen, die teils in den Tarifkonflikten zwischen Kapital und Arbeit und teils in den nationalen und regionalen »Bündnissen für Arbeit« ausgetragen werden. Ein Symptom dieses Problems sind auch die wachsenden Sektoren der öffentlich finanzierten Arbeitsbeschaffungs- und Weiterbildungsschleifen.

Zum anderen entstand das Phänomen des *»prekären Wohlstands«*, des *Wohlstands auf Widerruf*, der seit den neunziger Jahren in großen Untersuchungen der Caritas dokumentiert wird.[48] Für die Betroffenen sind die einzelnen Standards der sozialen Lage (Einkommen, Wohnweise, Familien- und Gesundheitssituation usw.) so wenig stabil, daß ein alltäglicher Schicksalsschlag – Arbeitslosigkeit, Krankheit, Unfall, Scheidung usw. –

beitslosengelder bzw. -hilfen anzunehmen. (Nach einer Befragung von 1471 Betroffenen durch das Sozialwissenschaftliche Forschungszentrum Berlin-Brandenburg und das Meinungsforschungsinstitut Info, lt. Frankfurter Rundschau, 9.12.1997, S. 13)

47 Vgl. insbes. Sennett 1998.
48 Hübinger 1996.

mindestens vorübergehend unter die Armutsgrenze führt. Über einem Sockel von etwa 10% Einkommensarmut ist eine Zone der Prekarität entstanden, die weitere 25-30% der Bevölkerung betrifft. Sie reicht auch in die Milieus der Facharbeiter und Fachangestellten und bis zu den Bildungsschichten. Von diesen gehören vor allem jene zu den sog. »Risikogruppen«, die wenig »soziales Kapital« haben. Insbesondere für Rentner, Alleinerziehende, Kinderreiche, Scheinselbständige und Behinderte sind bei Unfall, Krankheit oder Arbeitslosigkeit die sozialen Netze oft zu schwach, um das Nachlassen der öffentlichen Sozialleistungen auszugleichen.

Den Hintergrund dieser Prekarisierungen bildete, nach 1989, ein weiterer qualitativer Sprung der sozialen Deregulierung. Mit dem Zusammenbruch der DDR und des Ostblocks und mit der Europäischen Vereinigung von Maastricht fielen äußere Grenzen, die die Konkurrenz zuwandernder Arbeitskräfte und der Niedriglohnländer kleingehalten hatten. Die Liberalisierung des Welthandels verstärkte zudem weiter den Konkurrenzdruck auf die Trägerbranchen mit hoher Produktivität und Technologie.

Die vierte Form neuer Ungleichheit, die Deklassierung durch *dauerhafte Armut oder Arbeitslosigkeit,* unterscheidet sich von der historischen Gestalt einer flächendeckenden Proletarisierung der ungelernten Arbeiter. Sie hat bisher eher eine insulare Struktur von verarmten und sozialmoralisch ausgegrenzten Einzelnen, die sich allerdings in bestimmten Wohnvierteln der Großstädte, den sog. »sozialen Brennpunkten«, und in Formen der Anomie und der Jugendgewalt gegen Fremde, aber auch der politischen Apathie oder des Rechtspopulismus verdichten. In den großen Städten haben diese, gesamtgesellschaftlich gesehen, »insularen« Gettos inzwischen eine kritische Größe und, weil sie das interethnische Zusammenleben in der *ganzen* Gesellschaft auf die Probe stellen, eine alarmierende Bedeutung erlangt.[49] Dabei fehlt es nicht an Kräften, die das Zusammenleben der Bevölkerungsgruppen verbessern wollen. Beunruhigend ist vielmehr, daß diese Kräfte von der Politik oft allein gelassen werden bzw. daß in manchen Großstädten auch ganze Stadtviertel als politische Investitionsobjekte ›aufgegeben‹ und sich selbst überlassen werden.

Alle vier Formen beinhalten nicht nur die Destabilisierung der Berufspositionen oder Lebenslagen der Einzelnen, sondern auch

---

49 Vgl. Anhut/Heitmeyer 2000, Geiling/Schwarzer 1999.

die Destabilisierung der relativen Positionen zwischen den sozialen Gruppen. Entsprechend wachsen die Animositäten zwischen diesen Gruppen. Die verunsicherten sozialen Gruppen werfen den Gewinnermilieus, den Politikern usw. eine unverhältnismäßige Bereicherung vor. Die Gewinner wiederum legitimieren sich, indem sie die anderen als leistungsunwillig etikettieren. Die von Staat und Gesellschaft angebotene System- und Sozialintegration nimmt ab, so daß die Milieus im Alltag immer mehr auf ihre eigenen »Bewältigungsstrategien« zurückgeworfen sind.

6. Die Qualität des Lebens: Bewältigungsstrategien im Alltag

Wie läßt sich nun die Gesamtentwicklung der sozialen Ungleichheit beschreiben? Wenn wir von der vertikalen Verteilung materieller Lebenschancen ausgehen, ergibt sich das scheinbar eindeutige Bild einer zunehmenden »Spreizung« materieller Standards. So waren z. B. 1984 bis 1989 durchschnittlich »nur« 2,7% einkommensarm, aber zusätzlich waren weitere 15% ein oder zweimal unter die Grenze des halben Durchschnittseinkommens gefallen.[50] Für die frühen neunziger Jahre verzeichnet die Studie der Caritas[51] bereits 10% Armut und weitere 50% in knappen oder prekären Lebenslagen. Aus ihren Daten ergab sich folgende Stufung sozialer Lagen:

- Etwa 40% lebten in *sicheren* Verhältnissen.
- Etwa 20-25% waren durch eine Lebensweise der *Knappheit* verunsichert.
- Weitere 25-30% waren Menschen im *Wohlstand auf Widerruf*.
- Etwa 10% lebten bereits in dauerhafter *Armut*.[52]

Bei einer Mehrheit von 60%, den unteren drei Gruppen dieser Skala sozialer Lagen, finden wir die oben beschriebene Stufung: Diskriminierung – Diskontinuität – Prekarität – Exklusion. Sie wird hauptsächlich auf zwei Weisen diskutiert. Die eine Seite sieht die historischen Tendenzen der Proletarisierung und Verelendung wiederkehren. Die Daten nimmt sie als Beweis für eine

50 Vgl. Berger 1996.
51 Hübinger 1996.
52 Mit einem Monatseinkommen unter 924,- DM.

linear voranschreitende vertikale Polarisierung zwischen hohen und unsicheren Einkommen, vielleicht auch zwischen Zufriedenheit und Rebellion (oder Resignation). Die andere Seite, die einen dritten Weg zwischen der Sozialdemokratie und dem Wirtschaftsliberalismus propagiert, räumt zwar ein, daß die sozialen Risiken gestiegen sind. Aber sie behauptet, daß die Grundsicherungen des Sozialstaats extreme Not verhindern. Es bestehe sogar die Gefahr, daß die Eigeninitiative entmutigt werde, weil das Sozialsystem zu viele Risiken absichere. Das soziale Netz soll nicht als »Hängematte« zum Verweilen einladen, sondern als »Trampolin« die Rückkehr in ein risikobereites Erwerbsleben aktivieren.

Gegen den Anschein haben beide Argumente viel gemeinsam. Zum einen beschränken sich beide auf die vertikale Verteilung auf der Ebene der materiellen Standards. Zum anderen sehen sie das Verhalten der Menschen nur als passiven Reflex äußerer Bedingungen und Anreize. Beide Annahmen entsprechen, auch wenn sie sich – wie bei Giddens – ein postmaterialistisches Gewand überwerfen – dem klassischen Vulgärmaterialismus.

Unsere Untersuchungen zum sozialen Raum liegen quer zu diesen Ansätzen und insbesondere zur Verkürzung der Sichtweise auf die vertikale und die ökonomische Dimension. Sie führen zu einer anderen Diagnose:

– Zum einen öffnet sich die Schere der ökonomischen Ungleichheit nicht nur in der Richtung der vertikalen Verteilung. Die vom Markt und vom Staat angebotenen Verteilungen der Ressourcen driften auch auf der horizontalen Achse (Modernisierung der Produktivkräfte) und der Zeitachse (Generationenverhältnis) auseinander.
– Zum anderen läßt sich nachweisen, daß so gut wie alle Milieus ihre äußeren Lebenslagen mit aktiven individuellen und gemeinschaftlichen Strategien zu bewältigen suchen. Diese Strategien sind je nach Habitus und kultureller Tradition verschieden, so daß verschiedene Milieus die gleiche objektive Situation auch verschieden verarbeiten (Abb. 12).

Die Verlierer der Modernisierung konzentrieren sich keineswegs nur in den unterprivilegierten Milieus. Auch am rechten Rand der Mitte finden sich Milieus, die nach Bildungskapital und Einkommen nicht mithalten konnten, die »kleinbürgerlichen Arbeitnehmermilieus« (vgl. Abb. 7 in Kapitel 2). Die Verlierer sind schließlich auch auf der Zeitachse des Lebensverlaufs auszumachen. An deren äußeren Enden finden sich die sozialen Gruppen, die (als junge Leute) noch nicht oder (als Alte) nicht mehr genügend soziale Beziehungsnetze oder »soziales Kapital« haben. Vor allem in den unteren und kleinbürgerlichen Milieus finden sich Rentner, die schon im Erwerbsleben wenig verdient haben und nun unter Altersarmut und Isolierung leiden. Als »Problemgruppe« stigmatisiert sind zudem unterprivilegierte Jugendliche, deren soziale Mitgift an Ausbildungs- und Lebensstandards nicht aureicht.

Allerdings übersetzt sich die Dynamik auf den Achsen der äußeren Lebensbedingungen nicht im Verhältnis von eins zu eins in die praktizierte Lebensweise. Die Individuen sind nicht einfach »Träger« objektiver Gesetze der Polarisierung der materiellen Standards. Durch ihren Habitus und ihre sozialen Beziehungen sind sie Mitglieder sozialer Milieus, die sich gegen Zugemutetes in der Regel auch zu wehren wissen. Die Zumutungen liegen für viele in der Veränderung ihrer *Lebensweise insgesamt*. Der ökonomische Lebensstandard sinkt »nur« relativ ab, aber um den Preis und im Kontext ungewohnter Zumutungen an Belastung und Streß, Unsicherheit und Zukunftssorgen, Fremdbestimmung und autoritärer Bevormundung. Selbst die Lebensweise der Jugendlichen ist immer mehr eingespannt in die Logiken lückenloser Terminkalender. Auch wenn diese Lebensweise ein soziales Absinken verhindert, wird sie viel eher als Hamsterrad denn als Hängematte erfahren.

In seiner großen Untersuchung über die heutigen Modernisierungsverlierer, »La misère du monde«, kritisiert auch Pierre Bourdieu nicht das materielle Elend, sondern das, was die heutige Modernisierung in den sozialen Beziehungen derer anrichtet, die als Facharbeiter überflüssig, als Jugendliche chancenlos, als Landwirte ohne Erben, als Händler ohne Markt, als Frauen dem Chef ausgeliefert sind oder die sich als Lehrer, Sozialarbeiter, Therapeuten, Polizisten oder Richter vergeblich mit unmotivierten Jugendlichen oder sozialen Brennpunkten mühen.[53] Damit wird auch der melodramatische Elendsbegriff vermieden, der das Mitleid mit unabwendbar schicksalhaften Katastrophen anspricht. Vielmehr werden in der Krise sozialer Beziehungen auch

---

53 Bourdieu u. a. 1996 [1993]; vgl. Geiling 1996, Geiling/Schwarzer 1999.

Abb. 12: Bewältigung der Umstellungskrise in den verschiedenen Milieutraditionen

TRADI-TIONSLINIE	ETHOS	HANDLUNGS-ORIENTIERUNG	LEBENSFÜHRUNG	BEZIEHUNGSMUSTER	TEILUNG IN GEWINNER (G) UND VERLIERER (V)
UNTERPRIVILEGIERTE TL (CA. 10%)	realistisch sein/ Notwendigkeitsethos	Gelegenheitsorientierung (Flexibilität)	Spontane Situationsbewältigung	Soziales Kapital: Selbsthilfe im engeren Milieu und Anlehnung an Mächtigere	G u. V: teilweise Populismus G: aktive Strategien der Flexibilisierung und Anlehnung V: Resignation bzw. Anomie (bei geringem sozialen Kapital)
STÄNDISCH-KLEINBÜRGERLICHE TL (CA. 25%)	loyal sein/ Pflichtethos	Sicherheit: Konformität mit den Normen	Einordnung in Hierarchien	Patron-Klient-Muster: Fürsorge gegen Loyalität; Delegation v. Verantwortung n. oben	G u. V: teilweise Populismus G: Bildungs- und Statusaufstieg V: Resignation (bei veraltetem Bildungs- und Sozialkapital)
TL DER FACHARBEIT (CA. 30%)	selbständig sein/Ethos der Eigenverantwortung	Facharbeit: Bildungs- und Leistungsstreben	Methodische und eigenverantwortliche Lebensführung	Persönliche Verantwortung und gegenseitige Solidarität	G u. V: Skeptische Abwendung von der großen Politik G: relativer Aufstieg V: relativer Abstieg
JUGENDKULTURELLE TL (CA. 10%)	frei sein/ Ablösung von den Älteren	Rebellion gegen Pflicht- und Leistungsnormen	Selbstverwirklichung in der Jugendkultur	Autonome Gemeinschaftsbildung	G u. V: Abwendung von der großen Politik
BESITZBÜRGERLICHE TL (CA.10%)	oben sein/ Distinktion	Contenance und soziale Exklusivität	Pflicht und Geltung	ökonomisch-soziale Hegemonie	G u. V: Elitenkonkurrenz und kombinierte Ideologie: Spreizung der sozialen Hierarchie u. Caritas
BILDUNGSBÜRGERLICHE TL (CA. 10%)	exzellent sein/Individualität	Askese und kulturelle Distinktion	Dienst und Selbstverwirklichung	Dienst am Gemeinwohl und kulturelle Hegemonie	Elitenkonkurrenz und ideologische Teilung in neoliberale Puritaner und karitative Idealisten
TL DER AVANTGARDEKULTUR (CA.5%)	vorn sein/ Trendsetzung	überzeugt von der eigenen Mission/ Instrumentalisierung anderer	Stil der ›neuen Macher‹, ästhetisch stilisierte Selbstdarstellung	aufstiegsbedingte Einschränkung der Verantwortung für andere	Verstärkte Aufstiegskonkurrenz / ›no pity for the poor‹

die Kräfte sozialer Selbsthilfe, der Gegenwehr und der erfolgreichen Bewältigung mobilisiert.

Dies zeigt auch unsere Synopse der verschiedenen »Bewältigungsmuster« (Abb. 12). In Milieus, die gute soziale Netze oder effiziente Strategien des Umgangs mit knappen oder unsicheren Ressourcen mobilisieren können, destabilisieren sich soziale Lagen seltener. Die Bewältigungsformen werden aber durch die neuen Lagen auch auf die Probe gestellt, und es zeigt sich, daß nicht alle Teile der Milieus sie erfolgreich anwenden können. Vielmehr teilen sich heute die Milieus in sich selbst zwischen relativen Gewinnern und relativen Verlierern.

Dabei muß festgehalten werden, daß sich die These, daß die sozialen Zusammenhänge sich bei den modernsten Milieus durch Wanderungen, materiellen Wohlstand und größere Freiräume auflösen, empirisch nicht bestätigt. Vielmehr belegen unsere Befragungen[54], daß soziale Beziehungen nur an zwei sozialen Orten zerfallen: in großem Umfang am rechten und unteren Rand des sozialen Raums, wo ein Teil der Modernisierungsverlierer nicht mehr hinreichende soziale Netze mobilisieren kann, und in kleinem Umfang bei den modernen Aufsteigern, die oft die Beziehungen zu den Milieus der Herkunft aufgegeben haben und noch nicht genügend neue Beziehungen aufgebaut haben.

(a) Die unterprivilegierten Milieus: Gelegenheitsorientierung

Die unterprivilegierten Milieus sind durch ihre seit Generationen eingeübten Strategien der flexiblen Gelegenheitsorientierung auf die neue soziale Unsicherheit besser vorbereitet als manche anderen Milieus. Ihr Habitus ist darauf abgestimmt, wechselnde Gelegenheiten zu nutzen, sich an Mächtigere anzulehnen, die eigenen Gruppenzusammenhänge zu mobilisieren und Schicksalsschläge oder Demütigungen oft ohne Demoralisierung zu verarbeiten.

Die »Traditionslosen Arbeitnehmermilieus« (vgl. Kapitel 13.3. und 14.3.), für die ungelernte und unstetige Beschäftigungen typisch waren, hatten in der alten Bundesrepublik wie auch in der DDR (wo sie jeweils mehr als 10% der Bevölkerung umfaßten)

---

54 Vgl. Kapitel 2.5. und 12.2.6-7.

erstmals dauerhafte Beschäftigungen in körperlich belastenden Arbeiten am Fließband, im Bergbau und einfachen Dienstleistungen gefunden. Jetzt mehren sich die Anzeichen einer inneren Zweiteilung.

Die Teilgruppe, die sich durch industrielle Arbeitsplätze gesichert gesehen hatte, ist besonders durch die Deindustrialisierung Ostdeutschlands und die allgemeine Auslagerung gering qualifizierter Arbeitsplätze in Niedriglohnländer betroffen. Als Angehörige eines Milieus von gering Qualifizierten, die auch an den Bildungsöffnungen nicht teilhatten[55], finden sie schwer neue Jobs. Viele gehören nun zu den Dauerarbeitslosen. Andere Arbeitslose schließen sich dann einer zweiten Teilgruppe des Milieus an, die der sozialen Destabilisierung entgeht, indem sie das System des Gelegenheitserwerbs virtuos aktiviert und ausbaut. Trotz Schwierigkeiten werden hartnäckig und aktiv bestimmte Tugenden und Ressourcen des Überlebens mobilisiert: die gegenseitige Hilfe im Milieu, die Anlehnung an stabile Partner und Gruppen, die Kombination verschiedener Erwerbstätigkeiten, die Nutzung von Gelegenheiten und das planende Haushalten. Sie sind sich, wie alle Angehörigen des Milieus, der ständigen Gefahr bewußt, von der Mehrheit der Gesellschaft stigmatisiert zu werden. Sie tun daher viel, um einem Absinken vor allem auch ihrer Kinder in einen »deklassierten« Lebensstandard und in die soziale Ausgrenzung vorzubeugen. Sie sind bereit, auch einfache und gering bezahlte Arbeit anzunehmen (in Niedriglohnbereichen, »geringfügigen Beschäftigungen«, Bereichen extremer zeitlicher und körperlicher Belastung, Überstunden usw.). Dies widerlegt auch den Vorwurf, daß sie das soziale Netz als Hängematte mißbrauchten und nicht bereit seien, geringer bezahlte Arbeit anzunehmen.[56] Vielmehr befinden sie sich ebenso im »Hamsterrad« wie die übrigen Arbeitnehmermilieus.

Viele Angehörige der Milieus können diese Überlebensstrate-

[55] Geißler (Hg.) 1994.
[56] Es trifft nicht zu, daß sie nur wegen der hohen Sozialleistungen nicht arbeiten gehen. Die Dauerarbeitslosigkeit liegt, wie erwähnt, an der Abwanderung der geringer qualifizierten Industriejobs in Niedriglohnländer. Die Arbeitslosen- oder Sozialhilfe (1997 im Schnitt ca. 1022,- bzw. 856,- DM) ist kein Motiv zum Faulenzen. Sie liegt längst erheblich unter dem durchschnittlichen Nettoeinkommen (um 2700,- DM).

gien erfolgreich und weitgehend im Rahmen der anerkannten gesellschaftlichen Normen anwenden. Andere Teile, die erfolglos sind, geraten tatsächlich in Abwärtsspiralen der Resignation und Anomie. Wieder andere vermeiden dies mit Erwerbsstrategien außerhalb der Normen, nicht nur der »Schwarzarbeit«, die durchaus ihre handwerkliche Ehre hat. Die Normabweichungen schlagen sich auch in der Statistik des Strafvollzugs nieder, in der eine andere kleine Teilgruppe des Milieus erheblich über dem Durchschnitt für kleinere Delikte liegt.[57] Ebendies schärft auch das Bewußtsein der Milieumehrheit für die Gefahren sozialer Stigmatisierung.

(b) Die Arbeitnehmer-Mitte: Pflicht- und Leistungsethos

Die Milieus der »respektablen« Mitte der Arbeitnehmer, die mit gut 65% die große Mehrheit der Bevölkerung bilden (vgl. Kapitel 13.2. und 14.2.), zeichnen sich durch ein besonderes Pflicht- bzw. Arbeitsethos aus. Gerade dadurch sind sie meist weit weniger flexibel und nun gerade gefährdet. Sie grenzen sich von den Unterprivilegierten seit je dadurch ab, daß sie ihr Leben auf beständige und rechtschaffene Arbeit und Lebensführung gründen. Dieses Kapital der Ehre war in den Jahren des Wirtschaftswachstums ihr Erfolgsrezept. Heute ist es ein Problem. Unbeständige und geringqualifizierte Arbeit anzunehmen ist für sie eine Zumutung. Sie entspräche nicht ihrer Identität und bedeutete für sie Stigmatisierung.

Im einzelnen verarbeiten die Teilmilieus die neuen Zumutungen recht verschieden. Dabei müssen wir die ständische und die facharbeiterische Traditionslinie auseinanderhalten. Die erste orientiert sich an einem Ethos von Hierarchie und Pflicht, die zweite an einem Ethos von Eigenverantwortung und fachlicher Leistung.

---

57 Geißler (Hg.) 1994.

(ba) Kleinbürgerliche Milieus: Zwischen Aufstieg und verschämter Armut

In der *ständischen Traditionslinie* von Arbeitnehmern und kleinen Selbständigen (um 25%) beruht die Respektabilität auf der pflichtbewußten Einordnung in Autoritätshierarchien. Zuviel Eigenverantwortung ist eher hinderlich.

Das Stamm-Milieu, das sog. *»Kleinbürgerliche Milieu«*, ist wenig modernisiert, aber doch stark geschrumpft (auf weniger als 20%). In sich ist es noch strikt traditionell nach Qualifikation und Status unterteilt. Die geringsten Chancen, sich auf die neue Flexibilität umzustellen, hat die unterste Teilgruppe. Sie besteht aus kleinen und mittleren Angestellten sowie Frauen in verschiedenen subalternen Berufspositionen, deren geringe Qualifikation unselbständiges Verhalten auch nahelegt. Selbstbewußter und etwas chancenreicher, wenn auch unflexibel, ist die Gruppe der kleinen Selbständigen, Meister, Vorarbeiter und Techniker. Aber das Fachkönnen, auf das ihre Autorität gegründet ist, wird durch den Strukturwandel oft entwertet. Sie können sich nur umstellen, wenn sie ähnlich hierarchisch eingebettete Positionen finden. – Beide Gruppen sind seit den achtziger Jahren in einer tiefgreifenden Krise. Mit ihren sehr bescheidenen und nun auch unsicheren Lebensstandards sehen sie sich von der Modernisierung der Wirtschaft und der Lebensstile abgehängt und ihre Pflichttreue wenig belohnt. Sie verarbeiten dies vor allem in autoritären Ressentiments gegen alles Moderne und die Jugend, gegen die Ausländer und auch gegen die Politiker.

Eine jüngere Fraktion der Milieus hat allerdings auf modernere Ausbildung gesetzt und ist auch in entsprechend besser gesicherte mittlere Angestellten- und Beamtenpositionen aufgestiegen. Sie bildet eine neue Teilgruppe der ständischen Traditionslinie, das *»Moderne Bürgerliche Milieu«* (8%). Es hat seinen bürgerlichen Lebensrahmen durch Elemente der individuellen Selbstverwirklichung, des modernen Komforts und des Hedonismus kontrolliert modernisiert. Obwohl ein zu hierarchischer Konventionalismus abgelehnt wird, dominiert weiter das Autoritätsdenken. Die Angst, das Erworbene mit anderen teilen zu müssen, äußert sich in Vorbehalten gegen Ausländer und im Wunsch nach starken Politikern.

Politisch neigen die Milieus der unterprivilegierten und der ständischen Traditionslinie in ihrer Mehrheit zu einer autoritären Krisenverarbeitung. Ihre Autoritätsvorstellungen sind am Verhältnis von Patron und Klient orientiert. Bisher haben sie sich Schutz hauptsächlich vom Patronat der großen Volksparteien erwartet, d. h. der CDU/CSU und des rechten SPD-Flügels, der sich auf die Gewerkschaften der protektionistischen Branchen (in denen der Anteil gering Qualifizierter traditionell hoch ist) stützt. Ihre politische Verdrossenheit beruht auf der Enttäuschung darüber, daß die Politiker diesen Schutz nicht mehr hinreichend sichern können. Daher bilden diese Milieus der autoritären kleinen Leute den Kern des rechtspopulistischen Lagers, das die soziale Deklassierung durch die Modernisierungen fürchtet (vgl. Kapitel 2.5. und 12.2.6-7).

(bb) Traditionslinie der Facharbeit: Zweifel an der Leistungsgerechtigkeit

Die *facharbeiterische Traditionslinie* (ca. 30%) unterscheidet sich hiervon grundsätzlich. Sie gründet Respektabilität nicht auf Ein- und Unterordnung, sondern auf persönliche Autonomie, die erworben wird durch qualifizierte und eigenverantwortliche Arbeitsleistung, verbunden mit einer guten Ausbildung. Die große Mehrheit dieser Gruppe hat sich in der Geschichte der Bundesrepublik nach Qualifikation und Lebensstil erheblich modernisiert, ist aber dennoch äußerst unzufrieden mit den neuen sozialen Ungleichheiten.

Die älteste Generation, das handarbeitende »*Traditionelle Arbeitermilieu*«, ist auf 5% geschrumpft. Die materiellen Standards sind bescheiden, die Qualifikationen durch neuere Entwicklungen überholt, die Freundeskreise durch das Alter ausgedünnt. So fühlen sich viele von der modernen Entwicklung abgehängt und reagieren teilweise auch mit Ressentiments gegen die Jugend, die Ausländer und die Politik.

Das »*Leistungsorientierte Arbeitnehmermilieu*« verarbeitet dies anders. Es besteht aus modernen, gut qualifizierten Facharbeitern (meistens Männern) und Fachangestellten (meistens Frauen) der mittleren Generation. Es ist mit etwa 18% das größte Einzelmilieu in Westdeutschland. Mit seinem asketischen Leistungs- und Verantwortungsethos repräsentiert es prototypisch den Grundsatz der Arbeitnehmergesellschaft: »Leistung gegen Teilhabe«.

Das Vertrauen darauf ist jedoch seit den achtziger Jahren tief erschüttert. Bereits 1991 war für viele der soziale Gerechtigkeitsvertrag nicht mehr in Ordnung. Nur noch die Hälfte vertraute ungebrochen darauf, daß die asketische Leistungsethik noch zur inneren Arbeitszufriedenheit und zu einem gerechten sozialen Aufstieg führen könne. Die andere Hälfte sah sich um den Ertrag ihrer Leistung *geprellt*. Sie fürchtete, durch die Flexibilisierung des Arbeitsmarktes auf die Verliererseite der Modernisierung zu geraten. Diese Gruppe dürfte inzwischen zur Mehrheit des Milieus angewachsen sein. Der Ärger wird jedoch in der Regel nicht auf Ausländer oder sozial Schwache gelenkt, sondern begründet tiefe Zweifel daran, daß in der Gesellschaft Leistung sich noch lohnt und die Mächtigen nicht bevorzugt werden. Die politische Enttäuschung führt nicht zu autoritären Vorurteilen, sondern begründet eine tiefe Skepsis gegenüber den Politikern und den großen linken und konservativen Ideologien. Fast das ganze Milieu gehört zu den verläßlichen Vertretern der sozialen Toleranz (»Leben und leben lassen!«) und der Demokratie. Der soziale Egalitarismus ist in der Leistungsethik begründet: Alle Menschen sollen nach ihren Werken beurteilt werden, unabhängig von Alter, Geschlecht und Herkunftsland. Die Frustration fließt daher nicht in Vorurteile, sondern in rationale Kritik an der herrschenden Wirtschaftspolitik. Dies zeigt sich auch in neuen gewerkschaftlichen Kämpfen gegen die soziale Deregulierung, so 1995/96 in Streiks für die Lohnfortzahlung im Krankheitsfall und Anfang 2000 auch in Streiks gegen befristete Arbeitsverträge.

Das jüngste Teilmilieu, das rasch wachsenden *»Moderne Arbeitnehmermilieu«* (derzeit mehr als 7%), geht offensiver mit dem sozialen Wandel um. In ihm haben Modernität und soziale Kritik eine neue Qualität erreicht. Seine Angehörigen haben dank hoher Qualifikationen gute Chancen und fürchten sich nicht vor Arbeitslosigkeit. Als Gruppe der weltoffenen praktischen Intelligenz sind sie besonders in innovativen Branchen und mit neuen Technologien sowie in Sozial- und Verwaltungsdienstleistungen tätig, häufig mit Fachhochschulabschluß. Das Milieu gehört daher ökonomisch eher zu den Gewinnern der Modernisierung und kann auch die Erfordernisse der Flexibilität, der Eigenverantwortung und des lebenslangen Umlernens gut erfüllen.

Trotzdem verarbeitet das Milieu seine Lage ganz anders als sein Nachbar zur Rechten, das ebenso erfolgreiche »*Moderne Bürgerliche Milieu*«, das sich gesellschaftspolitisch nach oben orientiert. Wichtiger als das Interesse am sozialen Aufstieg sind den »*Modernen Arbeitnehmern*« die Beziehungen und die Werte ihrer Herkunftsmilieus, wie sie sie für sich interpretieren. Zentral sind Selbstbestimmung, Selbstverwirklichung und soziale Mitverantwortung. Dazu gehört die Offenheit und Toleranz für vielfältige und unkonventionelle Lebens- und Politikformen. Das Milieu verbindet dies mit einer hohen Sensibilität für gerechte Verteilung materieller Güter und für soziale Solidarität.

Von ihren Eltern hat etwa die Hälfte der »*Modernen Arbeitnehmer*« die Bereitschaft zu sozialem, gewerkschaftlichem und politischem Engagement übernommen. Aber diese Angehörigen des Milieus wollen sich nicht von Politikern, Institutionen und Verbänden, deren Stil und Führungsansprüche sie als bürokratisch, autoritär und veraltet ablehnen, vereinnahmen lassen. Statt dessen engagieren sie sich erheblich in der politischen Partizipation »von unten«, an der Gewerkschaftsbasis im Betrieb, in den Vereinen der Gemeinde, für Hilfs- und Bürgeraktionen. Der Zugang zu den Problemen erfolgt nicht über intellektuelle Weltanschauungen, sondern durch Gefühl, Erfahrung und fachkompetente Kritik an sozialer Ungleichheit. Politisch ist das Milieu von großer Bedeutung, weil es immer noch rasch wächst und weil zu ihm die wichtigsten Meinungsmultiplikatoren im Alltag gehören.

(bc) Jugendmilieus: Hedonismus mit prekären Mitteln

Das »*Hedonistische Milieu*« wird zuweilen als Beweis dafür herangezogen, daß die jüngeren Milieus immer mehr zur individualisierten Erlebnisgesellschaft überwechselte und keine Ähnlichkeit mehr mit ihren traditionellen Herkunftsmilieus hätten. Das Milieu bekundet in der Tat einen radikalen Antikonformismus und Individualismus und betont das Unverwechselbare, die Selbstbestimmung und den Spontaneismus des »Hier und Jetzt«, die Ablehnung einer längerfristigen Lebensplanung und den eher sorglosen Umgang mit Geld. Bei genauerer Untersuchung erweist sich die Kritik am angepaßt-spießigen Normalbürger, gerade in ihren Übertreibungen, als jugendttypische Abgrenzung gegen die Pflicht- und Leistungsethik der Elternmilieus, die vor allem in der ständischen und in der facharbeiterischen Traditionslinie zu suchen sind.

Die Lebensweise des Milieus ist doppelt risikoanfällig, wegen der noch geringen Ressourcen der Jugendphase und wegen der ökonomisch bedingten Destabilisierung der Lebensläufe. Die »Hedonisten« befinden sich meist in der Übergangsphase zwischen 20 und 30 Jahren, die zwischen Ausbildung und Jobs verläuft und in der die angestrebten Bildungsabschlüsse und Einkommen noch nicht erreicht sind. Schon in den 1980er Jahren umfaßte das Milieu ein großes Spektrum sozialer Lagen, von prekären bis zu gesicherten Positionen. Die Wirtschaftskrisen haben inzwischen die Brüche im Ausbildungs- und Berufsweg und damit das vertikale Auseinanderdriften des Milieus verstärkt.

Die meisten Hedonisten haben nicht die Mittel, die Ansprüche auf ein gutes Leben, Luxus und Komfort ohne starke Abstriche zu verwirklichen. Angesichts dieser unsicheren Lage überrascht es nicht, daß das Milieu – trotz der Distanz zur Elternkultur – mit großer Mehrheit hinter den sozialen Sicherungen der Arbeitnehmergesellschaft wie auch der gewerkschaftliche Interessenvertretung steht. Die meisten sind ohnehin Freizeithedonisten, die alltags ihre Ausbildung und ihre Jobs machen, sonntags teilweise noch in die Kirche gehen und auch – wegen der Wirtschaftsprobleme – wieder mehr bei ihren Eltern wohnen oder Unterstützung suchen.

Während in (eher kleinen) Aufsteigermilieus die Konkurrenz- und Gewinnermentalität kultiviert wird, haben die großen Arbeitnehmermilieus die Solidarität der gemeindlichen und nachbarschaftlichen sozialen Netze und gegenseitigen Hilfe (bzw. Schattenwirtschaft) erheblich aktiviert. Die heterogenen äußeren Lebenslagen haben nicht, nach der Art einer Widerspiegelung, automatisch zu heterogeneren Milieus geführt. Vielmehr hat die Erfahrung sozialer Benachteiligung, wie auch in der früheren, nach Lagen durchaus sehr heterogenen Arbeiterbewegungen, die Motive der Solidarisierung, jedenfalls im Alltag, wieder verstärkt.

(c) Die oberen Milieus: Konkurrierende Eliten

Die *oberen Milieus* sind zwar weniger von äußerer Not betroffen, aber der soziale Wandel bringt (nicht nur in Ostdeutschland) häufig relative Verluste an Status und Einfluß mit sich, auf die – den Normen dieser Milieus entsprechend – sehr empfindlich reagiert wird. Während andere Milieus eher ihre Solidarität wiederentdecken, verstärkt sich hier die Konkurrenz der Individuen um die besseren Plätze und zwischen den einzelnen Milieufraktionen um den größeren Einfluß. Entsprechend verschärfen sich die symbolischen Kämpfe, in denen es unter den Etiketten »alt« und »neu« um den schwindenden oder wachsenden Einfluß in der Gesellschaft geht, beispielsweise wenn die kritische humanistische Intelligenz den Verlust ihrer Hegemonierolle beklagt und die postmodernen Milieus der »new economy«, der »neuen Manager« und der »neuen Realpolitiker« ihren Aufstieg triumphierend feiern.

7. Die Lager der Unzufriedenheit: Drei Formen politischer Verdrossenheit

Unter der rot-grünen Koalition, die seit 1998 regiert, scheint sich bisher in verdichteter Form ein Prozeß zu wiederholen, der auch die Entwicklung von den sechziger bis zu den neunziger Jahren gekennzeichnet hat. Auf eine Phase der Mobilisierung neuer Kräfte folgte eine Phase der politischen Verdrossenheit und Resignation. Sie ist Ausdruck der sozialen Gegensätze, die sich auf die politische Ebene, auf der es um die Regulierung dieser Gegensätze geht, übertragen. Dabei ist nicht die materielle Lage für sich genommen, sondern die Destabilisierung der Lebensweisen und Lebenspläne ausschlaggebend.

Auf die Jahre sich öffnender sozialer Chancen folgte seit den achtziger Jahren die Erfahrung vergeblicher Mühen. Vor allem die großen Milieus der Arbeitnehmer wurden vor unsichere und diskontinuierliche Perspektiven gestellt. Die Individualisierung, die Vielfalt und Erlebnis versprach, wurde für viele gleichbedeutend mit Eigennutz und Risiko. Die angesammelte Unzufriedenheit kam zuerst zum Vorschein, als sich, nach der Euphorie der deutschen Vereinigung von 1990, Ernüchterung und Enttäuschung verbreiteten. Der Pegel der »politischen Verdrossenheit«, der um 1980 nahe bei 10% gelegen hatte, stieg dauerhaft auf etwa 60%.[58] Die scheibchenweise fortgesetzte Politik des Sozialabbaus führte schließlich zu größerer Unruhe in den Betrieben und zu gewerkschaftlichen Protestbewegungen.

Der Krieg am Persischen Golf enttäuschte 1991 die neu geweckten Friedenshoffnungen und löste riesige, vor allem jugendliche Protestbewegungen aus. Neue Angst entstand durch die Öffnung der Grenzen. Vor allem unterprivilegierte Milieus fürchteten, ihre unsicheren Ressourcen mit immer mehr Zuwanderern teilen zu sollen. 1992 kam es zu Tausenden von Gewaltakten gegen Ausländer. Diese endeten erst, als ihnen, mit Unterstützung der Medien, allerorts gewaltfreie Lichter- und Menschenketten entgegentraten. Die Unzufriedenheit machte sich auch am Ethos der Politiker fest. Eine Kampagne der Medien und der Öffentlichkeit kritisierte das Patronagesystem der Parteien und prangerte immer mehr Beispiele von Politikern an, die ihre Positionen zur persönlichen Vorteilsnahme genutzt hatten. Hier entstand das Stichwort der »politischen Verdrossenheit«.

Bald kehrten auch die Spannungen zwischen Kapital und Arbeit zurück. Die Booms, die durch die deutsche Vereinigung und, nach einer Wirtschaftsflaute, durch wachsenden Export ausgelöst worden waren, änderten nichts an der hohen Arbeitslosigkeit. Trotz dieses ›jobless growth‹ eröffneten die Unternehmer die sog. »Standortdebatte«, in der sie eine weitere »Deregulierung« angeblich »unflexibler« Arbeitsverhältnisse forderten, d. h. den Abbau sozialstaatlicher und arbeitsvertraglicher Sicherungen. Darüber kam es zu zahllosen örtlichen Konflikten zwischen Gewerkschaften und Unternehmern, so daß schließlich, auch beflügelt von den französischen Massenstreiks des Dezembers 1995, der Deutsche Gewerkschaftsbund 1996 eine Meinungskampagne zur Sicherung des »Sozialstandorts Deutschland« begann. Die liberal-konservative Regierung Kohl setzte ungerührt ihre neoliberale Politik fort und beschloß im Herbst 1996 den Abbau der Lohnfortzahlung im Krankheitsfall. Dies löste unerwartet machtvolle Proteststreiks der Metallge-

---

58 Der Pegel der politischen Verdrossenheit lag, nach Meinungsumfragen, Mitte 2000 noch bei ca. 58%, d. h. genauso hoch wie 1991, zur Zeit unserer repräsentativen Befragung.

werkschaft aus. Als es um die Stillegungen im Bergbau ging, folgten 1997 weitere Arbeiterbewegungen, denen sich auch der linke Flügel der CDU anschloß.

Es kam daher nicht unerwartet, daß 1998 die Regierung Kohl, wie zuvor die meisten anderen konservativen Regierungen Europas auch, abgewählt wurde. Die Gewerkschaften und die sozialen Flügel der Parteien und der Kirchen hofften nun darauf, daß die neue rot-grüne Regierung die Politik der Deregulierung umkehren würde. Tatsächlich wurden Ende 1998 einige soziale Einschnitte zurückgenommen. Doch, nach dem demonstrativen Rücktritt des SPD-Vorsitzenden Oskar Lafontaine, der Symbolfigur der sozialen Integrationspolitik, verstärkte der Bundeskanzler, Gerhard Schröder, die Politik des Sparens und der sozialen Einschnitte wieder. Dies enttäuschte auch moderne Wähler. Bei den Europawahlen im Juni 1999 verlor die SPD 8 Millionen ihrer 20 Millionen Wähler von 1998. In den sechs regionalen Wahlen des Herbstes 1999 verlor die SPD bis zu 15% der Stimmen. Die Verluste beruhten ganz überwiegend nicht auf Abwanderungen zur CDU/CSU, sondern auf den Enthaltungen der treuesten SPD-Wähler.

Im November 1999 schien sich das Blatt zu wenden. Zwar lag immer noch die Arbeitslosigkeit um 4 Millionen, die Armut um 10% und der »Wohlstand auf Widerruf« um 25%. Aber nun wurden die großen gesetzwidrigen Finanztransaktionen der CDU entdeckt, mit denen auch das Patronagesystem des früheren Kanzlers Kohl unter Beschuß geriet. Gleichwohl hat die Regierung bisher das Vertrauen der sozialen Milieus nicht verläßlich wiedergewonnen. Der Wirtschaftsaufschwung, der der exportfördernden Schwäche des Euro gedankt war, zeigte lange Zeit wenig soziale Wirkung. Die Landtagswahl in Nordrhein-Westfalen vom 14. Mai 2000 brachte keine Wende der negativen Trends. Die Wahlbeteiligung sank um 7,3 auf 56,7 Prozent, ein Rekordtief. SPD und Grüne verloren je etwa 3 Prozent. Dagegen erholte sich die FDP Möllemanns um 5,8 auf 9,5 Prozent. Durch eine geschickte Mischung von Gewinnerrhetorik und Populismus konnte sie Teile der neuen Aufsteigermilieus, auf die die rot-grüne Koalition vergeblich zielte, gewinnen. Insgesamt verstärkte sich der Eindruck, daß große Teile der politischen Eliten den Kontakt mit den meisten Volksmilieus verloren haben, um deren Mobilisierung und Repräsentation es ihnen geht.

Eine nähere Erklärung für diese Unzufriedenheit findet sich in der veränderten Dynamik der *ideologischen Lager*, d. h. der großen Bevölkerungsgruppen, die sich nach ihren gesellschaftspolitischen oder weltanschaulichen Grundauffassungen relativ deutlich voneinander abgrenzen.

Diese »politischen« Abgrenzungen der ideologischen Lager richten sich, heute wie früher, nur bedingt nach den in unseren Milieulandkarten sichtbaren Trennlinien der »Alltagskultur«, an denen sich die Milieus scheiden.[59] Die Zweiteilung zwischen Lebenswelt und politischer Welt drückt sich gerade darin aus, daß sich die Milieus auf der Basis der *gleichen Alltagsethik* nach *verschiedenen* weltanschaulichen, religiösen oder politischen *Lagern*, die meist eine lange historische Tradition haben[60], *aufteilen*. Hinzu kommt, daß vor allem die großen Parteien heute Volksparteien sind. Diese müssen, um mehr Anhänger zu gewinnen, jeweils aus mehreren Lagern schöpfen, wenn auch mit gewissen Schwerpunkten. So kann z. B. die CDU/CSU die Arbeitnehmer aus den konservativeren Milieus und Lagern mobilisieren, aber, über den modernen CDU-Flügel, auch einen Teil der moderneren Arbeitnehmer. Spiegelbildlich kann die SPD vor allem Arbeitnehmer aus moderneren Milieus und Lagern mobilisieren, aber, über den rechten SPD-Flügel, auch einen Teil der konservativen Arbeitnehmer.

Hier liegen auch die Soll-Bruchstellen der Parteienlandschaft. Entgegen den Thesen von Giddens und Beck sind es nicht die Milieus, die heute zerfallen. Die Klassenkulturen des Alltags sind vielmehr, gerade *wegen* ihrer Umstellungs- und Differenzierungsfähigkeit, außerordentlich stabil. Was bis zu einem bestimmten Grade zerfällt, sind die Hegemonien bestimmter Par-

---

59 In vielen Analysen wird dies nicht erkannt, weil, wie auch bei Beck und Giddens, im Grunde »Milieus« und »Lager« verwechselt werden. Während erstere die sozialen Beziehungen und Formen meint, mit denen die Lebensführung des Alltags (Arbeit, Zusammenleben, Freizeit, Geselligkeit usw.) geregelt wird, beziehen die Lager sich auf ein anderes, nach den Logiken der institutionellen Organisation, des intellektuellen Diskurses und des politischen Kampfes geregeltes Feld. Auf diesem Feld bewegen sich die Volksmilieus eher als Laien, die Angehörigen der oberen Milieus aber durchaus hauptberuflich, »professionell«. (Vgl. Kapitel 5.7.)
60 Lepsius 1973a [1966].

teien (und Fraktionen der Intellektuellen) über ihre Anhänger in den ideologischen Lagern. Daher haben wir auch heute *keine Krise der Milieus* (als Folge des Wertewandels), sondern *eine Krise der politischen Repräsentation* (als Folge einer zunehmenden Distanz zwischen Eliten und Milieus).

Diese neue Dynamik der Lager haben wir mit unserer repräsentativen Befragung sowie mit nachfolgenden Untersuchungen näher zu ergründen versucht (vgl. Abb. 11a-c, S. 55-60).[61] Danach fand einerseits das Modell der Arbeitnehmergesellschaft eine sehr hohe allgemeine Zustimmung von 78% bis 95% in allen Milieus, außer im Konservativ-technokratischen Milieu (mit immerhin auch 60%). Andererseits waren drei der sechs von uns gefundenen Lager, mit 58% der Bevölkerung, fest überzeugt, daß die maßgeblichen Politiker keine Verantwortung gegenüber den Werten der sozialen Gerechtigkeit zeigten. Dabei schwang nicht zuletzt die Befürchtung mit, den eigenen Lebensstandard in den nächsten Jahren nicht mehr halten zu können. Im einzelnen unterscheiden sich die drei Lager allerdings erheblich:

(1) Das Lager der *Enttäuschten Autoritären* (ca. 27%) konzentriert sich bei den traditionellen Arbeitnehmern mit einfacher oder geringer Fachqualifikation und eher autoritären Grundauffassungen (vgl. Abb. 11a, 11c). Als Milieus am unteren und rechten Rand des sozialen Raums[62], deren Arbeitsqualifikationen, Einkommen und sozialen Zusammenhänge veraltet und begrenzt sind, gehören sie zu den *Verlierern* der jetzigen Modernisierungen. Im Alltagsleben verarbeiten sie diese Ausgrenzung autoritär, insbesondere mit Ressentiments gegen die Ausländer und die moderne Jugend. Politisch sehen sie ihre Vorstellung der sozialen Gerechtigkeit verletzt, die nach dem Patron-Klient-Muster strukturiert ist. Da die Autoritäten ihrer Fürsorgepflicht nicht mehr genügen, schuldet man ihnen auch weniger Loyalität. Bisher ziehen zwar noch vier Fünftel des Lagers SPD und CDU/CSU vor. Aber die Sympathie für den Rechtspopulismus, derzeit bei etwa 20% des Lagers, kann durchaus steigen.

(2) Das Lager der *Skeptischen Distanz* gegenüber der Parteipolitik (ca. 18%) konzentriert sich bei den moderneren Arbeitnehmern der mittleren Generation mit gutem Fachkönnen, Leistungswillen und Zu-

---

61 Vgl. Kapitel 6.4.1. und 12.1-2. sowie Vögele/Vester (Hg.) 1999.
62 Es handelt sich um Teile der Kleinbürgerlichen und der Unterprivilegierten Arbeitnehmermilieus sowie kleinere Teile des Traditionellen Arbeitermilieus und des Leistungsorientierten Arbeitnehmermilieus.

sammenhalt, d. h. in der modernen Mitte (vgl. Abb. 11a, 11c).[63] Sie sind eher *relative Verlierer* der Modernisierung, d. h. durch diskontinuierliche Beschäftigung, sinkende Standards und steigende Belastungen bedroht. Ihr Vertrauen in soziale Gerechtigkeit – daß in der Arbeitnehmergesellschaft Leistung durch Teilhabe belohnt wird – ist tief enttäuscht. Dies verarbeiten sie im Alltag überwiegend *demokratisch*, ohne Intoleranz gegen andere Gruppen, zumal sie noch sichere Netze ihrer Milieus im Hintergrund haben. Politisch entwickeln sie eine äußerst skeptische Distanz gegenüber den Politikern und allen Ideologien, seien sie links, liberal, konservativ oder sozial-marktwirtschaftlich. Bisher lag ihre Neigung zur SPD über dem Durchschnitt, zu CDU/CSU und FDP darunter. Aber es besteht erhöhte Gefahr der Wahlenthaltung.

(3) Das Lager der *Sozialintegrativen* (ca. 13%) konzentriert sich in den modernsten Teilen der Arbeitnehmermilieus wie auch der Elitemilieus, d. h. in den neuen und alten Bildungsmilieus in der *linken und oberen Mitte* des sozialen Raums (vgl. Abb. 11a, 11b).[64] Mit ihrer meist guten Qualifikation, ihren modernen Lebensstilen und ihrem lebendigen sozialen Zusammenhalt gehören sie eher *nicht* zu den Verlierern. Gleichwohl sehen sie ihre Gerechtigkeitsvorstellungen verletzt, insbesondere ihre zentralen Werte der persönlichen Selbstbestimmung und der sozialen Rücksichtnahme. Ihre Kritik richtet sich daher vornehmlich gegen das, was sie als *autoritäre Arroganz der institutionellen Mächte* und als Entmutigung von Solidarität und Mitbestimmung erleben. Sie verarbeiten dies in der Regel so, daß sie der institutionellen Politik die Teilnahme verweigern und sich eher aktiv und unkonventionell in überschaubaren Kreisen der Basispolitik im Alltag und am Arbeitsplatz engagieren. Sie sind das einzige Lager der Gesellschaft, das *solidarisch* für die Gleichstellung *aller* eintritt, d. h. gegen die Diskriminierung von Frauen und Ausländern ebenso wie gegen die vertikalen Klassenunterschiede. Bisher sympathisieren sie sehr überdurchschnittlich mit SPD und Grünen, aber das Nichtwählen könnte auch zunehmen.

Keines der drei Lager ist allein wegen *ökonomischer* Benachteiligung »verdrossen«. Dies zeigt sich besonders an dem anscheinenden Paradox, daß die Gruppe mit den geringsten Ressourcen,

63 Bei dem Leistungsorientierten und dem Hedonistischen Arbeitnehmermilieu und teilweise auch beim Liberal-intellektuellen Milieu sowie beim Kleinbürgerlichen und beim Traditionslosen Arbeitnehmermilieu.
64 Bei den Hedonistischen, Leistungsorientierten und Modernen Arbeitnehmermilieus, aber auch benachbarten Teilen der Liberal-intellektuellen, Kleinbürgerlichen und Traditionslosen Milieus.

das erste Lager, gerade *nicht* die Gruppe mit dem klarsten Oppositionsbewußtsein ist, während die Gruppe mit den besten ökonomischen und kulturellen Standards, das dritte Lager, nicht nur die kritischste ist, sondern auch (neben Teilen der modernen Bildungselite) besonders die Milieus der »Arbeitnehmerintelligenz« zu sich zählt, die in Gemeinden, Vereinen, Kollegenkreisen oder offenen Gesellungen besonders als Meinungsmultiplikatoren anerkannt sind. Es ist eine bezeichnende Schwäche der führenden politischen Organisationen und Lager, daß sie heute den besonders kompetenten Angehörigen dieses Lagers keine Kooperation »auf Augenhöhe« anbieten können.

Dies bestätigt, daß Eingriffe in die Lebensweise auch heute wichtigere Gründe für Protest sind als sinkende materielle Standards allein. Die drei Lager bedauern vor allem die neuen *Belastungen und Zumutungen*. Das erste Lager beklagt die moralische Ausschließung aus der Modernisierung. Das zweite Lager thematisiert die Erschwerung einer kontinuierlichen Lebensweise, in der Verantwortung sich auch lohnt und Leistung nicht entwertet wird. Das dritte Lager kritisiert die autoritäre und eigensüchtige »Kultur der Selbstzufriedenheit«[65], wie John Kenneth Galbraith die neue herrschende Moral in den durch den Neoliberalismus Reagans veränderten USA nennt.

8. Die Lager der Selbstzufriedenheit: Erosion der Volksparteien?

Bei den derzeit führenden politischen Lagern und Eliten gab es lange wenig Anzeichen für Selbstkritik. Die Wahrnehmungen und Argumentationen bewegen sich trotz neuerer Nachdenklichkeit immer noch zu sehr im geschlossenen Kreis einer sich selbst bestätigenden Deutung der Realität. Die Krise der Repräsentation kann, wie Klaus von Bismarck dies bereits 1966 am Beispiel der evangelischen Kirche festgestellt hat[66], mit der sog. »Milieuverengung«, der Einschränkung auf die jeweilige unmittelbare Gefolgschaft, erklärt werden. Nach unseren Befunden[67]

---

65 »Culture of Contentment« ist der amerikan. Titel von Galbraith 1992.
66 Von Bismarck 1966.
67 Vgl. Kapitel 2.5. und 12.2.

setzt sich das »selbstzufriedene« Lager aus zwei verschiedenen politischen Formationen zusammen, der konservativen und der rot-grünen. Beide Formationen unterliegen, wie ihre Pendants in den anderen europäischen Ländern, charakteristischen Krisenprozessen.

Die *konservative Formation* bildet ein ›Tandem‹ von zwei Lagern, die sich wie Patron und Klientel aufeinander beziehen (vgl. Abb. 11a). Das Patronatslager, das die Funktion der Fürsorge und der politischen Repräsentation übernimmt, ist vornehmlich weiter oben im sozialen Raum, beim konservativen Bürgertum und bei den kleinbürgerlichen Aufsteigern, zu Hause. Das Klientellager, das die Funktion der Gefolgschaft übernimmt, besteht mehr aus den konservativen Volks- und Arbeitnehmermilieus. Gemeinsam bilden sie, mit fast 32%, die größte und sozialmoralisch am einheitlichsten integrierte Formation. Obwohl, aus historischen Gründen, Minderheiten beider Lager dem konservativen SPD-Flügel und der FDP zuneigen, bildet die Mehrheit die Basis der CDU.

(1) Das *Traditionell-konservative Lager* (ca. 14%) ist verwurzelt in den älteren und bestsituierten Teilen der führenden Unternehmer, Manager, Freiberufler und Staatsdiener wie auch in ihrer engeren Gefolgschaft von Neuaufsteigern aus eher kleinbürgerlichen Nachbargruppen, oben rechts im sozialen Raum (vgl. Abb. 11a, 11b).[68] Allerdings leidet es an Überalterung und einem empfindlichen Modernisierungsrückstand. Die Gesellschaft soll als relativ strikte Hierarchie gestufter Rechte geordnet sein; deren untere Glieder sind zwar durch Fürsorge vor Ausgrenzung geschützt, aber sie haben keine gleichen Rechte. Dieser Grundsatz zeigt sich einerseits in den Vorstellungen von der Hierarchie zwischen Männern und Frauen, Älteren und Jüngeren, Deutschen und Ausländern, Vorgesetzten und Untergebenen usw., andererseits im selbstzufriedenen Auftreten als legitime Inhaber wirtschaftlicher und staatlicher Macht. Dieses Verständnis begünstigte lange ein Patronagesystem, dessen Mangel an Legitimität und Akzeptanz erst Ende 1999, mit der Aufdeckung der finanziellen Skandale, offenbar wurde.

(2) Das *Konservative Arbeitnehmer-Lager* (ca. 18%) bildet die *Klientel* des Traditionell-konservativen Lagers. Es besteht aus den konservativen Arbeitnehmern in eher sicheren sozialen Positionen, die durch

---

68 Beim Konservativ-technokratischen und in den Kleinbürgerlichen Milieus und benachbarten kleineren Teilgruppen des Liberal-intellektuellen Milieus.

feste Hierarchien und paternalistische Unternehmer, Provinzpolitiker, Medien- und Kirchenvertreter gesichert werden. Das Lager konzentriert sich in der rechten Hälfte der Mitte (vgl. Abb. 11a, 11c).[69] Die Vorstellungen von der Hierarchie sind weniger streng als bei den Traditionell-Konservativen; insbesondere sollen die Arbeitnehmer und die sozial Schwachen ihre Rechte gegenüber den Oberen haben. Bei einem Teil des Lagers wächst außerdem der Sinn für persönliche Unabhängigkeit, für die Gleichstellung der Frauen und der Ausländer sowie für ökologische und staatsbürgerliche Eigenverantwortung. Das Lager neigt überdurchschnittlich zur CDU/CSU und durchschnittlich zur SPD.

Der Autoritarismus in diesem konservativen Klientellager hat sich seit den achziger Jahren deutlich abgeschwächt. Schon 1991 waren Untergruppen von Angestellten und Facharbeitern, zusammen 7%, nachweisbar, die sich modernere Lebensstile und Arbeitsqualifikationen angeeignet hatten und (etwa zu einem Drittel) auch sichtlich aufgeschlossener gegenüber den Rechten der Frauen, der Ausländer und der sozial Schwachen sowie auch den Themen der Ökologie und Bürgerbeteiligung geworden waren. Die neuen Stile paßten mit dem »System Kohl«, das ja auch die Vertreter eines moderneren und sozialeren Konservatismus an den Rand gedrängt hatte, nicht gut zusammen. Zeitweilig konnte hier die SPD, beispielsweise in den katholischen Regionen Niedersachsens, besonders mobilisieren. Es ist aber nicht sicher, ob sie diese Gruppen dauerhaft binden kann, insbesondere wenn es der CDU Angela Merkels gelingen sollte, auch das moderne Spektrum der Konservativen zu repräsentieren.

Die Krise der Bindungen zwischen konservativen Patron- und Klientelgruppen ist nur ein Teil des Problems. Die Union braucht auch die Anhänger aus den *unzufriedenen* Lagern, und diese kann sie nur durch ein breites, sowohl arbeitnehmerisches wie modernes Konzept binden.

Die *rot-grüne Formation* ist in sich geteilt und kann die unzufriedenen Mehrheitslager nur bedingt erreichen. Die innere Spaltung zwischen den beiden Leitgruppen der rot-grünen Lagerformation stammt aus den Gründerjahren nach 1968. Die neue Formation bestand von Anfang an aus zwei parallelen Lagerbil-

---

69 Bei den beiden Kleinbürgerlichen Milieus, der statusorientierten Teilgruppe des Traditionslosen Arbeitnehmermilieus und kleinen Teilen des Leistungsorientierten Arbeitnehmermilieus.

dungen – den arbeitnehmerorientierten Intelligenzmilieus und den kritischen Aufstiegs- und höheren Bildungsmilieus:

- Einerseits konsolidierte sich ein Submilieu von kritischen Gewerkschaftern und Intellektuellen der Bildungs- und Kulturberufe, die die neuen Ziele der Bürgergesellschaft, von der Gleichstellung bis zu Ökopax, als notwendige *Ergänzung* der sozialen Verteilungsfrage sahen. Sie waren die Kristallisationskerne des oben beschriebenen heutigen Lagers der *Sozialintegrativen*.
- Andererseits entstand aus alten und neuen Bildungsbürgern, die gesellschaftskritisch waren, aber den Gewerkschaften und den ›ungebildeten Schichten‹ traditionell fernstanden, ein anderes Submilieu. Es sah die neuen Ziele als *Alternative* zu den alten und setzte sie, als »neues Politikmodell«, der alten »Klassenpolitik« entgegen. Aus ihm entwickelte sich das heutige Lager der *Radikaldemokraten*.

Ohne Zweifel war dies eine Koalition von Gruppen quer zu den alten vertikalen Klassenunterschieden.[70] Die beiden Strömungen hatten auch um 1980 noch eine erhebliche gemeinsame Grundla-

---

70 Sozialstrukturell kamen in ihnen die »progressiven« Fraktionen der Milieus auf allen vertikalen Stufen der Gesellschaft zusammen. Deren Erfahrungen in gesellschaftlichen Lagerkonflikten wirkte wiederum auf den kulturellen Wandel ihrer Herkunftsmilieus zurück. Insgesamt können vier Gruppen unterschieden werden, die in der Kultur von mindestens vier heutigen sozialen Milieus (vgl. Abb. 7b, S. 46) nachwirken:
(1) Teile der *humanistischen Bildungsmilieus* und ihrer Verbündeten in den Medien, den Kirchen, den Schulen und Universitäten und den Künsten (heute: »Progressive Bildungselite«, mit ca 5% der Westdeutschen) der intellektuelle Teil des »Liberal-intellektuellen Milieus«);
(2) Teile der *korporativen Eliten*, insbesondere die modernen Flügel der Intelligenz der Gewerkschaften, der öffentlichen Dienstleistungen und der politischen Parteien (heute: »Moderne Dienstleistungselite«, mit ca. 4% der andere Teil des »Liberal-intellektuellen Milieus«);
(3) Teile der *neuen Bildungsmilieus*, die sich aus den Söhnen und Töchtern der immer schon bildungsorientierten Facharbeiter und Fachangestellten, die nun von der Bildungsöffnung profitierten, gebildet hatten (heute: »Modernes Arbeitnehmermilieu« mit mehr als 7%, teilweise auch aufgestiegen in die erstgenannten beiden Gruppen);
(4) Teile der breiteren *Jugendkulturen* aus den großen Arbeitnehmermilieus der Gesellschaft, die freiere Formen der Gesellung in der Frei-

ge in den neuen sozialen Bewegungen. Diese besaßen einen breiten und vielfältigen Unterbau in den Feldern des Feminismus, der Jugendkulturen, der Selbsthilfegruppen, der Bürgerinitiativen, der Ökologie und des neuen Pazifismus, aber auch in alternativen Betriebs- und Gewerkschaftsprojekten. Ihre gemeinsamen Ziele schienen klassenübergreifend, »universalistisch«, zu sein. Auf dieser Erfahrung beruft sich nicht ohne Recht auch die These des postmaterialistischen Epochenbruchs und des neuen Politikmodells jenseits von links und rechts.[71]

In der neuen Lagerformation überdeckten die gemeinsamen Ideen lange die vertikalen Unterschiede der Mentalität, des Lebensstils und der gesellschaftspolitischen Ziele. Die Unterschiede der Klassenkultur traten in dem Maße wieder hervor, in dem sich die neuen Gegeneliten mit den etablierten Eliten wieder arrangierten. Bereits um 1980, unter dem Eindruck der großen Friedens- und Ökologiebewegungen und der Parteigründung der »Grünen«, begannen diese Eliten wieder aufeinander zuzugehen. Doch blieb den neuen Eliten noch lange die Teilnahme an der Elitenrotation, am Einrücken in einflußreiche gesellschaftliche Positionen, verwehrt. So wurde, vor den noch halb geschlossen Türen der Macht, noch viel von der radikalen Integrationsrhetorik aufrechterhalten.

Erst mit der rot-grünen Bundesregierung von 1998 wurde der Graben zwischen den zwei Lagern der Formation unübersehbar. Das dem Neoliberalismus näherstehende Lager des sozialen Aufstiegs will den Ausgleich der »Arbeitnehmergesellschaft« durch eine neue vertikale Spreizung der sozialen Ungleichheiten und Risiken ablösen. Das andere Lager, das die Arbeitnehmergesellschaft in sich modernisieren will, ist seit dem Rücktritt ihrer Symbolfigur, Oskar Lafontaine, von der Macht abgedrängt und öffentlich »unsichtbar« geworden. Sichtbar sind die in Bund und Ländern einflußreich gewordenen Vertreter des blairistischen neuen Politikmodells:

(3) Im Lager der *Radikaldemokraten* (ca. 11%) hat die mittlere Generation der Söhne und Töchter aus oberen akademischen Milieus ein besonderes Gewicht, die sich seit 1968 radikalisiert und für post-

zeit suchten (heute: teils im »Hedonistischen Milieu« und teils in dessen Nachbarmilieus).
71 Beck 1986; Giddens 1997, 1999.

moderne Ziele engagiert haben und die heute höhere moderne Berufspositionen einnehmen (vgl. Abb. 11a, 11b).[72] Sosehr dieses Lager sich für Bürger-, Frauen- und Ausländerrechte und für Friedens- und Umweltthemen einsetzt, so wenig achtet es auf die Fragen vertikaler Klassen- und Autoritätsunterschiede. Hier ist sein *blinder Fleck*, der ihm auch den Vorwurf der *Pseudoprogressivität*[73] einträgt. Dies wurde besonders beim Eintreten wichtiger rot-grüner Politiker für Kürzungen der Sozialhaushalte und gegen eine angeblich zu bequeme Hängematten-Mentalität der Bevölkerung deutlich. Die Grünen haben dadurch bereits 1998 die modernen, ökologisch sensibilisierten Arbeitnehmer als Wähler verloren. Die blairistische Politik hat auch ursächlich mit der wachsenden Distanz moderner SPD-Anhänger zur Politik zu tun.

Das radikaldemokratische Lager kann von der zum Neoliberalismus neigenden Variante der sozialdemokratischen Politik nicht als ganzes, aber doch in einigen Teilen mobilisiert werden. Schon 1991 galten die überdurchschnittlichen Parteisympathien des Lagers nicht nur der SPD und den Grünen, sondern auch der FDP. Teilweise befindet es sich in einer Zerreißprobe zwischen verschiedenen Teilgruppen. Die überzeugten Vertreter einer neuen Ausländer-, Ökologie- und Außenpolitik sind von der rot-grünen Politik enttäuscht.

Die betont wirtschaftsliberal und elitär eingestellten Teile des Lagers finden sich heute politisch in einer neuen Lagerfraktion zusammen. In ihr verbinden sich verschiedene Gruppen miteinander, insbesondere Milieufragmente der modernen Aufsteiger der symbolischen Dienstleistungen, der postmodernen Unternehmer der »new economy«, der fusionsaktiven Spitzenmanager des großen Kapitals und der neuen Technokraten des Blairismus unter den Politikern und Spitzenbeamten, die die Sparpolitik und die sozialen Einschnitte auch meinen moralisch legitimieren zu müssen. Nach den Berufspositionen ließe sich dieses neu entstehende kleine Lager als *»neue Manager«*, nach dem Habitus als *»neue Macher«* bezeichnen.

Die Führungsgruppe steht vor dem Problem, sich durch die

---

72 Sie konzentrieren sich im oberen Teil des sozialen Raums, beim Postmodernen, Liberal-intellektuellen und Konservativ-technokratischen Milieu sowie kleineren Fraktionen der angrenzenden Milieus der ›respektablen Mitte‹.

73 Vgl. Reißmann 1985.

Ausgrenzung der Rivalen des sozialintegrativen Lagers in eine Falle zu begeben und auf einen Partner zu verzichten, der eine »sozialmoralische Brücke« zu den arbeitnehmerischen Mehrheitslagern bauen könnte. Daß diese Brücke gebraucht wird, ist deutlich an der Ablehnung zu sehen, die die Aufsteigersymbolik, durch die der Kanzler als »Genosse der Bosse« erschien, bei den Stammwählern und in den modernen Arbeitnehmermilieus erfahren hat.

9. Die ostdeutsche Sonderentwicklung: Ein zweifacher historischer Bruch

Die Feldstruktur der ostdeutschen Gesellschaft konnte von uns qualitativ und regional vergleichend, aber nicht in einer detaillierten repräsentativen Befragung untersucht werden.[74] Es läßt sich gleichwohl eine plausible Hypothese über diese Struktur und deren Grundlagen in der Sonderentwicklung der ostdeutschen Gesellschaft entwickeln. Aus ihr ist auch erklärlich, daß die große Mehrheit der ostdeutschen Milieus die Benachteiligung der Region und die Defizite sozialer Gerechtigkeit und staatlicher Regulierung noch entschiedener kritisiert als im Westen, während die kleineren Milieus der Gewinner der deutschen Vereinigung von 1990 und der nachfolgenden Modernisierung sich stärker mit der neoliberalen Aufsteigerideologie identifizieren.

In der ostdeutschen Gesellschaft zeigen sich zwar ähnliche Grundstrukturen, Traditionslinien und Größenproportionen wie in den anderen hochentwickelten Gesellschaften. Aber die Traditionslinien sind in sich deutlich anders unterteilt. Die Verschiedenheiten, die sich in den beiden Landkarten der ostdeutschen Milieus ausdrücken (Abb. 8a-b, S. 50 f.), lassen sich als die Folge von zwei einschneidenden Veränderungen erklären, die von außen gekommen sind.

Die Landkarte von 1991 zeigt noch das alte Gefüge der Milieus der DDR. Insbesondere die tiefgreifenden Umschichtungen der oberen Milieus hatten zu einer Umformung oder Verformung der Sozialstruktur geführt, die nach 1970 in eine lange Stagnation der Entwicklung mündete. So fehlten noch 1991 im ostdeutschen

---

74 Vgl. Vester/Hofmann/Zierke 1995 und Kapitel 14.

Milieubild (Abb. 8a) fast alle modernen Differenzierungen, die wir im westdeutschen Milieubild (Abb. 7a-b) sehen.

Die erste historische Intervention in die Entwicklung der ostdeutschen Sozialstruktur war nach 1945 die Installation eines neuen politischen Herrschaftssystems, das sich auch das Wirtschaftssystem und die oberen Milieus unterordnete. Die Umstrukturierung veränderte einerseits die Position der Milieus in der ökonomischen Arbeitsteilung und andererseits ihre Position im politisch-gesellschaftlichen Machtarrangement.

Nach der Gründung des deutschen »Arbeiter- und Bauernstaates« im Jahre 1949 wurden die früheren führenden Milieus der Politik und der Wirtschaft vertrieben, verfolgt und deklassiert. An ihre Stelle trat zunächst eine Pluralität neuer Elitemilieus, die sich aus der Intelligenz der Facharbeiter und Bauern, den technokratischen Fachleuten und den anpassungsfähigen kleinbürgerlich-bürokratischen Karrieremilieus rekrutierten. Wie auch in der Sowjetunion setzte sich die letzte Gruppe durch, die gleichzeitig die Gruppe mit den engsten und autoritärsten Horizonten war und deren Basis von der ›Sinus‹-Forschug treffend als ›Status- und Karriereorientiertes Milieu‹ bezeichnet wird.[75]

Die Abdrängung der facharbeiterischen und technokratischen Eliten trug wesentlich zur »Modernisierungslücke« der DDR bei. Statt einer leistungsgerechten Allokation der Produktivkräfte dominierte strukturell die politische Macht und das Laufbahnprinzip.[77] Die DDR wurde eine bürokratisch überformte traditionelle Arbeitsgesellschaft. Einerseits behinderte die zentralisierte Macht- und Wirtschaftsbürokratie – die »Bleiplatte« (Niethammer) oder der »Wasserkopf« – durch ihre Übergröße und ihre Reglementierungen die wirtschaftliche Produktivität und Leistungsmotivation. Andererseits trug auch die internationale Konstellation dazu bei, die hochqualifizierte und diversifizierte Wirtschaftstradition der ostdeutschen Regionen zu kappen und statt dessen die Vorherrschaft des sowjetischen Stahlmodells und der traditionellen industriellen Massenproduktion duchzusetzen. So konnten sich modernere Industrie- und Angestelltenberufe und damit auch modernisierte Arbeitnehmermilieus kaum entwickeln.

Insgesamt war eine falsche Positionierung, eine »Fehlallokation«, der Produktivkräfte und der Eliten dafür verantwortlich, daß die Wirtschaft der DDR nicht modernisiert werden konnte. Die Modernisierungsunfähigkeit der DDR beruhte schließlich auch auf dem Fehlen eines korporatistischen und demokratisch verrechtlichten Konflikt- und Aushandlungsmodells, wie es sich in Westdeutschland entwickelte. An dessen Stelle entstand ein System faktischer und informeller »Arrangements«

75 Becker u. a. 1992; Flaig u. a. 1993.
76 Henrich 1989; Bourdieu 1991; Geißler 1992; Niethammer 1990; Meuschel 1992; Engler 1999.

(Niethammer), das die politische Entmündigung mit bestimmten sozialen Sicherungen der milieuspezifischen Lebensweisen verband. So erhielt die Arbeiterschaft, nach der militärischen Niederschlagung ihres Aufstands im Juni 1953, als Ausgleich die Aufwertung und Sicherung ihrer sozialen Standards und Alltagskultur. Auf ähnliche Weise erhielt die kritische Kulturintelligenz ihr Reservat. Diese Arrangements sicherten bis in die 1970er Jahre eine minimale Kooperation. Wolfgang Engler, der die bisher eindrucksvollste Gesamtanalyse der ostdeutschen Gesellschaft vorgelegt hat, bezeichnet diese entsprechend als »arbeiterliche Gesellschaft«.[77]

Der in den siebziger Jahren eintretende ökonomische Bankrott konnte allerdings nur noch mit Mitteln der dirigistischen Manipulation und der Überwachung aller Bürger durch den Staatssicherheitsdienst in Schranken gehalten werden. Damit zerbrachen schrittweise auch die Arrangements zwischen den sozialen Gruppen und Milieus, so daß dem ökonomischen Bankrott 1989 auch der Staatsbankrott folgte.

Die Protestbewegungen, die 1989 den Sturz des morschen Regimes herbeiführten, kamen nicht aus der Mitte der DDR-Gesellschaft, sondern vor allem aus den Avantgardemilieus der Jugendkultur und der Intelligenz am linken und oberen Rand des sozialen Raums. Die jüngeren und jüngsten Ostdeutschen hatten bereits im *Generationenbruch der 1970er Jahre* das Arrangement mit dem System aufgekündigt und entweder die »Nischengesellschaft«[78] oder den Protest gewählt. Nichts drückte die Integrationsunfähigkeit der ostdeutschen politischen Klasse so aus wie ihr Versagen gegenüber der jüngeren Generation.

Die Landkarte von 1997 zeigt die Folgen der neuen Dynamik, die durch die deutsche Vereinigung von 1990 ausgelöst worden ist. Die größten Veränderungen sind in der Mitte zu sehen, wo die Milieustruktur jetzt unruhiger und uneinheitlicher ist als in Westdeutschland. In Westdeutschland sehen wir in den großen Milieus der Mitte eine eher evolutionäre Differenzierung nach aufeinanderfolgenden Generationen (Abb. 7b). In Ostdeutschland koexistieren hier dagegen zwei verschiedene, annähernd parallele Entwicklungen, gleichsam Gabelungen der Milieustammbäume (Abb. 8b).

1990 standen die in der DDR von innovativer Wirkung abgedrängten Milieus als endogene Kräfte einer wirtschaftlichen Modernisierung bereit, insbesondere moderne Arbeitnehmerpotentiale aus der facharbeiterischen Traditionslinie und technokratische Eliten. Doch die zweite

77 Engler 1999.
78 Gaus 1986.

schockartige Modernisierung, die nach 1989 von Westen kam, schob gerade diese Potentiale beiseite.[79]
In den oberen Milieus erlebten die alten technischen und kulturellen Eliten, die meist kritisch zum DDR-Regime gestanden hatten, eine partielle, doch enttäuschende Deklassierung, die eine Rückbesinnung auf die ostdeutsche Identität motivierte. Andere Eliten, vor allem die mittleren Funktionseliten des Gesundheitswesens, der Verwaltung, des Schulwesens, der Polizei und des Militärs, wurden weitgehend ungeschoren in den öffentlichen Dienst des vereinigten Staates übernommen. Am besten paßte sich das ›Status- und karriereorientierte Milieu‹, das die tragende Säule des DDR-Staats gewesen war, an die neuen westdeutschen Karrieremuster an, die sog. »Wendehälse«. Hinzu kamen neu aus Westdeutschland zugewanderte Eliten.
Auch die Mitte der Gesellschaft teilte sich in Gewinner und Verlierer. Die unmoderne ostdeutsche Industrie verlor ihre Absatzmärkte und schrumpfte radikal. Moderne Industrien und Dienstleistungen entstanden langsamer als erwartet. Daher wurden viele ältere Arbeitnehmer ausgegliedert und in die Rente geschickt, und es entstand eine Massenarbeitslosigkeit von mehr als 20%. Die Verlierer zogen sich auf ihre meist noch intakten sozialen Netze und ihre ostdeutsche Identität zurück. Die Gewinner, meist jüngere Arbeitnehmer, nutzten zwei Wege sozialer Umstellungen, die vertikale und die horizontale Mobilität. Entsprechend gabelten sich die beiden großen Arbeitnehmermilieus der Mitte in jeweils zwei Linien: auf der rechten Seite ein Milieu, das vertikal in bessere Positionen aufstieg, und auf der linken Seite ein Milieu, das horizontal in modernere, qualifiziertere Berufe überwechselte. Die Geschwindigkeit, mit der dies geschah, weist darauf hin, daß diese Potentiale sich schon in der DDR-Gesellschaft vorbereitet hatten, aber verdeckt geblieben waren.[80]
Die unterprivilegierten Milieus verloren viele Sicherheiten. Sie reagierten nur teilweise mit fatalistischer Gelassenheit. Hier, aber auch bei den von der deutschen Vereinigung enttäuschten Milieus der rechten Mitte, entstanden viele Ressentiments, die sich nicht zuletzt in der Gewaltbereitschaft perspektivloser Jugendlicher ausdrückten.

Die neuen Aufsteigermilieus sind eher klein und können, ihrer neoliberalen Profilierung wegen, von den Mehrheitsmilieus in Ostdeutschland nicht als Leitmilieus anerkannt werden. Die modernisierenden Sektoren werden zudem, aufgrund der regionalen Strukturnachteile, eher schmal bleiben. Die ostdeutsche Son-

---

79 Vgl. Vester u. a. 1995; Solga 1995; Dümcke/Vilmar 1996; Misselwitz 1996; Engler 1999
80 Vgl. Segert 1995.

derentwicklung wird deswegen und auch wegen des anderen Solidaritäts- und Staatsverständnisses und der Abgrenzung gegen die westdeutsche Mehrheitsgesellschaft langfristig bestehenbleiben.

10. Perspektiven: Die Krise der politischen Repräsentation

Nicht nur in Ostdeutschland, sondern auch in Westdeutschland fallen die Realitätsdeutungen der politischen Führungsgruppen und der großen gesellschaftspolitischen Lager immer noch auseinander. Keine der konservativen, liberalen, sozialdemokratischen und grünen Führungsgruppen reagiert hinreichend auf die Erfahrungen sozialer Destabilisierung in den großen Volksmilieus. Diese Erfahrungen werden so lange nicht ernstgenommen, wie im vulgärmaterialistischen Mainstream nur Arbeitslosigkeit, Armut und Anomie als »legitime Not« gelten. Der hohe Pegel der Unzufriedenheit muß daher als unberechtigt erscheinen. Zugleich besteht immer noch die Illusion, durch »Telepolitik«, die zunehmend den direkten Dialog mit den Mitgliedern und den Bürgern ersetzt, Bürgernähe zu erreichen, weil alle Bildschirmbenutzer »erreicht« werden.

Der Sozialdemokratie fehlt insbesondere immer noch eine Strategie, die die ganze Spannweite der von einer sozialreformerischen Volkspartei zu integrierenden Milieus anspricht. An ihrem Fehlen war bereits 1982 der sozialdemokratische Kanzler Helmut Schmidt gescheitert, als er die FDP nicht mehr einbinden konnte und die Milieus der neuen grün-alternativen Bewegungen nicht einbinden wollte. Seitdem fehlt der SPD ein überzeugendes Integrationsmodell und auch eine Führungsfigur, die dieses symbolisieren könnte. Nach Willy Brandt wechselte sie 1999 zum fünften Mal den Vorsitzenden, und auch der jetzige, Gerhard Schröder, verkörpert bisher nur bestimmte Richtungen. Seine Wahlerfolge beruhen, wie die Helmut Kohls bis 1994, auf Mobilisierungen, die ad hoc und nicht dauerhaft wirkten. Die Bindekraft der Sozialdemokratie ist einstweilen ebenso erodiert wie die der Union.

Die großen Milieus der Bevölkerung haben Zweifel, ob sie dem Versprechen, durch mehr Leistung ihre persönliche Lage wie auch das Wirtschaftswachstum heben zu können, trauen. Es besteht der Verdacht, daß dies bei ungleichen Startchancen nicht funktionieren kann, daß statt einer »Differenzierung nach Leistung« eine »Differenzierung nach dem Ellenbogenprinzip« betrieben wird, eine neue Teilung der Gesellschaft in Privilegierte und Benachteiligte. Die hohe Empfindlichkeit gegenüber jedem Anschein der persönlichen Vorteilsnahme durch Politiker drückt dieses Mißtrauen deutlich aus.

Die Flexibilisierung des Arbeitsmarktes und der relative Rückzug des Staates haben die Last der sozialen Risikobewältigung zunehmend auf die sozialen Milieus zurückverlagert. Sie müssen mit den Problemen der neuen Zumutungen und Belastungen, der Diskontinuität und des Mißverhältnisses zwischen Leistung und Erfolg fertig werden. Der Sozialpsychologe Kurt Lewin hat bereits 1942 festgestellt, daß für die »Moral«, d. h. den Mut und die Hoffnung eines Akteurs, seine »Zeitperspektive« maßgeblich ist. Wenn die Etappen der Zukunft unklar und die Mittel zu ihrer Erreichung unsicher sind und wenn angestrengtes Bemühen unvorhersehbar vergeblich sein kann, können die Menschen ihre Kräfte nicht mehr zuversichtlich organisieren.[81] Dies kann entweder zur Demoralisierung (wie im Lager der »Enttäuschten Autoritären«) oder zum Rückzug auf den verläßlichen Alltag (wie im Lager der »Skeptisch Distanzierten«) oder aber zum Wechsel des Feldes politischer Aktivität, d. h. zum aktiven Engagement in der alltäglichen Subpolitik (wie im Lager der »Sozialintegrativen«) führen. Die Unzufriedenheit ist ein Moralproblem und daher gewissermaßen auf der Zeitachse des sozialen Raumes zu messen (vgl. Kapitel 5.8-9.) und nicht auf der vertikalen Achse der Güterverteilung.

Wenn die Politik der sozial nicht abgesicherten Flexibilisierung fortgesetzt wird, dann ist es wahrscheinlich, daß die drei Formen »politischer Verdrossenheit« sich weiterentwickeln werden. Einerseits könnte das populistische Potential eines Tages die Basis einer rechten Zwanzig-Prozent-Partei nach österreichischem Vorbild werden. Ebenso schreckt die neue Mehrheitsfähigkeit des autoritären Populismus in Italien. Es ist nicht auszuschließen, daß die neoliberale Fraktion der Sozialdemokratie dem durch einen verstärkten eigenen autoritären Populismus zuvor-

---

81 Lewin 1953, S. 152-180.

kommen will. Autoritäre und virtuelle Kommunikation schafft jedoch keine Bürgernähe, wie sie die modernen, mehr demokratische Mitwirkung wünschenden Mehrheitsmilieus in Deutschland verlangen. Die enttäuschten demokratischen Arbeitnehmerlager könnten sich weiter von der Parteipolitik abwenden und, anstatt zur Wahl zu gehen, vermehrt die Erwartung an die Gewerkschaften – oder andere Kräfte – richten, ihre Rolle als außerparlamentarische Gegenmacht wiederaufzunehmen. Die PDS wird eine Konkurrentin für die SPD bleiben. Daneben kann eine Modernisierungspolitik, die sich demonstrativ rigoros über soziale Sensibilitäten hinwegsetzt, wie sich in verschiedenen anderen Ländern gezeigt hat, auch fundamentalistische Ideologien der Modernisierungskritik, vor allem in bestimmten Jugend- und Intelligenzmilieus, verstärken.

Zweiter Teil:
Theorien und Methoden

4. Theoretische Kontroversen: Auflösung oder Umwandlung der Klassengesellschaft?

Die heute wieder aktuelle Debatte über das Ende der Klassengesellschaft ist keineswegs neu. Nach dem Zweiten Weltkrieg wurden vor allem zwei Thesen heftig und anhaltend diskutiert. Bis in die sechziger Jahre ging es um die These der »*Verbürgerlichung*«. Sie behauptete die Anpassung der alten Arbeiterklasse an die Lebensweise und an die politische Orientierung der gesellschaftlichen Mitte, d. h. des Mittelstands, des Kleinbürgertums oder einer ›amerikanisierten‹ Konsumgesellschaft. Seit den achtziger Jahren tritt die These der »*Individualisierung*« in den Vordergrund. Während die wissenschaftlichen Analysen der Individualisierung differenzierte neue Erkenntnisse bringen, reduziert sich die über Politik und Medien popularisierte Vulgärtheorie der Individualisierung auf eine pauschale These. Sie behauptet nicht mehr die Verschmelzung der Klassen und Schichten in der Mitte, sondern ihre mehr oder minder vollständige Auflösung: klassenspezifische Zusammenhänge und Lebensstile erodieren; an ihre Stelle bilden sich soziale Milieus und politische Orientierungen neu, jenseits der alten Trennlinien von links und rechts.

Beide Prognosemuster haben eine große Suggestivkraft entwickelt, obwohl oder gerade weil sie, mit der mondänen Pose eines großen Wurfs, zugleich alles und nichts erklären konnten. Sie sind, so unsere These, nicht weniger eindimensional als die großen Thesen des orthodoxen Marxismus, die sie ersetzen sollten. Die Kontroversen um sie, die in diesem Kapitel knapp nachgezeichnet werden, sind aufschlußreich. Sie beleuchten einerseits die großen gesellschaftspolitischen Auseinandersetzungen seit 1945. Andererseits zeigen sie, wie sich aus der Kritik an eindimensionalen Schemata differenzierte neue Konzepte entwickelt haben. Die neuen Theorien können aufzeigen, daß die sog. Globalisierung der Märkte keiner Gesellschaft eine eindimensionale Entwicklung ohne Alternativen vorschreibt. Sie hat vielmehr eine Konkurrenz zwischen verschiedenen Gesellschaftsmodellen eröffnet. Seit der Wende von 1989 ist wieder sichtbar geworden, daß innerhalb des Kapitalismus verschiedene Entwicklungswege oder »Pfade«, um die leidenschaftlich politisch gestritten wird, miteinander konkurrieren.

Im Zentrum der Diskussionen über soziale Schichtungen und Klassen standen lange die arbeitenden Klassen. Dies galt nicht nur für die marxistische Geschichtsphilosophie, die der Arbeiterklasse eine zentrale Rolle als Trägerin eines revolutionären sozialen Wandels zuschrieb. Auch die wichtigen politischen Parteien und Bewegungen in den entwickelten Ländern setzten auf die arbeitenden Klassen. Konservative und christliche Demokraten, Sozialdemokraten und Kommunisten, aber auch rechte Populisten und Faschisten waren auf die Mobilisierung dieser zentralen Schichten der industriellen Gesellschaft angewiesen. Darüber hinaus waren die Gewerkschaften der verschiedenen Arbeitnehmergruppen wichtige Kräfte der intermediären Politikebene.

Weniger sichtbar war die Verknüpfung der Diskussion um die Arbeiterklasse mit einem zweiten Akteur: den politischen, administrativen und intellektuellen Eliten, die es als ihre Aufgabe ansahen, den anscheinend richtungslosen Energien der arbeitenden ›Massen‹ eine Orientierung zu geben. So stand hinter der Frage nach dem Wandel der sozialen Klassen immer eine zweite Frage, nämlich die nach der historischen Rolle der Intellektuellen oder anderer Eliten.

Damit gerät nicht nur das Problem der Hegemonie in unseren Gesichtskreis, d. h. die Frage, wie und durch wen soziale Klassen in den politischen und wirtschaftlichen Handlungsfeldern mobilisiert oder repräsentiert werden. Wir werden zudem daran erinnert, daß die Intellektuellen, die über die Arbeiter- oder Volksklassen sprechen, damit immer auch über sich selbst sprechen. Nicht selten werden die arbeitenden Klassen mit Blick auf konkurrierende Eliten beschrieben: die Politiker, die Kirchen, die Journalisten, die Medien der Unterhaltung usw., denen unterstellt wird, die Interessen des Volkes nicht richtig zu vertreten oder es zu falschen Ideen zu verführen.

1. Entproletarisierung: ›Verbürgerlichung‹ oder ›Arbeitnehmermentalität‹?

Die Debatte nahm eine neue Wendung, als nach dem Zweiten Weltkrieg die Identität und schließlich sogar die Existenz der Arbeiterklasse in Frage gestellt wurde. Das jahrzehntelange Wachstum des Lebensstandards, des Wohlfahrtsstaates und der Bildungschancen signalisierte in den meisten entwickelten Ländern das Ende der sog. ›Proletarisierung‹. Aber in welche Richtung führte die Entproletarisierung? – Diese Frage stand im Zentrum einer langen Folge von Diskussionen der ersten Nachkriegsjahrzehnte.

In den fünfziger Jahren erlebten zunächst die Theorien der ›Verbürgerlichung‹ der Arbeiterklasse eine Wiedergeburt. Sie gingen davon aus, daß die arbeitenden Klassen jetzt an Lebensstandards teilhatten, die früher den mittleren Klassen vorbehalten gewesen waren. Sie erlangten mehr Rechte und Verhandlungsmacht im Betrieb, sichere und wachsende Einkommen, bessere Gesundheits- und Erziehungseinrichtungen, den Komfort der langlebigen Konsumgüter und der Medien der Massenkommunikation. Viele liberale und, zunehmend, auch linke und neomarxistische Intellektuelle vermuteten, daß die Arbeiter durch den Gebrauch der äußeren Attribute und Praktiken eines ›wohlhabenden‹ Lebensstils auch die inneren Werte und Einstellungen der angepaßten mittelständischen oder kleinbürgerlichen Schichten übernehmen[1] oder sich in von den Massenmedien manipulierte, gedankenlose Konsumenten verwandeln[2] würden.

Bis in die siebziger Jahre wurden diese Verwandlungstheorien nicht allein von orthodoxen Marxisten in Frage gestellt. Auch neue soziologische Forschungen kamen zu anderen Ergebnissen. Sie leugneten nicht, daß die Zeiten der kämpferischen industriellen Arbeiterklasse und ihrer Solidarität, zusammengeschmiedet durch Fabrikdisziplin, städtische Verwahrlosung und staatliche Unterdrückung, weitgehend vorüber waren. Sie hielten jedoch daran fest, daß der Klassenkonflikt zwischen Unternehmern und Gewerkschaften nicht überholt, sondern lediglich institutionalisiert worden war. Soziologen wie Theodor Geiger und Ralf

---

[1] Schelsky 1965 [1954]
[2] Marcuse 1967 [1964]; Gorz 1965; Touraine/Ragazzi 1961.

Dahrendorf entwickelten die Theorie des institutionalisierten Klassenkonfliktes.[3]

Zugleich bestätigten umfangreiche industriesoziologische Untersuchungen, daß unter den neuen Bedingungen das Arbeiterbewußtsein durchaus noch vorhanden war, allerdings in modernisierter Form.[4] Die kapitalistische Herrschaft, die Interessengegensätze im Betrieb, die Arbeitshierarchie und die Notwendigkeit, für bescheidene Einkommensverbesserungen hart zu arbeiten, bestanden weiter. Die höheren Lebensstandards änderten von sich aus weder das Ethos noch die alltägliche Mentalität der Arbeiter. Die ›Wohlstandsarbeiter‹, wie John Goldthorpe and David Lockwood diese Nachkriegsgeneration nannten, waren immer noch Arbeiter, allerdings nicht mehr in den alten ›emotionalen‹ Formen der Solidarität und Militanz, sondern auf der ›rationaleren‹ Ebene einer ›instrumentellen‹ Haltung zu den Gewerkschaften und den Arbeiterparteien.[5] Goldthorpe und Lockwood betonten zugleich, daß die bloße Benutzung von langlebigen Konsumgütern nicht durch irgendeinen wundersamen Mechanismus die Arbeiter in Kleinbürger verwandeln könne: »Eine Waschmaschine ist eine Waschmaschine ist eine Waschmaschine.«[6]

In den achtziger Jahren stellten Sozialforscher fest, daß der schon um 1960 absehbare Prozeß einer Angleichung zwischen Arbeitern und Angestellten entscheidend vorangekommen war: die historischen Trennlinien zwischen Arbeitern und Angestellten hatten sich zunehmend vermindert und Züge einer neuen ›Arbeitnehmermentalität‹ und des Bewußtseins gemeinsamer Interessen entstehen lassen.[7] Die Konvergenz der Interessen wurde aus zunehmenden Ähnlichkeiten der Arbeits- und Lebensverhältnisse erklärt – und ebenso daraus, daß ein zunehmender Anteil der Angestellten aus früheren Facharbeitern bzw. deren Söhnen und Töchtern bestand. Zugleich gab es reichlich empirische Belege dafür, daß diese Lage der entproletarisierten Arbeiter eine

---

3 Geiger 1949, Dahrendorf 1957.
4 Popitz/ Bahrdt u. a. 1957; Bahrdt 1962; Goldthorpe/Lockwood 1970/71 (1968); Kern/Schumann 1970; Schumann 1971; Mooser 1984; ähnlich heute: Schumann 1999.
5 Goldthorpe/Lockwood 1963, 1970/71 [1968].
6 Ebd., Bd. 3 (1971), S. 261.
7 U. a. Kern/Schumann 1982; Mooser 1983, 1984; vgl. Bahrdt 1962.

Situation nicht des Überflusses, sondern nur relativer Stabilität und Sicherheit war, die durch ständig zunehmende Arbeitsintensivierung erkauft werden mußte.[8]

Nach den zusammenfassenden Analysen Josef Moosers[9] unterschied sich diese empirische Arbeiterklasse, d. h. die erwerbsstatistische Gruppe der Arbeiter, die immerhin noch etwa 40% der Erwerbstätigen umfaßte, in den siebziger Jahren erheblich von dem klassischen Bild des Proletariats. Die Tendenzen der *Urbanisierung, Industrialisierung* und *Dequalifizierung*, durch die die Proletarisierung immer beschrieben worden war, hatten sich spätestens seit den 1920er Jahren nicht mehr fortgesetzt. Die großen quantitativen Verschiebungen hin zu den großen Betrieben und Städten, aber auch zu besseren Standards der Lebenshaltung und Einkommen schienen zu einem gewissen Abschluß gekommen zu sein, während die Berufsqualifikationen weiter zunahmen – und mit einem Exodus in die nicht-manuellen Berufe verbunden waren. Eingetreten war eine *relative Konsolidierung jenseits der »Proletarität« und eine Vermischung mit den übrigen Arbeitnehmermilieus auf gleicher vertikaler Klassenstufe.*

Wie 1925 arbeitete, so Mooser, in den siebziger Jahren immer noch ein Drittel der Arbeiter in Kleinbetrieben (bis zehn Beschäftigte), ein weiteres Drittel in Mittelbetrieben (bis 1000 Beschäftigte). Noch die Hälfte von ihnen wohnte in Gemeinden von bis zu 20 000 Einwohnern, wo vier Fünftel von ihnen ihre eigenen Wohnungen oder Häuser besaßen. Nur ein Drittel der Arbeiter arbeitete in Großbetrieben (ab 1000 Beschäftigte) oder wohnte in Großstädten (ab 100 000 Einwohner). Zugleich hatte, entgegen vielen Voraussagen, die Zahl der qualifizierten Facharbeiter immer weiter zugenommen.

Die Lebenshaltung hatte sich nicht grenzenlos verbessert. Es gab Verbesserungen beim Primärbedarf (Nahrung, Kleidung, Wohnen), bei den besseren Massenkonsumgütern (Wohnausstattung, Geräte, Autos), bei Urlaubsreisen und in der Sparquote. Aber gespart wurde für Wohneigentum und immer noch für den Existenzbedarf. Die Einkommenssteigerungen wurden einerseits mit vermehrten Überstunden bezahlt. Andererseits waren von den Ehefrauen der Arbeiter 1969 insgesamt 46% hauptberuflich erwerbstätig, doppelt so viele wie 1925. Auch die Einkommenssituation war insgesamt bescheiden, auch wenn sie eine Hierarchie zwischen den verschiedenen Kategorien der Arbeitnehmer widerspiegelte.

8 Zusammenfassend insbes. Mooser, a. a. O. und Berger 1986.
9 Mooser 1983, 1984.

Zugleich wurde die deutsche Lohnarbeiterschaft in sich homogener. Der Prozeß der Binnenwanderungen war abgeschlossen, nachdem er sich in den fünfziger Jahren noch einmal beschleunigt hatte, als die Mechanisierung und Chemisierung der Landwirtschaft Millionen von mithelfenden Familienangehörigen, Landarbeitern und Bauern freisetzte. Auch die Erwerbskombination von Kleinlandwirtschaft und Industriearbeit schrumpfte erheblich. In den sechziger Jahren war schließlich das Reservoir der ständischen, agrarischen und subsistenzwirtschaftlichen Strukturen erschöpft, aus dem sich die Zuwanderung jüngerer Arbeitskräfte in städtisch-industrielle Milieus gespeist hatte. Ebenso endete 1961, mit dem Bau der Mauer in Berlin, die Zuwanderung aus der DDR.

Die Lücke mußte durch die Zuwanderung ausländischer Arbeiter gefüllt werden. Deren Anteil an den Arbeitern überschritt 1964 den Stand von 1907 (6%) und erreichte 1970 schon 16%. Sie nahmen den Platz der jüngeren und weniger qualifizierten Arbeiter ein. Entsprechend nahm das Alters- und Qualifikationsniveau der deutschen männlichen Arbeiter zu. Von ihnen waren 1970 nur noch 21% jünger als 25 Jahre (halb so viele wie 1907 oder 1925), 55% waren Facharbeiter.

Die Arbeiterschaft pendelte sich insgesamt auf einem hohen, sich nur leicht abschwächenden Niveau von knapp 40% der Erwerbstätigen ein und begann nun, ihre aktivsten und am besten ausgebildeten Söhne und Töchter an benachbarte, ähnlich oder verhältnismäßig besser situierte Milieus kleiner und mittlerer, seltener gehobener Angestellter und Beamter abzugeben.

Die Arbeiterschaft rekrutierte sich nun zu zwei Dritteln aus Kindern von Arbeiterfamilien. Die Fremdrekrutierung, die früher noch stärker mit den bäuerlichen und städtischen Volksklassen verbunden war (Handwerker, Kleinbauern, Landarbeiter), verband die Gruppe jetzt mehr mit den unteren und mittleren Angestellten und Beamten. Ähnlich, wenn auch mit einer gewissen Vorsicht, sich mit Milieus nichtmanueller Arbeit zu verbinden, veränderten sich die Heiratskreise.

Das qualifikationsbezogene Mobilitätsmuster hatte seit den sechziger Jahren eine neue Wendung erhalten. Das »Muster der intergenerationellen Mobilität – ein stufenweiser Aufstieg innerhalb der Arbeiterschaft und aus höheren Positionen ein Wandel in nicht-manuelle Berufe – wurde seit den 1960er Jahren mit dem Einströmen der ausländischen Arbeiter in die unteren Positionen und mit der Bildungsreformpolitik nach oben gehoben«, so daß »unter Arbeiterkindern eine Flucht aus der Arbeiterschaft einsetzte«[10], die auch in mittlere und gehobene Positionen von Beamten und Angestellten führte.

Die marxistische Orthodoxie hatte angenommen, daß die Fragmentierung des sozialen Zusammenhalts in der Großstadt

10 Mooser 1983, S. 172.

und die Entqualifizierung im Großbetrieb auch die traditionellen, d. h. ständischen und kleinbürgerlichen Haltungen auflösen und daher der Verbreitung von modernen, rationalen Bewußtseinsformen den Weg bereiten würden. Mooser kann dagegen belegen, daß der Umstand, daß diese ›klassischen Tendenzen‹ sich nicht fortgesetzt hatten, keineswegs zur Ver(klein)bürgerlichung führte. Vielmehr hatten sich bessere Ausbildungen und weltoffenere Lebensstile auch außerhalb der großstädtisch-großindustriellen Strukturen immer mehr ausgebreitet. Bewußtsein und Lebensstil waren immer weniger provinziell, autoritätshörig oder kleinbürgerlich gefärbt. Auch dadurch konnten sich die (Fach-)Arbeiter, allmählich und in nicht einheitlich konturierter Form, mit den Angestellten zu einer ebenso interessenbewußten wie kulturell modernisierten Arbeitnehmerklasse zusammenfinden.

Moosers Buch führt zu einer bemerkenswerten theoretischen Konsequenz: Die ›klassische Definition‹ des Proletariats – durch Industrialisierung, Urbanisierung und Deklassierung – galt nur für die Jahrzehnte des *Übergangs* zum vollentwickelten Industriekapitalismus, die für Deutschland spätestens in den zwanziger Jahren geendet hatten. Diese Folgerung deckt sich mit anderen historischen Untersuchungen jener Zeit, insbesondere mit der *relationalen Klassentheorie*, die nicht nur von äußeren materiellen Standards, sondern von den gesamten sozialen Beziehungen in und zwischen den Klassen, d. h. von den ›Feldkonstellationen‹, ausgeht.

Der englische Sozialhistoriker E. P. Thompson[11] legt dar, warum sich der orthodoxe Klassenbegriff, der eine schroffe Konfrontation von Bürgertum und Arbeiterklasse annimmt, nur auf den ›Sonderfall‹ der Klassenumbildung während der industriellen Revolution anwenden läßt. Den gesellschaftlichen ›Normalfall‹ sieht er eher in einem gewissen Arrangement der Klassen, das den Volksklassen zwar nicht gleiche, aber doch stabile und erträgliche Lebens- und Arbeitsbedingungen zugesteht. Untersuchungen der Alltagskultur der Arbeiter bestätigten dies. Die klassische Studie von Erhard Lucas über die Arbeitermilieus von Remscheid und Hamborn[12] belegt, daß schon früher nicht die deklassierten, sondern die fachlich qualifizierten Arbeiter für radikale gesellschaftliche Änderungen eingetreten waren. Die große Ruhrgebietsstudie der Gruppe um

---

11 Thompson 1980b, vgl. Thompson 1987 [1963].
12 Lucas 1976.

Lutz Niethammer und Alexander von Plato[13] weist nach, wie aus der Entproletarisierung nach dem Zweiten Weltkrieg keineswegs Anpassung, sondern, durch die alltäglichen Kämpfe, eine neue Arbeitnehmerklasse von selbst- und interessenbewußten Männern und Frauen entstand. Vergleichbare historische Studien, die mit dem orthodoxen Verelendungs- und Homogenitätsmodell brachen, entstanden auch – vom Westen wenig bemerkt – in der kritischen Forschung zur historischen Arbeiterkultur in der DDR, die Dietrich Mühlberg koordinierte.[14]

Die dennoch immer wieder unterstellte soziale Homogenität und politische Geschlossenheit der arbeitenden Klasse erwies sich als Mythos, ebenso wie der Glaube an charismatische Führer und Parteien, die diese Einheit angeblich verkörperten. Was viele für ›Natureigenschaften‹ der arbeitenden Klassen hielten – Solidarität, Kampfgeist, Elend und Not –, hing in Wirklichkeit ab vom historisch spezifischen Zustand des Feldes der Beziehungen zwischen den herrschenden Klassen und den Volksklassen. Die Abmilderung der extremen Klassengegensätze bedeutete nicht deren Verschwinden, sondern vor allem den Wandel ihrer Formen.

Durch die Veränderung dieser Konstellationen wurden seit dem Zweiten Weltkrieg die Klassenbeziehungen in den Feldern der alltäglichen Lebensweise und der gesellschaftlich-politischen Repräsentation nachhaltig verwandelt. Die Klassen arrangierten sich miteinander auf einem relativ höheren Niveau der Teilhabe der Volksklassen, aber nicht in Gestalt einer Harmonie und Identität der Interessen. Statt dessen wurde gerade die Institutionalisierung der Klassenauseinandersetzungen zur Basis eines gemeinsamen Interessenbewußtseins, das immer breitere Gruppen der Arbeitnehmer miteinander verband. Soziale Gerechtigkeit hing für sie immer weniger von der Gnade der Mächtigen und der Fürsorge der Bessergestellten ab. Vielmehr sahen sich die arbeitenden Klassen durch explizite und implizite Klassen-Arrangements als *berechtigt* (›entitled‹), von ihren sozialen Rechten annähernd ebenso Gebrauch zu machen wie von ihren Menschen- und Bürgerrechten. Als die deutsche Sozialdemokratie 1972 ihren großen Wahlsieg erfocht, sah sich deren Vorsitzender, Willy Brandt, legitimiert, dies als den Sieg eines neuen Integrationskonzeptes, der »*Arbeitnehmergesellschaft*«, zu bezeichnen.[15]

13 Niethammer u. a. 1983 ff.
14 Mühlberg 1978/1985.
15 Lepsius 1973b.

2. ›Erosion‹ der Klassengesellschaft?
Vom Neomarxismus zur ›Individualisierung‹

Doch bereits in diesem Augenblick befand sich das Modell der Arbeitnehmergesellschaft in einer erneuten Umwandlung. Vor allem drei Entwicklungen erlangten Beachtung:

- Zum einen waren, trotz erhöhter Integration, im internationalen Maßstab *neue soziale Protestbewegungen* entstanden. Sie hatten, nicht nur in der französischen Mairevolte von 1968, auch spontane Streikbewegungen in fast allen Industrieländern umfaßt. Hauptsächlich aber bestanden sie aus Bewegungen der jüngeren Generation, aus Schülern, Lehrlingen und Studenten.
- Zum anderen zeigten sich die *Grenzen des Wirtschaftswachstums*. Vor allem seit der Ölkrise von 1973 flachte sich die Exportkonjunktur nach und nach ab, und an die Stelle der Vollbeschäftigung traten eine stufenweise ansteigende neue Massenarbeitslosigkeit und die Abstriche am Sozialstaat.
- Eine dritte Veränderung wurde darin gesehen, daß der Anteil der *Angestellten* 1987 den der Arbeiter überflügelte und daß der *Dienstleistungssektors* bis 1990 auf 56% der Beschäftigten wuchs, während der produzierende Sektor bei etwa 40% stagnierte.[16]

Die neuen sozialen Bewegungen verbanden sich zunächst mit der bis zu diesem Zeitpunkt gesellschaftlich isolierten akademischen Linken. Diese brachte verschiedene Varianten einer neomarxistischen Wiederbelebung der orthodoxen Klassentheorien hervor, welche die ›revisionistischen‹ Theorien des institutionalisierten Klassenkonfliktes zurückdrängten. Im weiteren Verlauf der siebziger Jahre fand die neue Orthodoxie es allerdings zunehmend schwierig, ihr ›historisches Subjekt‹ zu finden. Die strukturalistischen Marxisten entwickelten Theorien, mit denen sie die große Arbeitnehmermehrheit von mehr als 80 Prozent der Gesellschaft als ein ›objektives‹ Proletariat definierten, dem jedoch das richtige Klassenbewußtsein fehlte. Dieses ›falsche Bewußtsein‹ wurde mit der kulturellen Hegemonie einer anderen, konkurrierenden Elite erklärt: mit der Manipulation durch den Staat und seine Kultur- und Erziehungsapparate und mit der Wirkung der Massenmedien und der Freizeitindustrie.[17] Während diese Rich-

---

16 Vgl. Kapitel 11.4.
17 Vgl. insbes. Poulantzas 1980 und Althusser 1977, dessen Marx-Strukturalismus von Thompson (1980a) fundamental kritisiert wurde.

tung resignativ bei ihrer Enttäuschung über die sozialdemokratischen und kommunistischen Parteieliten stehenblieb, wandte sich eine andere Richtung, der kulturkritische Neomarxismus, vollständig von der Arbeiterklasse ab. Autoren wie Herbert Marcuse sahen nun das ›historische Subjekt‹ in den Opfern der ethnischen und geschlechtlichen Unterdrückung und in den verelendenden Massen der Dritten Welt.[18] Auch diese Hoffnungen wurden enttäuscht. Die sozialen Gruppen, deren Humanität so radikal ›negiert‹ wurde, konnten der messianischen Erwartung, die herrschende Gesellschaftsordnung dann ebenso radikal zu ›negieren‹, nicht entsprechen.

In den achtziger Jahren wurden beide geschichtliche Akteure, die Arbeiterklasse wie die Ausgeschlossenen, ganz aufgegeben. Statt dessen lenkte die akademische Linke ihre charismatischen Erwartungen auf einen neuen sozialen Akteur, der sozialstrukturell auf gewisse Weise ihre eigene Fortsetzung darstellte: die *neuen sozialen Bewegungen*. Diese wurden nicht durch wirtschaftliche Ausbeutung oder soziale Exklusion, sondern kulturell definiert: als Avantgarde einer neuen moralischen und lebensweltlichen Kultur. Die ›alternativen‹ neuen Bewegungen konnten überwiegend den akademischen Milieus zugeordnet werden, die durch die enormen Öffnungen des Bildungssystems erweitert und verjüngt worden waren. Mit den großen Friedens- und Protestbewegungen um 1980 verloren sie ihre Außenseiterposition. Sie gewannen die kulturelle Hegemonie für ein wichtiges Segment der ganzen Gesellschaft.

Die Wirtschaftskrise und die Einschränkungen des Sozialstaats schienen damals noch nicht – wie heute – den gewerkschaftlich gut vertretenen Kern der Arbeitnehmergesellschaft, sondern vor allem die schlecht repräsentierten Gruppen an deren Rand zu gefährden. Die neuen sozialen Bewegungen fühlten sich daher vor allem den nicht-arbeitnehmerischen Gruppen verbunden, die sozial diskriminiert, d. h. aufgrund ihres Geschlechts, ihrer Ethnie, ihrer Altersgruppe, ihrer geringen Qualifikation usw. nicht gleichberechtigt behandelt wurden.

Die neue Ideologie war ›universalistisch‹. Nicht materielle Klasseninteressen, sondern die Interessen der menschlichen Gattung als ganzer sollten von den neuen Bewegungen repräsentiert

---

18 Insbes. Marcuse 1967 [1964].

werden.[19] Dabei wurde allerdings ignoriert, daß diese idealistischen Ziele einer allgemeinen menschheitlichen Emanzipation ursprünglich auch von der angeblich ›materialistischen‹ Arbeiterbewegung vertreten worden waren. Auch die Arbeiterbewegungen waren über lange Zeiten Teil einer Vielfalt von Emanzipationsbewegungen gewesen, die für politische Partizipations- und Bürgerrechte, ein ökologisches, pazifistisches und multiethnisches Miteinander, persönliche und geschlechtliche Emanzipation sowie körperliche und seelische Gesundheit eintraten.[20] Die ideologische Vorherrschaft des orthodoxen Marxismus und der Parteibürokratien hatte dies nur häufig in Vergessenheit geraten lassen.

Die neuen sozialen Bewegungen fielen nun ins andere Extrem. Die ›alte soziale Frage‹ der Arbeiterbewegung hielten sie für historisch erledigt. Sie wurde durch die neue radikaldemokratische und zivilgesellschaftliche Programmatik zurückgedrängt. Damit war ein neues gesellschaftspolitisches Lager entstanden, das sich deutlich gegen das arbeitnehmerische Reformlager abgrenzte. Auch frühere Vertreter der neomarxistischen These der Verbürgerlichung schlossen sich dieser ›kulturalistischen Wende‹ an. So formulierte beispielsweise André Gorz seinen ›Abschied vom Proletariat‹ und lenkte seine Hoffnungen auf die neue ›postindustrielle Klasse der Nicht-Arbeiter‹.[21]

Die neuen postindustriellen Visionen waren im Grunde nur möglich, weil sie sich gegen die düstere neomarxistische Mythologie homogenisierender wirtschaftlicher – und kultureller – Klassenunterdrückung profilieren konnten. Sie bildeten gleichsam eine Gegenmythologie. Die neuen Theorien behaupteten entweder, wie Daniel Bells Szenarien, eine Umbildung sozialer Klassen oder, wie die Szenarien Ulrich Becks, sogar die Auflösung sozialer Klassen und Neubildung von Milieus einer Nach-Klassengesellschaft.

Bells Buch über die postindustrielle Dienstleistungsgesellschaft und Wissensgesellschaft[22] gründete sich weniger auf empirische Sozialgeschichte als z. B. Moosers Untersuchung. Es diskutierte hauptsächlich *Theorien* der Intellektuellen, die sich vom or-

---

19 Brand u. a. 1983; Raschke 1985a.
20 Zusammenfassend: Vester 1970a, 1970b, 1971.
21 Gorz 1980.
22 Bell 1985 [1973].

thodoxen Marxismus abgrenzten. Diese fragten nicht, ob das Marxsche Schreckensszenario jemals uneingeschränkte Wirklichkeit gewesen war, sondern sie benutzten es, um ihr eigenes Zukunftsbild besser leuchten zu lassen. Damit transportierten sie aber weiterhin auch die Mythen des orthodoxen Szenarios, als Negativbild, in die Gegenwart. Aus dieser monolithischen Perspektive mußte die heutige Differenziertheit der Gesellschaft als völlig neuartige Befreiung der Individuen erscheinen. Dem schien schließlich – auch Bell weist darauf hin – ein epochaler Wandel der Mentalitäten zu entsprechen, wie ihn Ronald Inglehart in seiner These der ›silent revolution‹ beschreibt: der Übergang von den ›materialistischen‹ Werten der industriellen Klassengesellschaft zu den ›postmaterialistischen‹ Werten der *Dienstleistungs- und Wissensgesellschaft.*[23]

Nicht zuletzt propagierte Bell ziemlich offen, daß es sich auch um einen Kampf um die gesellschaftliche Hegemonie handelte, d. h. die Zurückdrängung der alten herrschenden Klassen des Besitzes und der Macht durch die von den wissenschaftlichen Eliten geführten Berufsgruppen der »Wissensgesellschaft«. Dieser Teil der Theorie Bells, die Perspektive eines *Elitenwechsels*, fand nicht wenig Resonanz bei dem Flügel der Intellektuellen, der im Umkreis des sozialdemokratisch-gewerkschaftlichen Lagers verblieb und über die damalige Jugend der SPD, die Jungsozialisten, sich als kommende technokratische Reformelite empfahl. Eine andere Strömung formulierte ihren Hegemonieanspruch eher moralisch-kulturell und entwickelte sich zur Elite der neuen Partei der ›GRÜNEN‹.

In der deutschen Soziologie wurde dagegen der Elitewechsel weniger direkt thematisiert. Vielmehr entwickelte eine wachsende Anzahl von Autoren die These der Klassenauflösung und Individualisierung. Eine besondere Wirkung erlangte Ulrich Beck, zusammen mit Anthony Giddens. Der empirische Ausgangspunkt dieser These ist nicht strittig. In der Tat sind seit dem Zweiten Weltkrieg die agrarischen und industriellen Sektoren und damit die geringqualifizierten Berufe körperlicher Arbeit geschrumpft, während die spezialisierten modernen Berufe der Angestellten und Dienstleistenden wie auch das Bildungssystem deutlich expandierten. Kontrovers ist die Interpretation der so-

---

23 Bell 1985 [1973]; vgl. Inglehart 1977.

zialen Folgen, insbesondere die Annahme von Beck[24], daß die Verschiebungen im Erwerbssystem eine umfassende Dynamik sozialer *Mobilität und Fragmentierung* ausgelöst hätten. Beck konstruierte eine Art Kettenreaktion: mit den Wanderungen in neue Lebensverhältnisse geben die Menschen ihre alten Berufs- und Wohnmilieus und die Muster der industriegesellschaftlichen Normalbiographien auf; sie gelangen in neue Muster destandardisierter und diskontinuierlicher Arbeits- und Lebenswege, in wiederkehrende Ausbildungspassagen und neue, heterogene städtische Nachbarschaftsmilieus.

Mit dieser Theorie der Fragmentierung und Entstandardisierung sieht sich Beck ausdrücklich – und auch zutreffenderweise – in der Tradition von Marx.[25] Den Unterschied zu Marx' Szenario sieht er einzig darin, daß damals die fragmentierten Individuen unter dem Druck der Ausbeutung und Deklassierung zu einer neuen Solidarität und zur kämpferischen Arbeiterbewegung gefunden hätten, während dieser Druck heute aufgrund gewachsener Lebens-, Bildungs- und Wohlfahrtsstandards entfallen sei.

Beck übernimmt damit unhinterfragt das orthodoxe Deutungsmuster, das bereits zur Zeit seiner Formulierung im ›Kommunistischen Manifest‹ keineswegs allgemein zutraf. Diese Sicht machte vergessen, daß schon in der industriellen Revolution die früheren Volksklassenmilieus mehrheitlich nicht durch eine Phase der völligen Auflösung und Anomie hindurchgegangen waren, um dann neu zur Arbeiterklasse verschmolzen zu werden, sondern tatsächlich ihre früheren Mentalitäten, Vergemeinschaftungsweisen und Protesttraditionen *mitgenommen* und auf die neuen Bedingungen des Industriekapitalismus *umgestellt* hatten. Becks Theorie geht dagegen von isolierten Individuen ohne eine solche gesellschaftliche Mitgift aus, wenn sie unterstellt, daß die Freiheit von äußeren Zwängen und materiellem Mangel ausreicht, um die Individuen Lebensstil und Milieuzugehörigkeit völlig frei wählen zu lassen. Auf diese Theorie gründen Beck wie Giddens ihre These eines wesentlich *neuen Politikmodells jenseits sozialer Klassenteilungen*, das sie in den neuen sozialen Milieus und Bewegungen verwirklicht sehen.[26]

---

24 Beck 1983, 1986.
25 Beck 1983, S. 47; vgl. Marx/Engels 1959 [1848].
26 Beck 1983, 1986; Giddens 1997, 1999.

Während Beck und Giddens, wie andere Soziologen der Individualisierung und Pluralisierung der Lebensstile[27], mitunter noch das Fortbestehen von Überresten klassengebundener Milieus einräumen, versuchen andere Theorien, die Teilung in gesellschaftliche Klassen vollständig durch die Klassifikationen nach Geschlecht und Ethnie, Lebensstil und Kulturgruppe zu ersetzen. Die abstrakte Gegeneinanderstellung von Klasse und Geschlecht usw. schließt aus, daß diese Ungleichheiten auf bestimmte Weise mit den Unterschieden der Gesellschaftsklassen kombiniert und verflochten sein können. Radikaler noch verfahren die konstruktivistischen Theorien, nach denen soziale Beziehungen überhaupt nicht in historisch verfestigten Formen wirksam sind, sondern sich jeweils erst in unmittelbaren Interaktionen – doing gender, doing class usw. – herstellen.

Inzwischen wachsen die Strebungen zu einer neuen Wende der Diskussionen. Gegen die Theorien sozialer Differenzierung, die weitgehend die vertikale Achse der Herrschaft sozialer Klassen vernachlässigen, kehren seit Ende der achtziger Jahre Theorien der Deklassierung und der neuen Unterklassen zurück.[28] Sie thematisieren die Verlierer der wirtschaftlichen Modernisierung, der globalen Konkurrenz, der neuen Technologien und des Abbaus integrativer staatlicher Regulierungen. Ihre Szenarien betonen die zunehmenden Trennlinien zwischen den Gewinnern und Verlierern der Modernisierung. Für bestimmte Problemgruppen der Alleinerziehenden, der Kinderreichen, der schlecht Ausgebildeten, der Zuwanderer usw. wird der Lebensstandard prekär. Ihnen drohen Formen der ›white collar proletarianization‹ oder der ›Exklusion‹, d. h. der dauerhaften Ausgrenzung aus dem Erwerbsleben, so daß sie sich unter Umständen als ›neue Unterklassen‹ in städtischen Problemvierteln mit besonderen ethnischen und generationellen Konflikten konzentrieren.

Auch diese ›neue‹ Theorie bleibt den alten Denkmustern der orthodoxen Klassen- und Verelendungstheorie verhaftet. Ulrich Beck hatte dieses Paradigma nur für seine These der befreienden Individualisierung umgedreht: ohne starke Klassenunterdrückung gibt es auch keine Klassenbildung. Nun wird der alte Rock erneut nach außen gewendet, aber mit einer Besonderheit: auch

---

27 U. a. Hradil 1987; Kreckel 1992.
28 Wilson 1987, Levy 1988, Runciman 1990, Gans 1993, Katz 1995.

die neue Verelendung erzeugt einstweilen nicht wieder handelnde Klassen. Zwar gibt es, so räumen Beck und andere Differenzierungstheoretiker ein[29], objektiv durchaus soziale Klassenunterschiede, aber auf der subjektiven Handlungsebene sind die sozialen Zusammenhänge zu fragmentiert und zu individualisiert, um eine dauerhafte Solidarisierung zur Klasse erlauben zu können.

Das Eigentümliche der hier dargestellten öffentlichen Debatten seit dem Zweiten Weltkrieg liegt darin, daß sie trotz differenzierender wissenschaftlicher Untersuchungen immer wieder zu monistischen Erklärungsmustern zurückkehren, die nur *eine* Handlungsebene und nur *eine* Handlungsachse kennen – und entsprechend auch nur *unilineare* Entwicklungstendenzen, die sich gegenseitig ausschließen: Primat des Objektiven *oder* des Subjektiven, Proletarisierung *oder* Verbürgerlichung, Deklassierung *oder* Individualisierung usw. Allerdings sind diese Theorien, auch wenn sie sich über gegenteilige Tendenzprognosen streiten, in ihrer Erkenntnisweise gleich, sie sind epistemologische Komplizen. Sie wehren gemeinsam ab, daß die Analyse einer differenzierten Gesellschaft auch eine differenzierende Theorie braucht.

3. Pluralisierte Klassengesellschaft: Differenzierung der Ebenen und der Pfade

Bis zum Beginn der siebziger Jahre schienen die hochentwickelten Gesellschaften einem einzigen Entwicklungsmodell, der sozial regulierten Marktwirtschaft, zu folgen, deren Varianten – konservativ oder sozialdemokratisch – sich nur wenig unterschieden. Wirtschaftswachstum und Verbesserung der Lebenslage waren miteinander verkoppelte parallele Entwicklungen. Lineare Prognosen, die alle Entwicklungen monistisch, einzig aus der ökonomischen Dynamik, erklärten, waren daher wenigstens dem Anschein nach plausibel.

Diese Verkoppelung ist seitdem zunehmend einer paradoxen Konstellation gewichen. Zwar hat eine neue technologische und arbeitsorganisatorische Revolution eingesetzt, die die Pro-Kopf-

---

29 Beck 1993; vgl. Kreckel 1992.

Produktivität in ungeahnten Maßen steigert. Doch führt dieser zunehmende Reichtum der ganzen Gesellschaft nicht mehr dazu, daß die sozialen Lagen sich, im Sinne des Beckschen Fahrstuhleffekts, gleichgerichtet heben. Vielmehr driften sie seit den achtziger Jahren wieder scherenförmig auseinander. Immer mehr Gruppen sind vielfältigen Formen der sozialen Ungleichheit und Unsicherheit ausgesetzt.

Wie kann der Widerspruch zwischen ökonomischem Reichtum und sozialer Unsicherheit erklärt werden? – Die neuen sozialen Differenzierungen führten nicht sogleich zu differenzierteren Erklärungen. Die Vertreter des Status quo sahen zunächst überhaupt keinen Bedarf an Erklärungen. Sie hielten die Wiederkehr von Arbeitslosigkeit und die neuen sozialen Ungleichheiten für vorübergehende Störungen eines im Grunde ›gesunden‹ wohlfahrtsstaatlichen Modells. Andere bereiteten die Rückkehr zu den früheren wirtschaftsliberalen Paradigmen vor: die Abwendung von dem Integrationsmodell der Arbeitnehmergesellschaft und die Rückkehr zum Laissez-faire, zum Abbau politischer und korporativer Regulierungen der Marktwirtschaft. So löste gleichsam ein Monismus den anderen ab. An die Stelle der Staatsgläubigkeit trat wieder die Marktgläubigkeit – oder auch ein Marktfatalismus, d. h. der Glaube, daß nun die ›Sachzwänge‹ der globalen Konkurrenz und der neuen Technologien jede staatliche Intervention zum Scheitern verdammten. Die Regierungen Thatcher und Reagan schickten sich an, diese neoliberale Umstrukturierung in England und in den USA zu verwirklichen.

Die Rückkehr der neoklassisch-neoliberalen Konzepte, die auf die Eigengesetzlichkeit und Autonomie der wirtschaftlichen Prozesse setzten, war nicht einfach. Nach dem Fiasko ihrer Sparpolitik, die die Weltwirtschaftskrise von 1929 bis 1939 nur verschärft hatte, waren sie jahrzehntelang diskreditiert gewesen, so daß im Nachkriegsaufschwung viele zum entgegengesetzten Glauben, zu einem fast uneingeschränkten Vertrauen in die Autonomie und Allmacht der staatlichen Politik, übergelaufen waren. Selbst kritische Soziologen begannen die soziale Frage grundsätzlich für gelöst zu halten. Im Vertrauen darauf, daß ein Staat, wenn er nur *will*, seine Konzepte durchsetzen könne, nahmen sie an, daß jetzt die staatliche Wirtschafts- und Sozialpolitik die vertikalen Klassenunterschiede ausgleichen könne, so daß es nur noch ›horizontale‹ Unterschiede ungleicher Nutzung der staatlichen Daseinsvorsorge gebe.[30]

30 Auf dem Soziologie-Kongreß 1968 erweiterten Claus Offe und an-

Der voluntaristische Glaube, daß der Staat alles zu regulieren vermöge, wurde durch den Ölschock von 1973, der die Grenzen des Wirtschaftswachstums deutlich machte, nachhaltig erschüttert. Zum Sündenbock wurden gerade diejenigen Kräfte gemacht, die nach 1945 die Entproletarisierung befördert hatten: der Sozialstaat, die Gewerkschaften – und die keynesianische Wirtschaftslehre. 1975 rief Chiles Diktator Pinochet, der gerade an der Arbeiterbewegung ein blutiges Exempel statuiert hatte, die neoklassische Chicagoer Schule, um durch eine eiserne Sparpolitik die chilenische Ökonomie an die Erfordernisse der beherrschenden Interessen auf dem Weltmarkt anzupassen. Durch den Wirtschafts-Nobelpreis für Milton Friedman erhielt diese Schule 1976 Rückenwind, durch die Regierungsperioden Thatchers und Reagans eine reale Verkörperung, die als neues Wirtschaftswunder angepriesen wurde. Auch in diesen Ländern war die Schwächung der Verhandlungsmacht der Gewerkschaften und des Sozialstaats ein Hauptziel der Politik – ebenso wie die Diskreditierung der keynesianischen Theorie.

Die polemische Gleichsetzung des Keynesianismus mit dem Glauben an staatliche Allmacht und Geldverschwendung sollte vergessen machen, was der wirkliche Inhalt der keynesianischen Theorie war. Keynes und auch die institutionalistische Volkswirtschaftslehre der USA waren vor allem Kritiker des Glaubens an die Selbstregulierungskräfte des ›Marktes‹. Für sie entsprach weder das Modell der atomistischen Konkurrenz noch die Unabhängigkeit der Ökonomie von der Kultur und den gesellschaftlichen Institutionen der Realität. Sie wiesen darauf hin, daß der Markt, aufgrund der Konzentration des Kapitals und der politischen Machtverteilung, keineswegs automatisch zu wirtschaftlichem und sozialem Gleichgewicht, zu Wachstum und Vollbeschäftigung führe. Insbesondere John Kenneth Galbraith hat in seinen großen Werken die Ökonomie immer im Kontext der übrigen gesellschaftlichen Felder ver-

---

dere jüngere Repräsentanten des Frankfurter Instituts für Sozialforschung den Dahrendorf/Geigerschen ›institutionalisierten Klassenkonflikt‹ in diese Richtung: unter der »Institutionalisierung *und staatlichen Kontrolle* des traditionellen Klassenkonflikts« (Bergmann u. a. 1969, S. 75, Hervorh. v. uns) seien die vertikalen Klassen- und Schichtstrukturen durch neue, horizontale Disparitäten modifiziert worden, da neben die (abgemilderte) Ungleichheit der Einkommen nun auch die Mängel unzureichender öffentlicher Daseinsvorsorge auf den Gebieten der sozialen und physischen Sicherheit, der Gesundheit, der Bildung sowie der Wohn-, Verkehrs-, Arbeits- und Konsumverhältnisse treten würden. Dies beträfe zwar die Einkommensschwachen am meisten, aber grundsätzlich auch alle anderen sozialen Gruppen, und ein Protest sei vor allem von Intellektuellen zu erwarten, die auch in diesen Bereichen arbeiteten.

standen und zuletzt auch nachgewiesen, wie direkt die Regierung Reagan die Herausbildung neuer Armut und, durch einen Rekord an neuer Staatsverschuldung, die Sicherung der besitzenden Klassen gefördert hat.[31] Keynes selbst hat aufgrund seiner Theorie bereits 1940 die Rückkehr der Stagnationstendenzen vorausgesagt.[32]

Erst allmählich wurde deutlich, daß die ›Sachzwänge‹ der globalen Konkurrenz keineswegs eine unausweichliche Naturgesetzlichkeit darstellten. Die Modelle des Thatcherismus und der Reaganomics blieben nicht konkurrenzlos. Im globalen Wettbewerb um den besten nationalen Wirtschaftsstandort gabe es auch andere ›nationale Pfade‹ der wirtschaftlichen und sozialen Entwicklung. Als, ebenfalls unter dem Druck des Weltmarktes, ab 1989 das staatsbürokratische Modell des Ostblocks zusammenbrach, wurde nach und nach wieder sichtbar, daß es eine Pluralität von Kapitalismen gab.

Damit gerieten einmal mehr auch die ökonomistischen Klassen- und Schichtungstheorien auf den Prüfstand, die sich primär auf Eigen- und Sachgesetzlichkeiten ›des Marktes‹ beriefen. Sie leiteten aus der ökonomischen Entwicklung jeweils eine einzige mögliche Tendenz ab. Bell und Touraine verkündeten die Auflösung der Klassengesellschaft in der postindustriellen Wissensgesellschaft. Levy, Runciman und andere behaupten das Gegenteil: die Wiederkehr einer verelendenden Unterklasse. Globalisierungstheoretiker wie Reich sagten voraus, daß 80% der Bevölkerung in Zukunft nur noch prekäre oder gar keine Beschäftigung finden würden.

Diese neueren ökonomistischen Theorien konnten allerdings das Paradox nicht erklären, daß Gesellschaften reicher werden und doch mehr Armut erzeugen. Sie verkannten, daß bei wachsender Reichtumsproduktion soziale Ungleichheiten kaum aus immanenten *ökonomischen* Gesetzmäßigkeiten allein erklärbar sind, sondern nur daraus, daß sie auf anderen gesellschaftlichen Ebenen, durch politische und soziale Auseinandersetzungen und *Machtkonstellationen* erzeugt werden. Hierzu bedurfte es einer Theorie, die von einer *Differenzierung der Handlungsfelder* – Ökonomie, Politik, Korporatismus usw. – ausgeht, deren jedes wiederum durch die Kämpfe einer Vielfalt von Kräften und Gegenkräften strukturiert ist.

31 Galbraith 1956 [1952], 1959 [1958], 1992.
32 Zinn 1998.

Einen wichtigen Beitrag in diese Richtung leistet die »*institutionelle Schichtungstheorie*«, die vornehmlich Gösta Esping-Andersen entwickelt hat.[33] Er hält den Theorien der postindustriellen Wissensgesellschaft und der neuen Unterklasse vor, daß ihre extremen Szenarien – daß die Klassengegensätze schwinden (Bell, Touraine) oder sich neu polarisieren (Levy, Runciman) – nicht zutreffen und daß statt dessen, trotz *ähnlicher ökonomischer Strukturen, verschiedene Pfade der sozialen Transformation* zu beobachten sind. Die extremen Szenarien beschränken sich, wie der orthodoxe Marxismus und der orthodoxe Liberalismus, auf die »nackte und unvermittelte Beziehung zwischen Kapital und Arbeit«; sie blenden die Wirkungen der »institutionellen Filter« aus.[34]

Da die hochentwickelten Gesellschaften sich ökonomisch annähernd auf die gleiche Weise entwickelt haben, können die verschiedenen *nationalen Pfade* nur aus den institutionellen Filtern verschiedener staatlicher und korporativer Regulierungen erklärt werden. Esping-Andersen bezieht drei außerökonomische institutionelle Ebenen ein:

- Auf der *korporativen Ebene* geht es vor allem um die Stellung der Gewerkschaften im Tarifvertragssystem. Davon hängt ab, inwieweit Niedriglöhne und unsichere Arbeitsverhältnisse wiederkehren (wie in den angelsächsischen Pfaden) – oder nicht wiederkehren (wie in den skandinavischen Pfaden).
- Auf der *politischen Ebene* geht es insbesondere um die Wohlfahrts- und Bildungsinstitutionen, die die soziale Unsicherheit und die Chancenungleichheit mindern können und die soziale Mobilität regulieren.
- Die institutionelle Regulierung umfaßt schließlich auch die Weise, auf die *Ebene der privaten Haushalte*, insbesondere die Arbeitsteilung zwischen Männern und Frauen einbezogen wird. Hier kommt es u. a. darauf an, wieweit die Erziehungs- und Pflegearbeit der Frauen in den öffentlichen Dienstleistungssektor (wie im skandinavischen Pfad) oder zurück in die Familienhaushalte verlagert wird (wie im konservativen Pfad).

Indem die institutionelle Schichtungsanalyse alle Ebenen der gesellschaftlichen Arbeitsteilung einbezieht, hat sie die von objektiven Strukturen ausgehende Schichtungsanalyse differenziert und bis an die Grenze ihrer Möglichkeiten weiterentwickelt.

---

33 Esping-Andersen 1990, 1993; ähnlich Häußermann/Siebel 1995.
34 Esping-Andersen 1993, S. 8.

Ihre Leistung liegt in dem Nachweis, daß die extremen Szenarien durch differenziertere ersetzt werden müssen. Zwar ist neben der hierarchischen Struktur des ›fordistischen‹ industriellen Sektors eine parallele Hierarchie der Dienstleistungsberufe entstanden. Diese folgt aber weder dem Muster der Polarisierung noch dem Muster der Auflösung der Klassen, sondern bildet – in verschiedenen Pfad-Varianten – eine parallele hierarchisch differenzierte Säule, die von einer wissenschaftlich-professionellen Spitze bis zu den ungelernten Dienstleistungsberufen reicht und auch geschlechtlich segmentiert ist.[35] Die drei verschiedenen nationalen Entwicklungspfade, die sich nach ihren »mobility regimes« und »institutionellen Filtern« unterscheiden, enthalten in keinem Falle – nicht im angelsächsischen Fall, nicht im skandinavischen Fall und am wenigsten in Deutschland, wie Karl Ulrich Mayer u. a. nachweisen – eine klassenmäßige *Schließung* der Mobilitätschancen für ein weibliches Dienstleistungsproletariat.[36]

Die Grenzen des Ansatzes liegen in seiner Beschränkung auf die institutionelle Seite sozialer Ungleichheit. Das soziale Handeln der Menschen wird damit implizit auf ein aus institutionellen Positionen ableitbares (›rationales‹) Interessenhandeln eingegrenzt. Neben den verschiedenen institutionellen Feldern werden die anderen Felder, in denen die Akteure relativ autonom handeln, die sozialen Milieus und gesellschaftspolitischen Lager, nicht einbezogen. Infolgedessen können zwei heute wichtige Phänomene nicht hinreichend erklärt werden: die *Zugehörigkeit zu sozialen Klassenmilieus*[37] und die Möglichkeit eines *Pfad-*

---

35 Esping-Andersen 1993, S. 24 f., 53 f.
36 Ebd., S. 134, 235. Die international vergleichenden Analysen stützen sich auf Daten bis zu den achtziger Jahren.
37 Die Zugehörigkeit zu einem Klassenmilieu kann aus der individuellen Position im Erwerbssystem nicht hinreichend erklärt werden, wenn die soziale Kohäsion der Milieus unbeachtet bleibt. Es spaltet nämlich ein Arbeitnehmermilieu nicht, wenn die Frauen eher in Dienstleistungen und die Männer eher als Facharbeiter tätig sind. Durch die geschlechtliche Arbeitsteilung zwischen den Wirtschaftssektoren wird die Kohäsion im familialen und territorialen Milieu, wie Durkheim es nennt, nicht zerteilt, sondern in ein System komplementärer Teilungsprinzipien eingeordnet. Darauf verweisen Mooser (a. a. O.) und unsere eigenen Befunde (vgl. Kapitel 2.4. und 6.4.3.).

wechsels[38], die seit Thatcher und Reagan in verschiedenen Ländern aktuell geworden ist.

Die Bedeutung dieser vernachlässigten Ebenen nimmt heute zu. Dies läßt sich seit Beginn der neunziger Jahre an der Zunahme sozialer Konflikte ablesen, die scheinbar kaum ökonomisch und eher rein kulturell motiviert sind, wie die Konflikte in städtischen Problemvierteln, zwischen ethnischen Gruppen, mit rechtsextremen Jugendlichen oder ›fundamentalistischen‹ Religionen und Weltanschauungen. Diese neuen Konflikte sind in dem Maße aufgetreten, wie neoliberale Deregulierungspolitik institutionelle Formen der gesellschaftlichen Integration abgebaut hat. Auf diesen Zusammenhang hat vor allem Wilhelm Heitmeyer[39] hingewiesen: Wo der Zusammenhalt der Gesellschaft immer weniger institutionell, durch die Integration in die Einrichtungen des Ausbildungs-, Erwerbs- und Vorsorgesystems, gewährleistet wird, suchen die Individuen zunehmend Hilfe und Halt in den Vergemeinschaftungen der sozialen und ethnischen Milieus und auch der weltanschaulichen und politischen Lager. *Der gesellschaftliche Zusammenhalt verschiebt sich dann von der ›Systemintegration‹ in den Institutionen auf die ›Sozialintegration‹ in den Milieus und in den Lagern.* Diese sind dadurch jedoch nicht selten überfordert, so daß soziale Konflikte, politische Verdrossenheit oder andere Formen der Desintegration zunehmen.

Die Anfänge der Lockerung sozialer Sicherheiten und Zusammenhänge werden von vielen bereits auf die siebziger Jahre datiert und mit den Phänomenen der *Differenzierung* der Sozialstrukturen und der *Individualisierung* des Sozialverhaltens in Verbindung gebracht. Sie sind das Thema einer neuen und breiten Strömung der Ungleichheitsforschung, die sich seit den achtziger Jahren entwickelt hat und weitgehend aus der Münchener

---

38 Die institutionelle Schichtungsanalyse macht die sozialen Auseinandersetzungen, die in den verschiedenen Feldern wirken und in verschiedenen Ländern auch Veränderungen der ›Pfade‹ bewirkt haben, nicht zum Thema. Wenn die Ebene der politischen Lagerbildung fehlt, können die Prozesse gesellschaftspolitischer Mobilisierung und Repräsentation nicht erklärt werden, durch die sich seit den siebziger Jahren die Gewichte zwischen marktliberalen und interventionistischen Kräften verschoben haben.

39 Heitmeyer 1997.

Schule Martin Boltes stammt.[40] Diese Strömung reicht von betont subjektivistischen Vorstellungen einer in eine ungeordnete Vielfalt aufgelösten Klassengesellschaft bis hin zu Ansätzen, diese deskriptive Ebene durch neue analytische Konzepte zu überschreiten. Gemeinsam ist ihr, daß sie der institutionellen Schichtungstheorie eine erfahrungs- und subjektorientierte Perspektive entgegensetzt, die der Vielfalt sozialer Differenzierungen besser gerecht werden soll. Damit ist mehr oder minder die Annahme verbunden, daß die ›postindustrielle Gesellschaft‹ einen Epochenbruch darstelle. Danach haben sich sowohl die Erwerbs- und Sozialstaatsysteme wie die Werte- und Milieustrukturen grundlegend verändert. Die standardisierten Normalmuster der Ungleichheits- und Milieustrukturen der ›fordistischen‹ Klassengesellschaft lockern und differenzieren sich. An ihre Stelle treten, wie es Peter A. Berger in programmatischen Werktiteln zusammenfaßt, die »entstrukturierte Klassengesellschaft« und die »Individualisierung«.[41]

Insbesondere verlieren Beruf und Erwerbstätigkeit, Angelpunkt der konventionellen Theorien der klassischen Industriegesellschaft, ihre Zentralität. Sie konzentrieren sich im mittleren Drittel des Lebenslaufs. Nur noch ein Drittel der Bevölkerung lebt von Erwerbseinkommen, das zweite Drittel von privaten Transfers, das dritte von staatlichen Versorgungszahlungen. Für viele, nicht nur die Hausfrauen, ist das Erwerbsleben keine zentrale Erfahrung. Daher können auch, so Hradil, die sozialen Ungleichheiten besser durch das Konzept der ›sozialen Lage‹, das *alle* äußeren Lebensbedingungen umfaßt, als allein durch ›berufliche Positionen‹ beschrieben werden. Damit verbunden sind vor allem drei Veränderungen:

– Zum einen treten an die Stelle der industriegesellschaftlichen Normalbiographie zunehmend *entstandardisierte Lebenslaufmuster*, in de-

---

40 Die hier zusammengefaßte Argumentation der neuen Ungleichheitsforschung wurde programmatisch formuliert in den Beiträgen von Kreckel, Beck und Hradil in Kreckel (1983). Ausgearbeitet wurde sie von Hradil (1987, 1992, 1999), Berger (1986, 1996) und Kreckel (1992) und in zahlreichen anderen Studien. Deren Ergebnisse wurden u. a. von Berger/Hradil (1990, S. 3-24) und Hradil (1992, S. 15-55) zusammengefaßt.
41 Berger 1986, 1996.

nen Ausbildungs-, Erwerbs- und Erwerbslosigkeitsphasen einander abwechseln.[42]
- Zum anderen treten neben die alten Unterschiede der Erwerbsklassen vermehrt die sog. »*neuen sozialen Ungleichheiten*«[43], d. h. Bevorzugungen und Benachteiligungen nach den ›askriptiven‹ Merkmalen von Geschlecht, Altersgruppe, Ethnie, Region und auch Lebensweise und Subkultur.
- Zur Pluralisierung der Ungleichheitsstrukturen gehört schließlich auch der Übergang von den alten Bindungen an eher einheitliche Klassen- und Lagermilieus zu differenzierten *Auffächerungen der Lebensstile und Milieus*. Die Mentalitäts- und Lebensstilmuster »entkoppeln« sich von der Bindung an typische Klassenlagen.[44] Insbesondere Hradil und Beck führen dies, wie Giddens, auf die sog. »reflexive Modernisierung« zurück.[45] Danach setzen der materielle Wohlstand und die Lockerung äußerer Verhaltenszwänge der ›sozialen Kontrolle‹ die Individuen frei, ihre Lebensstile und Milieus aufgrund autonomer Reflexion freier (Hradil) oder vollständig frei (Beck) selbst zu wählen. Insbesondere die typischen industriegesellschaftlichen Mentalitäten, etwa der Arbeiter und Angestellten, schrumpfen bzw. fächern sich in neue Varianten auf.[46]

In diesem Zusammenhang wurden auch verschiedene Konzepte mittlerer und gesamtgesellschaftlicher Reichweite aufgenommen oder neu entwickelt, insbesondere die Konzepte von sozialer Lage, Lebensstil und Milieu (Stefan Hradil), der verzeitlichten bzw. dynamisierten Sozialstrukturanalyse (Peter A. Berger) und des ungleichheitsbegründenden Kräftefelds (Reinhard Kreckel). In diesen Konzepten zeigen sich auch Ansätze einer relationalen Ungleichheitstheorie.

Hradil vertritt keine eindimensionale Individualisierung, sondern betont den sozialen Zusammenhalt, vermittelt durch typische Lagen, Lebensstile und Milieus, die sich allerdings neu differenzieren und (um)bilden. Das Konzept des *sozialen Milieus* führte er 1987 wieder in die Soziologie ein. Es beschreibt, wie schon bei Durkheim (vgl. Kapitel 5.5.), soziale Gruppen, bei denen sich typische ›objektive‹ Lagen (der alten und der neuen

---

42 Berger/Hradil 1990; Berger 1996.
43 Hradil 1987, 1992.
44 U. a. Beck 1983, 1986; Hradil 1987; Hörning/Michailow 1990.
45 U. a. Lüdtke 1989; Hradil 1992; Schulze 1992; Giddens 1997; Beck u. a. 1996.
46 Hradil 1992, S. 18.

sozialen Ungleichheiten) mit typischen ›subjektiven‹ Faktoren (der Einstellungen, Mentalität usw.) verschränken.

Hradil versteht das Konzept des sozialen Milieus als »Abkehr von der Zwei-Ebenen-Vorstellung des Schichtkonstruktes (Struktur – Individuum)« durch die »Berücksichtigung einer dritten, zwischen beiden vermittelnden Ebene«.[47] Er grenzte sich damit nicht nur von objektivistischen Strukturtheorien, sondern auch von den extrem subjektivistischen Varianten der Beckschen Individualisierungstheorie ab.[48] Er hält es nicht für angebracht, »von einer ›Individualisierung‹ sozialer Ungleichheit zu sprechen. Ganz so weit kommt es aber sicher nicht.«[49] Denn die soziale Differenzierung gehe nicht so weit, daß es keine sozialen Gruppen mehr gäbe, die noch gemeinsame Lagen und gemeinsame Mentalitäten hätten. Vielmehr verbinden sich einerseits die vielfältigen neuen und alten »Dimensionen sozialer Ungleichheit« durchaus noch zu *»typischen* sozialen Lagen«* und entwickeln andererseits die Menschen, da sie »in der Regel nicht isoliert, sondern zusammen leben und soziale Beziehungen eingehen«, durchaus noch »üblicherweise gemeinsame Definitionen der jeweiligen ›objektiven‹ Handlungsbedingungen.[50] Wenn sich typische Lagen und Einstellungen bündeln, ergibt sich ein gruppenspezifischer *»Lebensstil«* und damit ein soziales Milieu. Neu ist nur der höhere Grad der Pluralisierung und Auffächerung dieser Milieus.[51] Die typischen Lagen sind differenzierter, weil nicht nur Ungleichheiten des Erwerbssystems, sondern auch neue Ungleichheiten wirksam sind. Die Einstellungen und Mentalitäten sind differenzierter, weil sie nicht unverrückbar festgelegt, sondern relativ autonom sind.

Die neue Strömung richtet sich auch gegen den ›Vertikalismus‹ der herkömmlichen ökonomistischen Klassen- und Schichtmodelle. So versteht Hradil die neuen sozialen Ungleichheiten und Differenzierungen als ›*horizontale*‹ Differenzierungen, die zu den vertikalen sozialen Ungleichheiten hinzutreten. Berger thematisiert darüber hinaus eine dritte Achse des sozialen Raums, die in der Sozialstrukturanalyse meist unsichtbare *Achse der Zeit*. Er entwickelt Elemente einer »dynamisierten oder verzeitlichten Sozialstrukturanalyse«, die die ›Reisewege‹ und Erfahrungen der

---

47 Hradil 1987, S. 162.
48 Hradil 1992, S. 17, Hradil 1987, S. 158.
49 Ebd., S. 162 f.
50 Ebd., S. 163.
51 Hradil (ebd., S. 166-169, 127-132) belegt dies insbesondere mit den neuen Milieuforschungen des ›Sinus‹-Instituts, deren Ansatz auch uns wesentlich angeregt hat (insbes. Becker/Nowak 1982, SPD 1984).

Einzelnen im sozialen Raum nachzeichnet und das Feld der »Spannungen und Ungleichzeitigkeiten zwischen der ›Zeit der Personen‹ und der ›Zeit der Systeme‹, die die Lebensführung von Männern und Frauen in ›beweglichen‹ Gesellschaften in vielfältiger Weise belasten und herausfordern«, thematisiert.[52]

Ähnlich wie Bourdieu[53] weist Berger darauf hin, daß die makrosoziologische Perspektive von oben wesentliche Aspekte der Praxis und nicht zuletzt die Dimension der Erfahrung der sozialen Akteure ausblendet. Er verbindet daher die Perspektiven der neueren Mobilitätsforschung und Biographieforschung miteinander und entwickelt einen eigenen Untersuchungsansatz diachroner, von den Wegen der Einzelnen im sozialen Raum ausgehender Mobilitätsanalyse. Anhand großer Datensätze kann er nachweisen, daß die makosoziologischen Bestandszahlen wesentliche Prozeßzahlen verdecken.[54] Beispielsweise lag in Westdeutschland zwischen 1977 und 1986 der Durchschnittsbestand von Arbeitslosen relativ konstant bei zeitweise über zwei Millionen, während tatsächlich in dieser Zeit fast 13 Millionen Personen einmal oder mehrmals die Erfahrung der Arbeitslosigkeit machten. Ähnlich verhielt es sich mit der Einkommensarmut, den Einkommen unter 50% des Durchschnitts: 1984 bis 1989 waren nur 2,7% konstant einkommensarm, aber fast 15% machten diese Erfahrung einmal oder zweimal und – was die These der Zweidrittelgesellschaft relativiert – rund 75% gar nicht.

Berger gelangt zu »einer *doppelten Verzeitlichung* der analytischen Perspektive, da sich individuelle (Lebens-)Zeithorizonte und die historische Zeitachse überlagern: Lebensverläufe und Biographien sind eingebettet in die Abfolge von Kohorten und Generationen«.[55] Bei der Untersuchung dauerhafter und situativer Privilegien und Benachteiligungen geht es »auch um Versuche, individuelle (Lebens- und Berufs-)Verläufe wieder in einen *›diachronen‹ Klassenbegriff*, in kollektive Reproduktionsverlaufsmuster und Kohortenschicksale zu bündeln«.[56]

Dies führt zu einer Modifikation der Inividualisierungsannahme.[57] Diese bedeutet nicht mehr nur Subjektivierung und Ästhetisierung auf der Grundlage erweiterter Ressourcen und Chancen. Seit Beginn der achtziger Jahre zeigt sie ihre Schattenseiten. Die Aufstiegsdynamik hat eine gewisse Sättigung erreicht, und Dynamiken sozialer Schließung nehmen zu, so daß »Knappheitsungleichheiten« und »materielle Enge« den Spiel-

---

52 Berger 1996, S. 304, 13.
53 Bourdieu 1987; Bourdieu u. a. 1997.
54 Berger 1996, S. 19 f.
55 Ebd., S. 62.
56 Ebd., Hervorh. v. uns.
57 Ebd., S. 280-289.

raum der Lebensstile verengen oder gar die Formen der Lebensführung diktieren. So standen sich gegenläufige Felddynamiken gegenüber. Für den Zeitraum von 1984 bis 1989 standen den ca. 10% sozialen Aufsteigern bereits ca. 5% soziale Absteiger gegenüber, den ca. 60% »Stetigen«, die ihre soziale Position halten konnten, 30% »Unstetige«, die ihre berufliche Stellung mehrmals in gegenläufiger Richtung wechselten.[58]

In seiner Diagnose unterscheidet Berger vor allem *Intensitäten* und *Richtungen* der Felddynamiken: langsame und schnelle Bewegungen von und in Strukturen; traditionelle, strategisch kalkulierte und situativ-spontane Formen der Lebensführung; Chancenerhöhungen für die Modernisierungsgewinner und Deprivationen für die Verlierer; außerdem verschiedenartige Dynamiken für West- und Ostdeutschland.[59] Diese Befunde stimmen nicht nur weitgehend mit unseren eigenen Richtungsdiagnosen überein (vgl. Kapitel 11.6.). Sie ergänzen sich auch mit den von uns gefundenen *Typologien* des Habitus und der Lebensführung, in denen ebenfalls aktive und passive, spontane und kalkulierende Bewältigungsstrategien zum Ausdruck kommen (vgl. Kapitel 10., 13., 14.).

Während ein Teil der neuen Sozialstrukturforschung die ökonomisch-politischen Bedingungen des sozialen Wandels ausspart, begibt sich Reinhard Kreckel mit seiner »politischen Soziologie der sozialen Ungleichheit«[60] direkt auf das Feld der institutionellen Schichtungsanalyse. Sein idealtypisches Modell des *ungleichheitsbegründenden Kräftefeldes* in der Bundesrepublik geht jedoch über das Schema Esping-Andersens hinaus. Es beschreibt nicht nur den institutionellen Kern des Machtfelds, das ›korporatistische Dreieck‹, das durch das Verhandlungskartell von Unternehmerverbänden, Gewerkschaften und Staat gebildet wird. Er schenkt auch der Peripherie der dort nicht oder nur gering vertretenen Gruppen, sozialen Bewegungen und Milieus Beachtung. Diese Kräfte, insbesondere die Frauen, Ausländer, gering Qualifizierten, Alten usw. geraten verteilungspolitisch leicht ins Abseits. Diese Strukturen haben inzwischen besondere Aktualität bekommen in der neueren Diskussion des prekären Status dieser Gruppen in der Politik Thatchers – und

---

58 Ebd., S. 296.
59 Ebd., S. 46, 66 f., 280-289, 157 ff., 249 ff.
60 Kreckel 1992.

auch der Politik Blairs, die sich häufig auf Schadensbegrenzung für die Folgen des Thatcherismus beschränkt.

Die Untersuchungen Hradils, Bergers und Kreckels repräsentieren entscheidende wissenschaftliche Fortschritte. Zum einen entwickeln sie wichtige Elemente einer relationalen Ungleichheitstheorie. Zum anderen thematisieren sie, im Gegensatz zu der in den Medien vertretenen Vulgärtheorie der Individualisierung, das Janusgesicht der neuen Entwicklungen: die gleichzeitige Wirkung gegenläufiger Schicht- und Ungleichheitsstrukturierungen, von Schließungen und Öffnungen und der unterschiedlichen Betroffenheit nach Geschlecht, Ethnie usw.[61] Für Kreckel ist in der ›postindustriellen Gesellschaft‹ die Ungleichheit noch *kapitalistisch dominiert*. Ähnlich sieht auch Beck das Problem darin, daß mit der Auflösung der ›Großgruppengesellschaft‹ die Menschen um so schutzloser der neoliberalen Deregulierung des Kapitalismus ausgesetzt sind.[62] Diese theoretische Figur läßt sich in der Aussage zusammenfassen, daß der Kapitalismus einen strukturierten Gesamtzusammenhang hat, die Gesellschaft aber nicht.

Politisch gesehen, konvergieren die verschiedenen Richtungen in der Diagnose, daß die Schere sozialer Ungleichheit sich weiter öffnet. Nur betonen die auf objektive Strukturen bezogenen Autoren expliziter die Kontinuität der alten Klassen- und Schichtunterschiede[63], während andere, nicht nur Angehörige der Individualisierungsthese, die neuen, nichttraditionellen Formen der Prekarität und Exklusion hervorheben.[64]

Während hierin deutlich wird, daß die verschiedenen Formen sozialer Ungleichheit offenbar gleichzeitig bestehen, bleibt nach wie vor unklar, ob diese Entwicklung eher strukturlos oder nur nach anderen als den ›orthodoxen‹ Strukturannahmen verläuft, als Zusammenhang aller Tendenzen in einer konsistenten, wenn auch komplexen Konfiguration. In den Diskussionen sind die Tendenzen zu neuen Konzepten deutlich zu spüren. Insbesondere dreierlei scheint notwendig:

61 Berger 1986, 1996; vgl. Hradil 1987, 1999.
62 Beck 1993.
63 U. a. Mayer/Blossfeld 1990; Mayer 1990; Geißler 1996; Müller 1997; Mansel/Brinkhoff 1998.
64 Etwa in Berger/Vester 1998. Dort werden auch die neuen vertikalen Spaltungen zwischen Eliten und Benachteiligten (in den Beiträgen

- Der Bruch mit monistischen Erklärungsschemata erfordert es, die *Differenzierung* der Gesellschaft nach verschiedenen *Ebenen* anzuerkennen, die gegeneinander relativ autonom sind und die sowohl die institutionell-systemischen wie die lebensweltlich-kulturellen Handlungsfelder umfassen.
- Der Bruch mit den hierarchischen Erklärungsschemata erfordert es, die innere Differenzierung der einzelnen Ebenen als *Kräftefelder* anzuerkennen, die nicht durch eine Hierarchie von Über- und Unterordnung, sondern durch mehrdimensionale Dynamiken *zwischen Mächten und Gegenmächten* gekennnzcichnet sind.
- Dies erfordert auch ein neues methodologische Konzept des *sozialen Raums*, das die *Achsen* der Theorie entsprechend definiert, so daß die sozialen Unterschiede nicht nur im *vertikalen* Über- und Untereinander gesehen werden, sondern auch in *horizontalen* Differenzierungen oder den Stufungen zwischen Zentrum und Peripherie gesellschaftlicher Macht und auf der Achse der historischen *Zeit*.

Ein Beispiel, das Feld der gesellschaftspolitischen Bewegungen und Kämpfe im Sinne eines solchen integrierenden Ansatzes zu verstehen, sind die Untersuchungen von Birgit Pfau-Effinger.[65] Sie analysiert die verschiedenen nationalen Entwicklungspfade der Sozialstruktur und Gesellschaftspolitik, indem sie die historischen Konflikte und Arrangements zwischen den sozialen Akteuren des korporatistischen, des politischen und des familialen Feldes herausarbeitet und international vergleicht. Am Vergleich der Pfade etwa Finnlands, der Niederlande und Deutschlands kann sie nachweisen, daß die sozialen Gesamtarrangements auf lange Traditionen historischer Konfliktlinien und Koalitionen zurückgehen, die mit den Modernisierungsschüben nach dem Zweiten Weltkrieg wichtige Neuentwicklungen durchlaufen haben. – Kontinuität und Wandel sind somit kein Widerspruch.

Der Vorteil solcher *relationaler*, von den Beziehungen der Akteure ausgehender Ansätze ist es, daß sie ihre Analysen nicht mehr auf unilineare Tendenzen reduzieren müssen, sondern die

von Dangschat und Hartmann), Chancenungleichheiten bei Jugendlichen (Beiträge von Klocke und Mansel/Palentien), die ethnische Segregation (Beitrag von Körber) und die Entwicklung der Dauerarbeitslosigkeit und der Exklusion (Beiträge von Vogel und Bude) untersucht. Dem entspricht eine allgemeine Zunahme von Tagungen und Schriften über Einzelprobleme sozialer Deklassierung, Armut und Desintegration (vgl. auch Heitmeyer 1997). – Vgl. Beck/Sopp 1997.
65 Pfau-Effinger 1996.

Gesellschaft als Konfigurationen von Feldern und die Felder als Konfigurationen von Akteuren begreifen können, in denen *verschiedene Entwicklungen miteinander koexistieren*. Infolgedessen muß die Analyse sich nicht mehr allein auf die dramatisierbaren Tendenzen an den extremen Polen der Gesellschaft versteifen. Neben diesen Szenarien der Extrempole, z. B. der emanzipatorischen Individualisierung der Gewinner und der anomischen Individualisierung der Verlierer, kann sie die gesellschaftliche Mitte aus dem Windschatten der Beachtung herausholen. Die ›Mitte‹ wird oft ebenso spekulativ und empirisch wenig fundiert bewertet wie die ›Extreme‹. Daß sie im Zentrum des Interesses steht, zeigen alle Thesen über die integrative und die gefährliche Mitte, über die Wechselwähler und die ›neue Mitte‹, über die Spaltung der Mitte und den ›prekären Wohlstand‹. Sie ist – oder war – auch der Kern des alten westdeutschen Integrationsmodells, der ›Arbeitnehmergesellschaft‹.

5. Die relationale Klassentheorie: Ebenen und Achsen des Feldes sozialer Akteure

Das Konzept des Feldes geht über die Unterscheidung verschiedener institutioneller Ebenen hinaus. Seine Leistungsfähigkeit liegt insbesondere darin, scheinbar gegensätzliche Tendenzen nicht als einander ausschließend, sondern als gleichzeitige Dynamiken aufzufassen, die nur auf verschiedenen Achsen oder Ebenen der Felder geschehen.

So begreift das relationale, auf Feldbeziehungen gerichtete, Konzept die Individuen weder als bloße Objekte vorgegebener objektiver Strukturen noch als völlig freie Subjekte, sondern in der Wechselwirkung ihrer Beziehungen, in denen sie beides sind, als Teil von sozialen Kräfte- und Spannungsfeldern. Fremdbestimmung und Selbstbestimmung sind insofern kein Gegensatz, sondern Teile derselben Praxis. Ebenso bezeichnet der Streit, ob nun im modernen Kapitalismus der »Qualifikationsrang« (Geiger) der Arbeiter zunehme oder abnehme, ein Scheinproblem. Beide Prozesse geschehen gleichzeitig, aber auf verschiedenen ›Achsen‹ des sozialen Raums. Während, auf der horizontalen Achse, das Bildungskapital im langfristigen Durchschnitt zunimmt, kann es durch die Mechanismen der Herrschaft, auf der vertikalen Achse, immer wieder abgewertet und unter Wert bezahlt werden, wie insbesondere auch die qualifizierte Arbeit von Frauen.

Auch andere kontroverse Diagnosen erweisen sich als Scheingegensätze. Wenn die Gesellschaft sich in verschiedene, jeweils relativ autonome Felder differenziert hat, kann auf einem Feld durchaus etwas anderes geschehen als auf einem anderen Feld. Arbeiter, die durch geringe Qualifikation eine schwache Position im ökonomischen Feld haben, können dies ausgleichen, wenn sie als Gewerkschafter, im korporativen Feld, eine starke Verhandlungsposition erringen. Vertikale Klassenunterschiede, z. B. die Trennlinien des Geschmacks zwischen den feinen und den einfachen Klassenmilieus, können im politischen Feld überwunden werden, wo fast alle Parteien und viele Verbände als vertikale Koalitionen agieren, die bestimmte Fraktionen der Elitemilieus und bestimmte Fraktionen der Volksklassen zusammenfassen.

> ### Klassenverhältnisse als historisches Kräftefeld
> (Edward Thompson)
>
> »Bei der Analyse der Beziehungen von Gentry und Plebs trifft man weniger auf einen kompromißlosen Schlagabtausch von unversöhnlichen Antagonisten als vielmehr auf ein gesellschaftliches ›Kräftefeld‹. Ich denke an ein Experiment in der Schule (das ich zweifellos falsch verstanden habe), wo elektrischer Strom eine mit Eisenspänen bedeckte Platte magnetisierte. Die gleichmäßig verteilten Eisenspäne ordneten sich um den einen oder anderen Pol, während die Späne dazwischen, die an ihrem Platz blieben, sich in etwa so anordneten, als ob sie auf gegenüberliegende Pole ausgerichtet seien. So etwa sehe ich die Gesellschaft des 18. Jahrhunderts: In vieler Hinsicht befinden sich die Volksmenge an dem einen und die Aristokratie und die Gentry an dem anderen Pol; dazwischen bis tief in das Jahrhundert die Gruppen der akademischen Berufe und der Kaufleute, die durch Magnetlinien der Abhängigkeit von den Herrschenden gebunden sind und gelegentlich ihre Gesichter einer gemeinsamen Aktionen mit der Menge verstecken. Diese Metapher erlaubt es uns, nicht nur die häufige Aufruhrsituation und ihre Bewältigung zu verstehen, sondern sagt uns auch viel über das, was möglich war, und auch über die Grenzen des Möglichen, die die Mächtigen nicht zu überschreiten wagten. Es heißt, Königin Caroline habe einmal solchen Gefallen am St. James Park gefunden, daß sie Walpole fragte, wieviel es wohl kosten würde, ihn als Privateigentum einzuhegen. ›Nur eine Krone, Madam‹, war Walpoles Antwort.«[1]

Infolgedessen ist, wie wir zeigen werden, auch das Beck/Giddenssche ›neue Politikmodell‹, nach dem heute angeblich erstmals klassenübergreifende Koalitionen Politik gestalten, nichts anderes als der häufigste oder typische Fall.

Gleichfalls bezeichnet die These vom Wertewandel, von ›materialistischen‹ zu sog. ›postmaterialistischen‹ Mentalitäten, nichts wirklich Neues. In der gesellschaftlichen Praxis der meisten Milieus sind ökonomische Interessen und die kulturelle Formulierung einer Gruppenidentität auf subtile Weise miteinander verknüpft. Sie sind wie zwei Seiten derselben Medaille. Welche Seite vorne ist, hängt von der Perspektive ab, d. h. davon, ob wir einen Akteur in seinem beruflichen Feld oder im Feld des moralischen

---

1 Thompson 1980b, S. 270 f.

Diskurses sehen. Und es hängt zugleich vom Zustand der Felder, den wechselnden Kräftekonstellationen, ab.

Die wichtigsten Einzelkonzepte des relationalen Paradigmas sollen im Folgenden schrittweise und in zusammenfassender Form vorgestellt werden.

1. Felder: Die Dynamik der sozialen Beziehungen

Die Vertreter einer relationalen Klassenanalyse, sowohl Bourdieu wie auch Thompson, werfen den orthodoxen liberalen wie den orthodoxen marxistischen Klassentheorien vor, daß sie soziale Klassen statisch und wie Dinge betrachten, denen ihr Klassencharakter als immergleiche Eigenschaft anhaftet. Statt dessen gehen sie von *Beziehungen* zwischen den sozialen Akteuren aus und geben ihnen logische und reale *Priorität vor den Substanzen*. Das relationale Paradigma grenzt sich insofern vom *aristotelischen* Paradigma ab, das von Substanzeigenschaften ausgeht. Nicht durch feststehende Eigenschaften, sondern erst in den sozialen Beziehungen der Herrschaft und der Arbeitsteilung wird deutlich, wie sich die Gesellschaft in soziale Gruppen aufteilt und wie diese zueinander stehen. Wenn der relationale Ansatz die Eigenschaften der Akteure aus ihrer relativen Stellung im Kräftefeld sozialer Beziehungen erklärt, kann er an die epistemologische Revolution der Naturwissenschaften anknüpfen, die über Ernst Cassirer und dessen Einstein-Rezeption auch für einen Teil der Sozialwissenschaften wirksam wurde.[2]

Was das Beziehungsparadigma für die Analyse sozialer Klassen bedeutet, finden wir besonders ausgeprägt in den historischen Analysen E. P. Thompsons, zumal diese auch vom Autor selbst als Kommentare zu den liberalen und marxistischen Orthodoxien in der langen Diskussion der Klassentheorie seit dem Zweiten Weltkrieg gemeint waren. Thompson weist gleichermaßen die Vorstellungen einer dualen Klassenspaltung und einer Auflösung der Klassengesellschaft zurück.

Die *duale Klassenspaltung* der Marx-Orthodoxie ist, so E. P. Thompson, nur ein ›*Spezialfall*‹ der Klassenbeziehungen, der

---

[2] Cassirer 1969 [1905]. Cassirers Schüler Kurt Lewin entwickelte, für die Sozialpsychologie, eine Theorie und Methodologie des Feldes.

sich nur auf besondere historische Konstellationen, etwa auf das England der frühen industriellen Revolution, anwenden lasse. Der Normalfall bestehe vielmehr in relativ stabilen, wenn auch nicht gleichgewichtigen Klassenkompromissen, wie sie auch im England des 18. Jahrhunderts meist noch gegolten hatten.[3] Die Zuspitzung der Gegensätze im frühen 19. Jahrhundert war, wie Thompsons große Untersuchung über die Entstehung der englischen Arbeiterklasse aufweist, nicht auf eine rein ›ökonomische‹ Tendenz zurückzuführen. Der Siegeszug der großen Maschinerie übte zwar einen starken Druck auf die gesamte Wirtschaft aus, verwandelte aber nicht alle Wirtschaftszweige in Zweige der Großindustrie; vielmehr bestanden kleinere Unternehmen und das heterogene Gemisch verschiedener Arbeitsqualifikationen und Lebensstile fort, wenn auch unter gedrückten Bedingungen. Ein eindimensionales ehernes Gesetz fallender Löhne und Arbeitsqualifikationen gab es nicht.

Trotzdem polarisierte sich die Klassenkonstellation. Dies beruhte auf den Veränderungen in zwei anderen Feldern. Im Feld des Alltagslebens verschärfte sich der Gegensatz zwischen Bürgertum und Arbeiterklasse weniger durch eine eindimensionale Tendenz der Verelendung, meßbar in ökonomischen Standards, als durch den Wandel der ›ganzen Lebensweise‹: Fabrikdisziplin und Arbeitsstunden, städtische Verwahrlosung und geringe Nahrungsqualität, Gesundheitsprobleme und Kindersterblichkeit – verbunden mit dem Verlust der alten Freiheiten und Freizeitvergnügen. Außerdem fielen, im gesellschaftspolitischen Feld, die alten und neuen Strukturen des sozialen Schutzes, der Meinungsfreiheit und der Koalitionsfreiheit dem zum Opfer, was wir heute als neoliberale Deregulierung und politische Repression bezeichnen würden. Ein Vierteljahrhundert lang, von 1800 bis 1824, waren die Gewerkschaften, die alte moralische Ökonomie, der Schutz des Handwerks und der Armen suspendiert, während die Protestbewegungen, die Pressefreiheit und die Bürgerrechte unterdrückt wurden – aus Furcht davor, die Französische Revolution könne sich im europäischen Maßstab wiederholen.

Was die arbeitenden Klassen damals einigte, war weniger ihre Homogenität im ökonomischen Feld als *der Wandel der Klassen-*

---

3 Thompson 1980b, 1987 [1963]; vgl. Vester 1970a.

»Der Klassenkonflikt geht den Klassen voraus«[4]
(Edward Thompson)

»Klasse ist in meinem eigenen Sprachgebrauch eine *historische* Kategorie, d. h., sie ist aus der Beobachtung der gesellschaftlichen Entwicklung über die Zeit hin abgeleitet. ... In den letzten Jahren ist jedoch sehr klargeworden, daß sich auch in sehr einflußreichen Bereichen der marxistischen Theorie ein Verständnis von Klasse als *statischer* Kategorie breitgemacht hat, das, wenn es aus einer vulgär-ökonomistischen Perspektive betrachtet wird, einfach ein Zwilling der positivistischen soziologischen Theorie ist ... In einer alternativen (sehr viel ausgeklügelteren) Form wie zum Beispiel bei Althusser haben wir immer noch eine zutiefst statische Kategorie; eine Kategorie, die nur innerhalb einer hoch theoretischen strukturellen Totalität definiert ist, welche den realen erfahrungsbestimmten historischen Prozeß der Klassenbildung nicht einbezieht ...

Meiner Ansicht nach hat man dem Begriff ›Klasse‹ viel zuviel (meist offensichtlich a-historische) theoretische Beachtung geschenkt, dem Begriff Klassenkampf dagegen zuwenig. In der Tat ist Klassenkampf sowohl der vorgängige als auch der universellere Begriff. Im Klartext: Klassen existieren nicht als gesonderte Wesenheiten, die sich umblicken, eine Feindklasse finden und dann zu kämpfen beginnen. Im Gegenteil: Die Menschen finden sich in einer Gesellschaft, die in bestimmter Weise (wesentlich, aber nicht ausschließlich nach Produktionsverhältnissen) strukturiert ist, machen die Erfahrung, daß sie ausgebeutet werden (oder ihre Macht über diejenigen aufrechterhalten müssen, die sie ausbeuten), erkennen antagonistische Interessen, beginnen um diese Streitpunkte zu kämpfen, entdecken sich im Verlauf des Kampfes als Klassen und lernen diese Entdeckung allmählich als Klassenbewußtsein kennen. Klasse und Klassenbewußtsein sind immer die letzte, nicht die erste Stufe im realen historischen Prozeß ...

Ich hoffe, daß nichts von dem eben Gesagten Anlaß zu der Vorstellung gibt, ich sei der Auffassung, die Bildung von Klassen sei von objektiven Determinanten unabhängig, daß Klasse sich einfach als kulturelle Formation definieren ließe usw. Dies ist hoffentlich durch meine eigene Arbeit als Historiker ebenso wie durch die Arbeit vieler anderer Historiker widerlegt worden ...

Klasse als ein Produkt der kapitalistischen Industriegesellschaft des 19. Jahrhunderts, das dann das heuristische Verständnis von Klasse geprägt hat, hat in der Tat keinen Anspruch auf Universalität, sondern ist in diesem Sinn nicht mehr als ein Unterfall der historischen Formationen, die aus Klassenkämpfen entstehen.«[5]

---

4 Formulierung aus unserem Interview mit E. P. Thompson, Worcester, 9. Juli 1977.
5 Thompson 1980b, S. 264-268 (zweite und dritte Hervorhebung von uns).

beziehungen als ganzer, d. h. auf allen Feldern. Hinzu kam *die Destabilisierung der Klassenarrangements zwischen den oberen Klassen und den ›respektablen Volksklassen‹*. Der Antrieb der Arbeiterbewegung kam nicht von denen, die bereits zu den ärmsten und ohnmächtigsten Klassen gehörten, wie die Theorien der Verelendung es nahelegen. Denn diese Gruppen hatten weder die Ressourcen noch die Habitus-Dispositionen für einen aktiven Protest. Diese Dispositionen fanden sich vielmehr vor allem bei den großen Milieus der gut qualifizierten und selbstbewußten Volksklassen, deren ökonomischer und sozialer Status bedroht war. Große Teile der Mitte der Volksklassen – vor allem Handwerker und Facharbeiter – verloren den repektierten Status guter Facharbeit, persönlicher Selbstbestimmung und anständiger Lebensbedingungen. Erst die gemeinsame Erfahrung der Deklassierung in den verschiedensten Feldern der Gesellschaft ließ die große und kämpferische, aber gleichwohl befristete Koalition der verschiedenen und heterogenen Gruppen der ersten Arbeiterbewegung entstehen.

Während E. P. Thompson das Feldkonzept eher implizit benutzt, bietet Pierre Bourdieu eine hochentwickelte Theorie und Methodologie an, die die Analyse solcher komplexer Klassenkonfigurationen ermöglicht.[6] Die soziale Welt – Pierre Bourdieu spricht nicht von System – wird als mehrdimensionale Konfiguration verschiedener Felder sozialer und institutioneller Praxis und Spannung verstanden. In diesem Sinne versucht Bourdieu auch, in seinem Paradigma die Ansätze der klassischen Soziologie, insbesondere von Marx, Weber und Durkheim, zusammenzuführen. Diese Ursprünge der einzelnen Theoreme werden in den nachfolgenden Abschnitten über die einzelnen Konzepte nach Möglichkeit kenntlich gemacht.

2. Ebenen: Die relative Autonomie der Felder

Thompsons historische Darstellung überzeugt vor allem dadurch, daß er die Entwicklung der frühen Arbeiterbewegung aus dem Zusammenspiel verschiedener Felder erklärt. Die Unterscheidung mehrerer Ebenen, d. h. die Differenzierung der

---

6 Bourdieu 1982 [1979].

Gesellschaft in verschiedene Felder, bietet auch eine Klärung für den akademischen Streit, ob die Ökonomie das soziale Bewußtsein determiniere oder ob, umgekehrt, die individuelle Wahl oder die politische Macht die Entscheidungshoheit habe. In seiner Auseinandersetzung mit Weber[7] hat Bourdieu darauf hingewiesen, daß beispielsweise die protestantische Reformation und die Reformationskriege weder einseitig auf bestimmte ökonomische Interessen noch, ebenso einseitig, allein auf religiöse Motive reduziert werden können. Keines der Felder sei von den anderen völlig abhängig oder völlig unabhängig gewesen. Bourdieu erkennt vielmehr, in diesem Beispiel, sowohl das religiöse Feld wie das ökonomische Feld als *relativ autonom*. Sie wirken, auch bei starkem Gewicht der ökonomischen Interessen, konkurrierend und sich gegenseitig korrigierend.

Wir haben oben bereits gesehen, daß die Soziologie der sozialen Ungleichheit seit einiger Zeit nicht mehr umhinkonnte, mindestens fünf verschiedene Felder bzw. institutionelle Ebenen zu unterscheiden, die im Einzelfall weiter differenziert werden können (vgl. Kapitel 4.3. und 6.4.1.):

(1) das Feld des Habitus der verschiedenen Milieus, dem das Feld der Lebensstile zugeordnet ist;
(2) das Feld der gesellschaftspolitischen Bewegungen und ideologischen Lager;
(3) das Feld der korporativen Interessenvertretungen, insbesondere unter dem Aspekt des im Tarifvertragssystem institutionalisierten Klassenkonfliktes zwischen Unternehmer- und Arbeitnehmerverbänden;
(4) das Feld der beruflichen Positionen im Erwerbssystem, das durch das Feld der sozialen Lagen zu ergänzen wäre;
(5) das Feld der politisch-staatlichen Repräsentationen und Institutionen.

Die letzten drei Ebenen entsprechen insbesondere denen der institutionellen Schichtungstheorie, die ersten zwei betreffen die subinstitutionellen Handlungsebenen. Das Zusammenwirken der Felder kann allerdings erst dann präziser erklärt werden, wenn wir ihre strukturellen Entsprechungen oder »Homologien« erkennen können. Hierzu hat Bourdieu einen entscheidenden Beitrag geleistet. Bourdieu macht die Homologien und damit die Wechselbeziehungen topologisch sichtbar, indem er – wie

7 Bourdieu 1971a, 1971b, 1974 [1970], 1987 [1980].

unten noch näher entwickelt wird – die innere Struktur jedes Feldes nach zwei Raumachsen und einer Zeitachse, auf denen dann alle Akteure positioniert werden können, erkennbar macht. Die Strukturen und Dynamiken der Beziehungen in den Feldern können einerseits der vertikalen Achse ungleicher Macht und Ressourcenverteilung, die auch bei den konventionellen Klassen- und Schichttheorien entscheidend sind, zugeordnet werden (»Herrschaftsachse«). Andererseits werden sie der horizontalen Differenzierung zugeordnet, die sich in der gesellschaftlichen Arbeitsteilung und den Fraktionierungen der sozialen Klassenmilieus ausdrückt (»Achse der funktionalen Arbeitsteilung«). Die verschiedenen Feldebenen lassen sich als eine zusätzliche Raumachse darstellen, als die Achse der Differenzierung der Felder bzw. Institutionen (vgl. Kapitel 5.6. und 6.4.1.). Die Raumbilder für jedes Feld können dann gleichsam auf Landkarten eingezeichnet werden, die sich wie Bögen aus Pergamentpapier übereinanderlegen lassen. Damit wird beispielsweise deutlich, wie eine soziale Gruppe, etwa die akademische Intelligenz, nach allen fünf Feldebenen repräsentiert ist: beruflich, nach Interessenvertretungen, nach politischer Macht, nach Habitustypen und nach dem Einfluß in bestimmten weltanschaulichen oder ideologischen Lagern. Erst das Gesamtbild erlaubt es, die gesellschaftliche Rolle dieser Klasse(nfraktion) zu bestimmen.

3. Klassen: Soziale Trennlinien im Wechsel der Feldbedingungen

Eine soziale Klasse soll hier nicht durch einzelne Merkmale, im Sinne der aristotelischen Eigenschaften von *Substanzen*, sondern durch die praktischen *Beziehungen* in und zwischen den Klassen definiert werden. Das heißt, wir können einen Menschen nicht einer Klasse oder der Untergruppe einer Klasse zuordnen, indem wir seine Merkmalseigenschaften ›messen‹ und dann Gruppen mit homogenen Einkommens-, Bildungs-, Konsum- und Wertestandards bilden, welche wir dann als ›Klassen‹ bezeichnen können. Denn die Standards verteilen sich oft, wie etwa das Einkommen, auf einem ununterbrochenen Kontinuum, das die Trennlinien zwischen den sozialen Gruppen kaum erkennen läßt. Obwohl diese Standards als Indikatoren, Ressourcen oder Mittel

Von der Addition der Merkmale zur Beziehungsstruktur von Merkmalen
(Pierre Bourdieu)

»Eine soziale Klasse ist definiert weder durch ein Merkmal (nicht einmal das am stärksten determinierende wie Umfang und Struktur des Kapitals) noch eine Summe von Merkmalen (Geschlecht, Alter, soziale und ethnische Herkunft ..., Einkommen, Ausbildungsniveau etc.), noch auch durch eine Kette von Merkmalen, welche von einem Hauptmerkmal (der Stellung innerhalb der Produktionsverhältnisse) kausal abgeleitet sind. Eine soziale Klasse ist vielmehr definiert durch die Struktur der Beziehungen zwischen allen relevanten Merkmalen, die jeder derselben wie den Wirkungen, welche sie auf die Praxisformen ausübt, ihren spezifischen Wert verleiht ...
Selbstverständlich hängen nicht alle konstitutiven Faktoren einer konstruierten Klasse in gleichem Grad voneinander ab; die Struktur des von ihnen gebildeten Systems wird vielmehr von den Faktoren mit dem größten funktionalen Gewicht beherrscht: Umfang und Struktur des Kapitals verleihen in diesem Sinne den von den übrigen Faktoren (Alter, Geschlecht, Wohnort etc.) abhängigen Praktiken erst ihre spezifische Form und Geltung. Die geschlechtsspezifischen Merkmale sind ebenso wenig von den klassenspezifischen zu isolieren wie das Gelbe der Zitrone von ihrem sauren Geschmack: eine Klasse definiert sich wesentlich auch durch Stellung und Wert, welche sie den beiden Geschlechtern und deren gesellschaftlich ausgebildeten Einstellungen einräumt ... Die Wahrheit einer Klasse oder Klassenfraktion drückt sich mithin in ihrer geschlechts- und altersspezifischen Verteilung aus sowie ... in der zeitlichen Entwicklung dieser Verteilung: die niedrigsten Positionen zeichnen sich durch einen erheblichen – und wachsenden – Anteil von Ausländern und/oder Frauen (angelernte und ungelernte Arbeiter) sowie ausländischen Frauen aus (Putzfrauen) ...«[8]

für eine bestimmte Lebensführung wichtig bleiben, sind nicht die Merkmale an sich wichtig, sondern die Beziehungsstrukturen, die zwischen ihnen bestehen. Erst diese Beziehungen zwischen den Merkmalen können als Indikator für das gelten, was wir nicht direkt sehen oder quantitativ messen können: die Klassenbeziehungen selber.

8 Bourdieu 1982 [1979], S. 182, 184 f.

Diese umfassen auch, wie die eingefügten Texte von Bourdieu und Thompson darlegen, die Beziehungen, in denen beispielsweise die Diskriminierung von Frauen und Ausländern in die Klassenbeziehungen eingebaut ist. Das Beispiel verdeutlicht auch, inwiefern die Unterschiede der Geschlechtsgruppen und der ethnischen Gruppen nicht als Alternative zur Einteilung in Gesellschaftsklassen, sondern als Teil von ihnen verstehbar sind.

Diese Beziehungen zwischen den sozialen Gruppen und zwischen den Individuen sind hauptsächlich jene, die schon in der klassischen Soziologie von Max Weber, Durkheim und Marx beschrieben worden sind. In ihrer vertikalen und ihrer horizontalen Dimension stehen sie für widersprüchliche und widerstreitende Vektoren sozialer Praxis. Sie bilden entsprechende Gegensatzpaare: Herrschaft und Kooperation, Konkurrenz und Solidarität, Kapitalaneignung und Arbeitsteilung. In ihrer kohäsiven Dimension folgen die Beziehungen den Gegensätzen von Zugehörigkeit und Abgrenzung, Exklusion und Inklusion, Schließung und Öffnung usw.

Die ›Merkmale‹ sind, für sich genommen, heterogen. Erst aus den praktischen, im Medium der Zeit geschaffenen Beziehungen zwischen ihnen ergeben sich Strukturen. Die Akteure und ihre Merkmale ordnen sich gleichsam wie in einem Magnetfeld zu bestimmten Konfigurationen, die sich bei veränderten Kräften wieder umorientieren können. Die Strukturen, etwa Über- und Unterordnung, Abgrenzung oder Zusammengehörigkeit, sind dabei ihrerseits ›relativ‹. Raymond Williams hat darauf hingewiesen, daß beispielsweise das Idealbild der Solidarität der Arbeiterklasse primär im Abgrenzungsverhältnis zu den anderen Klassen gilt, während innerhalb der Arbeiterklasse die verschiedensten Differenzen und Spannungen wirken.[9]

Empirisch waren die arbeitenden Klassen, wie ihre Bewegungen, keine einheitlichen Körper, sondern stets Koalitionen verschiedener Akteure, die die Unterschiede zwischen höherem und niederem Fachkönnen, zwischen Handwerkern, Lohnarbeitern und Intellektuellen, zwischen verschiedenen Regionen, Ethnien und Konfessionen und zwischen verschiedenen Geschlechts- und Altersgruppen überbrückten. Was sie miteinander verband, war im allgemeinen *nicht Homogenität, sondern die Erfahrung*

---

9 Williams 1965, S. 127; vgl. Roberts 1977.

Beziehungen statt Merkmale
(Edward Thompson)

»Soziologen, die die Zeitmaschine gestoppt haben und nach allerhand begrifflichem Prusten und Schnaufen in den Maschinenraum hinabgestiegen sind, um mal nachzusehen, sagen, daß sie dort nirgends eine Klasse auffinden und klassifizieren konnten. Sie können nur eine Vielzahl von Leuten mit verschiedenen Berufen, Einkommen, Statushierarchien usw. finden. Natürlich haben sie recht, insofern Klasse nicht dieses oder jenes Teil der Maschine ist, sondern die Weise, in der die Maschine arbeitet, sobald sie in Bewegung gesetzt ist, nicht dieses oder jenes Interesse, sondern die Reibung der Interessen – die Bewegung selbst, die Hitze und der donnernde Lärm. Klasse ist eine soziale und kulturelle Formation (die oft institutionellen Ausdruck findet), die nicht abstrakt oder isoliert definiert werden kann, sondern nur im Verhältnis zu anderen Klassen; und schließlich kann die Definition nur im Medium der Zeit gemacht werden, d. h. von Aktion und Reaktion, Wandel und Konflikt. Wenn wir von einer Klasse sprechen, denken wir an einen sehr locker abgegrenzten Zusammenhang (a very loosely defined body) von Leuten, die dieselbe Mischung von Interessen, sozialen Erfahrungen, Traditionen und Wertsystem teilen, die eine Disposition haben, sich als eine Klasse zu verhalten, sich in ihren Handlungen und in ihrem Bewußtsein im Verhältnis zu anderen Gruppen von Leuten klassenmäßig (in class ways) zu definieren. Aber Klasse selbst ist nicht ein Ding, sondern ein Geschehen. (But class itself is not a thing, it is a happening.)«[10]

gemeinsamer Werte in Abgrenzung zu anderen sozialen Gruppen. Was sie voneinander trennte, war eine innere Differenzierung, die ihrer heterogenen Zusammensetzung nach Positionen, Geschlecht, Alter usw. entsprach.

Wie die Akteure mit diesen inneren und äußeren Differenzierungen der Felder jeweils umgehen, ist gleichfalls relational. Es ist weder einseitig aus dem Habitus noch einseitig aus den Feldbedingungen ableitbar. Entsprechend der Struktur des *Feldes* wandelt sich, wie Kurt Lewin es formulierte, die Bedeutung einer einzelnen Eigenschaft oder Variablen je nach ihrer relativen Posi-

---

10 Thompson 1978 [1965], S. 85, vgl. ebd. S. 69, 86.

tion im Feld.[11] Ebenso können sich, wie Lewin in seinen feldtheoretischen Experimenten nachwies, die gleichen Menschen in ihrer Gruppe verschieden verhalten, je nachdem, ob die Gruppe von der Leitung her autoritär, demokratisch oder nach dem Laissez-faire strukturiert wird.[12] Auch die Arbeiterklasse können wir *nicht* durch ›natürliche‹ Substanzeigenschaften definieren – durch etwa die Identität körperlicher Arbeit, durch ökonomische Deklassierung, kollektive Solidarität und Militanz, von denen die Theorien der Verbürgerlichung, des Postmaterialismus und der Individualisierung ausgehen. Statt dessen kann sich der gleiche Habitus je nach gesellschaftlichen Feldbedingungen sehr verschieden äußern:

- Polarisierung: Das klassische Arbeiterbewußtsein eines ›*dichotomischen*‹ *oder polarisierten Gesellschaftsbildes* zeigt sich hauptsächlich dann, wenn das politische und korporatistische Feld von einer starken kapitalistischen Klassenherrschaft und schwachen gewerkschaftlichen Gegenmächten gekennzeichnet ist. Diese Situation wiederum kann entweder resignativ oder militant verarbeitet werden.
- Institutioneller Konflikt: Unter den Bedingungen des institutionellen Klassenkonfliktes dagegen wird die aktive Militanz (oder passive Resignation) eher durch eine rationale und ›*instrumentelle*‹ Einstellung gegenüber der gewerkschaftlichen und parteipolitischen Vertretung der Arbeiter ersetzt, wie es Goldthorpe und Lockwood 1968 für den ›Wohlstandsarbeiter‹ festgestellt haben.[13]
- Arrangement: Unter den Bedingungen sozialen Wandels in der Prosperität ist die Situation wiederum anders: jetzt ziehen die Arbeiter und Angestellten im allgemeinen *Strategien der beruflichen Umstellungen und des Bildungserwerbs auf Familienebene* vor, so wie dies Bourdieu[14] analysiert. Auch dies ist keine grundsätzliche Veränderung ihrer Habitusdispositionen: wenn die Feldbedingungen wieder schwieriger werden, können die Akteure – freilich nicht automatisch – wieder mehr zum kollektiven Interessenhandeln zurückkehren.

Wie diese verschiedenen Feldzustände – Polarisierung, institutioneller Konflikt und Arrangement – einander ablösen können, hat Thompson in seinem im ersten Abschnitt[15] zitierten berühmten Beispiel einer »Klassengesellschaft ohne Klassen«, am Eng-

11 Lewin 1982 [1939], S. 207.
12 Lewin 1953, S. 121-125.
13 Goldthorpe/Lockwood 1970/71 [1968].
14 Bourdieu 1982 [1979], S. 210 ff.
15 Vgl. S. 151.

land vor der industriellen Revolution, beschrieben, aus der, wenn der implizite Gerechtigkeitsvertrag verletzt wurde, im Handumdrehen eine Klassengesellschaft mit Klassenkonflikten entstehen konnte.

Eine soziale Klasse oder deren Teilgruppe kann nicht ausschließlich über eine einzige Ebene, etwa die berufliche Position im Feld der ökonomischen Arbeitsteilung, ›definiert‹ werden. Sie kann nur verstanden und erklärt werden, wenn wir ihre Beziehung zu den anderen sozialen Gruppen auf *allen* Feldebenen untersuchen. Dabei kann, je nach historischer Konstellation, eine Klasse auf verschiedenen Ebenen auch verschieden positioniert sein. Diese Feldebenen werden in den folgenden Abschnitten näher umrissen.

4. Habitus: Ein komplexes Syndrom körperlicher und mentaler Einstellungen

Ein Habitus kann keinesfalls auf einzelne Züge oder Dimensionen der Mentalität reduziert werden, wie dies die ›aristotelischen‹ Theorien tun. Indem sie Unterschiede sozialer Klassen auf reduktionistische Wertdimensionen wie materialistisch–nichtmaterialistisch, solidarisch–individualisiert, militant–diskursiv usw. einengen[16], reproduzieren sie eine bestimmte intellektuelle Sichtweise, die die Welt pauschal in Eliten und Massen einteilt. Ebenso ist der spontane Rückschluß von bestimmten äußeren Attributen und Praktiken eines Lebensstils auf die inneren Einstellungen zu ihnen, wie am Beispiel der Verbürgerlichungsthese gezeigt wurde[17], in aller Regel irreführend. Denn es kommt nicht auf das physische Merkmal an sich, sondern auf seine Bedeutung für verschiedene Akteure an. Das gleiche Merkmal kann, je nach Habitus und Zeitpunkt, verschiedenes bedeuten, symbolisieren.

Habitus ist eine tiefere, *allgemeinere* Grundhaltung gegenüber der sozialen Welt, die die Dimensionen des Geschmacks und des Lebensstils, der körperlichen und emotionalen Haltungen, der Muster sozialer Praxis und Beziehungen und ebenso die Mentali-

---

16 Die Reduktion auf einzelne Züge ist in Kapitel 4.1., 6.1. und 6.4.1. näher diskutiert.
17 Kapitel 4.1.

Zur Typen- und Syndrombildung in der Sozialpsychologie
(Theodor W. Adorno)

»Gerechtfertigt sind unsere Typen nur, wenn es uns gelingt, unter jeder Typusbezeichnung eine Anzahl von Zügen und Dispositionen zu ordnen und diese in einen Zusammenhang zu bringen, der sie ihrem Sinn nach als eine mögliche Einheit zeigt. Wir halten jene Typen für die wissenschaftlich fruchtbarsten, welche sonst verstreute Züge zu sinnvoller Kontinuität integrieren und Korrelationen von Elementen sichtbar machen, die nach psychologischer Interpretation der ihnen zugrunde liegenden Dynamik ihrer ›inhärenten‹ Logik gemäß zusammengehören. Bloßes additives und mechanisches Subsumieren von Zügen unter einen Typus sollte nicht erlaubt sein ... Die Typen müssen so konstruiert sein, daß sie pragmatisch produktiv werden können ... Das führt zu einer gewissen bewußten ›Oberflächlichkeit‹ der Typisierung ..., obgleich man genau weiß, daß diese Unterschiede schwinden, je tiefer man eindringt. Hier möchten wir uns jedoch die Hypothese erlauben, daß, sofern es nur gelänge, tief *genug* einzudringen, am Schluß der Differenzierung gerade die universale ›krude‹ Struktur: fundamentale libidinöse Konstellationen, wiedererscheinen würde ... Diese Erwägungen müssen noch um eine Bedingung ergänzt werden ... Unsere Typologie, oder vielmehr das Schema der Syndrome muß so angelegt sein, daß es so ›natürlich‹ wie möglich auf die empirischen Daten paßt.«[18]

tät und ideologische Weltsicht zusammenfaßt. Ein Habitus kann daher nur als eine umfassende Kombination oder als ein *Syndrom* von praktischen und moralischen Einstellungs-, Klassifikations- und Wertmustern beschrieben werden. Ist aber ein solches Syndrom einmal als ganzes erfaßt, so kann es auch, wie ›mit einem Blick‹, als einfache Gesamtgestalt erkannt werden, indem seine vielfachen Züge sich nach einer Formel oder einem Prinzip zusammenfügen.[19]

Wenn sie so umfassend sind, können die Muster eines bestimmten Habitustypus nicht allein durch bestimmte Berufserfahrungen, durch ökonomische Interessen oder durch Einflüsse der Erziehung, der intellektuellen Reflexion oder der ideologischen Indoktrination erklärt werden. Die Herausbildung des Habitus

---

18 Adorno 1973, S. 309-311.
19 Vgl. Bourdieu 1987 (1980), S. 24-29, 185-191; vgl. Schwingel 1995.

Die Klassifikationsschemata der sozialen Wahrnehmung
(Pierre Bourdieu)

»Die von den sozialen Akteuren im praktischen Erkennen der sozialen Welt eingesetzten kognitiven Strukturen sind inkorporierte soziale Strukturen. Wer sich in dieser Welt ›vernünftig‹ verhalten will, muß über ein praktisches Wissen von dieser verfügen, damit über Klassifikationsschemata (... ›mentale Strukturen‹, ›symbolische Formen‹ ...), ... über geschichtlich ausgebildete Wahrnehmungs- und Bewertungsschemata, die aus der objektiven Trennung von ›Klassen‹ hervorgegangen (Alters-, Geschlechts-, Gesellschaftsklassen), *jenseits von Bewußtsein und diskursivem Denken* arbeiten ...

Alle Akteure einer Gesellschaft verfügen in der Tat über einen gemeinsamen Stamm von grundlegenden Wahrnehmungsmustern, deren primäre Objektivierungsebene in allgemein verwendeten Gegensatzpaaren von Adjektiven vorliegt, mit denen Menschen wie Dinge der verschiedenen Bereiche der Praxis klassifiziert und qualifiziert werden. Dem weitläufigen Netz der Gegensatzpaare wie *hoch* (oder erhaben, rein, sublim) und *niedrig* (oder schlicht, platt, vulgär), *spirituell* und *materiell, fein* (oder verfeinert, raffiniert, elegant, zierlich) und *grob* (oder dick, derb, roh, brutal, ungeschliffen), *leicht* (oder beweglich, lebendig, gewandt, subtil) und *schwer* (oder schwerfällig, plump, langsam, mühsam, linkisch), *frei* und *gezwungen, weit* und *eng*, wie auf einer anderen Ebene *einzig(artig)* (oder selten außergewöhnlich, exklusiv, einzigartig, beispiellos) und *gewöhnlich* (oder gemein, banal, geläufig, trivial, beliebig), *glänzend* (oder intelligent) und *matt* (oder trübe, verschwommen, dürftig) – diesem Netz als einer Art Matrix aller *Gemeinplätze*, die sich nicht zuletzt so leicht aufdrängen, weil die gesamte Ordnung auf ihrer Seite steht, liegt der primäre Gegensatz zwischen der ›Elite‹ der Herrschenden und der ›Masse‹ der Beherrschten zugrunde, jener kontingenten, amorphen Vielheit einzelner, die austauschbar, schwach und wehrlos, von lediglich statistischem Interesse und Bestand sind ...

Die Ideologie des wurzel- und bindungslosen utopischen Denkers, der keine Heimat, keine Interessen und Profite kennt, und die damit einhergehende Ablehnung der allerhöchsten Ausprägung materialistischer Grobschlächtigkeit, nämlich der *Reduktion* des Einzigen auf die Klasse, der Erklärung des Höheren durch das Niedere, der Anwendung von Erklärungsmodellen – gut genug für die Klassifizierten, die Eingereihten, die Beschränkten, die Bourgeoisie und

> die Kleinbourgeoisie, gut genug gerade für das Gewöhnliche und Gemeine ...: dies alles prädisponiert die Intellektuellen, diese *unklassifizierbaren Klassifizierer*, den Sinn der gesellschaftlichen Stellung als solcher und noch weniger ihre eigene Stellung und den damit erzwungenen Bezug zur sozialen Welt begrifflich zu fassen. (In diesem Zusammenhang wäre einmal mehr Sartre zu lesen, dessen gesamtem Œuvre und Existenz die Affirmation der subversiven Ehre der Intellektuellen zugrunde liegt ...)«[20]

beginnt lebensgeschichtlich viel früher, in den vordiskursiven Phasen der frühen Kindheit, in denen sich die Grundorientierungen der Körperhaltungen, der emotionalen Energie, des Geschmacks, der moralischen Prinzipien usw. entwickeln. Wenn hierfür Beruf und Habitus der elterlichen Familie wichtig sind, dann auf eine weniger bewußte, vorsprachliche Weise. Immerhin sehen wir hier schon die ersten typologischen Unterschiede zwischen distinktiven und vulgären Stilen (das heißt zwischen denen, die sich abgrenzen, und denen, die sich mit anderen gemein machen), zwischen aktiven und passiven Handlungsstrategien, zwischen dominanten oder partnerschaftlichen Beziehungsstilen, zwischen asketischem Lustaufschub und hedonistischem Hier und Jetzt und auch zwischen verschiedenen Arten, mit den Unterschieden des Geschlechts, der Ethnie und des Alters umzugehen.

Da es sich beim Habitus um *gesellschaftliche* Schemata handelt, die auf den sozialpsychologischen Dynamiken eher indirekt aufbauen, kann das für die Sozialpsychologie entwickelte Syndromkonzept, das im eingefügten Text Adornos wiedergegeben ist, hier nur sinngemäß angewandt werden. Im Vordergrund stehen, dem Konzept der Klasse entsprechend, vor allem Kombinationen solcher Schemata, die den Achsen der Herrschaft und der Differenzierung entsprechen – wie dies der eingefügte Text von Bourdieu belegt. Hinzu kommen auch Schemata der zeitlichen Achse, wenn es um die Gegensätze von alt und neu, traditionell und modern usw. geht, die z. B. in den heutigen Konflikten den Kurswert politischer Konzepte symbolisieren.

Der Habitus entfaltet diese gesellschaftlichen Dimensionen in

---

20 Bourdieu 1982 [1979], S. 730 f., 736 (erste Hervorhebung von uns).

Mentalität und Ideologie
(Dietrich Rüschemeyer)

»Ideologie und Mentalität unterscheiden sich in erster Linie durch das Ausmaß, in dem sie reflexiv durchdacht und formuliert sind. *Mentalitäten* sind vergleichsweise wenig reflektierte Komplexe von Meinungen und Vorstellungen. Sie entstehen aus der gewohnheitsmäßigen Orientierung in einem begrenzten Erfahrungsbereich, so daß sich – etwa mit Hilfe der Faktorenanalyse ... – typische Mentalitäten feststellen lassen, welche z. B. mit der Berufsrolle, der sozialen Struktur des Wohnorts oder der Schichtzugehörigkeit verbunden sind (Arbeitermentalität, dörfliche Mentalität usw.).

Die Gemeinsamkeit der Mentalität in einer bestimmten Gruppe ist ebenso wie die Gruppennormen und die Hinordnung der verschiedenen Rollen aufeinander ... ein wichtiges Element der Gruppenintegration ...

Diese Integrationsfunktion und der wenig reflektierte Charakter der Mentalität bringen es mit sich, daß solche Einstellungskomplexe zwar einer informellen und häufig ungezielten sozialen Kontrolle durch die jeweilige engere soziale Umgebung unterliegen, daß sie aber gleichzeitig recht widerspruchsvoll sein und im Gegensatz zu vielen kulturellen Werten stehen können. Auch die inneren Kontrollmechanismen wie Schuld- und Schamgefühle treten aus den gleichen Gründen häufig nicht in Kraft (als Beispiel sei an das oft anzutreffende Nebeneinander von humanitären und religiösen Idealen und einem latenten Antisemitismus erinnert).

Den Mentalitäten kommt in der *Wissenssoziologie* und in der soziologischen Ideologieforschung eine Schlüsselrolle zu, da der Zusammenhang zwischen sozialen Strukturen und Prozessen einerseits, bestimmten Formen und Inhalten des Wissens sowie ideologischen Systemen andererseits sehr oft erst deutlich wird, wenn man die Mentalitäten als *dazwischenliegende, vermittelnde Elemente*[21] betrachtet (Th. Geiger). Das gilt ganz besonders für die *Ideologien*, die wir oft als ausdrückliche und mehr oder weniger systematische Formulierungen vorgegebener Mentalitätsinhalte auffassen können.

... [Es ist nicht zu] übersehen, daß Sachaussagen, die im ideologischen System häufig verzerrt und verfälscht auftreten, empirisch überprüfbar sind, so daß die empirischen Sozialwissenschaften durchaus die Tradition der *Ideologieentlarvung* und der kritischen

---

21 Hervorhebungen von uns.

> ›Aufklärung‹ (Adorno) fortführen können, daß dagegen die Kritik von Wertungen nicht in der gleichen Weise möglich ist und über den Rahmen der Wissenschaft hinausgeht. *Ideologieverdacht* und Ideologieentlarvung in diesem zweiten Sinne sind Formen der politisch-sozialen Auseinandersetzung.«[22]

den späteren Lebenspassagen immer weiter, in den Peer-groups, im Erziehungs- und Berufssystem und in den territorialen Nachbarschaftsmilieus. Da das ›Feld des Habitus‹ relativ autonom ist, verbinden und teilen sich die sozialen Gruppen und Individuen hauptsächlich auf der Grundlage ›moralischer‹ Empfindungen. Die Argumente drehen sich weniger um nackte Interessen des ökonomischen oder persönlichen Vorteils als darum, wie die Menschen sich verhalten und nicht verhalten sollten. Der Habitus wie die Mentalität bildet sich in den Gruppen- oder Milieubeziehungen aus.

Während der Habitus die *Grundhaltung* beschreibt, bezeichnet Mentalität nur einen Teil von ihm, vor allem die ›mentalen‹ *Einstellungen* und nicht zuletzt die moralischen *Vorstellungen*. In der deutschen Soziologie ist das Konzept der Mentalität dem des Habitus sehr nahe; Geiger benutzte beide Konzepte sogar anähernd austauschbar[23], während er die kognitiven und ideologischen Vorstellungen deutlich von ihnen unterschied (vgl. Kapitel 5.7.).

5. Milieus: Die Alltagsebene der Klassenpraxis

Wenn der Habitus der Individuen sich in familialen, beruflichen, territorialen und anderen Gruppen ausbildet und seinerseits wieder die Beziehungen in den sozialen Gruppen mitstrukturiert, dann liegt es nahe, diesen Zusammenhang auch in einem Konzept auszudrücken, das diese verschiedenen Ebenen und Felder miteinander verknüpft. Dies soll das Konzept des Milieus leisten.

Das »soziale Milieu« ist seit dem Ausgang der siebziger Jahre wieder in die soziologische und die öffentliche Sprache zurück-

---

22 Rüschemeyer 1958, S. 181, 184.
23 Geiger 1932, S. 7, 13, 15, 16, 25, 92.

gekehrt. Es hat dort den Platz eingenommen, den zuvor die Konzepte der sozialen Schicht oder Klasse innehatten. Dies mag damit zu tun haben, daß in der deutschen Kultur, im Gegensatz zu der anderer Länder, die Vorstellung, die Gesellschaft sei nach »Klassen« eingeteilt, ausgesprochen verpönt ist. Doch gerade die Heftigkeit, mit der auf jede Verletzung dieses offensichtlichen Tabus reagiert wird, läßt vermuten, daß es sich, wie Bourdieu einmal sagt, um »das zugleich am besten und am schlechtesten, weil von allen zugleich gehütete Geheimnis«[24] handelt.

Der öffentliche Begriff des Milieus hat eine Unschärfe, die beides zuläßt. Er erlaubt es, auszudrücken, daß es doch noch größere gesellschaftliche Gruppen mit gegensätzlichen Interessen gibt, und dies zugleich zu dementieren mit der Konnotation, daß es sich bei Milieus ja doch um mehr oder minder frei gewählte Formen des Zusammenlebens, der Lebensführung und des Geschmacks handele.

Dagegen besitzt der soziologische Begriff des Milieus, wie ihn Émile Durkheim bereits 1893 vorgelegt hat und wie er 1987 von Stefan Hradil in die Soziologie zurückgebracht wurde, eine besondere analytische Kraft. Er verdeutlicht und vermittelt den Zusammenhang der Ebenen, anstatt ihn zu verwischen. Durkheim unterschied außerdem die wichtigsten gesamtgesellschaftlichen Dynamiken, durch die sich die gesellschaftlichen Teilungen in Milieus und Klassen historisch entwickeln: Differenzierung (durch Arbeitsteilung) und Konflikt (durch Herrschaftsverhältnisse). Diese beiden Dynamiken entsprechen dem Widerspruch zwischen Produktivkräften und Produktionsverhältnissen bei Marx und den beiden Achsen des sozialen Raums, in dem sich die Dynamik der Felder abspielt, bei Bourdieu.

Bereits in unserem Alltagsverständnis verstehen wir *Milieu* als einen Zusammenhang, der verschiedene soziale Instanzen oder Ebenen miteinander verbindet. Milieu bezeichnet gemeinhin die besondere soziale Umwelt, in deren Mitte (›au milieu‹) Menschen leben, wohnen und tätig sind und die ihrem Habitus entspricht. Hier finden sie ihresgleichen, andere Menschen, mit deren ›Art‹ sie zusammenpassen. Verbindend ist das Gewohnte (›ethos‹) beziehungsweise eine gemeinsame grundlegende Haltung (›hexis‹, ›habitus‹), die sich im Zusammenleben nach und

---

24 Bourdieu 1987, S. 209.

nach entwickelt hat. Der Habitus, die gesamte *äußere und innere Haltung*[25] eines Menschen, umfaßt äußerst Vielfältiges: den Geschmack und den Lebensstil, das Verhältnis zum Körper und zu den Gefühlen, die Handlungs- und Beziehungsmuster, die Mentalitäten und Weltdeutungen.[26] Und doch erkennen wir in dieser Vielfalt meist spontan ein einheitsstiftendes Prinzip, das uns sagt, ob die andere Person ›unsere Wellenlänge‹ hat, ›unser Typ‹ ist oder, bei Differenzen, wenigstens ›die gleiche Sprache spricht‹.

Zugleich stiftet der Habitus eines Milieus, durch seine umfassenden Klassifikations-, Bewertungs- und Handlungsschemata, einen *Zusammenhang* zwischen den Erscheinungen der verschiedenen Feldebenen. Dieser Zusammenhang ist nicht nur einer der Weltsicht, sondern auch einer der praktischen sozialen Kohäsion. Der soziale Zusammenhalt wird immer wieder gestiftet durch die *Wahlverwandtschaften*[27], die sich aus einem gemeinsamen Habitus und Geschmack ergeben und die sich in Freundschaften, Partnerschaften und anderen (in sich immer auch konfliktreichen) Handlungsgemeinschaften verkörpern. Diese Zusammenhänge finden wir nicht nur bei Menschen aus den gleichen räumlichen Nachbarschaften, in den »Mikromilieus«, sondern auch zwischen Menschen, die sich nicht persönlich kennen und aus verschiedenen Regionen oder Ländern stammen, in den »Makromilieus«.[28] Der Milieubegriff wird daher nicht nur, wie etwa in der Stadt- und Gemeindesoziologie, bei der Untersuchung von Wohnvierteln und Nachbarschaften verwandt. Er wird auch auf ganze Gesellschaften übertragen, bezeichnet dann aber Teilungsprinzipien, die sich nicht territorial, sondern aus der umfassenderen gesellschaftlichen Arbeitsteilung

---

25 Wenn der Begriff des ›Habitus‹, wie in dieser Formulierung, im Sinne des klassischen lateinischen Sprachgebrauchs und nicht einer spezifischen philosophischen Tradition verwendet wird, kommt er, so scheint uns, dem Konzept Bourdieus am nächsten.
26 Die aus den Beziehungen zwischen Kind und Eltern erklärte Triebdynamik, die die Psychoanalyse untersucht, ist nur ein Teil davon. Die psychoanalytische Charakterologie kann daher, für sich genommen, ihre Typologien nicht sozialen Klassen oder Schichten zuordnen.
27 Der Begriff der Wahlverwandtschaften wird, mit Rückbezug auf Weber, von Bourdieu (1982 [1979], S. 373-378) systematisch verwendet.
28 Hradil 1987, S. 167 f.

Kohäsion durch ökonomische Interessen oder durch moralische Regeln
(Émile Durkheim)

»Wenn die höheren Gesellschaften nicht auf einen Grundvertrag zurückgehen, auf dem die allgemeinen Prinzipien des politischen Lebens beruhen, dann bliebe ihnen nach Spencer (tendenziell) als Grundlage der Verbindung der Individuen untereinander einzig das unermeßliche System privater Verträge. Die Individuen hingen von der Gruppe nur in dem Maß ab, in dem sie untereinander abhängen, und sie hingen nur in dem Maß voneinander ab, in dem sie sich auf private und freiwillig vereinbarte Konventionen haben einigen können. Die soziale Solidarität wäre also nichts anderes als die spontane Übereinstimmung der individuellen Interessen ... *Der Typ der sozialen Beziehungen entspräche dem der wirtschaftlichen Beziehungen*, frei von jeder Reglementierung, wie sie aus der völlig freien Initiative der Parteien erwachsen sind. Die Gesellschaft wäre, mit einem Wort, nur die Zusammenfassung von Individuen, die die Produkte ihrer Arbeit autauschen, ohne daß im eigentlichen Sinne ein soziales Handeln diesen Austausch regelte.

Ist das tatsächlich der Charakter der Gesellschaften, deren Einheit aus der Arbeitsteilung resultiert? Wenn dem so wäre, dann könnte man an ihrer Stabilität wirklich zweifeln. Denn wenn das Interesse die Individuen auch einander näher bringt, so doch immer *nur für Augenblicke*; es kann zwischen ihnen nur ein *äußeres Band* knüpfen ... Denn wo das Interesse allein regiert, ist jedes Ich, da nichts die einander gegenüberstehenden Egoismen bremst, mit jedem anderen auf Kriegsfuß ... *Das Interesse ist in der Tat das am wenigsten Beständige auf der Welt.*«[29]

»... die oben [über die Korporationen] aufgeführten Tatsachen genügen als Beweis, daß die Berufsgruppe keineswegs ungeeignet ist, eine moralische Wirkung hervorzurufen ... Im übrigen hängt dieser Charakter der korporativen Organisation von der Wirkung sehr allgemeiner Ursachen ab, die man auch unter anderen Umständen beobachten kann. Sobald im Schoß einer politischen Gesellschaft eine bestimmte Anzahl von Individuen Ideen, Interessen, Gefühle und Beschäftigungen gemeinsam haben (sic!), die der Rest der Bevölkerung nicht mit ihnen teilt, ist es unvermeidlich, daß sie sich unter dem Einfluß dieser Gleichartigkeit wechselseitig angezogen fühlen, daß sie sich suchen, in Verbindung treten, sich vereinen und

---

29 Durkheim 1988 [1893/1902], S. 259 f., Hervorhebungen von uns.

> auf diese Weise nach und nach eine enge Gruppe bilden, die ihre eigene Physiognomie innerhalb der allgemeinen Gesellschaft besitzt. Sobald aber die Gruppe gebildet ist, entsteht in ihr ein moralisches Leben, das auf natürliche Weise den Stempel der besonderen Bedingungen trägt, in denen es entstanden ist ... und entsteht ein *Korpus moralischer Regeln*.«[30]

und Herrschaft ergeben. Wenn unser europäischer Vergleich (Kapitel 2.3.) zeigt, daß, mit gewissen Abwandlungen, in fünf verschiedenen Gesellschaften die gleichen grundlegenden Milieutypen zu finden sind, dann liegt es nahe, dies auch mit der Ähnlichkeit der Verhältnisse der Arbeitsteilung und Herrschaft in Verbindung zu bringen.

Émile Durkheim hat das »soziale Milieu« oder »moralische Milieu« in seiner Studie zur gesellschaftlichen Arbeitsteilung als zentrales Konzept der soziologischen Analyse vorgeschlagen.[31] Er versteht Milieu als eine soziale Gruppe, die einen »gemeinsamen Korpus moralischer Regeln«[32] entwickelt, um sich von anderen sozialen Gruppen zu unterscheiden. Dadurch entwickelt sich zugleich ein entsprechender »moralischer Habitus«[33] des Individuums. Dieses Konzept ist vor allem als Gegenkonzept zu den wirtschaftsliberal inspirierten Theorien des sozialen Zusammenhalts zu verstehen, wie sie seinerzeit insbesondere Herbert Spencer anbot. Spencer geht vom Primat der Individuen, Durkheim vom Primat der Milieubeziehungen aus. Spencer erklärt den Zusammenhalt der Gesellschaft daraus, daß unabhängige Individuen sich aufgrund wechselseitiger Interessen zusammenschließen. Durkheim kehrt diese Argumentation um: Die sozialen Milieus sind die Grundeinheiten der Gesellschaft, die sich im Prozeß der gesellschaftlichen Arbeitsteilung herausbilden und in ihrer Interaktion den sozialen Zusammenhalt und die Moral, die Arbeitsteilung und die funktionale Spezialisierung und dadurch *auch die Individualität und die Reflexivität des Individuums* hervorbringen.[34] Durkheim betont damit nicht ein-

---

30 Ebd., S. 55 f., Hervorhebung von uns.
31 Durkheim 1988 [1893/1902].
32 Ebd., S. 56.
33 Ebd., S. 44.
34 S. 55 f., 474 f.

seitig den Aspekt der von den Milieus ausgeübten sozialen Kontrolle, wie dies ihm vorgeworfen wird, sondern auch die Prozesse der individuellen Kompetenzerweiterung und Emanzipation. Wenn nun sowohl die gesellschaftliche wie die individuelle Entwicklung aus den Milieus kommt, dann ist, nach Durkheim, dieser »Begriff des sozialen Milieus ... von höchster Wichtigkeit. Denn wenn man ihn verwirft, ist die Soziologie in die Unmöglichkeit versetzt, irgendwelche Kausalbeziehungen festzustellen.«[35]

Für Durkheim entsteht nachhaltige soziale Kohäsion nicht aus dem Interesse sonst unverbundener Individuen, sondern aus der regelmäßig zu beobachtenden allgemeinen Ursache, daß soziale Gruppen, die sich durch objektive Gemeinsamkeiten des Berufs, der Interessen usw. von anderen Gruppen unterscheiden, sich auch moralisch, durch ihre Sitten und Werte, voneinander zu unterscheiden streben. Durch diesen »Korpus moralischer Regeln« gehören die »moralischen Milieus«, in Max Webers Begrifflichkeit, zum Typus der »*Vergemeinschaftungen*« und nicht (oder nicht nur) der ›*Vergesellschaftungen*‹, die durch rationale Interessen zusammenhalten.[36] Für Durkheim ist der moralische Habitus eines Milieus – wie für Weber die Mentalität – vor allem das Ergebnis der Erfahrungen und Gemeinschaftsbildungen in den sozialen Gruppen, die sich aufgrund der gesellschaftlichen Arbeitsteilung voneinander abteilen.

Die auf der Grundlage der Arbeitsteilung entstandenen »sozialen Bande« (liens sociaux) ersetzen die »Blutsbande« der Stammesgesellschaften und schaffen die »organische Solidarität«, einen Zusammenhalt der Gesellschaft, der darauf beruht, daß die Individuen und Milieus, aufgrund ihrer funktionalen Spezialisierung, einander brauchen wie die Organe eines Körpers.[37] Der Radius des Zusammenhangs der Arbeitsteilung geht über den einer Stammesgesellschaft weit hinaus und hat seit dem 14. Jahr-

---

35 Durkheim 1961 [1894/95], S. 198.
36 Vgl. Weber 1964, S. 29 ff.
37 An die Stelle der Blutsbande der Clans tritt in den durch Arbeitsteilung zusammenhängenden Gesellschaften seit der Antike die »Gemeinschaft der Interessen« in den »moralischen« [d. h. durch Sitten vergemeinschafteten] Milieus der beruflichen Korporationen, mit ihren gemeinsamen Moral-, Kult-, Gemeinschafts- und Solidaritätsformen (Durkheim 1988 [1893/1902], S. 53).

hundert auch die lokalen und regionalen Milieuzusammenhänge immer mehr überschritten.[38]

Von entscheidender Bedeutung sind die drei Dynamiken gesellschaftlicher Entwicklung, die Durkheim im Feld der beruflich-ökonomischen Milieus diagnostiziert und die sich den Hauptachsen des Bourdieuschen sozialen Raums zuordnen lassen:

(1) Auf der *horizontalen Achse*, auf der Bourdieu die relative Zunahme des kulturellen Kapitals abträgt, wächst die *Differenzierung* der Arbeitsmilieus. In einem langen und spontanen Prozeß zunehmender Arbeitsteilung und funktionaler Spezialisierung nehmen auch Solidarität, intellektuelle Kompetenz und individuelle Reflexivität in den Berufsmilieus immer mehr zu.[39]
(2) Auf der *vertikalen Achse* bildet sich, insbesondere im Industriekapitalismus, eine besondere historische Form der Arbeitsteilung, die *Klassenherrschaft*, heraus, aus der die »Klassenkämpfe« entstehen.[40] Durkheim definiert ein Berufsmilieu als Klasse, wenn es eine unfreie, beherrschte Feldposition einnimmt. Die Klassenkon-

---

[38] Ebd., S. 245 (»Die Art der Gruppierung von Menschen, die aus der Arbeitsteilung resultiert, ist also von der räumlichen Verteilung der Bevölkerung sehr verschieden. Das Arbeitsmilieu stimmt also weder mit dem territorialen noch dem familialen Milieu überein.«) und passim.

[39] Ebd., S. 98, 332, 478.

[40] »... manchmal sind die Regeln selbst die Ursache des Übels. Das ist der Fall bei den Klassenkämpfen. Die Institution von Klassen oder von Kasten stellt eine Organisation der Arbeitsteilung dar, und zwar eine streng geregelte Organisation. Aber gerade sie ist oft eine Quelle von Mißhelligkeiten. Da die niedrigen Klassen nicht oder nicht mehr mit der Rolle zufrieden sind, die ihnen durch Brauchtum oder Gesetz zugefallen ist, streben sie nach Funktionen, die ihnen untersagt sind und versuchen die zu enteignen, die sie ausüben ... Wenn die Institution von Klassen und Kasten manchmal zu schmerzhaften Reibungen führt, dann in der Tat deshalb, weil die Verteilung der sozialen Funktionen, auf denen sie beruht, der Verteilung der natürlichen Talente nicht oder nicht mehr entspricht. Denn ... es liegt nicht allein am Nachahmungstrieb, daß die niederen Klassen schließlich das Leben der höheren Klassen anstreben ... Als die Plebejer den Patriziern die Ehre der religiösen und administrativen Funktionen streitig machten, taten sie dies nicht einfach zu deren Nachahmung, sondern weil sie intelligenter, reicher, zahlreicher geworden waren und sich infolgedessen ihr Geschmack und ihr Ehrgeiz geändert hatten.« (Ebd., S. 443-445.)

flikte entstehen, wenn eine Berufsgruppe gezwungen wird, eine untergeordnete Position fremdbestimmter oder geringqualifizierter Arbeit einzunehmen, obwohl sie einen höheren und zunehmenden Grad der Ausbildung und der funktionalen Spezialisierung aufweist. Das Herrschaftssystem der Fabrikindustrie ersetzt den spontanen Prozeß zunehmender Arbeitsteilung und Kompetenz durch eine von oben streng reglementierte »erzwungene Arbeitsteilung«. Hierzu gehört auch die Unterdrückung der Vertretungen der Berufsgruppen, der Zünfte und Gewerkschaften. Damit beschreibt Durkheim nichts anderes als die Konstellation der Proletarisierung. Ähnlich wie Marx erklärt er den Klassengegensatz aus dem Widerspruch zwischen der Produktivkraft der Arbeiter und ihrer beherrschten Position in Betrieb und Gesellschaft.

(3) Die institutionelle Dimension entspricht der *dritten Raumachse* (analog zur »Tiefe« im physischen Raum), vom Pol geringer Differenzierung (in den Vergemeinschaftungen der Stammesgesellschaften) bis zum Pol hochentwickelter institutioneller Differenzierung (in modernen Gesellschaften). Sie bezeichnet die historische Entwicklung der Sphärentrennung zwischen den Feldern der Vergemeinschaftungen, der Ökonomie, der Korporationen, der politisch-staatlichen Einrichtungen, des Kultus, des Ethos, der sozialmoralischen Ideologien usw. Diese Trennung impliziert, wie bei den anderen Achsen, eine Dialektik zwischen gegenseitiger Abhängigkeit und Eigenständigkeit der Felder, das heißt ihre »relative Autonomie«. Sie sind nicht direkt auseinander ableitbar, aber doch homolog (das heißt entsprechend den Positionen auf den anderen Achsen) strukturiert.

(4) Die Probleme sozialer Desintegration, die mit den industriekapitalistischen Konkurrenz- und Herrschaftsverhältnissen verbunden sind, lassen sich auf der *Zeitachse* verdeutlichen. Durkheim sieht die gesellschaftliche Solidarität gefährdet, da durch den raschen Wandel der Gesellschaft die alte Moral »unwiederbringlich erschüttert« ist und der neuen bisher die Zeit und die Möglichkeit fehlt, sich neu auszubilden.[41] Die Reduktion der Gesellschaft auf den reinen ökono-

---

41 In seinen Schlußfolgerungen betont Durkheim (ebd., S. 479 f.), »daß die Moral ... eine schwere Krise durchmacht«, da sich tiefgreifende Veränderungen »innerhalb *sehr kurzer Zeit*«und mit »*einer Geschwindigkeit und in einem Ausmaß*« entwickelt, »für welche die Geschichte kein anderes Beispiel bietet.« Die Moral der früheren Gesellschaft ist »verkümmert, ohne daß sich an deren Stelle die neue *rasch* entwickelt hat ...« Die Lösung kann aber nicht in der Widerherstellung der alten Traditionen liegen. »Wichtig ist, daß diese Anomie endet und daß man die Mittel zur Herstellung eines harmonischen Zusammenspiels derjenigen Organe findet, die sich noch unharmonisch

mischen Interessennexus schafft nur ein äußeres und kurzfristiges soziales Band, das am modernen »Kult des Individuums« und der Außerkraftsetzung der moralischen Regeln, der »*Anomie*«, nichts ändert.[42] Durkheim ist sich dessen bewußt, daß der Neuaufbau moralischer Regeln und organisatorischer Abstimmung nicht nur eine andere Machtverteilung in der Gesellschaft, sondern auch erhebliche lebens- und gesellschaftsgeschichtliche Zeit beansprucht.

Auf die einzelnen Dynamiken kommen wir in den folgenden Abschnitten zurück. Hier ist zunächst bedeutsam, daß nach Durkheims Verständnis auch soziale Klassen »moralische Milieus« mit einer eigenen kulturellen Identität sind. Dieser Begriff von *Klassenmilieus* kommt dem *lebensweltlichen Klassenbegriff* der englischen ›New Left‹ nahe, der dem ökonomisch-objektivistischen Klassenbegriff entgegensetzt ist und der soziale Klassen gleichzeitig ökonomisch *und* kulturell definiert. Der von Raymond Williams, E. P. Thompson, Stuart Hall und anderen begründeten intellektuellen Strömung[43] ging es, in Auseinandersetzung mit dem orthodoxen Marxismus, darum, die Identität der Arbeiterklasse nicht als einen bloßen Reflex ihrer ökonomischen Klassenposition, sondern aus ihrer eigenen Alltagskultur und Praxis zu verstehen.

Die vielfältigen Untersuchungen aus dieser Strömung thematisieren die Vergemeinschaftung in Familien, Nachbarschaften, Peer-groups, Vereinen, Gemeinden usw. ebenso wie auch die Praxis der Klassenkonflikte selber. Raymond Williams hat eine

aneinander stoßen, indem man jene äußeren Ungleichheiten mehr und mehr vermindert, die die Quelle des Übels sind.« (Hervorhebung von uns)

42 Ebd., S. 44 f., 56, 227, 436 f., 474.

43 Williams und Thompson bezeichneten ihre Richtung mit dem – heute mißverständlichen – Begriff des »kulturellen Materialismus«, um gegenüber dem ökonomischen Materialismus der Marx-Orthodoxie auf die Eigengesetzlichkeit und das Eigengewicht der Kulturen sozialer Klassen hinzuweisen. Sie füllen damit, wie übrigens auch Weber, eine von Marx gelassene Lücke. Bourdieu (1987, S. 37) ordnet auch Weber ähnlich ein, wenn er hervorhebt, daß ihm »die Lektüre von Max Weber, der Marx nicht, wie allgemein geglaubt wird, eine idealistische Geschichtstheorie entgegenstellt, sondern die materialistische Denkweise auf Gebiete anwendet, die der Marxismus faktisch dem Idealismus überließ, sehr geholfen hat, zu dieser Art verallgemeinertem Materialismus zu finden …«

umfassende klassenbezogene Kulturtheorie vorgelegt, zu der auch der typologische Vergleich der Klassenmentalitäten gehört.[44] Das von Richard Hoggart und Stuart Hall begründete Birminghamer Centre for Contemporary Cultural Studies (CCCS) hat die Theorien der Pluralität und der Metamorphose von Klassenmentalitäten ausgearbeitet.[45]

Die Pluralitätstheorie bezieht sich auf die »Lager«-Ebene der Arbeiterkultur und erklärt beispielsweise, warum in der Arbeiterklasse vom linken Sektierertum über klassenkämpferische, marxistische und labouristische Weltanschauungen bis zum Tory-Labourismus die verschiedensten Deutungen sozialer Ungleichheit koexistieren. Die Theorie der Mentalitäts-Metamorphosen beruht auf ethnologischen Untersuchungen der Jugendkultur in England. Diese bestätigen, daß – entgegen den üblichen soziologischen Annahmen – die Jugendkultur nicht klassenlos ist. Auch das »Basteln« der jugendlichen Lebensstile aus verschiedensten Stilelementen führt nicht zu völlig neuen Identitäten, sondern folgt den Grundzügen der »Stammkultur« der Eltern, die gleichzeitig auf die neuen sozialen Bedingungen abgestimmt wird. Die Jugendkultur wird dabei als eine symbolische Verarbeitung der jeweiligen Klassenlage verstanden, so wie etwa der Motorradkult der Rocker den (im Arbeitsleben nur sehr begrenzt realisierbaren) Wunsch nach Freiheit und gleichzeitig die körperlichen Werte der Herkunftskultur verkörpert (vgl. Kapitel 5.9.).

In den großen historischen Untersuchungen Thompsons[46] finden wir diese Theorie, nach der ›neue‹ historische Bewegungen oft nur die verwandelten ›alten‹ Bewegungen sind, bestätigt. Der beigefügte Textauszug verdeutlicht ein weiteres Mal den relationalen Charakter dieses Klassenkonzepts.

Eine neue Variante des Milieukonzeptes ist von Stefan Hradil entwickelt worden, um die Veränderungen in hochentwickelten Gesellschaften angemessener untersuchen zu können. Indem er sich von objektivistischen Klassen- und Schichtungstheorien ebenso abgrenzt wie von der extremen Individualisierungstheorie, die die vollständige Auflösung der sozialen Milieus in Indivi-

---

44 Williams 1972 [1963], 1965, 1977.
45 Vgl. u. a. Clarke/Hall u. a. 1981; Maas 1980.
46 V. a. Thompson 1987 [1963], 1980a, 1980b; vgl. Vester 1970.

Klassen als historische Sozialmilieus:
Kritik an der liberalen und der marxistischen Orthodoxie
(Edward Thompson)

»Ich betone, daß es ein *historisches* Phänomen ist. Ich sehe Klasse nicht als eine ›Struktur‹ oder gar einen ›Begriff‹, sondern als etwas, was in menschlichen Beziehungen tatsächlich geschieht ... Und Klasse geschieht, wenn einige Menschen infolge gemeinsamer (überlieferter oder gemeinsam erlebter) Erfahrungen die Identität der Interessen zwischen sich selbst wie gegenüber anderen Menschen, deren Interessen von ihren eigenen verschieden (und ihnen gewöhnlich entgegengesetzt) sind, fühlen und artikulieren. Die Klassenerfahrung ist weithin bestimmt durch die Produktionsverhältnisse, in die die Menschen hineingeboren sind – oder unfreiwillig eintreten. Klassenbewußtsein ist die Weise, in der diese Erfahrungen kulturell gehandhabt, d. h. in Traditionen, Wertsystemen, Ideen und institutionellen Formen verkörpert werden. Während die Erfahrung determiniert erscheint, ist es das Klassenbewußtsein nicht. Wir können eine *Logik* in den Reaktionen ähnlicher Berufsgruppen, die ähnliche Erfahrungen durchmachen, erkennen, aber wir können nicht irgendein *Gesetz* behaupten. Klassenbewußtsein entsteht auf dieselbe Weise an verschiedenen Orten und zu verschiedenen Zeiten, aber nie auf *genau* dieselbe Weise.

Es gibt heute eine allgegenwärtige Versuchung, Klasse für ein Ding zu halten. Dies war nicht Marx' Auffassung, in seinen eigenen historischen Schriften, aber dieser Irrtum verdirbt viele spätere ›marxistische‹ Schriften. ›Sie‹, die Arbeiterklasse, hat angeblich eine reale Existenz, die nahezu mathematisch definiert werden kann – als soundsoviele Menschen, die in einem bestimmten Verhältnis zu den Produktionsmitteln stehen. Ist dies einmal angenommen, so wird es möglich, das Klassenbewußtsein abzuleiten, was ›sie‹ haben müßte (aber selten hat), wenn sie sich ihrer eigenen Lage und wirklichen Interessen auf richtige Weise bewußt wäre ...

Ein ähnlicher Irrtum wird heute Tag für Tag auf der anderen Seite der ideologischen Trennlinie begangen. In einer Variante handelt es sich um ein schlichtes Negativbild. Da der grobe Klassenbegriff, der Marx zugeschrieben wird, ohne Schwierigkeiten widerlegt werden kann, wird ... abgestritten, daß Klassen überhaupt vorkommen. In einer anderen Variante und aufgrund einer eigenartigen Umkehrung kann von einer dynamischen zu einer statischen Sicht von Klasse übergegangen werden. ›Sie‹ – die Arbeiterklasse – existiert zwar und kann auch mit einiger Genauigkeit als ein Element der Sozialstruk-

> tur definiert werden. Klassenbewußtsein jedoch ist etwas Schlechtes, erfunden von verirrten Intellektuellen, da alles, was das harmonische Zusammenleben von Gruppen, die je verschiedene ›soziale Rollen‹ spielen, stört (und) infolgedessen das Wirtschaftswachstum hemmt), als ›ungerechtfertigtes Störsymptom‹ mißbilligt werden muß. (Ein Beispiel dieses Ansatzes ... findet sich bei ... einem Kollegen von Prof. Talcott Parsons: N. J. Smelser ...).
> ... Wenn wir die Geschichte an einem bestimmten Punkt anhalten, dann gibt es keine Klassen, sondern einfach eine Vielzahl von Individuen mit einer Vielzahl von Erfahrungen. Aber wenn wir diese Menschen während einer hinreichenden Periode sozialer Veränderungen betrachten, dann erkennen wir Muster in ihren Beziehungen, ihren Ideen und ihren Institutionen. Klasse wird von den Menschen definiert, indem sie ihre eigene Geschichte leben, und dies ist letzten Endes die einzige Definition.«[47]

duen behauptet,[48] kommt er zunächst dem Durkheimschen Milieukonzept nahe: »Die Einstellungen und Bewußtseinsformen der miteinander lebenden Menschen gleichen sich in Prozessen gegenseitiger Auseinandersetzung und Anpassung an ... Interaktive Interpretationsprozesse und kollektive Erfahrungen schaffen so *typische Bündelungen von ›objektiven‹ Lebensbedingungen und ›subjektiven‹ Einstellungen, Bewußtseinsformen etc.*«.[49] Aus dieser Bündelung von ›Objektivem‹ und ›Subjektivem‹ bilden sich bestimmte *Lebensstile* heraus, welche aber nicht mit den äußeren Verhaltensmerkmalen gleichgesetzt werden können, sondern an den ihnen zugrunde liegenden tieferen Mustern, den »*typischen* Verhaltensmustern sozialer Gruppierungen«, erkennbar werden.[50] Diese Gruppierungen bezeichnet Hradil als soziale Milieus: »Unter ›Milieu‹ wird ... eine *Gruppe von Menschen verstanden, die solche äußeren Lebensbedingungen und/oder innere Haltungen aufweisen, aus denen sich gemeinsame Lebensstile herausbilden.*«[51]

Das Milieukonzept Hradils ist, wie oben dargestellt[52], nicht

---

47 Thompson 1968 [1963], S. 9-11.
48 Dieser Ansatz ist oben (Kapitel 4.2.) im Zusammenhang dargestellt.
49 Hradil 1987, S. 163.
50 Ebd., S. 164.
51 Ebd., S. 165.
52 Kapitel 4.3.

allein auf das beruflich-ökonomische Feld als Milieugrundlage bezogen. Vielmehr bezieht es auch, obwohl Hradil kein theoretisch expliziertes Feldkonzept verwendet, die Wirkungen der anderen Felder als »intervenierende Faktoren« ein, und zwar, neben der Mentalitätsform, insbesondere die Dimensionen der sozialen Lage und der neuen sozialen Ungleichheiten. Er führt damit über Durkheim hinaus. Zugleich bleiben verschiedene Fragen ungeklärt.

- Hradil macht es sich nicht so einfach, die Herausbildung von Milieus und Lebensstilen der freien Wahl der Individuen zuzuschreiben, wie dies die radikale Individualisierungsthese tut. Vielmehr entstehen diese in der interaktiven Erfahrungsverarbeitung sozialer Gruppen; da diese dabei »relativ autonom« sind, haben sich die Mentalitätstypen aufgefächert und pluralisiert. Ungeklärt ist dabei, wie weit diese relative Autonomie geht, d. h., ob die Milieus wenigstens noch teilweise älteren Mentalitätstraditionen folgen oder gar nicht.
- Hradils Hinweis, daß die Erfahrung des Erwerbslebens weniger zentral ist und daher gemeinsame Erfahrungen eher auf sozialen Lagen, die nur teilweise von einer beruflichen Stellung abhängen, bezogen sind, kann Plausibilität beanspruchen. Stehen die Milieus dann aber überhaupt nicht mehr im Zusammenhang mit der gesellschaftlichen Arbeitsteilung bzw. den damit verbundenen Mentalitätstraditionen?
- Wenn, wie Hradil ebenfalls ausführt, die konventionellen vertikalen Schicht- und Klassenmodelle durch ›horizontale‹ neue soziale Ungleichheiten und Mentalitätsdifferenzierungen in Frage gestellt werden, wie kann dann die horizontale Achse theoretisch stringent definiert werden?

Zunächst wenden wir uns dem Problem der Achsenbildung zu, wie es sich im ökonomischen Erwerbssystem, aber auch in den anderen Feldern zeigt.

6. Achsen:
Der Widerspruch zwischen produktiven Kräften und Herrschaftsverhältnissen

Ein Feld kann nur durch eine räumliche Ausdehnung beschrieben werden, die mehr als eine Dimension enthält. Hierzu trägt Bourdieus Paradigma eine wichtige Innovation bei. Diese erlaubt es, den sozialen Wandel aus dem Konflikt zwischen den Dynamiken auf verschiedenen Achsen des sozialen Raums zu verstehen.

Üblicherweise gehen die Theorien der Klassen und der Schichtung nur von einer *vertikalen* Achse aus. Ein solcher Vertikalismus kann aber nur einer monolithischen und zugleich hierarchischen Ordnung gerecht werden, in der die verschiedensten hoch bewerteten Ressourcen der Gesellschaft – insbesondere Macht und ökonomisches Kapital ebenso wie Kultur- oder Bildungskapital – auf einer einzigen Achse lokalisiert werden können. Bourdieu fügt dem eine zweite Achse hinzu, die die horizontale Dimension beschreibt. Die beiden Achsen sind mehr als ein bloßes technisches Hilfsmittel, das es erlaubt, anschauliche Landkarten zu entwerfen. Sie sind der methodologische Ausdruck eines entscheidenden theoretischen Konzeptes.

Die horizontale Achse bezeichnet im ökonomisch-beruflichen Feld die *gesellschaftliche Arbeitsteilung*, die mit der von Durkheim beschriebenen funktionalen Spezialisierung[53] einhergeht. Die Achse erlaubt es, die Entwicklung der Produktivkräfte oder, wie Marx es nennt, des Gesamtarbeiters, darzustellen. Sie ist, in der Begrifflichkeit Bourdieus, wesentlich eine horizontale Bewegung vom materiellen oder ökonomischen Pol am rechten Rand des sozialen Raums zum intellektuellen oder kulturellen Pol am linken Rand. Die beiden Theoretiker der Arbeitsteilung, Durkheim wie Smith, haben hervorgehoben, daß diese Entwicklung nicht mit der vertikalen Herrschaftsdimension verwechselt werden darf. Nach ihrer Analyse spielt sich die Zunahme der kulturellen und ökonomischen Kompetenzen *auf allen hierarchischen Ebenen* ab, bei den einfachen Arbeitern ebenso wie bei den Fachleuten und Ingenieuren eines Betriebs und in besonderen spezialisierten Forschungseinrichtungen.[54] Dies bedeutet, daß eine ständige Spannung angelegt ist zwischen Kompetenz und Herrschaft – oder, in Marx' Begriffen, zwischen den Produktivkräften und den hierarchischen Produktionsverhältnissen.

Im soziokulturellen Feld hat diese horizontale Differenzierung eine eigene Gestalt: auf jeder vertikalen Stufe teilen sich die sozialen Milieus in sog. »Klassenfraktionen«. So können wir in den oberen Milieus zwischen den Polen von Bildung und Besitz unterscheiden, in den mittleren Milieus zwischen den Milieus der Kleineigentümer (oder Kleinbürger) und den Milieus der qua-

---

53 Durkheim 1988 [1893/1902].
54 Smith 1937 [1776], S. 3-11; Durkheim, ebd., S. 444 f.

lifizierten Arbeitnehmer und in den Milieus der ›Unterklasse‹ zwischen entsprechenden Teilgruppen.

Die vertikale Achse bezeichnet die traditionelle Dimension der *Herrschaft* und der Macht, d. h. die Hierarchie der organisatorischen Entscheidungs- und Anweisungskompetenzen und der ungleichen Verteilung anderer Ressourcen. Auf dieser Achse spielen sich zwei gegenläufige Prozesse ab, einerseits die ökonomische *Ausbeutung* (wie sie in Marx' ›allgemeinem Gesetz der kapitalistischen Akkumulation‹ beschrieben wird) und andererseits die dieser entgegenwirkenden Kräfte, die von der Arbeiterbewegung und anderen sozialen Bewegungen repräsentiert werden und die vom unteren Pol her kommen. Diese *Gegenmächte* sind insbesondere von Theoretikern wie Myrdal, Galbraith und Geiger theoretisch untersucht worden, die der Sozialdemokratie und der keynesianischen Theorie der institutionellen Intervention in die Marktprozesse nahestehen.[55]

Die dritte Achse Bourdieus bezeichnet die Dimension des *historischen Wandels*, in der sich die Konstellationen zwischen den Akteuren in den verschiedenen Feldern verschieben und latente Potentiale manifest werden bzw. umgekehrt (vgl. Abschnitt 5.8.).

Insgesamt erlaubt das Bourdieusche Raummodell (das wir um die Achse der Differenzierung der institutionellen Felder ergänzen, Kapitel 5.2, 5.5 und 6.4.1.), die herkömmlichen Schichtungsmodelle von der räumlichen Enge zu befreien, die daher rührt, daß sich die verschiedensten Berufsgruppen auf der gleichen Leiterstufe drängen, Unternehmer wie abhängig Arbeitende, gering und hoch Qualifizierte usw. Damit werden auch die von diesen Gruppen repräsentierten Unterschiede des Verhaltens, der Einstellung zur Autorität usw. unsichtbar. Wenn dagegen dieses Spektrum, zunächst auf der horizontalen Achse, vollständig aufgefächert wird, werden auch diese Spannungen als Potential der historischen Entwicklung sichtbar.

Insbesondere die von den vertikalen Machtstufen unabhängige historische Zunahme des kulturellen Kapitals zeigt sich als dynamisches Potential, das mit den Herrschaftsverhältnissen in Widerspruch geraten kann. Mit Bourdieus Methodologie kann die grundlegend widersprüchliche Entwicklung im ökonomisch-beruflichen Feld erfaßt werden: der *Widerspruch zwischen den*

---

55 Geiger 1949; Galbraith 1956 (1952), 1959 (1958); Myrdal 1974.

Produktivkräften (die sich auf der horizontalen Achse entwickeln) *und den Produktionsverhältnissen* (die die Achse der Machthierarchien betreffen).[56] Vermutlich kann dieses Theorem immer noch als ein zentrales Konzept zur Analyse von Klassenbeziehungen verwendet werden. Allerdings gilt dies nur für eine begrenzte Feldebene, da viel von den *korrespondierenden Widersprüchen in den anderen Feldern sozialer Praxis* abhängt.

Die Dynamiken in diesen anderen Feldern haben ihre eigenen, wenn auch nicht gänzlich vom ökonomischen Feld unabhängigen Dynamiken entlang der drei anderen Achsen. Sie können daher nicht aus der Ökonomie abgeleitet werden, sondern bedürfen einer eigenständigen Untersuchung. In einer solchen Untersuchung der Dynamiken des Feldes der Lebensstile haben Bourdieu u. a. gezeigt, wie der rasche Wechsel der Praktiken der Lebensstile mit einem viel langsameren generationellen Wandel im Feld des Habitus verbunden ist.[57] Ähnliches ist für das politische Feld zu vermuten, in dem einem scheinbar raschen Wandel der Kampf- und Propagandabegriffe der Eliten eine trägere Entwicklung auf der Ebene der korporativen Arrangements und Institutionen, die die großen gesellschaftlichen Gruppen repräsentieren, entspricht.

Das Problem der neuen sozialen Ungleichheiten, d. h. der *sozialen Diskriminierung* nach Geschlecht, Altersgruppe, Ethnie, Region usw., scheint in dieser Achsendefinition keinen Platz zu

---

56 Wir erörtern hier nicht, daß Marx diese Theorie nicht voll ausarbeiten konnte, da er nicht methodologisch konsequent zwischen den Achsen und auch den Feldebenen unterschied. Seine Theorie der Entqualifizierung der Arbeit war eine Verallgemeinerung, die sich vor allem auf Andrew Ures Buch über die unqualifizierte und monotone Maschinenarbeit in der englischen Textilindustrie stützte (vgl. Blauner). Zwar hat es diese Tendenz, eine Konsequenz des Einbaus menschlicher Kompetenzen in arbeitssparende Maschinerie, immer gegeben. Aber ihr standen, bei anderen Gruppen der Beschäftigten, auch Tendenzen steigender Arbeitsqualifikation entgegen. Diese wirkten sich im gesamtwirtschaftlichen Durchschnitt der entwickelten Länder so aus, daß etwa seit den 1880er Jahren der Gesamtanteil höherer Arbeitsqualifikation langfristig zunahm (vgl. Geiger 1932, 1949; Piore/Sabel). Für die besser qualifizierten Arbeiter bestand die Proletarisierung nicht in der Entqualifizierung, sondern in der Entwertung ihrer Arbeitskraft: in Deklassierung.
57 Bourdieu 1982 [1979].

finden. Dies scheint daran zu liegen, daß sie nicht unmittelbar aus der funktionalen Arbeitsteilung des Erwerbssystems hervorgehen, sondern *eine andere Feldebene* sozialer Ungleichheit betreffen, das Feld der Vergemeinschaftung, das heißt, jene ältesten gesellschaftlichen Teilungsprinzipien, die schon vor der beruflichen Arbeitsteilung, in den archaischen Stammesgesellschaften, wirksam waren und die heute noch in den Vergemeinschaftungen außerhalb der Erwerbssphäre die sozialen Beziehungen strukturieren und von dort aus in das ökonomisch-berufliche Feld hineinwirken. Bourdieu beschreibt diese Amalgamierung der Ebenen unter anderem am Beispiel der ungelernten ausländischen Arbeiterinnen.[58] Die an Bourdieu orientierte feministische Forschung verweist entsprechend darauf, daß das Geschlechterverhältnis durch die Klassenmilieus selber verschieden definiert wird.[59]

Auch der Widerspruch zwischen Produktivkräften und Produktionsverhältnissen, der sich in den Raumdimensionen des beruflich-ökonomischen Feldes abbildet, verweist auf ein anderes Feld, das *korporative Feld*, das eine intermediäre politische Ebene zwischen dem Zentralstaat und den individuellen Bürgern bildet und das hauptsächlich durch die Auseinandersetzungen und Arrangements zwischen Berufs-, Gewerkschafts- und Unternehmerverbänden strukturiert ist. Durkheim weist den beruflichen Korporationen sogar eine Doppelfunktion bei der Lösung seines Zentralproblems, der anomischen Desintegration der Gesellschaft, zu: die moralische Integration im Feld der Milieus und die politische Integration durch Mitwirkung im intermediären Feld der autonomen Interessenregulierung.

Nicht zufällig mündet sein Buch über die gesellschaftliche Arbeitsteilung in der Forderung nach einer korporativen Reform, die die Korporationen als grundlegende politische Selbstverwaltungsorgane anerkennt.[60] Damit soll die kapitalistische Unter-

---

58 Siehe Textauszug S. 158.
59 Frerichs 1997.
60 »Jetzt, da sich die Gemeinde als eine ehemals autonome Organisation ebenso im Staat verliert, wie sich der städtische Markt im nationalen Markt verloren hat, ist da nicht der Gedanke legitim, daß die Korporation ebenfalls eine entsprechende Veränderung erfährt und zum elementaren Bestandteil des Staates wird, zur fundamentalen politischen Einheit?« (Durkheim 1988 [1893/1902], S. 70).

drückung der spontanen Entwicklung der Produktivkräfte und der sozialen Kohäsion, die die Milieus hervorbringen können, aufgehoben werden. – Mit dieser Idee, deren Bedeutung nur wenige Leser seines Buches über die Arbeitsteilung erkannt haben, vertritt Durkheim, politisch gesehen, das gleiche, was zu seiner Zeit die rätedemokratische Arbeiterbewegung und der friedliche Anarchosyndikalismus vertraten: eine föderative und selbstregulierte Basisdemokratie der Produzenten.

7. Lager: Die politisch-ideologische Ebene der Klassenpraxis

Die *historischen* Untersuchungen der Klassenverhältnisse stehen in einem deutlichen Gegensatz zu den soziologischen Spontantheorien, wenn es um die politische und ideologische Ebene der Klassenpraxis geht. Häufig wird angenommen, daß eine ›Klasse‹ erst durch eine *manifeste* und *politische* Identität existiert. Auch die Theorien der Individualisierung machen die ›Erosion‹ sozialer Klassenmilieus daran fest, daß die Merkmale eines aktiven politischen Gegensatzes zu anderen Klassen und einer gefühlten und bewußten Zugehörigkeit zu einem bestimmten Parteimilieu immer weniger feststellbar sind.

Differenzierende Untersuchungen sehen dagegen diese politische Ebene als ein eigenes Feld, das sich von dem Feld der alltäglichen Klassenmilieus grundsätzlich unterscheidet. Klasse in diesem Sinne ist keine Substanzeigenschaft, die bei ihren Trägern jederzeit empirisch festgestellt werden kann, sondern eher ein *latentes Potential*, das einer *besonderen Mobilisierung und Repräsentation* bedarf, wenn es wirksam und sichtbar sein soll.

Dies stand den meisten historischen Beobachtern immer vor Augen. Die Generation von Karl Marx sprach von der Arbeiterklasse als einem ›schlafenden Riesen‹, der durch ›die Theorie‹ geweckt werden solle. Die Leninisten gestanden den Arbeitern ein ›nur-gewerkschaftliches‹ oder ›trade-unionistisches‹ Klassenbewußtsein zu, das durch eine *Avantgarde* von intellektuellen Berufsrevolutionären erst zum politischen Ganzen hingeführt werden müsse. Die sozialdemokratischen Intellektuellen setzen, wie die Fabian Society, auf politische Bildung.

In der Klassentheorie wurde dieser Bruch zwischen empiri-

Ideologie und Mentalität
(Theodor Geiger)

»Der übliche Ideologiebegriff ist *noologischen* Charakters. Entweder beschränkt er sich auf Ideen und Gedankengebäude, oder er bezieht zwar psychische Verfassungen ein, legt aber den Ton auf den ideelichen Ausdruck, in dem sie sich niederschlagen.
Unter Ideologie seien verstanden: Lebens- und Weltdeutungen oder auch Gedankengefüge, die sich auf enger abgesteckte Gegenstandsbereiche, z. B. auf die Wirtschaft oder einzelne wirtschaftliche Tatsachen beziehen. Gemein ist diesen umfassenden sowohl als gegenständlich begrenzten Ideologien, daß sie als Doktrin oder Theorie auftreten. Sie sind also mitteilbar, sind mögliches Lehrgut, können gepredigt und verbreitet werden. Die *Mentalität* dagegen ist geistigseelische Disposition, ist unmittelbare Prägung des Menschen durch seine soziale Lebenswelt und die von ihr ausstrahlenden, an ihr gemachten Lebenserfahrungen.
Eine Reihe kennzeichnender Gegensätze mag aphoristisch deutlich machen, worum es geht. Mentalität ist *subjektiver* (wenn auch Kollektiv-)Geist – Ideologie ist *objektiver* Geist. Mentalität ist *geistigseelische Haltung*, Ideologie aber geistiger *Gehalt*. Mentalität ist Geistes*verfassung* – Ideologie ist Reflexion, ist *Selbstauslegung*. Mentalität ist ›*früher*‹, ist erster Ordnung - Ideologie ist ›*später*‹ oder zweiter Ordnung ... Aus der Mentalität wächst die Ideologie als Selbstauslegung hervor – und umgekehrt: kraft schichttypischer Mentalität bin ich für diese oder jene Doktrin empfänglich: sie ist mir adäquat. Mentalität ist, im Bilde gesprochen, *Atmosphäre* – Ideologie ist *Stratosphäre*. Mentalität ist eine Haut – Ideologie ein Gewand.
Ideologie ist ein Begriff der noologischen Kultursoziologie, Mentalität ist ein Begriff der Sozial-Charakterologie.
... Schon im ersten Kapitel ist angedeutet, daß unter dem Mantel *einer* Doktrinärideologie mehrerlei Mentalitäten schlummern, daß ein Mentalitätstypus sich in verschiedenen Doktrinärideologien auslegen kann. Es ist ersichtlich, wie bedeutungsvoll die Unterscheidung für das Problem der ›falschen Ideologie‹ wird: *die Ideologie kann ›falsch‹ sein; gegenüber der Mentalität ist die Frage ›richtig oder falsch?‹ logisch unerlaubt.* Die individuelle Mentalität eines Menschen kann, gemessen an seinem Sozialstandort, nur typisch oder atypisch sein.«[61]

---

61 Geiger 1932, S. 77 f. (Hervorhebungen von Geiger).

scher und mobilisierter (und repräsentierter) Klasse, wie Bourdieu es nennt[62], erst nach und nach theoretisch reflektiert. Zwar hatten Weber und Durkheim auch diese Lücke bei Marx bearbeitet, indem sie die politische Repräsentation der Milieus, und zwar insbesondere die Korporationen der arbeitenden bürgerlichen Klassen in der okzidentalen Stadtgesellschaft, in ihren Werken umfassend aufarbeiteten.[63] Sie sahen hierin einen entscheidenden Schritt der historischen Emanzipation und der demokratischen Integration beherrschter sozialer Klassen. Aber gerade zur Zeit der Studentenbewegung Ende der sechziger Jahre lebten die naiven Avantgardetheorien wieder auf, so daß wichtige Fortführungen dieser Aufarbeitung als ›bürgerlich‹ abgewehrt wurden.

Diese weltanschaulich bedingte Abwehr galt z. B. lange auch für die Analyse der politischen ›*cleavages*‹, die durch Stein Rokkan 1965[64] angeregt wurde und die M. Rainer Lepsius motivierte, 1966 seine Analyse der großen historischen Lager[65] der deutschen Gesellschaft vorzulegen. Lepsius unterschied zwischen dem protestantisch-liberalen, dem konservativen, dem katholischen und dem sozialdemokratischen Lager. Die drei letztgenannten bestanden aus bestimmten Fraktionen der gesellschaftlichen Elitemilieus, die große Fraktionen der Arbeiter- und Volksklassen mobilisieren und repräsentieren konnten. Die politischen ›cleavages‹ oder Trennlinien zwischen den Lagern, die die gesellschaftlichen Milieus von oben bis unten in ideologisch-politische Fraktionen teilten, waren das Ergebnis aktiver historischer Kämpfe, die mindestens zurückgehen bis zur Reformation des 16. Jahrhunderts, zur Revolution von 1848 und zur Bismarck-Ära.

Für orthodox marxistische Theorien waren diese ›Spaltungen‹ Ausdruck eines ›falschen Klassenbewußtseins‹, das durch ideolo-

---

62 Bourdieu 1982 [1979], 1985.
63 Durkheim 1988 [1893/1902], Weber 1964 [1920].
64 Rokkan 1965.
65 Lepsius (1973a [1966]) nannte diese Lager »sozialmoralische Milieus«, beschreibt sie aber als einen bestimmten Typus von Lager. Um der verbreiteten Verwechslung des Lepsiusschen sozialmoralischen Milieus mit dem lebensweltlichen Milieufeld keinen Vorschub zu leisten, bleiben wir bei dem Begriff des Lagers, der schon im 19. Jahrhundert zur Bezeichnung politisch konfligierender Gruppenkoalitionen verbreitet war.

gische Manipulation künstlich erzeugt worden sei. Sie verkannten, daß diese Lager nicht durch falsche intellektuelle Konzepte, sondern durch eine geschichtliche Erfahrung begründet waren, die sich nachhaltig verkörperte in spezifischen praktischen und weltanschaulichen Traditionen, in engen, auch praktisch nützlichen Bindungen zwischen Eliten und Klientelen wie auch in einer organisierten Infrastruktur von Schriften, Zeitungen, Gesellungen und Institutionen.

Lepsius sah, daß auch Bindungen, trotz ihrer Beharrungskraft, demobilisiert, umgebildet oder neu gebildet werden konnten, wenn etwa die Lebensstile und Erfahrungen der Klientele sich von denen der repräsentierenden Eliten fortentwickelten. Er zeigte dies am Beispiel des Aufstiegs der Nationalsozialisten in den zwanziger Jahren.[66] Während Negt und Kluge eher die blockierende Beharrungskraft des Lagers der Arbeiterbewegung betonten, beschrieben Niethammer u. a. die Emanzipation der Arbeitermilieus im Ruhrgebiet von den alten autoritären Herrschaftsstrukturen und auch von der Hegemonie des katholischen Parteilagers.[67] Seit den achtziger Jahren wird der Lager-Milieu-Ansatz auch sonst in historischen und politikwissenschaftlichen Untersuchungen genutzt.[68]

Bourdieu hat dem institutionellen und epistemologischen Bruch zwischen dem Feld der Alltagsmilieus und den ideologischen Fraktionen und theoretischen Diskursen des politischen Feldes besondere Aufmerksamkeit gewidmet.[69] Während die Milieus durch die Haltungen definiert werden können, die die Praxis der alltäglichen Kultur und Lebenswelt regulieren, folgen die politischen und ideologischen Lager einer anderen Logik. Klassenmilieus sind lebensweltliche Formationen, die sich überwiegend auf derselben vertikalen Stufe in ihre horizontalen Teilgruppen differenzieren. Lager dagegen durchschneiden diese vertikalen Stufen und können daher als ›vertikale Koalitionen‹ zwischen verschiedenen ›Fraktionen‹ der unteren bis zu den oberen Klassenmilieus verstanden werden.

Da Konflikte um die Trennlinien der Lager von Zeit zu Zeit

---

66 Lepsius 1973a [1966].
67 Negt/Kluge 1972, Niethammer u. a. 1983 ff.
68 U. a. Rudzio 1981; Naßmacher 1979, 1981; Walter 1990; Lösche 1990 ff.; Lösche/Walter 1992; Rink 1999.
69 Insbes. Bourdieu 1982 (1979), S. 620-726.

wiederkehren, fragten wir in unserer Untersuchung danach, ob das neue Politikmodell jenseits der Klassen, das Beck und Giddens vermuten, nicht einfach ein solches neues Lager von Klassenfraktionen ist, das in den Kämpfen der neuen sozialen Bewegungen seit den sechziger Jahren entstanden ist. In diesem Falle hätten die universalistischen Werte der Ökologie, des Friedens, der Menschenrechte, der persönlichen Emanzipation usw. auch ihre ideologische Seite, insofern sie mit der privilegierten sozialen Lage der neuen Elitefraktionen verbunden sind.

Die Mischung vertikaler und diagonaler Lagerkonfigurationen läßt sich vor allem daraus verstehen, daß sich vertikale und horizontale Klassenbeziehungen überschneiden.[70]

8. Zeit: Die Relativität historischer Kontinuitäten und Brüche

Die vier Achsen, nach denen sich der soziale Raum differenziert, lassen sich, analog zu den vier Achsen des Raums in der Physik, theoretisch (und in der Untersuchungsmethodologie auch mathematisch) definieren als die drei Achsen des räumlichen Kontinuums (analog zu »Breite«, »Höhe« und »Tiefe«) und die Achse des raum-zeitlichen Kontinuums (»Zeit«): funktionale Arbeitsteilung, Herrschaft, Differenzierung der Felder, historische Zeit. Die Analogie zur Physik ist nicht zufällig. Deren epistemologische Revolution[71] lag in dem Bruch, den Max Planck 1900 und Albert Einstein 1905 mit der »substanzialistischen« aristotelischen Logik vollzogen. Sie verstanden die Eigenschaften nicht mehr als feststehende Merkmale von Substanzen, sondern »relational«, als Ausdruck ihrer Beziehungen, so daß beispielsweise Materie nicht mehr als das Gegenteil von Energie, sondern als »aufgehäufte Energie«, die wiederum Energie in »Quanten« abgibt, begriffen werden konnte.

Die Vorstellung des Raums als Feld von Energien, als Kräfte- und Spannungsfeld, hat am Anfang des 20. Jahrhunderts auch viele sozialwissenschaftliche Theoriebildungen beeinflußt[72]. Da-

---

70 Die gefundene Konfiguration ist in Kapitel 2.5. u. 6.4.5. beschrieben.
71 Vgl. Barnett 1950.
72 Prominente Beispiele sind die Wissenschaftstheorie von Ernst Cassi-

bei erweist sich, wie in der Physik, die Relativität der Zeit als die aufregendste Innovation. Sie ist das Medium, durch das erst die Paradoxe, die Regeln und die Ausnahmen in einen Zusammenhang kommen und erklärt werden können. Auch in der sozialen Welt ist die Zeit nicht einfach die Dimension, in der Arbeit und Praxis ablaufen wie ein zuvor aufgespulter Faden. Zeit ist die Dimension nicht nur des Wandels, sondern der Umwandlungen, d. h. die Dimension, in der – so Bourdieu im zweiten beigefügten Text – »soziale Energie« sich in »Kapital« verwandelt und »Kapital« wieder in »soziale Energie«. Zeit ist keine Abfolge einer linearen oder nach Perioden gestuften Entwicklung, sondern ein unregelmäßig zyklischer Prozeß, in dem ›ungleichzeitige‹ soziale Formationen miteinander koexistieren oder ringen. Zeit ist die Dimension, in der soziale Gruppen, wenn der soziale Raum sich öffnet, Handlungsentwürfe verwirklichen, die ihnen vorher nicht anzusehen waren.

Wie lassen sich diese widersprüchlichen Strukturierungen, d. h. die Dialektiken von Bewegung und Verfestigung, von Ungleichzeitigkeit und Gleichzeitigkeit, von Kontinuität und Veränderung, erklären?

Wenn wir die Position sozialer Akteure auf den beschriebenen ersten drei Achsen des sozialen Raums kennen, so können wir daraus nicht schon ableiten, wie sie sich im Zeitablauf verhalten werden. Die ökonomischen, kulturellen und sozialen »Kapitalsorten«, über die die Akteure verfügen, sind keine »Substanzeigenschaften«, aus deren Art und Menge sich – etwa nach dem Nutzenkalkül der utilitaristischen Theorie – automatisch ergibt, welche Interessen die Akteure haben und welche praktischen Strategien sie verfolgen werden. Statische und statistische Merkmale sagen uns noch nichts über die Art und Weise, wie die sozialen Beziehungen zwischen sozialen Gruppen tatsächlich gehandhabt werden.[73] Zeit ist vielmehr eine eigene Ressource mit

rer, die sozialpsychologische Feldtheorie von Kurt Lewin, die psychoanalytische Theorie der Triebenergien von Sigmund Freud, die relationale Wirtschaftstheorie von John Maynard Keynes – und eben auch die Theorie des sozialen Beziehungshandelns von Max Weber und die Theorie der Differenzierung sozialer Beziehungen von Durkheim.

73 Vgl. die Textauszüge von Bourdieu (1982) und Thompson (1987) im 3. Abschnitt dieses Kapitels, S. 158 und S. 160.

Die Wirkungen der Zeit: Die Mechanik eines *Modells* oder die Dialektik von *Strategien*
(Pierre Bourdieu)

»Erinnern wir uns, daß Lévi-Strauss im Widerspruch zur üblichen Vorstellung und zur berühmten Analyse Mauss' ... der Ansicht ist, daß der Tausch ›das ursprüngliche Phänomen darstellt ...‹, oder, anders gesagt, daß die ›mechanischen Gesetze‹ des Zyklus der Wechselseitigkeit unbewußte Grundlage der Verpflichtung zum Schenken, der Verpflichtung zum Gegengeschenk und der Verpflichtung zur Annahme sind. Indem der Wissenschaftler postuliert, daß das objektive Modell, wie man es durch Reduzieren ... auf die völlig reversible Totalität erlangt, das immanente Gesetz der Praxis, die unsichtbare Grundlage der beobachteten Bewegungen sei, reduziert er die Handelnden auf den Status von Automaten oder trägen Körpern, die von obskuren Mechanismen auf Ziele hinbewegt werden, von denen sie selbst nichts wissen ... in Wirklichkeit kann aber das Geschenk durchaus ohne Gegengeschenk bleiben, wenn man einen Undankbaren beschenkt, es kann als Beleidigung zurückgewiesen werden, sofern es die Möglichkeit der Wechselseitigkeit, also der Dankbarkeit unterstreicht oder gar einfordert ...

Schon wenn die Möglichkeit besteht, daß etwas anderes herauskommt, als die ›mechanischen Gesetze‹ des ›Zyklus der Wechselseitigkeit‹ vorsehen, wird die gesamte Erfahrung der Praxis und zugleich ihre Logik verändert ... Schon die ... Ungewißheit sozialer Gesetzmäßigkeiten kann nicht nur das Erleben der Praxis, sondern auch die Praxis selbst verändern, indem sie zum Beispiel Strategien fördert, die den wahrscheinlichsten Ausgang vermeiden sollen. Die Ungewißheit wieder einführen bedeutet die Wiedereinführung der Zeit mit ihrem Rhythmus, ihrer Gerichtetheit, ihrer Unumkehrbarkeit, wobei die Mechanik des *Modells* ersetzt wird durch die Dialektik von *Strategien*, ohne jedoch in die imaginäre Anthropologie der Theorien des ›rationalen Handelns‹ zurückzufallen.

... Und es läßt sich ein relativ einfaches *Erzeugungsmodell* konstruieren, mit dem die Logik der Praxis theoretisch erklärt werden kann, d. h. *auf dem Papier* die Welt der real beobachteten und potentiell beobachtbaren Praktiken (Ehrverhalten, Tausch) erzeugen, die durch ihre zugleich unerschöpfliche Vielseitigkeit und offenbare Zwangsläufigkeit verblüffen ... Um alle beobachtbaren Formen des Ehrverhaltens und nur diese zu erklären, braucht man also nur ein Grundprinzip anzugeben, nämlich die Gleichheit der Ehre, die ... die Praktiken zu orientieren scheint ... In der Tat ist der Tausch von

> Ehrbezeugungen wie jeder andere Tausch (von Gaben, Worten) als Tausch definiert – im Gegensatz zur einseitigen Gewalttätigkeit des Angriffs. Mitenthalten ist in diesem Tauschakt also die *Möglichkeit* einer *Folge*, einer *Zurückweisung, Parade, Gegengabe, schlagfertigen Erwiderung* insofern, als die Anerkennung des Partners dazugehört (dem hier Ehrengleichheit zuerkannt wird) ...
> ... ›Zu große Eilfertigkeit, sich einer Dankesschuld zu entledigen‹, meint La Rochefoucauld, ›ist eine Art Undank‹ ... Die Pause dazwischen aufheben heißt die Strategie aufgeben. Die Zeit dazwischen ... ist das genaue Gegenteil der toten Zeit, der nutzlosen Zeit, zu der sie im objektivistischen Modell wird. Solange er sich nicht revanchiert hat, ist der Empfänger der Gabe *verpflichtet* und gehalten, seinem Wohltäter Dankbarkeit zu bezeugen oder wenigstens Rücksicht auf ihn zu nehmen ...«[74]

einer eigenen Qualität. Nur im Medium der Zeit lassen sich Erfahrungen, Beziehungen, Strategien, Lernen, Praxis, Investieren usw. verstehen. Alle diese sozialen Handlungen sind Bewegungen, und Bewegungen sind zeitlich. Was *in* der Zeit geschieht, geht nicht in dem *nach* ihrem Ablauf erzielten ›Gewinn‹ oder ›Verlust‹ auf.

An Bourdieus beigefügtem Text über die Wirkungen der Zeit wird dies deutlich. Er behandelt das Problem am Beispiel der ethnologischen Kontroverse über den Gabentausch. Bourdieu hält Lévi-Strauss entgegen, daß die Pause zwischen Gabe und möglicher Gegengabe keine tote oder einsparbare Zeit ist wie bei einem Nullsummenspiel. Diese Zeit ist vielmehr ausgefüllt von einer Beziehungsspannung zwischen den Akteuren, die sie motiviert, erhebliche Energien auf den Umgang miteinander, auf Deutungen, strategische Alternativen usw. zu verwenden. Handlungsleitend ist dabei nicht die Gleichwertigkeit der Gaben, sondern das Grundprinzip der »Gleichheit der Ehre«, d. h. ein kulturelles Muster, das eine bestimmte Dialektik sozialer Strategien bedingt und, im Gegensatz zum rein ökonomischen Tausch, soziale Kohäsion stiftet.

Bourdieu greift hier das oben (im 5. Abschnitt dieses Kapitels) ausführlich zitierte Argument Durkheims gegen das liberale Gesellschaftsmodell Spencers auf: Das ökonomische Interesse stiftet nur kurzlebige und äußerliche Verbindungen; kohäsive mora-

---

74 Bourdieu 1987 [1980], S. 180-183, 193-194.

Die gesellschaftliche Welt als akkumulierte Geschichte
(Pierre Bourdieu)

»Die gesellschaftliche Welt ist akkumulierte Geschichte. Sie darf deshalb nicht auf eine Aneinanderreihung von kurzlebigen und mechanischen Gleichgewichtszuständen reduziert werden, in denen die Menschen die Rolle von austauschbaren Teilchen spielen. Um einer derartigen Reduktion zu entgehen, ist es wichtig, den Kapitalbegriff wieder einzuführen, und mit ihm das Konzept der Kapitalakkumulation mit allen seinen Implikationen. Kapital ist akkumulierte Arbeit, entweder in Form von Material oder in verinnerlichter, ›inkorporierter‹ Form. Wird Kapital von einzelnen Aktoren (sic!) oder Gruppen privat oder exklusiv angeeignet, so wird dadurch auch die Aneignung sozialer Energie in Form von verdinglichter oder lebendiger Arbeit möglich. Als *vis insita* ist Kapital eine Kraft, die den objektiven und subjektiven Strukturen innewohnt; gleichzeitig ist das Kapital – als *lex insita* – auch grundlegendes Prinzip der inneren Regelmäßigkeiten der sozialen Welt ... Beim Roulette z. B. kann in kürzester Zeit ein ganzes Vermögen gewonnen und damit gewissermaßen in einem einzigen Augenblick ein neuer sozialer Status erlangt werden ... Das Roulette entspricht ziemlich genau dem Bild des Universums vollkommener Konkurrenz und Chancengleichheit, einer Welt ohne Trägheit, ohne Akkumulation und ohne Vererbung von erworbenen Besitztümern und Eigenschaften. Aber die Akkumulation von Kapital ... braucht Zeit ...«[75]

lische und politische Regelungen des gesellschaftlichen Gleichgewichts brauchen dagegen Zeit, um zu entstehen.

Auch der zweite Text Bourdieus erinnert an Durkheim, der in seiner Spencer-Kritik immer wieder betont, wieviel Zeit die kollektive Arbeit, moralische Regeln und soziale Kohäsion aufzubauen, beansprucht. Bourdieu nimmt dieses Argument in seinen umfassenden Begriff von Kapital und Arbeit auf.[76] Danach darf der Begriff des Kapitals nicht auf das Ökonomische bzw. auf das durch Arbeit angehäufte »Material« eingeengt werden. Vielmehr ist die *gesamte* soziale Welt durch aufwendige, langwierige Investitionen von Arbeit aufgebaut. Das heißt, daß die Akteure Arbeit auch »in verinnerlichter, ›inkorporierter‹ Form« akkumu-

---

75 Bourdieu 1992, S. 49 f.
76 Bourdieu 1992, passim.

Festwerden und Umstellungsfähigkeit von Klassenkulturen
(Joseph Schumpeter)

»Wir verstehen hier unter Klassen jene sozialen Erscheinungen, die wir alle kennen – soziale Wesenheiten, die wir beobachten, aber nicht schaffen. Jede soziale Klasse in diesem Sinn ist ein besonderes soziales Lebewesen, das als solches handelt und leidet und als solches verstanden werden will. (Damit meinen wir außerdem, daß eine Klasse keine bloße ›Resultantenerscheinung‹ ist, wie z. B. ein Markt ... Aber *hier* kommt es nicht darauf an, sondern auf den Gegensatz zum durch die Wissenschaft konstruierten Gebilde.) ...
Die Ursache, auf der letzten Endes das Klassenphänomen beruht, sind individuelle Eignungsdifferenzen. Aber nicht Differenzen von Eignungen schlechthin, sondern Differenzen von Eignungen für die Ausübung jener Funktion oder Funktionen, die die Umwelt ›sozialnotwendig‹ – in unserem Sinn – macht ...; auch nicht an sich die Differenzen der Eignungen von physischen, sondern von Geschlechts- oder Familienindividuen.
Und Klassenstruktur ist Anordnung der Individuen nach ihrer gruppenmäßig verschiedenen sozialen Geltung, ... *mehr* der Tatsache des Festwerdens jeder solchen einmal errungenen Geltung. Dieses Festwerden – und das Fortleben des Festgewordenen – ist ein besonderes – und besonders zu erklärendes, im Grunde *das* unmittelbare, spezifische ›Klassen‹-Problem ... (Dieses Festwerden erst schafft ein besonderes Kulturmilieu und ein nicht minder promptes Zusammenhandeln ...) Wer durchaus nicht einsehen kann, daß auch das Individuelle eine *soziale* und auch das Psychische eine *objektive* Tatsache ist, und auf die Spielerei mit den leeren Gegensatzpaaren Individuell–Sozial und Subjektiv–Objektiv nicht verzichten will, dem können wir nicht helfen ...
Eine Eigenschaft oder ein System von Eigenschaften begründet ›Eignung‹ zunächst offenbar nur für bestimmte Funktionen ... Aber es gibt auch Anlagen, die sich ihrer Natur nach einer Vielheit von Funktionen gegenüber bewähren ... Klassengeschichtlich und klassentheoretisch kommt zunächst in Betracht, erstens daß die Klassenfunktionen und ihre relative soziale Lebensnotwendigkeit sich im Lauf der Zeit nur langsam verändern, zweitens, daß die sich im Grade der Lebensnotwendigkeit historisch aneinanderreihenden und einander ablösenden Funktionen tatsächlich in wichtigen Beziehungen Verwandtschaft aufweisen – Verwalten, Entscheiden und Befehlen z. B. ist zu jeder Zeit und an jedem Ort in jeder Art von gehobener Stellung wichtig ... Und die Tatsachen ... tragen in manchen Fällen *dazu bei* zu erklären und erklären in anderen Fällen

> *allein*, warum sich eine Klasse trotz des Sinkens der Bedeutung der ihr durch lange Zeiten charakteristischen Funktion in ihrer Position oft so gut erhält.
> … Endlich … wirkt einmal errungener Erfolg selbst ohne jede neue Leistung aus zwei Gründen weiter. Das Ansehen, das er zur Folge hat, gewinnt ein selbständiges Leben und verschwindet nicht ohne weiteres mit seinen Ursachen … – *darin steckt die Keimzelle des selbständigen Lebewesens ›Klasse‹.* So festigt sich die Stellung des physischen Individuums und in leicht verständlichem Zusammenhang auch die der Familie. Für die letztere eröffnen sich dadurch weitere Möglichkeiten, vielfach mehr als für den primus acquirens selbst, welchem Aktivum die Passivposten der Abstumpfung der Impulse durch die gehobene und in der Regel gesichertere Position … und vielleicht auch … der Erschöpfung der Kraft gegenüberstehen. *Und gleichgeordnete Familien wachsen zur sozialen Klasse zusammen, die dann ein uns jetzt nach seinem Stoff und seiner Wirkung erklärtes Band umschlingt, das seinerseits selbständiges Leben gewinnt und dann als solches Schutz und Ansehen gewährt …*«[77]

lieren. Mit anderen Worten: In der Kultur und im Habitus jedes Milieus, in seinen moralischen Handlungsmaximen, in seinen Strategien und Zeitperspektiven verkörpert sich ein Schatz praktischer Erfahrungen und ihrer Verarbeitung.

Bourdieu macht hier nicht nur die ökonomistische Einengung des Kapitalbegriffs rückgängig. Er entwickelt auch eine Begrifflichkeit, die die Grundfigur der Relativitätstheorie der Physik (die Dialektik von Energie und Masse) für eine Art Relativitätstheorie der sozialen Welt (die Dialektik von Arbeit und Kapital) fruchtbar macht. Zeit ist demnach die Dimension der Umwandlungen von sozialer Energie, d. h. Arbeit, in Kapital und von Kapital in soziale Energie.

Auch wenn dieses Kapital eine in den Institutionen und im Habitus »aufgehäufte« und »verfestigte« Energie ist, lastet es nicht einfach als totes Gewicht auf den Verhältnissen und den Hirnen. Seine ihm innewohnende Kraft (vis insita) wirkt, ähnlich wie die physikalische Masse, auch im scheinbar unbeweglichen Zustand. Indem es den Akteuren einflußreiche oder weniger einflußreiche Stellungen verleiht, strukturiert es auch, als Verkörpe-

---

77 Schumpeter 1953 [1927], S. 149, 204-208, 211-212 (Hervorh. im Original).

rung sozialer Regelungsprinzipien (lex insita), die Regelmäßigkeiten der sozialen Welt. Seine »Trägheit« (›hysteresis‹ bei Bourdieu, ›inertia‹ bei Thompson) ist nicht Stillstehen, sondern wirkende Kraft, an der sich die Energien anderer Akteure ausrichten – oder die, unter bestimmten Bedingungen, die aufgehäufte Energie wieder in arbeitende Energie zurückverwandeln kann.

Marx hat diese Dialektik von akkumulierter und arbeitender Energie in seinem großen, im Lichte einer sozialen Relativitätstheorie noch einmal neu zu entdeckenden Entwurf auf die ökonomischen und politischen Herrschaftsverhältnisse angewandt. Joseph Schumpeter hat sie für die historische Institutionalisierung sozialer Klassen formuliert. In seiner historischen Untersuchung des Adels, einer der wenigen langfristigen Untersuchungen zur geschichtlichen Kontinuität von Klassen und Klassenmilieus, entwickelte Schumpeter schon 1927, wie die Eignungen einer Klasse, bestimmte Funktionen in der gesellschaftlichen Arbeitsteilung wahrzunehmen, durch die Herausbildung eines besonderen familialen und kulturellen Milieus den Einzelnen überdauern. Wenn die Eignungen eines Milieus nicht zu eng spezialisiert sind, können sie im Falle eines historischen Wandels auch über sehr lange, sogar Familiennamen überdauernde Perioden immer wieder auf neue gesellschaftliche Funktionen übertragen werden, wie etwa die Umstellung des Adels von der Feudalordnung auf den bürokratischen Staatsdienst oder die kapitalistische Großlandwirtschaft zeigte.

Bourdieu hat (im weiteren Verlauf des zitierten Artikels über die soziale Welt als akkumulierte Geschichte) den subtilen dialektischen Zusammenhang dieser Strategien der Weitergabe und des Erwerbs der Kapitalien in den herrschenden Klassenmilieus mit begrifflichen Distinktionen ausgeführt, die die zeitliche Dimension zum Angelpunkt des Verständnisses machen und daher noch weiter führen. Wir können in dieser knappen Problemskizze darauf nur verweisen, ebenso wie auf die große Bedeutung der Zeitdimension in den verschiedenen Habitusformen. Die Kultivierung bestimmter Strategien in den sozialen Milieus zielt, da Strategie immer in der Zeitperspektive angelegt ist, auf die Kunst des Haushaltens mit den zu investierenden Energien. Diese Strategien sind nicht, wie die utilitaristische Interessentheorie behauptet, für alle gleich. Sie sind von Milieu zu Milieu verschieden und gründen auch auf einem nach Milieus verschiedenen psychodynamischen Unterbau.

Dies zeigt sich am Beispiel des »Zeitmanagements« beim asketischen und beim hedonistischen Typus. Die asketische Lebensführung beruht auf dem methodischen Aufschub von Triebenergien und deren Sublimation zu spezialisierten kulturellen Leistungen, mit denen die Entwicklung unserer Zivilisation identifiziert wird. Aber auch der entgegengesetzte Typus der Lebensführung, der Hedonismus, erweist sich bei näherer Untersuchung insbesondere der unterprivilegierten sozialen Milieus nicht als das schlichte Gegenteil der durch Askese geschaffenen Kulturleistungen. Er verkörpert nicht Entsublimierung, ›Kulturlosigkeit‹ und kurzsichtige Fixierung auf das Hier und Jetzt, sondern eine Strategie der flexiblen Improvisation der Nutzung von Gelegenheiten sozialer Reproduktion (vgl. Kapitel 13.3. und 14.3.). Zwar ist hier die ›Spontaneität‹ ein hoher und die innengeleitete Selbstdisziplinierung ein geringer Wert, aber dies wird sehr oft mit der ›intuitiv‹ wirkenden Fähigkeit ausgeglichen, aus Erfahrungen rasch zu lernen und sich Strategien der außengeleiteten Stabilisierung (sog. Anlehnungsstrategien) anzueignen. Die Weitergabe dieser Strategien über Perioden von mehreren Jahrhunderten wird in neueren Untersuchungen historischer Habitus-Stammbäume belegt.[78]

Die Dialektik von psychischen Energien und ihren Verfestigungen, die im Begriffssystem Sigmund Freuds entwickelt wird[79], verkörpert, für die individuelle Psychodynamik, das relationale Paradigma mit besonderer Konsequenz. Wir können diesen Forschungsrichtungen hier allerdings nicht weiter nachgehen. Denn unsere Fragestellung richtet sich auf den Wandel von historischen Schichtungsstrukturen.

Die Kontroversen um den Wandel der Klassengesellschaft folgen auch heute noch vorzugsweise dualistischen Alternativen. Diskutiert wird, ob die Entwicklung eine Kontinuität der Industriegesellschaft oder einen epochalen Bruch, den Eintritt in die Dienstleistungs- und Wissensgesellschaft, darstellt.

Theodor Geiger hat bereits 1949 den Bruch mit dem schematischen Periodendenken formuliert. Er grenzt sich dabei von den

---

78 Lange-Vester 2000.
79 Dies wird eindrucksvoll deutlich in der Darstellung von Laplanche/Pontalis 1972.

Ungleichzeitigkeit: Die Pluralität historischer Produktionsweisen und Schichtungsstrukturen (Theodor Geiger)

»Marx war weder blind noch töricht. Er war keineswegs in dem Klassenmonismus befangen, dessen man ihn bezichtigt hat, sondern sah sehr wohl die Pluralität der Schichtungen ... Hier gilt es nur darzutun, daß die Hervorhebung von Kapital und Arbeit als Hauptklassen bei Marx nicht gleichbedeutend ist mit Blindheit für andere Trennungslinien innerhalb der Gesellschaft seiner Zeit ... Fast jede Gesellschaft ist in mehrfachen Richtungen geschichtet. Von diesen Schichtungen sind einige von untergeordneter Bedeutung (*subordinierte* Schichtungen), andere entscheidend für die Sozialstruktur (*dominante* Schichtung). Ich rechne nun allerdings ... damit, daß im Geschichtsverlauf der Schwerpunkt sich von einer Schichtungsebene nach einer anderen hin verschiebt, so daß eine bisher subordinierte Schichtung dominant, die bislang dominante aber subordiniert wird, und daß dabei die dominante nicht notwendig immer in den wirtschaftlichen Zuständen wurzeln müsse.

... Marx spricht unmißverständlich von der Mannigfaltigkeit der Produktionsverhältnisse, die obendrein mit dem Übergang des Wirtschaftslebens zu höheren Organisationsformen wächst, und er hebt hervor, daß jedem typischen Produktionsverhältnis eine besondere Teilklasse entspreche. Die bunte Zusammensetzung der Gesellschaft ist seinem Blick nicht entgangen ...

Blickt man über große Zeiträume zurück, mag es so aussehen, als ob eine bestimmte Struktur während einer längeren Periode bestanden habe, dann aber eine Übergangszeit gefolgt sei, in der alles im Flusse war, die Gesellschaft aber hierauf wieder zur Ruhe gekommen sei und sich in einer neuen Struktur ein paar Jahrhunderte lang stabil gehalten habe ... Achtet man aber auf die Einzelheiten, dann wird das Scheinbild der Stabilität ... aufgelöst ... Ein anderer Umstand dürfte aber weit wichtiger sein. Die neuzeitlichen Gesellschaften sind tatsächlich in höherem Grade labil, sind hektischeren Veränderungen unterworfen als die Gesellschaften der Vorzeit ... Die Entwicklung scheint nicht mehr eine Postkutschenreise von der einen Ausspannstation zur nächsten zu sein, sondern das Segeln vor wechselnden Winden.

... in jedem Falle muß jeder neue Strukturzustand sich unter dem vorhergehenden vorbereitet haben und aus ihm hervorwachsen. Ausdrücke wie Stände- oder Klassengesellschaft sind also stets Vereinfachungen und mit Vorsicht zu genießen. Denkt man sich eine Klassengesellschaft als Erbfolgerin einer ständischen, so muß die

> Klassenschichtung schon einige Zeit vorher innerhalb der sonst noch ständischen Gesellschaft bestanden haben, ehe diese in ihrer Gänze zu einer Klassengesellschaft wurde. Andererseits werden Reste der ständischen Schichtung in der Klassengesellschaft bewahrt sein, und diese wird vielleicht schon die Keime einer abermals neuen Schichtungsstruktur in sich entwickelt haben, ehe noch die Überbleibsel der vorausgehenden ganz getilgt sind. Zwei oder mehr Schichtungen bestehen so gleichzeitig nebeneinander in einer historisch bestimmten Gesellschaft. ... Der Übergang der Gesellschaft von einer Schichtung zur anderen bedeutet ..., daß eine bisher nur subordiniert vorhandene Schichtung dominant wird ...
> Wie verlaufen solche Prozesse? Irgendwo innerhalb der nach gegebenen Linien geschichteten Gesellschaft entsteht ein Unruheherd. Es treten regional begrenzte Gleichgewichtsstörungen auf. Von diesem Störungszentrum gehen gleichsam magnetische Ströme aus, unter deren Einfluß die Moleküle (Einer) umgruppiert werden. Alte Bande werden morsch, neue werden geknüpft ...
> Neue Funktionen ziehen die Mitglieder einer älteren Gesellschaftsschicht oder deren Nachkommen an – so sammelten sich seit 1800 um die damals neue Funktion der entlohnten Fabrikarbeit teils brotlos gewordene Heimindustrietreibende, teils kleinbäuerliche Elemente, so zog seit etwa 1900 die Rationalisierung und Großorganisation in Handel und Industrie teils Arbeiter-, teils Mittelstandsnachwuchs in die Angestelltenschicht auf.«[80]

Vulgärtheorien ab, die sich, wie auch der politisch popularisierte Marxismus, die Geschichte als lineare Abfolge idealtypisch abgrenzbarer Gesellschaftszustände vorstellen. Unter Berufung auch auf Marx' wissenschaftliche Schriften entwickelt er seine ›unorthodoxe‹ These der *Ungleichzeitigkeit*, die nicht für die Sozialhistorik[81], aber doch für die Sozialstrukturanalyse neue Gesichtspunkte bringt. Danach ist besonders die heutige Gesellschaft gekennzeichnet von einer Pluralität sozialer Trennungslinien, an denen sich verschiedene historische Produktionsweisen und die ihnen entsprechenden Schichtungsstrukturen voneinander abgrenzen.

80 Geiger 1949, S. 44 f., 47, 152-156.
81 So führt bereits 1916 Werner Sombart, in Auseinandersetzung mit dem orthodoxen Marxismus, unzählige Belege für das Bestehen von industriellen Strukturen in den Jahrhunderten vor der industriellen Revolution an. (Sombart 1969 [1916]).

Die sozialgeschichtliche Verwerfung
(Theodor Geiger)

»Auf den ›alten Mittelstand‹ hat sich die *Kultur der frühkapitalistischen Gesellschaftsepoche* zurückgezogen, sie lebt wenigstens bei Teilen dieses Bevölkerungsblocks trotz aller modernen Einflüsse noch fort, ein Relikt, dessen Widerstandsfähigkeit und moralische Kraft nicht unterschätzt werden darf.

In diesem Bevölkerungsteil haben wir ein Beispiel dessen, was man mit einem Terminus der Geologen als *sozialgeschichtliche Verwerfung* ansprechen darf: Strukturen, die im sozialgeschichtlichen Nacheinander auftreten, finden sich im gesellschaftlichen Jetzt bei verschiedenen Bevölkerungsteilen im Nebeneinander. So wirken im alten Mittelstand die ständischen Schichtungen der frühkapitalistischen Epoche als Querdifferenzierungen nach; ständische Sitte und Lebensauffassung haben sich bewahrt und leisten der Durchsetzung des hochkapitalistischen Klassenprinzips zähen Widerstand. Das gilt vom Bauern und Handwerker in höherem Grade als vom Händler ...

Für den wirtschaftlichen Existenzmodus dieser drei Teilmassen, insbesondere aber für das Bauerntum, ist die hohe Zahl der Familienangehörigen bezeichnend; die *Familie* ist also hier weithin noch Produktionseinheit ... Damit steht natürlich im engsten Zusammenhang, daß die Familie überhaupt als Lebensrahmen den auflockernden Einflüssen modernen Lebens im Besitzmittelstand am stärksten widerstanden hat, daß also die Familien- und Heimkultur im besten sowohl als im spießigen Sinne noch weitgehend den gesamten Lebensduktus bestimmt.«[82]

Dieses plurale Gefüge ist, wie die Entwicklung der Produktionsweisen, in historischer Bewegung: Die kapitalistische Klassengesellschaft enthält in sich noch untergeordnete Reste der Ständegesellschaft, die früher einmal dominant gewesen war. Und sie enthält möglicherweise in sich bereits die Anfänge einer neuen Schichtungsstruktur, die später einmal dominant werden könnte. Geiger kommt auch nicht umhin, diese Konfiguration mit einem elektromagnetischen Kräftefeld zu vergleichen, in dem das bisherige Gleichgewicht durch ein neu entstehendes Kräftezentrum verändert wird, dessen »magnetische Ströme« die einzelnen Menschen zu Umgruppierungen motivieren. Als Bei-

---

82 Geiger 1932, S. 84 f. (Hervorhebungen von Geiger).

spiele führt Geiger nicht nur die Heimarbeiter und Kleinbauern an, die während der Industrialisierung Fabrikarbeiter wurden, oder die Arbeiter und Mittelständler, die später Angestellte wurden.[83] In seinem Buch von 1949 diskutiert er auch eine damals relativ neue, die demokratisch-politische Intervention in das Gefüge gesellschaftlicher Trennungslinien: die Institutionalisierung des Klassenkonfliktes durch das Tarifkampfrecht und die Aufhebung der proletarischen Lage der Unsicherheit durch den modernen Wohlfahrtsstaat.[84]

Dieses Bild der Ungleichzeitigkeit impliziert eine Felddynamik, die von den modernsten und wachsenden Wirtschaftszweigen, die gleichsam die Zukunft repräsentieren, ausgeht. Dem stehen, wie der zweite, aus dem Jahre 1932 stammende Text Geigers veranschaulicht, mittelständisch-bäuerliche Gruppen gegenüber, die noch die vergangene »Kultur der frühkapitalistischen Gesellschaftsepoche« repräsentieren. Geiger bezeichnet dies als *sozialgeschichtliche Verwerfung*, entsprechend der relativen Höhenverschiebung von Gesteinsschichten in der Geologie. 1949 stellt Geiger dann fest, daß diese Gruppen sich durch neuere Entwicklungen doch modernisieren und nun im Übergang zu einer stärkeren Integration in den kapitalistischen Marktzusammenhang befinden.[85]

Die zitierte Beobachtung Durkheims von 1893 und Geigers von 1949, daß die heutigen Gesellschaften »hektischeren Veränderungen« unterworfen seien als frühere Gesellschaften, kehren seit den 1980er Jahren in der umfangreichen neueren Diskussion über die »Beschleunigung« des technischen, sozialen und kulturellen Wandels[86] wieder. Der Kult der Schnelligkeit, Zeit- und Schwerelosigkeit stellt der These, daß soziale Formationen durch Arbeit entstehen und daher ihre Zeit brauchen[87], Meta-

---

83 Allerdings sieht Geiger für diesen Fall der Umstellungen keine Milieu-Kontinuität. Geiger (1932, 1949) geht wesentlich von Berufsgruppen aus, deren Profil mit einer bestimmten Form der (Wirtschafts-)Mentalität verbunden ist.
84 Geiger 1949; vgl. Vester 1998.
85 Geiger 1949.
86 Zusammenfassend insbesondere: Rosa 1999.
87 Bourdieus zitierte Kritik am liberalistischen Bild einer atomisierten und zeitlosen Welt, in der Glück nach dem Roulette-Prinzip gewonnen und verspielt wird, benutzt nicht zufällig die gleiche Metapher der

phern des Glücksspiels entgegen, die suggerieren, daß Gewinne an der Börse, ohne die Mühe der Akkumulation, entstehen.

Joseph Schumpeter, der zur Legitimation des »innovativen« neuen Unternehmertypus heute in verzerrter Form herangezogen wird, zeigt einen Weg, hinter diesen wohlfeilen Ideologien die strukturellen Prozesse zu erkennen, die in der Zyklik der Innovation und Ermattung sozialer Formationen zusammenwirken.[88] Innovation besteht für ihn zwar auch in der »Durchsetzung« neuer Methoden der Produktion und Vermarktung im Machtspiel der Konkurrenz. Aber die Funktion des »Unternehmers« erschöpft sich nicht im schnellen und virtuosen Machtspiel, wie es im heute erneuerten Kult des »Chefs« gefeiert wird. Innovation setzt auch eine integrative Fähigkeit, die »Kombination« einer Vielfalt von Faktoren voraus, die vorher zwar durchaus schon vorhanden waren, aber erst durch den »Unternehmer« arbeitsteilig zusammenwirken und damit produktiv werden können.

Der »Unternehmer« hat somit eine Doppelfunktion auf den ersten beiden Achsen des sozialen Prozesses. Auf der horizontalen Achse muß er die Produktivkräfte, die arbeitsteilig spezialisiert sind, zur Kooperation, durch die erst die höhere Produktivität entsteht, motivieren und aktivieren. Auf der Machtachse muß er das so erzeugte Produkt verwerten und vermarkten, indem er sich gegen »beharrende« Kräfte durchsetzt, d. h. sowohl gegen konkurrierende Unternehmen eines »älteren« Typus wie auch gegen seine Untergebenen, die »unflexibel« auf Arbeitnehmerrechte pochen. Diese Doppelfunktion macht heute das mehrdeutige Profil der »neuen Manager« und »neuen Macher« aus. Unklar bleibt, wieweit für sie die Entwicklung der Produktivkräfte (und damit die demokratische Mitwirkung) oder der eigene soziale Aufstieg in eine neu entstehende Elitefraktion (und damit die autoritäre Durchsetzung) im Vordergrund steht.

Dies begünstigt, besonders in der medialen Kommunikation, das Spiel mit dem Doppelsinn des Begriffs »Unternehmer«, der einerseits die Kapitalmacht und andererseits diejenigen bezeichnet, die etwas »unternehmen«, um verkrustete Verhältnisse wie-

---

Spielbank, die Keynes bereits 1941 in seiner Kritik des spekulationsorientierten »Kasinokapitalismus« verwendet hatte.

88 Insbesondere: Schumpeter 1934 [1911], 1961 [1931], 1950 [1942].

der in Bewegung zu bringen. In der parvenuhaften Variante der neuen Aufsteiger überwiegt die Chefpose und der forsche Ton dessen, der noch nicht weiß, wie sehr Macht sich legitimieren und Zustimmung gewinnen muß, um zu wirken.

Dieser Doppelsinn macht es auch schwierig, den Ort bzw. Weg der neuen sozialen Akteure im sozialen Raum aufzufinden. Schumpeter beschreibt den innovativen Typus, indem er die ökonomische und die biographische Seite des Prozesses zusammenbringt: einerseits seine »Eignung«, d. h. seinen Habitus und seine Kultur, und andererseits seine »Funktion«, d. h. die gesellschaftlich notwendige Aufgabe, Schübe der Innovation ins Werk zu setzen.

Dieses Zusammenspiel kann mit Hilfe des relationalen Paradigmas näher bestimmt werden. Die biographische Forschung[89] läßt sich so verstehen, daß die Phasen des Lebenswegs mit der Akkumulation der »Kapitalien« im weiteren Sinne verbunden sind. Um sich zu emanzipieren, d. h. mündig zu werden, muß jede jüngere Generation ihre Energien sozial bündeln, d. h. sich horizontal in der Kultur der Gleichaltrigen, den ›Peer-groups‹, vergemeinschaften, um die Kraft zu gewinnen, sich vertikal mit der schon akkumulierten Macht der Elternkultur bzw. der hegemonialen Kultur der Gesellschaft auseinanderzusetzen. Es verwundert daher nicht, daß in dieser Lebensphase die jugendkulturelle Solidarität und auch Metaphern einer *allgemeinen* Emanzipation, in der alle Unterschiede zwischen den Klassen, den Geschlechtern, den Ethnien usw. insgesamt in Frage gestellt werden, im Vordergrund stehen.

Eine nähere Betrachtung der sozialen Bewegungen, insbesondere der Arbeiterbewegung, zeigt, daß nur selten »Menschen über 30« in ihnen eine vorantreibende Rolle spielten. Die klassischen historischen »Arbeiter«-Bewegungen waren, wie Shlomo Na'aman[90] nachweist, *Emanzipationsbewegungen*, d. h. Bewegungen, in denen ganz verschiedene unterdrückte soziale Gruppen – Jugendliche, Frauen, Arbeiter, Tagelöhner, Heimarbeiter, deklassierte Intellektuelle, Juden, Minderheiten – unter dem gemeinsamen Ziel, Vormundschaft abzuschütteln, zusammenka-

---

89 Zur Strukturierung nach biographischen Zyklen vgl. Erikson (1966), nach Generationen vgl. Jaide (1988).
90 Na'aman 1979.

men. Der Koalitionscharakter und die begrenzte Lebensdauer dieser Bewegungen deutet darauf hin, daß sie sich in dem Maße wieder »entmischten«, wie im weiteren Verlauf der persönlichen und der gesellschaftlichen Lebensgeschichte andere soziale Unterschiede wieder an Bedeutung gewannen.

In der skeptischen Klassensoziologie Bourdieus überwiegt das häufigste Resultat dieser sozialen Prozesse[91]: daß die jüngere Generation, die auszog, alle zu befreien, sich im Ergebnis nur in einer Phase der ursprünglichen Akkumulation ihrer Kapitalien, d. h. ihres Wissens, ihrer sozialen Beziehungen und ihres Geldes, befand und sich somit nur als die jüngere Fraktion ihrer Herkunftsklasse erwies. Von den universalistischen Idealen bleibt nur der offenere, modernere Stil, der nicht mehr die Welt verändern, sondern die Position der eigenen Klasse um so erfolgreicher konservieren soll. Bourdieu macht aber auch deutlich, daß sich die neuen sozialen Bewegungen der sechziger und siebziger Jahre aus Kindern nicht nur der oberen Klassen, sondern auch der Facharbeiter und Fachangestellten zusammensetzten. – Waren sie nur Aufsteiger, die sich, als »neues Kleinbürgertum«, den Werten der höheren Gruppe, der »neuen Bourgeoisie« anpaßten?

Unsere Untersuchung der neuen gesellschaftlich-politischen Milieus zielte darauf, diese Doppeldeutigkeit – allgemeine Emanzipation oder Aufstieg – aufzuklären. Das Paradigma Bourdieus enthält dafür auch, wie Jan Rupp mit einer Untersuchung der Bildungsstrategien von Arbeitern belegt[92], einen theoretisch-methodologischen Hinweis. Soziale Mobilität hin zu mehr Chancen der Selbstverwirklichung – und auch zur Verknüpfung der eigenen Lebensperspektive mit den innovativen neuen Technologien und Produktionsweisen – muß nicht mit dem *vertikalen Aufstieg* verbunden sein. Die neuen Möglichkeiten können in gewissem Umfang auch durch *horizontale Mobilität* in Richtung des intellektuellen oder kulturellen Pols der Gesellschaft gesucht werden. Und ein Stück Autonomie kann auch, im Sinne der Geigerschen These der historischen Ungleichzeitigkeit, die Utopie eines Stücks Klassenlosigkeit verkörpern.

---

91 Bourdieu 1982, S. 462 ff., 561 ff.
92 Rupp 1997.

9. Forschungshypothese: Die *longue durée* der Klassenmilieus und -mentalitäten

Ablesbar wäre eine solche Entwicklung am Wandel des Habitus. Unsere Hypothese dazu, wie dieser Wandel sich abgespielt hat, lag quer zu den objektivistischen und den subjektivistischen Theorien.

Die Theorie orthodox-liberaler und -marxistischer Ökonomen, nach denen einzig materiell-ökonomische *Interessen* das Handeln bestimmen und nur krasses Elend zu Kämpfen führt, ist seit langem durch die historischen Entwicklungen diskreditiert. Die weltweite ökonomische Krise vor dem Zweiten Weltkrieg hatte überall materielle Not erzeugt. Trotzdem hat sie ganz verschiedene soziale Bewegungen wachsen lassen: faschistische in Kontinentaleuropa, sozialdemokratische in Skandinavien und agrarrevolutionäre in Ländern der Peripherie. Es mußte also eigenständige, milieugebundene kulturelle Traditionen geben, nach denen sich diese verschiedene Verarbeitung ähnlicher Erfahrungen richtete.

Auch die entgegengesetzte Theorie kann solche Unterschiede nicht erklären. Dies gilt für die Annahme von Inglehart und Maslow, daß nach 1945 der Wohlstand die materiellen bzw. physischen Bedürfnisse gesättigt habe, so daß Raum für die ›silent revolution‹ der postmaterialistischen und ideellen Werte entstand. Es gilt auch für Becks ähnliche Annahme, daß ohne den Druck materieller Not die Lebensstile und Einstellungen völlig frei gewählt werden könnten. Wenn *Ideale* das Handeln leiten, sind sie dann ganz frei vom sozialen Kraftfeld und den Verzerrungen der Perspektive, die ein bestimmter Ort oder Weg in diesem Kraftfeld bedingt?

Gegen diese objektivistischen und subjektivistischen Theorien hat Maurice Merleau-Ponty, in der dynamischen sozialen Situation am Ende des Zweiten Weltkriegs, eine ganz andere Hypothese des Mentalitätswandels entwickelt, die *Theorie der Öffnung des sozialen Raums*, die an die Stelle der Theorien der materiellen oder ideellen Motivation die *Theorie der Erfahrung* setzt.[93] Merleau-Ponty erinnerte daran, daß Bewegungen für radikale soziale Veränderungen gerade nicht durch Situationen äu-

---

93 Merleau-Ponty 1965 [1945], S. 503-508.

Die Öffnung des sozialen Raums als Erfahrung
(Maurice Merleau-Ponty)

»... in der Tat reicht niemals meine objektive Stellung im Produktionsprozeß schon hin, in mir ein Klassenbewußtsein hervorzurufen. Ausgebeutete gab es lange, ehe es Revolutionäre gab. Nicht immer macht die Arbeiterbewegung Fortschritte in Perioden ökonomischer Krisen ...

Doch haben wir bereits gesehen, daß objektives Denken und reflexive Analyse nur zwei Aspekte ein und desselben Irrtums sind, zwei Weisen, die Phänomene selbst zu überspringen. Das objektive Denken deduziert das Klassenbewußtsein aus den objektiven Existenzbedingungen des Proletariats. Die idealistische Reflexion reduziert die proletarische Kondition auf das Bewußtsein dieser Existenzbedingungen beim Proletarier ...

Nicht die Wirtschaft oder die Gesellschaft, betrachtet als unpersönliche Mächte, qualifizieren mich als Proletarier, sondern die Gesellschaft und die Wirtschaft, so wie ich sie in mir selber trage und sie erlebe ... Ich habe einen bestimmten Lebensstil, ich bin abhängig von Arbeitslosigkeit und Konjunktur, ich kann über mein Leben nicht verfügen, ich empfange einen Wochenlohn ... Ich bin gewohnt, mit einem fatum zu rechnen, das ich nicht respektiere, mit dem ich aber rechnen muß ... Oder: Ich arbeite im Tagelohn ... Oder endlich: Ich bin Pächter eines Hofes ...

Die Revolution erwächst allmählich aus der tagtäglichen Verkettung nächster und minder naher Ziele. Es ist keineswegs notwendig, daß jeder Proletarier sich als Proletarier denkt in dem Sinne, den ein Theoretiker des Marxismus mit diesem Wort verbindet. Es genügt, daß Tagelöhner oder Pächter sich auf dem Wege zu einem bestimmten Sammelplatz fühlen, zu dem auch die städtischen Arbeiter hinmarschieren ... Weder das fatum noch das zerbrechende freie Tat sind eigens vorgestellt, sie sind in Zweideutigkeit erlebt. Das will nicht heißen, Arbeiter und Bauern machten die Revolution ohne ihr Wissen und Wollen, und man hätte es hier mit blinden ›elementaren Kräften‹ zu tun, von einigen zielbewußten Antreibern geschickt benutzt. So mag etwa ein Polizeipräfekt die Geschichte sehen ...

Mit Recht wird darauf hingewiesen, daß es durchaus *nicht das tiefste Elend* ist, welches die bewußtesten Revolutionäre hervorbringt, doch versäumt man, auch die Frage sich zu stellen, warum häufig ein Aufschwung der Konjunktur die Radikalisierung der Massen nach sich zieht. Dies hat darin seinen Grund, daß *die Abnahme des Drucks auf das Leben eine Umstrukturierung des sozialen Raums ermöglicht: die Horizonte sind nicht mehr eingeengt auf die*

> *unmittelbarsten Bedürfnisse, es entsteht ein Spielraum, Raum für einen neuen Lebensentwurf...*
> Idealismus und objektives Denken verfehlen gleichermaßen das Phänomen des Klassenbewußtseins und seiner Entstehung: jener, indem er die wirkliche Existenz aus dem Bewußtsein, dieser, indem er das Bewußtsein aus der faktischen Existenz herleitet, beide, weil sie das Verhältnis der *Motivierung* verkennen.«[94]

ßerster Unterdrückung und Ausbeutung ermutigt werden, sondern durch ›Öffnungen des sozialen Raums‹, d. h. eine Zunahme der Bürgerfreiheiten und bald auch des Lebensstandards, wie sie in der Tat nach dem Ende des Krieges zur Erfahrung wurden. Es ist daher nicht eine ›ökonomische Notwendigkeit‹ (oder deren Fehlen), die festlegt, welche Richtung ein Mentalitätswandel nehmen soll. Vielmehr motiviert die Öffnung des sozialen Raums die sozialen Milieus, das bereits vorhandene Repertoire ihrer Handlungsmöglichkeiten freier zu entfalten und zu entwickeln und so die soziale Öffnung weiter voranzutreiben.

In dieser Dialektik zwischen Feld und Akteuren verwandelten sich zuvor unsichtbare, latente Potentiale in manifeste Bewegungen. Die sozialen Bewegungen entstanden nicht als passive Reaktion: aus bloßem Hunger oder als von bestimmten Führern mobilisierte »Ressource« politischen Einflusses. Sie entstanden aus aktiven sozialen Strebungen, die in der *kulturellen Substruktur der Milieus* virulent, aber durch die politischen und sozialen Machtverhältnisse zurückgedrängt gewesen waren und nun, ähnlich wie die verdrängten psychischen Strebungen bei Freud, wiederkehrten. – Diese Verdrängung von Protest in die subpolitische Ebene sollte sich nach Beginn des Kalten Krieges noch einmal wiederholen, ließ sich aber in den sechziger Jahren, als die neuen sozialen Bewegungen und Milieus entstanden, nicht mehr durchsetzen.

Für unsere Untersuchung des Mentalitätswandels gingen wir folglich von der Hypothese aus, daß jedes Milieu, seinen Habitus-Dispositionen entsprechend, auf seine eigene Art und mit verschiedenen individuellen Variationen auf die erweiterten Lebensbedingungen nach 1945 reagierte.

---

94 Merleau-Ponty 1965 [1945], S. 503-508, letzte Hervorhebung von uns.

Diese Hypothese sahen wir gestützt durch die empirischen und theoretischen Untersuchungen über jugendliche Klassenkulturen, die Stuart Hall und andere im Birminghamer ›Centre for Contemporary Cultural Studies‹ (CCCS) durchgeführt hatten.[95] Sie fanden bestätigt, daß die Nachkriegs-Generationen keineswegs eine einheitlich klassenlose Jugendkultur entwickelten. Die Muster, nach denen sie ihren Lebensstil aus vorgefundenen Stilelementen neu zusammensetzten, erwies sich vielmehr als die Bewältigung ihrer spezifischen Klassensituation mit symbolischen Mustern, die der Elternkultur in den Grundzügen entsprach. Das ›Basteln‹ – ›bricolage‹, nach Lévi-Strauss – war also nicht willkürlich, wie dies heute die Thesen der Patchwork- oder Bastel-Identität annehmen.

Auf dieser Basis entwickelten wir unsere *Hypothese der Habitus-Metamorphose*. Danach entstanden die Lebensstile und Habitus der jüngeren Generationen nicht durch völlig freie und reflexive Wahl, sondern relational, im Konflikt mit der hegemonialen Kultur und mit den Habitusmustern der Elternkultur, wobei auch die Kritik aus dem Repertoire der elterlichen Habitusmuster gespeist war. So können die neuen Habitusvarianten der jüngeren Milieus als neue Äste und Zweige an den Familienstammbäumen eben jener Herkunftskulturen verstanden werden, die durch die Herausforderung zur Umstellung auf neue äußere Bedingungen entstanden sind.

Schließlich mußten wir eine Hypothese über den vermutlichen Ort der neuen Milieus im sozialen Raum bilden. Die Hypothese schloß an einen Aufsatz von Peter von Oertzen an, in dem er die neuen Milieus als die *modernen Arbeitnehmer* bzw. als die vor allem in neuen Ausbildungen und Berufen konzentrierten Teile des ›Gesamtarbeiters‹ identifizierte.[96]

Obwohl auch diese Hypothese, wie die anderen, sich in unserer Untersuchung grundsätzlich bestätigte, führte die Untersuchung uns auch über sie hinaus. Um diesen Ort im sozialen Raum zu finden, führten wir 1991 eine repräsentative Befragung der westdeutschen Bevölkerung durch, die nach dem Bourdieuschen Paradigma des sozialen Raums strukturiert war. Dabei ergab es sich, daß wir mit dem Doppelbegriff der »*gesellschaftlich-politi-*

---

95 Clarke/Hall u. a. 1979.
96 Von Oertzen 1985.

Stilschöpfung in Jugend-Subkulturen
(John Clarke)

»Arbeiterjugendliche leben, wie ihre Eltern, in einem besonderen strukturellen und kulturellen Milieu, das durch Territorium, Objekte, Beziehungen, institutionelle und gesellschaftliche Praktiken definiert ist. In bezug auf Verwandtschaft, Freundschaftsbeziehungen, die informelle Kultur der Nachbarschaft und der auf ihr fußenden Bräuche sind die Jugendlichen bereits in der und durch die Stammkultur lokalisiert. Auch begegnen sie der dominanten Kultur nicht in ihren entfernten, mächtigen, abstrakten Formen, sondern in den lokalen Formen und Institutionen, welche die dominante Kultur der untergeordneten Kultur vermitteln und sie auf diese Weise durchdringen. Hier sind Schule, Arbeit (angefangen beim Samstags-Job) und Freizeit der Jugendlichen zentrale Institutionen. Von nahezu gleicher Bedeutung ... sind die Institutionen und Agenturen der öffentlichen und sozialen Kontrolle: diese Funktionen leisten die Schule und daneben eine Reihe anderer Institutionen – von den Zwang ausübenden ›harten‹ Institutionen, wie der Polizei, bis hin zu den ›weicheren‹ Varianten, wie Jugendpflegern und Sozialarbeitern.
Wo die lokale Stammkultur und die vermittelnden Institutionen der dominanten Kultur sich überschneiden, entstehen die Jugend-Subkulturen ... Indem die Jugend-Subkulturen der Arbeiterklasse ihre Reaktion auf diese Erfahrungen organisieren, übernehmen sie hauptsächlich aus der lokalen Stammkultur gewisse Dinge, aber sie transformieren sie und wenden sie auf Situationen und Erfahrungen an, die für ihr spezifisches Gruppenleben und ihre Generationserfahrung charakteristisch sind. Selbst dort, wo die Jugend-Subkulturen sich abgrenzen und sich stilistisch von den Erwachsenen und anderen Mitgliedern der Peer-Group ihrer Stammkultur unterscheiden, entwickeln sie doch gewisse Ansichten, die eindeutig durch die Stammkultur strukturiert sind ...
Um den Prozeß der Stilschöpfung zu schildern, gebrauchen wir ... Lévi-Strauss' Begriff bricolage (Bastelei) – die Neuordnung und Rekontextualisierung von Objekten, um neue Bedeutungen zu kommunizieren ... Die oppositionelle Bedeutung eines Großteils der subkulturellen bricolage – im Unterschied zu der traditionellen Bedeutung, die sie für Lévi-Strauss hat – braucht uns ... nicht zu verwirren ... Die Schöpfung kultureller Stile umfaßt also eine differenzierende Selektion aus der Matrix des Bestehenden. Es kommt nicht zu einer Schaffung von Objekten und Bedeutungen aus dem Nichts, sondern vielmehr zu einer Transformation und Umgruppierung des

> Gegebenen in ein Muster, das eine neue Bedeutung vermittelt; einer Übersetzung des Gegebenen in einen neuen Kontext und seiner Adaption ...
> Nach diesen Feststellungen ... müssen wir die Frage stellen, warum eine bestimmte Gruppe bestimmte symbolische Objekte übernimmt und andere nicht. Der entscheidende Punkt ist hier, daß die Gruppe sich selbst in den mehr oder minder verdrängten potentiellen Bedeutungen bestimmter symbolischer Objekte wiedererkennen muß ... Die Selektion der Objekte, durch die der Stil geschaffen wird, richtet sich also nach den Homologien zwischen dem Selbstbewußtsein der Gruppe und den möglichen Bedeutungen der vorhandenen Objekte. Die klarste Beschreibung einer solchen homologischen Beziehung ist wohl George Mellys berühmte Schilderung des Rock'n'Roll als ›Putz- und Chaosmusik‹ (›screw and smash‹) der Teds ...«[97]

schen« Milieus in den Projekttitel eine Unschärfe oder offene Frage eingebaut hatten. Wir bezweifelten die Annahme der Bewegungsforschung[98], daß die neuen sozialen Bewegungen und die auf sie hin orientierten Milieus aus sozialen Gruppen entstanden waren, die allen sozialen Klassen angehörten, und nur Ideale vertraten, die »klassenübergreifend« waren. – Das Ergebnis, das wir in diesem Buch veröffentlichen, läuft auf eine salomonische Antwort heraus.

Zum einen gehörten die neuen Milieus *»gesellschaftlich«* tatsächlich allen vertikalen Klassen- oder Schichtmilieus von oben bis unten an. In ihrer alltäglichen Lebensführung überspannen sie eine erhebliche vertikale Verschiedenheit der Stile und Geschmäcker. Hier lag auch die Sollbruchstelle, an der sich die Elite und die Mehrheit der Milieus später wieder voneinander entfernen sollten.

Zum anderen waren die Milieus ihrem Habitus nach überwiegend im linken, ›progressiven‹ und ›modernen‹ Teil des sozialen Raums positioniert. Sie schienen also einen gemeinsamen sozialen Ort zu haben. Dieser Ort ließ sich aber nicht zwingend auf die modernen Berufsgruppen beziehen. Nur etwa die Hälfte der Angehörigen der sog. »neuen Berufe« gehörte zu den neuen sozialen Milieus mit ihren universalistischen Idealen (vgl. Kapitel

---

97 Clarke 1979, S. 102-103, 136-139.
98 Insbesondere: Brand/Büsser/Rucht 1983 und 1986.

11.8.). Die neuen Berufe waren ein notwendiger, aber nicht ein hinreichender Grund für die Zugehörigkeit zu diesen Milieus. Der »hinreichende Grund« konnte dann auf einer ganz anderen Ebene gefunden werden: der der weltanschaulichen oder *gesellschaftspolitischen Lager*, wie sie vor allem M. Rainer Lepsius als klassenübergreifende Koalitionen historisch beschrieben hatte.[99] Die neuen Milieus waren also *kein »gesellschaftlicher« oder lebensweltlicher, sondern ein »politischer« oder weltanschaulicher Zusammenhang*, der überdies nicht am Anfang und noch weniger auf Dauer von einer einzigen politischen Partei gebunden werden konnte.

Dies machte uns heute deutlich, daß die Dynamik, mit der das Feld der sozialen Milieus sich verändert, immer noch anhält. Gerade angesichts der emanzipatorischen und das heißt: autoritätskritischen Potentiale, die durch die Modernisierung der Milieus immer mehr gewachsen sind, ist die Hegemonie der alten und der neuen gesellschaftlich-politischen Eliten unsicherer denn je. Ein autoritärer politischer Führungsstil wird die daraus resultierende Krise der Repräsentation nicht meistern, sondern nur dafür sorgen, daß die sozialen Bewegungen in neuer Gestalt wiederkehren.

---

99 Lepsius 1973a.

6. Das Forschungsprojekt:
Fragestellungen – Methoden – Hauptergebnisse

Die methodologische Umsetzung des relationalen Paradigmas war nicht einfach. Eine explizite Methodologie Bourdieus liegt nicht vor, für manche Bereiche fehlt sie auch. Es blieb uns aber die Möglichkeit, auf der Grundlage einer klaren Formulierung des theoretischen Paradigmas (wie sie im 5. Kapitel versucht wurde) eine Reihe von bereits vorhandenen einzelnen Theoremen, Methoden und Techniken wiederaufzugreifen, über das Paradigma in einen Zusammenhang miteinander zu bringen und sowohl technisch wie konzeptionell weiterzuentwickeln.

Dieses Kapitel stellt zusammenfassend dar, wie die Fragestellungen in methodische Schritte umgesetzt wurden, welche Methoden angewandt und weiterentwickelt wurden und wie die Methodenkombination insgesamt strukturiert war. Schließlich wird versucht, die Leistungsfähigkeit der Untersuchungsmethodik anhand einiger Ergebnisse zur Struktur der Beziehungen im sozialen Raum darzustellen. Dabei geht es vor allem um die relative Position der Milieus und Lager und um die großen Gliederungslinien im sozialen Raum (Abschnitt 4.2. und 4.5.), um die historischen Traditionslinien (4.2) und Ungleichzeitigkeiten (4.4.) und um die innere Ungleichheitsstruktur der Milieus, die eng mit der geschlechtlichen Arbeitsteilung bzw. Segmentierung auf dem Arbeitsmarkt verknüpft ist (4.3.).

Dem Umfang nach hatte die typenbildende Mentalitätsanalyse das größte Gewicht. Sie war jedoch eingebettet in Feldanalysen nach dem erweiterten Mehr-Ebenen-Ansatz von Bourdieu. Entsprechend wurde die Arbeit in drei getrennten parallelen Strängen durchgeführt, die dann in einem integrierenden Schlußteil zusammengeführt und fortgesetzt wurden (Abb. 13). Gegenstand waren zunächst die sog. alternativen oder neuen sozialen Milieus, d. h. ihre Entstehungsgeschichte (Teil 1) und ihre Mentalitätsformen (Teil 3). Beides wurde in eine Analyse des regionalen und gesamtgesellschaftlichen Wandels der Erwerbsstruktur eingebettet (Teil 2). Schließlich wurde der Radius der Untersuchung auf die gesamte westdeutsche Gesellschaft erweitert, um die neuen sozialen Milieus in den multidimensionalen Kontext

Abb. 13: Forschungsprojekt ›Sozialstrukturwandel und neue soziale Milieus‹. Projektteile und Untersuchungsschritte 1988-1992

1. MILIEUS UND SOZIALE PRAXIS	2. ERWERBS- UND SOZIALSTRUKTUREN	3. HABITUS UND LEBENSSTILE
1.1. Kohäsions- und Abgrenzungsdynamik neuer sozialer Milieus in Hannover, Oberhausen und Reutlingen	2.1. Rekonstruktion des Raums sozialer Positionen in Westdeutschland seit 1950	3.1. Klassifikationsschemata des Alltags in ausgewählten Teilgruppen neuer sozialer Milieus
Experteninterviews, Dokumentensammlungen u. -analysen; Ausarbeitung von ›Milieubiographien‹; zusammenfassende Analysen der Entwicklungsphasen, Entwicklungsmuster u. Kohäsion alternativer Bewegungs- u. Lebensstilmilieus; innere u. regionale Differenzierung neuer sozialer Milieus 4/89 -12/89; 6/91-2/92	Abgrenzung von 163 Berufsgruppen nach Bourdieus Kapitalsorten; Datensammlung u. umfassender Merkmalskatalog zu jeder Gruppe; Positionierung u. Agglomeration einer Auswahl von 102 Berufsgruppen im sozialen Raum; zusammenfass. Analysen der Topik u. Dynamik der Berufsstruktur 9/88-5/89; 9-12/89; 3-6/92	Qualitative Inhaltsanalysen von Dokumenten der Alltagskultur (u. a. Comics von Brösel, Poth, Fr. Becker u. Seyfried, Werbung, Attribute des Lebensstils); Überprüfung der gefundenen Klassifikationsschemata nach Gruppendiskussionsverfahren (mit Gruppen aus drei ausgewählten Teilmilieus) 9/88 -3/89
1.2. (= 2.2.) Regionaler Sozialstrukturwandel Experteninterviews; Daten- u. Dokumentensammlungen; Analyse der sozioökonomischen Modernisierungsschübe und der Öffnung des sozialen Raums seit 1950; Vergleich regionaler Entwicklungsproblematiken der Deindustrialisierung (Oberhausen), Tertiarisierung (Hannover) u. industriellen Modernisierung (Reutlingen); Analyse kleinräumlicher Sozial- u. Wählerstrukturen 10-12/88; 5-8/89; 3-8/91		3.2. Habitus-Syndrome im Generationenwechsel Biographische Interviews (narrativ) mit 12 Frauen und Männern aus verschied. Teilgruppen neuer Milieus u. einem Elternteil; Sequenzanalysen u. hermeneutische Interpretation zu Persistenz und Wandel des Habitus 3/89 -1/90

Abb. 13 [Fortsetzung]

1.3. Mikroanalyse sozialer Kohäsion	2.3. (= 3.3.) Typologie neuer sozialer Mentalitäten
Experteninterviews, Dokumentensammlungen u. Beobachtungen zu Attributen u. Praktiken der Alltagskultur, zur Vergemeinschaftung u. Vergesellschaftung ausgewählter Milieus	220 2- bis 3stündige Themenzentrierte Interviews aus zwei Generationen (narrative Exploration zu fünf Themen; standardisierte Befragung; Beobachtung von Merkmalen des Lebensstils); Interpretation u. Bildung von fünf Habitustypen; ergänzende Beschreibung jedes Typus durch Merkmalsprofile nach dem standardisierten Befragungsteil
bearbeitet in Nachfolgeprojekten	1/90 -5/91

4. DER SOZIALE GESAMTRAUM

4.1. Größenverhältnisse, Strukturen u. Dynamiken der sozialen Milieus, Lagen u. Mentalitäten in der westlichen Bundesrepublik Deutschland

Repräsentativbefragung »Gesellschaftlich-politische Milieus in Westdeutschland«: Entwicklung der Untersuchungsinstrumente zu sozialen Lagen, Mentalitäten u. Kohäsion im zeitlichen u. intergenerationellen Wandel; Befragung im Juni/Juli 1991 durch Marplan; Grundauswertung; Cluster- u. Faktorenanalysen zur Identifikation von Mentalitätstypen; Typologie von Zusammenlebensformen; Entwicklung der Lagesyndrome spezifischer Gruppen; Identifikation der Modernisierungszonen im Raum der sozialen Positionen (1/1991-7/1992, fortgesetzt in Nachfolgeprojekten)

4.2. Raum der sozialen Lagen unter besonderer Berücksichtigung der nichterwerbstätigen Populationen u. der Zugehörigkeit zu Geschlechts- und Altersklassen (zurückgestellt)

4.3. Interpretation der Gundmuster der Topik u. Dynamik des sozialen Gesamtraums auf der Grundlage der vier Projektteile; Zusammenfassung in einem Konzept der »pluralisierten Klassengesellschaft« (1-12/92)

der ganzen Gesellschaft und aller ihrer Milieus und Lager einordnen zu können (Teil 4). Hierzu dienten vor allem die repräsentative Befragung im Jahre 1991 sowie eine Reihe späterer Auswertungen und Nachfolgestudien.[1]

Trotz des hohen und anhaltenden Aufwands ist, gemessen am Anspruch einer Gesamtanalyse, vieles noch hypothetisch. Immerhin konnte eine erste allgemeine Landkarte der Klassenmilieus erarbeitet und mit den Milieu-Konfigurationen anderer hochentwickelter Gesellschaften vergleichbar gemacht werden (vgl. Kapitel 2.3.). Ebenso war es möglich, erstmals die Struktur der gewandelten Lager-cleavages repräsentativ zu ermitteln und in die Landkarte der Klassenmilieus einzuordnen (Kapitel 2.5., 3.7-8., 12.2.).

Da eine ausgearbeitete Methodologie für die vier Untersuchungsteile, auf die wir zurückgreifen konnten, nur teilweise vorlag, wurden verschiedene Arbeitsphasen der Methodenentwicklung gewidmet. Die entwickelten Methoden sind in den nachfolgenden Abschnitten (6.1. bis 6.4.), dargestellt. Detailliertere Darstellungen der Methoden finden sich an den Anfängen der Kapitel, in denen auch die Ergebnisse dargestellt sind: für die Syndromanalyse und die Typenanalyse (Abschnitt 6.1.) in Kapitel 9 und 10, für die Aggregation und Lokalisierung von Berufsgruppen im sozialen Raum (Abschnitt 6.2.) in Kapitel 11. Die Operationalisierung des mehrdimensionalen Paradigmas des sozialen Raums in einer standardisierten repräsentativen Befragung ist bereits in diesem Kapitel (Abschnitt 6.4.1.) ausführlich dargestellt. In den hier folgenden Abschnitten werden die Fragestellung, die benutzten Methoden und Ansätze sowie die Hauptergebnisse zusammengefaßt.

1 Da die Studie nicht alle Erscheinungen gleich intensiv untersuchen konnte, wurde sie durch Nachfolgestudien ergänzt, die ihre qualitativen Befragungen vor allem auf die Mehrheitsmilieus der Volksklassen in West- und Ostdeutschland ausdehnte (vgl. u. a. Vester u. a. 1995, Geiling 1996, Gardemin 1998, Bremer 1999, Vögele/Vester 1999, Geiling/Schwarzer 1999). Für eine Ausdehnung der repräsentativen Befragungen auf Ostdeutschland und auf die nicht deutsch sprechende Bevölkerung konnten keine Fördermittel eingeworben werden, so daß wir auf Sekundärauswertungen der Untersuchungen anderer über Lebensstile und Milieus angewiesen blieben (u. a.: Becker u. a. 1992, Flaig u. a. 1993, ›Spiegel‹ 1996).

1. Intergenerationeller Habitus- und Mentalitätswandel[2]

Die Fragestellung des Projektteils ›Habitus und Lebensstile‹ lautete: *Trifft es zu, daß die alternativen Milieus und die neuen sozialen Bewegungen eine neue ›universalistische‹ Mentalität und Praxis repräsentieren, die nicht mehr an Klassenmilieus gebunden ist (Beck-Giddens-These)?*

Diese Frage wurde mittels einer Stichprobe von etwa 244 offenen biographischen Zwei-Generationen-Interviews in drei ausgewählten Regionen[3] untersucht. Durch ein besonderes Interpretationsverfahren wurden zunächst für jeden Einzelfall die Syndrom-Strukturen des Habitus herausgearbeitet. Der Vergleich der Syndrome von Müttern und Töchtern und von Vätern und Söhnen ermöglichte sodann, zu klären, wieweit sich tatsächlich in der jüngeren Generation neue Habitus-Formen herausgebildet hatten. Die Fälle mit gleicher Syndrom-Struktur konnten zu Habitus-Typen zusammengefaßt werden.

Dieser Untersuchungsteil folgte den Theorien des Habitus von Bourdieu und des intergenerationellen Mentalitätswandels von Stuart Hall u. a. Dabei unterschied sich unsere Methode der Konstruktion von Habitus-Typen teilweise von der Bourdieus. Bourdieu untersuchte die Klassifikations-, Bewertungs- und Handlungsschemata des Klassenhabitus vorwiegend anhand der Attribute und Praktiken des Lebensstils großer Stichproben aus bestimmten Berufsgruppen. Wir stützten uns vor allem auf narrative und leitfadengestützte biographische Interviews. Aus diesen wurden dann, über besondere hermeneutische Verfahren, die Habitus-Syndrome, d. h. Kombinationen verschiedener Einstellungszüge, die, in Anlehnung an Weber, als ›Ethiken der alltäglichen Lebensführung‹ bezeichnet werden können, herausdestilliert. Jeder Fall wurde einzeln untersucht. Dabei galt die Aufmerksamkeit besonders der Balance der Wert- und Klassifikationsmuster nach Dimensionen wie: Askese vs. Hedonismus

---

2 Projektteil 3, vgl. Kapitel 9 und 10.
3 Die interviewten Mitglieder der alternativen Milieus wurden aus drei Stadt-Umland-Regionen ausgewählt. Diese repräsentierten den Typus der De-Industrialisierung (Oberhausen), der Re-Industrialisierung (Reutlingen) und der Tertiarisierung (Hannover). Die interviewten Eltern entstammten einer größeren Spannweite von Regionen.

Abb. 14: Die Integrationsideologie der neuen sozialen Bewegungen

(1) *Integration* (vs. Ausgrenzung): eine positive Bewertung von Gemeinschaft, Gleichheit, Kommunikation und Mitmenschlichkeit; keine soziale Gruppe (insbesondere Frauen, Ausländer, Kinder, Minderheiten) darf diskriminiert werden.
(2) *Authentizität* (vs. Entfremdung): ein Lebensstil, der das ›Echte‹, ›Natürliche‹, ›Selbstgemachte‹ hervorhebt.
(3) *Selbstverwirklichung* (vs. Einschränkung) bzw. *Emanzipation* (vs. Bevormundung): es geht um die Realisierung von mehr persönlichen Freiheiten, Kreativität, teilweise auch Genuß, Konsum und Prestige im Privatleben wie auch um mehr Mitbestimmung am Arbeitsplatz.
(4) *Ökologisches Bewußtsein* (vs. Vorrang des ›technischen Fortschritts‹).
(5) *Soziales Engagement* (vs. soziale Ungleichheit) für soziale Gerechtigkeit, Sozialstaatlichkeit und sozial Schwache.
(6) *Partizipation* (vs. Herrschaft): eine mehr oder minder grundsätzliche Kritik an gesellschaftlichen und politischen Institutionen und ihrer vermeintlichen oder tatsächlichen Selbstherrlichkeit; Einsatz für Grundrechte und politische Freiheiten der Menschen.
(7) *Horizonterweiterung* (vs. Borniertheit): eine relativ breite gesellschaftliche und politische Informiertheit.

Quelle: Vester u. a. 1989, S. 59 f.; vgl. Raschke 1985a.

(oder Arbeitsorientierung vs. Erlebnisorientierung), Herrschaft vs. Kooperation (oder Hierarchie vs. Partnerschaft), Vereinzelung vs. Kohäsion, Patriarchalismus vs. Partnerschaft der Geschlechter, populäre vs. distinktive Kultur usw. Für jeden Fall wurde die von diesen Mustern gebildete Gesamtfiguration nachgezeichnet.

Sodann wurden die individuellen Fall-Syndrome zu Typen zusammengefaßt. Die Fälle wurden nicht nach einzelnen Zügen zusammengruppiert, etwa nach einer Dimension ›Individualisierung‹ oder ›Postmodernismus‹. Wichtig war vielmehr die *Struktur der Beziehungen* zwischen den einzelnen Mentalitätszügen, d. h. die Figur, die sie zusammen bildeten. (Dies wird in den Typenbeschreibungen des Kapitels 10 deutlich.) Schließlich wurden die Einzelfälle wie die Typen im Feld des Habitus räumlich

Abb. 15: Arbeitshilfe zur hermeneutischen Textinterpretation

In Exploration und Protokoll zu beantwortende Fragen:
In welchen der Ber›iche ›soziale Lage/Beruf‹, ›Familie/Partnerschaft‹, ›Lebensstil/ Freizeit‹, ›Gesellschaftsbild‹ und ›Gesellschaftspolitische Partizipation‹ *verhalten* sich die Gesprächspartner nach welchen (hier idealtypisch formulierten) Kategorien? In welchen Bereichen stimmen Ideale und Werthaltungen mit der tatsächlichen Praxis überein? Wo erweisen sie sich als leere Ansprüche? Verhalten sich die Gesprächspart-

Askese
Methodisch geplante Lebensführung; Betonung ›geistiger‹ Aspekte; gleichzeitig Neigung zu Idealisierungen; Arbeit steht vor Genuß; strebsam und akkumulierend in meist zweckgerichteter Praxis.

Hedonismus
Spontane Lebensführung; Betonung sinnlicher, körperlicher Aspekte, wie z. B. Sexualität; Freizeit und Geselligkeit stehen vor Arbeit; Praxis erscheint oft ›nutzlos‹ und wenig zweckgerichtet.

Herrschaft
›Ellbogen‹-Mentalität; selbstbezogen; autoritär und elitär, dabei oft methodisch gezwungen; ausgrenzend, intolerant und in der Betonung konventioneller Praktiken fremdbestimmt.

Partnerschaft
Egalitär und demokratisch; verständnisvoll und mit Mitgefühl; offen, tolerant und integrativ; selbstbestimmt, autonom und nicht von äußeren bzw. konventionellen Zwängen geleitet.

Aufstiegsorientiert
Streben nach ›Höherem‹; Karriere- und Aufstiegsstreben; von Zukunftsidealen geleitet; erhebliche Auf- und Abstiegsängste; Obsession, sich mit Hierarchien und Autoritäten zu befassen.

Sicherheitsorientierung
›Lieber den Spatz in der Hand als die Taube auf dem Dach.‹ ›Jeder sollte an seinem Platz bleiben und das Beste daraus machen‹; Verhalten erfolgt aus ›tiefer, innerer Überzeugung‹.

Individualisierung
Individuelle Praktiken werden bevorzugt; das Selbst und das Individuum stehen im Vordergrund; oft konkurrenzorientiertes, kalkülbetontes Verhalten abseits der Masse; im Streben nach Besonderem und Unterscheidung oft distinktiv und ausgrenzend.

Geselligkeit
Gruppenbezogene und dabei keinem transzendenten Zweck untergeordnete Verhaltensweisen; häufiger Aufenthalt in Gruppen wirkt oft ›nutzlos‹; Praxis oft solidarisch, aber auch von Konformitätsprinzipien gekennzeichnet.

Feingeschmack
Bevorzugung des Besonderen; Unterscheidung und Distinktion von der Masse durch ›Kennerschaft‹ und entsprechende Praktiken; elitär; Dominanz des Formgeschmacks; Neigung zu Idealisierungen; Betonung des Geistigen und Transzendenten.

Grobgeschmack
Inhalt bzw. Zweck und Nutzen dominieren über Stil und Form; ausgeprägt gegenwartsbezogen; Betonung des ›Handfesten‹ bzw. des Materiellen; ›Hauptsache es funktioniert!‹

verortet. Dabei bezeichnete die Achse der vertikalen Distinktion das Spektrum zwischen ›vulgären‹ und ›populären‹ Mustern (unten) und ›hochkulturellen‹ oder ›elitären‹ Mustern (oben). Die Achse der horizontalen Distinktion bezeichnete das Spektrum von den ›autoritären‹ und ›konventionellen‹ Mustern (rechter Pol) über die ›realistischen‹ und ›rationalen‹ Muster (Mitte) bis zu den ›individualistischen‹ und ›avantgardistischen‹ Mustern (links).

Nach dieser Methodologie war es ausgeschlossen, die Typen durch Zuordnung zu bereits vorhandenen historischen Mentalitätstypen (etwa von Weber oder Williams) oder Habitustypen (etwa von Bourdieu) zu bilden. Diese Typen dienten vielmehr Zwecken des Vergleichs und der methodologischen Orientierung. Dabei war von besonderem Interesse, daß alle Autoren die Milieus nicht durch positive bzw. objektive Merkmale, sondern aus der Praxis der Abgrenzung voneinander definierten.[4]

Die Ergebnisse bestätigten die Hypothese der *intergenerationellen Habitus-Metamorphose* auf zweifache Weise. Zum einen wichen die Habitus-Syndrome der *Einzelfälle* bei der jüngeren Generation nicht grundsätzlich von denen des interviewten Elternteils ab, sondern waren ›modernisierte‹ Variationen derselben Grundmuster. Zum anderen ließ sich jeder der fünf *Typen* der neuen sozialen Milieus, die wir fanden, als Variante einer bestimmten historischen Klassenkultur identifizieren. Sie bildeten jeweils die modernsten Varianten der Arbeitnehmermilieus und der humanistischen Bildungsmilieus am linken Rand des sozialen Raums. Die neuen sozialen Milieus waren also nicht Teile *eines einzigen* Klassenmilieus, sondern eine *Koalition* der jungen Avantgardemilieus aus mehreren Klassen, d. h., sie waren ein von einer bestimmten intellektuellen Elite geführtes *Lager*.

---

4 Raymond Williams (1972 [1963]) hatte, mit einer gewissen Idealisierung, die Unterschiede zwischen der traditionellen solidarischen Arbeiterkultur und der konkurrenzlichen Dienstleistungskultur in England herausgearbeitet. Max Weber (1988b [1904/05]) hatte den protestantischen Asketismus der Mittelklasse des 17. Jahrhunderts im englischen Kidderminster daraus erklärt, wie sie sich nach oben von den luxurierenden Reichen und nach unten von den undisziplinierten Armen abgrenzten. Noch vielfältiger und umfassender ist die – wenig beachtete – Typologie, die Weber (1964, Kapitel 5, §7) in seiner histori-

2. Dynamiken des beruflich-ökonomischen Feldes[5]

Die Fragestellung des Projektteils ›Erwerbs- und Sozialstrukturen‹ lautete: *Wie war dieser Mentalitätswandel mit dem Wandel der Berufspositionen verbunden? Und wo war dieser berufliche Wandel im gesamten ökonomischen Feld der westdeutschen Gesellschaft zu verorten?*

Diese Frage wurde insbesondere durch die Analyse des Wandels des beruflichen und ökonomischen Feldes seit 1950 in den drei ausgewählten Regionen wie auch auf der Basis repräsentativer Zensusdaten für Westdeutschland untersucht. Die Daten wurden nach Bourdieus Konzept des sozialen Raums ausgewertet. Unsere Hypothese war, daß der Mentalitätswandel mindestens teilweise auf eine säkulare Zunahme des Kultur- und Bildungskapitals auf der horizontalen Raumachse zurückzuführen war.

Um die Dynamik im Feld der beruflichen Positionen zu finden, definierten und positionierten wir 102 ausgewählte Berufsgruppen. Nach Geigers aszendierender Methode konnten Berufsgruppen aufgeteilt oder miteinander zusammengelegt werden.[6] Die Positionierung erfolgte auf der vertikalen Achse nach der Gesamtmenge der Kapitalressourcen, insbesondere nach der relativen Einkommenshöhe. Auf der horizontalen Achse erfolgte sie nach dem Verhältnis von kulturellem und ökonomischem Kapital, d. h. von allen Berufsgruppen, die auf derselben Höhe der vertikalen Leiter standen, wurden diejenigen mit relativ wenig Bildungskapital weiter rechts und diejenigen mit relativ mehr Bildungskapital mehr links eingeordnet. Diese Einordnung wurde, nach dem von uns entwickelten Verfahren des *kontrollierten qualitativen Typenvergleichs* durchgeführt: Da die Kriterien zu komplex waren, um eine mathematisch-rechnerische Achsenpositionierung zu erlauben, wurde, nach Abwägung aller Kriterien, Gruppe für Gruppe ›von Hand‹ im sozialen Raum relational positioniert (Kapitel 11.2.).

---

schen Religionssoziologie entwickelt hat. Die Analysen Bourdieus (1982 [1979]) zum Klassenhabitus in Frankreich ist die erste vollständige, wenn auch für die Volksklassen einstweilen wenig differenzierte Habitus-Typologie einer ganzen Gesellschaft.

[5] Projektteil 2, vgl. Kapitel 8 und insbesondere 11.
[6] Geiger 1932; Bourdieu 1982, 1992.

Das aszendierende Verfahren
(Theodor Geiger)

»Ich suchte nicht zum allgemeinen Vorstellungsbild oder Begriff einer Soziallage die Bevölkerungselemente, deren Standard diesem Begriff mehr oder weniger genau entspricht, sondern ich gewann Bild und Begriff des in einer Soziallage annähernd homogenen Bevölkerungsblockes autogenetisch, indem ich ihn aus den Elementarmassen der nach wirtschaftlichen Funktionen zergliederten Bevölkerung (Berufszählung!) zusammensetzte ... [Ich] beurteile jeden Posten für sich auf den Charakter seiner Lage und auf seine innere Zusammensetzung. Dann erst wird der Teilposten entweder en bloc einer Hauptmasse zugeschoben oder nach Bedarf an Hand von Maßstäben weiter zergliedert, die von der Berufszählung selbst nicht berücksichtigt sind. Wohl ist dieses Verfahren nicht möglich, ohne daß zuerst Vorstellungsbilder von den Gattungen vorhanden sind, denen die Teilmassen zugeordnet werden sollen. Aber das subsumierende Amplexions-Verfahren setzt diese Vorstellungen schon vor Anbeginn als fertige und nörmlich gültige Begriffe; beim aszendierenden Sonderungs-Verfahren treten die Grenzfälle dringlicher in Erscheinung, die Fülle der Varianten geht nicht im Massenhaften unter und es bleibt die stete Bereitschaft zur Korrektur der arbeitshypothetisch vorgestellten Maßstäbe gewährleistet.«[7]

Auf diese Weise konnten wir eine Auswahl einzelner Berufsfelder in ›Landkarten‹ darstellen, insbesondere für den Bildungs-, Gesundheits-, Technik- und Agrarsektor und auch getrennt nach Geschlecht (Kapitel 11.7.). Die Veränderung ihrer Zusammensetzung seit 1950 zeigte eine bedeutsame *horizontale* Bewegung vom rechten zum linken Pol des sozialen Raumes an. Dies bestätigte die These der historischen Drift zu mehr kulturellem Kapital innerhalb aller vertikalen Stufen der Gesellschaft und widersprach der Theorie, daß die tertiäre *Wissensgesellschaft* vor allem durch eine neue Elite wissenschaftlicher Kompetenz getragen werde (vgl. Kapitel 5.6.). Gleichzeitig fanden wir hinreichende Belege für *vertikale* Bewegungen, und zwar Öffnungen wie auch Schließungen. Die Öffnungen hatten einen gewissen Austausch der Eliten und akademischen Kader seit Ende der sechziger Jahre

---

7 Geiger 1932, S. 17 f.

erlaubt. Die Schließungen erklärten die Gegentendenz der Diskriminierung nach Geschlecht, Ethnie und ähnlichen Merkmalen und auch die Benachteiligung der unteren und mittleren Klassenmilieus.

3. Die neuen gesellschaftlich-politischen Milieus[8]

Die Fragestellung des Projektteils ›Milieus und soziale Praxis‹ lautete: *Wie entwickelten die Milieus der neuen sozialen Bewegungen seit dem Ende der sechziger Jahre ihren sozialen Zusammenhalt und ihre Identität?*

Diese Frage wurde durch sog. Milieu-Biographien untersucht, das heißt Fallstudien in den drei ausgewählten Regionen, die aufzeigten, wie die neuen sozialen Bewegungen und Milieus sich in den Konflikten im regionalen Feld der gesellschaftspolitischen Lager herausgebildet hatten. Unsere Hypothese war, daß die neuen Identitäten nicht nur mit dem *Wandel der Berufsfelder* verbunden waren, sondern auch mit einer allgemeinen *Öffnung des sozialen Raums* (entsprechend der Theorie von Merleau-Ponty/Kapitel 5.9.) und mit den intergenerationellen Lagerkonflikten (entsprechend den Untersuchungen von Lepsius/Kapitel 5.7.).

Diese These wurde von den Fallstudien bestätigt, ebenso auch von der repräsentativen Untersuchung im vierten Projektteil und von nachfolgenden Untersuchungen.[9]

4. Wandel der Gesamtfiguration sozialer Klassen[10]

Der vierte Projektteil stützte sich insbesondere auf eine Repräsentativbefragung, die nach dem mehrdimensionalen Konzept von Pierre Bourdieu konstruiert war. Er erweiterte die Perspektive von den neuen gesellschaftlich-politischen Milieus auf die Gesamtstruktur und -dynamik der westdeutschen Gesellschaft. Denn nach unserer Hypothese waren die Entwicklungen der

---

8 Projektteil 1, Kapitel 7, 8 und 10.2.
9 Insbes. Geiling 1996.
10 Projektteil 4, vgl. Kapitel 12 und 13.

neuen Milieus nicht zu verstehen, wenn nicht auch die Gesamtentwicklung untersucht würde.

Die Fragestellung lautete entsprechend: *Wie hingen die Dynamiken der verschiedenen Felder, die in den ersten drei Projektteilen getrennt untersucht worden waren, zusammen? Wie repräsentativ waren die qualitativ untersuchten Milieus für die gesamte westdeutsche Sozialstruktur? Welches war ihre Größe und Verortung in bezug auf die anderen sozialen Milieus? Wieweit trafen vor allem die drei spezifischen Thesen der Erosions- und Individualisierungstheoretiker zu?*

(1) These der Entkoppelung[11]: Gab es (noch) für bestimmte Berufs- oder Erwerbsgruppen typische Mentalitäten, oder ›entkoppelten‹ sich die Mentalitäten von der ökonomischen Klassenlage durch die freie Wahl der Lebensstile?

(2) These des Zerfalls der sozialen Kohäsion: Tritt an die Stelle der Milieubindungen der Klassengesellschaft die Auflösung der Gesellschaft in einzelne Individuen ohne Zusammenhalt?

(3) These der Fragmentierung sozialer Orientierung: Sind die sozialen Milieus in zusammenhanglose Teilgruppen zerfallen, oder gibt es noch verbindende Milieu- oder Lagerorientierungen?

4.1. Zur Anlage und Auswertung der Repräsentativbefragung

Die Befragung »Gesellschaftlich-politische Milieus in Deutschland« wurde, mit Unterstützung verschiedener Forschungsstiftungen[12], im Sommer 1991 vom Forschungsinstitut ›Marplan‹ durchgeführt und dann schrittweise von uns für dieses Buch und nachfolgende Untersuchungen[13] ausgewertet.

Da den Milieus und Lagern tiefere Grundeinstellungen und nachhaltige historische Traditionslinien zugrunde liegen, ändern sie sich, wie wir bestätigt fanden, nur langsam und über größere Zeiträume. Die Ergebnisse haben daher seit 1991 nicht an Aktualität verloren, zumal sich bisher lediglich die Größenordnungen

11 Vgl. Kapitel 4.3. und insbes. Hradil 1987.
12 Volkswagen-Stiftung (Hannover), Hans-Böckler-Stiftung (Düsseldorf) und Institut für Information und Dokumentation (Bonn).
13 U. a. Gardemin 1998 und Wiebke 1999.

der Untergruppen etwas verschoben haben: Die Traditionslinien sind die gleichen, haben sich aber weiter differenziert. Die Anfänge dieser Differenzierungen waren schon in der Befragung von 1991 sichtbar.[14]

Die Untersuchungen des ›Sinus‹-Instituts[15], die diese prozentualen Verschiebungen in der Typologie gefunden haben, enthalten allerdings, da sie vor allem die Ästhetik des Lebensstils erforschen, nur wenige ›illustrierende Merkmale‹ zu Politik, sozialem Zusammenhalt und Lebenslagen.

Hier liegen jedoch die Schwerpunkte und die Relevanz unserer eigenen Repräsentativbefragung. Die Befragung ist das erste einzelne Untersuchungsinstrument zur differenzierten Ermittlung der Typen- und Feldstrukturen des gesamten sozialen Raums. In ihr verbinden sich zwei Erkenntnisziele: die Einordnung der neuen sozialen Milieus und die Aufdeckung der neuen gesellschaftlichen Spannungslinien.

Das erste Ziel war, die neuen sozialen Milieus und die Veränderungen der Mentalitäten als Teil der gesamten Sozialstruktur und ihrer Veränderung zu begreifen. Denn über die ersten drei Untersuchungsteile hatten wir die Mentalitäts-, Sozial- und Regionalstruktur der neuen Milieus nur qualitativ erforscht, so daß wir noch nichts über ihre Größe, ihren Ort und ihren Zusammenhang mit den größeren Bewegungen im gesamten sozialen Raum wußten.

Das zweite Ziel war, die Dynamiken der sozialen Integration und Desintegration für die ganze Gesellschaft näher zu ergründen. Unsere Befragung konnte, wie die Ergebnisse zeigen, einen Beitrag zum Verständnis dieser Veränderungen der Gesamtstruktur leisten. Die einzelnen Tendenzen und auch neu aufkommende Entwicklungen konnten in ihrem Umfang und ihrer Entwicklungsrichtung zuverlässiger aufgedeckt werden. Alle diese Entwicklungen ließen sich als Teile eines Gesamtkräftefeldes erkennen, das zwar komplex, aber durchaus nicht unübersichtlich ist.

Die repräsentative Befragung sollte das typologische Feld des gesamten sozialen Raums der westlichen Bundesrepublik erschließen. Das Interview durfte – aus Rücksicht auf die Mitwirkungsfähigkeit der Befragten – das übliche Maximum einer Stun-

---

14 Es handelt sich um die an anderer Stelle beschriebenen kleineren Milieus, das »Moderne Arbeitnehmermilieu«, das »Moderne Kleinbürgerliche Milieu« und das »Postmoderne Milieu« (Kapitel 13), und um das Lager der »neuen Manager« (Kapitel 3.8.).
15 ›Spiegel‹ 1996 und 1998.

de nicht überschreiten. Trotz dieser Begrenzung mußte der Fragebogen alle Dimensionen des Bourdieuschen sozialen Raums erfassen, d. h. die Differenzierung des sozialen Raums nach seinen vier Achsen. Jede befragte Person mußte also vierfach verortet werden:

(1) horizontal auf der Achse der funktionalen Arbeitsteilung,
(2) vertikal auf der Achse der hierarchischen Herrschaftspositionen,
(3) altitudinal auf der Achse der institutionellen Differenzierung und
(4) temporal auf der Achse der historischen Ungleichzeitigkeit.

Die Zahl der Dimensionen erhöhte sich dadurch, daß die dritte Achse nach fünf relativ autonomen Ebenen sozialer Praxis[16] zu differenzieren war, die in sich noch weiter unterteilbar sind:

(3a) auf der Alltagsebene nach dem Habitus und den Formen der praktischen Lebensführung (Stichworte: ›Milieu‹, ›Mentalität‹, ›Kohäsion‹, ›praktische Kultur‹),
(3b) auf der politischen und weltanschaulichen Ebene nach der gesellschaftspolitischen Orientierung und praktischen Beteiligung an Politik (Stichworte: ›Lager‹, ›ideological cleavages‹, ›hohe Kultur‹),
(3c) auf der korporativen Ebene nach dem Verhältnis zu beruflichen, religiösen und anderen Verbänden und Vertretungen (Stichworte: ›korporative Repräsentation‹),
(3d) auf der Ebene der beruflichen Positionen und der sozialen Lagen nach den Ressourcen an ökonomischem, kulturellem und sozialem Kapital (Stichwort: ›Erwerbsklassen‹, ›Vergesellschaftungen‹, ›Vergemeinschaftungen‹),
(3e) auf der Ebene der staatlichen Institutionen nach der politisch bedingten Verteilung (ungleicher) Positionen (Stichworte: ›politische Repräsentation‹, ›Recht‹, ›Versorgungsklassen‹).

Die Unterscheidung dieser Ebenen oder Felder wurde zum Angelpunkt der theoretischen und methodologischen *Konzeptbildung* für den Fragebogen. Da die Felder nicht direkt auseinander ableitbar sind, konnte auch nicht so verfahren werden wie bei den herkömmlichen Klassen- und Schichtungsanalysen, die nur von einer Ebene (der ökonomischen) und nur von einer Achse (der vertikalen) ausgehen.[17] Jedes Feld folgt gewissen Eigenlogi-

---

16 Vgl. Kapitel 4.3. und 5.2.
17 Die herkömmlichen Sozialstrukturanalysen bleiben in der Regel dabei, alles aus einer Ebene (der des Erwerbssystems), einer Achse (der vertikalen) und einem Kategoriensystem (dem der amtlichen Statistik)

ken, die in Spannung zu den Eigenlogiken der anderen Felder stehen. Daher muß jedes Feld getrennt von den anderen Feldern und auf seiner eigenen kategorialen Ebene untersucht werden. Die sozialen Teilungsprinzipien sind in den kulturellen Feldern anders formuliert als in den ökonomischen oder politischen Feldern. Für jedes Feld mußten daher eigene begriffliche Konzepte gesucht werden, und diese mußten wieder für sich ›operationalisiert‹, d. h. in geeignete Fragenkomplexe übersetzt werden.

Auch für die *Auswertung* der Befragung mußten neue Wege gesucht werden. Das Ziel war, für jedes Feld bzw. seine Unterfelder ein mehrdimensionales und typologisch gegliedertes Bild zu gewinnen. Aus jedem Raumbild sollten die räumlichen Verteilungen der Akteursgruppen und die Trennlinien zwischen ihnen abzulesen sein. In einem nächsten Schritt sollten dann die Raumbilder zusammengefügt bzw., wie Bourdieu es einmal ausdrückt[18], gleichsam wie Bögen von Pergamentpapier übereinandergelegt werden. Durch diese Synthese sollten die Korrespondenzen oder Homologien zwischen den verschiedenen Feldern erkennbar werden, beispielsweise welcher Habitus welcher ökonomischen Position (oder welcher politischen Lagerorientierung) mit welcher Häufigkeit entspricht. Auf diese Weise sollte die These, daß heute die Mentalitäten von den sozialen Lagen unabhängig(er) werden, überprüft werden.

Dieses Synthese-Verfahren haben wir zu Beginn unseres Projektes als Experiment verwendet, um die *Hypothese* unserer Untersuchung zu bilden.[19] Wir haben die sog. ›Sinus‹-Milieus, die primär durch Mentalitätstypen definiert sind, nach ihren beruflichen Schwerpunkten in den sozialen Raum Bourdieus eingeord-

---

abzuleiten, auch wenn sie von den groben Unterscheidungen des orthodoxen Marxismus (z. B. Arbeiter/Kapitalist) zu feineren beruflichen Unterteilungen übergehen, wie Goldthorpe oder Wright. Die Probleme dieses Verfahrens lassen sich auch nicht lösen, wenn sein Reduktionismus in sein Gegenteil verkehrt wird, d. h., wenn die Unterschiede zwischen der ökonomischen, der kulturellen und der praktischen Ebene undeutlich werden, weil sie in Mischkategorien (etwa einem Schichtindex aus Einkommen, Bildungsabschluß, ausgeübtem Beruf und evtl. auch noch subjektiver Statuszuweisung) verschwinden. (Vgl. auch: Bourdieu 1982, S. 176 ff.)

18 Bourdieu 1982, S. 211.
19 Vester u. a. 1987.

net. Das Ergebnis, wiedergegeben in Abb. 6 (S. 46 f.), ließ zweierlei erkennen:

- Zum einen hat jedes Milieu durchaus »*typische*« *Schwerpunkte* im Raum der beruflichen Positionen. Sie richten sich, wie in Kapitel 6.4. zusammengefaßt, nach der jeweils bevorzugten Art und Kombination von kulturellem und ökonomischem Kapital. (Bourdieus ›Kapitalstruktur‹ erweist sich somit als ein möglicher Indikator für die Klassenzugehörigkeit, der die für das Auffinden von Milieus, Klassen oder Schichten zu ungenau gewordenen Indikatoren der amtlichen Berufs- und Erwerbsstatistik ersetzen kann.)
- Zum anderen zeigt sich die *Strukturierung des Feldes*. Erkennbar werden Trennlinien und Beziehungen zwischen den Milieus, verdichtete und verdünnte ›Besiedlungen‹ des Raums sowie Bewegungsrichtungen, in denen sich das Feld verändert bzw. denen die soziale Mobilität der Menschen folgt.

Die Darstellungen, auf die sich diese Hypothese stützte[20], entstammten allerdings der Zeit um 1980 und arbeiteten mit Daten, die noch relativ allgemein und wenig differenziert waren und die zudem aus zwei verschiedenen Ländern stammten. Für unsere Frage nach dem Mentalitätswandel der ›neuen gesellschaftlich-politischen Milieus‹ brauchten wir eine neue Mehr-Ebenen-Befragung, die präziser und für das gleiche Land konstruiert war.

Die Hypothese gab jedoch wichtige Hinweise. Insbesondere zeigt sie den Feldcharakter des Bourdieuschen Klassenkonzeptes. Das Konzept preßt die Akteure *nicht deterministisch* in vorgefertigte Schubladen, sondern begreift sie theoretisch wie empirisch als Teil eines großen *Kräftefeldes*, in dem es, ähnlich wie in einem Magnetfeld, Streuungen und Konzentrationen, Anziehungen und Abstoßungen, gerichtete und ungerichtete Energien gibt.

Wenn kein ›Determinismus‹ wirkt, dann ist für den Einzelfall auch kein Umkehrschluß von der Berufsposition auf den Habitus möglich. Denn zu jedem Typus gehören auch Fälle, die außerhalb seines Schwerpunktes im Feld liegen. Beispielsweise ergab unsere Befragung, daß das Traditionslose Arbeitnehmermilieu seinen Schwerpunkt bei gering qualifizierten und oft unsicheren

---

20 Es handelte sich um das Raumbild der französischen Gesellschaft von Bourdieu (1982 [1979], S. 212 f.) und die erste deutsche Milieutypologie der ›Sinus‹-Lebensweltforschung (SPD 1984).

Beschäftigungen hat, daß aber gleichwohl kleinere Anteile des Milieus in Berufspositionen mit mittleren oder höheren Standards aufgestiegen sind (vgl. Kapitel 13.3.). Eine solche ›Streuung‹ des Milieus oder ›Mobilität‹ seiner Angehörigen im sozialen Raum darf nicht als bloßer ›Zufall‹ oder gar als ›Ausnahme‹ gelten, sondern muß grundsätzlich theoretisch und empirisch erklärbar sein. Eine mögliche Erklärung dieser Mobilität liegt in den für den Habitus der ›Traditionslosen‹ zentralen »Strategien« (Bourdieu), nämlich den (meist unbewußt-impliziten) Techniken und Strebungen der flexiblen Anlehnung an Mächtigere und der Nutzung von Gelegenheiten.

Aus der ›gestreuten‹ und ›bewegten‹ Struktur der Felder ergibt sich, anders als beim Einordnen in ›Schubladen‹, eine besondere Schwierigkeit bei der sprachlichen Darstellung unserer Ergebnisse. Eine genaue sprachliche Beschreibung der differenzierten Streuungen ist zwar möglich, würde aber zu einer überkomplexen, nur mit großer Mühe nachvollziehbaren Darstellungsform führen. Wir bemühen uns daher, diese – statistisch durchaus quantifizierbaren und von uns auch quantifizierten – Feldstreuungen mit Adjektiven wie »eher«, »weniger«, »überwiegend«, »insbesondere«, »kaum«, »partiell«, »weitgehend« usw. zu umschreiben.

Das Beispiel des Traditionslosen Arbeitnehmermilieus veranschaulicht, daß es nicht auf die in der Befragung zu »messenden« einzelnen Merkmale an sich, sondern auf den Zusammenhang oder die Struktur der Merkmale, d. h. die Beziehungen, Kombinationen und Spannungen zwischen ihnen, ankommt (vgl. Kapitel 5.3.). Es mußten Wege gesucht werden, das Spannungsfeld der Strukturen sozialer Beziehungen *als komplexes Feld von Vektoren*, d. h. Kräften der Anziehung und Abgrenzung zwischen sozialen Akteuren, abzubilden. Dabei kam es darauf an, nicht nur verschiedene *Orte* zu einem bestimmten Zeitpunkt (den sog. topologischen Raum), sondern auch bestimmte *Wege* über einen bestimmten Zeitraum (den. sog. hodologischen Raum) auffinden zu können. Um diese Beziehungen und Bewegungen empirisch abzubilden, bedurfte es einer ›höheren‹, relationalen Mathematik in den Auswertungsverfahren: Die Verfahren der ›Tabellen-Statistik‹ mußte durch die Verfahren der ›Feld-Statistik‹ ergänzt werden.

Unsere Vorstudien hatten ergeben, daß wir die Daten, die wir aus den Antworten der Befragten gewinnen würden, mit einer ›einfachen Mathematik‹ nicht würden sinnvoll verarbeiten können. Alle Versuche, Daten über Einkommenshöhen, Ausbildungsstufen, Berufsprofile und Alter als Meßzahlen zur Verortung der Befragten auf der horizontalen, der vertikalen und der temporalen Achse des jeweiligen Feldes zu verwenden, brachten keine sinnvollen Ergebnisse. Beispielsweise ergaben quantitative Meßgrößen wie die der Einkommenshöhe eine Verteilung auf der vertikalen Achse, die nur wenig bzw. eher vieldeutig untergliedert war. Tabellen ungleicher Einkommensverteilungen, so notwendig sie als Hilfsmittel sind, lieferten keine hinreichenden Hinweise darauf, wo die sozialen Trennlinien verlaufen. Die Annahme, daß soziale Zusammengehörigkeit sich aus einer ›Homogenität‹ der Merkmale und soziale Trennlinien aus einer ›Diskontinuität‹ der Merkmale ergeben können, erwies sich damit erneut als naiv.

Wenn Bourdieu immer wieder auf Durkheims Einsicht hinweist, daß die sozialen Sichtweisen (›visons‹) mit den sozialen Teilungen bzw. Einteilungen (›divisons‹) zusammenhängen, gibt er indirekt auch einen methodologischen Hinweis: Die sozialen Teilungen entstehen nicht durch die *Merkmale*, sondern durch die *Distinktionspraxis* der Akteure, d. h. die unterscheidende Praxis sozialer Beziehungen und Abgrenzungen. Wir entschieden uns daher, die Klassifikations- und Bewertungsmuster dieser Praxis direkt zu untersuchen, seien sie implizit (in Gestalt verschiedener Lebensstile oder kultureller Präferenzen) oder explizit (in Gestalt von sozialen Akten der Nichtanerkennung, Konkurrenz, Ausschließung usw.).

Schon bei unseren 244 ausführlichen qualitativen Interviews war uns aufgefallen, daß die Befragten sich in aller Regel spontan bemühten, die Grundsätze ihrer Lebensweise im Modus der Abgrenzung darzustellen, d. h., sie durch Abgrenzung von anderen sozialen Gruppen auch zu rechtfertigen. Bald wurde deutlich, daß dieses Abgrenzungsbedürfnis nicht nur für einzelne Züge, sondern für die Lebensweise als ganze galt, d. h. für die verschiedenen *Typen* von Lebensweisen oder eben des Habitus. An dieser Selbsttypisierung orientierte sich auch unser Verfahren der Typenbildung. Wie unsere synoptische Zusammenfassung der gefundenen Habitustypen veranschaulicht (Abb. 24, S. 332 f.), ist jeder Habitus beschreibbar als ein *Syndrom*, d. h. eine *Kombina*-

tion von *aufeinander verwiesenen einzelnen Mentalitätszügen, Klassifikationsschemata und Bewertungsmustern* (vgl. Kapitel 5.4. und 10.).

Es kam nun darauf an, einen gangbaren Weg zu finden, unsere Methode der Entdeckung von typologischen Syndromen, die schon im qualitativen Untersuchungsteil komplex und aufwendig gewesen war (vgl. S. 329 f.), auf Verfahren der statistischen Datenverarbeitung zu übertragen.

Hier kam uns der Glücksfall zugute, daß der Anfang unseres Projektes zeitlich mit dem ersten Schub der Verbreitung kostengünstiger ›Personal Computer‹ und entsprechender Rechenprogramme zusammenfiel. Die alte, lineare Statistik konnte nur einzelne Variablen verknüpfen oder allenfalls, über Skalen, einzelne Einstellungsdimensionen messen. Die neue Technologie ermöglichte es, zu mehrdimensionalen und ›multivariaten‹ statistischen Rechenverfahren überzugehen. Diese konnten eine zuvor unvorstellbare Vielzahl und Vielfalt von Variablen ›subjektiver‹ Einstellungen (und übrigens auch ›objektiver‹ Dimensionen sozialer Lagen, vgl. Kapitel 8.4.) zu geordneten mehrdimensionalen Raum- und Typenbildern verarbeiten.

Die Vieldimensionalität der Typen und Felder machte es allerdings erforderlich, für jede gesuchte Typologie auch eine umfangreiche Auffächerung der zu erfragenden Variablen in den Fragebogen hineinzubringen. So entstanden für die Typologien der Mentalitäten, der Kohäsionsformen, der politischen Grundeinstellungen usw. umfangreiche *Indikatoren*, das heißt Batterien von bis zu 45 Statements. Die Statements der Indikatoren waren dabei, wie dies methodologisch notwendig ist, aus vorhergehenden qualitativen Untersuchungen gewonnen worden. Ausgewählt wurden Formulierungen, die geeignet waren, die wichtigen Einstellungsdimensionen zu repräsentieren und die Ablehnung oder Zustimmung der Befragten deutlich hervorzurufen. Entsprechend waren im Fragebogen vier Stufen der Ablehnung und Zustimmung vorgesehen. Der Grad und Umfang der Zustimmung und Ablehnung ist gewissermaßen der Maßstab der ›*distinktiven Energie*‹, d. h. der Intensität sozialer Abgrenzungen. Sie liefert dann die statistischen Ladungen bzw. Werte, mit deren Hilfe die multivariate Statistik die zwei wichtigsten Schritte der Typenanalyse mit EDV-Programmen reproduzieren kann:

- die Identifikation der in einer Stichprobe vorkommenden einzelnen Einstellungs*züge* – durch die sog. ›Faktorenanalyse‹ – und
- die Identifikation der in einer Stichprobe vorkommenden vollständigen Einstellungstypen – durch die sog. ›Clusteranalyse‹.

Diese neue Kombination von Verfahren der Indikatorbildung und der multivariaten Typenanalyse ist eine Pionierleistung der Lebensweltforschung des Heidelberger ›Sinus‹-Instituts. Es ist vermutlich kein Zufall, daß diese folgenreiche Methoden-Innovation[21] bei der etablierten sozialwissenschaftlichen Forschung, die mit herkömmlichen Methoden groß geworden war, häufig auf Abwehr stieß. Die positive Würdigung des ›Sinus‹-Ansatzes durch Stefan Hradil[22], den nachmaligen Vorsitzenden der deutschen Gesellschaft für Soziologie, bewegte uns jedoch, uns diese neuen Methoden anzueignen und, mit Hilfe und Beratung des ›Sinus‹-Instituts, auch in der hier beschriebenen repräsentativen Befragung anzuwenden.

Die multivariat gestützte Typenanalyse ist kein automatischer Prozeß. Die gültigen Typen- und Feldstrukturen kamen nicht fertig aus dem Computer. Sondern dieser bot verschiedene Gruppierungen von Statements und lange Kolonnen von statistischen Werten an, aus denen in langwierigen Interpretationsverfahren die zutreffende, ›gültige‹ Lösung erst herausgefunden, d. h. ›validiert‹ werden mußte. Die Hermeneutik der Validierung von Cluster- und Faktorenanalysen setzte eine professionelle Vertrautheit mit den Theorien und Methoden der Syndromanalyse sowie mit dem bereits bekannten typologischen Spektrum voraus, so daß wir uns genötigt sahen, hierfür an der Universität Hannover einen entsprechenden mehrsemestrigen Ausbildungsgang der qualitativen und quantitativen Habitusanalyse einzurichten. Dieser nutzt einerseits weiterhin die zuerst von ›Sinus‹ entwickelte Methodologie, hat aber inzwischen auch eine eigene Entwicklung genommen. Während die Marktforschung eher beschreibend vorgeht und vorwiegend die Dimensionen der Kon-

---

21 Wie bei jeder Innovation (Schumpeter 1934, 1961) bestand das Neue nicht in den Verfahren selbst. Sie waren lange bekannt, wurden aber, wie Hofstätter (1962) in einer Kritik an Adorno u. a. (1950) anmerkt, zu wenig angewandt. Die Verbreitung der neuen Computertechnologie erleichterte nun die Anwendung wesentlich. Damit konnte erst die *innovative Kombination* mit anderen Verfahren entwickelt werden.
22 Hradil 1987.

sumästhetik und der Lebensstile untersucht, ist unsere Forschung historisch und an Bourdieus Theorie orientiert und hauptsächlich auf die gesellschaftspolitische Seite sozialer Mentalitäten und Kohäsion gerichtet.

Die Auswertung der Befragung für dieses Buch sowie für nachfolgende Studien[23] hat bestätigt, daß mit dem Fragebogen ein Untersuchungsinstrument entwickelt worden ist, das hinreichend vieldimensional ist, um den sozialen Raum der westlichen Bundesrepublik, seine Gliederung und Dynamik relativ differenziert und umfassend auszumessen. Einbezogen wurden dabei auch die sog. askriptiven Merkmale, d. h. die Zugehörigkeiten nach Geschlechts-, Alters- und Regionalgruppen. Die ethnischen Zugehörigkeiten, d. h. die nicht deutschsprachigen Zuwanderer, konnten nicht einbezogen werden, da hierfür bisher keine finanzielle Förderung zur Verfügung stand.[24]

Dieses Buch stellt nur einen kleinen Teil der durchgeführten (und der möglichen) Auswertungen vor. Es handelt sich um jene Typologien und Feldstrukturen, mit denen die Fragestellung dieses Projektes, nämlich die Frage danach, ob sich, am Beispiel der ›neuen gesellschaftlich-politischen Milieus‹, eine Auflösung der sozialen Klassen, Milieus und Zusammenhänge nachweisen läßt, beantwortet werden konnte. Es handelt sich um die Typologien der gesellschaftspolitischen Lager (Kapitel 12.2.) und der sozialen Kohäsion (Kapitel 12.3.) sowie der westdeutschen sozialen Milieus (Kapitel 13.). Die Typologie der ostdeutschen Milieus (Kapitel 14.) ist weniger detailliert, weil zu Ostdeutschland ebenfalls keine differenzierte repräsentative Befragung durchgeführt werden konnte. Sie stützt sich daher auf andere Untersuchungen.[25] Die Typologien werden daher in den Schlußkapiteln des Buches nur beschreibend vorgestellt. Eine vertiefte und zusammenhängende Analyse findet sich im Ersten Teil dieses Buches.

Der Fragebogen ist im Folgenden ausführlicher erläutert. Alle

---

23 Insbesondere Gardemin 1998 und Wiebke 1999.
24 Die Kosten für die standardisierte Befragung in nur einer weiteren Sprache hätten bereits 1991 etwa DM 220.000 betragen, wobei die Gewinnung der Statements aus qualitativen Untersuchungen und die Auswertung noch nicht gerechnet sind. Eine geplante vergleichende Untersuchung für das Jahr 2000 fand keine Förderung.
25 Vester/Hofmann/Zierke 1995; ›Spiegel‹ 1996 und 1998.

Abb. 16: Erhebungsinstrument der Repräsentativbefragung (Synopse)

	Mentalitäten und Politik Ebenen der alltäglichen Lebensführung (1.1.-1.3.) und der gesellschaftspolitischen Orientierungen (1.4.-1.6.)				
	Untersuchungsthema	Frage Nr.	Erhobene Angaben	Fragemodell	Dauer (Min.)
1.1.	*Habitus* (Mentalitätstypen)	1	Grundeinstellungen zu verschiedenen Bereichen der alltäglichen Lebensführung (Arbeits- und Freizeitmotive, Genuß- und Asketiksepräferenzen, Einstellungen zum Geschlechterverhältnis und zur Familie, Einstellungen zum technischen Fortschritt und zur Politik)	›Milieu-Indikator‹, Erhebungsinstrument von Sinus, Heidelberg, seit 1981 entwickelt und fortlaufend validiert: Vorgabe von 44 Statements (Kartensatz) mit einer vierstufigen Skala, auf der die Befragten das Maß ihrer Zustimmung bzw. Ablehnung angeben sollten. Zuordnung der Befragten zu den neun sozialen Milieus: individueller Profilvergleich mit der Sinus-Eichstichprobe	12
1.2.	*Soziale Kohäsion* (Gesellungsstile)	7	Grundeinstellungen zur Art des Umgangs mit Familie, Freunden und Bekannten	Vorgabe mit 39 Statements (Fragebogen z. Selbstausfüllen) mit einer vierstufigen Skala, auf der die Befragten das Maß ihrer Zustimmung bzw. Ablehnung angeben sollten	10
1.3.	*Freizeit* (Gesellungspraktiken)	13	Häufigkeiten und Reichweite verschiedener geselliger, sozialer und politischer Aktivi-	Vorgabe von 22 Items (Liste) mit einer sechsstufigen Skala, auf der die Befragten den Grad ihrer	6

			täten (soziale Orte und Kreise)	Aktivität angeben sollten
		12	Grundeinstellungen zur gesellschaftlichen und politischen Ordnung (soziale Gerechtigkeit, politische Partizipation und Repräsentation, gesellschaftspolitische ›cleavages‹)	Vorgabe von 45 Statements (Listen) mit einer vierstufigen Skala, auf der die Befragten das Maß ihrer Zustimmung bzw. Ablehnung angeben sollten	
1.5.	*Politische Partizipation*	P	Grad des persönlichen Interesses für aktuelle Ereignisse aus Politik und öffentlichem Leben	geschlossene Fragen mit fünf alternativen Antwortangaben (Liste)	0,5
		4	Parteisympathien	Kartensatz mit fünf politischen Parteien, den die Befragten in eine Rangreihe ihrer Präferenz legen sollten	6
		8	Wahlentscheidung bei der Bundestagswahl 1987	geschlossene Frage mit neun alternativen Antwortvorgaben (Liste)	0,5
		14	Wahlentscheidung bei der Bundestagswahl 1990	geschl. Frage mit 12 alternativen Antwortvorgaben (Liste)	0,5
1.6.	*Gesellschaftspolitische Traditionslinien*	15b	Gewerkschaftsmitgliedschaft des Vaters	offene Frage	0,5

2. *Soziale Lagen und Positionen*
   Vergemeinschaftungsweise (2.1.-2.4).
   und Vergesellschaftungsweise (2.5.-2.6.)

	Untersuchungsthema	Frage Nr.	Erhobene Angaben	Fragemodell	Dauer (Min.)
2.1.	*Vergemeinschaftungsform* (Haushalts- und Familienform)	2	Familienstand	geschlossene Frage mit vier alternativen Antwortmöglichkeiten	0,5
		9	feste Beziehungen zu einem Partner/ einer Partnerin	offene Frage	0,5
		3	derz. Wohnform (m. Partner/in, bei Eltern/Kindern, WG, allein)	geschlossene Frage mit vier alternat. Antwortmögl.	0,5
		L	Anzahl der ständig im Haushalt lebenden Personen	offene Fragen	0,5
		M	Alterszusammensetzung des Haushalts	offene Frage	1
2.2.	*Vergemeinschaftungsstatus* (Geschlecht, Alter, Religionsgemeinschaft)	A	Geschlecht	Angabe wurde notiert	–
		B	Alter	offene Frage	0,5
		16	Konfession/ Religionsgemeinschaft	geschl. Frage mit vier alt. Antwortmöglichk.	0,5
2.3.	*Sozialstatus des Partners/der Partnerin* (Soziales, kulturelles und ökonomisches Kapital)	10	derzeitige Tätigkeit (sozialrechtliche Stellung) des Partners/der Partnerin	geschlossene Frage mit 11 alternativen Antwortvorgaben (Liste)	0,5

	11	derzeitiger bzw. zuletzt ausgeübter Beruf des Partners/der Partnerin	offene Frage (nach dem zweistelligen Code der amtl. Berufsstatistik verschlüsselt)	0,5
2.4. *Territoriales Milieu* (Region, Wohnort, Wohnung)	Q	Größe des Wohngebäudes (Anzahl der Whgn im Haus)	Angabe wurde von dem/der Interviewerin notiert	–
	–	Ortsgröße (politisch)	Angaben zur Wohnortgröße u. zum Bundesland wurden aus der Ortskennziffer (Sample Points) ermittelt	–
	–	Bundesland		
2.5. *Sozialstatus des/der Befragten* (Kulturelles und ökonomisches Kapital)	C	höchster erreichter Schulabschluß	geschlossene Frage mit sieben alternativen Antwortmöglichkeiten (Liste)	0,5
	D	höchster beruflicher Abschluß	geschlossene Frage mit sechs alt. Antwortmöglichkeiten (Liste)	0,5
	E	derzeitige Tätigkeit (sozialrechtliche Stellung)	geschlossene Frage mit 12 alt. Antwortmöglichkeiten (Liste)	0,5
	F	derzeit bzw. zuletzt ausgeübter Beruf	offene Frage (nach dem zweistelligen Code der amtl. Berufsstatistik verschlüsselt)	0,5
	G	Tätigkeitsfeld im Beruf (Herstellen, Transportieren, Büroarbeiten usw.)	geschlossene Frage mit 17 alternativen Antwortvorgaben	0,5
	H	derzeitige bzw. letzte berufliche Stellung	geschlossene Frage mit 26 alt. Antwortmöglichkeiten (Liste)	1

		K	Quellen des Lebensunterhaltes	geschl. Frage mit zehn Antwortmöglichkeiten (Liste, zwei Nennungen möglich)	1
		O	persönliches Netto-Einkommen (monatlich)	geschlossene Frage mit 12 alt. Antwortmöglichkeiten (Liste)	1
		N	Haushalts-Netto-Einkommen (monatlich)	geschlossene Frage mit 12 alt. Antwortmöglichkeiten (Liste)	1
2.6.	*Sozialstatus der Eltern und Großeltern* (Intergenerationelle Mobilität)	5	höchster Schulabschluß des Vaters und der Mutter	geschlossene Frage mit sieben alt. Antwortvorgaben (Liste)	1
		6	letzte berufliche Stellung des Vaters, der Mutter und der beiden Großväter	geschlossene Frage mit 26 alt. Antwortvorgaben (Liste) (Wenn sich die Berufe nicht zuordnen ließen, wurde die genaue Berufsbezeichnung erfragt und notiert)	2
					60

Fragen sind in der beigefügten Synopse (Abb. 16) begrifflich und im Anhang im Wortlaut wiedergegeben. Der Fragebogen ist im Inhalt – nicht in seinem praktischen Aufbau[26] – nach den vier Raumachsen strukturiert:

[26] Die in der Befragung benutzte Fragenfolge richtete sich nicht nach der hier gewählten systematischen Präsentation, sondern nach den Regeln für die Konstruktion von Fragebögen. – Handhabung, Dauer und Verständlichkeit des Fragebogens haben wir in einem Pretest geprüft. Die Fragenfolge wurde so festgelegt, daß Konditionierungs- und Lerneffekte vorausgehender Fragen auf nachfolgende vermieden wurden. Durch die Abwechslung der Themen und des Abfragemodus sollte die Aufmerksamkeit der Befragten aufrechterhalten werden. Filterführungen waren nur bei den Fragen zum Arbeitsvertrag (nur für Arbeiter, Angestellte), zum Partner/zur Partnerin und zur Gewerkschaftsmitgliedschaft notwendig. Für die komplexeren Erhe-

- Die Synopse ist nach den vier in sich weiter unterteilbare Feldebenen (der sogenannten dritte Achse) gegliedert: alltägliche Lebensführung (1.1.-1.3./Habitus, Kohäsion usw.), gesellschaftspolitische Orientierungen (1.4.-1.6./Lager, Partizipation usw.), Vergemeinschaftungsweise (2.1.-2.4./Zusammenlebensformen, askriptive Zugehörigkeiten, Regionalmilieus und so weiter) und Vergesellschaftungsweise (2.5.-2.6./kulturelles., ökonomisches und soziales Kapital).
- Die Dimension der Ungleichzeitigkeit (die sog. vierte Achse) findet sich explizit in den Fragen zu den Vorfahren (1.6. und 2.6.) und implizit in den Altersangaben der Befragten (in 2.2.), die es ermöglichen, für jede Kategorie Altersgruppen zu bilden.
- Die horizontale und die vertikale Dimension (die erste und zweite Achse) ergeben sich aus der Bedeutung der erhobenen einzelnen Variablen. Schon am Beispiel der Berufsklassifikationen (in Kapitel 11.2.) haben wir verdeutlicht, daß die zusammenwirkenden Variablen zu zahlreich und vielgestaltig und die Feldstreuungen zu groß sind, um die Lokalisierung auf jeder Achse durch eine einzige oder eine kombinierte Meßzahl angeben zu können. Die Positionierung der Berufsgruppen erfolgte daher ›von Hand‹, in einem von der ganzen Forschungsgruppe kontrollierten qualitativen Typenvergleich. Mit dem gleichen Verfahren des kontrollierten Typenvergleichs positionierten wir die Habitustypen nach Maßgabe der Definition der beiden Achsen für das Feld des Habitus (s. unten, 1.1.).

[1.] Der erste Befragungsteil sollte die Gliederung der Bevölkerung in sich voneinander abgrenzende soziale *Milieus* und gesellschaftspolitische *Lager* ermöglichen. Für unser Erkenntnisinteresse – die Frage nach den gesellschaftlich-politischen Milieus in der Bundesrepublik – besonders relevant war die Frage nach dem *Verhältnis* zwischen der *sozialen Kohäsion* der Milieus und den Formen ihrer *politischen Vergesellschaftung*. Die charakteristischen Muster der Selbst- und Fremdtypisierung sozialer Milieus

bungsinstrumente wurden Befragungshilfen in Form von Listen und Karten vorgelegt. Die Geselllungsstile wurden schriftlich ermittelt, d. h., der Fragebogen wurde den Interviewten zum Selbstausfüllen überlassen. Die verwendete Fassung des Fragebogens ist im Endbericht des Projektes (Vester u. a. 1992) abgedruckt.

wurden über vier relativ breit gefächerte Indikatoren mit insgesamt 150 Einzelstatements und jeweils vier und mehr Antwortmöglichkeiten erhoben. Benutzt wurden außerdem fünf einzelne Frageinstrumente.

[1.1. *Habitus*] Im ›Sinus‹-Milieu-Indikator werden Grundeinstellungen zu verschiedenen Bereichen der alltäglichen Lebensführung erhoben (s. Abb. 16). Die ermittelten Habitusmuster lassen sich sowohl auf der vertikalen wie auf der horizontalen Distinktionsachse (vgl. Kapitel 5.6.) verorten. Besonders geeignet ist der Indikator dafür, die horizontale Differenzierung zwischen dem (rechten) Pol der eher traditionellen und restriktiven bzw. ›materialistischen‹ Werte (z. B. Erfolg, Sicherheit, Wohlstand) und dem (linken) Pol der eher modernen und offenen bzw. ›postmaterialistischen‹ Werte (z. B. Selbstverwirklichung, Integration, Partizipation) aufzudecken.

[1.2 *Kohäsion*] Den Indikator zu den Gesellungsstilen haben wir in mehreren Schritten aus unseren qualitativen Interviews selbst konstruiert.[27] Er sollte die Frage nach dem behaupteten Zerfall sozialer Bindungen

---

27 Von den Gesellungsstilen der fünf neuen Mentalitätstypen ausgehend, haben wir zunächst die der Elterngeneration, dann die der Kindergeneration unserer Befragten herausgearbeitet. Im zweiten Schritt haben wir die Charakteristika der Gesellungsstile in einzelne analytische Dimensionen zerlegt und mit über 120 aus dem Material der themenzentrierten Interviews herausgefilterten Originalaussagen illustriert. Diese Originalaussagen haben wir als Formulierungshilfe für die Statements genutzt, d. h., die Statements sollten den sozialen Topoi der Alltagssprache möglichst nahe kommen, aber zugleich eindeutiger formuliert werden. Im Expertenrating wurden dann die Dimensionen der Gesellungsstile in insgesamt 100 Statements operationalisiert.

Im anschließenden qualitativen Pretest haben wir die Statements 30 ausgewählten Personen aus unterschiedlichen Lagen, Generationen und Milieus vorgelegt. Die GesprächspartnerInnen wurden zunächst gebeten, die Aussagen spontan nach ihrer Verständlichkeit zu sortieren. Anschließend sollten sie darlegen, welche Bedeutung die einzelnen Aussagen für sie haben. Ziel dieses Gesprächs war es, das gesamte semantische Feld der Statements zu explorieren. Auf diese Weise konnten wir prüfen, inwieweit die Aussagen in dem von uns intendierten Sinn verstanden werden und inwieweit sie nach den operationalisierten Dimensionen diskriminieren. Aus Zeit- und Kostengründen mußten wir darauf verzichten, das Instrument an einer unabhängigen Zufallsstichprobe zu überprüfen. (Die Dimensionen der Gesellungsstile wurden aber dann in der Repräsentativbefragung

bzw. der Milieuneubildung durch reflexiv begründete Wahlakte (vgl. Kapitel 4.2.) klären. Die gefundenen Typen konnten nach ihrer Validierung ebenfalls durch das Verfahren des kontrollierten qualitativen Typenvergleichs auf den beiden Distinktionsachsen positioniert werden.

[1.3. *Freizeit*] Mit den Fragen nach den Gesellungspraktiken sollte die Intensität und Reichweite der milieuspezifischen Kohäsionspraxis identifiziert werden. Erhoben wurden die Häufigkeit und die sozialen Orte des Umgangs mit Verwandten, Freunden, Vereinen, Mitgliedschaften, informellen Freizeitpraktiken sowie Gesellungen im Bereich der Kultur und Politik. Die ermittelten Präferenzen ließen sich ebenfalls in allen vier Quadranten des Raums des Habitus verorten.

[1.4. *Lager*] Der Politikstil-Indikator ist eine von uns vorgenommene Weiterentwicklung des von ›Sinus‹ benutzten Indikators.[28] Die insgesamt 45 Items umfassende Statementbatterie ermöglicht die Differenzierung der Bevölkerungsgruppen insbe- sondere nach ihren Einstellungen zur sozialen Ungleichheit und ihrer Nähe bzw. Ferne zu klientelistischen Politikformen.

Die abschließenden Fragen des ersten Teils zur politischen Partizipation [1.5.] sind am Beispiel der Clusteranalysen (Kapitel 12.1.2.) erläutert. Die Frage zur Gewerkschaftsmitgliedschaft des Vaters [1.6.] – die Zeitbegrenzung erlaubte keine weiterführenden Fragen – sollte die Bedeutung von gesellschaftspolitischen Traditionslinien ansprechen.

[2.] Der zweite Befragungsteil sollte die Gliederung der Bevölkerung nach ihren objektivierten *sozialen Lagen* untersuchen, und zwar nach deren beiden Bedingungszusammenhängen: der Lebenswelt und dem Erwerbssystem. Die ersten vier Fragenkomplexe (2.1.-2.4.) betreffen die lebensweltlichen *Zugehörigkeiten bzw. Vergemeinschaftungen*, die üblicherweise als sog. ›demographische‹ Merkmale erfaßt werden. Zu ihnen gehören die Zu-

---

faktoriell validiert.) Nachdem wir die unverständlichen, mehrdeutigen und redundanten Statements beseitigt hatten, blieben für die Repräsentativerhebung schließlich 39 Statements übrig.

28 Wir hatten diesen Indikator bereits in modifizierter Form in den themenzentrierten Interviews benutzt (vgl. Kapitel 10). Die Auswertung dieser Interviews, insbesondere des explorativen Befragungsteils, erbrachte Hinweise darauf, in welchen Dimensionen wir das Instrument aktualisieren mußten: in den neueren Entwicklungen des Wohlstandschauvinismus und der Fremdenfeindlichkeit, in der Frage der gesellschaftlich-politischen Gleichstellung von Frauen sowie neuartiger Formen eines die Sachautorität besonders betonenden Politikbilds. Unsere Modifikationen und Ergänzungen haben wir in einem qualitativen Pretest validiert.

gehörigkeiten zu den Alters- und Geschlechtsgruppen, zu bestimmten Haushalts- und Familienformen bzw. Partnerschaften, zu bestimmten Wohnverhältnissen, Wohnorten und Regionen sowie zu Religionsgemeinschaften. Die letzten beiden Fragenkomplexe (2.5.-2.6.) betreffen die durch *Erwerbstätigkeit bzw. Vergesellschaftung* bedingte soziale Position (Sozialstatus), die überwiegend mit der Erwerbs-, Ausbildungs- und Berufsstatistik erfaßt wird. Als Indikatoren wurden, nach Bourdieu, die Formen des ökonomischen und des kulturellen Kapitals gewählt, insbesondere die Schul- und Berufsabschlüsse sowie der Beruf, seine vertikale Verortung (›Stellung im Beruf‹) und seine horizontale Verortung (›Tätigkeitsfelder‹).

[2.1.-2.4. *Zugehörigkeit*] Der Umstand, daß soziale Lagen der Haushaltsmitglieder nicht einfach vom Erwerbsstatus des Haushaltsvorstands abgeleitet werden können, gewinnt heute wieder an Gewicht. Die Zugehörigkeiten nach Alter, Geschlecht, Zusammenlebensform sowie territorialer und gegebenenfalls kultischer Gemeinde sind nicht nur ›demographische‹ Angaben zu den Einzelpersonen, sondern auch mögliche Indikatoren der Vergemeinschaftung in Milieus wie auch der sozialen (und ökonomischen) Lage. Wenn hierzu zusammenhängende Daten verfügbar sind, lassen sich – zusammen mit den Kohäsionsdimensionen des ersten Befragungsteils (1.2. und 1.3) – die lebensweltlichen Milieus sinnvoller als typologisches Feld begreifen.

[2.5.-2.6. *Sozialstatus*] Die Kategorie des kulturellen Kapitals haben wir in den Fragen nach den Bildungsabschlüssen und nach der beruflichen Tätigkeit operationalisiert. Die Bildungsabschlüsse wurden nach sieben allgemeinbildenden und sechs beruflichen Abschlüssen differenziert. Zumeist werden die Bildungsabschlüsse kombiniert erfragt, z. B. unterscheidet die Standard-Demographie von ›Marplan‹, mit der auch ›Sinus‹ arbeitet, sechs Bildungsniveaus. Unser Vorgehen ermöglichte demgegenüber eine Erfassung von 42 möglichen Kombinationen von allgemeinbildenden und beruflichen Abschlüssen, nach denen die Befragten erst in der Auswertung zu größeren, aber relativ homogenen Gruppen zusammengefaßt werden konnten. In Verbindung mit den erhobenen Angaben zur Tätigkeit und zur sozialen Herkunft (Bildungsabschlüsse und berufliche Stellungen der Eltern und Großeltern) erlaubt uns dies Rückschlüsse auf die Bildungsbiographien und die Mobilitätswege der Befragten. Aus diesem Grund wurde auch gesondert nach der Hochschulzugangsberechtigung über den zweiten Bildungsweg gefragt.

Als Indikator für die beruflichen Qualifikationsprofile, die insbesondere für die Frage nach neuen Berufen bedeutsam sind, benutzten wir die von ›Infratest‹ für das Demographiemodul ›Infratarget‹ erweiterte Typologie der Tätigkeitsfelder, die auch im Mikrozensus erhoben werden. Die Befragten wurden hier gebeten, die überwiegend ausgeübte Art ihrer beruflichen Tätigkeit zu nennen (z. B. Herstellen, Büroarbeiten, Ausbilden/Informieren).[29] Weiter fragten wir sehr detailliert auch nach der beruflichen Stellung und dem derzeit bzw. zuletzt ausgeübten Beruf (die Frage wurde auch an RentnerInnen, Arbeitslose und früher erwerbstätige Hausfrauen gestellt). Der Beruf wurde offen erfragt und in der Auswertung nach dem zweistelligen Code der amtlichen Berufsstatistik verschlüsselt, um die Berufe und Berufsgruppen nach der von uns entwickelten Berufssystematik (vgl. Kapitel 11.2.) zusammenfassen zu können.

Eine genauere Lokalisierung der Zonen neuer sozialer Benachteiligungen erwarteten wir uns unter anderem von den Fragen nach prekären Beschäftigungsverhältnissen (zum Beispiel Nebenerwerbstätigkeit unterhalb der sozialversicherungspflichtigen Grenze, befristete Arbeitsverträge) und nach den Quellen des Lebensunterhalts (z. B. Unterhalt durch PartnerIn, durch eigene Rente oder Witwenrente, durch Sozialhilfe oder andere staatliche Transferzahlungen usw.). In Verbindung mit den Daten zum persönlichen und zum Haushaltseinkommen konnte damit die ökonomische Lage der Befragten bestimmt werden. Die subjektive Bewertung sozialer Sicherheit wurde in verschiedenen Einstellungsfragen erhoben. Unter anderem erfragten wir im Politikstil-Indikator (1.4.) die Stellungnahme zu der Aussage »Ich fürchte, daß ich meinen heutigen Lebensstandard in den nächsten Jahren nicht aufrechterhalten kann«.

Die *Feldarbeit* der Befragung wurde vom Forschungsinstitut ›Marplan‹ in Offenbach übernommen. Die Grundgesamtheit, die der *Stichprobe* von Befragten zugrunde lag, war die deutsch-

---

29 Eine umfassendere arbeitsplatzbezogene Tätigkeitstypologie für Arbeiter und Angestellte, die uns vom Soziologischen Forschungsinstitut (SOFI) in Göttingen zur Verfügung gestellt wurde, konnten wir nicht einbeziehen, da die für diese Gruppen der Erwerbspopulation erwartbare Fallzahl zu klein war, um sinnvolle Differenzierungen zu gestatten. Der Anteil der früher oder heute als Arbeiter beschäftigten Befragten an der Gesamtstichprobe (einschließlich der noch nie Erwerbstätigen) betrug 28%, der Anteil der Angestellten 40%.

Abb. 17: Untersuchungssteckbrief

Titel	Gesellschaftspolitische Milieus in Westdeutschland
Institute und Beratung	Konzeption und qualitative Voruntersuchungen: Forschungsgruppe Sozialstrukturwandel, (Institut für Politische Wissenschaft, Universität Hannover)
	Stichprobe, Feldarbeit und Gewichtung: Marplan, Offenbach
	Auswertung: Forschungsgruppe Sozialstrukturwandel, Norbert Schäuble (Heidelberg), Wolfgang Zocher (RRZN Hannover)
	Beratung der gesamten Untersuchung: Ulrich Becker (Darmstadt)
Grundgesamtheit	Deutschsprachige Wohnbevölkerung ab 14 Jahre in Privathaushalten in der Bundesrepublik Deutschland (West) und Berlin (West)
Stichprobe und Auswahlverfahren	Mehrstufige Zufallsauswahl aus dem ADM-Stichprobensystem (Adressen-Random in 210 Sample Points); 2699 Interviews (gewichtet: 2684 Fälle) Ausschöpfung: 69%
Erhebungsverfahren	Mündliche und schriftliche Befragung mit standardisiertem Fragebogen
Erhebungszeitraum	4. Juni bis 24. Juli 1991
Gewichtung	Demographische Struktur des Mikrozensus 1988

sprachige Wohnbevölkerung ab 14 Jahre in Westdeutschland und Westberlin, soweit sie in Privathaushalten lebt. Nach den Daten der Volkszählung von 1987 sind dies etwa 50 Millionen Personen.[30] Eine kleinere Grundgesamtheit, etwa in der Altersabgrenzung zwischen 18 und 65 Jahren, hätte den Blickwinkel unserer Untersuchung auf die erwerbstätigen und sozial aktiveren Gruppen der Bevölkerung verengt.[31] Der Untersuchung lag das koordinierte ADM-Stichprobensystem zugrunde. Die zu befragenden Personen wurden durch ein mehrstufiges, zufallsgesteuertes Auswahlverfahren ermittelt.[32] Die gewichtete Stichprobe um-

30 Zur über 14jährigen Bevölkerung am Ort der Hauptwohnung zählen 52,8 Millionen Menschen. Darin ist ein Ausländeranteil von 6,1 % (3,2 Millionen Menschen) enthalten. Da nur die deutschsprachige Wohnbevölkerung ab 14 Jahre befragt wurde, liegt der Ausländeranteil in unserer Stichprobe sehr viel niedriger.
31 Zu prüfen war unter anderem, inwieweit die Orientierungssuche in der Phase der Adoleszenz und die Isolierung im Alter einen Erklärungshintergrund für Tendenzen sozialer Anomie abgibt. Die Einbeziehung der jüngeren und älteren Befragten sollte zudem bessere Vergleichsmöglichkeiten nach Lebensaltersphasen und Generationen ermöglichen. Die Altersschichtung der Milieu- und Mentalitätsgruppen in der Bevölkerung erlaubt wichtige Hinweise auf vergangene und künftige Entwicklungen. Die 14- bis 18jährigen stellen einen Anteil von 5 % an der Bevölkerung am Ort der Hauptwohnung (3,06 Millionen von insgesamt 61,1 Millionen Menschen), davon gehören 9,3 % zur ausländischen Bevölkerung (285 000 Menschen). Die 65jährigen und Älteren stellen einen Anteil von 15,3 % (9,35 Millionen Menschen), davon sind nur 1 % AusländerInnen (92 500 Menschen).
32 Auswahleinheiten in der ersten Stufe waren die Wahlbezirke der Bundestagswahl 1987 bzw. der letzten Abgeordnetenhauswahl in Westberlin. Durch Vorgabe eines Zufallsstarts und eines Intervalls erfolgte die Ziehung von zwei überschneidungsfreien, in sich repräsentativen Einzelstichproben à 210 Sample Points (= Stimmbezirken). In den ausgewählten Stimmbezirken haben dann die ›Marplan‹-MitarbeiterInnen die Haushalte durch Begehung erfaßt. Die Zielhaushalte wurden nach dem Random-Route-Verfahren ermittelt, d. h. durch Auflistung einer vorgegebenen Anzahl von Haushalten in systematischer rein zufälliger Auswahl – ausgehend von einer zufällig ausgewählten Startadresse. Bei den so gewonnenen Haushalts-Anschriften hatte der/die Interviewer/in die zu befragende Person zu ermitteln. Zunächst notierte er/sie alle Haushaltsmitglieder ab 14 Jahre, getrennt nach Geschlecht und Alter. Danach wählte er/sie die zu befragende

faßte 2684 Fälle.[33] Die mündliche *Befragung* mittels standardisierter Fragebögen wurde von geschulten ›Marplan‹-InterviewerInnen durchgeführt. Die Feldarbeit erfolgte in der Zeit vom 4. Juni bis 24. Juli 1991. Da die Erhebungsphase zum Teil in die Ferienzeit der Bundesländer fiel, dauerte es etwas länger, die Sample Points auszuschöpfen. Dies hatte jedoch keinen Einfluß auf die Güte der Stichprobe.

4.2. Milieus und Trennlinien im sozialen Raum

In den sozialen Milieus kommen die verschiedenen Ebenen und Felder, die wir zum Zwecke der Analyse getrennt behandelt haben, als Momente eines praktischen, von den Individuen und ihren sozialen Gruppen zu koordinierenden Zusammenhangs wieder zusammen. Ein Milieu wird daher stets durch die Kombination mehrerer Feldebenen beschrieben. Technisch definieren wir die Zugehörigkeit zu einem Milieu zuerst durch den Mentalitätstypus (als sog. ›aktive Variable‹). Sodann stellen wir fest, welche beruflichen Stellungen bzw. sozialen Lagen die ermittelten Angehörigen des Milieus einnehmen und welche anderen Merkmale sie haben (sog. ›illustrierende‹ Variablen). Nun läßt sich erkennen, ob die Mentalitätstypen mit einer bestimmten ›objektiven‹ Lage verknüpft oder von ihr entkoppelt sind. – Wir haben diesen Zusammenhang bildlich dargestellt, indem wir unsere Habitus-Typen entsprechend ihren Berufsangaben in Bourdieus Raum der sozialen Positionen eingetragen haben (Abb. 6).

Person anhand von vorgegebenen Zufallsziffern aus. Um die Ausfälle so gering wie möglich zu halten, waren die InterviewerInnen durch ›Marplan‹ angewiesen, notfalls zwei Callbacks durchzuführen, ehe sie eine Adresse als Ausfall gelten lassen konnten. Insgesamt wurden 3914 Adressen eingesetzt. 2699 Interviews waren auswertbar. Das entspricht einer Ausschöpfung der Stichprobe von 69%.

33 Da die einzelnen Gruppen der Bevölkerung unterschiedlich leicht oder schwer erreicht werden können, weicht die Demographie der ausgeschöpften Stichprobe von Vergleichszahlen der amtlichen Statistik ab. Um die im Ausgangsmaterial unter- und überrepräsentierten Fälle zu bereinigen, ist eine Gewichtung der Daten notwendig. Diese Gewichtung wurde von ›Marplan‹ anhand der Merkmale Bundesland, Ortsgröße (Boustedt), Alter und Geschlecht vorgenommen. Basis hierfür bildete der Mikrozensus 1988.

Das Ergebnis ist zwiespältig. Zum einen sehen wir, daß die Angehörigen jedes Milieu- oder Mentalitätstypus sich überwiegend in einer bestimmten Zone des sozialen Raums konzentrieren, also keineswegs ganz abgelöst von einer ›objektiven‹ Klassenposition sind. Andererseits ist nicht leicht zu erkennen, wodurch diese Klassenposition jeweils genau bestimmt ist. Jedenfalls ist sie, *entgegen den Theorien der postindustriellen Gesellschaft*, nicht durch die Unterscheidungen bestimmt, die die amtliche Statistik zwischen Arbeitern und Angestellten oder produzierendem Gewerbe und Dienstleistungen trifft. Die großen Milieus der Volksklassen umfassen in der Regel beides und oft gleichzeitig auch noch einen Teil der kleineren Selbständigen. Offenbar hat weder der Angestelltenstatus noch die Tertiarisierung neue Milieuabgrenzungen nach sich gezogen.

Statt dessen folgen die empirischen Trennlinien zwischen den Milieus, in einer lockeren, aber bedeutsamen Form, den *Kapitaldimensionen von Bourdieu*:

Vertikale ›Klassenstufen‹: Zunächst bilden die Milieus drei übereinander angeordnete Gruppen, die durch zwei ›cleavages‹ voneinander gesondert sind. Die drei oberen Milieus, die im Bereich der hohen Kultur und der höheren Machtpositionen angesiedelt sind (ca. 20%), heben sich deutlich von den Milieus der Volksklassen unter ihnen ab. Wir sehen hier eine Trennlinie, die gemeinhin als *Linie der Distinktion* zwischen den feinen und den gewöhnlichen Leuten gilt. Die fünf Milieus der mittleren Volksklassen, die im Bereich der populären Kultur und der qualifizierten praktischen Berufe angesiedelt sind (ca. 70%), liegen darunter. Sie sind ihrerseits durch das ›Traditionslose Arbeitermilieu‹ (ca. 10%) unterschichtet, das in der Zone der geringsten Einkommen und beruflichen Qualifikation angesiedelt ist. Sie bilden die ›Unterklasse‹ im engeren Sinne. Diese ist durch eine unsichtbare Grenzlinie von der respektablen Mitte getrennt, die gemeinhin als *Linie der Respektabilität* bezeichnet wird.

Horizontale ›Klassenfraktionen‹: Betrachten wir die drei übereinander angeordneten Gruppen näher, so erkennen wir, daß sie in sich horizontal differenziert sind, und zwar ebenfalls durch zwei ›cleavages‹. Am rechten Rand finden sich die Milieus, die am wenigsten intellektuell und am stärksten an Machthierarchien orientiert sind. Dies unterscheidet sie von den Milieus der Mitte, die eher auf die eigene Arbeitsleistung und die Unabhängigkeit von Bevormundung setzen. Diese mittleren Milieus suchen eine realistisch-skeptische Balance zwischen Fremd- und Selbstbestimmung. Dadurch grenzen sie sich auch von den Milieus am linken Rand ab. Diese verstehen sich als Avantgarde der Selbstbestimmung und grenzen daher ihre Lebensstile und Kultur deutlich vom ›mainstream‹

ab. – Die rechte Trennlinie könnte als die *Linie der Autoritätsbindung*, die linke als die *Linie der Avantgarde* bezeichnet werden.

Die vier Trennlinien eignen sich dazu, die noch relativ unübersichtliche Anordnung der Milieus in Bourdieus sozialem Raum (Abb. 6) einfacher, freilich auch stilisierter zu gestalten (Kapitel 2.3., S. 43-55). In den Diagrammen (Abb. 7-9) haben wir diese ›cleavages‹ als fette horizontale und vertikale Linien eingezeichnet, die die verschiedenen ›Klassenstufen‹ und ›Klassenfraktionen‹ voneinander abteilen. Durch die stilisierte Darstellung bilden sich sechs fett eingerahmte Rechtecke, deren innere Gliederung wir nun näher betrachten können.

Historische ›Milieustammbäume‹: Die eingerahmten Rechtecke umfassen kleinere Milieus oder Milieuteile, die enger miteinander verwandt sind. Wie die inhaltliche Beschreibung dieser Untergruppen zeigt (Kapitel 2.2., 3.6. und 13), repräsentieren diese Untergruppen die Generationenunterschiede zwischen älteren und jüngeren Milieus. Diese bilden am Stammbaum einer gemeinsamen Traditionslinie der Klassenkultur die jüngeren Zweige, welche sich von den älteren durch moderneres kulturelles Kapital und einen weltoffeneren Habitus unterscheiden. An den westdeutschen ›Milieustammbäumen‹ sind die Differenzierung und das Wachstum der neuen Milieugenerationen besonders deutlich erkennbar (Kapitel 2.3.). Die jüngeren Zweige haben wir etwas höher und etwas mehr zum kulturellen (linken) Pol des Feldes hin verortet, symbolisiert durch eine feine diagonale Trennlinie.

Das Hauptergebnis dieses Untersuchungsteils ist es, daß die neuen Mentalitäten keineswegs völlig anders sind als die alten. Die Milieus der großen arbeitnehmerischen Mitte (vgl. Kapitel 13.2.) betonen zwar besonders die Werte der persönlichen Eigenverantwortung. Aber weder ihre innere Kohäsion noch ihr Interesse an sozialer Gerechtigkeit ist verschwunden. Der rasche Wechsel der äußeren Merkmale der Lebensstile hat, seinem Funktionsprinzip entsprechend, die Illusion genährt, daß sich damit auch die Grundhaltungen der Mentalitäten geändert hätten. Der rasche Umlauf der äußeren Attribute und Praktiken des Lebensstils ist unbestreitbar, aber auch nicht neu.[34] Durch den bekannten Trickle-down-effect der Moden werden diese Merkmale von den Trendsetter-Milieus im oberen sozialen Raum inszeniert und von den Milieus unter ihnen übernommen. Um sich noch ab-

---

34 Bourdieu 1982 [1979], passim.

grenzen zu können, müssen die oberen Milieus immer wieder neue Stilmanifestationen ersinnen, die dann wieder in den Kreislauf der Symbole eingehen. Die *Bedeutungen* dieser Unterscheidungszeichen aber ändern sich, wie die ihnen zugrunde liegenden Grundhaltungen des Geschmacks, nur sehr langsam und graduell.

Die Raumdiagramme gestatten überdies zwei zusätzliche Beobachtungen, die die innere Struktur der einzelnen Milieus und das Phänomen der ›historischen Verwerfung‹ betreffen.

4.3. Die inneren Ungleichheiten der einzelnen Milieus

Wenn wir weitere illustrierende Merkmale aus unserer Befragung in die Auswertung aufnehmen, sehen wir, daß jedes Milieu innerlich durch zusätzliche Trennlinien strukturiert ist, nicht zuletzt durch die Linien der geschlechtlichen Segmentierung des Arbeitsmarktes (vgl. Abb. 10, S. 56).

Auf den ersten Blick scheint es keine Geschlechterdifferenzen nach Milieus zu geben. Jedes Milieu, definiert nach dem Mentalitätstypus, umfaßt etwa ebenso viele Frauen wie Männer. (Offenbar hängt das Zusammenleben der Geschlechter in den Haushalten, aus dem sich die annähernd gleichen Anteilszahlen ergeben, mit typologisch ähnlichen Grundhaltungen des Habitus zusammen.)
Wenn wir uns aber das berufliche Feld ansehen, werden die Strukturen der Segregation und Diskriminierung offensichtlich. In dem sehr großen mittleren Milieu der ›Leistungsorientierten Arbeitnehmer‹, das etwa ein Fünftel der Bevölkerung umfaßt, sind beispielsweise die Männer hauptsächlich bei den Facharbeitern, die Frauen hauptsächlich bei den qualifizierten Angestellten konzentriert. Im Mittelteil des Feldes scheint dies eine verhältnismäßig gleichberechtigte Arbeitsteilung der Partner auszudrücken, da hier viele Männer und Frauen annähernd gleichen Lohn für annähernd gleich qualifizierte Arbeit erhalten.[35] In anderen Zonen des Feldes zeigt sich Chancenungleichheit. Trotz ähnlichen kulturellen Kapitals sind viele Frauen durch ein niedrigeres Einkommen unterhalb der Mittelzone positioniert. Gleichermaßen wird die obere Zone des Feldes fast ganz von besser verdienenden Männern eingenommen.

---

35 Dies ist daran zu erkennen, daß die mittleren Berufsgruppen der beiden Geschlechter sich räumlich überschneiden.

Dies bedeutet kein Einverständnis mit der Diskriminierung. Zu den Grundsätzen des Leistungsorientierten Arbeitnehmermilieus (vgl. Kapitel 13.2.) gehört, daß jeder Mensch nach seinen Werken bzw. seiner Leistung beurteilt werden muß, unabhängig von Geschlecht und Herkunft. Daher steht das Milieu auch für eine hohe Investition in die Ausbildung der Töchter.

4.4. ›Historische Ungleichzeitigkeiten‹

Der historische Charakter der sozialen Milieus drückt sich auch heute noch auf mannigfache Weise aus. Besonders auffällig ist, daß die autoritätsgebundenen und kleinbürgerlichen Mentalitäten auch dann noch in den Milieus am rechten Rand verbreitet sind, wenn die entsprechende ›objektive‹ ökonomische Grundlage, das kleine ständische oder bürgerliche Eigentum, historisch geschrumpft ist und den meisten Milieuangehörigen nicht oder nicht mehr zur Verfügung steht. Dies ist nicht allein auf das historische Beharrungsvermögen eines einmal erworbenen Habitus, den Trägheitseffekt, zurückzuführen. Es ist auch ein Effekt der Homologie, der Strukturähnlichkeit von Berufsfeldern verschiedener Art. In unserem Erwerbssystem existieren noch Berufsfelder mit ausgeprägt ständischen Strukturen der Hierarchie und der Ausstattung mit kulturellem und mit ökonomischem Kapital, obwohl sie bereits eine formal rationale, kapitalistische Betriebsform haben. Wir können annehmen, daß die jüngeren Generationen jener älteren ständischen Milieus als Arbeiter und Angestellte in diese Berufsfelder übergewechselt sind, da hier ein ähnliches hierarchisches und subalternes Verhalten erwartet wurde. Dies entspricht in der Regel den in einem bestimmten Habitustypus angelegten und von den Familien zielsicher verfolgten *Umstellungsstrategien*.[36]

Geiger spricht, angesichts dieser Heterogenität der Sozialstruktur, auch von *historischen Verwerfungen* oder von der *Pluralität der Schichtungsprinzipien*, die verschiedenen historischen Produktionsweisen entstammen.[37] In der Nachkriegsgesellschaft sah er z. B. die Koexistenz ständischer, industriekapitalistischer

---

36 Bourdieu 1982 [1979], S. 227 ff.
37 Geiger 1932, 1949.

und sozialstaatlicher Schichtungsprinzipien in der gleichen Gesellschaft. Dies schließt ein, daß sich in einer Gesellschaft auch die Elemente einer künftigen Produktionsweise schon vorbereiten, die eine andere Gesellschaft ein Stück weit vorwegnehmen (vgl. Kapitel 5.8.).

Dies trifft heute u. a. auf die modernisierten Milieus der mittleren und jüngeren Generation zu, insbesondere das Leistungsorientierte Arbeitnehmermilieu und mehr noch das Moderne Arbeitnehmermilieu, die immerhin ein Viertel der Bevölkerung in sich vereinen (vgl. Kapitel 13.2.). Sie sind die Nachfahren der alten Facharbeitermilieus, die einst den Kern der selbstbewußten und gut qualifizierten Arbeiterbewegung stellten. Ebendiese Werte – Eigenverantwortung und Bildungsbereitschaft – haben die Umstellung auf die modernen Arbeiter- und Angestelltenberufe motiviert – und auch erleichtert. Auch hier handelt es sich um Umstellungen auf homologe Berufspositionen, die keinen völlig anderen Habitus voraussetzen.

Die These der Entkoppelung von ›typischer‹ sozialer Lage und ›typischer‹ Mentalität kann sich demnach auch auf diese Art von Umstellungen auf eine neue und doch ›typische‹, weil homologe, soziale Lage beziehen. Die Mentalitäten haben sich, den Befunden nach, nur relativ geändert.

4.5. Die räumliche Position der ideologischen Lager

Mit Hife des Indikators zu den gesellschaftspolitischen Grundeinstellungen konnten wir schließlich feststellen, daß immer noch große Lager gesellschaftspolitischer Orientierung bestehen, zwischen denen sich allerdings die Gewichte verschieben (Kapitel 2.5., 3.7-8. und 12.2.). Insbesondere sind tatsächlich zwei neue Lager entstanden, in denen die Werte der neuen sozialen Milieus vorherrschen. Sie umfaßten 1991 etwa ein Viertel der Bevölkerung.

Der Mehr-Ebenen-Ansatz erlaubte uns festzustellen, welchen Berufsgruppen und Milieutypen in diesen Lagern vertreten waren. Wir fanden zunächst, daß die modernen und besonders qualifizierten neuen Berufe in diesem Lager, wie in den moderneren Milieus, überdurchschnittlich vorkamen. Aber sie verteilten sich auch auf die anderen Milieus. (Etwa die Hälfte der Angehörigen der neuen Berufe gehörte zu den übrigen drei Vierteln der Bevölkerung.) Die berufliche Modernisierung kann also nicht als alleiniger Urheber neuer Lagermentalitäten gelten. Unsere Fallstudien bestätigten vielmehr, ähnlich wie die Untersuchungen von Lepsius, daß die Trennlinien zwischen den Lagern vor allem durch die biographische Erfahrung alltäglicher Konflikte (zwischen den Generationen und den Milieus) und politischer Kämpfe (zwischen den ideologischen Lagern) entstanden sind.

Zum anderen bestätigte die Zuordnung der Lager zu den Milieus, daß die neuen Lager hauptsächlich als eine Art Koalition zwischen den Avantgardefraktionen der Milieus auf allen Stufen der gesellschaftlichen Klassenteilung entstanden waren. Überdies zeigte die Befragung von 1991, indem sie die neuen Milieus nicht in einem Lager, sondern in zwei Lagern (dem der »Sozialintegrativen« und dem der »Radikaldemokraten«) wiederfand, bereits die Trennlinie, die erst 1999, symbolisiert im Bruch zwischen dem SPD-Vorsitzenden Lafontaine und seinem Nachfolger, Schröder, virulent wurde (vgl. Kapitel 3.7-8. und 12.2.1-2.).

Dritter Teil:
Milieuwandel und Mentalitätswandel

7. Biographien regionaler Bewegungsmilieus

Die Entstehung und den Wandel neuer sozialer Milieus und Mentalitäten haben wir am Beispiel von drei westdeutschen Stadtregionen (Reutlingen, Hannover und Oberhausen) untersucht. Aus den unterschiedlichen Teilanalysen und ihren vielfältigen Ergebnissen fassen wir nachfolgend zusammen, wie sich entlang verschiedener historischer Abschnitte und regionaler Besonderheiten das Feld neuer gesellschaftlich-politischer Milieus entwickelte.

Die Untersuchung sollte Fragen klären, die – nach dem Scheitern der konventionellen Klassen- und Schichtungstheorien – auch von allgemeinem klassentheoretischen Interesse waren. Zu untersuchen war, auf welcher sozialstrukturellen Grundlage und durch welche gesellschaftlichen Konflikte seit den sechziger Jahren die sogenannten *neuen sozialen Bewegungen* entstanden waren, wieweit sie sich anschließend zu einem dauerhaften Bestandteil unserer Sozialstruktur, den neuen sozialen Milieus, verfestigt hatten – und inwieweit sie dabei eine neue ›alternative‹ Mentalität ausgebildet hatten.

Diese Fragen waren durchaus kontrovers, als seit dem Ausgang der siebziger Jahre die großen Bewegungen gegen Atomkraftwerke, für Abrüstung und für die Rechte der Frauen, der Jugendlichen und Ausländer – und schließlich auch die Partei der »Grünen« entstanden. Auf der einen Seite wurde das Ende der alten sozialen Bewegungen und des Gegensatzes zwischen Arbeiterklasse und Kapital behauptet; an deren Stelle seien jetzt die neuen sozialen Bewegungen getreten, in denen sensibilisierte Mitglieder aus verschiedenen Klassen sich im Protest gegen die Risiken des industriegesellschaftlichen Fortschritts zusammengefunden hatten und die daher auch klassenübergreifende, universalistische Ziele vertraten. Dieses ideale Selbstbild wurde von anderer Seite entschieden in Frage gestellt. Die Kritiker verwiesen darauf, daß die Führungsgruppen vor allem aus der Bildungselite stammten und daß die Bewegungsbasis einen spontanen, heterogenen und wechselhaften Charakter hatte. Sie erklärten die Bewegungen vorrangig aus einer internen Kontroverse zwischen verschiedenen Fraktionen der gesellschaftlichen Eliten und daraus, daß die zivilisations- und fortschrittskritischen Gruppen, die die Bewegungen führten, sich vor allem auf Protestbewegungen aus der jüngeren Generation der Bildungsklasse stützen konnten. Die neuen Bewegungen wurden hier also mehr oder minder als Neuauflage sozialromantischer Bewegungen verwöhnter Bürgerkinder verstanden. Daher seien sie auch kaum dauerhaft in der Sozialstruktur verankert und würden – wie auch die Partei der »Grünen« – bald wieder verschwinden.

Unsere eigene These lag quer zu dieser Alternative. Im Gegensatz zu beiden genannten Positionen vermuteten wir, daß die neuen Protestbewegungen nicht rein moralische, sondern *soziale Bewegungen*, das heißt Äußerungen größerer gesellschaftlicher Gruppen, Klassen oder Schichten waren, die durch tiefgreifende und dauerhafte Veränderungen der Sozialstruktur, d. h. der Alltagskultur wie der sozialen Lagen, entstanden waren. Es handelte sich um Gruppen, die protestierten, weil die herrschende Politik ihren Gerechtigkeitsvorstellungen nicht entsprach.

Für diese Hypothese gab es verschiedene empirische Anhaltspunkte. Zum einen vertraten die neuen Protestbewegungen nicht nur einen moralischen Universalismus, sondern durchaus Werte, die den Mentalitäten bestimmter sozialer Klassen entsprachen. Allerdings schienen dies nicht nur Werte der klassischen Bildungselite zu sein, sondern auch anderer, teilweise neu gebildeter Gruppen. Zum anderen war ihr Handeln nicht mehr nur punktuell vergemeinschaftet, wie etwa in den frühen Protestbewegungen der sechziger Jahre. Sie hatten sich vielmehr in der alltäglichen Lebenswelt und teilweise auch in bestimmten Berufsgruppen zu dauerhaften und wachsenden Vergemeinschaftungen entwickelt, den *neuen sozialen Milieus*. Aus der ›alternativen‹ Jugend- und Studentenkultur der frühen siebziger Jahre war eine umfangreiche Vernetzung entstanden, mit Infrastrukturen einer eigenen ›alternativen‹ Geselligkeit und Alltagskultur, Öffentlichkeit und Projektlandschaft und mit Schwerpunkten in bestimmten Berufsgruppen und Stadtvierteln. Außerdem erschienen die neuen Milieus nicht als eine von der übrigen Gesellschaft isolierte Entwicklung, sondern eingebettet in einen tiefergreifenden, auch die arbeitnehmerische Mitte verändernden Wandel der Werte und der wirtschaftlichen, sozialen und kulturellen Strukturen. Insgesamt erschien uns die Herausbildung der neuen sozialen Milieus als Teil einer Umbildung aller sozialen Klassen in einem zugleich vielfältigen und strukturierten Zusammenspiel verschiedener Prozesse auf mehreren Ebenen der Gesellschaft – in Wirtschaft, Alltagskultur und Politik. Ein solches Zusammenwirken der ›Logiken‹ verschiedener ›Felder‹ konnte von den herkömmlichen Klassen- und Schichtkonzepten, die in der Regel von einem einzigen Gliederungsprinzip ausgehen, nicht erklärt werden. Wir sahen uns daher auf alternative Konzepte der Untersuchung sozialen Wandels verwiesen, die, wie in den vorangegangenen Kapiteln dargelegt ist, von ›Dissidenten‹ der Sozialstrukturanalyse entwickelt worden waren.

In diesem Kapitel werden, nach der Skizzierung des von uns operationalisierten Milieubegriffs, die regionalen Ausprägungen sozialer Kohäsion und Praxis der historisch auf die sozialen Bewegungen der siebziger Jahre zurückzuführenden *neuen sozialen Bewegungsmilieus* thematisiert. Für die dabei ausgewählten Milieus in Reutlingen, Hannover und Oberhausen ließ sich ein relativ hohes Niveau sozialer Kohäsion und Gesellung feststellen. Anderseits war zu erkennen, daß auch die Nachfolgegruppen der ehemals ›alternativen‹ sozialen Bewegungen sich mittlerweile zu einem Spektrum von Teilgruppen differenziert hatten, in denen sich die zunehmende Hierarchie ungleicher Soziallagen und Mentalitäten der Gesamtgesellschaft in verschiedenen regionalen Varianten abbildete.

1. Neue soziale Milieus

Nach unserer Hypothese haben die neuen Milieus sich ebenso selbst erzeugt, wie sie erzeugt worden sind – wobei die ›Selbsterzeugung‹ nicht im luftleeren Raum, sondern im spezifischen Kontext eines Feldes sozialer Kräfte und Strukturen stattfand. Dieser Kontext, der sich in den Prozessen sozialer Öffnungen und Schließungen manifestierte, büßt aber an erklärender Kraft ein, wenn er auf den Aspekt der ökonomischen Strukturen und beruflichen Mobilität eingeengt wird. Der Wandel der Milieus und Mentalitäten, der schon in den ersten Nachkriegsjahren begann, setzte ja nicht nur bei den Arbeitnehmern an, die als Berufstätige die Erfahrungen verbesserter Lebenslagen, sozialer Sicherungen und Rechte machten, sondern auch bei den Jugendlichen, für die, neben den besseren Lebenslagen, die kulturellen

Erfahrungen der Freizeit und die Emanzipation von den Erwachsenen im Zentrum standen. Die sozialen Öffnungen wurden von Beginn an viel allgemeiner erfahren: als Chancen erweiterter ›Lebensentwürfe‹, wie Merleau-Ponty[1] es nannte. Eine solche positive Erfahrung hätte freilich von sich aus nicht den Stachel einer aus dem Protest geborenen, ›alternativen‹ Milieukultur abgeben können. Der Stachel lag darin, daß die Gesellschaft das, was in der hochproduktiven ›Überflußgesellschaft‹ objektiv möglich wurde, nicht freiwillig hergab. Schon die Lageverbesserungen der Arbeitnehmer konnten dem konservativen CDU-Staat der Nachkriegsdemokratie nur durch die großen Arbeitskämpfe der fünfziger Jahre abgetrotzt werden. Die Konflikt- und Integrationsfähigkeit, die – im Sinne der damals entstandenen Dahrendorfschen Klassen- und Konflikttheorie – das Gesellschaftssystem durch diese Kämpfe erwarb, erstreckte sich allerdings nicht auf die übrigen gesellschaftlichen Bereiche. Hier herrschte weiterhin das paternalistische Modell, das die Frauen strukturell benachteiligte und die Bewegungen der Jugend-, Musik- und Intellektuellenkultur wie auch des politischen Protestes feindselig ausgrenzte. Trotz des wachsenden gesellschaftlichen Reichtums überdauerten, als *autoritärer cultural lag*, die restriktiven Macht-, Kultur- und Moralverhältnisse der Mangelgesellschaft.

Nicht moralische Prinzipien oder ein ›stiller‹ Wertewandel motivierten die neuen sozialen Bewegungen, sondern die praktische Erfahrung eines nicht legitimierbaren Widerspruchs wachsender und doch verweigerter Freiheitspotentiale. Was sich nach 1965 entlud, war ein lange aufgestautes Protestpotential. Entgegen der Annahme einer allmächtig-manipulativen Massenkultur von Konsum und Medien bildeten seit der Nachkriegszeit die Jugendsubkulturen ein Ferment anderer Gesellschaftsinterpretation in der Alltagskultur, das – über die Rockmusik der fünfziger Jahre oder die Schüler-, Lehrlings- und Studentenbewegungen der sechziger Jahre – die etablierte Gesellschaft mit anderen alltäglichen Lebensstilen, bald aber auch anderen gesellschaftlichen Vorstellungen aktiv herausforderte. In der Mythologie der Geschichte der Bundesrepublik wird die historische Entstehung des ›Erfolgsmodells Deutschland‹ aus den Konflikten gerne ver-

---

[1] Merleau-Ponty 1965, S. 508.

drängt. Die Entwicklung wird vorzugsweise mit einer Art von evolutionärem Automatismus, ausgelöst durch den kapitalistischen Aufschwung (›Wirtschaftswunder‹) und richtige Entscheidungen der Eliten (›Soziale Marktwirtschaft‹) gleichgesetzt.

Vor dem in den vorangegangenen Kapiteln erläuterten theoretischen Hintergrund und vor der Frage, wie die unendliche Zahl der in soziale und gesellschaftliche Kohäsionsformen mündenden Interaktionszusammenhänge sozialer Milieus analytisch unterschieden werden kann, griffen wir auf die Theoreme der Beziehungssoziologie Max Webers zurück.[2] Nach Weber lassen sich in der Praxis sozialer Beziehungen bzw. in gesellschaftlichen Interaktionszusammenhängen jeweils spezifische Modi der »*Vergemeinschaftung*«, der »*Vergesellschaftung*« und des »*Kampfes*« unterscheiden. Während Vergemeinschaftung auf die subjektive und Vergesellschaftung auf die formal rationale Ebene der Interaktion zielt, umfaßt Kampf die Ebene der in und zwischen sozialen Beziehungen wirksamen Konkurrenz und Selbstbehauptung; zusammengenommen und in der Alltagspraxis miteinander verschränkt, erfassen sie die konstitutiven Elemente sozialer Kohäsion. *Damit schafft die Beziehungssoziologie Max Webers den analytischen Rahmen für den von uns verwendeten Begriff des Milieus im Sinne eines lebensweltlichen Klassenbegriffs.*

Im Unterschied zum alltagssprachlichen Begriff des Milieus meint der soziologische Milieubegriff nicht, daß das Individuum ausschließlich oder überwiegend durch gesellschaftliche Umwelteinflüsse geprägt wird. Der soziologische Begriff des Milieus rückt das aktive und gestaltende Moment von sozialer Kohäsion in den Vordergrund und verweist auf reale alltagspraktische Lebenszusammenhänge.

Im Rahmen unserer Untersuchungen haben wir zwischen den drei genannten analytischen Ebenen der Kohäsion sozialer Milieus unterschieden, wobei wir in Modifizierung des Weberschen Begriffs »Kampf« von Aus- und Abgrenzungsstrategien im Sinne von Integrationsideologien sowie Lebensstilen und Mentalitäten sprechen:

(1) Auf der Ebene der unmittelbaren persönlichen Interaktion sind die sinnstiftenden *Vergemeinschaftungen* durch Familie,

---

2 Weber 1964, S. 27 ff.

Freundschaften, Nachbarschaften, Vereine, Gemeinden und andere Gesellungen bedeutsam. Diese bilden auch, wie am Beispiel der sächsischen SPD-Milieus aufgewiesen wurde[3], eine Basis, ohne die soziale Identitäten und politische Lagerzugehörigkeiten nicht langfristig stabil bleiben können.

(2) *Vergesellschaftungen* durch Arbeitsteilung, Tausch, Vertrag, Verbände, Parteien usw.[4] reichen über die relativ ortsgebundenen Vergemeinschaftungsnetze hinaus, begründen aber nicht notwendig auch Vergemeinschaftung. Bei hoher Milieukohäsion sind jedoch Verschränkungen mit Vergemeinschaftungsebenen häufig. Hierzu gehören Berufsvereine oder bestimmte Institutionen, deren Klientel vorwiegend spezifischen Vergemeinschaftungszusammenhängen entspricht, beispielsweise Kindergärten, Kultur- und Dienstleistungseinrichtungen, Betriebsbelegschaften, Gewerkschaften usw.

(3) *Lebensstile und Mentalitäten*[5] sind schließlich die Deutungs- und Handlungsmuster bzw. deren Syndrome, die die Individuen in den Zusammenhängen der Vergemeinschaftung und Vergesellschaftung ausbilden und mit denen sie diese umgekehrt auch erzeugen. Sie sind, mit gewissen territorialen Varianten, über ganze Gesellschaften und international verbreitet. Sie sind, über das Prinzip der Wahlverwandtschaften[6], eine notwendige, wenn auch nicht hinreichende Bedingung von Vergemeinschaftungen.

(4) Schließlich können auch Gruppen mit *verschiedenen* Mentalitäten durch Arbeitsteilung (z. B. den Klientelnexus zwischen Parteieliten und Wählerpotentialen) Zusammenhalt gewinnen. Bei ihrer Heterogenität bedürfen sie aber eines zusätzlichen Bindemittels, d. h. einer sie von anderen sozialen Lagen abgrenzenden Interessengemeinschaft, Öffentlichkeit und *Integrationsideologie*[7], wie sie z. B. der Marxismus war, die katholische Soziallehre noch ist und die moderne Individualisierungsideologie aufgrund ihrer Vieldeutigkeit und ihrer Fähigkeit, vieles zu deuten, geworden ist. Die Integrationsideologien können auch Ausdruck der kulturellen

---

3 Vgl. Walter 1991; Lösche 1990.
4 Vgl. Weber 1964, S. 27 ff.
5 Vgl. Geiger 1932b; Becker/Nowak 1982; Hradil 1987.
6 Vgl. Bourdieu 1982, S. 373-378.
7 Vgl. Matthias 1957.

Hegemonie spezifischer Elitemilieus über bestimmte Klientelmilieus sein.

Im Vordergrund unserer empirischen Untersuchung stand zunächst die Frage nach dem ›inneren Band‹, das heißt nach den spezifischen, lokal, und (über-)regional gefärbten Syndromen sozialer Milieus. Die Komplexität des Milieubegriffs erforderte einen entsprechend mehrdimensionalen ›Zugriff‹, der historisch und regional vergleichend zu verfahren hatte. So wurde im Rahmen der hier vorgelegten Analyse untersucht, wie sich aus den jugendlichen Protestbewegungen in Reutlingen, Oberhausen und Hannover seit den sechziger Jahren nach und nach dauerhafte Kohäsionsbeziehungen auf allen drei Ebenen herausgebildet und zu einem sozialen bzw. gesellschaftlich-politischen Milieu gefestigt haben. Unsere Untersuchung verband für jede Region über zwei Generationen reichende Mentalitätsanalysen sozialer Akteure mit Analysen der jeweiligen Wirtschafts-, Sozial- und Wählerstrukturen in sog. Milieubiographien.

Unter Einbeziehung der Theorie des sozialen Raums von Pierre Bourdieu war damit die Möglichkeit gegeben, unsere Untersuchungsergebnisse in den sozialstrukturellen Kontext gesellschaftlicher Wandlungsprozesse zu stellen, die wir mittels unserer abschließenden mehrdimensionalen Repräsentativbefragung für die gesamte westdeutsche Gesellschaft genauer untersucht haben.

2. Milieubiographien

Unsere Milieu-Analysen wurden historisch und regional vergleichend angelegt. Wir gingen dabei von der Forschungshypothese aus, daß auf die Protestbewegungen der sechziger Jahre zurückgehende neue gesellschaftspolitische Lager nur die Spitze des Eisbergs tiefergehender gesellschaftlicher Veränderungen repräsentierte. Jenseits der von verschiedenen gesellschaftlich-politischen Bewegungskulturen proklamierten radikal-emanzipatorischen Ideologie und Praxis zeichneten sich sehr viel breitere gesellschaftliche Potentiale als ›neue soziale Milieus‹ ab. Es war zu vermuten, daß sich die neuen sozialen Milieus wesentlich auf jene modernisierten Arbeitnehmergruppen gründeten, die sich auch in ihren sozialen und politischen Ausdrucksformen mehr oder weniger ausdrücklich von denen der konventionellen Sozialmilieus unterschieden. Die Aufgabe der Forschungsgruppe bestand nun darin, diesen angenommenen gesellschaftlichen Modernisierungsprozeß an ausgewählten Fallbeispielen zu untersuchen.

Es war danach zu fragen, wie die neuen Milieus und ihre Teilgruppen erzeugt wurden und sich zugleich auch ›selbst erzeugt‹ haben, welche Interaktionspraktiken und sozialen Kohäsionen in und zwischen den Milieus bevorzugt wurden, welche Abgrenzungsstrategien gegenüber den konventionellen Milieus gewählt wurden und welche Phasen der Kohäsionsentwicklung dabei zu unterscheiden waren. Als exemplarische Untersuchungsgegenstände boten sich die ›Bewegungsmilieus‹ in *Reutlingen, Oberhausen und Hannover* an. Einerseits repräsentieren diese Stadtregionen drei wesentliche Entwicklungsprofile der Modernisierung in der alten Bundesrepublik: industrielle Modernisierung, Deindustrialisierung und Tertiarisierung. Andererseits versprachen wir uns von der Rekonstruktion differenzierte Hinweise auf die modernisierten Formen sozialer Kohäsion der von uns vermuteten ›neuen sozialen Milieus‹ auf gesamtgesellschaftlicher Ebene.

Im ersten Untersuchungsschritt wurde in Zusammenarbeit mit ortskundigen Partnerinnen und Partnern[8] die Entwicklungsgeschichte der regionalen Bewegungsmilieus in Reutlingen, Oberhausen und Hannover rekonstruiert. Diese als Monographien vorliegenden *Milieubiographien*[9] stützten sich auf Oral-history-Interviews[10] mit ›Experten‹, auf Dokumentenanalysen, auf Schrift- und Bilddokumentationen, auf teilnehmende Beobachtungen und auf Datensammlungen zur Wirtschafts-, Sozial- und Wählerstruktur der drei Regionen. In einem parallelen Untersu-

---

8 Kooperationspartner für Reutlingen war Susanne Bausinger (Tübingen), Partner für Oberhausen waren Wilfried Kruse, Rainer Lichte und Ulrike Speckmann (Sozialforschungsstelle Dortmund).
9 Bausinger 1990; Geiling 1989; Kruse/Lichte 1991a. Angesichts der Fülle und des Reichtums der mit den zunächst unveröffentlichten Milieubiographien vorgelegten Materialien konnte im Rahmen dieser Untersuchung eine abschließende Auswertung bisher nicht vorgenommen werden. Ausführlichere Ergebnisse der hannoverschen Milieubiographien finden sich in Geiling 1996.
10 Vgl. u. a. Niethammer 1985.

chungsschritt wurden die Veränderungen der Erwerbs- und Sozialstruktur, der Institutionen und der Infrastruktur sowie des Wahl- und Partizipationsverhaltens in Reutlingen, Oberhausen und Hannover ermittelt. Zusammen mit den Ergebnissen der Milieubiographien war damit in den drei Regionen das Feld für die sich anschließenden narrativen und themenzentrierten Zwei-Generationen-Interviews vorbereitet.

3. Phasen historischer Entwicklung

Die in den ›Milieubiographien‹ zusammengefaßten Untersuchungsergebnisse verweisen auf charakteristische Muster, die den Entwicklungsweg der ›Bewegungsmilieus‹ über regionale Differenzierungen hinaus in seinen wichtigsten Abschnitten verdeutlichen. Was mit der Mitte der sechziger Jahre einsetzenden Konfrontation von restriktiven und offenen soziokulturellen Wertmustern zum Generationenbruch und seinen bis in die Gegenwart reichenden Folgen geführt hat, läßt sich im historischen und exemplarischen Zugang von seiner sozialen Logik her nachvollziehen. In der dabei wirksamen allgemeinen Kohäsions- und Abgrenzungsdynamik zwischen neuen und alten Milieus lassen sich historisch drei Phasen unterscheiden:

(1) *Öffnung des sozialen Raums:* Die Anfänge der Modernisierung der Sozialstruktur seit den sechziger Jahren lassen sich als ›Öffnung des sozialen Raums‹ bezeichnen. Es handelte sich um die Phase der Lernaufforderungen, die im Spannungsverhältnis zwischen offenen und restriktiven Orientierungen und Lebensweisen zum Generationenbruch führen sollte. Sie war eingeleitet durch veränderte Wohlstandsniveaus, Öffnung der Bildungsinstitutionen und Öffnungen in den Bereichen der Sozial-, Rechts- und Außenpolitik.

Modernisierte Tätigkeiten von Angestellten wie auch Industriearbeitern verlangten erweiterte Qualifikationen und Handlungsspielräume, weckten Erwartungen und stießen in dieser Phase nicht selten an die Grenzen des konventionellen Status quo. Herkömmliche, in Familien und Herkunftsmilieus erworbene Werte und Weltbilder wurden in Konfrontation mit neuen Verhaltenszumutungen und der Möglichkeit veränderter Lebensentwürfe auf die Probe gestellt. Dieses soziale Spannungsverhältnis wirkte gleichsam als Lernaufforderung, auf die die Menschen je nach sozialer Lage und Mentalität mit Bereitschaft zu neuen Einsichten oder mit Blockierungen beziehungsweise Festhalten an überlieferten soziokulturellen Wertmustern reagierten.

Es waren zumeist die jüngeren, von der Bildungsexpansion profitierenden Generationen, die sich über Mobilitätsdruck, über den damit verbundenen Zwang, neue soziale Beziehungen aufzubauen, und über die vermeintliche Sinnlosigkeit traditioneller Muster der Alltagskultur zu experimentellen Formen der Vergemeinschaftung und Vergesellschaftung provoziert sahen. Exemplarisch agierten die unterschiedlichen, zumeist jugendlichen Protestbewegungen, die auf einer weitergehenden Öffnung bisher exklusiver Institutionen und Konventionen beharrten und damit die herkömmlichen Formen des gesellschaftlichen Konsenses auf vielen Ebenen in Frage stellten.

(2) *Symbolischer ›Fundamentalismus‹:* Wohlstand und Bildungsreformen wurden in den siebziger Jahren von einem Großteil der jüngeren Generationen nicht dankbar, als Verdienst großer Politiker, sondern als Verdienst eigener Leistungen und Bemühungen gedeutet, d. h. als Legitimation höherer Ansprüche und neuer Lebensentwürfe. In dieser Phase der Milieukonstituierung und Identitätssicherung häuften sich Konflikte und Auseinandersetzungen.

Die Aus- und Abgrenzungen zwischen den neuen Milieus und der übrigen Gesellschaft verliefen wechselseitig und sind jeweils von Formen und Praktiken des ›Fundamentalismus‹ begleitet gewesen. Konflikte entzündeten sich an dem von den lokalen hegemonialen Milieus vorgegebenen Widerspruch, die Möglichkeiten der Öffnung des sozialen Raums zwar zu propagieren, gleichzeitig aber von den Betroffenen die Selbstbeschränkung auf untergeordnete soziale Positionen zu erwarten. Ausmaße und Abläufe der Konflikte waren jeweils vom regionalen Umfeld abhängig, das heißt von dem Vorhandensein traditioneller Oppositionsgruppen (aus Gewerkschaften, Parteien, kritischer Kulturintelligenz usw.), von der je verschiedenen Konfliktfähigkeit hegemonialer Lokaleliten sowie von den Mentalitäten und Habitusdispositionen der in den jeweiligen Regionen agierenden jungen Menschen.

Zu den typischen Praktiken von Jugendkulturen gehört es, das sich mit der Modernisierung abzeichnende Mögliche und Erstrebte zunächst vorpolitisch, nichtdiskursiv und symbolisch überhöht realisieren zu wollen; so etwa in Stil- und Rhetorikformen von Kleidung, Haartracht und Sprache bis hin zur Musik. Das soziale Handeln blieb dabei gleichsam auf den symbolischen Ausdruck von Wünschen beschränkt, was sich insbesondere auch in der häufig ›revolutionären‹ Integrationsideologie der neuen Milieus ausdrückte und in seiner Bedeutung nicht von allen Seiten sogleich immer erkannt wurde. Dieses jugendkulturelle Praxismuster galt selbst auch für die Teile der lokalen ›Bewegungsmilieus‹, die die fundamentalistische Symbolik eines ganz anderen Lebens und Arbeitens zu praktizieren suchten und damit in avantgardistischer Manier der etablierten Gesellschaft herausfordernd gegenübertraten.

(3) *Veralltäglichung und reformorientierte Alltagspraxis:* Gegen Ende der siebziger und Anfang der achtziger Jahre zeichneten sich relativ stabile Konturen neuer Milieuzusammenhänge ab. Was in den Jugendkulturen nur auf ein transitorisches Phänomen, auf eine mehr oder minder kurze, vor Familiengründung und Erwerbsleben geschaltete Phase hingedeutet hatte, wurde nun auf Dauer gestellt. Die Öffnungen des sozialen Raums waren nicht beliebig rückgängig zu machen, und selbst in den Klientelen der konventionellen politischen Parteien waren modern-progressive Strömungen unübersehbar geworden. Gehobene Bildungsstandards und damit verbundene Horizonterweiterungen beschränkten sich nicht mehr auf privilegierte gesellschaftliche Gruppen, sondern gehörten zu den weitgehend üblichen Voraussetzungen modernisierter Berufsanforderungen. Geschmacks- und Ideologiepräferenzen der zuvor noch emphatischen ›Bewegungsmilieus‹ wurden nun im Alltag erprobt.

Dabei kam es zu neuen Ab- und Ausgrenzungen, die wiederum zu neuen Vergemeinschaftungszusammenhängen in Familie, Partnerschaft und Freundschaftsbeziehungen führten. Es entstanden berufliche und institutionelle Vergesellschaftungen, die in Abgrenzung und damit allerdings auch in Abhängigkeit zu den jeweiligen lokalen hegemonialen Milieus sehr bald in eigene Formen der Infrastruktur (Kinderläden, Bildungseinrichtungen, Presse, Firmen usw.) mündeten. Die Veralltäglichung unkonventioneller Lebensweisen trug zur Entzauberung fundamentalistischer Ideologien bei und mündete in der Regel in realitätsgerechtes Veränderungsstreben beziehungsweise »reformistische« Alltagspraxis.

Dieser Entwicklung lagen zahlreiche Mischungs- und Entmischungsprozesse zugrunde, die sich in der relativen Heterogenität von egalitären bis hin zu elitären Ausprägungen der neuen Milieus manifestierten. Die Heterogenität gründete in der unterschiedlichen Herkunft der zumeist jungen Milieuangehörigen, in deren unterschiedlichen Verhaltensrepertoires, die als ›mitgebrachte‹ Mentalitätsanteile in mühsamen Lernprozessen entlang der neuen Verhaltenszumutungen transponiert werden mußten. Die Entstehung neuer Fraktionen und Teilmilieus verweist auf die Bandbreite der im Verlauf von Familiengründungen, Erwerbstätigkeit und Alltagsorganisierung umgesetzten Bewältigungsstrategien. Stärker als ursprünglich angenommen zeugten sie von der – wenn auch modifizierten – Wirksamkeit der in den jeweiligen Herkunftsmilieus erworbenen Mentalitäten und Habitusdispositionen.

Festzuhalten bleibt, daß sich die neuen Milieus nicht wie eine Insel aus der übrigen Gesellschaft ausgliedern und auch nicht frei von internen Schichtungsstrukturen sind. Andererseits offenbaren sie aber doch gerade auf der Ebene der Vergemeinschaftung intensive Beziehungsgeflechte, die in starker Abhängigkeit von den lokalen konventionellen Umfeldern oft als Ausgangsebene politischer und institutioneller Praxis fungieren. Zwischen konventionellen Milieus und ›Bewegungsmilieus‹ lassen sich zudem Formen gegenseitiger Durchdringung wie auch Verfestigung von Abgrenzungen erkennen. Die gegenseitige Durchdringung ist ablesbar an der Verbreitung partizipatorischer Momente in verschiedenen gesellschaftlichen Bereichen, nicht nur im Erziehungs-, Bildungs- und Kulturwesen. Umgekehrt ist sie erkennbar in den neuen Milieus und ihren professionellen Eliten, den davon abhängigen Klientelen sowie in Mechanismen der Konkurrenz, Institutionalisierung und Professionalisierung. Die Abgrenzungen ergeben sich aus grundsätzlich weiterwirkenden gesellschaftlichen und politischen Frontstellungen von konservativer Seite, auf der sich freilich auch unübersehbare Strömungen der Modernisierung und Öffnung regen.

Die nachfolgend skizzierten Ergebnisse der Milieubiographien unserer drei Untersuchungsregionen verweisen darauf, daß die allgemeine Dynamik der Kohäsionen und Abgrenzungen zwischen alten und neuen sozialen Milieus immer auch lokalspezifisch geprägt ist. Unterschiedliche historische, regionale und sozialstrukturelle Bedingungen stehen nicht nur für spezifische Modernisierungsmuster in der Erwerbs- und Sozialstruktur Reutlingens, Oberhausens und Hannovers, sondern sie stehen auch für spezifische Formen der alltäglichen Bewältigungsstrategien, Mentalitäten und Lebensstile, für unterschiedliche Formen sozialer Ab- und Ausgrenzungen und politischer Partizipation. Es sind diese im Zusammenhang der Entstehung neuer sozialer Milieus wirksamen Dynamiken, die im Mittelpunkt der folgenden Ergebnisskizzen stehen. Die konkreten Kohäsionen alltagskultureller Milieus in den drei Regionen sind ausführlich in den einzelnen Milieubiographien dargelegt und können hier nur zusammenfassend skizziert werden.

4. Reutlingen

Als Industrie- und Handelsstadt mit 100 000 Einwohnern (1987) bildet Reutlingen mit dem nur 12 km entfernten Tübingen – der »Stadt des Geistes und der Kultur« – den Kern der Neckar-Alb-Region. Gegenüber Tübingen häufig als Stadt ohne urbane Kultur und Anziehungskraft abgewertet, fällt Reutlingen die Rolle des wirtschaftlichen Zentrums zu. In der traditionell mittelständischen Industrie Reutlingens dominierten früher die Textilindustrie, der Textilmaschinenbau und das metallverarbeitende Gewerbe. Mit dem von Nebenerwerb gekennzeichneten Hinterland der Albregion als Reserve und einer qualifizierten Facharbeiterschaft verfügte die Stadt über relativ günstige Voraussetzungen für *Modernisierungen des Sekundärsektors*, wie sie z. B. in Oberhausen nicht möglich waren. Heute (1992) gehören Unternehmen der – trotz aktueller Strukturkrisen – zukunftsträchtigen elektrotechnischen Industrie – wie z. B. Bosch – zu den größten Arbeitgebern in der Region.

1962 wurde in Reutlingen eine Pädagogische Hochschule (PH) für ca. 3000 Studierende eingerichtet. Bis auf einen kleinen Bereich für Sonderpädagogik ist sie seit einigen Jahren geschlossen. An ihrer Stelle wurde eine Fachhochschule für Technik und Wirtschaft (eine jener in Baden-Württemberg eingerichteten »Exportakademien«) eröffnet, die nun ihrerseits 3000 Studierende hat. Daneben existiert mit 450 Studierenden eine Fachhochschule für Sozialwesen – sozusagen ein »Rest« der alten PH. Nach der Einschätzung unserer Interviewpartnerinnen und -partner hielt die politische Nachkriegsära in Reutlingen bis 1973 an, bis zu dem Jahr, in dem der langjährige SPD-Oberbürgermeister aus Altersgründen nicht mehr kandidierte. Der als »Populist« und zugleich »patriarchalischer Alleinherrscher« im Konsens mit Arbeiterschaft und Industriebürgertum charakterisierte Oberbürgermeister konnte auf der Basis anhaltender prosperierender wirtschaftlicher Entwicklung »seine« Reutlinger zufriedenstellen (ausgebaute Infrastruktur: Schulen, Sport usw.). Der Einfluß der politischen Parteien blieb entsprechend reduziert. Statt dessen dominierten Klientelbeziehungen. Sein Nachfolger wurde 1973 ein CDU-Kandidat, der sich mit großer Überlegenheit gegen einen »zu intellektuell wirkenden« Kandidaten der SPD durchsetzte, um dann die Politik seines Vorgängers fortzuführen. Die CDU war bis etwa 1968 ohne großen Einfluß in der Stadt. Erst ein FDP-interner Konflikt um Stellungnahmen zur gewerkschaftlichen »Mitbestimmung« ließ einen Großteil der FDP-Anhängerschaft zur CDU überwechseln. Im Reutlinger Stadtkern bzw. in der Altstadt konnten DIE GRÜNEN bei den Bundestagswahlen 1987 zwischen 19% und 26% der Stimmen erhalten, im Durchschnitt waren es in der Stadt 11,5%.

Dominierende Gewerkschaft in Reutlingen war schon immer die Industriegewerkschaft Metall (IGM), die in ihrer Struktur dem Paternalismus der SPD gleichkam. An ihrer Spitze bewegten sich zwei als »Patriarchen« (Jahrgang 1925) geschilderte Männer – der eine als IGM-Bevollmächtigter, der andere als Betriebsrat von Bosch –, die arbeitsteilig sowohl »Linke« als auch Anhänger der »Sozialpartnerschaft« mit mehr oder weniger Druck integrieren konnten.

Ansätze für ›alternative‹ Politik in den fünfziger und sechziger Jahren existierten in Reutlingen im Bereich der IGM. Daneben gab es eine kleine Künstlerkolonie um HAP Grieshaber und für jüngere Leute den »Jazzklub in der Mitte«. Im wesentlichen aber war es die IGM, die die verschiedenen politischen Themen und Konflikte dieser Jahre aufgriff und in die lokale Öffentlichkeit brachte. Gegen Ende der sechziger Jahre wurde die PH im Zusammenhang der studentischen Protestbewegung Kristallisationszentrum neuer Ideen und Organisationen. Im Gegensatz zu den heutigen, größtenteils ortsfremden Studierenden der ›Exportakademie‹, handelte es sich bei den PH-Studierenden zumeist um Bildungsaufsteiger aus Reutlingen und dem Umland. Junge FDP-Angehörige und Jusos waren die einzigen, die sich in der Stadt bereit fanden, für einige neue Ideen der Studierenden, wie beispielsweise die eines selbstverwalteten Kommunikationszentrums, einzutreten. Mit ihrer Hilfe entstand 1968 die »Galerie Zelle«, die noch heute[11] als autonomes Zentrum existiert und als zentraler Vergemeinschaftungsort die Kontinuität des Reutlinger ›alternativen‹ Milieus repräsentiert.

Die Beschaffung eigener Räumlichkeiten unter dem Leitmotiv der ›Selbstverwaltung‹ bzw. Autonomie war wie in den anderen Städten einer der ersten organisatorischen Schritte der zumeist studentischen Initiativen. Ebenso wie in Hannover und Oberhausen finden wir in Reutlingen das Auftreten sogenannter Vermittlerpersönlichkeiten zwischen ›Etablierten‹ und ›Alternativen‹. Nicht selten handelt es sich dabei um Personen, die in gewerkschaftlichen, parteipolitischen und anderen Zusammenhängen tätig waren und sind, dabei allerdings als ›Querdenker‹ nie das Machtzentrum jeweiliger Zusammenhänge besetzten, sondern sich immer an der Peripherie aufhielten. Als Personen verkörpern sie mit ihren Aktivitäten so etwas wie lokale Geschichte und geraten bei Konflikten häufig zwischen die Linien, d. h. werden nicht selten von den einen idealisiert und von den anderen verdammt.

In der sogenannten »Proletkult-Phase« Anfang der siebziger Jahre gewann Reutlingen auch für einige Studierende aus Tübingen Attraktivität, da sich ihnen die Reutlinger Betriebe und die IGM für »avantgardistische« sozialistische Betriebsarbeit anboten. Während die Arbeit der studentischen »K-Gruppen« eher kurzfristig war, gewann die DKP ebenso einigen Einfluß wie ihr studentischer Ableger MSB-Spartakus an der PH. In den siebziger Jahren – ebenso wie noch heute – war es für Reutlingen bezeichnend, daß es keine »alternative Okkupation öffentlicher Räume« gab, d. h., es gab z. B. keine Hausbesetzungen und militanten Auseinandersetzungen mit unversöhnlichem Charakter. Manifeste Aus- und Abgrenzungskonflikte verlagerten sich statt

---

11 Alle Angaben zu den Bewegungsmilieus in den Kapiteln 7 bis 10 beziehen sich auf den Stand der ersten Auflage dieses Buches (1993).

dessen nach Tübingen, wo die »Verantwortlichen« der Bezirksregierung für Berufsverbote usw., von denen ja auch Reutlinger betroffen waren, saßen. Andererseits war und ist es in Reutlingen üblich, Konflikte nicht »vor der Haustür« auszutragen, d. h., das politische Establishment Reutlingens hütete sich vor Konfrontationen, um sich an den Stellen, wo es aus der Praxis seiner klientelistischen Wirtschafts- und Politikbeziehungen angreifbar gewesen wäre, bedeckt halten zu können.

Die Kleinräumigkeit der Stadt sowie die relative Seßhaftigkeit auch der jüngeren Generationen führt dazu, daß man heute nicht mit allen Mitteln rücksichtslos agieren kann, wenn man morgen auch noch mit den Leuten auskommen will. Dieses ›Nachbarschaftsprinzip‹ bedeutet, daß auf der einen Seite nichts vergessen wird, auf der anderen Seite aber Aus- und Abgrenzungen subtiler praktiziert werden, d. h., die soziale Kontrolle ist eng- und feinmaschig bzw. strikt und subtil zugleich. Dies entspricht offensichtlich dem ›Reutlinger Habitus‹. In der Praxis äußert sich dies in der Weise, daß Leute – wie es heißt – häufig »weggeekelt« werden, d. h., sie gehen ins ›Exil‹. Individualistische, egozentrische Ausbrüche oder elitäre Verhaltensweisen – auch in der ›alternativen Szene‹ – werden hier nicht ernstgenommen. Wer damit etwas erreichen will, versucht es lieber in Tübingen. Auf Vollversammlungen überwiegen egalitäre und pragmatisch orientierte Diskussionen; dort heißt es: »Pläne, die nicht in der Dorfkneipe ausgeheckt werden, sind suspekt!« In gleichem Zusammenhang kam in unseren Gesprächen in Reutlingen zum Ausdruck, daß die fehlende urbane Struktur und Kultur nicht nur von Minderwertigkeitsgefühlen begleitet ist. Dazu die Aussage eines Gesprächspartners: »Unsere Formlosigkeit ist eben Ausdruck wahrer Kultur – wir brauchen keine sophisticated people, wir sind authentisch!«

Ende der siebziger, Anfang der achtziger Jahre begann sich die Reutlinger ›Projekt-Szene‹ zu etablieren. Den Anfang bestritten Absolventen der PH der Geburtsjahrgänge 1954-56, d. h. der Studierenden, die zu Beginn der siebziger Jahre ihr Studium aufgenommen hatten und nun aus verschiedenen Gründen (Berufsverbot, Einstellungsstop für Lehrer usw.) gezwungen waren, sich abseits des öffentlichen Dienstes ein Auskommen zu verschaffen. Die Fachhochschule für Sozialwesen und die PH waren für die Dominanz der pädagogischen Berufe (Erzieher, Sozialpädagogen, Lehrer) verantwortlich. Im Gegensatz zu Hannover, an dessen Hochschulen neben diesen Berufsgruppen auch Mediziner, Juristen, Ingenieure, Architekten usw. ausgebildet werden, bedeutet dies, daß es in der Reutlinger Projektszene keine ›alternativen‹ Planer, Architekten, Ärzte und Rechtsanwälte gibt. Dies hat auch etwas damit zu tun, daß der Bedarf bei 100 000 Einwohnern relativ begrenzt ist, wenn man bedenkt, daß der Großraum Hannover 1 Million Einwohner hat. Die Projekt-Szene selbst reicht mittlerweile von verschiedenen handwerklichen Betrieben und pädagogischen Einrichtungen bis hin zu Landkommunen auf der Alb. Kennzeichnend sind dabei die im Kontext jeweiliger politischer Bewegungskonjunkturen entstandenen Projekte, die zugleich immer auch der individuellen oder kollektiven Reproduktion dienen. Zudem ist kaum eines der Projekte und kaum einer der Betriebe auf individuellen Gewinn ausgerichtet, d. h., weil jeder jeden kennt und damit die Anonymität der Großstadt fehlt, erscheint es unmöglich, ehemaliges politisches Ethos in kommerzialisierte Formen umzumünzen.

Auffällig ist in Reutlingen eine Zweiteilung des alternativen Milieus. Auf der einen Seite finden wir Angehörige pädagogischer Berufe, Schüler und Schülerinnen und andere überwiegend junge Leute. Sie bewegen sich in der Projekt-Szene und sind als Jüngere über verschiedene politische Bewegungszyklen (Studentenbewegung, Frauenbewegung, Anti-AKW-Bewegung, Friedensbewegung) rekrutiert worden. Auf der anderen Seite finden sich kritische Gewerkschaftsmitglieder, zumeist aus der IGM, die in betrieblichen Zusammenhängen für Gegenöffentlichkeit sorgen und bei den Betriebsratswahlen der Firma Bosch erfolgreich abschneiden konnten.

5. Oberhausen

Wollte man Oberhausen, das 225 000 Einwohner (1991) hat, kurz charakterisieren, so fallen zunächst ›Defizite‹ auf, die das Modernisierungsmuster der Deindustrialisierung kennzeichnen: hohe räumliche Verdichtung, altindustrielle Wirtschaftsstruktur, hohe Arbeitsplatzverluste mit überdurchschnittlicher Arbeitslosigkeit sowie Wanderungsverluste von Erwerbspersonen; hinzu kommt die geographische Zerstückelung der Stadt, da die Schneisen industrieller Transportwege ein Zusammenwachsen der ursprünglichen Dörfer beziehungsweise Stadtteile verhindert haben. In Verbindung mit den sozialen Aktivitäten der Großindustrie, wie dem Bau von Werkswohnungen, Kindergärten, Schulen, Konsum- und Badeanstalten usw., ergaben sich daraus allerdings enge Betriebs- und Stadtviertelverbindungen über mehrere Generationen hinweg. Oberhausen ist als eine Stadt des Ruhrgebiets katholisch und von der Arbeiterbewegung geprägt. Die Sozialdemokratie hat sich im Verein mit den Gewerkschaften erst in den fünfziger Jahren gegen die Tradition der Zentrumspartei beziehungsweise der CDU eine hegemoniale Stellung erkämpfen können. Die Stadt verfügt über keine Hochschulen und Fachhochschulen.

Die langjährige Oppositionsrolle der SPD in Oberhausen sowie der in sozialen Kämpfen erprobte Einfluß der Gewerkschaften förderte selbstbewußte und kämpferische Sozialdemokraten. Das unterscheidet die Oberhausener SPD von der SPD in Hannover oder auch in Reutlingen. Hinzu kommt, daß, im Gegensatz zu Hannover, ›die‹ Oberhausener bei allen Problemen ein positives Verhältnis zu ihrer Stadt haben, d. h., man trifft selten auf Minderwertigkeitskomplexe, Selbstmitleid oder Kokettieren mit einem vermeintlichen Provinzcharakter der Stadt, die schließlich als »Wiege des Ruhrgebiets« bekannt ist.

1968 fand in der lokalen SPD-Führung ein Generationenwechsel statt, bei dem die Exponenten der Teilmilieus (aus Gewerkschaften, Links-Sozialdemokratie und kultureller Intelligenz) fast paritätisch in Machtfunktionen gelangten. Hier ist ein wesentlicher Grund für das ›liberale Klima‹ zu sehen, mit dem später den ›Alternativen‹ begegnet wurde. Dieser Generationenwechsel ließe sich auch als ›Öffnung des sozialen Raums in der SPD‹ bezeichnen. In Oberhausen-Nord (Sterkrade) und in Oberhausen-Mitte erhielten DIE GRÜNEN bei den Bundestagswahlen 1987 zwischen 10 und 13,5% der Stimmen. Stadtweit erhielten sie 6,5% der Stimmen.

Als »Zentrum der Aktionseinheit der Linken« in Oberhausen wurde 1969 aus dem Umfeld von Gewerkschaften, Sozialdemokratie und anderen das Veranstaltungszentrum »K 14« gegründet. Wenn auch mittlerweile an anderer Stelle, existiert das »K 14« noch heute und wird von ›Autonomen‹ ebenso besucht wie von jungen Gewerkschaftsmitgliedern, Jusos und anderen. Vergleichbar mit der »Zelle« in Reutlingen[12], fungiert das »K 14« als Vergemeinschaftungszentrum und symbolisiert die Kontinuität der zumeist auf die Arbeiterbewegung bezogenen politischen Aktivitäten und Aktivisten. Im Unterschied zu Reutlingen oder Hannover gab und gibt es in Oberhausen eine Reihe von allseits anerkannten ›Integrationspersönlichkeiten‹ aus der Arbeiterbewegung. Sie wirken als Vermittler zwischen den sich abgrenzenden Milieus, da sie mit ihrer klassenkämpferischen Vergangenheit über ein hohes Maß an Glaubwürdigkeit nicht nur bei den hegemonialen Milieus in Oberhausen verfügen, sondern auch bei den jüngeren Generationen der bis 1965 Geborenen. Das relativ liberale politische Klima in Oberhausen begünstigte auch die zu Beginn der siebziger Jahre (»Proletkult-Phase«) auftretenden Parteigründungen verschiedener »K-Gruppen«, die in Oberhausen im Gegensatz zu den Universitätsstädten weniger von studentischen Habitus-Formen gekennzeichnet waren. Da es in Oberhausen schon in den fünfziger und sechziger Jahren eine lebendige Demonstrationsöffentlichkeit (Wiederbewaffnungsdiskussion, Mitbestimmungs-Streiks, Demonstrationen gegen Zechenstillegungen usw.) gegeben hat, verstießen Demonstrationen gegen den Vietnam-Krieg, gegen die Notstandsgesetze, gegen Fahrpreiserhöhungen usw. nicht gegen den ›guten Ton‹, d. h., öffentliche Räume und Plätze waren, anders als in Reutlingen und Hannover, schon immer ein Teil politischer Kultur und Auseinandersetzung.

Aufgrund des Fehlens von Hochschulen und Fachhochschulen und seit Mitte der siebziger Jahre aufgrund der wirtschaftlichen Krisensituation hat Oberhausen wenig Anziehungskraft für Auswärtige. Dies wiederum bedeutet, daß die Vergemeinschaftung im Zusammenhang sozialdemokratischer Traditionen und Nachbarschaften bis heute sich relativ ungestört weiterentwickeln konnte. Sprunghaft ansteigende Schülerzahlen an Gymnasien und Gesamtschulen mit Beginn der siebziger Jahre signalisierten in Oberhausen eine partielle Umstrukturierung von innen. Zu den Lehrlingen und Jungarbeitern kamen Schülergenerationen, die in den von der Stadt großzügig bewilligten Jugendzentren – Ende der siebziger Jahre – paradoxerweise

---

12 In beiden Fällen der Namensgebung, ›Zelle‹ und ›K 14‹, handelt es sich um ironische Entlehnungen von Begriffen aus dem Justizapparat.

Schwierigkeiten hatten, ihre Autonomievorstellungen zu realisieren. Wie auch in Reutlingen und Hannover etablierte sich ab 1978 in einzelnen Oberhausener Stadtteilen über verschiedene Bürgerinitiativen (Umwelt, Frauen, Arbeitersiedlung Eisenheim, Jugendzentren) eine kleine Projektszene (einschließlich der Bunten Liste = GRÜNE/DKP/Demokratische Sozialisten u. a.). In Gesprächen mit jüngeren Angehörigen dieser ›Szene‹ kam zum Ausdruck, daß sie sich mit ihren Aktivitäten den laufenden Integrationsbemühungen der städtischen Verwaltung zu entziehen suchen. Ebenso äußerten sie Unbehagen über die häufig als »pädagogische Bevormundung« empfundene Einmischung der 1968er Gründergeneration, die zumindest teilweise mittlerweile in gewerkschaftliche und sozialdemokratische Führungsfunktionen aufgestiegen ist. Diese als Identitätssicherungen zu verstehenden Abgrenzungsversuche der Jüngeren gelangen in Oberhausen nicht immer, da auf Provokationen wie Hausbesetzungen usw. seitens der Sozialdemokratie relativ gelassen reagiert wurde und darüber hinaus erhebliche finanzielle Mittel in Bewegung gesetzt wurden, um den Forderungen der jüngeren Generationen in Ansätzen zu entsprechen. Statt Ausgrenzungen fanden relativ umfassende Integrationsversuche statt.

Die fast »krakenhaften« Integrationsbemühungen des ›etablierten‹ Oberhausen scheinen ein erhebliches Problem für die ›Alternativen‹ zu sein. Aus Initiativen wie der »Ruhrwerkstatt« wurde – wie es in Gesprächen hieß – »ein Paradeprojekt der IGM«. Die unabhängigen Jugendzentren »Druckluft« und die »Zeche Altenberg« verloren ihren autonomen Status. Aus jugendlich vulgären Wandkritzeleien entwickelten sich didaktische Graffiti-Kurse usw. Wir finden hier ein klassisches Integrationsmuster der auf ›Versittlichung‹ jüngerer Arbeitergenerationen zielenden Bildungsbestrebungen der Arbeiterbewegung. Die dabei praktizierte relative Gelassenheit im Umgang mit den wenigen ›Alternativen‹, die mit ihrer Bunten Liste 1979 3,6% und 1983 6,6% der Stimmen bei den Kommunalwahlen erhielten, scheint Ausdruck der noch immer anhaltenden und ungefährdeten Hegemonie von Traditionen der Arbeiterbewegung zu sein. Solange der Referenzpunkt ›Arbeiterbewegung‹ nicht in Frage gestellt ist, wird sowohl kommunistischen Gruppierungen wie auch den GRÜNEN Raum gelassen, obwohl die Wähler der Bunten Liste mittlerweile einige Distanz zu den sozialdemokratischen

Milieus zu haben scheinen, da sie in der Stadt die ›besseren‹ Stadtteile bewohnen und wohl auch über Bildung und Beruf aus den traditionellen proletarischen Zusammenhängen langsam herauswachsen.

6. Hannover

Im Gegensatz zu Reutlingen und Oberhausen hat Hannover, dank seiner Lage und seiner urbanen Strukturen, den Charakter einer ›Provinz-Metropole‹. Damit hängt zusammen, daß in der Stadt alle ›politischen Konjunkturen‹ durchlaufen worden sind, d. h., politische Bewegungen in der Bundesrepublik haben jeweils auch in Hannover ihren Ausdruck gefunden. Hannover hat 508 000 Einwohner (1991) und ist als Landeshauptstadt und Oberzentrum einer Flächenregion Mittelpunkt eines Agglomerationsraums von ca. einer Million Menschen. Als Sitz nationaler und internationaler Unternehmen, als Messeplatz für Büro- und Informationstechnik und industrielle Investitionsgüter sowie als öffentliches Verwaltungszentrum ist Hannover die größte Stadt Niedersachsens. Das weitgehend am Automobilbau orientierte produzierende Gewerbe beschäftigt nur noch ein Drittel der Erwerbstätigen, zwei Drittel sind im sogenannten tertiären Sektor tätig. Nach industrieller Modernisierung in Reutlingen und Deindustrialisierung in Oberhausen steht Hannover als Beispiel für das Modernisierungsmuster der *Tertiarisierung*. Mit ca. 45 000 Studierenden (1950 = 5000 und 1968 = 9000) ist Hannover zudem einer der größeren Hochschulstandorte (mit verschiedenen Fachhochschulen und Hochschulen) in der Bundesrepublik.

Wiederum im Gegensatz zu Reutlingen und Oberhausen scheint Hannover nicht von einem einheitlich herrschenden Milieu hegemonialisiert zu sein. Weder hat die Stadt eine patrizische Tradition noch ist Hannover, wie z. B. Oberhausen, allein eine Stadt der Arbeiterbewegung und Großindustrie. Hannover ist statt dessen von heterogenen ›Partial-Eliten‹ beherrscht (Industrie-Management, Handelsbürger, Ministerialbürokratie, welfischer und Calenberger Adel, Gewerkschaftsbürokratie, SPD-Verwaltungsspitze), die sich in einem labilen Gleichgewicht bzw. Konsens befinden und dabei eine Art ›Bürokratie-Zentrum‹ bilden. Der traditionell bürokratische und heterogene Charakter der hegemonialen Milieus erinnert an die hannoversche Vergangenheit als königliche Residenzstadt. Eine selbstbewußte Praxis bürgerlicher und, nach dem Niedergang der alten Arbeiteröffentlichkeiten im Zuge der Deindustrialisierung, plebejischer Öffentlichkeit hat sich bis heute kaum entwickeln können.

Diese vermeintliche ›Einigkeit in der Konturlosigkeit‹, wie sie für Hannover typisch zu sein scheint, mündete in mangelndes Selbstbewußtsein im Umgang mit neuen, vom praktizierten Konsens abweichenden sozialen und politischen Erscheinungsformen. In der Konsequenz führte diese Unsicherheit nicht selten zu heftigen Überreaktionen und Ausgrenzungen. Die hannoversche ›Konturlosigkeit‹, die sich u. a. in fortwährenden Imagepflegebemühungen ausdrückt, führt darüber hinaus zu der Situation, daß Machtsymbolik in der Stadt kaum präsent scheint, d. h., es bedarf eines zweiten Blicks, um hinter den unscheinbaren Fassaden bürokratischer Herrschaft Konturen erkennen zu können.

Auch die langjährige Vorherrschaft der Sozialdemokratie auf kommunalpolitischer Ebene hat an dieser Situation nichts geändert. Im Gegenteil: der genannte labile Konsens wurde und wird auch von der SPD mitgetragen, die insbesondere über ›ihre‹ Verwaltung als disziplinierende Instanz gegenüber Jugend- und Protestkulturen fungierte. Da sie, anders als z. B. in Oberhausen, nie in der Oppositionsrolle agierte und somit nie herausgefordert war, prononcierte politische Positionen zu vertreten, dominieren bis heute sozialdemokratische Politiker und Verwaltungsbeamte, die der eigene Apparat und nicht die öffentlichen politischen Auseinandersetzungen mit gegnerischen Parteien hervorgebracht hat. In einzelnen Wahlbezirken der Stadtteile Linden, Oststadt und Nordstadt erhielten DIE GRÜNEN bei den Bundestagswahlen 1987 bis zu 35% der Stimmen. Durchschnittlich erhielten sie in Hannover 12,5% der Stimmen.

Die Konstituierung ›alternativer‹ gesellschaftlicher Praxis stützte sich, wie in Reutlingen, auf die miteinander verbundenen Zusammenhänge der Universität und der gewerkschaftlichen Traditionen der Arbeiterbewegung. Für Hannover kam noch hinzu, daß es in der Stadt immer lebendige Jugendkulturen gab, die sich mehr oder weniger intensiv den jeweiligen politischen Bewegungen zuordnen ließen. In Übereinstimmung mit den beiden anderen Städten verlief auch in Hannover der Konstituierungsprozeß der Bewegungsmilieus über die Schaffung eigener Räume. Als 1968 der »Club Voltaire« aus dem Umfeld von Gewerkschaften, radikaldemokratischer Intelligenz und Wissenschaft, Sozialdemokratie, Kommunisten und Studierenden gegründet wurde, hatte Hannover zwar zum erstenmal einen ›alternativen‹ Ort der Vergemeinschaftung. Doch überlebte dieser nur die ersten eineinhalb Jahre der Aufbruchphase, weil zu unterschiedliche Interessen und Ansprüche zusammenkamen und in anschließenden politischen Auseinandersetzungen auch mit entsprechenden Teilideologien kompromißlos ›besetzt‹ wurden. Erst die Jugendkulturen zu Beginn der siebziger Jahre schafften sich gemeinsame Zentren, von denen das bekannteste – das »Unabhängige Jugendzentrum Kornstraße« – bis in die Gegenwart hinein als zentraler Vergemeinschaftungsort sich vehement artikulierender jugendlicher Protestkulturen fungieren kann. Diese sich schon in der Konstituierungsphase abzeichnende Heterogenität der ›Bewegungsmilieus‹ unterscheidet Hannover von den beiden anderen Städten, in denen die ›alternative‹ Szene von der relativ konsistenten hegemonialen etablierten Kultur ›gezwungen‹ wird, einigermaßen geschlossen zu reagieren, um zu überleben.

Charakteristisch für die hannoversche Entwicklung waren die manchmal schwer nachzuvollziehenden Formen der Auseinandersetzung zwischen ›etablierten‹ und ›alternativen‹ Milieus. Die Ursachen liegen u. a. in der bereits oben erwähnten Eigenart, daß Macht und Einfluß samt ihrer herrschenden Strukturen in der Stadt nie offensichtlich waren, sondern immer nur auf den zweiten Blick erkennbar. Insbesondere für jüngere Leute, wie zum Beispiel die zugewanderten Studierenden, war es mit Schwierigkeiten verbunden, die jeweiligen lokal tolerierten Grenzen ihres Verhaltens zu erkennen, d. h., sie waren in der Regel gezwungen, diese Grenzen auszuprobieren. In der Folge entstand eine zum Teil gewalttätige Spirale der zwischen beiden Seiten praktizierten Aus- und Abgrenzungen. Es kam zu Verkennungen und Mißverständnissen, die nicht selten zu Unverhältnismäßigkeiten bei den Formen der Auseinandersetzung führten. Inmitten dieser Konflikt-Spirale sahen sich die sogenannten ›Vermittlerpersönlichkeiten‹ plaziert, die als Angehörige älterer Generationen mit Kenntnis der hannoverschen Verhältnisse über den ›zweiten Blick‹ verfügten und zahlreiche Auseinandersetzungen als vermeidbare Ergebnisse der Muster von Aus- und Abgrenzung identifizierten. Damit aber gerieten sie mitunter zwischen die ›Fronten‹ und sahen sich dem Druck ausgesetzt, sich in den jeweilig angeheizten Atmosphären vorbehaltlos für die eine oder andere Seite zu entscheiden oder sich vollständig zurückzuziehen.

Die Selbstkonstituierung der Bewegungsmilieus in Hannover erfolgte in allen Facetten möglicher Abgrenzung gegenüber dem Establishment, d. h., es entstanden Teilmilieus, die sich je nach Herkunft, politischer Bewegungskonjunktur und Integrationsfähigkeit strukturierten und die – anders als in Reutlingen und Oberhausen – von hoher Mobilität und Fluktuation gekennzeichnet waren. Waren bis Mitte der siebziger Jahre in Hannover die noch jungen Traditionslinien der sich entlang von Kinderläden, Jugendzentren und im Zuge »geborgter Realität« (Parteigründungen nach dem Vorbild der Weimarer Republik und der Befreiungsbewegungen der Dritten Welt usw.) bildenden Teil-›Szenen‹ identifizierbar und einigermaßen überschaubar, setzte spätestens gegen Ende der siebziger Jahre eine Art ›Entgrenzung‹ ein. Mit ›Entgrenzung‹ ist hier ein Sich-Hinwegsetzen der Akteure über politische Traditionen, Konventionen und Ideale gemeint. In der Konsequenz führte dies nicht nur zur Veralltäglichung ehemals überhöhter emanzipatorischer Ideale in reformistischer Alltagspraxis, sondern auch zum Aufbau einer (eher konkurrenzorientierten) Projektkultur auf der Grundlage von Professionalisierungen und Kommerzialisierungen alter und neuer Praxiszusammenhänge unter den Leitmotiven scheinbar beliebiger »Zeitgeister« und Lebensstile. Das 1978 aus einer Bürgerinitiative hervorgegangene Kommunikations- und Veranstaltungszentrum »Raschplatz-Pavillon« bildet hier insofern eine der Ausnahmen, als es zwar dem Geschmack des älter werdenden Publikums nachkommt, dabei aber weiterhin an den politischen Grundpositionen der Integration und Partizipation festhält.

Anders als in Reutlingen und Oberhausen finden sich in Hannover ausgeprägt partikularisierte Formen der Vergemeinschaftung. Die Fähigkeit gemeinsamen gesellschaftlichen und politischen Handelns ist im Unterschied zu den anderen Regionen auf örtliche und soziale Teilgruppen beschränkt, die jeweils verschiedene Mentalitätstypen repräsentieren. Sie reichen vom

›rot-grünen‹ Gewerkschaftsmitglied bis hin zum ›alternativen Management‹. Der inflationäre Gebrauch von Symboliken, Ideologiemustern und Lebensstilen ist in Hannover Ausdruck von Abgrenzungsbemühungen der miteinander – u. a. auch um kommunale Ressourcen – konkurrierenden Teilmilieus. Die Bedingungen des Hochschulstandorts führen zudem zu immer neuen Zuwanderungen von Ausbildungspopulationen und zwingen die lokalen Milieus zu ständig neuer Kohäsionsarbeit. Jedoch wird Kohäsionsarbeit durch verschiedene Generationenfolgen und -differenzen, hohe personelle Fluktuation, Anonymität und damit ermöglichte Wechsel von einem Teilmilieu ins andere erschwert.

Während in Reutlingen und Oberhausen die Geschichte und die Verbindlichkeit der eigenen Milieus im Zusammenhang relativer Immobilität ohne große Schwierigkeiten zu vermitteln sind, ist die hannoversche Situation von wechselnden ›Konjunkturen‹ politischer und stilistischer Verhaltenspraktiken geprägt. Die hannoverschen Bewegungsmilieus stehen dabei ständig im Spannungsfeld von Konkurrenz, relativer Beliebigkeit und Formen neuer politischer Kultur, die sich allerdings nicht allein durch Ab- und Ausgrenzung, sondern auch durch Tolerierung und Anerkennung gesellschaftlicher Vielfalt und Differenzen auszeichnet.

7. Kohäsions- und Abgrenzungsdynamiken

Hinter den lokalspezifischen Ausprägungen der skizzierten Entstehungsprozesse neuer Bewegungsmilieus wird die allgemeine Kohäsions- und Abgrenzungsdynamik zwischen neuen und alten Milieus in Reutlingen, Oberhausen und Hannover deutlich. Sie läßt sich wie folgt zusammenfassen:

(1) Die Bewegungsmilieus hatten ihre Existenz und Identität gegen die örtlichen *hegemonialen Milieus* zu entwickeln und abzugrenzen. Sie praktizierten dabei entsprechend ihrem Habitus jeweils einen bestimmten Stil politischer Kultur. In Reutlingen überwog der subtil ausgrenzende Stil des als ›spießig‹ gewerteten mittleren Industriebürgertums. In Oberhausen hatte eine in den sechziger Jahren an die Macht gelangte politische Elite aus Gewerkschaften, SPD-Parteilinken und

Kulturintelligenz einen offenen und integrativen (teilweise überprotektiven) politischen und kulturellen Stil entwickelt. In Hannover hat die wenig transparente Koexistenz heterogener Partialeliten eine charakteristische Konturlosigkeit produziert, was zu einem widersprüchlichen Stil gegenüber den Bewegungsmilieus führte; sie wurden ausgegrenzt, diszipliniert oder auch partiell akzeptiert.

(2) Die Bewegungsmilieus wurden zugleich von bereits existierenden Oppositionsmilieus geprägt, die eine Art ›Milieu-Stammbaum‹ bildeten. Zu ihnen gehörten an allen drei Orten die lokalen Jugendkulturen, linke Gewerkschafts- und Parteimilieus und die radikaldemokratische Kulturintelligenz. In Hannover gab es zusätzlich ein wachsendes Milieu der pädagogisch-wissenschaftlichen Hochschulintelligenz. In Oberhausen ist das Oppositionsmilieu seit Ende der sechziger Jahre teilweise mit dem politisch hegemonialen Milieu identisch.

(3) Die soziale Rekrutierung der neuen Bewegungsmilieus entsprach den verschiedenen Mentalitätsausprägungen. In Reutlingen überwiegen PH-Absolventen, Sozialarbeiter und Gewerkschaftsangehörige, während eine Milieu-Elite wenig ausgeprägt ist. In Oberhausen gibt es keine Hochschule, es überwiegt eine gewerkschaftlich-arbeitnehmerische Jugendkultur. In Hannover als relativ großem Hochschul- und Tertiärzentrum ist das Bewegungsmilieu nach oben stark geschichtet und – durch die erhebliche Regionalzuwanderung – weniger bodenständig und mehr zerfasert als in Reutlingen und Oberhausen.

(4) Mit diesen Bedingungen hängen offenbar auch die verschiedenen Praxisformen der regionalen Bewegungsmilieus zusammen. Während die *Vergemeinschaftungen* in Hannover nach örtlichen und sozialen Teilgruppen partikularisiert und oft auch anomischer sind, erweisen sie sich in den anderen Regionen als stärker integriert und auch fähiger, gemeinsam gesellschaftlich und politisch zu handeln. Zwar haben alle drei Bewegungsmilieus ähnliche Phasen durchlaufen, von den Phasen der Protestbewegung und der an den – zur Legende erstarrten – kommunistischen Parteitraditionen orientierten Gründungen von ›Avantgardeparteien‹ (sechziger/siebziger Jahre) bis zu den Phasen der Projektkultur, der Großbewegungen und reformorientierten Alltagspraxis (siebziger/acht-

ziger Jahre). In Hannover aber finden sich stärkere Entmischungen, in denen z. B. Gewerkschaftsaktive, Hochschulangehörige, Lehrende verschiedener Schulen und alternative ›Unternehmer‹ sich aus dem Bewegungsnexus lösten. Entsprechend ist die Spannbreite der Mentalitäten. Während in dem integrierten und vorwiegend plebejisch-respektablen Milieu von Reutlingen egalitäre und unprätentiöse Formen überwiegen, kommen in Hannover auch Teilmilieus mit distinktiven Formen hinzu; Oberhausen bildet einen Zwischentypus.

8. Regionalentwicklung und Sozialstrukturen

Die hier ausgewählten Ergebnisse der Analysen zum sozioökonomischen Strukturwandel in Reutlingen, Hannover und Oberhausen[1] sind Bestandteile der milieubiographischen Untersuchungen und verweisen auf die regionalen Prozesse der ›Öffnung und Schließung des sozialen Raums‹. Sie repräsentieren Grundmuster spezifischer sozialstruktureller Bedingungen des zuvor historisch-soziologisch nachgezeichneten Entstehungszusammenhangs neuer sozialer Bewegungsmilieus. Darüber hinaus stellen sie mit der Rekonstruktion lokaler sozialer Räume einen Systematisierungsversuch dar, den strukturellen Rahmen der mit dem »Modernisierungsgefälle«[2] verbundenen Bewältigungsproblematiken sozialen Wandels faßbar zu machen.

Reutlingen stand zum Zeitpunkt der Untersuchung für das Beispiel einer *industriellen Modernisierung* und zählte zu den wirtschaftlich florierenden Regionen der alten Bundesrepublik. *Oberhausen* stand für das Beispiel der durch die Krise der Kohle- und Stahlwirtschaft bedingten *Deindustrialisierung* und zählte zu den Problem-Regionen. Hannover stand für das Beispiel einer *Tertiarisierung*, die mit einer *partiellen Deindustrialisierung* einherging, und zählte zu den sogenannten Durchschnittsregionen.

Abschließend möchten wir in diesem Kapitel aufzeigen, wie die Möglichkeiten einer stadtteilspezifischen Milieuanalyse[3] erschlossen werden können und welche Voraussetzungen vorliegen müssen. Am Beispiel Hannovers wird dargestellt, wie die

---

1 Die Materialgrundlage dieses Untersuchungsteils wurde in Absprache mit den lokalen Statistischen Ämtern sowie den regionalen Kooperationspartnerinnen und -partnern (Susanne Bausinger für Reutlingen; Wilfried Kruse und Rainer Lichte für Oberhausen) geschaffen; vgl. dazu u. a. Bausinger 1990; Kruse/Lichte 1991a, 1991b.
2 Vgl. u. a. Piore/Sabel 1985; Erd/Jacobi/Schumm 1986; Läpple 1986.
3 Im Rahmen der Arbeitsgruppe Interdisziplinäre Sozialstrukturforschung (agis) ist die Methode der indikatorengestützten Milieuanalyse inzwischen verfeinert worden. Vgl. dazu die kleinräumlichen Wahl- und Sozialstrukturanalysen von Thomas Hermann 1997, Müller/Buitkamp 1996 und Geiling/Schwarzer 1999.

sozialräumliche Gliederung der Stadt durch ›typische‹, auf die einzelnen Stadtteile bezogene Merkmalskombinationen und -syndrome der sozialen Lage und der urbanen Verdichtung faktorenanalytisch abgebildet werden kann. Die dabei identifizierbaren unterschiedlichen *Raumqualitäten* in Zusammenhang mit der subjektiven Bewertung und dem Wahlverhalten der Bevölkerung bieten sich als Zugang zu einer indikatorengestützten Milieuanalyse einzelner Stadtteile an.[4]

1. Reutlingen

Bekannt durch »schwäbische Initiative und schwäbischen Fleiß«[5], dessen pietistische Ursprünge hier besonders deutlich zu spüren sind[6], liegt Reutlingen mit fast 100 000 Einwohnern (1987) inmitten des Modernisierungstrends der Kernregion des schwäbischen Industriegebiets, etwa eine halbe Autostunde südlich der baden-württembergischen Landeshauptstadt Stuttgart. Zusammen mit der nur 12 Kilometer entfernten Universitätsstadt Tübingen bildet sie das Zentrum der Neckar-Alb-Region.[7]

---

4 Die Untersuchungen der regionalen Entwicklung und Sozialstrukturen wurden zum Zeitpunkt der themenzentrierten Interviews in den Regionen durchgeführt, d. h. im Frühjahr 1991 abgeschlossen, so daß sich die Daten in der Regel auf den Zeitraum zwischen 1950 bzw. 1960 bis 1989/90 beziehen. Für Hannover konnten noch einige neuere Daten und Entwicklungen mit aufgenommen werden.
5 So charakterisiert die Stadt in einer Werbebroschüre für den »Industriestandort Reutlingen« die vorherrschende Mentalität ihrer Einwohner. Weiter heißt es dort: »In vielen der mittelständischen Betriebe haben die Sozialpartner feste Bindungen entwickelt. Hochqualifizierte Facharbeiter bleiben oft jahrzehntelang in ›ihrem‹ Betrieb.«
6 Auffallend ist der im Vergleich zu Hannover und Oberhausen hohe Anteil von Angehörigen »sonstiger« Glaubensgemeinschaften von 17% (1987) (1970: 7,5%; hinzu kommen 2,6% islamische Konfessionszugehörige). In Zusammenhang mit den Wahlergebnissen in Baden-Württemberg (vgl. Verband Deutscher Städtestatistiker, Ausschuß Wahlforschung 1987) ist festzustellen, daß DIE GRÜNEN gerade in Gebieten mit hohen ›sonstigen‹ Konfessionsanteilen überproportionale Stimmenanteile erreichen.
7 Ähnlich dem »Kommunalverband Großraum Hannover« existiert hier der »Regionalverband Neckar-Alb« mit etwa 600 000 Menschen. Die

Zwischen diesen beiden Städten existiert eine klare Arbeitsteilung als Folge der französischen Besatzungszeit nach dem Zweiten Weltkrieg: Tübingen ist die Stadt des Kultur- und Geisteslebens (alte, traditionsreiche Universität), Reutlingen fällt die Rolle des wirtschaftlichen Zentrums zu.

Obwohl sich Reutlingen nach den Volkszählungsergebnissen von 1987 als Großstadt bezeichnen könnte, fehlt ihr – im Gegensatz zu Hannover und Oberhausen – die dafür charakteristische urbane Struktur. Der Blick vom ›Hausberg‹, der Achalm, offenbart die ländliche, für baden-württembergische Verhältnisse typische Struktur: Neben den zentralen Stadtteilen Alt-Reutlingen und Betzingen besteht die Stadt aus einzelnen, durch Äcker und Waldflächen voneinander getrennten ›Dörfern‹[8], von denen viele im Zuge der zwischen Ende der sechziger und Anfang der siebziger Jahre durchgeführten Gebietsreform eingemeindet wurden. Neben der seit Kriegsende florierenden Wirtschaft verdankt die Stadt letztlich diesen Eingemeindungen eine bis heute stetig steigende Einwohnerzahl.[9] Im Gegensatz zu unseren beiden anderen Untersuchungsregionen fällt auch der höhere Ausländeranteil von derzeit fast 12% auf, Ausdruck einer bis in das letzte Jahrhundert zurückgehenden Tradition: Damals halfen vor allem Italiener beim Aufbau der Reutlinger Eisenbahn, und selbst der erste ausländische 1.-Mai-Redner wurde schon im Jahr 1904 registriert.[10]

Im Vergleich zu Oberhausen und Hannover erwies sich die traditionelle *mittelständische* Wirtschaftsstruktur, d. h. der privatwirtschaftliche Sektor (vor allem Textilindustrie, Textilma-

---

Aufgaben dieses Regionalverbands liegen hauptsächlich in der Wirtschaftsförderung, insbesondere der Neuansiedlung mittelständischer Betriebe.

8 Typisch für diese Region ist auch die Struktur im landwirtschaftlichen Sektor (in Reutlingen hauptsächlich Obstanbau): Von den 300 Betrieben werden drei Viertel als Nebenerwerbsbetriebe geführt.

9 Seit 1950 stieg die Einwohnerzahl von 46 000 auf 67 500 (1961), 79 500 (1970) und 98 900 im Jahr der letzten Volkszählung (1987).

10 Die Zusammensetzung hat sich in den letzten vier Jahrzehnten deutlich verändert. Waren die Italiener bis Mitte der sechziger Jahre die stärkste Gruppe (etwa ein Drittel), wurden sie Anfang der siebziger Jahre von Jugoslawen und Griechen (mit je einem Drittel) abgelöst. Heute bilden die Türken mit etwa 40% die stärkste ausländische Gruppe.

schinenbau sowie metallverarbeitendes Gewerbe), mit ihrer Flexibilität als ›Motor‹ gegenüber den Anforderungen der ökonomischen und technologischen Modernisierung.

Mit den Indikatoren ›*hohes Pro-Kopf-Einkommen*‹, ›*große Wirtschaftskraft*‹ und ›*geringe Arbeitsmarktprobleme*‹[11] gehört Reutlingen zu den wirtschaftlich florierenden Regionen in der Bundesrepublik. Die Umstrukturierung der Wirtschaft können wir an folgenden Entwicklungen zwischen 1970 und 1987 ablesen: Die Textil- und Bekleidungsindustrie, 1970 noch stärkster Bereich im verarbeitenden Gewerbe[12], verlor mehr als die Hälfte, die Papier- und Druckindustrie sogar zwei Drittel ihrer Beschäftigten. Im (Textil-)Maschinenbau verringerte sich die Beschäftigtenzahl um etwas mehr als ein Drittel.[13] Einen bedeutsamen Zuwachs der Beschäftigten um 35% verzeichnete die elektrotechnische Industrie. Dieses Wachstum ist fast ausschließlich auf das Engagement der Firma Bosch zurückzuführen: 1962 drohte Reutlingen durch den Konkurs der traditionsreichen Textilmaschinenfabrik Gminder[14] ein Verlust von mehr als 1000 Arbeitsplätzen. Überaus günstige Umstände führten dazu, daß Bosch Gminder kurzerhand aufkaufte und die gesamte Belegschaft übernahm.[15] Hierin mögen die Gründe für die auch heute noch sehr engen Beziehungen zwischen der Stadt und dem Unternehmen liegen. Inzwischen hat der Elektrokonzern seine gesamte Scheinwerferproduktion nach Reutlingen verlagert und ein Werk zur Fertigung von elektronischen Mikrosteuerungs-

---

11 Die Arbeitslosenquote betrug 1974 1,0%, stieg im Zuge der ersten Auswirkungen der Weltwirtschaftskrise auf 2,4% im Jahr 1975 an und lag bis 1980 durchschnittlich bei 1,6%. Bis 1983 stieg sie auf 6,6% an und lag damit zum ersten Mal über dem Landesdurchschnitt. Aufgrund der guten konjunkturellen Lage im Südwesten der Bundesrepublik sank die Quote auf 4,5% (April 1989).
12 Gemessen an der Zahl der Beschäftigten.
13 In diesen drei Branchen waren 1970 71% der im verarbeitenden Gewerbe bzw. knapp 40% aller Reutlinger Erwerbstätigen beschäftigt.
14 Die Tradition der Textilmaschinenfabrik Ulrich Gminder reicht bis ins 19. Jahrhundert zurück. Gminder machte sich vor allem durch seine sozialen Aktivitäten einen Namen, so z. B. durch den Bau von »Gmindersdorf«, einer Werkssiedlung, von Kindergärten und eines Arbeiteraltenheims.
15 In der Führungsetage bei Bosch arbeitete zum Übernahmezeitpunkt der in den fünfziger Jahren bei Gminder tätige Geschäftsführer.

elementen in Betrieb genommen; jede/r zehnte Beschäftigte in Reutlingen ist bei Bosch tätig. Allerdings konnte auch dieses Unternehmen nicht verhindern, daß im verarbeitenden Gewerbe seit 1970 ein Verlust von knapp 6000 Arbeitsplätzen (= 21,5%) zu verzeichnen war.

Der Abbau dieser Arbeitsplätze konnte durch ein Wachstum im Handel und im Dienstleistungssektor nicht nur ausgeglichen werden, sondern zwischen 1970 und 1987 konnte die Zahl der Beschäftigten insgesamt sogar leicht gesteigert werden (um 3,5% auf 53 300 Beschäftigte). Die Zunahme geht ausschließlich auf einen *gestiegenen Erwerbstätigenanteil bei den Frauen zurück*.[16] Hohe Wachstumsraten weisen das Bildungswesen (+ 110%), die Rechts- und Steuerberatung (+ 103%), das Gesundheits- und Veterinärwesen (+ 95%), die Gebietskörperschaften (+ 58,5%) sowie die Organisationen ohne Erwerbszweck (+ 361%) auf.

Diese Umstrukturierungsprozesse schlagen sich auch in den Veränderungen in der Stellung der Erwerbstätigen im Beruf nieder: Seit 1970 (bis 1987) verringerte sich der Anteil der Selbständigen von 8% auf 7%, der mithelfenden Familienangehörigen von 3% auf 1% und der Arbeiter von 50% auf 44%, während gleichzeitig der Beamten- und Angestelltenanteil um 10% auf 49% anstieg. Betrachten wir das *Wachstum der ›neuen Berufe‹* (vgl. Kap. 11.6.), so fällt die Zunahme bei *Humandienstleistungsberufen*, besonders jedoch bei den *technischen Intelligenzberufen* ins Auge. Allein in den letzten zehn Jahren verzeichneten die Elektroingenieure ein Wachstum um 111%, die Naturwissenschaftler um 110%, die Elektrotechniker um 85% und die Datenverarbeitungsfachleute um 65%. Die Gesundheitsdienstberufe (einschließlich Ärzte und Apotheker) nahmen um 35%, Sozialarbeiter um 76%, Hochschullehrer um 30%, Gymnasiallehrer um 26%, Lehrer für musische Fächer um 54% und die Buchhändler um 22% zu.

Dieses ›zweigleisige‹ Wachstum ist eng mit den weiterführenden Ausbildungsmöglichkeiten vor Ort gekoppelt. Bis 1987 existierte in Reutlingen eine Pädagogische Hochschule, die jedoch

---

16 Der Anteil der erwerbstätigen Frauen erhöhte sich von 37,6% 1970 auf 42,5% im Jahr 1987 (+3271 Arbeitsplätze). Damit reduzierte sich – trotz der Zunahme an Erwerbstätigen insgesamt – der Anteil der männlichen Erwerbstätigen sowohl prozentual als auch in absoluten Zahlen.

im Zuge einer Drosselung der Lehrerausbildung geschlossen wurde. Heute gibt es – quasi an deren Stelle – eine Fachhochschule für Sozialwesen. Auf der anderen Seite richtete das Land in den siebziger Jahren eine Fachhochschule für Technik und Wirtschaft ein; die Firmen Bosch und Wandel & Goltermann bilden in Kooperation mit der Volkshochschule Techniker im Bereich der Mikroelektronik aus. Schließlich sind auch die Einflüsse der nahe gelegenen Universitätsstadt Tübingen mit ihrer langen Tradition in den Geistes- und Sozialwissenschaften zu spüren.

Wie die Milieubiographie und unsere Interviews bestätigen, können wir in den Reutlinger Bewegungsmilieus neben Teilen der Ausbildungspopulationen (Einfluß der Fachhochschulen sowie der Tübinger Universitätsszene) sowohl Angehörige der humandienstleistenden als auch der technischen Intelligenz finden. Im Unterschied zu Hannover sind diese Milieus für den Beobachter längst nicht so offen sichtbar. Dies zeigt sich beispielsweise am äußeren Erscheinungsbild derjenigen Wahlbezirke, in denen DIE GRÜNEN überproportionale Stimmenanteile zwischen 19% und 26% verzeichnen, nämlich im Stadtkern[17]: Das in diesem Gebiet liegende Kreisbüro der GRÜNEN befindet sich in einem kleinen Fachwerkhaus in der ersten Etage und ist erst nach mehrmaligem Hinsehen als solches durch mehrere kleine Aufkleber an den Fenstern zu identifizieren. Im Erdgeschoß dieses Hauses befindet sich eine, von außen betrachtet, ›bürgerlich‹ anmutende Gastwirtschaft. Erst ein Blick auf den in einer Seitenstraße gelegenen, mit Veranstaltungshinweisen plakatierten Eingang macht den ›alternativen‹ Charakter sichtbar.

Die ›Hochburgen‹ der GRÜNEN im Stadtkern geben mit ihrer unterschiedlichen Struktur auch Hinweise auf die von uns für die Zusammensetzung der neuen sozialen Bewegungsmilieus vermutete *sozialstrukturelle Heterogenität*. Hier befinden sich in den Seitenstraßen der Fußgängerzone viele sanierungsbedürftige Häuser mit preisgünstigem Wohnraum, den vor allem nicht erwerbstätige und einkommensschwächere Gruppen nutzen. Dementsprechend gibt es hohe Ausländer- und Altenanteile in der Bevölkerung. Zu den ›Hochburgen‹ der GRÜNEN gehören

17 Zweitstimmenanteile bei der Bundestagswahl 1987 (gesamtes Stadtgebiet: 11% der Zweitstimmen). Hier befinden sich alle wichtigen Institutionen der ›Alternativen‹ im Umkreis von zwei Kilometern.

auch die sich an dieses Sanierungsgebiet anschließende Oststadt mit ihren bürgerlichen und geräumigen Altbauten sowie die zentrumsnahen Halbhöhengebiete (›bessere‹ Reutlinger Wohnlage), in denen viele mittlere und höhere Beamte und Angestellte wohnen, aber auch Wohngemeinschaften zu finden sind. Neben diesen innenstädtischen Bereichen erzielen DIE GRÜNEN in Gönningen, einem am Rande des Stadtgebiets gelegenen Dorf, überdurchschnittliche Anteile (16%). Die Gründe hierfür liegen in dem hohen Anteil ländlicher Wohngemeinschaften, von denen ein Teil biologischen Landbau betreibt.

2. Oberhausen

Wollen wir ein wichtiges Resultat der Strukturanalyse Oberhausens vorwegnehmen, so ließe sich das auf die Formel bringen: Die Strukturen, die fast 100 Jahre Wachstum und Blüte ermöglichten und erzeugten, drohen jetzt zur Fessel zu werden. Die Geschichte der Stadt beginnt vor etwa 200 Jahren – 1787 – mit der Gründung der ersten Hütte im Ruhrgebiet, weshalb Oberhausen auch als die »Wiege des Ruhrgebiets« bezeichnet wird. Bei seiner Gründung als Landgemeinde im Jahr 1862 hatte Oberhausen gerade etwas mehr als 8000 Einwohner. Die Verleihung der Stadtrechte erfolgte erst 12 Jahre später. 1929 wurden die drei jetzigen Stadtteile Alt-Oberhausen, Sterkrade und Osterfeld zu einer Gemeinde zusammengelegt, die Einwohnerzahl betrug 194 000. Anfang der sechziger Jahre wohnten 260 000 Menschen in der Stadt, danach setzte, parallel zum wirtschaftlichen Niedergang, bis heute ein Bevölkerungsschwund in der Größenordnung von 40 000 Personen ein.

Kennzeichnend für die Stadt ist ihre geographische Zerstückelung: Die (historisch gewachsenen) schneisenförmigen industriellen Transportwege (Eisenbahn, Werksbahnen, Kanal, später Autobahnen und Schnellstraßen) verhindern bis heute ein Zusammenwachsen der Stadtteile. In Verbindung mit den sozialen Aktivitäten der Großindustrie, wie dem Bau von Werkssiedlungen, Kindergärten, Schulen, Konsum- und Badeanstalten usw.[18],

---

18 Diese Maßnahmen waren Reaktionen auf die hohe Arbeitskräftefluktuation im 19. Jahrhundert und Anfang des 20. Jahrhunderts.

ergaben sich daraus weitreichende Konsequenzen für den Lebenszusammenhang der überwiegenden Arbeiterbevölkerung: eine enge Betriebs- und Stadtviertelbindung über mehrere Generationen hinweg.

Bergbaukrise, Zechenstillegungen, Firmenzusammenschlüsse und die Gründung der Ruhrkohle AG waren in den sechziger Jahren die Vorboten der Krise, Folge des Rückzugs der Großindustrie aus Oberhausen. Den damit verbundenen Auflösungserscheinungen traditioneller Lebenszusammenhänge versuchte die Stadt mit einer Entscheidung zu begegnen, die die homogene Sozialstruktur erhalten sollte: Trotz mehrfacher Angebote der Landesregierung lehnte sie die Ansiedlung von Fachhochschulen und Universitäten ab. Der Verzicht auf eine Hochschule zeigt bis heute weitreichende Auswirkungen: Die Entwicklung der neuen sozialen Bewegungsmilieus erfolgte in starker *Anlehnung an das gewerkschaftlich-sozialdemokratische Milieu*, und die Wahlergebnisse der Bunten Liste (auf kommunaler Ebene) bzw. der GRÜNEN liegen lediglich zwischen 6% und 7%. Daß sich diese Partei überhaupt über der 5%-Hürde befindet, dürfte auf das Verhalten der hegemonialen Milieus von SPD und Gewerkschaften, aber auch auf die wirtschaftlichen Umbrüche seit Mitte der sechziger Jahre zurückzuführen sein, die die traditionalen Formen der sozialen Kohäsion allmählich aufzubrechen scheinen.

Oberhausen ist gekennzeichnet durch *hohe räumliche Verdichtung, altindustrielle Wirtschaftsstruktur, hohe Arbeitsplatzverluste und überdurchschnittliche Arbeitslosigkeit sowie durch Wanderungsverluste von Erwerbspersonen und älteren Menschen*. Wird das im Bundesdurchschnitt vergleichsweise *niedrige Pro-Kopf-Einkommen* hinzugenommen, läßt sich Oberhausen als *Problem-Region* einstufen. Der Niedergang ist eng mit dem Rückzug der Großindustrie verbunden.[19] Deren Beschäftigtenzahl sank von 49 100 im Jahre 1961 auf 21 000 (1987) oder von knapp der Hälfte auf ein Viertel aller Oberhausener Beschäftigten.[20] Die Zahl der Arbeitsplätze im sekundären Sektor verrin-

---

19 Es handelt sich um die fünf noch heute in Oberhausen befindlichen Großbetriebe Gutehoffnungshütte, Thyssen Niederrhein AG, Deutsche Babcock, Hoechst AG Werk Ruhrchemie sowie Bergbau AG Niederrhein.
20 Allein im ersten Halbjahr 1988 verringerten diese Betriebe ihre Arbeitsplätze um insgesamt 1352.

gerte sich allein zwischen 1970 und heute um fast 20 000, bei gleichzeitig stetig steigendem Erwerbspersonenpotential (bis 1983). Während sich dabei der Anteil der im Bergbau Beschäftigen seit 1950 von 21% kontinuierlich auf 6% (1987) verringerte, blieben die Beschäftigtenanteile im verarbeitenden Gewerbe (1950: 39%, 1970: 39%) und im Baugewerbe (1950: 7%, 1970: 9%) bis 1970 nahezu konstant. Zwischen 1970 und 1987 erfolgte im Verarbeitenden Gewerbe ein Verlust von 12 000 Arbeitsplätzen (der Beschäftigtenanteil ging von 39% auf 28% zurück). Im gleichen Zeitraum schrumpfte die Zahl der Arbeitsplätze im Baugewerbe um über 40%. Dieser Verlust konnte auch nicht durch die Zunahme von Arbeitsplätzen im Dienstleistungssektor, dessen Anteil von 31% (1950) auf 51% (1987) stieg, ausgeglichen werden.[21] Der Strukturwandel zeigt sich auch an der beruflichen Stellung der Erwerbstätigen: Während zwischen 1961 und 1987 der Anteil der Selbständigen von 6% auf 5% nur leicht, der Arbeiteranteil von 63% auf 46% stark zurückging, verzeichnete der Angestellten- und Beamtenanteil ein Wachstum von 29% auf 48%.

Die Auswirkungen der wirtschaftlichen Strukturkrise können wir an den Zahlen der Arbeitslosen und Sozialhilfeempfänger ablesen. Herrschte 1970 – wie in der gesamten Bundesrepublik – Vollbeschäftigung, stiegen die Arbeitslosenzahlen zunächst langsam, seit Anfang der achtziger Jahre stärker an.[22] Seit 1985 liegt die *Arbeitslosenquote* (zur Zeit etwa 17%) über dem Niveau der meisten Ruhrgebietsstädte. Die Tendenz ist dabei noch leicht steigend. Besonders von Arbeitslosigkeit betroffen sind Personen, die kurz vor Beendigung ihres Erwerbslebens stehen (ab 55 Jahre; zu 75% Männer), sowie junge Menschen bis etwa 25 Jahre (hier insbesondere Frauen). Junge Frauen sind dabei doppelt benachteiligt: Einerseits stagnieren die Zahlen der Arbeitsplätze für traditionelle Frauenberufe wie zum Beispiel Verkäuferinnen und weitere Dienstleistungsberufe. Andererseits trifft sie bei der Suche nach einem Ausbildungsplatz vor allem die Diskrepanz zwi-

---

21 Dabei konzentrieren sich die Zunahmen (absolut und prozentual) am stärksten auf drei Wirtschaftsunterabteilungen: das Gebäudereinigungsgewerbe (1970-87: +206%), die Gebietskörperschaften und Sozialversicherungen (1970-87: +72%) sowie die Organisationen ohne Erwerbscharakter (1970-87: +79%).
22 1970: 0,8%; 1975: 4,8%; 1980: 5,6%; 1983: 12,4%.

schen der zunehmend auf kaufmännische und Dienstleistungsberufe gerichteten Nachfrage und der noch immer von gewerblichen Berufen dominierten Angebotsstruktur auf dem Ausbildungsmarkt. Die mit der Krise wachsenden sozialen Probleme drücken sich neben den Arbeitslosenzahlen in der Statistik über die *Sozialhilfeempfänger* aus. Hier hat sich in den letzten zehn Jahren eine Verschiebung von der ›klassischen‹ Gruppe der Rentner und Rentenanwärter zu den sozialhilfeberechtigten Arbeitslosen vollzogen. Deren Anteil stieg allein zwischen 1980 und 1987 von 6% auf 30% der Sozialhilfeempfänger und ist die Folge eines wachsenden Anteils Dauerarbeitsloser (1986: 38%).

Ideen und Ansätze zur Überwindung bzw. Abmilderung der Krise sind mit der Diskussion um eine »Entwicklungsgesellschaft Oberhausen« (EGO) und der »Gesellschaft für Aus- und Weiterbildung« (GAW) gegeben. Erstere soll sich zum einen der ›klassischen‹ Wirtschaftsförderung widmen, andererseits Beschäftigungsförderung zur Stützung der Betriebe im alternativ-ökonomischen Sektor, von Genossenschaften und Beschäftigungsinitiativen betreiben. So gibt es bei der Stadt Oberhausen seit 1987 eine Beratungsstelle für alternativ-ökonomische Gründungsinitiativen (in Zusammenarbeit mit der Stadt Duisburg). Die GAW soll an drei Schwerpunkten eingesetzt werden: Auftragsausbildung für Thyssen sowie (ergänzend) für Klein- und Mittelbetriebe; Weiterbildung in zukunftsträchtigen Fachrichtungen für Oberhausener Beschäftigte und Arbeitslose; überregionale Fachfortbildung in Umwelttechnologie für Akademiker und Facharbeiter in Kooperation mit der Gesamthochschule Duisburg und der Universität Essen.

Das Wachstum der *›neuen Berufe‹* (Humandienstleistungs-, qualifizierte Verwaltungs- und technische Intelligenzberufe) ist in Oberhausen – im Vergleich zu Reutlingen und Hannover – eher schwach ausgeprägt. Trotz zum Teil beachtlicher Wachstumsraten sind die absoluten Zahlen im Vergleich zu den immer noch dominierenden Berufen des verarbeitenden Gewerbes gering: Im Bildungswesen arbeiteten 1987 900 Personen (Wachstum seit 1970: +160%), im Gesundheitswesen 2100 (+150%), in der Rechts- und Steuerberatung 200 (+71%). Allerdings läßt sich bei den nichtakademischen technischen Berufen ein seit Anfang der achtziger Jahre bis heute andauerndes hohes Wachstum qualifizierter Facharbeiter- und Techniker-Berufe erkennen, wie beispielsweise Elektroanlageninstallateure, Energieanlagenelektroniker, Technische Zeichner.[23]

Die Entwicklung im *Bildungswesen* können wir im Sinne einer ›Öffnung des sozialen Raums‹ deuten: Aufgrund des wirtschaftlichen Niedergangs im Bergbau und im verarbeitenden Gewerbe blieb den Eltern fast nichts anderes übrig, als ihre Kinder auf weiterführende Schulen zu schicken, um damit ihre Ausbildungsplatz- und Arbeitsmarktchancen zu erhöhen. Der *steile Anstieg der Schülerzahlen an den Gymnasien und den Gesamtschulen* seit Anfang der siebziger Jahre[24] bei gleichzeitig stagnierender Schülerzahl an den Realschulen und deutlich rückläufigen Zahlen an den Hauptschulen belegt diese relativ späte[25], aber heftige Reaktion auf die Bildungsreformen. In gleicher Weise entwickelte sich der Umfang der Gymnasial- und Gesamtschullehrerschaft.[26]

Die lokalen *Wahlanalysen* bestätigen die auch in Hannover feststellbaren räumlichen Ausweitungen ›alternativen‹ Wahlverhaltens. GRÜNE-›Hochburgen‹ finden wir in den besseren Wohnlagen im Oberhausener Norden (Sterkrade-Nord und -Mitte)

---

23 Dem scheinen v. a. zwei Bedingungen zugrunde zu liegen: Einerseits gibt es im Ruhrgebiet eine klare Funktionsteilung der Städte untereinander (z. B. ist das angrenzende Essen *das* Dienstleistungs- und Verwaltungszentrum mit einem entsprechend hohen Anteil von Arbeitsplätzen mit hochqualifizierten und leitenden Funktionen), andererseits deutet dies auf eine Modernisierung des Wirtschaftsraums mit den vor Ort verfügbaren beruflichen Qualifikationen, die sich im Zuge von Stahl- und Kohlekrise intergenerationell von den ›alten‹ Bergbau- und Stahlberufen weg auf zukunftsträchtigere Service- und Dienstleistungsberufe im produzierenden Gewerbe umorientieren.
24 So stieg der Anteil der Gymnasialschüler an der gesamten Schülerzahl von 24,6% (27,7%) im Jahr 1971, 27,2% (30,3%) 1975, 31,2% (33,4%) 1981 auf 33,6% (36,2%) im Jahr 1987 (Vergleichszahlen der gesamten Bundesrepublik in Klammern). Das Wachstum an den Gesamtschulen war noch stärker: von 4,1% (1,2%) der Schüler 1971, 8,4% (2,7%) 1975, 9,8% (3,8%) 1981 auf 15,1% (5,6%) 1987.
25 Diese Entwicklung setzte bundesweit etwa Mitte der sechziger Jahre ein.
26 Die Zahl der an Gymnasien tätigen Lehrkräfte stieg von 224 im Jahr 1970 auf 430 im Jahr 1981 (+ 92%), verringerte sich dann auf 386 im Jahr 1987. Die Zahl der Gesamtschullehrer stieg von 1971 bis 1987 kontinuierlich an von 45 auf jetzt 228 (+ 407%).

mit Anteilen zwischen 9% und 11% sowie im Stadtkern von Alt-Oberhausen mit Stimmenanteilen zwischen 10% und 13,5%.[27] Bei der Analyse hat sich gezeigt, daß rund um diese ›Hochburgen‹ die meisten benachbarten Wahlbezirke von Wahl zu Wahl höhere grüne Stimmenanteile verzeichnen konnten, wenngleich die Zuwächse wie auch die Anteile in den ›Hochburgen‹ im Vergleich zu Hannover bescheiden ausfallen.

3. Hannover

Hannover ist mit 510 000 Einwohnern (1992, VZ '87: 495 000)[28] die größte Stadt Niedersachsens, zugleich Landeshauptstadt und Sitz einer Reihe von nationalen und internationalen Unternehmen und Unternehmensverwaltungen. Seit 1946 hat sich Hannover als Schauplatz der weltgrößten Messen für Büro- und Informationstechnik sowie für industrielle Investitionsgüter zu einem der bedeutendsten internationalen Messestandorte entwickelt. Stadt und Landkreis Hannover bilden den größten niedersächsischen Agglomerationsraum mit etwa einer Million Menschen (15% der Bevölkerung dieses Bundeslandes).[29] Von den sechziger Jahren bis Ende der achtziger Jahre hat es eine Wanderungsbewegung von etwa 100 000 Personen zu Lasten der Stadt in den Landkreis gegeben, seitdem schreibt man wieder an einem Szenario der ›wachsenden Stadt‹. Dies kann insbesondere auf die veränderte geopolitische Lage Hannovers seit Öffnung der Grenzen in Osteuropa und seit der deutschen Einheit zurückgeführt werden.[30]

27 Alle Angaben beziehen sich auf die Zweitstimmen bei der Bundestagswahl 1987 und auf die Europawahl 1989. Der Stimmenanteil für DIE GRÜNEN in Oberhausen lag bei der Bundestagswahl 1987 bei 6,2%, bei der Europawahl 1989 bei 6,8%.
28 Der Anteil der Ausländer betrug 1991 mit 57 300 Personen (davon 31 600 Männer, 25 700 Frauen) 11,3% der Wohnbevölkerung Hannovers. Gegenüber 1970 (4,8%) hat sich der Anteil mehr als verdoppelt. Insgesamt liegt der Ausländeranteil jedoch noch unter dem Anteil aller bundesrepublikanischen Großstädte.
29 Institutionell verbunden sind Stadt und Landkreis im Rahmen der Wirtschaftsförderung und des öffentlichen Personennahverkehrs (ÖPNV) durch den »Kommunalverband Großraum Hannover«.
30 Fast drei Viertel des Wanderungsgewinns der Landeshauptstadt Han-

Vor allem aufgrund der Modernisierungsprobleme im sekundären Sektor wird Hannover als *Durchschnittsregion* bezeichnet: Einem für die Bundesrepublik durchschnittlichen Pro-Kopf-Einkommen entspricht eine mittlerweile nur noch durchschnittliche Wirtschaftskraft der Region.[31] Mit dem Überschreiten der Zwei-Millionen-Grenze bei den Arbeitslosen in der Bundesrepublik Anfang der achtziger Jahre sind auch die lokalen Arbeitsmarktprobleme größer geworden: Die Arbeitslosenquote im Arbeitsamtbezirk Hannover liegt seitdem über dem Landes- und Bundesdurchschnitt[32], davon sind etwa 40% Dauerarbeitslose.

nover im Zeitraum 1. 1. 1988 bis 30. 9. 1990 (15 300 Personen) geht auf das Konto von Zuwanderungen aus Osteuropa und der ehemaligen DDR (Statistischer Vierteljahresbericht Hannover 1990, S. 4). Zudem liegt die Stadt an den zentralen Nord-Süd- und Ost-West-Verkehrswegen (Straße, Schiene, Wasser), was insbesondere von der Wirtschaft als ein Standortvorteil wahrgenommen wird, zumal der Großraum Hannover, im Gegensatz zu den führenden Ballungsräumen der Bundesrepublik, noch Expansionspotentiale vorweisen kann.

31 Die wirtschaftliche Entwicklung ist seit Mitte der siebziger Jahre bis in die achtziger Jahre rückläufig gewesen: 1970 und 1988 rangierte Hannover, gemessen am Bruttoinlandsprodukt je Einwohner, an fünfter Stelle unter den zwölf bundesdeutschen Großstädten über 500 000 Einwohnern; Mitte der achtziger Jahre war die Stadt auf Rang acht zurückgefallen. Zur detaillierten wirtschaftlichen Charakterisierung der Region Hannover – auch im Vergleich zu anderen Wirtschaftsräumen in Deutschland – siehe die Beiträge von Jung, Hardt und Schätzl in: NIW 1993 sowie von Kampmann (1991).

32 Zwar ist diese Entwicklung seit den verstärkten Zuwanderungen in Stadt und Landkreis seit Öffnung der Grenzen in größerem Maße zu beobachten, eingesetzt hat dieser Prozeß jedoch bereits Mitte der achtziger Jahre, parallel zum Bundestrend, jedoch auf unterschiedlichem Niveau (vgl. Landeshauptstadt Hannover 1991b). Danach erreichte die Zahl der sozialversicherungspflichtig Beschäftigten im Großraum Hannover im zweiten Quartal 1984 ihren Tiefpunkt (bezogen auf das Jahr 1978) und stieg seitdem kontinuierlich an, allerdings fast durchgehend schwächer als im Bundestrend. Erst im Frühjahr 1990, also mit Beginn des Zeitraums der verstärkten Zuwanderungen aus Ostdeutschland, ist von einem »Schritthalten« der Beschäftigtenentwicklung im Großraum mit derjenigen in der gesamten Bundesrepublik die Rede (ebda., S. 68 ff.). Auffallend ist, daß diese recht positive Entwicklung bei den Beschäftigten nicht auch zu einer spürbaren Entlastung bei der Arbeitslosenquote geführt hat: im AA-

Vor allem die älteren Arbeitslosen in den Fertigungsberufen verfügen nur über geringe berufliche Qualifikationen (hoher Anteil An- und Ungelernter, fehlende Kenntnisse in der Bedienung computergesteuerter Werkzeugmaschinen), die eine Reintegration in die sich mit neuen Technologien modernisierenden Arbeitsplatzstrukturen (insbesondere im Nutzfahrzeugbau) erschweren.

Die wirtschaftliche Entwicklung weist im einzelnen folgende Tendenzen auf: Trotz zweistelliger Umsatzsteigerungen in den letzten Jahren sind im *produzierenden Gewerbe* (sekundärer Sektor) nur noch knapp ein Drittel aller Beschäftigten tätig, die Entwicklung ist seit Anfang der sechziger Jahre rückläufig (1961: 48%, 1970: 44%). Ursache dafür ist eine teilweise veraltete, teilweise (durch Rationalisierungen und den Einsatz neuer Technologien insbesondere im Nutzfahrzeugbau und der Gummiherstellung) hochmoderne und relativ homogene Industriestruktur[33] sowie eine starke Abhängigkeit vom exportorientierten Automobilbau (fast die Hälfte aller industriellen Arbeitsplätze).

Eine große Bedeutung kommt dem *öffentlichen Sektor* (Ministerien, Verwaltungen, Hochschulen), dem Bereich *Handel und Verkehr* (Verkehrsknotenpunkt in Nord-Süd- und West-Ost-Richtung) sowie den *Banken und Versicherungen* zu, ebenso den in der Stadt und im Großraum ansässigen *Unternehmensverwaltungen*. Insgesamt sind fast zwei Drittel aller Beschäftigten im tertiären Sektor beschäftigt, der jedoch seit 1988 stagniert. Die Landwirtschaft spielt mit 1100 Erwerbstätigen (= 0,5%) in Hannover keine Rolle.

Diese Veränderungen spiegeln sich auch in der Stellung der Erwerbstätigen im Beruf wider: Einem Rückgang des Anteils der *Selbständigen* (1961: 10%, 1987: 7%) und der *Arbeiter* (1961: 44%, 1987: 32%) steht eine starke Zunahme bei *Beamten* und *Angestellten* (1961: 46%, 1987: 60%) gegenüber. Im Zuge dieser Beschäftigtenentwicklung hat es auch ein überdurchschnittliches Wachstum der ›neuen Berufe‹ im Bildungs- und Gesundheitswe-

Bezirk Hannover liegt die Arbeitslosenquote mit 9,3% im Juli 1991 immer noch über dem Großraum-, Landes- und Bundesdurchschnitt (Bund: 6,3%, Niedersachsen: 8,2%, Großraum Hannover: 8,4%).

33 Im Stahl-, Maschinen- und Fahrzeugbau, in der Gummiherstellung, in der Elektrotechnik sowie im Baugewerbe sind fast 80% der im sekundären Sektor Beschäftigten tätig.

sen sowie der qualifizierten Verwaltungsberufe (gemessen an der Veränderung der Berufsstruktur in Stadt und Großraum Hannover) gegeben. Wir können zwar auch eine Zunahme qualifizierter technischer Berufe registrieren, jedoch nicht in gleichem Maße.[34] Die Gründe liegen nach Aussagen des Wirtschaftsdezernats und nach Umfrageergebnissen[35] insbesondere im Fortzug vieler Hochschulabsolventen technischer Fächer in die mit gut dotierten Arbeitsplätzen versehenen ›High-Tech‹-Regionen Hessens, Bayerns und Baden-Württembergs.

Die bisherigen Überlegungen und Strategien zur Lösung der wirtschaftlichen Probleme im Zuge der Modernisierungsbemühungen in der Stadt wie auch im Großraum Hannover ›kranken‹ insbesondere am ›Durchschnittscharakter‹ von Stadt und Region: Während andere Ballungsräume (u. a. Rhein-Main-Gebiet, München, Stuttgart, Hamburg) spezifische lokale Merkmale im Konkurrenzkampf der Regionen aufbieten können (Bankenzentrum Frankfurt, High-Tech-Regionen München und Stuttgart, Hamburger Hafen; alle diese Regionen haben außerdem ein hochangesehenes kulturelles Angebot und Image), hat die Region Hannover kaum Vergleichbares vorzuweisen. Bis zum ›Fall der Mauer‹ lag die Region, geographisch gesehen, zudem eher am Rande der Bundesrepublik. Statt zu versuchen, einen eigenständigen ›hannoverschen Weg‹ der Modernisierung zu gehen, scheinen die Verantwortlichen eher auf ›Stückwerk‹ zu setzen: so u. a. auf die Einrichtung von sogenannten Technologieparks im Bereich der Medizin- und Gentechnologie bzw. der Elektro- und Kommunikationstechnik; einzig die Chancen der Profilierung auf dem Umweltsektor stehen recht günstig (enge Verzahnung mit dem Innovations- und Forschungspotentialen der Region).[36] Die bisherigen Erfahrungen deuten daraufhin, daß diese Bemühungen aufgrund der Konkurrenzsituation auf dem bundesdeutschen und dem Weltmarkt nicht die gewünschten Standortverbesserungen und Standortvorteile bringen. Ob die Stadt und die Region von der Weltausstellung im Jahre 2000 einen mit solchen Großereignissen erhofften nachhaltigen Modernisierungsschub,

34 Der Anteil qualifizierter technischer Berufe liegt mit 7,9% der Beschäftigten jedoch über dem Anteil in der gesamten Bundesrepublik (6,7%).
35 Landeshauptstadt Hannover 1988.
36 Vgl. Gehrke/Legler 1993.

der nach dem Willen der Stadtverwaltung und der Wirtschaft auch die Umstrukturierungsprobleme auf dem Arbeitsmarkt lösen helfen sollte, erhalten hat, bleibt fraglich.

Von besonderer Bedeutung für die ›*Öffnung des sozialen Raums*‹, d. h. auch für die Enstehung neuer sozialer Bewegungsmilieus in Hannover, ist die Entwicklung im *Hochschulbereich*. Gab es 1950 knapp 2500 Studierende an Technischer und Pädagogischer Hochschule sowie Ingenieurschule (davon 150 Frauen = 6% aller Studierenden), wuchs die Zahl in den folgenden Jahrzehnten stark an, insbesondere die der Studentinnen. In diesen Zeitraum fällt auch die Gründung weiterer Hochschulen (Medizin, Musik und Theater), der Fachhochschule (neben den Fachbereichen der ehemaligen Ingenieurschule entstanden die Fachbereiche Bibliothekswesen, Information und Dokumentation sowie Kunst und Design) sowie die Erweiterung der Technischen Hochschule, mit der Einrichtung der Fakultäten für Geistes- und Sozialwissenschaften, Wirtschaftswissenschaften und Rechtswissenschaften, und deren Umbenennung in Universität Hannover. 1991 studierten etwa 45.000 junge Menschen an den verschiedenen Fachhochschulen und Hochschulen (knapp 9% der Stadtbevölkerung), darunter 14.000 Frauen (= 35% der Studierenden). Der Ausbau weiterführender Schulen (seit Mitte der sechziger Jahre), die Einrichtung von drei Gesamtschulen und einer freien Schule, die Einführung der reformierten Sekundarstufe II an vielen Gymnasien weit vor dem gesetzlich festgesetzten Zeitpunkt und die wachsende Zahl von Studienanfängern über den Zweiten Bildungsweg seit den siebziger Jahren dokumentieren in eindrucksvoller Weise das Wirken der Bildungsreformen.

Damit sind auch strukturelle Bedingungen für die Genese neuer sozialer Milieus angedeutet. Konzentrierte sich die ›alternative Szene‹ Ende der sechziger und Anfang der siebziger Jahre stark auf das intellektuelle universitäre Milieu, so hat sie sich seit Ende der siebziger Jahre mehr und mehr sowohl räumlich als auch sozialstrukturell ausgeweitet. Lokale Wahlanalysen bestätigen dies. In Wohngebieten mit hohen Studentenanteilen in unmittelbarer Umgebung der Universität (Nordstadt) erzielen DIE GRÜNEN ihre höchsten Stimmenanteile (bis zu 35%).[37] Erste starke

---

37 Zweitstimmenanteile bei der Bundestagswahl 1987. Im gesamten

Ausweitungen fanden in Richtung des zum Teil sanierten bzw. restaurierten ehemaligen Arbeiterviertels Linden (u. a. günstige Wohnungsmieten, hoher Ausländeranteil)[38] sowie der bürgerlichen Oststadt[39] mit ihren großen Altbauwohnungen statt (bis 27%). An diese drei ›GRÜNEN‹-Hochburgen, gewissermaßen die lokalen ›Stamm-Milieus‹, lehnt sich inzwischen der nördliche Teil der Südstadt, ein traditionelles Angestellten- und Beamtenviertel, mit GRÜNEN-Stimmenanteilen bis zu 20% an. In diesem Stadtteil vollzieht sich seit den siebziger Jahren eine starke Verjüngung der Wohnbevölkerung, mit der berufsstrukturelle (vor allem Bildungs-, Gesundheits-, Kulturvermittlungs-, qualifizierte Rechts-, Verwaltungsberufe), aber auch lebensweltliche Veränderungen (z. B. wachsender Anteil von Wohngemeinschaften in Altbauwohnungen, Gründung von Öko-Läden usw.) einhergehen.

4. Dimensionen einer sozialräumlichen Gliederung: Soziale Lage und urbane Verdichtung in Hannover

Im folgenden stellen wir eine sozialräumliche Feinstruktur Hannovers vor. Sie bezieht sowohl soziodemographische als auch städtebauliche, die Lebensqualität bewertende und politische Strukturmerkmale ein. Diese Feinstruktur gibt Hinweise auf die möglichen Indikatoren einer stadtteilspezifischen Milieuanalyse. Aus den vorliegenden Untersuchungen können wir Hinweise auf lokale Raumqualitäten, Muster städtischer und kleinräumiger

Stadtgebiet Hannovers erreichten DIE GRÜNEN 10,6% der Zweitstimmen (ähnlich Landtagswahl 1990, Kommunalwahl 1991).

38 Obwohl der Arbeiteranteil dieses ehemaligen hannoverschen Industrievororts seit Mitte der sechziger Jahre kontinuierlich sinkt (1970: 54,9%, Angestellte und Beamte: 35,9%), ist er im Vergleich zum gesamten Stadtgebiet noch immer relativ hoch mit 48,2% (zum Vergleich: Angestellte und Beamte 46,5%; Daten der Volkszählung 1987). Der Ausländeranteil liegt mit 23,1% mehr als doppelt so hoch wie in der gesamten Stadt.

39 Hier befindet sich, neben vielen »Szene«-Institutionen, auch das größte alternative Kommunikationszentrum, der »Pavillon«. Die Oststadt gilt als das Viertel der »beruflich etablierten Alternativen« (z. B. Lehrer und andere Bildungs- und Kulturvermittlungsberufe).

sozialer Kohäsion und Agglomerationen bestimmter sozialer Milieus ziehen. Dabei zeigt sich, daß sich als *Indikatoren der sozialen Kohäsion insbesondere die Wahlbeteiligung und die subjektive Beurteilung des Stadtteils* als äußerst trennscharf erwiesen haben.

Wie sehen nun die Beziehungsstrukturen zwischen den oben angegebenen Strukturmerkmalen aus? Zur Beantwortung legen wir hier, unter Einbeziehung sozialstruktureller Merkmale, eine Typologie hannoverscher Stadtteile vor und interpretieren diese vor dem Hintergrund verschiedener Indikatoren sozialer Kohäsion.

Die Typologie basiert u. a. auf dem statistischen Verfahren einer Faktorenanalyse.[40] Aus 85 Variablen der Bereiche Familienstand, Bildung, Alter/Fertilität, Konfession, Ethnie, Beteiligung am Erwerbsleben, Stellung im Beruf, überwiegende Lebensunterhaltsquellen, Haushaltsstruktur, Wohnungsversorgung, Baualter der Wohngebäude, Sozialwohnungen, Bebauungsdichte, Wohnungsgröße, Wohnungsausstattung und Mietniveau wurden in mehreren Arbeitsschritten insgesamt 17 hochkorrelierende Merkmale ausgewählt. Mit der Faktorenanalyse bot sich eine Zwei-Faktoren-Lösung an.[41]

---

40 Vgl. die ausführliche Darstellung der Ergebnisse (Hermann 1992a). Inhaltlich und methodisch orientierten wir uns an der von Loll/Müller (1990, 1991) durchgeführten Untersuchung der kleinräumigen Strukturen Hamburgs; vgl. auch Friedrichs 1983; Friedrichs 1985, 1988; Landeshauptstadt Wiesbaden 1992; Meinlschmidt/Imme/Kramer 1990; Atteslander/Hamm 1974; Schad/Graß 1988; Zerwick 1991; Gächter 1988; Peyke 1989; Hennig 1991a; Podszuweit/Schütte/Swiertka 1992; Saunders 1987. Zur Methode der Faktorenanalyse siehe Überla 1977; Backhaus u. a. 1987; Bortz 1989.

41 Nach der Standardisierung, die im späteren Analyseverlauf einen Vergleich der Faktorwerte unterschiedlicher räumlicher Einheiten (hier: Stadtteile, Statistische Bezirke) unmittelbar ermöglicht, wurde eine Hauptkomponentenanalyse mit anschließender Varimax-Rotation mit Hilfe des Statistikpakets SPSS durchgeführt. In das statistische Berechnungsverfahren gingen 49 der 51 hannoverschen Stadtteile ein. Aufgrund der geringen absoluten Bevölkerung in Nordhafen und Brink-Hafen (jeweils < 200 Personen) und der damit zusammenhängenden extremen Schiefverteilung vieler sozialstruktureller Merkmale wurden diese beiden Stadtteile zwecks Vermeidung von Verzerrungen von der Faktorenanalyse ausgeschlossen.

Der *erste Faktor* wurde nach der Variablen-Zusammensetzung mit ›Soziale Lage‹ betitelt, der *zweite Faktor* mit ›Urbane Verdichtung‹ (siehe Abbildung 18). Dies entspricht im wesentlichen sozialräumlichen Gliederungen für andere deutsche und ausländische Großstädte (Hamburg, Nürnberg, Frankfurt, Wiesbaden, Bern usw.), die mit Faktorenanalysen vorgenommen wurden.

Vor allem der erste Faktor *Soziale Lage* geht über den zumeist verwendeten Begriff der ›sozialen Schichtung‹ hinaus. Mit der hier gefundenen Variablenzusammensetzung enthält er mehr als die drei klassischen Schichtungsmerkmale Bildung, Einkommen und Beruf. Er beschreibt zugleich sehr deutlich die *Lebensbedingungen und Lebenschancen* der jeweiligen Stadtteilbevölkerung, also die *›Raumqualitäten‹*.

Der Begriff der Raumqualität wird hier in Anlehnung an frühe Konzepte der Stadtsoziologie (Humanökologie der Chicagoer Schule) benutzt. Sie versuchten, soziale Ungleichheit in der Stadt und die räumliche Verteilung von Bevölkerungsgruppen, also die städtische Segregation, zu beschreiben und zu erklären. Robert E. Park führte 1925 den Begriff der residentiellen Segregation ein und wollte damit kennzeichnen, daß sich durch unterschiedliche Lebenslagen und -stile gekennzeichnete Gruppen nicht nach dem Zufallsprinzip über das Stadtgebiet verteilen, sondern Raumqualitäten – und damit auch ungleiche Lebensbedingungen und Lebenschancen – widerspiegeln.[42]

Mit Hilfe des *Soziale-Lage-Faktors* lassen sich nun die Stadtteile (bzw. statistischen Bezirke) Hannovers sehr deutlich in drei größere ›Typen‹ differenzieren[43], wobei uns die beiden Pole besonders interessieren: Stadtteile mit sehr hohen sozialen Lagen und damit privilegierten Lebensverhältnissen einerseits (ablesbar

---

42 Park 1925; weiterführend vgl. Bourdieu 1991b.
43 Die Faktorwerte der Stadtteile und die Klassenbildung orientieren sich am hannoverschen Durchschnittswert, der hier aufgrund der vorher vorgenommenen Standardisierung 0.0 beträgt. Nach dem hier zugrundegelegten Berechnungsverfahren, das hier nicht näher erläutert werden soll, ergaben sich drei ›Typen‹ mit über- bzw. unterdurchschnittlichen Faktorwerten. Die beiden ›Typen‹ mit den überdurchschnittlichsten bzw. unterdurchschnittlichsten Werten sowie die beiden ›Typen‹ rund um den Durchschnitt bilden dann die drei größeren ›Typen‹ sozialer Lagen.

Abb. 18: Die Merkmale der Dimensionen ›soziale Lage‹ und ›urbane Verdichtung‹[44]

Soziale Lage	Urbane Verdichtung
– Wohnfläche je Person (.98) – Arbeiter (–.92) – Fachhoch-/Hochschulreife (.91) – Durchschnittliche Miete je Person (.90) – überwiegender Lebensunterhalt durch Vermögen, Vermietung, Verpachtung (.86) – erwerbstätige Bevölkerung im Dienstleistungssektor (ohne Handel, Verkehr) (.85) – Sozialwohnungen (.72) – Anzahl Personen > Raumzahl im Privathaushalt (–.70) – Erwerbslose (–.69)	– Durchschnittliche Haushaltsgröße (–.92) – Wohngebäude mit sieben und mehr Wohnungen (.89) – Eigentümerhaushalte (.84) – überwiegender Lebensunterhalt durch Ehegatten, Eltern (–.83) – Wohnungen mit ein bis drei Räumen (.83) – Wohnungen in Wohngebäuden, errichtet ab 1969 (–.68) – Wohnungen in Wohngebäuden, errichtet bis 1918 (.67) – Bevölkerung je ha Gebietsfläche (.60)

an hohen bis sehr hohen positiven Faktorwerten), andererseits solche Stadtteile mit sehr niedrigen sozialen Lagen (hohe bis höchste negative Faktorwerte), die auf soziale Problem- oder Armutszonen hindeuten oder – bei den niedrigsten Werten – auf Quartiere mit »sozialen Brennpunkten«. Diese beiden *extremen*

44 Die Werte in Klammern geben die sogenannte Faktorladung an. Je näher diese Werte an 1 liegen, um so größer ist die Beziehung der Variablen mit dem Faktor. So ist z. B. der Faktorwert von .98 für das Merkmal Wohnfläche je Person überaus hoch, was bedeutet, daß die Wohnfläche je Person in denjenigen Stadtteilen am höchsten ist, in denen gleichzeitig der Faktor Soziale Lage sehr hohe Faktorwerte aufweist. Umgekehrt verhält es sich mit dem Merkmal Erwerbslose. Das negative Vorzeichen weist darauf hin, daß wir in den Gebieten mit hohen Faktorwerten für die Soziale Lage die niedrigsten Erwerbslosen-Anteile finden (bzw. in Gebieten mit den niedrigsten Faktorwerten die höchsten Erwerbslosen-Anteile).

›Typen‹ *sozialer Lagen* sind auf den folgenden Seiten in ihrer räumlichen Verteilungsstruktur dargestellt.[45]

Diese Merkmalskombination und -struktur führt in ihrem negativen Pol (negative Faktorwerte) und in Kombination mit weiteren ›Armuts‹-Merkmalen (zum Beispiel viele Belegrechtswohnungen, hohe Anteile von Sozialhilfeberechtigten usw.) zu einer umfassenden Definition von *Armuts-Zonen bzw. sozialen Brennpunkten*[46] in der Stadt. Betrachten wir die betroffenen Stadtteile, so wird deutlich, daß ein Großteil dieser Gebiete über Quartiere (d. h. nicht gesamte Stadtteile oder statistische Bezirke!) verfügt, auf die die Definition sozialer Brennpunkte zutrifft: Hierzu zählen städtische Unterkunftsgebiete, in den fünfziger Jahren entstandene und nun sanierungsbedürftige Wohngebiete[47], Neubaugebiete der sechziger und siebziger Jahre mit monotoner Bauweise und oft fehlender soziokultureller Infrastruktur[48], sanierungsbedürftige Altbaugebiete mit veränderter Bevölkerungsstruktur sowie Wohngebiete, die die Lebensbe-

---

45 Danach gruppieren sich die Stadtteile mit den privilegiertesten Lebensverhältnissen (Isernhagen-Süd, Zoo, Waldhausen, Kirchrode sowie das sogenannte ›Philosophenviertel‹ und die Gartenstadt in Kleefeld bzw. Oststadt, Südstadt, Bult und Waldheim) in der Hauptsache um eine vom Stadtzentrum ausgehende, nach Südosten führende Achse (mit einem ›Ableger‹ im Norden), die sozialen Problem- oder Armutszonen (Marienwerder, Stöcken, Leinhausen, Hainholz, Sahlkamp, Linden-Süd, Mühlenberg, Mittelfeld, Misburg-Süd sowie am stärksten Vahrenheide – insbesondere Vahrenheide-Ost mit dem höchsten negativen Indexwert) als ›durchbrochener‹ Ring um die Kernstadt herum, mit deutlichen Schwerpunkten im Norden, Nordwesten und Südwesten (und einem ›Ableger‹ im Südosten).

46 Im Vergleich zum Deutschen Städtetag (1979), der darauf hinweist, daß der Begriff ›sozialer Brennpunkt‹ in erster Linie ein verwaltungsinterner Arbeitsbegriff sein sollte, da bei häufigem Gebrauch in der Öffentlichkeit die Etikettierung zu Stigmatisierungen führen könne, verwenden wir ihn hier auch als *politischen* Begriff, der versuchen sollte, vorhandene oder sich abzeichnende defizitäre Entwicklungen und Problemlagen offenzulegen und auch – soweit dies möglich ist – offensiv anzugehen.

47 Dies betrifft hauptsächlich den Stadtteil Mittelfeld mit einem hohen Anteil von sanierungsbedürftigen Wohnungen der gemeinnützigen städtischen Wohnungsbaugesellschaft.

48 Vahrenheide/Sahlkamp, Mühlenberg oder Roderbruch, aber auch Teile von Hainholz, Stöcken, Marienwerder, Leinhausen, Linden-

Abb. 19: Räume privilegierter sozialer Lagen in Hannover

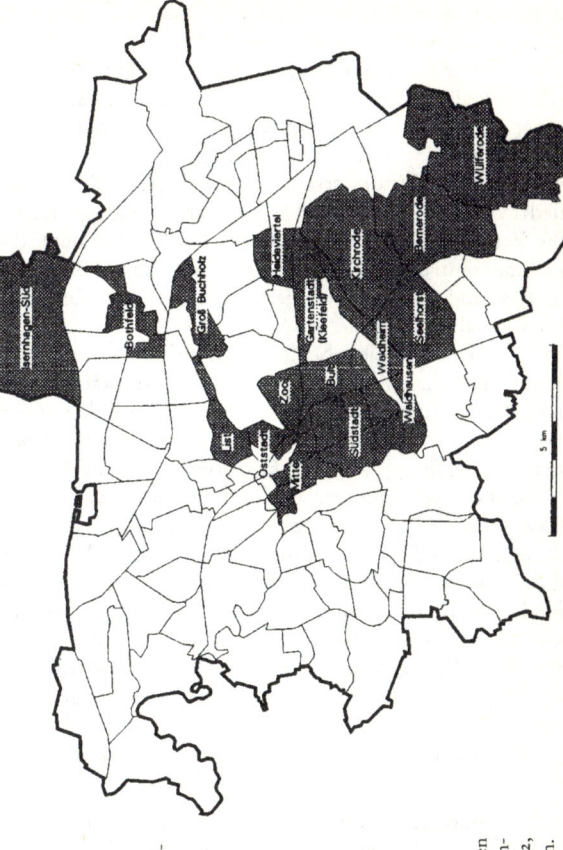

Gebiete mit:
- sehr geräumigen Wohnverhältnissen (hohe Wohnfläche u. Raumzahl pro Person)
- hoher durchschnittlicher Miete pro Person
- hohem Anteil von Hochschulabschlüssen
- hohem Anteil von Vermögen als überwiegender Quelle des Lebensunterhalts
- hohem Anteil von Eigentümerhaushalten (Eigenheime u. Eigentumswohnungen)
- hohen Anteilen von Selbständigen, gehobenen und leitenden Beamten und Angestellten
- hohem Anteil von Erwerbstätigen im Dienstleistungssektor (ohne Handel und Verkehr)

Quelle: Die sozialen und politischen Strukturen Hannovers in kleinräumlicher Gliederung, Hannover 1992, Band I, S. 92, eigene Berechnungen.

dingungen ihrer Bewohner und insbesondere die Entwicklungschancen von Kindern und Jugendlichen negativ bestimmen. In diesen Gebieten häufen sich bestimmte ›Armuts‹-Merkmale.

Der zweite Faktor – *Urbane Verdichtung* –, den wir hier in seiner räumlichen Verteilungsstruktur aus umfänglichen Gründen graphisch nicht darstellen, beschreibt räumliche Lagen, wobei sehr hohe Faktorwerte hochverdichtete städtische Bereiche, niedrige Werte nicht verdichtete Zonen im Stadtgebiet anzeigen. Die Verteilung der Typen beim zweiten Faktor zeigt, daß diese im Stadtzentrum und in den innenstadtnahen Bereichen sehr hoch ist und mit zunehmender Entfernung vom Zentrum kontinuierlich abnimmt.[49]

Wie wirken nun diese beiden Faktoren auf die jeweiligen Positionen im lokalen sozialen Raum bzw. im städtischen Beziehungsfeld? Hierzu haben wir in einer Graphik mit Hilfe der Faktorwerte als Koordinaten den *›Raum sozialer Lagen und urbaner Verdichtung‹* (mit den Faktoren als X- und Y-Achse) aufgezeichnet. Sie (Abb. 21) verdeutlicht die *soziale Spaltung der Stadt*. Es zeigt die herausgehobene Position der Stadtteile Zoo, Waldheim, Waldhausen, Bult, Kirchrode und Isernhagen-Süd, ebenso die über dem Stadtdurchschnitt liegenden Quartiere in den hochverdichteten innenstadtnahen Bereichen[50] sowie der relativ gering verdichteten, meist am Stadtrand liegenden und/oder mit hohen Eigenheimanteilen ausgestatteten Stadtteile.[51] Die mit vielfältigen sozialen Problemlagen und -häufungen behafteten Stadtteile liegen im untersten Teil des Diagramms.[52]

Daß die städtischen Bewohner ein relativ realistisches Bild von

  Süd, Badenstedt, Oberricklingen, Buchholz (Stat. Bezirk In den Sieben Stüken), Misburg-Süd (Stat. Bezirk Karlstraße).
49 Das Klassifizierungsverfahren geschah analog zur Typisierung des Soziale-Lage-Faktors. Die höchste Verdichtung ist in Linden-Nord, Teilen der Oststadt, der Südstadt und des Stadtteils Mitte anzutreffen. Eine äußerst geringe Verdichtung finden wir in den Stadtteilen am Rande: Isernhagen-Süd, Wettbergen, Bemerode und Wülferode.
50 Südstadt, Oststadt, List.
51 Wülferode, Bemerode, Anderten, Seelhorst, Heideviertel sowie das Philosophenviertel und die Gartenstadt von Kleefeld.
52 Ledeburg, Misburg-Süd, Linden-Süd, Leinhausen, Hainholz, Sahlkamp, Marienwerder, Mittelfeld, Stöcken, Mühlenberg und – am deutlichsten ›abgehängt‹ – Vahrenheide.

Abb. 20: Räume sozialer Problemlagen in Hannover

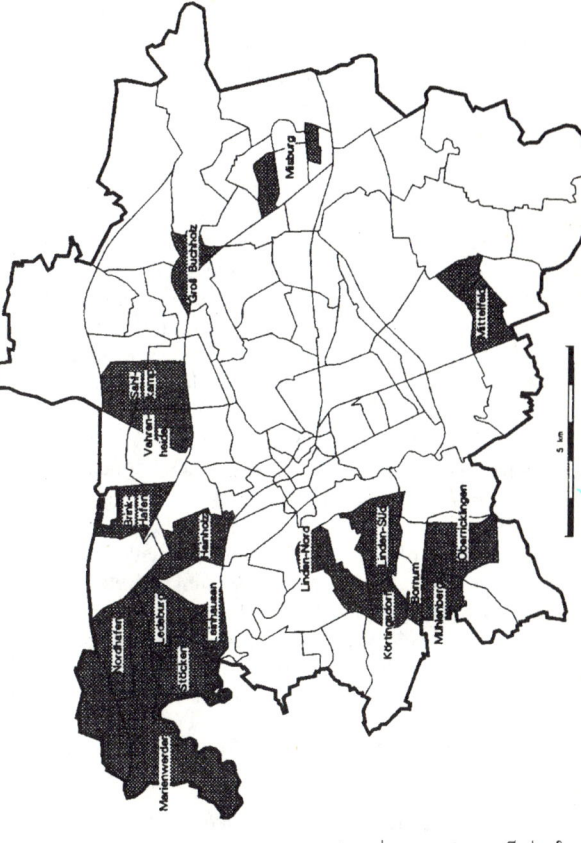

Gebiete mit:
- hohem Anteil von Arbeitslosen
- hohem Anteil von Sozialhilfeempfängern
- hohem Anteil von geringen (HH-)Einkommen
- hohem Anteil von Sozial- und städtischen Belegrechtswohnungen
- hohem Anteil von Schlichtwohnungen (Unterkünfte, Gemeinschaftsunterkünfte)
- geringer Wohnfläche pro Person
- äußerst beengten Wohnverhältnissen (Personenzahl > Raumzahl)
- hohem Anteil von Hauptschulabschlüssen
- hohem Anteil von Arbeitern
- hohem Anteil von Alleinerziehenden

Quelle: Die sozialen u. politischen Strukturen Hannovers in kleinräumlicher Gliederung, Hannover 1992, Bd. I, S. 92, eigene Berechnungen

den Problemlagen vor Ort haben, geht aus den Resultaten einer Repräsentativerhebung der Stadt Hannover[53] hervor; insbesondere dann, wenn wir die aufgezeigten Raumqualitäten und sozialen Disparitäten innerhalb des Stadtgefüges mit der Bewertung vergleichen, die die jeweils befragte Bevölkerung zu ihrem Stadtteil abgibt.

Danach befragt, wie sie ihren Stadtteil auf einer Skala von +5 bis −5 einstufen würden[54], beurteilten die BewohnerInnen der privilegierten Stadtteile ihr Wohnumfeld höchst positiv. Umgekehrt fallen die ›schlechteren‹ Noten für einen Großteil der nach dem Soziale-Lage-Faktor als soziale Problem- bzw. Armutszonen eingestuften Stadtteile[55] auf. Dagegen wurde ein anderer Teil der ebenfalls als unterprivilegiert eingestuften Stadtteile[56] von ihren BewohnerInnen (etwas) besser beurteilt. Dies hängt vermutlich damit zusammen, daß die BewohnerInnen besser in der Lage sind, mit den objektiv auch wahrgenommenen sozialen Problemen zurechtzukommen. Somit erfolgt auch eine *andere Bewertung dieser Problemlagen*: Während im Bereich Vahrenheide/Sahlkamp oder auch in Teilen des Mühlenbergs (Canarisweg) die eigene Situation oft als ausweglos empfunden wird und eher eine *resignierende Verarbeitungsstrategie des ›Rückzugs nach innen‹* verfolgt wird (wenig Nachbarschafts- und sonstige soziale Kommunikation), ist der soziale Zusammenhalt bzw. die soziale Kohäsion in anderen Problemzonen (noch) so stark, daß Isolation und Anomie oftmals abgewendet werden können. Dieses Phänomen treffen wir in erster Linie dort an, wo etwa milieuspezifische Strukturen und Kohäsionsformen sowie intakte soziale Netzwerke existieren.[57]

53 Vgl. Landeshauptstadt Hannover 1991a und 1991b (Repräsentativerhebung 1990 nach Prognosebezirken).
54 Die Frage war Bestandteil eines Fragenkomplexes zum Stadtteil, in dem die Befragten wohnten. Neben Fragen zur Wohndauer im Stadtteil, zur Kinderfreundlichkeit der jeweiligen Bevölkerung, zu Versorgungs- und Kultureinrichtungen (von der Bücherei über Sport- und Erholungsflächen bis hin zu Kinderspielplätzen, Jugendzentren und Beratungsstellen des Sozialamtes) wurden auch in zwei Fragen die Vor- und Nachteile des Stadtteils anhand von 12 Vorgaben (sowie offenem Text) erfragt.
55 Insbesondere Vahrenheide, Sahlkamp, Hainholz und Mühlenberg.
56 Stöcken, Linden, Oberricklingen, Mittelfeld und Misburg.
57 Vgl. Herlyn 1991; Herlyn/Lakemann/Lettko 1991.

Abb. 21: Hannoversche Stadtteile im Raum sozialer Lagen und urbaner Verdichtung

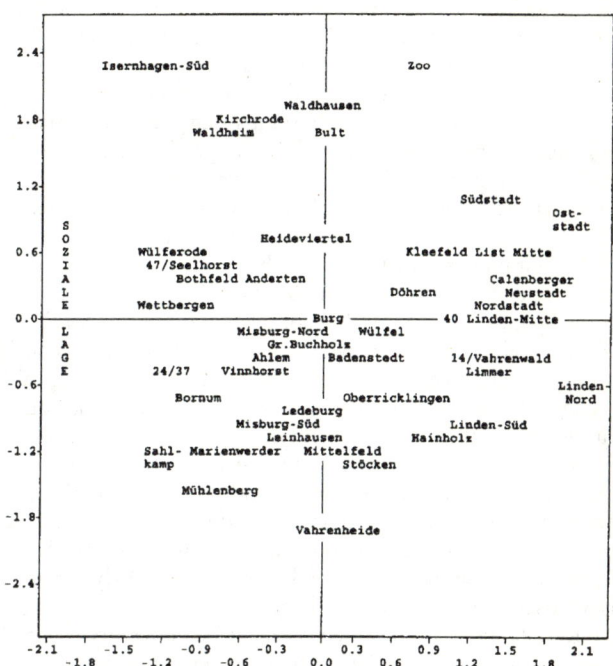

Als Koordinaten für die einzelnen Stadtteile dienten deren Faktorwerte in den Dimensionen Soziale Lage (vertikal) und Urbane Verdichtung (horizontal). Aufgrund der Nähe bzw. Überschneidung mußten einige Stadtteile im Diagramm mit ihren amtlichen Ordnungsziffern gekennzeichnet werden: 14 = Herrenhausen, 24 = Lahe, 37 = Davenstedt, 40 = Ricklingen, 47 = Bemerode.

Dagegen sind z. B. in Vahrenheide sinnstiftende Stadtteilzusammenhänge und Vergemeinschaftungen nicht in diesem Maße vorhanden.

Die hier beobachtbaren Prozesse sozialer Desintegration scheinen mit einem Verlust von stabilisierenden gesellschaftlichen Regeln und mit Tendenzen wachsender Anomie einherzugehen. Wir können somit festhalten, daß die Wahrnehmung objektiver sozialer Problemlagen nicht deterministisch aus der sozialen Problemlage selbst abgeleitet werden kann: *Relativ unabhängig von den jeweiligen sozialen Standards erfolgen positive Stadtteilbewertungen dort, wo soziale Kohäsionsbeziehungen bzw. stabile, miteinander stark vernetzte soziale Milieus existieren.*

Werfen wir nun abschließend einen Blick auf ein weiteres ›subjektives‹ und Verhaltensmerkmal: das Wahlverhalten, insbesondere die Wahlbeteiligung, nach Stadtteilen und sozialen Strukturen.[58] Wie bei der Stadtteilbewertung soll auch hier zum einen der Frage nachgegangen werden, ob die Wahlbeteiligung (als mögliches Barometer der Identifikation mit dem gesellschaftlichen und politischen System) nicht auch *Hinweise auf ein nach Sozialmilieus unterschiedliches Wahlverhalten* geben kann – und damit auch auf soziale Unterschiede und Ungleichheiten? Zum anderen: Kann die Wahlbeteiligung als *Indikator für den Grad an sozialer Integration bzw. Desintegration* im Stadtteil betrachtet werden und damit als sinnvoller Indikator zur Analyse stadtteilspezifischer sozialer Milieus dienen?

Die Resultate lassen sich anhand der für Hannover ›typischen‹ und sehr engen Beziehung der 17 sozialstrukturellen und städtebaulichen Variablen sowie der Stimmenanteile der Parteien und der Wahlbeteiligung mit den Dimensionen ›Soziale Lage‹ und ›Urbane Verdichtung‹ in einem Korrelationsdiagramm verdeutlichen. Vorab fassen wir kurz die Schwerpunkte der einzelnen Parteien in der räumlichen Verteilungsstruktur zusammen:

(1) Die SPD ist seit der Nachkriegszeit die stärkste Partei. Ihre Hochburgen (> 50%) liegen allesamt im Westen und Norden, d. h. auch in den Quartieren mit gehäuften sozialen Problemlagen. Hingegen befindet sie sich in den privilegiertesten

---

58 Die folgenden Untersuchungsergebnisse beziehen sich auf Analysen aus dem Sozialstrukturatlas für Hannover (Hermann 1992a) und Analysen zur Kommunalwahl von 1991 (Hermann 1992b).

Abb. 22: Lebensqualität aus der Sicht der
Stadtteilbevölkerung in Hannover

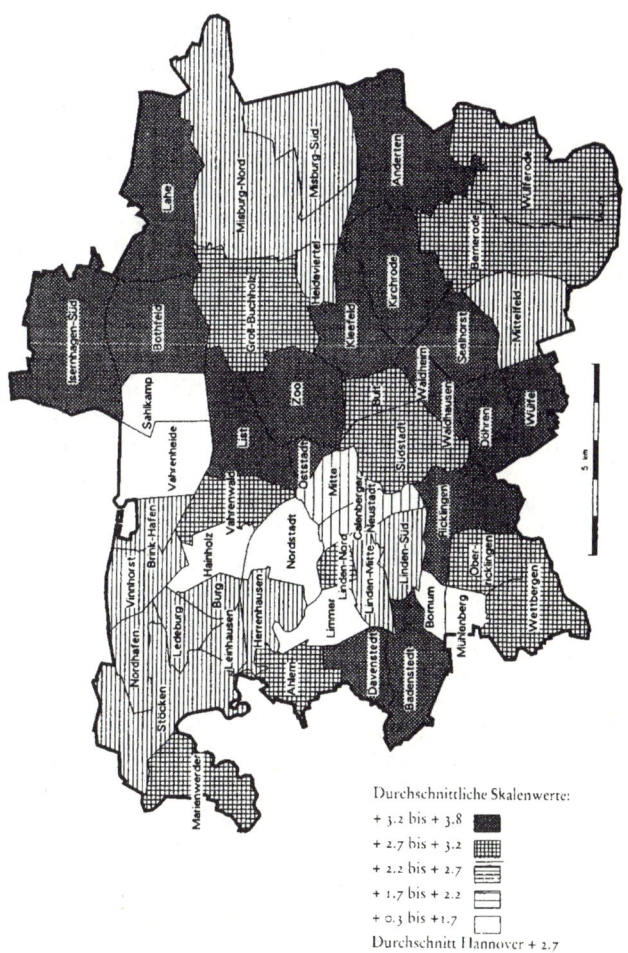

Quelle: Landeshauptstadt Hannover, Referat für Stadtentwicklung: Repräsentative Bevölkerungsbefragung 1990; Resultate nach Prognosebezirken; eigene Berechnungen.

Stadtteilen ›in der Diaspora‹: unterhalb der 30%-Marke. Die größten Verluste seit 1978 verzeichnete die SPD in den sozialen Problemzonen (zugleich die Gebiete mit der höchsten Wahlenthaltung), während die Zugewinne am stärksten in der Südstadt sind (durch demographische Verjüngungsprozesse mit begünstigt).

(2) Die CDU hat ihre Hochburgen in den Wohlstandszonen der Stadt (zugleich Gebiete mit den höchsten Wahlbeteiligungen). Umgekehrt führt sie im gesamten Westteil der Stadt und in Kleefeld ein ›Diaspora-Dasein‹. Die stärksten Verluste vollzogen sich für die CDU seit 1978 in Isernhagen-Süd, Mitte, Calenberger Neustadt, Nordstadt, Südstadt, Zoo, Bult, Oststadt, List, Linden-Mitte und Linden-Süd mit mehr als −10%. Dem hohen Verlust der CDU in Isernhagen-Süd (−13,8%) steht ein Gewinn in fast gleicher Höhe bei der FDP gegenüber.

(3) DIE GRÜNEN sind hinsichtlich ihres Wählerpotentials ein ›Kernstadt‹-Phänomen. Außerhalb der innenstadtnahen Quartiere der List, Oststadt, Nordstadt, Linden, Calenberger Neustadt und der Südstadt (in diesen Stadtteilen wohnen 85% ihrer Wählerschaft) erhalten sie weit unterproportionale Stimmenanteile.

(4) Die FDP hat ihre Hochburgen in den wohlhabenden Quartieren der Stadt, in Isernhagen und entlang der Süd-Ost-Achse. Die Partei hat im Vergleich zur Landtagswahl 1978 mit einer Ausnahme in allen Stadtteilen ihre Stimmenanteile leicht steigern können, am stärksten in Isernhagen (+11,8%, s. o.).

(5) Die *Republikaner* weisen in einem Großteil der sozialen Problemzonen der Stadt überdurchschnittliche Anteile auf (Vahrenheide, Sahlkamp, Bornum, Mittelfeld, Stöcken, Hainholz). Es handelt sich um Gebiete, in denen die Wahlbeteiligung, die hier bereits unterdurchschnittlich war, in den letzten Jahren zum Teil nochmals drastisch zurückgegangen ist. Die Wähler und Wählerinnen der Republikaner rekrutieren sich nicht nur aus den unterprivilegierten Gruppen dieser Stadtteile, sondern auch aus Angehörigen unterer und mittlerer sozialer Lagen mit konkret motivierten Abstiegsängsten. Es handelt sich hier um Personen, die etwa im Umkreis der sozialen Brennpunkte wohnen und subjektiv die Befürch-

Abb. 23: Wahlverhalten und Sozialstruktur in Hannover 1987/1990, Korrelation mit ›sozialer Lage‹ und ›urbaner Verdichtung‹

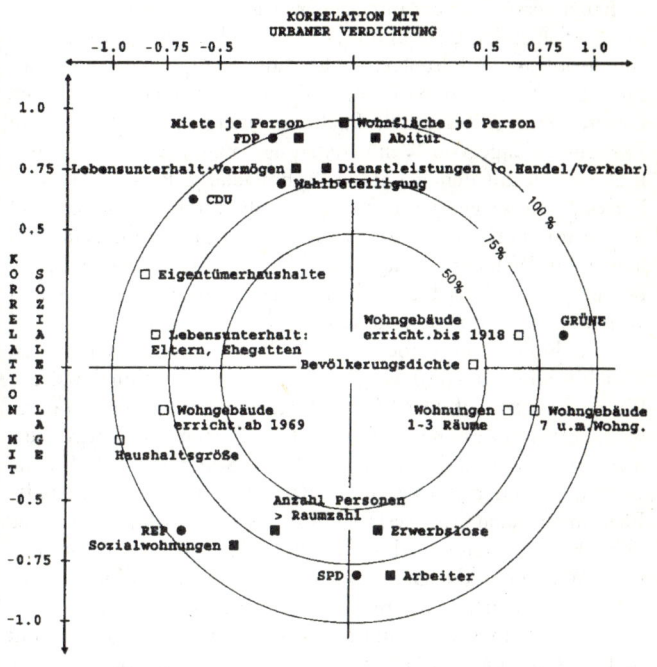

Typisierungsmerkmale:

- ■ Faktor 1 'Soziale Lage'
- □ Faktor 2 'Urbane Verdichtung'
- ● Stimmenanteile politischer Parteien, Wahlbeteiligung (LW 1990)
- '75%' Anteil der durch Faktor 1 und 2 erklärten Varianz der eingezeichneten Merkmale

Als Koordinaten dienten für die politischen Prateien und die Wahlbeteiligung die Korrelationskoeffizienten zwischen Variablen und Faktoren. Gleiches gilt für die Darstellung der 17 Typisierungsmerkmale der Faktoren Soziale Lage und Urbane Verdichtung (Korrelationskoeffizienten entsprechen den Faktorladungen). Die konzentrischen Kreise geben den Anteil der erklärten Varianz jedes einzelnen Merkmals (Typisierungsvariable, Stimmenanteile der Parteien, Wahlbeteiligung) an.

tung haben, den Anschluß an die gesellschaftliche Entwicklung zu verpassen, zu den Modernisierungsverlierern zu gehören, oder aber, wie bei den jungen Männern, das Gefühl haben, erst gar nicht integriert werden zu können.

In dem folgenden Diagramm (Abb. 23) haben wir die Stimmenanteile politischer Parteien und die Wahlbeteiligung mit Hilfe der für sie berechneten Korrelationskoeffizienten verortet.[59] Die Graphik zeigt eine deutliche Spaltung: einerseits in hohe positive Zusammenhänge von Wahlbeteiligung sowie FDP- und CDU-Präferenzen mit den Variablen Wohnfläche je Person, Miete je Person, überwiegender Lebensunterhalt durch Vermögen und Abitur im oberen Teil, andererseits in hohe positive Zusammenhänge von Wahlenthaltung und SPD- und Republikaner-Präferenzen mit den Variablen Arbeiter, Erwerbslose und dem Anteil von Sozialwohnungen im unteren Teil des Diagramms.

Weder hohe positive noch hohe negative Korrelationen mit den Variablen des Soziale-Lage-Faktors weisen die Stimmenanteile für die GRÜNEN auf. Das Wahlverhalten zu ihren Gunsten korrespondiert statt dessen sehr stark mit der Dimension Urbane Verdichtung. Die räumliche Verteilung der Stimmenanteile für die GRÜNEN zeigt, daß es sich in Hannover um ein ›Kernstadt-Phänomen‹ handelt: Ihre Hochburgen finden sich ausnahmslos in hoch verdichteten Stadtteilen. Dies zeigt sich auch in der Graphik: Wir finden die GRÜNEN am rechten Rand des Diagramms mit hohen positiven Korrelationen mit den Altbauwohnungen, der Bevölkerungsdichte und den Wohngebäuden mit sieben und mehr Wohnungen. Dies spricht für die These, daß die sozialstrukturelle Zusammensetzung ihres Wählerpotentials annähernd repräsentativ für diejenigen der Altersgruppen zwischen 18 und 45 Jahren ist, aus denen die GRÜNEN-Klientel zu etwa 85% stammt. Die Wählerinnen und Wähler der GRÜNEN unterscheiden sich von den Wählergruppen anderer Parteien somit eher in ihren Lebensstilen, ihren Alltagspraktiken, ihren sozialen Kohäsionsformen, Mentalitäten und Milieuzugehörigkeiten.[60]

---

59 Das Diagramm zeigt den Zusammenhang zwischen der Sozialstruktur auf Stadtteilebene und den Parteianteilen auf Stadtteilebene an, d. h., daß Rückschlüsse auf das von der Sozialstruktur individuell determinierte Wahlverhalten nur bedingt gemacht werden können.
60 Vgl. von Oertzen 1985; Hermann 1988.

9. Mentalitäten im Generationenwechsel

In den beiden vorangegangenen Kapiteln haben wir die Kohäsionsgeschichte und die sozioökonomischen Rahmenbedingungen der Herausbildung regionaler Bewegungsmilieus skizziert. Hier beschäftigen wir uns mit den *alltagskulturellen und den gesellschaftlich-politischen Handlungsorientierungen* der Akteure in den neu entstandenen Milieus. Dabei gehen wir davon aus, daß der Zusammenhalt der neuen Milieus heute weniger politisch, durch das Bewegungshandeln und die Auseinandersetzung mit ihren Gegnern, als gesellschaftlich vermittelt ist: durch gemeinsame Werthaltungen, Lebensweisen, Beziehungsnetze und Alltagsnormen, mit denen die Akteure ihre Identität gegen andere Milieus abgrenzen und stabilisieren. Die Milieus sind durch innere Vielfalt und Verschiedenheit der Lebensstile und des Partizipationsverhaltens gekennzeichnet.

Nach einigen einleitenden Bemerkungen zu Fragestellungen und Ansatz unserer Untersuchungen (9.1.) gehen wir auf die Veränderung subjektiver Mentalitätsdispositionen in der Generationenfolge ein (9.2.). An zwei Fallbeispielen wird deutlich, wie sich die Angehörigen neuer Milieus in ihren lebensgeschichtlichen Suchbewegungen und in kommunikativer Praxis mit anderen von ihren Herkunftsmilieus unterschieden haben. Die damit verbundene Ausbildung neuer Identitäten bedeutet nach unseren Befunden keine vollständige Ablösung von klassenkulturellen Traditionen. Es handelt sich eher um eine Abwandlung und Erweiterung tradierter Deutungs-, Handlungs- und Ausdrucksmuster.

Die Pluralität solcher Gestaltwandlungen sozialer Mentalitäten ist Thema in Kapitel 10. Wir stellen eine Typologie neuer sozialer Mentalitäten vor, die wir in unseren Regionaluntersuchungen im Umkreis der Bewegungsmilieus gefunden haben (10.1.). Die Mentalitätstypen repräsentieren vielfältige individuelle Varianten und Übergangsformen sozialer Orientierungen und markieren zugleich gesellschaftliche Zugehörigkeiten und Herkunft. Abschließend (10.2.) fassen wir die aus unserer Sicht wichtigen Befunde unserer Untersuchungen zu Mentalitäten und Lebensstilen der neuen Milieus zusammen.

1. Zur Analyse neuer sozialer Mentalitäten

Die Erscheinungsformen neuer sozialer Mentalitäten und Milieus sind mit den Merkmalen des Wertewandels und Postmaterialismus, der Individualisierung und Pluralisierung sowie der Veränderung des politischen und sozialen Partizipationsverhaltens häufig beschrieben worden. Zu vielen Facetten dieser Entwicklung sind seit dem Ausgang der 1970er Jahre empirische Forschungen und theoretische Entwürfe entstanden (vgl. Kapitel 4 und 5). Sie haben einen größeren Reichtum an Einsichten über soziale Strukturveränderungen hervorgebracht als die zuvor noch einmal aufgelebten Klassen- und Schichttheorien, die die Vielfalt sozialer Unterschiede auf wenige vertikale Dimensionen reduzierten und deren erklärende und prognostische Kraft sich zunehmend erschöpft hatte.

Ausgehend von entsprechenden Anregungen und gemäß der eigenen Tradition der historischen Betrachtungsweise erschien es uns notwendig, die Momente von Wandel *und* Kontinuität sozialer Mentalitäten spezifischer zu untersuchen, am Beispiel der Individuen in den neuen Milieus, die gewissermaßen mit an der Spitze von Individualisierungsprozessen stehen. Gestützt vor allem auf die Birminghamer Jugendforschung (vgl. Kapitel 3.4. und 5.9.) haben wir dabei drei im Forschungsprozeß noch näher zu konkretisierende Hypothesen benutzt:

(1) Wir nahmen an, daß im gesellschaftlichen Strukturwandel zur Öffnung des sozialen Raums und zur Konsumgesellschaft vor allem die adoleszente Generation neue Verhaltensmuster einer anspruchsvolleren Haltung ausbilden konnte.

(2) Wir nahmen an, daß die jüngeren Generationen gleichwohl nur Teilmuster ihres erworbenen Habitus veränderten, während die Grundmuster persistent blieben. Diese Modernisierung der kulturellen Ausdrucksformen milieuspezifischer Deutungs- und Verhaltensmuster bezeichnen wir als Habitus-Metamorphose.

(3) Daraus folgte die Annahme, daß die jüngere Generation auf dem Wege der Mobilität, die die soziale Öffnung ermöglicht hatte, ihren Herkunftshabitus ›mitgenommen‹, wenn auch offener gestaltet hatte. Beispielsweise nahmen wir an, daß die Söhne und Töchter aus Arbeitermilieus, die in mittlere soziale Lagen aufrückten, nicht automatisch die dort vorherr-

schenden Mentalitäten (aufstiegsorientierte, kleinbürgerliche oder andere Formen) erwarben, sondern vielen Zügen ihres ›Stammhabitus‹ verhaftet blieben. Daher war zu vermuten, daß die hegemonialen Werte der neuen Milieuidentität für die einzelnen Teilgruppen der neuen sozialen Milieus verschiedene Bedeutungen haben.

Empirisch war nun zu klären, wie sich historisch die neuen Mentalitäten und Lebensstile gegen die älteren herausgebildet haben und inwieweit sie sich von diesen unterscheiden: Sind die neuen Mentalitäten Modifikationen der alten, oder sind sie Neubildungen? Haben sie sich von klassen- und milieugebundenen Interessen gelöst? Sind sie eher einheitlich oder nach Teilgruppen, nach Situationen, nach Lebensphasen und in sich selbst vielfältiger? Inwieweit entspricht den neuen universalistischen Leitwerten (vgl. Kapitel 7.1) ein veränderter Umgang mit sozialen Ungleichheiten und Hierarchien? Bedeuten die persönlichen Individualisierungs- und Emanzipationsbestrebungen auch Optionen für eine gesamtgesellschaftliche Veränderung?

Unsere Untersuchungen sollten einen Beitrag dazu leisten, diese teils offenen, teils kontrovers diskutierten Fragen einer empirisch fundierten Klärung näherzubringen – mit möglichst flexibel handhabbaren begrifflichen Konzepten und mit vielfältigen und überprüfbaren Methoden. Ein zentraler Bestandteil unseres Forschungskonzepts war der Zwei-Generationen-Ansatz, d. h. narrative und themenzentrierte Interviews mit Angehörigen neuer sozialer Milieus und je einem Elternteil.

Zum Untersuchungsgang

Unseren Untersuchungsgegenstand, die neuen sozialen Milieus, haben wir zunächst nach Plausibilitätskriterien und dann im Untersuchungsgang systematischer eingegrenzt bzw. ›definiert‹. Die ersten Anhaltspunkte ergaben sich aus den Forschungsständen zu verschiedenen Einzelerscheinungen, insbesondere zu dem historischen Kern der neuen Milieus, den sogenannten neuen sozialen Bewegungen, zu den neuen Lebensstilen und zum neuen Politik- und Wahlverhalten. Die Hypothese dazu, wo wir die neuen sozialen Milieus finden könnten, hatten wir in unserem Forschungsantrag durch Projektion der acht ›Sinus‹-Lebensstilmilieus in das Raumdiagramm Bourdieus gebildet.[1] Die Neufassung des Diagramms (Abb. 6, S. 46 f.) zeigt die durch unsere Repräsentativbefragung aktualisierte Veränderung der Milieugrößen, wobei berücksichtigt werden muß, daß mittlerweile ein neu entstandenes Milieu, das sogenannte ›Neue Arbeitnehmermilieu‹ identifiziert werden konnte.[2] Die Wachstums- und Schrumpfungsprozesse der ›Sinus‹-Milieus, d. h. die Mobilität zwischen den Milieus, haben überwiegend die gleiche Richtung im Uhrzeigersinn wie die Dynamik im Raum der sozialen Positionen, d. h. in Richtung erweiterter Bildungsqualifikationen und größerer Autonomiespielräume.

Die zu untersuchenden Gruppen wurden jedoch nicht durch sozioökonomische Merkmale definiert, sondern durch *Kriterien des Lebensstils und der Wertorientierungen*. Nach ›Sinus‹ können das ›alternative‹ und das ›hedonistische‹ Milieu als zwei Milieus mit dezidiert ›postmaterialistischen‹ Lebenszielen (Selbstverwirklichung, Integration, Partizipation usw.) charakterisiert werden. In diesen Milieus gibt es auch überdurchschnittlich viele Wählerinnen und Wähler der Grünen, die – wie Thomas Hermann[3] in einer Voruntersuchung zu diesem Projekt nachgewiesen hat – in vieler Hinsicht dem weiteren Potential der neuen

---

1 Vgl. Vester/Clemens/Geiling/Hermann/Müller/v. Oertzen 1987, S. 48. Siehe auch die typologische Darstellung der Milieus in Kapitel 13.
2 Vgl. Sinus-Lebensweltforschung 1992a; Ueltzhöffer/Flaig 1992. Das ›Neue Arbeitnehmermilieu‹ entstand nach den Befunden von ›Sinus‹ aus einer Subdifferenzierung insbesondere des ›Aufstiegsorientierten‹ und des ›Hedonistischen Milieus‹. Das ›Sinus‹-Institut hat diese neue, sehr junge Lebenswelt und die Prozesse, die zu ihrer Herauskristallisierung im bestehenden Milieugefüge geführt haben, im Rahmen seiner qualitativen Forschung seit 1987 beobachtet. Seit dem Herbst 1991 liegen quantitative Ergebnisse vor. Das ›Neue Arbeitnehmermilieu‹ stellt danach einen Anteil von 5% an der Wohnbevölkerung ab 14 Jahre in den alten Bundesländern. Unabhängig von ›Sinus‹ haben wir in unseren qualitativen Untersuchungen einen der Mentalität und der sozialen Lage nach ähnlichen Typus gefunden. Diesen ›Typus der neuen Arbeiterinnen und Arbeiter‹, wie wir ihn bezeichnen, konnten wir zunächst in unseren 1989 durchgeführten lebensgeschichtlichen Zwei-Generationen-Interviews (vgl. 9.2.2.) identifizieren. Durch eine größere Stichprobe der 1990 durchgeführten themenzentrierten Befragung konnte der Typus dann gültiger interpretiert werden (vgl. 10.1.4.).
3 Hermann 1988; vgl. von Oertzen 1985, S. 243 ff.

sozialen Bewegungen entsprechen. Wir vermuteten daher, daß diese zwei Milieus die Kernmilieus neuer sozialer Akteure sind. Um auch die sozialen Gruppen einzubeziehen, die zwar ›alternativen‹ Lebensformen und Bewegungen ferner stehen, aber auf andere Weise neuartige Lebensstile entwickeln, haben wir unsere Untersuchungen auf die von Modernisierungen besonders betroffenen und wachsenden ›Sinus‹-Milieus der ›Mitte‹ erweitert, d. h. bestimmte Segmente des Traditionslosen Arbeitermilieus, des Aufstiegsorientierten Milieus (das von uns jetzt als Leistungsorientiertes Milieu bezeichnet wird – vgl. Kap. 13.2.1.) und des Technokratisch-liberalen Milieus, die wir zunächst als ›Diaspora‹ bezeichneten. Die in unseren Untersuchungen festgestellte Streuung neuer sozialer Milieus überstieg jedoch das erwartete Maß erheblich, so daß wir schließlich auch modernere Gruppen aus den eher traditionellen Milieus einbezogen haben.

Daß die ›Sinus‹-Milieus keine systematischen Abgrenzungskriterien für die neuen sozialen Milieus geben – diese liegen gewissermaßen ›quer‹ zur ›Sinus‹-Milieustruktur –, hat einen methodologischen Grund. Die ›Sinus‹-Milieus »fassen, um es vereinfacht auszudrücken, Menschen zusammen, die sich in Lebensauffassung und Lebensweise ähneln, die also subkulturelle Einheiten innerhalb der Gesellschaft bilden«.[4] Durch ihre Zentrierung auf Motivations- und Deutungsmuster kommen die ›Sinus‹-Typen den Mentalitäts-Typen nahe. Allerdings akzentuiert ›Sinus‹ stärker die Geschmackspräferenzen der Lebensführung und des Konsumstils, während für unsere Fragestellung der Aspekt der sozialen und politischen Ordnung der Gesellschaft wichtiger ist, d. h. das *soziale Ab- und Ausgrenzungsverhalten*, die *Stellung zur sozialen Ungleichheit* und die *Formen sozialer Kohäsion oder auch Anomie*.

Nicht nur die Hypothese über den sozialen Ort neuer Mentalitäten, auch die Methoden unserer Untersuchungen waren durch die ›Sinus‹-Lebensweltforschung angeregt, so etwa die Verbindung interpretativer und standardisiert-quantifizierender Verfahren. Bei der Konzeption der 1990 durchgeführten themenzentrierten Interviews, der darauf aufbauenden Typenbildung und bei der Repräsentativbefragung wurden wir von den Mitarbeitern des ›Sinus‹-Instituts, insbesondere von U. Becker, beraten.

---

4 Sinus-Lebensweltforschung o. J., S. 8.

Unsere empirischen Analysen zum Wandel sozialer Mentalitäten und Lebensstile hatten zunächst explorativen Charakter. Ähnlich Geigers ›aszendierendem‹ Verfahren der Sozialstrukturanalyse war der Raum sozialer Mentalitäten und Lebensstile aus einem Mosaik einzelner Typen und auch Unter- und Übergangsformen zu bilden. Dabei gingen wir nicht von theoretisch abgeleiteten Typenmodellen aus, sondern von einer theoretisch und methodisch strukturierten Hermeneutik, die auf die Entdeckung von vorher nicht festgelegten *Sinn- und Syndromstrukturen* aus war. Um bestimmte Habitusformen im sozialen Raum lokalisieren zu können, war eine Operationalisierung der drei Grunddimensionen des Raums notwendig. Die von uns unterschiedenen vertikalen und horizontalen Dimensionen des Habitus abstrahieren von der Mehrdimensionalität und Vielschichtigkeit der Habitus-Syndrome. Es handelt sich hier um *heuristische* Kategorien:

(1) Die vertikale Dimension kann, im Sinne Bourdieus, nach dem sozialen *Distinktionsverhalten* bestimmt werden: Eher bescheiden-egalitäre Haltungen können niedrig, eher anspruchsvoll-distinktive Haltungen höher lokalisiert werden. Entscheidend für die Zuordnung ist die soziale Aus- und Abgrenzungspraxis, nach Rangkriterien der Macht und der Lebenschancen, wie Max Weber sie versteht.

(2) Im Sinne der neueren Lebensweise-Forschung beschreibt die horizontale Dimension die historische Tendenz der *Individualisierung*: Eher konventionelle und restriktive Grunddispositionen können weiter rechts lokalisiert werden, eher autonome und offene weiter links.

(3) Die Zeitdimension beschreibt die *biographischen und intergenerationellen Bewegungen* auf beiden Achsen. Lernprozesse sind in beiden Dimensionen denkbar, d. h. in Richtung stärkerer Eigenverantwortlichkeit und in Richtung einer Relativierung der Bewertungsschemata sozialer Ungleichheit – und auch zurück. Sie sind aber nicht notwendig miteinander verknüpft.

Unser Untersuchungsdesign haben wir an anderer Stelle ausführlich dokumentiert.[5] Einen Überblick über die Untersuchungsschritte und die ihnen zugeordneten Methoden bietet die Abbil-

---

5 Vester/Geiling/von Oertzen/Hermann/Müller 1992.

dung 16. In den folgenden Abschnitten beschränken wir uns daher auf einige kurze Hinweise und wenden uns den empirischen Befunden zu.

2. Persistenz und Wandel: Zwei Fallbeispiele

Die generationsspezifischen Erfahrungen und Verarbeitungen der Öffnungen und Schließungen des sozialen Raums waren das Thema *narrativer Interviews*. Mit ihnen haben wir die Lebensgeschichte und Sozialisation, die soziale Lage, die Klassifikationsschemata und die Kohäsionspraxis von Angehörigen neuer sozialer Milieus und ihres gleichgeschlechtlichen Elternteils in großer Ausführlichkeit ermittelt. Damit sollte zugleich die Frage geklärt werden, wieweit die neuen Milieus sich durch universalistische emanzipatorische Verhaltensmuster von den eher an Klassenmilieus gebundenen Mentalitäten unterscheiden bzw. wieweit dies eine Selbstidealisierung ist.

Hierzu war eine detaillierte theoretische und methodologische Vorbereitung notwendig. Die Modi der Weitergabe des Habitus durch Sozialisation und Erfahrung an die nächste Generation und seine Veränderungsmöglichkeiten wurden anhand der Arbeiten des Birminghamer CCCS[6], der sozialcharakterologischen Untersuchungen von Frenkel-Brunswick und Adorno[7] und verschiedener anderer soziologischer und sozialpsychologischer Ansätze[8] studiert und in einen umfangreichen Interpretationsleitfaden[9] eingearbeitet.

Auf dieser Grundlage wurde ein Gesprächsleitfaden entwickelt, der Angebote konkreter Frageformulierungen enthielt, die allerdings nur bei stockendem Gesprächsverlauf genutzt werden sollten. Da die Interviews explorativen Charakter hatten, haben wir eine offene Gesprächsform gewählt, die erst in einer zweiten Sitzung durch thematisch gezielte Fragen ergänzt wurde. Die Betonung des Erzählprinzips hatte zwei methodologische Vor-

---

6 Willis 1979, 1981; Clarke/Hall u. a. 1979; vgl. Maas 1980.
7 Adorno/Frenkel-Brunswick/Levinson/Sanford u. a. 1950; vgl. kritisch dazu u. a. Jaerisch 1975.
8 Vgl. u. a. Fromm 1970; Erikson 1966; Liebau 1987; Liebau/Müller-Rolli 1985; Erdheim 1988.
9 D. Müller 1989b; Clemens 1989.

teile: Die erzählte Biographie kam in ihrer Struktur den subjektiven Orientierungsmustern des Handelns am nächsten, und sie schloß eine retrospektive Interpretation der Erlebnisse und Erfahrungen ein.[10] Die wichtigsten biographischen und sozialstatistischen Daten der Befragten wurden in einem standardisierten Fragebogen erhoben. Die Bedingungen der Interviewsituation und die subjektiven Wahrnehmungen der InterviewerInnen wurden in einem nachträglichen Protokoll festgehalten, das auch Anweisungen zur Beobachtung des Wohn- und Bekleidungsstils der Befragten enthielt.

Interviewt wurde von Juli bis September 1989 eine Stichprobe von 24 Personen aus dem Feld und Umfeld der neuen sozialen Bewegungen, geschichtet nach den hauptsächlichen regionalen, geschlechtlichen und sozialen Zuordnungen (horizontale und vertikale Mobilitätswege). Die Interviews, die je nach Gesprächsbereitschaft der Befragten zwischen einer und sieben Stunden dauerten, wurden vollständig transkribiert. Die bisher ausgewerteten Interview-Transkripte wurden zunächst in Verlaufsprotokollen zusammengefaßt, in denen der manifeste Textinhalt paraphrasiert und nach den Themen des Interpretationsleitfadens gekennzeichnet wurde. Mit dem Ziel, latente Sinnstrukturen zu identifizieren, wurden einzelne Text- und Tonbandausschnitte in der Projektgruppe explikativ interpretiert, streng sequentiell und unter schrittweiser Einbeziehung des Kontextwissens.[11] Dieses sukzessive Vorgehen ermöglichte es, die strukturelle Eigenlogik von Mentalitäts- und Verhaltensformen aus dem inneren Aufbau der von den Befragten entwickelten Deutungen ihrer Biographie zu rekonstruieren. Die zusammenfassenden Interpretationen wurden in einem Fallprotokoll festgehalten. Abschließend wurden die Befunde über die befragten Eltern und Kinder miteinander verglichen und in Beziehung gesetzt.

10 Vgl. Schütze 1984, 1987; Fischer 1978; Lämmert 1982.
11 Die Auswertungsmethoden wurden insbesondere durch Rainer Zoll angeregt; sie waren Thema eines gemeinsamen Workshops, auf dem auch Fallbeispiele interpretiert wurden. Die von der Projektgruppe »Arbeiterbewußtsein in der Wirtschaftskrise« (Universität Bremen) entwickelten Methoden orientieren sich an dem Ansatz der objektiven Hermeneutik von Oevermann und anderen. Vgl. Neumann 1984a; Oevermann u. a. 1979, 1989.

Die Fallstudien ausgewählter Interviewpaare, deren Befunde später durch die größere Stichprobe der themenzentrierten Interviews bestätigt wurden (vgl. Kapitel 10.), lassen den von uns vermuteten Gestaltwandel sozialer Mentalitäten erkennen. Dies soll an zwei Beispielen verdeutlicht werden.

2.1. Von der Pflichterfüllung zum Hedonismus

Das Interviewpaar, eine 36jährige Krankenschwester und ihre 68jährige Mutter, eine Landwirtin (verheiratet mit einem Tierarzt), steht als Beispiel für die *Metamorphose eines ›Distinktionshabitus‹*. Die Mutter stammt aus einer Familie, die sowohl auf mütterlicher als auch auf väterlicher Seite seit Generationen zur lokalen Oligarchie zählt. Obwohl sie selbst noch heute als Großgrundbesitzerin (Erbhof) bezeichnet werden kann, hat sie in ihrem Leben doch die Erfahrung eines gewissen sozialen Abstiegs gemacht. Krieg, wirtschaftliche Schwierigkeiten in den 60er Jahren und die Strukturveränderungen in der Landwirtschaft, die mit Rentabilitätsproblemen der Bewirtschaftung und einer abnehmenden Attraktivität der landwirtschaftlichen Berufe verbunden waren, bezeichnen hier die einzelnen Stationen. Als Reaktion auf diese Erfahrung kann die verstärkte Investition in Bildungskapital gedeutet werden, die sich vor allem in der Förderung der Kinder äußerte und die bereits in der Familientradition, in Form einer Doppelorientierung auf ökonomisches und kulturelles Kapital (humanistische Bildung), begründet war.

Von den vier Kindern ist die von uns befragte Tochter die zweitjüngste und die einzige, die kein Studium absolviert hat. Nachdem sie ihre Kindheit und Jugend in der geborgenen Atmosphäre ihres Elternhauses in ländlicher Umgebung verbracht hatte, absolvierte sie ihre Berufsausbildung als Krankenschwester in der Großstadt. Hier lernte sie ihren späteren Ehemann, einen Diplom-Ingenieur, kennen. Mit der Geburt ihres Sohnes gab sie die Erwerbstätigkeit auf. Nachdem sie lange Zeit »interessierte Beobachterin« der ›alternativen Szene‹ war, hat sie sich in jüngster Zeit u. a. im Bereich der ganzheitlichen Medizin engagiert.

Mutter und Tochter folgen in der Wahrnehmung und Bewertung ihrer Umwelt einem Elite-Masse-Schema, wenn auch in unterschiedlichen Ausprägungen. Dieses Elite-Masse-Schema äußert sich u. a. in der Abgrenzung gegenüber sozial tiefergestellten Menschen. Beide bewegen sich überwiegend in akademisch gebildeten Kreisen. Die Abwertung anderer Menschen als »oberflächlich«, »plump«, »einseitig materiell orientiert« korrespondiert mit einer Selbstidealisierung als »sensibel«, »taktvoll« und »vielseitig interessiert«. Gleichzeitig wird die eigene soziale Position dementiert, sei es, daß das persönliche Eigentum am Hof dementiert wird (bei der Mutter), sei es, daß »gutes Benehmen«, »Fingerspitzengefühl« (bzw. »Sensibilität«) und »Intelligenz« als »natürliche« Eigenschaften definiert werden, die »jeder normale Mensch« haben sollte (bei Mutter und Tochter).

Die berufliche Tätigkeit als Krankenschwester und das soziale Engagement der Tochter stehen in der Tradition einer Dienstideologie der Mutter, die das eigene karitative Engagement (z. B. Kirchenvorstand, Spenden) als »selbstverständliche Verpflichtung« begreift. Vordergründig durch »Mitleid« motiviert, dient diese »Fürsorge« nicht zuletzt auch dazu, das eigene Gewissen zu beruhigen und zugleich wieder andere Menschen zu Schuldnern (von Dankbarkeit, Anerkennung, Achtung) zu machen. Daß auch beim Engagement der Tochter ähnliche Motive mitspielen, legt der Umstand nahe, daß sie sich vor allem die Aktivitäten auswählt, für die sie die Fähigkeiten und die fachlichen Kompetenzen mitbringt, um sich in einer Führungsrolle zu profilieren.

Die für Mutter und Tochter gleichermaßen charakteristische modernitätskritische Grundhaltung hat vor dem Hintergrund ihrer unterschiedlichen Lebensgeschichten eine andere Konnotation. Während die Tochter ihre Haltung differenziert und aus der eigenen Erfahrung mit »unmenschlicher Apparatemedizin« begründet, wertet die Mutter pauschal alles »Neue« ab. Der verborgene Kern dieser Haltung steckt offensichtlich in dem »Schmerz« über den Verlust eines in traditionell gewachsenen Sozialordnungen aufgehobenen Status. Gegen die Herausforderungen der »Leistungs- und Ellenbogengesellschaft« setzt sie weiterhin ihre ständischen Werte wie »Konvention«, »Pflichterfüllung«, »Disziplin« und »Selbstbeherrschung« – die Mutter ist eine typische Vertreterin des so von ›Sinus‹ bezeichneten ›Konservativen gehobenen Milieus‹.

Die wesentlichsten Unterschiede zwischen Mutter und Tochter sind mit einer größeren Bereitschaft zur Selbstreflexion bei der

Tochter – sie thematisiert ihren eigenen »Standesdünkel« – und einer stark protestantisch-asketischen Prägung der Mutter gegenüber einer hedonistischen Prägung der Tochter benannt. Dieser Hedonismus, der sich aus der Sicht der Mutter in einem geringen »Durchhaltevermögen« bei allen mit Triebverzicht verbundenen Anstrengungen äußert (wie Berufstätigkeit, Mutterrolle, Weiterbildung usw.), ist vermutlich – neben anderen Einflüssen – Ergebnis einer sehr großzügigen und behüteten Erziehung. Bis in die Gegenwart hinein konnte sich die Tochter immer auf die Initiative ihrer Mutter verlassen, eigene Schwierigkeiten und Probleme zu lösen. Insgesamt läßt sich die Biographie der Tochter als Versuch lesen, die unterbrochene Laufbahn ihrer Mutter fortzusetzen, allerdings nicht mehr im ökonomisch-, sondern im kulturell dominierten Feld des sozialen Raums. Die Aufstiegsorientierung der Tochter realisiert sich eher in der Nutzung vorhandenen sozialen Kapitals (z. B. ›Beziehungen‹ ihrer Eltern) als in der Akkumulation ökonomischen und kulturellen Kapitals (Delegation an den Ehemann).

2.2. Vom Verzicht zur Selbstverwirklichung

Das Interviewpaar, ein 35jähriger EDV-Fachmann und sein 69jähriger Vater, ein Eisenbahner, steht als Beispiel für die in größerer Reichweite vollzogene *Metamorphose eines ›Habitus der Not‹*.

Als Nachkomme einer Familie ›proletaroider‹ Parzellenbauern war der Vater bereits als Kind gezwungen, im Stall oder auf dem Feld mitzuarbeiten. Nach dem frühen Tod seiner Eltern wuchs er bei der Familie seiner Mutter auf. 1941 wurde er als Soldat eingezogen. Nach Kriegsende verdiente er sich seinen Lebensunterhalt mit mehreren Hilfsarbeiten, bevor er dann bei der Eisenbahn anfing, wo er erst als Kabelleger, später, bis zu seiner Frühverrentung, als Zug-Schaffner arbeitete. Anfang der 50er Jahre – er war inzwischen mit einer Näherin verheiratet – zog er in eine mittelgroße Stadt, wo er nach einigen Jahren ein Haus in einem Schrebergartengebiet erwarb.

Der von uns befragte Sohn ist das neunte von insgesamt 16 Kindern. Während seine Kindheit durch relative Armut und die Erfahrung sozialer Ausgrenzung (Stigmatisierung als »asozial«)

gekennzeichnet war, eröffnete sich ihm durch die gegen den Willen seines Vaters eingeschlagene Schullaufbahn die für Arbeitermilieus völlig untypische Möglichkeit einer verlängerten Adoleszenz. Angeregt durch das »Vorbild« seiner älteren Brüder, mit denen er sich gemeinsam in sozialistischen Peer-Gruppen engagierte, wechselte er von der Realschule auf das Gymnasium, wo er Kontakt zur »Flower-Power-Szene« bekam. Die langen Haare, die er sich wachsen ließ, provozierten einen »handfesten« Bruch mit seinem Vater. Nach dem Abitur begann er in der Nähe seiner Heimatstadt ein Lehramtsstudium. Während dieser Zeit lebte er in verschiedenen Wohngemeinschaften und engagierte sich in mehreren politischen Gruppierungen. Nach einem Studienortwechsel machte er sein Erstes Staatsexamen und trat seinen Ersatzdienst an. An seinem neuen Wohnort lernte er seine spätere Frau, eine Erzieherin, kennen. Nachdem er zwei Jahre lang in einem Alternativprojekt gearbeitet hatte, ließ er sich zum EDV-Fachmann umschulen. Er ist heute in diesem Beruf tätig und lebt mit seiner Frau, einem Kind und einer befreundeten Familie in einer sich kollektiv finanzierenden Wohngemeinschaft, d. h. einer Wohngemeinschaft mit zwei gemeinsamen Konten, auf die alle Gehälter eingezahlt werden und von denen sich jeder nach seinen Bedürfnissen bedient. Diese gemeinsame Regelung betrifft nicht nur Dinge des alltäglichen Gebrauchs, sondern auch Kleidung oder die Finanzierung eines Urlaubs. Über größere Anschaffungen wie ein Auto oder die finanzielle Unterstützung von Weiterbildungen einzelner Mitbewohner wird in der Gruppe verhandelt.

Als Vertreter des traditionslosen Arbeitermilieus verkörpert der Vater einen typischen Nothabitus, der sich in Sparsamkeit (bei der Anschaffung von Konsumgütern wie Kleidung), aber auch in einem Respektabilitätsanspruch (Sauberkeit, Ordnung, Sonntagsanzug, eigenes Häuschen usw.) äußert.

Die Lebenspraxis des Sohnes hat mit diesen rigiden Selbstbeschränkungen fast nichts mehr gemein. Die Loslösung von seinem Herkunftsmilieu war für den Sohn ein langwieriger und oft schmerzlicher Lernprozeß. Ein Grundproblem bildete dabei die strenge Autorität des Vaters, die sich in einem rigiden Erziehungsstil äußerte. Solidaritätserfahrungen mit den Geschwistern und die Vorreiterfunktion seiner älteren Brüder in der Auseinandersetzung mit dem Vater waren eine wichtige Vorbedingung für die Autonomiebestrebungen des Sohnes. Die verschiedenen »Vorbilder« – zunächst die Brüder, später Lehrer und Studenten – nutzte er als Gegenautoritäten. Damit begab er sich zugleich in neue Abhängigkeiten. Dennoch hatten die Vorbilder für ihn horizonterweiternde Bedeutung, die noch durch den Bildungsaufstieg verstärkt wurde.

Die Folgen des Bildungsaufstiegs waren und sind für ihn ambivalent. Da ihm der Umgang mit Bildung nicht in die Wiege gelegt worden war, entwickelte er zunächst eine Begeisterung und eine relativ unkritische Haltung gegenüber Bildungsgütern der legitimen Kultur. Die in seinem neuen sozialen Umfeld gängige »Diskursivierung« persönlicher Probleme oder sozialer Beziehungen ließ ihn den unkomplizierten, direkten und nichtversprachlichten Umgang mit Problemen in seiner Familie als Mangel empfinden. Zweifel und Unsicherheit führten jedoch auch zu einer größeren Bereitschaft, mit Rollen zu experimentieren. Er konnte seine ›Bildungsbeflissenheit‹ größtenteils ablegen, als er erkannte, wie groß die Kluft zwischen Anspruch und Wirklichkeit bei einigen seiner Vorbilder war. Indem er ›linke‹, emanzipatorische Parolen wörtlich nahm und sich auf mehrere Versuche ›alternativen‹ Lebens und Arbeitens einließ, machte er seine Erfahrung der »Desillusionierung«.

Seine gegenwärtige Lebenspraxis scheint Ausdruck eines ›neuen‹ Habitus zu sein, in dem sowohl die Quellen des vollzogenen Bildungsaufstiegs – z. B. in Form eines vielfältigen kulturellen Interesses oder eines Anspruchs auf »Selbstverwirklichung« – als auch die Persistenz eines proletarischen Nothabitus deutlich werden. Der Sohn hat die kleinlichen und rigiden Ordnungsvorstellungen seines Vaters weitgehend überwunden und sich auf die für ihn positiven Elemente seines Herkunftsmilieus zurückbesonnen. Neben seinem Arbeitsethos (Leistungsstolz, Respektabilität usw.) und seinem Realismus ist hier insbesondere seine praktizierte Solidarität von Bedeutung. Daß Solidarität schon immer für ihn wichtig war, zeigt sich daran, daß er immer wieder versuchte, sich in gemeinschaftliche Zusammenhänge zu integrieren – in Schule, Studium, in politischen Gruppierungen, in Wohngemeinschaften usw. Nachdem sich die Solidaritätsvorstellungen anderer sozialer Gruppen für ihn als inhaltsleer erwiesen, konnte er mit der Wohngemeinschaft und seinem Beruf (Betonung von Teamarbeit) seine eigenen Vorstellungen realisieren.

3. Metamorphosen des Habitus

Im Vergleich der Eltern- und der Kindergeneration finden wir also sowohl persistente als auch veränderte Muster von Werten, Einstellungen und Verhaltensweisen. Dabei hat es den Anschein, daß Persistenzen eher die vertikalen Mentalitätsunterschiede (Distinktionsverhalten), Veränderungen eher die horizontalen Mentalitätsunterschiede (selbstbestimmtes Verhalten) betreffen.

Beharrliche Muster finden wir zum Beispiel in den geschmacklichen Vorlieben und Abneigungen, in dem spezifischen Umgang mit Kulturgütern, in den Gesellungsformen und in den Wahrnehmungen und Einschätzungen sozialer Ungleichheiten und anderer gesellschaftlicher Gruppen, wenngleich sich die Ausdrucksformen modernisiert haben. Darüber hinaus fällt auf, daß Eltern und Kinder homologe Deutungsmuster ihrer eigenen Biographie benutzten; in den beiden skizzierten Beispielen z. B. eine starke Ich-Zentrierung bei der Krankenschwester und ihrer Mutter, die sich als handelnde und formende Akteure ihrer Lebensgeschichte darstellten, im Gegensatz zu einem teilweise fatalistischen Deutungsmuster bei dem EDV-Fachmann und seinem Vater, die sich vorwiegend in der Passivrolle, den Einflüssen von Ereignissen und anderen handelnden Personen ausgesetzt, sahen. In diesen Deutungsmustern drückt sich offensichtlich eine kollektive und tradierte Lebenserfahrung der Anerkennung realer Machtverhältnisse in der Gesellschaft aus.

Deutliche Wandlungsprozesse von der älteren zur jüngeren Generation äußern sich in der Erosion leistungs- und ordnungsorientierter Werte und konventioneller bzw. konformitätsorientierter Verhaltensmuster. Den vielfältigen Autonomiebestrebungen der jüngeren Befragten entsprechen zum Beispiel erweiterte Selbstverwirklichungsansprüche im Beruf, hedonistische Freizeitpraktiken oder neue Modelle partnerschaftlicher Rollenteilung. Auffällig ist auch ihre höhere Selbstreflexivität, die bewußte Distanzierungen von den »inkorporierten« Schemata des Habitus ermöglicht. Diese Veränderungen sind das Resultat einer aktiven Auseinandersetzung mit den erweiterten Möglichkeiten der Öffnung des sozialen Raums und den erfahrenen strukturellen Zwängen. In den generationsspezifischen Erinnerungen werden unterschiedliche Erfahrungen der Öffnung des sozialen Raums deutlich. Für die Elterngeneration bedeutete die

Öffnung des sozialen Raums vor allem das Ende von Mangel und Unsicherheit der Kriegs- und Nachkriegserfahrungen, erweiterte Konsum- und Freizeitmöglichkeiten.[12] Optionen auf einen den traditionellen Erfahrungshorizont überschreitenden Lebensentwurf, die die Eltern zumeist nicht realisieren konnten, wurden häufig an die Kinder weitergegeben, die es »einmal besser haben sollten«. Insgesamt können wir aber auch für die Elterngeneration signifikante Veränderungen der sozialen Mentalitäten und Lebensstile im Lebensverlauf feststellen, sicherlich zum Teil motiviert durch die Auseinandersetzung mit ihren Kindern.

Die Kinder erlebten die Öffnung des sozialen Raums eher als Chance der Emanzipation aus klassen- und geschlechtsspezifischen Bevormundungen. Die durch den Bildungsaufstieg verdrängte (Post-)Adoleszenz markiert für viele Befragte den Zeitpunkt einer persönlichen Horizonterweiterung, die zum Teil aber auch als Orientierungsverlust erfahren wurde. Die Neuorientierung auf andere Felder bei der Ablösung vom Elternhaus (vom Land in die Großstadt, von der Schule zur Berufsausbildung, von der Familie zu Peer-groups usw.) und die erhöhte Experimentierfreudigkeit mit eigenen Rollen und Identitäten schaffen Realitäten, nach denen vieles nicht mehr so selbstverständlich sein kann wie vorher. Hier, in den Jugendkulturen, sind die folgenreichen Brüche in der Tradierung von Habitusschemata zu vermuten.

Die Identität der jüngeren Befragten ist in charakteristischer Weise gekennzeichnet durch eine *Spannung zwischen ihren ursprünglich erworbenen Dispositionen und den Idealen und Werten ihrer neuen Milieuzugehörigkeit*. Die Befragten deuten ihre Biographie als lebenslangen Lernprozeß, in dem sie diese Spannung in Kompromissen zu lösen versuchen. Wir können allerdings feststellen, daß die soziale Herkunft der Angehörigen neuer sozialer Milieus unterschiedliche Lernprozesse in der Öffnung des sozialen Raums ermöglicht hat. So wurden z. B. die erweiterten Bildungschancen sehr unterschiedlich wahrgenommen: von Angehörigen mittlerer und gehobener Milieus eher im Sinne ei-

---

12 Einige Frauen haben die Nachkriegszeit zum Teil auch als Schließung sozialer Räume erfahren, als sie sich an ein wiederhergestelltes hierarchisches Geschlechterverhältnis anpassen mußten, das zuvor phasenweise aufgehoben war. Vgl. dazu u. a. Metz-Göckel 1987.

nes Aufstiegs oder größerer Selbstverwirklichungsmöglichkeiten im Beruf, von Angehörigen bisher unterprivilegierter Milieus eher im Sinne einer nicht unmittelbar ›verwertbaren‹ Allgemeinbildung. Auch die neuen universalistischen Werte, deren Allgemeinheit offensichtlich auch ihre Widersprüchlichkeit und verschiedene Grade ihrer Verbindlichkeit für konkretes Handeln verdeckt, werden verschieden beansprucht. Wo ein Wert wie Selbstverwirklichung für die einen eine solidarisch-emanzipative Gruppenbildung bedeutet, kann er für andere eine utopisch-romantische Weltflucht, den individuellen sozialen Aufstieg oder gar eine unklare Mischung all dieser Aspekte legitimieren.

Die untersuchten Lebensgeschichten deuten darauf hin, daß diese spezifischen Um- und Neuorientierungen der Befragten bereits im Kern ihres Herkunftshabitus angelegt waren. Beispielsweise konnten wir beobachten, daß sich bei den traditionell vom ›Habitus der Notwendigkeit‹ geprägten Arbeitern unter neuen gesellschaftlichen Bedingungen die hedonistischen Momente, die auf bestimmte Festtagsbereiche zurückgedrängt waren, neu entfalten.[13] Bei dem asketischen Habitus bestimmter Intelligenzgruppen prägten sich die Strebungen und Werte der ›Selbstverwirklichung‹, deren Entfaltung man sich früher weniger leisten konnte, stärker aus. Dies läßt den Schluß zu, daß auch in den neuen sozialen Milieus noch alte Klassenmentalitäten erkennbar sind, d. h., es können unterschiedliche Mentalitätstypen und -typenvarianten identifiziert werden.

Eine differenziertere Analyse der Genesis und Tradierung bestimmter Mentalitätsformen steht noch aus. Hier sind auch noch offene Fragen der Habitustheorie Bourdieus aufzuarbeiten. Bourdieus Versuch, mit der Kategorie des Habitus »das Erzeugungsprinzip aller (...) Eigenschaften (einer Person) wie ihrer Werturteile über die eigenen so gut wie die Eigenschaften der anderen begrifflich zu fassen«[14], kann den Blick für innere Ambivalenzen und Identitätskonflikte verstellen. Solche Ambivalenzen können aus widersprüchlichen inneren wie auch gesellschaftlichen Handlungsanforderungen resultieren, mit denen sich die Menschen auseinandersetzen müssen, zum Beispiel im

---

13 Vgl. Bourdieu 1982, S. 585-619.
14 Ebd., S. 278.

Beruf und in der Familie. Wir vermuten daher, daß der Habitus nicht nur in bestimmten Fällen, wie Bourdieu annimmt[15], sondern generell auf der Spannung oder dem Widerspruch aufgebaut ist, wodurch er erst seine Dynamik gewinnt.

---

[15] Bourdieu 1989, S. 407.

10. Mentalitäten neuer sozialer Milieus

Die in Kapitel 9 skizzierten biographischen Mentalitätswandlungen oder Habitus-Metamorphosen deuten an, wie verschieden die Individuen sind, die in den neuen sozialen Milieus zusammenkommen. Sie bringen unterschiedliche Weltanschauungen und Lebensstile ein, die in der gemeinsamen Kohäsions- und Abgrenzungspraxis aufeinander abgestimmt werden müssen. In diesem Zusammenhang stellt sich die Frage, ob sich aus der Pluralität möglicher Metamorphosen deutliche neue Mentalitätsmuster herauskristallisieren, die für Teilgruppen der neuen Milieus identitätsstiftend und verhaltensrelevant sind. Die im folgenden dargestellte Typologie verweist auf derartige *Restrukturierungen im Feld gesellschaftlich-politischer Mentalitäten*, wie wir sie im Umkreis der Bewegungsmilieus in Hannover, Oberhausen und Reutlingen vorgefunden haben.

Die Typologie basiert auf einer umfangreichen Befragung, die wir im Sommer 1990 mit GesprächspartnerInnen aus den neuen Milieus und ihren Vätern bzw. Müttern durchgeführt haben.[1]

1 Befragt wurden 123 Angehörige der neuen Milieus und 99 Mütter bzw. Väter. Das Sample war nach Alter, Geschlecht und dem modernisierten Teil der ›Sinus‹-Milieutypen (vgl. 9.1.) geschichtet. Zugleich wurde auf eine möglichst breite Streuung nach Soziallagen geachtet. Der Zugang zum Feld wurde nach einem von ›Sinus‹ entwickelten Verfahren gesucht: Die GesprächspartnerInnen wurden nach festgelegten Merkmalen des Lebens- und Politikstils (z. B. Kleidung, Wohnquartier, Offenheit für unkonventionelle Politikformen) »gescoutet«. Dies erforderte aufwendige Kontaktgespräche, in denen die Interviewergruppen Informationen zur Person recherchieren mußten, die eine erste, provisorische Milieuvermutung zuließen. Um eine optimale Ausschöpfung der Stichprobe zu gewährleisten, wurde zunächst nur ein Teil der Interviews durchgeführt und interpretiert. Nachdem die Milieuvermutungen überprüft und gegegebenenfalls korrigiert worden waren, wurde gezielt nachquotiert. Der Zugang zum Feld wurde einerseits über Kontaktpersonen aus den ›Bewegungsmilieus‹ und andererseits über Gesellungsorte gesucht, in denen auch Angehörige neuer Milieus, die nicht mit den Bewegungen vergemeinschaftet sind, verkehrten (z. B. Kneipen, Freizeitvereine, alternative Produktions- und Dienstleistungsbetriebe). Das Sample sollte mindestens die neuen Bewegungs-

Das Untersuchungsinstrument, in Beratung mit ›Sinus‹ entwickelt, kombinierte eine offene, themenzentrierte Exploration mit einem standardisierten Befragungsteil, einem Sozialdatenbogen und Beobachtungen des Lebensstils, die nach Möglichkeit mit Fotografien ergänzt wurden. In den Befragungsteilen wurden fünf Lebensbereiche thematisiert: (1) Arbeit und Beruf, (2) Familie und Partnerschaft, (3) Freizeit, Lebensstil und Beziehungshandeln, (4) Gesellschaftsbild und Weltanschauung und (5) gesellschaftlich-politische Partizipation.

Die Auswertung erfolgte in intensiver Gruppenarbeit. Insgesamt handelt es sich um ein iteratives Verfahren, in dem die Arbeitshypothesen am Material (weiter-)entwickelt und, wenn nötig, revidiert oder erweitert wurden. Für die Einzelfallanalyse wurde (a) die Tonbandaufnahme des explorativen Befragungsteils in Form eines kommentierten Verlaufsprotokolls zur weiteren Bearbeitung aufbereitet. (b) Die Interpretation, unter Einbeziehung aller verfügbaren Materialien, wurde in Kleingruppen (aus je drei bis vier Mitgliedern der Forscher- und der Interviewergruppen) vorgenommen, um spezifische Interpretationsblindheiten zu vermeiden. Aus den biographischen »Selbstauslegungen« der Befragten, ihren Vorlieben und Abneigungen gegenüber bestimmten Werten oder Merkmalen des Lebensstils, ihren geselligen und politischen Orientierungen usw. ließen sich wichtige Anhaltspunkte zur Rekonstruktion individueller Muster der Lebensführung und der Weltanschauung erschließen. Die im Diskussionsprozeß begründete Interpretation wurde (c) in einem Fallprotokoll festgehalten, das (d) zu Zwecken der Supervision nachträglich noch einmal in der engeren Projektgruppe besprochen wurde. Dabei sollten die Schlüssigkeit und die argumentative Absicherung der Interpretationen geprüft und eventuell offengebliebene Fragen geklärt werden.

Für die Typenbildung wurde von der Forschungsgruppe (e) eine bewußt als vorläufig verstandene Lokalisierung der Fälle im Raum des Habitus vorgenommen. Sie ermöglichte eine erste Sor-

---

milieus und maximal die neuen Lebensstilmilieus repräsentieren, ca. zwischen 5 und 15 Prozent der Gesamtbevölkerung. Erreicht wurden alle Teilgruppen der Schichtung. Für die »traditionslosen ArbeiterInnen« konnte nur eine geringe Fallzahl erreicht werden. Dies lag an Verweigerungen, die auf deren spezifisches Abgrenzungsverhalten zurückgeführt werden müssen.

tierung der benachbarten Fälle: nach ihrem sozialen Rangempfinden bzw. den Bewertungsmustern sozialer Ungleichheit und nach ihrem Autonomiestreben bzw. der Orientierung an vorgegebenen Normen. Das Raumschema, das nicht für eine qualitative Syndrombildung verwendet werden kann, das aber nach unserer Erfahrung durch die rasche Identifikation potentiell vergleichbarer Interviews viel Zeit spart, ist zur Veranschaulichung in Abb. 25 wiedergegeben. Die Fälle, bei denen wir Gemeinsamkeiten vermuteten, wurden (f) systematischen vergleichenden Analysen unterzogen, die sich auf die im Fallprotokoll dargelegten Handlungsdimensionen der Lebensziele, des Arbeitsethos, des partnerschaftlichen Verhaltens, der gesellschaftlich-politischen Partizipation usw. bezogen. Diese Analysen führten zu mehreren Revisionen des Raumschemas, d. h., die Fälle mußten umsortiert und zum Teil typologisch neu eingruppiert werden. In (g) der abschließenden hermeneutischen Syndromanalyse wurde ein Gesamtbild der gefundenen Mentalitäts- und Stilhomologien gewonnen, das zur Namensgebung jedes Typus führte.[2] Die qualitative Abgrenzung wurde ergänzt durch (h) eine statistische Auswertung der standardisierten Befragungsteile, mit der u. a. die demographischen Schwerpunkte der Typen in unserer Stichprobe festgestellt werden konnten.

---

2 Für die Ausarbeitung jedes Typus war jeweils ein bestimmtes Mitglied der Forschungsgruppe zuständig. Aufgabe der Gruppe war es, die Interpretationen der einzelnen Mitglieder kritisch zu reflektieren und andere Lesarten so lange zu verteidigen, bis eine gemeinsame begründete Interpretation gefunden werden konnte. Die ersten, teilweise vorläufigen Typenbeschreibungen sind in Arbeitspapieren des Projekts dokumentiert: H. Geiling, Zum ganzheitlichen Typus; A. Lange, Zum humanistisch-aktiven Typus; dies., Zum erfolgsorientierten Typus; D. Müller, Zum Typus der neuen ArbeiterInnen; dies., Zum Typus der neuen traditionslosen ArbeiterInnen; alle Arbeitspapiere Hannover 1990.

1. Eine Typologie gewandelter Mentalitäten

Ausgehend von den Selbst- und Fremdtypisierungen der sozialen Akteure lassen sich fünf differente, in sich aber variantenreiche Muster neuer Mentalitäten erkennen.[3] Für alle ist ein Streben nach Autonomie und Selbstverwirklichung gegenüber gesellschaftlicher Bevormundung, Einschränkung und Entfremdung maßgeblich. Welche ›Selbstverwirklichung‹ gemeint ist, wird in verschiedenen Ethiken der Lebensführung formuliert. Wir finden:

(1) den *Humanistisch-Aktiven Typus* (HUA) mit ausgeprägter beruflicher Ethik, Professionalität und Leistungsorientierung;

(2) den *Ganzheitlichen Typus* (GAN), der einen Kompromiß sucht zwischen dem Aktivismus alternativer Lebensführung und dem realistischen Akzeptieren der eigenen Grenzen;

(3) den *Erfolgsorientierten Typus* (EFO), der die soziale Ungleichheit als unveränderliche Realität nimmt, aber kooperativer gestalten möchte, die Chancen beruflichen Erfolgs und hedonistischer Freizeit nutzt und im Strom symbolischer Progressivität schwimmt;

(4) den Typus der *Neuen Arbeiterinnen und Arbeiter* (NAT), dem vielseitige Selbstverwirklichung in Arbeit, Freizeit und Gesellung sowie egalitäre und solidarische Werte zu wichtig sind, als daß er darauf um eines permanenten sozialen Aufstiegs willen verzichten würde;

(5) einen Typus der *Neuen Traditionslosen Arbeiterinnen und Arbeiter* (NTLO), der sich primär auf einen engen Vergemeinschaftungskreis und das Bemühen konzentriert, in Familie und Arbeit der ständigen Gefahr anomischer Destabilisierung entgegenzuarbeiten.

---

3 Die Funktion der Typenbildung, komplexe Sachverhalte unter bestimmten Fragestellungen zu ordnen, impliziert in der zusammenfassenden Darstellung unvermeidlich Vergröberungen und Vereinfachungen sozialer Realität. Zu den Variationen, die in einer Sekundärauswertung stärker herausgearbeitet werden sollen, gehören insbesondere die nach Alter und Geschlecht. Die Abgrenzung und Beschreibung der Mentalitätssyndrome basiert auf rund 160 ausgewerteten Interviews. Wir gehen davon aus, daß mit einer größeren Fallzahl bestimmte Grundzüge modifiziert und gültiger interpretiert werden können.

Abb. 24: Typologie neuer sozialer Mentalitäten in den Bewegungsmilieus in Reutlingen, Oberhausen und Hannover 1990

	Humanistisch-Aktive	Ganzheitliche
Lebensziele	anspruchsvolle berufszentrierte Selbstentfaltung, Selbstbestätigung, Unabhängigkeit	Streben nach ganzheitlicher Persönlichkeitsentfaltung
Handlungsorientierungen	Askese; Distinktionsstreben; humanistisches Engagement	Balancieren zwischen Idealismus und Realismus
Arbeitsethos	Professionalität, Leistung, Identifikation	selbstbestimmt, sinnvoll, mit Körper u. Geist, hedonistischen u. asketischen Anteilen
Familie und Partnerschaft	dem Beruf nachgeordnet; Abwehr traditioneller Lebensformen	Suche nach sozialer und emotionaler Sicherheit; permanente »Beziehungsarbeit«
Gesellung	ausgewählt, verbindlich	ausgewählt, »neue Innerlichkeit«
Freizeit, Konsum und Geschmack	hohe Wertschätzung von Kultur; Reisen u. spontaner Konsum als Kompensation berufl. Zwänge; Bedürfnis nach Zeitsouveränität	Streben nach »niveauvoller« Unterhaltung, meditativ, kulturinteressiert
Wahrnehmung und Bewertung sozialer Ungleichheiten	theoriegeleitete Problematisierung sozialer Ungleichheiten; emotionale Distanz; humanistisches Dienstethos	weltanschaulich verarbeitete Problematisierung sozialer Ungleichheiten; emotionale »Betroffenheit«; moralische Verpflichtung zum Engagement
Politik und Partizipation	kritisch, professionell und institutionell für humanitäre und soziale Ziele engagiert	pädagogisch, persönlich, lebensweltlich für humanitäre und soziale Ziele engagiert; ganzheitliches Politikverständnis
Soziale Lage	überwiegend Frauen; hohe Formalbildung; gehobene und freie Berufe (Bildung, Kultur, Wissenschaft, Recht); höhere Einkommen	mittlere bis hohe Formalbildung; mittlere Berufspositionen, tw. selbständig (Bildung, Gesundheit, Handel); viele Teilzeiterwerbstätige; keine Einkommensschwerpunkte
Soziale Herkunft	teilweise bildungsbürgerliche Milieus, teilweise Bildungsaufstieg aus der Handwerker- und Arbeiterintelligenz	schrittweiser Aufstieg aus bildungsorientierten plebejischen und bäuerlichen Milieus

Erfolgsorientierte	Neue Arbeiterinnen und Arbeiter	Neue traditionslose Arbeiterinnen und Arbeiter
Entpflichtung, gehobener Lebensstandard	Zufriedenheit, auskömmlicher Lebensstandard, vielseitige Selbstverwirklichung	Lebensgenuß, Teilhabe an Stabilität und sozialer Anerkennung
individueller Nutzen und Statusgewinn	begrenzter Aufstieg, realitätsbezogener Hedonismus	situationsbezogen, keine methodische Lebensplanung
eher instrumentell, Arbeit als Mittel zum Zweck	intrinsische Leistungsmotivation, (Hand-) Werksstolz	Arbeit als Mittel zur Selbstdisziplinierung und Anerkennung
konventionelle Lebensformen, funktionelle, tolerante Partnerschaft	Suche nach sozialer u. emotionaler Sicherheit in vielfältigen Vergemeinschaftungen	Solidar- und Notgemeinschaft in kleinen Vergemeinschaftungskernen
Selbstdarstellung und -bestätigung, ichbezogene Erlebnisorientierung	gruppenbezogene Erlebnisorientierung	eingeschränkt auf kleine Gruppenkerne, Selbstschutz, Solidarbedürfnis
hoher Stellenwert von Freizeit; demonstrative Vielseitigkeit und Offenheit, Streben nach Originalität	hoher Stellenwert von Freizeit; ›bricolage‹ und Vielseitigkeit; Distanz zur ›legitimen‹ Kultur, realistischer Hedonismus	Entlastung, sich gehen lassen; gleichzeitig Sorge vor Stabilitätsverlust; populärer Notwendigkeitsgeschmack
Akzeptanz funktionell-kooperativ gemilderter sozialer Hierarchien; emotionale Indifferenz; Reformklima, liberale Grundsätze	erfahrungsgeleitete Problematisierung soz. Ungleichheiten; emotionale Nähe; soziale u. demokratische Grundwerte, pragmat. Reformorientierung	persönl. Erfahrung v. Ausgrenzung u. Stigmatisierung; soz. Ungleichheit u. Hierarchie als Schicksal; kaum ausgrenzend; Selbsthilfebereitschaft
Delegation an Experten; technisch-rationales, dienstleistungsorientiertes Politikverständnis; spontanes und befristetes Engagement	politische Enttäuschung; Distanz zu Institutionen und Ideologien; lebensweltlich engagiert (Politik als Vergemeinschaftung)	politische Entfremdung; Gefühl der Überforderung und Inkompetenz; Anspruch auf staatliche Fürsorge
überwiegend Männer; mittlere bis hohe Formalbildung, teilweise in Ausbildung; leitende Beamte und Angestellte (Gesundheit, Verwaltung); mittlere bis höhere Einkommen	Altersschwerpunkt unter 30 Jahren; mittlere Formalbildung, teilweise in Ausbildung; Facharbeiter u. Angestellte (techn. Intelligenz, Büro, Sozialarbeit); mittlere Einkommen	Altersschwerpunkt unter 30 Jahre; geringe Formalbildung; Auszubildende, Arbeiter, Angestellte (Handwerk, Verwaltung, Gastronomie); mittlere bis untere Einkommen
häufig horizontale Mobilität aus dem neuen Mittelstand (mittlere und höhere Angestellte, freie Berufe, technische Intelligenz)	überwiegend Bildungsaufstieg aus Handwerker- und Facharbeitermilieus	traditionelle und traditionslose Arbeitermilieus

Abb. 25: Raum der Mentalitäten neuer sozialer Bewegungsmilieus in Reutlingen, Oberhausen und Hannover 1990

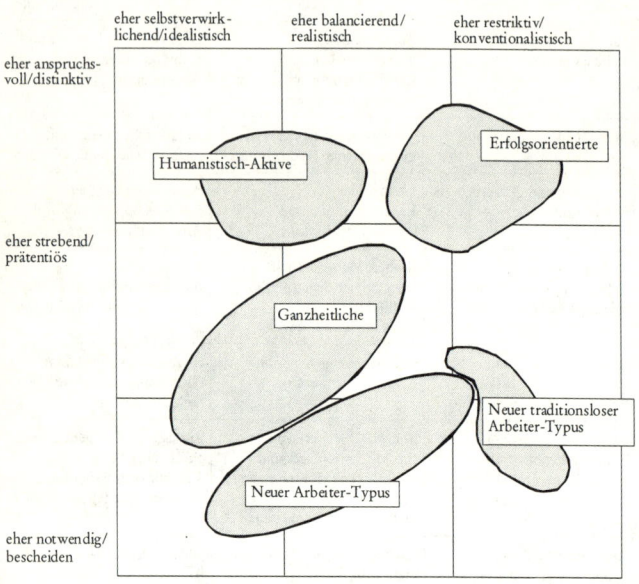

Aus diesen Charakterisierungen darf nicht geschlossen werden, daß Anomie ein typisches Unterschichtrisiko sei. Die Repräsentativbefragung (vgl. Kap. 6.4.1. und 12) verweist auf Anomie-Risiken in *allen* Milieus mit geringer Kohäsion und Vergemeinschaftung, z. B. auch in individualisierten Aufstiegsmilieus. Typisches Unterschichtverhalten scheint eher das Bevorzugen realistischer, d. h. risikobegrenzender Strategien zu sein, die sich mehr auf Vergemeinschaftung als auf sozialen Aufstieg stützen. Daß Anomie in den von uns ausgewählten Milieus selten ist, kann zum Teil auf die Definition der Stichprobe zurückgeführt werden, die auf die eher kohäsiven Netze von Bewegungsmilieus und ihres Umkreises zielte. Auch die Repräsentativbefragung bestätigt die Vermutung, daß die neuen sozialen Milieus eine relativ entwickelte Kohäsionspraxis haben. Dies ist andererseits

Ausdruck ihrer Altersstruktur, die noch nicht in die Zonen der Altersisolierung hineinreicht.

Die Abb. 25 zeigt, wo die fünf Mentalitätstypen im Raum der Mentalitäten stehen. Die Abb. 26 gibt einen Überblick über die Unterscheidungen und Abgrenzungen der Typen in verschiedenen Einstellungs- und Handlungsfeldern. Dabei wird der *Syndromcharakter* der Mentalitätstypen deutlich: Sie unterscheiden sich danach, welchen Stellenwert sie z. B. Arbeit, Familie, Freizeit und Politik in ihrem Leben einräumen und innerhalb der einzelnen Lebensbereiche, wie sie Dimensionen der Selbstbestimmung, des Hedonismus, der Sicherheit, der Distinktion usw. gewichten und ausformulieren. Bestimmte Grundmuster der Mentalität, die wir in der Abbildung allgemein als Lebensziele und Handlungsorientierungen bezeichnet haben, kehren dabei in allen Lebensbereichen wieder.

Betrachten wir dagegen, in einem Vergleich der Typen, die *einzelnen* Lebensbereiche bzw. Handlungsfelder, so lassen sich durchaus Übereinstimmungen oder Ähnlichkeiten feststellen. Beispielsweise finden wir bei allen Befragten das Bedürfnis nach einer vielseitigen und abwechslungsreichen Freizeitgestaltung. Dieses Motiv hat aber im Kontext der unterschiedlichen Lebensführungen eine jeweils andere Bedeutung und wird dementsprechend auch auf verschiedene Weise umgesetzt. Bei den Erfolgsorientierten etwa verbindet sich das Motiv mit der Abgrenzung vom ›Massengeschmack‹, bei den Neuen Arbeiterinnen und Arbeitern mit der Abgrenzung von der Verzichtmoral.

1.1. Die Humanistisch-Aktiven

In besonders asketischer Form repräsentiert der Humanistisch-aktive Typus den Habitus des Strebens und den Anspruch der Emanzipation. Die Lebensziele kreisen um Selbstverwirklichung, persönliche Unabhängigkeit, individuelle Eigenverantwortung und anspruchsvolle Standards im Beruf, im Privatleben und in einem humanistischen sozialen Engagement. Dies wird vermöge einer ebenso zielstrebigen wie realitätstüchtigen, also asketischen Lebensführung auch meist erreicht. Das Streben nach Distinktion und Auszeichnung soll, im Sinne eines protestantischen Berufsethos, durch ein entwickeltes Dienst- und

Pflichtethos ausbalanciert werden. Entsprechend ist das Leben auf den Beruf oder einen Berufsersatz zentriert, in dem hohe fachliche Leistung und persönliche Identifizierung wichtig sind. Die Angehörigen dieser Gruppe, unter denen besonders viele Frauen sind, haben die hierzu nötigen höheren Bildungsabschlüsse sowie gehobene und selbständige Berufstätigkeiten meist erreicht. Sie sind, teilweise auch als Selbständige, in den höheren Positionen der ›neuen Berufe‹, die besonderes kulturelles Kapital erfordern (vgl. Kapitel 11.6-8.), tätig, und zwar sowohl in sozialen und kulturellen wie in technischen, juristischen und kommerziellen Berufen.

Die Vergemeinschaftungen werden ebenso ernst genommen, stehen aber unter dem Problem der zeitökonomischen Konkurrenz mit dem Beruf. Ein Teil der Stichprobe, die sich auf die Altersgruppe zwischen 30 und 45 Jahren konzentriert, möchte Familie und Partnerschaft nicht zur Fessel werden lassen und lebt daher lieber allein und ohne Kinderwunsch. Es kann aber ebenso eine bewußte Entscheidung für eine Familie mit Kindern geben. Auch das Gesellungsverhalten ist nicht einheitlich, aber doch oft auf das Berufsfeld, Studienfreundschaften von früher oder Zweckmäßigkeiten reduziert.

Die Freizeitaktivitäten folgen ebenfalls dem distinktiven Habitus der ›legitimen Kultur‹. Konsum, Outfit, Wohnen und Kulturteilnahme folgen einem anspruchsvollen Feingeschmack, auch in seinen ›alternativen‹ Varianten. Für ein ausgeprägtes Hobby fehlt meist die Muße. Das humanistische Dienstethos läßt den Berufserfolg meist nicht zum karrieristischen Selbstzweck werden. In Beruf, Vergemeinschaftungen und Freizeit wird viel soziales Engagement praktiziert.

In der Wahrnehmung sozialer Rangunterschiede scheinen sich die Humanistisch-Aktiven als Elite, aber nicht elitär zu verhalten. So wie ihr Lebensstil sich abhebt, ist ihre Wahrnehmung nach unten eher intellektuell als sinnlich-emotional gefärbt. Die humanistische Gewissens- und Rationalitätsorientierung schließt aber eine ausgrenzende Haltung gegenüber sozial Benachteiligten (wie beim Erfolgsorientierten Typus) ebenso aus wie eine gönnerhafte Mitleidshaltung (wie beim Ganzheitlichen Typus). Vielmehr werden benachteiligte Gruppen gleichsam professionell wahrgenommen, etwa in Form einer kompetenten Kritik an sozialer Ungleichheit oder (wie im beigefügten

Anke P., die zum Zeitpunkt des Interviews 37 Jahre alt ist, lebt allein und arbeitet als Ärztin in der eigenen Praxis. Ihre vier Jahre jüngere Schwester (Diplom-Psychologin) und sie sind die ersten AkademikerInnen in der Familie. Sie findet es eine »beachtliche Leistung unserer Eltern, zwei Töchter zur Berufsausbildung zu bringen. (...) Sie haben uns darauf hinorientiert, auch möglichst hochstehende Berufe zu haben.«

Aus der Sicht der Mutter, die ihren erlernten Beruf als Verwaltungskauffrau auf Drängen ihres Mannes nie ausgeübt hat und dies als Verlust empfunden hat, hat der Vater (Verwaltungsangestellter) mit seinem »Ehrgeiz« oft genug auch »Druck« auf die Töchter ausgeübt. »Wir haben versucht, daß sie nichts entbehrten, daß sie nicht zurückstanden. ... Es war Verzicht, den wir heute nicht bereuen«, beschreibt die Mutter ihre Form der Unterstützung.

»auf etwas verweisen zu können, was ich mir selbst aufgebaut habe«

Nachdem Anke P. bereits mit 17 Jahren das Abitur gemacht hat, verließ sie ihr Elternhaus, um in einer anderen Stadt Medizin zu studieren. Während des Studiums lebte sie im StudentInnenwohnheim. Sie versteht ihren Beruf als »sozialen Beruf« und findet es wichtig, »meine Tätigkeit in politische Zusammenhänge einzuordnen (...) Ich will den Menschen, die zu mir kommen, gerecht werden und (...) selbstbewußt ganz bestimmte Interessen innerhalb der Medizin vertreten.«

Der Schritt in die Selbständigkeit war für sie eine Alternative zur Arbeitslosigkeit oder zu einem »Routinejob«. Heute hat sie einen anerkannten Ruf als Sozialmedizinerin, die sich für die Belange von Frauen und »drogengeschädigten Schmuddelkindern« einsetzt. Sie ist »stolz, auf etwas verweisen zu können, was ich mir selbst aufgebaut habe«. In ihrer Rolle als Arbeitgeberin fühlt sie sich etwas unbehaglich: »Man muß aufpassen, daß man nicht zum Ausbeuter wird.« Nach dem »Aufstehen, Duschen, Schminken, Frühstücken« arbeitet sie täglich zehn Stunden und mehr. »Also ich will schon 'ne anspruchsvolle Tätigkeit haben, und ich stelle da auch hohe Ansprüche an mich selbst, weil ich denke, (...) man muß die höchsten Ansprüche erst mal an sich selber stellen, erst dann kann man auch hohe Ansprüche an andere stellen, ne, weil sonst ist man unglaubwürdig.«

Sie kann sich nicht vorstellen, halbtags oder gar nicht berufstätig zu sein. Das bedeutet für sie auch: »Ich werde kinderlos bleiben. (...) Man muß sich halt für eins entscheiden.«

»Ich weiß heute, daß ich auch ohne Beziehung leben kann«

Sie hat erst einmal und für kurze Zeit mit einem Partner zusammengelebt, eine Erfahrung, die ihr nicht gefiel. »Ich lebe gern allein. Ich genieße es, mich gehenzulassen, einfach nur für mich sein, in mich reingucken ... das find ich auch sehr wichtig ab und zu.«

Sie will nicht ausschließen, daß sie irgendwann mit einem Mann zusammenzieht, »aber nicht nach dem Modell liebendes Ehepaar, ohne eigene Räume«. »Ich weiß heute, daß ich auch ohne Beziehung leben kann. Das ist die Grundvoraussetzung für eine erfolgreiche Beziehung überhaupt. Ich könnte auch nicht mit einem Mann, bei dem ich das Gefühl habe, daß er in 'ne Abhängigkeit zu mir geraten könnte, zusammensein. Ich selbst möchte auch nicht in 'ne Abhängigkeit geraten, in dem Sinne, daß ich mir viel gefallen lasse ... nur um in einer Beziehung zu stehen. (...) Da geh ich keine Kompromisse ein.«

Sie ist seit einigen Monaten mit einem jüngeren Mann befreundet. Die Zukunft dieser Partnerschaft läßt sie bewußt offen, weil »der Sinn der Beziehung ist, daß sich zwei weiterentwickeln«. »Das ist riskant, weil man sich auseinanderentwickeln kann, aber auch spannend. Ich könnte nicht auf diese Spannung verzichten. (...) Sexualität spielt natürlich 'ne große Rolle, das knallt einfach total (...) Ich weiß aus früheren Beziehungen, daß das irgendwann weniger oder weniger leidenschaftlich sein wird ... eine Perspektive, die Schrekken bereitet.«

»Ich wähle sehr sorgfältig aus«

»Klar ist, daß ich Frauenarbeit für mich mache«, heißt es auf die Frage nach ihrer Freizeitgestaltung. Sie liest gern, nimmt eine Reihe von politischen »Terminen« und »Repräsentationsaufgaben« wahr und besucht regelmäßig den »Kolleginnenstammtisch, zum fachlichen Austausch«.

Im vertrauten Kreis ihrer drei Freundinnen sucht sie nach »Tröstungen oder Auffangen von schlechten Stimmungen«, die sie im beruflichen Alltag »manchmal« vermißt. »Ich wähle sehr sorgfältig aus, mit wem ich zusammen bin. (...) Ich könnte nie mit starren Menschen zusammensein. (...) Wichtig ist bedingungslose Solidarität.« Sie schätzt das persönliche Gespräch »über die Geschichte des anderen« und den »Gedankenaustausch über Themen, die mich interessieren«, bei dem aber auch die »heitere Gelassenheit« nicht zu kurz kommen darf (»die Meinungen über Goethe sind noch nicht abschließend ausgetauscht«). Kulturell interessiert, geht sie häufig in Kunstausstellungen, in Konzerte, ins Kino oder ins Theater, »auch gerne mal so ins klassische Theater, muß nicht immer so das Alternative sein«.

Soweit es ihre zeitlichen und finanziellen Mittel erlauben, unternimmt sie mehrere Kurzurlaube im Jahr, an die Nordsee, ins Gebirge oder nach Übersee, »nicht in die Touristennester«.

Sie legt Wert auf eine gepflegte, aber legere und farbenfrohe Kleidung. In ihrem geräumigen Zwei-Zimmer-Appartement, das sie mit Naturholzmöbeln, Antiquitäten und modernen Leder- und Glasmöbeln eingerichtet hat, finden sich viele persönliche Erinnerungsstücke. Im Haushalt achtet sie darauf, keine Produkte aus Südafrika zu kaufen. Sie »bemüht« sich um eine »umweltfreundliche« Haushaltsführung und ernährt sich »weitgehend vegetarisch«, will aber »keine Ideologie drumrumranken«.

»Ich versuch, dieses Ideal der Gerechtigkeit nicht aufzugeben ...«

Auf die Frage nach der Zukunft fallen ihr »diese ganzen globalen Menschheitsprobleme« ein: »Frieden (...) die Vorstellung von 'ner wieder erholten Natur (...) angstfrei zu leben (...) eine gerechtere Verteilung der Güter.« Sie meint, »durch den Kapitalismus werden diese Probleme nicht gelöst«, mag sich aber, angesichts der Umbrüche in Osteuropa, nicht anmaßen, »genau zu wissen, wo es langgeht«. Ihre langjährige Mitarbeit in marxistischen Gruppen bewertet sie rückblickend als »Realitätsverlust«. »Ich denke, daß man politisch eingreifen kann und auch soll ... alles andere sind offene Fragen (...) Ich hab im Moment das Bedürfnis, mir die Zeit zu nehmen zu klären.« Sie hofft, daß es eine »kritische Linke« in der »gesamtdeutschen Republik« geben wird, die »linke Perspektiven aufzeigen kann«.

Ihr eigenes Engagement »könnte ruhig mehr sein«, wie sie sagt. Sie ist Vorsitzende eines Frauenhaus-Förderkreises, Moderatorin bei politischen Veranstaltungen und aktiv in verschiedenen Organisationen kritischer MedizinerInnen. »Also ich versuch, dieses Ideal der Gerechtigkeit nicht aufzugeben und nicht daran zu zweifeln, gleichzeitig gelingt mir das auch nicht immer.« In der Frage der Einführung plebiszitärer Elemente ist sie »unentschieden. Ich traue vielfach der allgemeinen Bevölkerung nicht so viel zu. Ich meine, wenn es Volksentscheide gäbe, hätten wir heute möglicherweise die Todesstrafe.« Sie führt dies am Beispiel der Terrorismusdebatte in

> den siebziger Jahren aus. »Mir leuchtet andererseits ein, daß es zumindest vordergründig mehr Demokratie verspricht. (...) Volkes Meinung ist manchmal der irrationale Volkszorn, und da ist mir angst und bange vor.«

Fallbeispiel) einer professionellen Vertretung benachteiligter Klientele. Die Humanistisch-Aktiven sind mehr oder minder kritisch für soziale, ökologische, pazifistische und radikaldemokratische Ziele engagiert, sie tun dies ebenfalls professionell und ohne (die z. B. bei den Ganzheitlichen auftauchende und möglicherweise aus einer unsicheren eigenen Identität erklärliche) Berührungsangst vor Institutionen oder Parteien.

Die Herkunft dieses kritischen Intelligenzmilieus deutet auf zwei ältere Milieus hin; und zwar auf bestimmte Fraktionen der bildungsbürgerlichen Milieus und der handwerklich-künstlerischen Intelligenz. Etwa die Hälfte der Befragten stammt von Eltern und meist auch Großeltern mit Volksschulabschluß ab, die Bauern, Handwerker, Facharbeiter oder qualifizierte Angestellte waren. Die andere Hälfte hat Eltern, die – auch in der weiblichen Linie – Abitur haben und aus kulturellen und technischen Akademikermilieus stammen. Beide Herkunftsmilieus zeigen ähnliche Muster der protestantischen Ethik, eines gewissen sozialen und auch kirchlichen Engagements und einer hohen Bewertung des Erwerbs kulturellen Kapitals – auch durch ihre Töchter. Differenzen scheinen in der Einschätzung sozialer Ungleichheit zu bestehen. Die *bildungsbürgerlichen* Eltern zeigen mehr Distinktionsverhalten, die Eltern aus dem Umkreis der *Handwerker-Intelligenz* sind bescheidener und möchten ihre Vergemeinschaftungen nicht so gerne für den Bildungsaufstieg hintanstellen. Die Analyse dieses gegabelten Milieustammbaums deutet auf erhebliche kulturelle Kontinuitäten derjenigen Teile der bürgerlichen und handwerklichen Intelligenz hin, die (auch bei den in der Stichprobe enthaltenen katholischen und muslimischen Minderheiten) verschiedenen Varianten ›protestantischer Berufsethik‹ anhängen.

1.2. Die Ganzheitlichen

Auch das Leben des Ganzheitlichen Mentalitätstypus orientiert sich an anspruchsvollen Zielen, die aber nicht immer erreicht werden. Sein ständiges Streben gilt der ganzheitlichen Selbstverwirklichung. Körper und Geist, Gefühl und Intellekt, Politik und Person sollen vereint werden. Der Notwendigkeit dieser Gratwanderung zwischen Idealismus und Hedonismus entspricht eine Kultivierung der Sensibilität. Für das Arbeitsethos bedeutet dies, den Anforderungen von Normierung und Leistungsdiziplin durch Selbstbestimmung entgegenzuwirken. Ihre Berufe in mittelhohen Lagen des kulturellen Kapitals entsprechen dem. Etwa drei Viertel der Ganzheitlichen haben Hochschulreife, aber die persönlichen Nettoeinkommen streuen zwischen 500 und 4000 DM, entsprechend dem Altersschwerpunkt der Stichprobe zwischen 20 und 45 Jahren. Bevorzugt werden ›neue Berufe‹ ausgeübt, insbesondere im Bildungs- und Gesundheitswesen, in Verwaltung und Handel.

Auch die Muster der Vergemeinschaftung sind ›ganzheitlich‹. In Familie und Partnerschaft gilt das Streben einer partnerschaftlichen Arbeitsteilung zwischen den Geschlechtern. Rückfalltendenzen in die ›bürgerliche Kleinfamilie‹ wird durch permanente ›Beziehungsarbeit‹ entgegengewirkt oder wenigstens entgegengeredet. Bei den Gesellungen dominiert der Wunsch nach Einfühlsamkeit und emotionaler Nähe mit Freunden, eine ›neue Innerlichkeit‹, die traditionellen Männlichkeitswerten weniger entspricht.

In Konsum und Freizeit wird, in Abgrenzung vom Massengeschmack, ein ›Feingeschmack‹ zelebriert. Dieser wird nicht so selbstverständlich wie bei den Humanistisch-Aktiven, sondern oft auch etwas kulthaft und bemüht praktiziert. Beim Einkaufen, den Hobbies, den Kulturpraktiken usw. wird das Anspruchsvolle betont und die Neigung zur oberflächlichen Unterhaltung dementiert. Anspruchsvoll ist auch die Wahrnehmung der sozialen Unterschiede, d. h., der Umgang mit sozialer Ungleichheit hat keine direkte, sondern eine bereits weltanschaulich bearbeitete Form, getragen von einer karitativen Mitleidshaltung gegenüber sozial entfernten Opfern z. B. von Ökologie- und Drittewelt-Problemen. Im sozialen und politischen Partizipationsverhalten überwiegt ein alltagszentrierter Reformismus, das persönliche

Engagement im kleinen (auch teilweise gewerkschaftlich), aber teilweise auch Fazination von technokratischer Effizienz (etwa von Greenpeace). Es bleibt eine Ferne zu institutionalisierter Politik.

Das etwas prätentiöse Distinktionsverhalten der Ganzheitlichen verweist auf spezifische Herkunftsmilieus. Tatsächlich kommen sie kaum von ›oben‹, aus den konservativen oder technokratischen Milieus der gesellschaftlichen Spitze. Ihre Eltern und Großeltern repräsentieren eine für unsere Gesellschaft bedeutsame *Aufstiegslinie*. Die Väter entstammen schon teilweise dem gleichen Feld gehobener kulturell-sozialer und technisch-administrativer Berufe wie die befragten Kinder. Aber ein Teil von ihnen und die Mehrheit der Großväter hatte solche Positionen noch nicht erreicht, sondern gehörte zur Facharbeiter- und Handwerkerintelligenz. Entsprechend haben die Mütter der Befragten fast durchweg die typischen subalternen Frauenberufe in Haushalt, Hauswirtschaft und Angestelltenbereichen. Die Eltern gehören also hauptsächlich zur relativ gesicherten Aufbaugeneration der westlichen Bundesrepublik, die heute meist berufliche Arriviertheit, Wohneigentum und relativ gut ausgebildete Kinder vorweisen kann.

Das Streben der Eltern lebt auf verschiedene Weise in den Kindern fort, jedoch derzeit eher in sublimierter, sich idealistisch abgrenzender Form. Die soziale Mobilität der Kinder war mit der Öffnung des sozialen Raums, ihre politische Identitätsfindung mit den anfangs stark ausgegrenzten neuen sozialen Bewegungen seit den siebziger Jahren verbunden. Vielleicht ist aus diesem in der Adoleszenz besonders bedeutsamen Sozialisationsweg ihr Gesellschaftsverständnis zu erklären, das sich von den konventionellen, autoritätsgebundenen und leistungsfetischistischen Mustern der Elterngeneration so abgrenzt. Eine Wiederannäherung an elterliche Muster ist beim Einrücken unserer Befragten, die selten älter als 45 sind, in resignativere Lebensphasen denkbar. Der Idealismus dieser ›ganzheitlichen‹ Fraktion des Alternativen Milieus, welches nach ›Sinus‹-Befunden Jahr um Jahr schrumpft, darf über seinen Realitätssinn nicht hinwegtäuschen. Der Erwerb kulturellen Kapitals ist für die Kindergeneration ebenso wichtig wie der Erwerb ökonomischen Kapitals, auch wenn etwa ein Drittel von ihnen Teilzeitarbeit leistet. Dem gehobenen Haushaltseinkommen entspricht ein solider Be-

Wolfgang A., 39 Jahre alt, ist Lehrer. Er hat eine erwachsene Tochter, die aber bei ihrer Mutter lebt. Mit seiner neuen Partnerin – sie ist geschieden und hat zwei jüngere Kinder – und »befreundeten Leuten« bewohnt er ein Bauernhaus, das er selbst mit renoviert hat. Sein Vater, der die mittlere Reife hat, war bis zu seiner Pensionierung als Beamter in der Kommunalverwaltung tätig. Die Mutter hat keine berufliche Ausbildung (Hauptschulabschluß) und sich um die Erziehung ihrer Kinder gekümmert. Der jüngere Bruder von Wolfgang A. ist Sozialpädagoge.

»Weil man da ja die Welt verändern kann, über die Köpfe der Leute«

Er hat ohne Schwierigkeiten das Abitur erreicht, »um meine Eltern zu erfreuen, glaube ich auch«. Aus ähnlichen Motiven heraus ließ er sich auf zwei Jahre bei der Bundeswehr verpflichten. Einige Jahre später hat er die Anerkennung als Kriegsdienstverweigerer erstritten, »um es in meiner Biographie zu klären (...) Ich hab mich da offiziell abgesetzt von der Geschichte.«

Gegen Ende der Schulzeit konnte er sich vorstellen, Ingenieur oder Architekt zu werden. »Lehrer, nee, das auf keinen Fall (...) all diese kaputten Lehrergestalten (...) autoritär oder zermürbt durch den Schulalltag.« Die Entscheidung für ein Lehramtsstudium entwickelte sich dann »langsam ab 1970, wo die Ideen der Bildungsreform in den Köpfen drin waren«. Das »Image« der pädagogischen Berufe schien ihm »stark aufgewertet«. Er dachte, »wenn man sich politisch engagieren will, könnte man als Lehrer ganz gut arbeiten, weil man da ja die Welt verändern kann, über die Köpfe der Leute«. Hinzu kam, daß er, als er sich in Firmen näher informierte, »erschrocken« war über die Arbeitsbedingungen in technisch-naturwissenschaftlichen Berufen. »Das hat mich atmosphärisch sehr runtergezogen.«

Nach dem Referendariat brauchte er »'ne Pause«, weil er das Gefühl hatte, »wieder in 'n Fahrwasser zu kommen, ohne mal nachgedacht zu haben«. Er bewarb sich halbherzig um eine Lehrerstelle, zumal er aus familiären Gründen nicht umziehen wollte, und arbeitete auf Honorarbasis an verschiedenen Abendschulen. Die Stelle bei einem freien Träger, die er seit einigen Jahren innehat, ist »was Konstantes«. Es ist eine Teilzeitstelle mit geringerem Einkommen, aber er hat »mehr Zeit für mich« und ein »nettes Kollegium«. Er fühlt sich »jung und kräftig genug«, um mit den Schülern umzugehen, befürchtet aber langfristig einen »Abfall der Spannung, daß es nur noch zur lästigen Übung wird (...) zur ausgeleierten Routinearbeit«. Er überlegt daher, wie er sich »mit mittelprächtigem Aufwand« ein »zweites Standbein« verschaffen kann, »was neues Interesse weckt«.

»Is auch so 'ne chaotische Geschichte«

Seine Freundin war 18 und ging noch zur Schule, als sie ein Kind von ihm erwartete. Da »die Abtreibungsfrage an uns vorbeigerauscht« ist, bedeutete die Geburt einen »völligen Einschnitt«. »Wir hatten ganz andere Dinge im Kopf (...) und nun jede Menge Verantwortlichkeiten und Zwänge mit viel Zeit und viel Kraft.« Daher heirateten sie auch nicht. Sie haben »'ne WG aufgemacht mit dem Gefühl: Wir sind keine bürgerliche Kleinfamilie.« Mit ähnlichen »Ambitionen« haben sie sich in der Kinderladenbewegung engagiert. Die »intensiven Erlebnisse mit anderen Eltern« bedeuteten ihm einen »Ausgleich für die Einschränkungen im Alltag«. Rückblickend sieht er die frühe Elternschaft als »Überforderung«, die zwangsläufig zur Trennung führen mußte. Der Versuch, die Tochter zeitweise beim Vater und zeitweise bei der Mutter wohnen zu lassen, war »eine Lösung für die Erwachsenen, aber nicht für die Tochter«. In einem »schmerzhaften Erkenntnisprozeß« hat er das Sorgerecht seiner früheren Freundin überlassen.

Die Beziehung zu seiner neuen Partnerin »is auch so 'ne chaotische Geschichte«. Er hat sie kennengelernt, als sie noch verheiratet war. Das Zusammenleben ist ein »Angehen gegen eigene Gewohnheiten«, »um nicht in so 'ne traditionelle Rollenteilung reinzukommen«. »Kommune-Experimente« fand er schon immer »interessant«. Er legt Wert darauf, die Leute gut zu kennen, mit denen er zusammenwohnt. Im Unterschied zu früher möchte er heute »auch viel mehr einzeln« machen und »eigene Wege« gehen.

»kühle Fassadenleute«

Durch die Tochter »hat es sich so organisch ergeben«, daß er früher mit anderen Eltern befreundet war, »die ähnliche Probleme wie wir hatten«. Heute ist er auch häufiger mit »Singles« zusammen. Sein Freundeskreis ist »relativ homogen«, überwiegend KollegInnen oder Leute, die er über sein Hobby Musik kennengelernt hat.

An Freunden schätzt er, »daß sie offen mit mir umgehen (...) daß ich auch was von mir erzählen kann (...). Zuverlässigkeit finde ich auch wichtig«. Was er nicht mag, sind »Leute, die nur auf der Sachebene bleiben können, also kühle Fassadenleute (...) oder stark konkurrenzorientiertes Verhalten«.

»Es muß vom Niveau, vom Level zumindest leicht nach oben zeigen«

Er treibt weniger Sport als früher, joggt manchmal oder betreibt Bioenergetik. Er besucht gerne Kneipen, Konzerte und politische Veranstaltungen aus dem links-alternativen Spektrum. Einmal in der Woche spielt er in einer Hobby-Rockgruppe Gitarre. Dazu sagt er: »Also ich bin nicht der Tollste. Die Gruppe bewegt sich auf mittlerem Level. (...) Es soll Spaß machen (...) es steckt auch 'n bißchen Arbeit drin, is notwendig, um den Spaß zu erhalten. Es muß vom Niveau, vom Level zumindest leicht nach oben zeigen, wenn's auf der Stelle tritt, verliert man den Spaß daran.«

»Is schon 'n Aspekt«, heißt es auf die Frage nach Umweltschutz im Haushalt. Aber »es ist Ansichtssache, ob wir genug drauf achten«. Wichtig ist auch, »daß es gut schmeckt ... Bequemlichkeit ... daß es auch schick sein muß (...) wenn das kollidiert, würden wir uns nicht immer für die umweltbewußte Sache entscheiden«.

»Wir haben schon einiges in Bewegung gebracht, auch wenn wir viel mehr wollten«

Es ist ihm »sehr wichtig, in politischen Verhältnissen zu leben, wo ich möglichst wenig reglementiert werde (...) aber die Freiheit der Neonazis würde ich schon einschränken wollen ... oder die Freiheit von Großmonopolen (z. B. Springer-Verlag und Bildzeitung), ihre Meinung unters Volk zu bringen.«

Gerechtigkeit ist für ihn »'n wichtiges Motiv, 'ne Triebfeder«, sich zu engagieren. »Parteipolitiker zu sein ist aber nicht mein Fall«. »Es ist wichtig, daß man nicht nur in seinen eigenen Bezügen denkt, sondern daß ein Bewußtsein kommt, das über den eigenen Rand hinausgeht (...) daß man sich erst mal die Zusammenhänge klarmacht« (z. B. zwischen dem Wohlstand der Industrienationen »auf Kosten« der Entwicklungsländer).

Während des Studiums hat er Fachschaftsarbeit geleistet, in undogmatischen Gruppen, »die näher dran waren an den ganzen Sachen, die mir auch Spaß gemacht haben wie Kinderladen oder antiautoritäre Bewegung«. Das Nebeneinander verschiedener Akti-

> vitäten fand er irgendwann unbefriedigend, »es wurde zum Witz«. Er wollte sich lieber »in einem Teilbereich« (das war für ihn die »emanzipatorische Pädagogik«) »konkret« und »richtig engagieren«.
>
> Er meint, daß er heute »im Grunde« nicht mehr engagiert sei: »Ich bin privat orientiert halt.« Gleichwohl besucht er u. a. gelegentlich Diskussionsveranstaltungen und Demonstrationen im Zusammenhang der Friedens-, Ökologie- und Antifabewegung. »Da ist auch 'n Stück Frust mit im Spiel« begründet er seine abnehmende Aktivität. Es war eine »Illusion«, daß man in der »Aufbruchsstimmung der sechziger und siebziger Jahre (...) schnell etwas verändern kann, wenn man ordentlich anpackt. (...) Ich würde prinzipiell sagen, daß sich alles verändern läßt, nur eben sehr sehr schwer (...) viel langfristiger (...) wir haben schon einiges in Bewegung gebracht, auch wenn wir viel mehr wollten ...«

stand an Wohneigentum und Sammlungen von Büchern, Schallplatten, Antiquitäten oder Kunstgegenständen.

Daß die Ganzheitlichen auf zwei Schultern tragen, macht sie zum bevorzugten Objekt von Soziologen wie Bourdieu[4] und von milieukundigen Comics, deren Bewertungsmuster wir ebenfalls untersucht haben. Sie werfen dem in bestimmten Kulturberufen konzentrierten ›neuen Kleinbürgertum‹ seine ›Pseudoprogressivität‹ mit einer Unnachsichtigkeit vor, die möglicherweise eigenen inneren Ambivalenzen geschuldet ist.

1.3. Die Erfolgsorientierten

Daß Individualisierung und Selbstverwirklichung auch weniger idealistisch interpretiert werden können, zeigt sich beim Erfolgsorientierten Typus. Seine Lebensziele sind eher utilitaristisch, am Erfolg für die eigene Person orientiert. Freiheit und Selbstverwirklichung sollen durch den Erwerb von Geld und Prestige ermöglicht werden. Auch Arbeit wird eher instrumentell, als Mittel zu diesem Zweck begriffen und nicht primär als Quelle von Identität oder Befriedigung. Betriebliche Machthierarchien werden somit auch als naturgegeben hingenommen, sollen aber effizienter und freundlicher, kooperativer und funktionaler ge-

---

4 Vgl. Bourdieu 1982, S. 561 ff.

staltet werden. Erfolg ist also entscheidender als fachliche Leistung, Risikobereitschaft und intrinsische Arbeitszufriedenheit.

Auch in den übrigen Lebensbereichen überwiegen Erfolgs- und Entlastungsmotive. Familie und Partnerschaft sollen den unproblematischen Mustern der Normalbiographie folgen. Dabei sollen die Frauen dieses Milieus zwar mehr als die Männer, die in diesem Milieu die Mehrheit zu bilden scheinen, für Kinder und Haushalt zuständig sein. Sie sollen aber auch eigenständig und äußerlich attraktiv sein – auch dies zur Entlastung ihrer Partner. Die familiale Hierarchie soll, wie die betriebliche, modernisiert sein: ökologisch, kooperativ und nicht kommandomäßig. In den Gesellungen werden spießige und kleinkarierte Formen abgelehnt und hedonistische und abwechslungsreiche bis ausgefallene Freizeiterlebnisse gesucht. Auch Freunde sollen unproblematisch und Partner eines ungezwungenen Meinungsaustausches sein.

Soziale Ungleichheiten werden grundsätzlich hingenommen, sollen aber gemildert sein durch offene Chancen für Bildung und Erwerb, durch Sozialstaatlichkeit, Toleranz und Selbstbestimmung. Zwar besteht Identifikation mit den Erfolgreichen, aber Elitedenken ist verpönt. Zur Abgrenzung gegen Elitismus kommt bei einigen eine gewisse Abgrenzung gegen sozial Schwache hinzu, die für ihre Mißerfolge selber verantwortlich gemacht werden. Im Sinne einer Modernisierung und Relativierung von Ungleichheit wird auch meist grün oder sozialdemokratisch gewählt. Viele haben früher auch an ökologischen und pazifistischen Demonstrationen teilgenommen. Da diese aber »nichts erreicht« hätten, entlastet man sich durch Delegation an Experten, zum Beispiel in Form von sozialen und ökologischen Spenden, von passiven Gewerkschafts- und Ausschußmitgliedschaften usw.

Das Milieu weist verschiedene innere Differenzierungen auf. Die älteren Angehörigen leben, aufgrund beruflicher Zwänge, die hedonistischen Momente weniger aus und nehmen zuweilen die offenen und toleranten Orientierungen resignativ zurück. Der Berufsstatus ist nur in einigen Fällen besonders hoch. Die Befragten befinden sich in verschiedenen Rangpositionen von Angestellten in Gesundheits-, Sozial- und Büroberufen, von subalternen Positionen der Jüngeren bis zu mittelhohen der Älteren.

Der 26jährige Dietmar S. studiert Wirtschaftswissenschaften. Er lebt mit seiner Freundin, die Zahntechnikerin ist, zusammen. Die Eltern sind geschieden. Der Vater (Arzt) ist mittlerweile wieder verheiratet. Die Mutter, die Abitur hat und als Unternehmerin tätig ist, lebt allein.

> *»mir (...) die finanziellen Voraussetzungen für eine Unabhängigkeit zu schaffen, um das zu tun, wozu ich Lust hab«*

Dietmar S. hat nach dem Abitur im Rahmen seines Zivildienstes eine Ausbildung zum Rettungssanitäter gemacht. Da der Wehrdienst für ihn nicht in Frage kam (»Ich bin Pazifist«), wollte er »wenigstens einen Zivildienst machen, der mich beruflich weiterbringt«. Sein eigentliches Studienziel, Medizin, scheiterte aber am Numerus clausus.

Sein Interesse an einem wirtschaftswissenschaftlichen Studium begründet er mit dem »Paradigmenwechsel von der Wohlstands- zur Risikogesellschaft (...) das zentrale Problem ist doch: wie können wir verhindern, daß es zum Crash kommt«. Er wird finanziell von seiner Mutter unterstützt und jobbt nebenbei im Krankenhaus (Nachtwachen).

Seine »Wünsche und Hoffnungen im Berufsbereich sind besonders groß (...) vielleicht im Vertrieb arbeiten oder im Marketingbereich (...) vielleicht da im Umweltbereich«. Er erwägt, »ob in der ehemaligen DDR 'ne Möglichkeit für einen besteht«. Er bedauert, daß er »nicht radikal genug« ist, »um von der Hand in den Mund zu leben«. »Ich brauche Sicherheiten (...) was mir da wichtig ist, ist irgendwo auch mir (...) die finanziellen Voraussetzungen für eine Unabhängigkeit zu schaffen, um das zu tun, wozu ich Lust hab.« Seine »Wunschträume« sind ein Maleratelier, ein Wohnmobil und Reisen.

> *»eine Frau, die für sich selbst denken kann«*

Partnerschaft ist für ihn »eine Sache des Gebens und Nehmens«. Er hat die »Philosophie«, daß Männer und Frauen entgegengesetzte »Pole« repräsentieren, die sich idealerweise in ihren Stärken und Schwächen »ergänzen«. Er legt Wert darauf, »länger mit 'ner Frau zusammenzusein. ... Da is man doch 'n bißchen wählerisch, ... hat Vorstellungen, wie 'ne Frau aussehen soll, was sie macht, wie sie so vom Wesen her ist.« Seine Freundin beschreibt er als »eine Frau, die für sich selbst denken kann, die jemanden sucht, der für sie gleichberechtigt ist«.

Über die Aufteilung der Hausarbeit gibt es »regelmäßig Ärger«. Er meint, daß er wegen des Studiums und der Nebenjobs wenig Zeit dafür habe. »Und da sie (die Freundin) es tierisch ankotzt, wenn es dreckig ist und ich mich hinlege und 'ne Stunde schlafe, ist alles ordentlich, wenn ich aufwache.«

»Ich liebe anormale Leute«

Er hat einen »vielschichtigen Freundeskreis«. Zum einen mag er »weiche« Menschen, mit denen er »intensive Gespräche« führen kann, »nächtelang mit 50 Zigaretten«. Zum anderen mag er unternehmungslustige »Typen«: »Ich liebe anormale Leute, ich liebe Leute, die sich total fetzig kleiden, die Sachen machen, die mich faszinieren, die ich nie könnte.« »Was ich gar nicht mag, das sind so Typen ohne Niveau (…) sobald das auf so 'nem Boulevardpresseniveau abgeht, is das nicht mehr mein Ding.«

Die Freizeit »kostet« er »voll aus«. Im Sommer fährt er mit seinem Golf Diesel an den See, um zu schwimmen, Volleyball oder Frisbee zu spielen. Er spielt gern Squash und Gesellschaftsspiele (»alles, was gut ist«) und geht häufig ins Restaurant (»bevorzugt italienisch«). Andererseits »braucht« er »die Einsamkeit«, um klassische Musik zu hören, sich mit Lyrik zu beschäftigen (er verfaßt selbst Gedichte) oder zu malen. Er versteht dies als »Selbstfindungsprozeß«: »Das Wichtigste (…) für mich ist, so mit sich klarzukommen, sich zu mögen, sich akzeptieren, nicht die anderen, weil ich glaub, die anderen zu akzeptieren ist der zweitleichteste Schritt. (…) Es klingt zwar arrogant, aber ich find mich eigentlich toll.«

»Generell ist das System verbesserungswürdig, aber es kann funktionieren«

»Das kann man nicht verallgemeinern«, heißt es auf die Frage nach Hierarchien im Arbeitsleben. In der Medizin, »wo es um Menschenleben geht, ist diese Hackordnung absolut wichtig, da werden Leute bunt zusammengewürfelt, auch Leute, die gar keinen Bock auf den Job haben (…) es gibt andere Betriebe (z. B. Handwerk), die keiner Hierarchie bedürfen«. Er befürwortet größere betriebliche Mitspracherechte, eher für die Arbeitnehmer als für die Gewerkschaften, die »teilweise selbst die Unternehmer sind«.

Zu sozialen Unterschieden merkt er an: »Entscheidend ist doch mehr, was man tut, nicht, als was man geboren wird. (...) Jeder hat 'n bißchen die Chance, aus dem, was er ist, was zu machen.« Gerechtigkeit ist seines Erachtens »schwer praktikabel bei soviel Menschen, weil jeder Mensch 'n anderes Metier hat und, 'ne andere Gerechtigkeit sieht (...) so die wirkliche Gerechtigkeit (...) is auch 'ne Frage der Toleranz«. Eine Begrenzung der individuellen Einkommenschancen lehnt er ab: »Nee, das würde das ganze System kaputtmachen und den Wunsch nach einem Westfalia-Wohnmobil. (...) Das Reichtumsprinzip ist zwar ein übles System, aber insgesamt strebt dieses System ja, wenn es wirklich blendend funktionieren würde, so 'nem Ziel (Wohlstand für alle) entgegen ... generell ist das System verbesserungswürdig, aber es kann funktionieren (er verweist auf die Bioläden als Vorreiter im Umweltschutz).«

»Ich bin nicht der typische Ostermarsch-Marschierer«

Er informiert sich über das politische und wirtschaftliche Tagesgeschehen, »um so einen Grundüberblick zu erhalten, den man meiner Ansicht nach braucht, um relativ normal mitreden zu können«.

Zum Thema Volksentscheid sagt er: »Es ist ein Armutszeugnis für die Bundesrepublik, daß das hier nicht möglich ist. Die Politiker sind arrogant und glauben, daß sie das Volk entmündigen müssen, weil es zu dumm ist. (...) Man kann nicht alles und jedes über Volksentscheid abstimmen lassen. Aber es gibt gewisse Sachen (z. B. Wiedervereinigung, Ökologiefragen), wo man den Bürger zu hören müßte.«

»Dogmatische« Politik lehnt er ab. Die Parteien sollten stärker zu »Sachlösungen« kommen. Er sympathisiert zwar mit den GRÜNEN, will sich aber »nicht in eine Richtung binden, daß man dann vielleicht auch engstirnig wird«. Die gelegentliche Teilnahme an Demonstrationen ist ihm »peinlich«: »Ich bin nicht der typische Ostermarsch-Marschierer.« Er beteiligt sich lieber an Unterschriftenaktionen oder geht in der Auseinandersetzung mit seinen Freunden und KommilitonInnen »auf die Barrikaden«. »Wenn ich Zeit und Geld und mehr Mut hätte vor allen Dingen, dann würde ich gern Initiativen mit meiner Kraft nach vorne bringen. (...) Meine Zeit ist einfach noch nicht gekommen.«

Die Standards kulturellen und ökonomischen Kapitals sind relativ arriviert. Etwa zwei Drittel haben Hochschulreife, fast alle ein Familieneinkommen von 3000 bis mehr als 5000 DM.

Die soziale Herkunft zeigt keine Aufstiegslinie, eher Züge *horizontaler Mobilität*. Auch die Eltern haben zu zwei Dritteln Hochschulreife, die Großeltern zu etwa 40 bis 50 Prozent. Die Eltern üben meist gehobene Lehr-, Medizin-, Rechts-, Technik- und Handels-Fachberufe aus. Der Anteil von gehobenen Handwerksberufen ist bei ihnen gering, bei den Großvätern etwas größer. Der Milieustammbaum ist also einer des alten und des neuen Mittelstands, und dabei ist der Status der Frauen bereits in der Elterngeneration dem der Männer gleich! Die Familien haben offenbar entsprechende Ausbildungsstrategien verfolgt, die anderen Milieus erst dank der Bildungsöffnungen der sechziger Jahre offenstanden. In der utilitaristischen, die gesellschaftliche Hierarchie akzeptierenden Haltung gleichen die Kinder ihren Eltern, deren Mentalität stark auf die mittelständischen Rangstufen orientiert war. Die rot-grüne Präferenz war bei den Eltern nicht durchgängig, aber doch teilweise als progressive, SPD-nahe Orientierung ausgeprägt, verbunden mit aufgeklärt wertkonservativen oder technokratischen Haltungen, die in gehobenen Milieus mit einigem kulturellen Kapital vorkommen. Der erfolgsorientierte Typus repräsentiert also vor allem eine modernisierte und aufgeschlossene Variante des elterlichen Habitus.

1.4. Die Neuen Arbeiterinnen und Arbeiter

Der Neue ArbeiterInnentypus (NAT) versteht die Lebensziele der Individualisierung und Selbstverwirklichung wiederum anders. Sie bedeuten vor allem, ein von Unsicherheit, Mangel und Enge befreites Leben zu führen. Mit dieser Lebensführung grenzt der NAT sich von dem disziplinierten Notwendigkeitshabitus der Eltern ab, der den Mustern eines traditionellen Facharbeitermilieus unter Bedingungen der Mangelgesellschaft entsprach. Der NAT nutzt die Öffnung des sozialen Raums, um auch diejenigen Momente seines Verhaltensrepertoires zu entfalten, die die Eltern eher selten realisieren konnten. Der Wunsch nach einer vielseitigen Berufs-, Freizeit- und Gesellungspraxis ist jedoch kein Selbstzweck. Nicht ein Idealziel, sondern Zufriedenheit ist wichtig. Hierzu verhelfen zwei auch den Eltern eigene Tugenden. Es werden nicht maximale, sondern realistische Ziele gesteckt, die in Reichweite der eigenen Ressourcen sind (step-by-step-Strategien). Zum anderen bestehen klare Sphärentrennungen, die insbesondere eine ›reale Balance‹ zwischen Arbeit und Freizeit und somit mehr Autonomie gegenüber der Entfremdung und den Zwängen der kapitalistischen Arbeitsgesellschaft erleichtern sollen.

Im Beruf ist die Identifikation mit der Qualität der eigenen Arbeit, aber auch die Freude am Ausprobieren verschiedener Berufsmöglichkeiten wichtig. Handwerkskönnen, Werkstolz und Welterfahrung sind so wichtig wie in der historischen Zeit der Wandergesellen, deren Ohrring heute auch wieder getragen wird. Der Berufsradius hat sich für diese ›neue alte Handwerkerintelligenz‹ erweitert: Während ihre Eltern und Großeltern zu zwei Dritteln über die Volksschule nicht hinauskamen, erreichen sie selbst zu zwei Dritteln den Realschulabschluß oder die Fachhochschulreife. Sie arbeiten teilweise noch als Facharbeiter, überwiegend aber als Büroangestellte oder Pädagogen. Ihr Aufstieg war also auf Nachbarzonen im sozialen Raum begrenzt. Sie persönlich verdienen von 500 DM netto an aufwärts, aber selten mehr als 2500 DM monatlich.

Die Freizeit wird zugunsten beruflichen Aufstiegs nicht zurückgestellt. Vielmehr gehört viel Zeit der Geselligkeit mit Freunden und Angehörigen, der Freude an der Entwicklung unterschiedlicher Persönlichkeitstalente, dem Ausprobieren verschiedener Wohnformen, und einer ›bricolage‹ recht verschiedener Attribute und Praktiken eines hedonistischen Freizeitstils.

Soziale Unterschiede werden ›von unten‹ gesehen: »wer reich werden will, muß betrügen« – oder ist rücksichtslos. Der Zugang zu den Problemen erfolgt durch Gefühl, Erfahrung, Empathie und sachkompetente Kritik an Ungleichheit, während zu Ideologien Distanz besteht. Soziale Ungleichheit und Diskriminierung sollen nicht durch staatliche Eingriffe in die Angelegenheiten der Einzelnen abgebaut werden, z. B. durch die als ›Zwangsregelungen‹ empfundene Frauenquote oder eine administrative Einkommensbegrenzung. Der Staat soll vielmehr die Voraussetzung schaffen, daß jeder Mann und jede Frau ein Leben nach Wunsch gestalten kann, indem er Diskriminierungen, insbesondere im Bildungssystem und auf dem Arbeitsmarkt, abbaut, die sozial

Schwachen absichert und auch alternative Sozial- und Wirtschaftsmodelle (z. B. Frauenhäuser, Rentner-Wohngemeinschaften, Umweltprojekte) fördert. Kriterium soll die Hilfe zur Selbsthilfe, d. h. auch zu eigener Leistung und Verantwortung, sein.

Dieser Nähe zu libertären Vorstellungen persönlicher Autonomie und Solidarität entspricht, daß der Neue ArbeiterInnentypus von den durch Machterhaltungsinteressen und Bürokratisierung gekennzeichneten Formen der Politik enttäuscht ist und häufig eine allgemeine Distanz zu Parteien zeigt. Er wählt SPD oder GRÜNE (in Einzelfällen auch CDU), aber engagiert sich aktiv lieber außerinstitutionell und ›im Kleinen‹ für soziale, pazifistische und ökologische Zwecke. Hierzu gehören eine gewisse gewerkschaftliche und politische Aktivität, die teilweise auch von den Eltern übernommen ist – wie ja die Grundmuster des Gesellungs- und Partizipationsverhaltens überhaupt. Neu, im Vergleich zu den Eltern, sind das Ökologiethema und eine größere Offenheit für neue Erfahrungen, Experimente und Selbstreflexion.

Das Wiederentstehen eines wachsenden Zweigs am Milieustammbaum der plebejischen Handarbeiterintelligenz ist auf seine Wirkungen wie seine sozialstrukturellen Ursachen hin noch näher zu untersuchen. Hier ist bedeutsam, wie durch die Veränderungen der gesamtgesellschaftlichen Arbeitsteilung und Qualifikationsverteilung die tayloristischen Entqualifizierungstendenzen durch neue Requalifizierungen sozialer Gruppen konterkariert werden.

Die Herausbildung eines neuen ArbeiterInnentypus deutete sich bereits in industriesoziologischen Forschungen an, die die Veränderungen des Arbeitsbewußtseins von qualifizierten Facharbeitern in den sich modernisierenden Schlüsselindustrien und produktionsorientierten Dienstleistungen untersucht haben.[5] Wie Martin Baethge und andere in einer Studie über junge Arbeiter und Angestellte festgestellt haben, sind deren gewandelte Einstellungen auch dadurch vermittelt, daß an die Stelle der traditionellen Gewerkschafts- und Arbeitermilieus die längeren Sozialisationserfahrungen der Schule getreten sind.[6] Die Befunde

---

5 Vgl. u. a. Kern/Schumann 1985; Heine/Mautz 1988.
6 Baethge/Hantschke/Pelull/Voskamp 1988.

lauten, daß die materiell-reproduktionsbezogenen Ansprüche an die Arbeit (z. B. Einkommen, Sicherheit, Status) an Bedeutung verloren haben, daß aber die sinn- und subjektbezogenen Ansprüche an die Arbeit (sich »identifizieren« können, eigenverantwortlich und kreativ arbeiten, Weiterbildung usw.) stark gestiegen sind.[7] Aus diesem anspruchsvolleren Arbeits- oder Berufsethos (das nicht nur für die Neuen ArbeiterInnen typisch ist) erwachsen Partizipationsforderungen, die weit über den Arbeitsplatz und den Betrieb hinausreichen und die in traditionellen Organisationsstrukturen nur schwer zu befriedigen sind. Dies setzt nicht nur die Gewerkschaften unter Innovationsdruck.

Die Diffusion dieser neuen Arbeitsorientierungen in breitere Teile der Bevölkerung hat ›Sinus‹ in seinen kontinuierlichen Lebensweltforschungen beobachtet. Im Zusammenhang mit den umfassenderen sozialstrukturellen Dynamiken konnte ›Sinus‹ auch die Herausbildung eines ›Neuen Arbeitnehmermilieus‹ im »modernen Mainstream« der Gesellschaft feststellen.[8] Dieses Neue bzw. Moderne Arbeitnehmermilieu (NEA bzw. MOA), das 1991 5% der Bevölkerung umfaßte, ist gleichwohl nicht mit dem von uns gefundenen Typus der Neuen Arbeiterinnen und Arbeiter (NAT) identisch. Wir vermuten, daß es sich bei den NAT um einen weltanschaulich gewissermaßen gefestigten ›Kern‹ des lebensweltlichen, sehr viel breiteren und damit auch heterogeneren NEA handelt.

Wenn wir die Forschungsergebnisse von ›Sinus‹ mit unseren vergleichen, finden sich zwar viele Übereinstimmungen in der Beschreibung der Grundorientierungen und der demographischen Schwerpunkte des NEA und des NAT, aber auch Differenzen. Zum Beispiel zeigen beide Gruppen eine kritische Distanz zu Parteien. Sie bemängeln die Formen der politischen Auseinandersetzung und fordern mehr Sachorientierung, Kooperation und den Einsatz von Fachleuten. Während aber die NEA im allgemeinen eher dazu neigen, politische Verantwortung zu delegieren und private Lebensstrategien zu verfolgen, dominieren bei

---

7 Baethge (1991) spricht in diesem Zusammenhang von einer »normativen Subjektivierung der Arbeit«.
8 Vgl. ›Sinus‹-Lebensweltforschung 1992a; Ueltzhöffer/Flaig 1992; Spiegel 1996.

Sonja B. ist 28 Jahre alt und Industriekauffrau. Sie wird ihre Berufstätigkeit demnächst unterbrechen, da sie ein Kind erwartet. Mit ihrem Partner, einem Tischlermeister (Angestellter), lebt sie zusammen in einer Drei-Zimmer-Wohnung. Ihr Vater ist Mechaniker, ihre Mutter Büroangestellte.

»So in eigener Regie ein bißchen zu gestalten, wie ich das möchte«

Nach der Mittleren Reife hat sie zunächst eine Ausbildung zur Arzthelferin gemacht. Weil sie sich mit ihrem Arbeitgeber nicht verstand, »freier arbeiten« und »neu etwas dazulernen« wollte, hat sie anschließend eine Umschulung zur Industriekauffrau gemacht. Auf Vorschlag eines Bekannten, der gerade ein Ingenieurbüro aufbaute, übernahm sie dort die Verwaltung und Organisation. »So in eigener Regie ein bißchen zu gestalten, wie ich das möchte, das hat mich sehr verlockt (...) vom Alter war das schon okay (die Verantwortung), ich bin ja auch relativ selbstsicher, aber ich hab nicht die Kompetenz gehabt, die jemand hat, der schon fünf Jahre in dem Job arbeitet (...) war mit Eigeninitiative verbunden, sich alles selbst anzueigen (...) da hilft einem dann keiner, da muß man dann so lange gucken, bis man die Lösung hat.«

Sie ist etwas enttäuscht, daß die »Arbeitgeber, obwohl die sehr jung sind, schon immer ... tja die Kontrolle walten ließen, obwohl sie den Einblick nicht hatten, sie meinten, sie müßten dies und jenes so machen, also auch ohne den Einblick, und das ist schwierig dann (...) ich bin immer dafür, daß man es locker handhabt« (z. B. Arbeitszeitregelungen).

Bis zur Schwangerschaft kam es ihr darauf an, »gut zu leben (...) sich was leisten zu können und das zu machen, was einem Spaß macht«. Eine Familie zu gründen, das »sollte aber auch noch sein«. Es ist »beschlossene Sache«, daß sie »erst mal zu Hause« bleibt, zumal sie »es auch nicht bei einem Kind belassen möchte«. Sie bedauert, daß diese Entscheidung bei einigen »Bekannten« auf Unverständnis stößt: »›Ihr wolltet doch noch dies und noch reisen, es sind sehr viele materielle Aspekte angeführt worden (...) und das ist dann doch schon ziemlich erschreckend eigentlich.«

Sie sieht die Familie als vorübergehende »Festlegung«. »Das ist mir auch wichtig, daß ich beruflich wieder einsteige (...) mit meiner Qualifikation find ich immer 'n Job (...) vielleicht auch noch mal was ganz anderes machen, 'ne Zusatzausbildung oder studieren, da bin ich ganz offen (...) aber das sind so hypothetische Sachen, die so in weiter Ferne sind.«

»Da kann man das managen, daß das alles nicht so eng ist«

Sie und ihr Partner werden bald heiraten, kirchlich und mit großer Fete, »das gehört dazu«. Ihren Partner charakterisiert sie als »Typ, der nicht so verbissen ist, sehr offen ist, nicht so Frau für Haushalt und Kind«. Die Arbeit im Haushalt wird »halbe-halbe« geteilt. »Er macht eher praktische Sachen, die ich auch kann, wenn er keine Lust hat« – Sie will »nicht mit Gewalt gleichmachen«. Daß ihr Leben mit Kind »viel eingeschränkter« wird, bereitet ihr auch Sorgen, aber »man muß halt abwarten, wie es läuft«. In der Nachbarschaft leben andere Familien mit Kindern, »da kann man das managen, daß das alles nicht so eng ist«. Erziehungsvorstellungen hat sie »im Moment noch gar nicht ... eigentlich ist mir das Wichtigste, einen einigermaßen kritikfähigen Menschen zu erziehen, der es packt, in der Welt zu leben, das ist das Schwierigste«.

»Das ist einfach familiär«

»Viele nette Freunde« stehen an erster Stelle auf die Frage, worauf es im Leben ankomme. Sie haben einen »sehr, sehr großen Bekanntenkreis« und machen »eben mit verschiedenen Leuten immer andere Sachen, und die sind aus ganz unterschiedlichen Sparten: Arbeiten, teilweise studieren sie noch oder gehen wieder zur Schule, ja fangen spät zu studieren an, sind teilweise noch von der Schule dabei, oder wir haben auch viele spontan kennengelernt«.

Zu ihren engeren Freunden, mit denen sie »über alles reden« kann, rechnet sie nur ihre Kindheits- und Jugendfreunde: »Also diese Vertrautheit, die muß wohl schon dasein. Wenn man sich schon 15 Jahre kennt, dann ist da einfach eine Basis da. Man kennt einfach die Eigenarten, oder man war zusammen in Urlaub oder weiß vom anderen unheimlich viel, beginnend bei der Schule bis beruflichen Werdegang. Das bindet dann schon, vor allem, wenn man eng zusammengewohnt hat oder zumindest in der Nähe und sich immer mal wieder gesehen hat. Das ist einfach familiär ... abnabeln von der Heimat, aber dann trotzdem noch Bindung zu jemandem anders.«

»also eigentlich quer Beet«

Ihre Freizeit gestalten sie teilweise zusammen, teilweise allein und »je nach Lust und Laune«. Es gibt »Phasen, wo man überhaupt keine Lust hat, was zu machen, und Phasen, wo man jeden Abend weg ist«. Unternehmungen sind »Kino, Essen gehen, eine meiner Leidenschaften, Bekannte treffen und Spieleabende, mal schwimmen gehen und sonntags immer in die Sauna (...) Kino ist halt was, was ich unheimlich gern mache und dann halt ganz unterschiedliche Sachen, also Rambo und solche Filme natürlich nicht, alles andere guck ich mir schon an, vom Oscar-Preisgekrönten bis zu dem, was man gesehen haben sollte, was in den Kritiken immer so besprochen wird, also eigentlich quer Beet.«

Bis zur Schwangerschaft war Motorradfahren »ein großes Thema«, jetzt hat sie ihr Motorrad verkauft. Auch auf die Fernreisen, die sie bisher unternommen hat, wird sie vorerst »verzichten müssen«.

Ihre Wohnung ist im ›Ikea-Stil‹ und mit einigen selbstabgelaugten, gebrauchten Holzmöbeln eingerichtet. Ausgaben für Antiquitäten hält sie für »rausgeschmissenes Geld«.

»Es nimmt keiner was mit«

Die sozialen Unterschiede in der Gesellschaft findet sie »sehr groß«. Sie rechnet sich zu den Leuten, denen es »doch allen blendend geht«, »wenn ich mir überlege, was es noch für arme Leute gibt, die wirklich am Existenzminimum rumknapsen«. Die Altersarmut von Frauen ist für sie ein Beispiel einer ungerechten Sozialgesetzgebung: »Das ist schon hart, wenn die Frau ihre Arbeitskraft investiert hat und ihre Kinder großgezogen hat, und sie kriegt keine Rente.«

Zu Reichtum meint sie: »Ohne Erbschaft läuft das nicht.« Sie befürwortet steuerliche Umverteilungen, »weil das ist ja einfach 'ne Maßlosigkeit (was manche Leute verdienen und mit ihrem Geld machen), Du kannst nicht mehr wie verbrauchen, (...) irgendwo hört‹s halt auf, man kann sich maximal noch seinen Sarg mit Scheinchen auskleiden, aber dann ist‹s wirklich genug (...) es nimmt keiner was mit.«

Bedrückend findet sie die »zunehmende Rücksichtslosigkeit, mit der die Leute miteinander umgehen«. Zwar sollte »prinzipiell jeder so leben, wie er das möchte«, aber »ohne dabei andere Leute einzuschränken«. Diese Art von »Freiheit (...) findet der Staat ja eben auch nicht immer gut, bezieh ich jetzt stark auf die Abtreibung, diese

Freiheiten, die eben sehr persönlich sind, daß die gewährleistet sind, find ich ganz ganz wichtig«.

Konsequentere staatliche Eingriffe sind ihrer Ansicht nach beim Umweltschutz notwendig. »Das Problem sollte man an der Wurzel greifen« (z. B. Müllvermeidung). Sie fordert, daß Wissenschaftler »Alternativen aufzeigen« sollen, die von den Politikern in Gesetzesinitiativen aufgegriffen werden können – »um dann auch den Leuten zu Leibe zu rücken, die maßgeblich daran beteiligt sind (...) fehlt mir eigentlich immer das Verständnis, warum das solange dauert«. Sie vermutet, daß Politik und Wirtschaft »dicht an dicht zusammenhängen«.

»Ich versuch's dann im kleinen zu machen«

Die Beteiligung der Bürger an politischen Entscheidungen findet sie »besser, als alle vier Jahre einmal zur Wahl zu gehen und Programme zu wählen, wo sich sowieso keiner dran halten kann«. Sie ist Gewerkschaftsmitglied, spendet u. a. für ›Terre des hommes‹ und nimmt gelegentlich an lokalen Aktionen teil (z. B. gegen Ausländerhaß). Für eine »kontinuierliche Arbeit in 'ner Gruppe« fehlt ihr der »Elan«. »Ich nehm so wahr, was um mich herum passiert, und wenn's wirklich so mies ist, versuch ich entsprechend zu handeln (...) Ich versuch's dann im kleinen zu machen, es gibt so bestimmte Bereiche, wo man sich einhaken kann, aber das ist nicht so ganz einfach.«

den NAT unkonventionelle, auf politische Eigeninitiative zielende Politikbilder.

Diese Beobachtungen führten uns im Verlauf unserer Untersuchungen zur Unterscheidung zwischen Politikstilmilieu und Lebensstilmilieu. Danach sind die Lebensstilmilieus, d. h. die neun von ›Sinus‹ identifizierten »Gruppen Gleichgesinnter«, ein breiteres Potential, das lebensgeschichtlich offenbar früher entsteht: in den lebensweltlichen Alltagserfahrungen, die der politischen Sozialisation und Praxis der Menschen vorausgehen. Aus dem weiteren Kreis eines solchen Lebensstilmilieus kann sich durch spätere soziale Lernprozesse ein Politikstilmilieu herausbilden, das dem Lebensstilmilieu »motivisch« entspricht. Ein solcher gleichsam ideologisch gefestigter Kern kann sich beispielsweise durch äußere Konflikterfahrungen, innere Kohäsionsarbeit und auch weltanschauliche Identitätsarbeit herausbilden. Die Menschen können aber auch zu keinen oder zu anderen gesellschaftspolitischen Identitäten finden.

Das in unserer Repräsentativbefragung identifizierte ›Sinus‹-Milieu der Neuen Arbeitnehmer teilte sich tatsächlich nach diesem Muster auf. Etwa die Hälfte der »neuen Arbeitnehmer« (NEA) – das ist ein Bevölkerungsanteil von rund 2,5 % – entsprach unserem weltanschaulich elaborierten Typus der »neuen Arbeiter« (NAT). Diese Kerngruppe ist auf ihrem politischen Sozialisationsweg in die Lager der ›sozialintegrativen‹ und der ›radikaldemokratischen‹ Politikstile gelangt (vgl. Kapitel 2.5., 3.7-8.). Die übrigen »neuen Arbeitnehmer« waren in ihrer Biographie offenbar einer anderen politischen Sozialisation gefolgt und fanden sich nun verstreut über die anderen Politikstilmilieus, überwiegend in den Nachbargruppen mit gemäßigt-progressiven Weltanschauungen.

1.5. Die Neuen Traditionslosen Arbeiterinnen und Arbeiter

Unsere Befunde über die Dynamik des Traditionslosen Arbeitermilieus sind bisher widersprüchlich und scheinen auch verschiedene bisherige Annahmen der Lebensweltforschung in Frage zu stellen. Den offenen Fragen ist in vertiefenden Auswertungen noch näher nachzugehen. Wegen dieser Vorläufigkeit und der geringen Fallzahl soll der Neue Traditionslose ArbeiterInnentypus nur kurz charakterisiert werden.

Die in unserer Stichprobe erfaßte Teilgruppe ist, wie ihre Eltern, den Gefahren der Anomie ausgesetzt, insbesondere im Falle mangelnder Arbeitsdisziplin oder gestörter Familienverhältnisse. Sie hat dies aber durch eigene Lernprozesse und unter vergleichsweise günstigen gesellschaftlichen Bedingungen ein Stück weit bewältigt durch stabiles Arbeits- und Familienverhalten. Die Grundorientierungen der Eltern finden sich teilweise bei den Kindern wieder: der Wunsch nach Stabilität und Anerkennung, der angesichts gesellschaftlicher Ausgrenzung entwickelt wurde, und der Rückzug von größerer Geselligkeit auf die Familie. Aber sie teilen nicht mehr die Resignation der Eltern. Diese sehen oft größere Erwartungen zur Ausbildung, Ehe und persönlichen Freiheit lebensgeschichtlich enttäuscht. Sie sind so mit der Bewältigung

Hans M., 21 Jahre alt, hat die Sonderschule nach der neunten Klasse verlassen. In einer vom Arbeitsamt vermittelten Berufsvorbereitungsmaßnahme hat er seinen Hauptschulabschluß erworben und absolviert nun eine Ausbildung zum Schlosser. Er ist ledig und bewohnt ein Zimmer in der Wohnung seiner Eltern. Die Mutter arbeitet als Verkäuferin, der Vater als angelernter Arbeiter.

»Also echt gut abgeschlossen«

Auf das Arbeitsamt ist Hans M. nicht gut zu sprechen. Er wollte ursprünglich eine Gärtnerlehre machen, fühlte sich aber bei der Beratung »abgewimmelt«. »Obste da nun hingehst oder nicht, aber hingehen mußte (...) Man muß sich selbst drum kümmern.« Auf seinen Hauptschulabschluß ist er besonders stolz, zumal ihm seine Lehrer in der Sonderschule nicht zugetraut hätten, daß er die zehnte Klasse schafft: »Also echt gut abgeschlossen (...) in Mathe jetzt 'ne Drei, vorher war's 'ne Sechs.«

Die Ausbildung macht ihm »Spaß«, nur mit dem Meister hat er Probleme, weil der seiner Meinung nach »Null Erfahrung« hat. »Die Arbeitsmoral is nich korrekt (...) Wenn es nach dem ginge: den ganzen Tag Schnauze halten, malochen, Hauptsache, die Arbeit wird gemacht.« Er beklagt sich auch, daß ihn der Meister von seinem Werkstück wegholt, um ihn bei einer anderen Arbeit helfen zu lassen. So »ganz ohne Chefs« kann er sich einen Betrieb andererseits auch nicht vorstellen. Das gibt »Streitereien, weil jeder meint, er könnte es am besten. (...) Ein Meister müßte auf jeden Fall sein, aber einer, der es richtig macht, der dir sagt, du könntest es so oder so machen.«

Über seine berufliche Zukunft hat er genaue Vorstellungen. Nach dem Gesellenbrief möchte er gern selbst Meister werden und Lehrlinge ausbilden.

»Familiär, da hapert es bei uns allen«

Für eine eigene Wohnung fehlen ihm die Mittel. Von seinem Gehalt, rund 1000 DM, gibt er die Hälfte zu Hause ab. Die Eltern sind verschuldet und streiten sich oft, »und dann sind es die Kinder, die schuld haben (...) Familiär, da hapert es bei uns allen.«

Beim Besuch eines Arbeitskollegen hat ihn vor allem das geordnete Familienleben beeindruckt: »total anders, total ruhig, nicht so wie hier: kommst nach Hause, Mutter is zwar da, kannste aber auch noch mit anpacken ... is dahinten nicht, da haste Deine Ruhe und Zeit, es gibt sogar Taschengeld, wenn der Junge keine Eskapaden macht (...) einfach psychisch viel besser, man kriegt nich alles mit.«

»Verhältnismäßig bin ich ja ... ein Einzelgänger«

Anfangs hat er den Kontakt zu seinen Arbeitskollegen gemieden. »Verhältnismäßig bin ich ja ... ein Einzelgänger. (...) Inzwischen geht es kumpelgemäß, bis auf einen.« Er findet es nicht richtig, daß ein behinderter Kollege »von den anderen ständig durch die Scheiße gezogen wird«, und steht ihm häufig zur Seite.

Als Freunde möchte er die »Kumpel« nicht bezeichnen. »Man kann nur einen Freund haben, den man lange kennt, der einem auch mal unter die Arme greift, nich so oberflächlich.« Mit »Kumpeln« will er »was unternehmen«, mit einem »Freund« will er sich »aussprechen« können.

»Da leistet man sich einmal was Gutes, man hat ja jetzt das Geld, ... und dann kommt so 'ne Scheiße«

Seine Freizeit ist eng bemessen. Er »büffelt« für die Ausbildung, »schmeißt« den Haushalt mit und verdient sich nebenbei Geld als Reklame-Austräger. Er treibt gerne Sport (Badminton, Tischtennis, Fußball, Radtouren) und spielt etwas Gitarre – er bedauert, daß er sich keinen Unterricht leisten kann. Sein neues, noch nicht abbezahltes Fahrrad ist ihm gestohlen worden. »Da leistet man sich einmal was Gutes, man hat ja jetzt das Geld, ... und dann kommt so 'ne Scheiße.« Die möglichen Motive für den Diebstahl kann er gut nachvollziehen: »Da wirste echt blöd angeguckt, wenn sich die andern was holen und man selber kann das nich (...) Man geht auf englische Art einkaufen.« Er meint aber, »das bringt nichts«, weil sich mit einer Vorstrafe die beruflichen Chancen verringern.

Am Vorabend des Interviews war er in der »Disco, weil ich mir so etliche Hunderte mal ordentlich verdient habe (...) das geht aber nur maximal einmal im Jahr.« Er haushaltet mit seinem Verdienst und rechnet vor, daß er monatlich eine kleine Summe »fürs Sparbuch« zurücklegen kann.

Sein Zimmer ist ordentlich und schlicht, mit einfachen, alten Möbeln eingerichtet. Den kunststoffbeschichteten Kleiderschrank ziert ein großes Poster von einem Panther und eine Urkunde für die Teilnahme an einem Badminton-Turnier. Die Hi-Fi-Boxen hat er selbst gebaut. Auf die Frage, ob er den gleichen Geschmack wie seine Eltern habe, meint er: »Früher ja ... aber jetzt kommt man doch mal so in andere Kreise, da läuft‹s anders ab.«

»Gerechtigkeit, gut und schön, für die Reichen mag das hinkommen, für uns, die werden ausgebeutet«

Daß er in seinem Leben häufig »das Nachsehen« hatte, sieht er primär durch das familiäre und weitere Umfeld verursacht. So gibt es z. B. in der Schule »einige, die erreichen was, ohne viel zu tun, aber unsereins, der muß sich jeden Abend hinsetzen und kriegt das nich so gebacken«. Und wenn man erst mal keinen »nötigen« Abschluß erworben hat, »dann kann dich der Meister nach Hause schicken, wenn er dich nich riechen kann«. Zum Stichwort »Gerechtigkeit« assoziiert er: »gut und schön, für die Reichen mag das hinkommen, für uns, die werden ausgebeutet, also Gerechtigkeit is auch nich so im großen und ganzen.«

Früher hatte er »Respekt« vor »Leuten von der Hauptschule oder vom Gymnasium«. Durch den Kontakt zu seinen Kollegen weiß er nun, daß auch sie »auf der niedrigsten Ausbildungsstufe landen können« – für ihn ein Beispiel, daß es auf die eigene Leistung ankommt, was man im Leben erreicht: »Ich hätte ja auch auf der Hauptschule sein können, hätte ich mich nur angestrengt, das ist meine eigene Doofheit.« Aus diesen Erfahrungen begründet er die Devise: »Nur beklagen, das bringt es nich, das hilft nichts, man soll nachhaken.«

»Das mußte selber in die Hand nehmen, ehe du dich auf solche Leute verläßt«

Von der »großen« Politik ist er enttäuscht: »Großes Tamtam vor den Wahlen (...) und dann kommt genau das Gegenteil raus.« Er meint, als Einzelner könne man nichts ändern. »Was anderes is mit mehreren, (...) wenn man selber was auf die Beine stellt, (...) man sieht es ja, zum Beispiel Greenpeace: die haben nicht lockergelassen, und darauf sollte es ja ankommen.« Er sympathisiert mit den GRÜNEN, der SPD und auch den Republikanern, aber »Ausländer raus«-Parolen findet er »schwachsinnig, das sind Menschen wie wir«.

Im Betrieb hat er sich zur Wahl des Jugendvertreters aufstellen lassen, weil er mit der bisherigen Vertreterin unzufrieden war. Sie habe keinen Einfluß gegenüber dem Meister, setze sich nicht ein und übe das Amt nur wegen der Freistellung von der Arbeit aus. »Das

> mußte selber in die Hand nehmen, ehe du dich auf solche Leute verläßt.« Er ist »leider nicht« gewählt worden und hat sich daraufhin bei einer Unterschriftenaktion für höhere Löhne engagiert – obwohl er selbst wohl nicht mehr in den Genuß einer Lohnerhöhung kommen wird, »aber vielleicht die nächste Lehrlingsgeneration«. Er sieht in dieser Aktion »eine Alternative, ansonsten wird das Geld eher weniger als mehr, und dagegen sollte man, meine ich, doch gegen antreten.«

des Anomieproblems beschäftigt, daß wenig Interesse an Kultur und gesellschaftlich-politischen Fragen (»die machen sowieso, was sie wollen«) besteht. Aus dieser Situation erklärt sich auch die prinzipielle Anerkennung sozialer Unterschiede und Hierarchien. Aber die Ausgrenzung wird nicht unbedingt an Schwächere weitergegeben. Alle Befragten befürworteten beispielsweise das Ausländerwahlrecht. Die Wahlpräferenz liegt bei SPD und GRÜNEN. Auch die Ergebnisse unserer Repräsentativbefragung bestätigen, daß das Traditionslose Arbeitermilieu insgesamt nicht zu den besonders ethnozentrischen oder ausgrenzenden Bevölkerungsteilen gehört.

2. Neue und alte soziale Mentalitäten

Die Befunde unserer qualitativen Forschungen zu Mentalität und Lebensstil der neuen Milieus bestätigen weitgehend die Hypothese, daß erweiterte äußere Handlungsspielräume den Menschen die Chance gaben, bestimmte Momente ihres Repertoires von Deutungs- und Handlungsmustern in der Auseinandersetzung mit ihrer Umwelt zu verändern. Diese Veränderungen erfolgten jedoch nicht automatisch oder beliebig, sondern vermittelt durch die *Kohäsions- und Abgrenzungspraxis* ihrer Milieuzusammenhänge mit entsprechenden örtlichen und zeitlichen Varianten.

Für unsere Stichprobe bestand die Öffnung des sozialen Raums vor allem in den Bildungsreformen, dem Wachstum der neuen Berufe, den relativ erweiterten sozialstaatlichen Sicherungen, den neuen Freizeit- und Konsummöglichkeiten und größeren Toleranzräumen insgesamt. Soziale Lage und Biographie der Befragten sind fast durchgehend durch solche sozialstrukturellen Merkmale gekennzeichnet. Die *sozialen Lagen* haben ihren Schwerpunkt in den *Zonen modernisierter Arbeitnehmerberufe*, im linken, auf kulturelles Kapital gegründeten Teil des Sozialraums. Zugleich sind sie vertikal stark gestreut: Wir finden (hoch)privilegierte, gesicherte und prekäre soziale Lagen.

Diese Art *strukturierter Heterogenität* zeigt sich auch in den Lebensstilen der Angehörigen neuer Milieus. Die Attribute und Praktiken des Lebensstils wie auch die Formen gesellschaftlich-politischen Engagements sind außerordentlich vielfältig in ihren Erscheinungsformen. Betrachten wir aber ihre Bedeutung für die Lebensführung, so werden sie als Momente mehr oder minder konsistenter und übersichtlicher Muster erkennbar. Die Kombinationen scheinbar disparater Lebensstilelemente ordnen sich nach einer überschaubaren Zahl von *Mentalitätstypen*.

Die fünf gefundenen Mentalitätstypen weisen charakteristische Schwerpunkte in bestimmten sozialen Lagen auf. Es gibt also durchaus typische *Entsprechungen zwischen neuen sozialen Lagen und neuen Lebensweisen*. Sie scheinen jedoch teilweise nicht mehr den bekannten industriegesellschaftlichen Entsprechungen von Lage und Habitus zu folgen. Diese ›Entkoppelungen‹ sind aber nach unseren Befunden *begrenzt* und *spezifisch*: Die Angehörigen neuer Milieus haben vielfach eine begrenzte intergenerationelle Mobilität nach links und oben im sozialen Raum geschafft – beispielsweise als Facharbeitersohn zum Sozialarbeiter oder als Bauerntochter zur Krankenschwester. In den meisten Fällen haben sie ihren Herkunftshabitus oder Elemente davon in die neue Position ›mitgenommen‹. Besonders deutlich wird dies am Beispiel der Neuen Arbeiterinnen und Arbeiter: Sie finden sich überwiegend in mittleren modernen Berufspositionen, folgen aber gleichwohl den plebejisch-gesellligen Mentalitätsmustern ihrer elterlichen Arbeitermilieus.

Die Tradierung von Mentalitätsdispositionen in bestimmten *Habitus-Stammbäumen* ist sicher noch näher zu untersuchen. Nach unseren bisherigen Auswertungen zeigen aber alle fünf gefundenen neuen Mentalitätstypen beharrende Grundmuster, die schon bei den Eltern und vermutlich auch Großeltern als mehr oder minder typische Mentalitätsmuster bestimmter Klassenfraktionen wirksam waren. Insbesondere die Muster der Gesellung, der Berufsethiken und des Gesellschaftsbildes verweisen auf eine deutliche Kontinuität zwischen den Generationen.

Die *Selbstverwirklichungswerte* der neuen sozialen Milieus sind demnach, wie wir vermutet haben, *keine Universalien*. Diese Werte werden von den Befragten nicht intellektuell, als allgemeinmenschliche Position der Aufklärungsphilosophie formuliert. Vielmehr sind sie eher nach Milieus, die hier auch Klassenfraktionen entsprechen, gleichsam alltagspraktisch *dekliniert*. Sie werden teils solidarischer und teils egozentrischer, teils anspruchsvoller und teils bescheidener, teils idealistischer und teils realistischer formuliert.

Obgleich wir damit die Thesen von der historischen Widerstandsfähigkeit der Gesellschaftsmentalitäten (Geiger) und des Trägheits- und ›Nachhink‹-Effekts des Habitus (Bourdieu und Elias) bestätigt finden, bedeutet die Individualisierungstendenz nach unserer Auffassung doch eine *Relativierung von Klassendifferenzen*. Von der Eltern- zur Kindergeneration verstärken sich eindeutig die Momente einer freieren persönlichen Entfaltung, im Sinne von Kompetenzerweiterung, Hedonismus (Distanzierung von der arbeitsgesellschaftlichen Verzichtmoral) und gesellschaftlich-politischer Eigeninitiative. Hinzu kommt eine größere Selbstreflexivität, die zumindest die Chance der Distanzierung von erworbenen Mentalitätsmustern beinhaltet.

Diese *Habitus-Metamorphosen* verweisen auf eine weitere wichtige Erklärung für die partiellen Entkoppelungen sozialer Lagen und Mentalitäten: Die soziale Mobilität von der Eltern- zur Kindergeneration ist immer auch eine *Milieu-Mobilität*, in der die erlernten Wahrnehmungs- und Verhaltensmuster durch Konfrontation mit den Normen und Werten anderer Milieus auf eine Bewährungsprobe gestellt werden. Vor allem die Kinder aus unterprivilegierten Milieus kamen durch den Bildungsaufstieg in neue Lebenssituationen, für deren Bewältigung die milieueigenen ›Strategien‹ nicht immer reichten. Nach welchen Mustern die gestiegenen Anforderungen an die ›Erfinderkunst‹ der einzelnen verarbeitet wurden, ist wesentlich mitbestimmt durch die Vergemeinschaftungen, in denen die Menschen ihre Erfahrungen machten und die auch von individuellen Anstrengungen entlasten können.

Die Institutionalisierung neuer Lebensphasen der Adoleszenz

und Postadoleszenz hat die Freiräume für die Ausgestaltung individueller Lebensentwürfe erweitert und das Zusammenkommen von Menschen aus ganz unterschiedlichen Milieus auf Dauer gestellt. Für viele unserer Befragten waren dies auch die wichtigen Phasen der *politischen Sozialisation* mit vielfältigen Solidar- und Ausgrenzungserfahrungen. Dieses ›*Kohäsionsschicksal*‹ war offensichtlich eine wichtige Bedingung für die Stabilisierung neuer gesellschaftlich-politischer Mentalitäten.

Mit der teilweisen Erosion der Konfliktfronten, an denen sich die neuen sozialen Bewegungen artikuliert haben, treten heute zunehmend die internen Fraktionierungen der neuen Milieus zutage. Die historisch gewachsene, spezifische Heterogenität der neuen Milieus deutet sich auch in den fünf identifizierten Mentalitätstypen an.

Trotz ihrer Verschiedenheit sind die Individuen der fünf Mentalitätstypen aber häufig *miteinander vergemeinschaftet und vergesellschaftet* oder in ein gemeinsames gesellschaftspolitisches Lager integriert: Sie leben in benachbarten Wohnquartieren, sind häufig miteinander befreundet oder bekannt, nutzen dieselben Dienstleistungen und Medien oder treffen sich vielleicht auf politischen Veranstaltungen. Ihr Zusammenhalt beruht zudem auf spezifischen *Integrationsideologien*, die den Interessen- und Kulturgegensatz zu anderen gesellschaftspolitischen Lagern stabilisieren. Die Integrationsideologien in ihrer selbstidealisierenden Form werden häufig von Teilmilieus verkörpert, die für die anderen Teilmilieus eine Leitbildfunktion oder kulturelle Hegemonie ausüben. Die Individualisierungsideologie hat eine solche Integrationsfunktion: Sie drückt ein gemeinsames Demokratie- und Emanzipationsinteresse aus, verdeckt aber auch hierarchische Ungleichheiten und Arbeitsteilungen in der Milieukoalition.

Betrachten wir das gesellschaftspolitische Gesamtfeld, das wir in unserer Repräsentativbefragung untersucht haben, so können wir unsere fünf Mentalitätstypen in den Lagern der ›Sozialintegrativen‹, der ›Radikaldemokraten‹ und teilweise auch in benachbarten Zonen des Lagers der ›Skeptisch-Distanzierten‹ wiedererkennen. Sie sind aber nur ein kleiner Teil jenes breiteren, relativ reformorientierten Spektrums, in dem eine Ausweitung sozialer Chancen und politischer Rechte auf mehr soziale Gruppen gutgeheißen wird – gewissermaßen der politisch mehr oder minder aktive oder zumindest ›mobilisierbare‹ Kern moderner Politikstilmilieus (vgl. 12.2.).

Die ideologische Abgrenzung der neuen Milieus gegenüber den älteren Milieus erschöpft sich freilich nicht in diesen gesellschaftspolitischen Orientierungen. Die Individualisierungsideologie hat auch eine allgemeinere, lebensweltliche Bedeutung. Sie gibt Ideale vor, die zwar nicht für das individuelle Handeln verbindlich sind, die aber einen Bezugspunkt bieten, gegenüber dem sich das individuelle Handeln legitimieren muß (und sei es in rhetorischen Euphemisierungen). In diesem Sinne lassen sich, über alle Verschiedenheiten der Mentalitäten hinweg, *Elemente eines neuen kulturellen Selbstverständnisses* erkennen, die die Suche nach anderen Lebensformen und Sozialbindungen motivieren, zum Beispiel:

(1) *das Recht auf individuelle Besonderheit*, das sich gegen den Konformitätszwang traditionaler Milieus richtet und gewisse narzißtische Züge trägt;

(2) *das Streben nach Authentizität* gegenüber gesellschaftlichen Entfremdungen und Standardisierungen;

(3) *die Suche nach Selbstbestätigung* gegenüber den Erfahrungen der Anomie und Ausgrenzung;

(4) *der Wunsch nach Entpflichtung* von verordneten Solidaritäten und Verhaltensnormen (der aber auch die Bereitschaft zu eigener Verantwortung, Disziplin und Leistung einschließt);

(5) *eine gewisse Unbescheidenheit* in dem Wunsch nach Teilhabe (an sinnstiftender Arbeit, an Familie, an Gemeinschaftserlebnissen, an Kultur, an gesellschaftspolitischer Mitbestimmung), der sich den arbeitsgesellschaftlichen Sphärentrennungen widersetzt, oder

(6) *die hohe Wertschätzung kulturellen Kapitals*, die nur funktionell begründbare Hierarchien gelten lassen will und in besonderem Maße für ›neue‹ soziale Ungleichheiten sensibilisiert.

Die Semantik dieser Integrationsideologie der Individualisierung und des Universalismus läßt erkennen, daß die Annahme der Klassenlosigkeit der neuen Milieus ein wahres Moment in den Strebungen der Individuen hat. Wenngleich nicht alle Mentalitätstypen in die Richtung von Klassenlosigkeit streben, so stellen sie doch die überkommenen Abhängigkeiten und gesellschaftlichen Hierarchien in Frage. Anpassung, Unterordnung und Konkurrenz werden nicht mehr selbstverständlich als Lebenssinn akzeptiert. Diese eher negativ charakterisierte Grundeinstellung bedeutet nicht a priori eine egalitäre Sicht der gesellschaftlichen Ordnung oder gar eine egalitäre Praxis in einem emphatischen gesellschaftspolitischen Sinne. Sie bedeutet aber das Fehlen explizit hierarchischer und elitärer Einstellungen bzw. eines expliziten Anti-Egalitarismus, wie ihn die konservativen Milieus der älteren Generation nicht verhehlen.

Insgesamt lassen aber die impliziten Schemata des Habitus auch keinen Zweifel daran, daß die sog. »neuen gesellschaftlich-politischen Milieus«, nach denen wir in unserem Forschungsprojekt fragen, zusammengenommen keine »klassenkulturellen Milieus« sind. Denn sie werden nicht durch eine gemeinsame Art der alltäglichen Lebensführung zusammengehalten. Sie bilden vielmehr ein »gesellschaftlich-politisches Lager«, das durch eine gemeinsame Ideologie oder Weltanschauung zusammengehalten wird (vgl. Kapitel 5.7.). Dies belegt auch unser Raumbild der fünf gefundenen neuen sozialen Bewegungsmilieus (Abb. 25, S. 327).[9] Die neuen Milieus bilden eine Art doppelte Kette, die sich am linken Rand des sozialen Raums von oben nach unten erstreckt. Jedes dieser neuen Milieus ist eine jüngere Fraktion eines klassenkulturellen Milieus, die sich vor allem durch die Konflikte im politischen Feld mit den anderen neuen Milieus verbündet und zum linken, »intellektuellen« Pol des sozialen Raums hin herausdifferenziert hat.

Die neuen sozialen Milieus sind also, wie die älteren gesellschaftspolitischen Lager auch, eine vertikale Koalition. Sie haben sich jeweils, aufgrund eines gesellschaftspolitischen Generationenkonfliktes, als ›alternative‹ Fraktionen aus ihren klassenkulturellen Herkunftsmilieus herausdifferenziert. In unserer repräsentativen Befragung von 1991 fanden wir dies ebenfalls bestätigt. Die »neuen gesellschaftlich-politischen Milieus« sind Teile des Lagers der »Sozialintegrativen« und des Lagers der »Radikaldemokraten« (vgl. Kapitel 12.2.). Diese umfaßten 1991 ca. 13% bzw. ca. 11% der deutschsprachigen westdeutschen Wohnbevölkerung ab 14 Jahre, d. h. immerhin etwa ein Viertel dieser Bevölkerung.

In dieser Koalition von neuen Milieus waren also schon 1991

---

9 Diese räumliche Einordnung ist differenziert ausgeführt in Vester 1998b.

zwei Arten innerer Trennlinien erkennbar, die sich inzwischen als Sollbruchstellen erwiesen haben. Die klassenkulturellen Trennlinien betreffen vertikale Kulturgegensätze zwischen den fünf neuen Milieus. Sie haben sich als großes Hindernis für die von oberen Milieus aus geführte Partei der GRÜNEN erwiesen, ihre Wählerpotentiale in den mittleren und unteren Milieus, die sie deutlich über 10% hätten bringen können, zu mobilisieren. Die andere Trennlinie verläuft zwischen den beiden modernen gesellschaftpolitischen Lagern. Sie ist spätestens seit dem Konflikt zwischen dem früheren und dem jetzigen Vorsitzenden der Sozialdemokratischen Partei, zwischen Oskar Lafontaine und Gerhard Schröder, aufgebrochen. Sie hat, wie wir an anderer Stelle erörtern (Kapitel 3.7-8.), erhebliche Konsequenzen für das gesamte politische Feld.

Vierter Teil:
Strukturen im sozialen Raum

11. Indikatoren der Öffnung und Schließung des sozialen Raums

Gesellschaftliche Veränderungen, von denen wir annehmen, daß sie seit Mitte der sechziger Jahre zur Herausbildung neuer sozialer Milieus entscheidend beigetragen haben, bahnten sich bereits in den fünfziger Jahren an. Sie können mit den Schlagworten Wirtschaftswunder, Vollbeschäftigung, Konsumgesellschaft, Wohlstandsgesellschaft, Sozialstaatlichkeit usw. umrissen werden. Zugleich hatten sie, so unsere These, spezifische Folgen für die Lebens- und Gesellschaftsauffassungen eines Großteils der bundesdeutschen Bevölkerung, stellten gewissermaßen *Lernaufforderungen*, neue *Verhaltenszumutungen*, aber auch *erweiterte Horizonte* der Lebensmöglichkeiten dar: Mit der *Öffnung des sozialen Raums* vollzogen sich qualitative Veränderungen der sozialen Erfahrungen in Familie, Alltag und Beruf.[1]

Der Lebensstil jener Nachkriegs- und Aufbaugeneration, nämlich der Elterngeneration der Angehörigen neuer sozialer Milieus, wird heute in Ausstellungen und Dokumentarfilmen als eine ebenso konventionelle wie sich modern gebende, an die amerikanische Leitkultur angelehnte historische Kuriosität zelebriert. Auffallend ist der bekannte Widerspruch in den Verhal-

---

1 Zu den Veränderungen wesentlicher Lebensbereiche (Politik, Soziales, Kultur und Bildung, Wirtschaft und Erwerbstätigkeit, Wohlfahrt) siehe u. a. die Sammelbände von Conze/Lepsius 1983; Weidenfeld/Zimmermann 1989 (siehe auch die darin enthaltene Auswahlbibliographie S. 719 ff.); Hettlage 1990; Bundeszentrale für politische Bildung 1990. Aus der Diskussion um Klassen, Schichten und soziale Ungleichheit vgl. Berger 1986; Berger/Hradil 1990a; Bolte/Hradil 1988; Handl/Mayer/Müller 1977; Haller 1983; Haller/Müller 1983; Hradil 1985, 1992a; Hradil 1987, 1990a, 1990b, 1990c, 1993; Kreckel 1982, 1992, Kreckel 1983a; Rothenbacher 1989. Umfangreiche Datensammlungen neben der amtlichen Statistik finden sich u. a. in Ballerstedt/Glatzer 1979; R. Geißler 1992; Statistisches Bundesamt 1989, 1992. Zu regionalen Sozialstrukturen und Disparitäten vgl. u. a. Bertram/Bayer/Bauereiß 1993; Friedrichs/Häußermann/Siebel 1986. Einen facettenreichen Einblick »von unten« in die Lebenssituation der Menschen bis Anfang der siebziger Jahre gewährt der Sammelband: Heiß und Kalt 1986.

tensorientierungen jener wachsenden Wohlstandsgesellschaft. Wir können ihn als ›kulturelle Inkonsistenz‹ bezeichnen: Während in der Produktions- und Arbeitssphäre Leistung und Verzicht maßgeblich waren, wurden in der wachsenden Konsum- und Freizeitwelt Werte des Lebensgenusses leitend. Und während die Elterngeneration selbst noch im Konsum den asketischen, leistungs- und ordnungsorientierten Werten ihrer eigenen Jugend verhaftet blieb, standen die Stile, in denen sie ihre Kinder erzogen, weit weniger unter dem Druck von materiellem Mangel, sozialer Not und restriktiven Geboten.[2] An die Grenzen des sozialen Aufstiegs geratene Elterngruppen wie Facharbeiter und (untere bis mittlere) Angestellte erkannten die Bedeutung kulturellen Kapitals und vermittelten ihren Kindern die Einsicht in die Notwendigkeit eines Bildungsaufstiegs.

Die Analyse der ökonomisch und politisch motivierten Öffnung des sozialen Raums erforderte es, in unserer Untersuchung die qualitativ bzw. quantitativ expandierenden Erwerbstätigkeiten sowie auch die sozialen Lagen, wie sie sich gegen die traditionaleren Muster nach 1945 herausgebildet hatten, zu identifizieren.

Bei der Analyse der Veränderungen in der Erwerbs- und Sozialstruktur[3] ließen wir uns von folgenden Fragestellungen lei-

---

2 Vgl. u. a. Becker-Schmidt/Knapp 1985; Metz-Göckel 1987; Preuss-Lausitz 1991. Während in Meinungsumfragen z. B. ›Ordnungsliebe und Fleiß‹ als dominierender Leitwert der Kindererziehung von Anfang der fünfziger Jahre bis Mitte der siebziger Jahre eine über den Zeitverlauf relativ stabile Zustimmung von jeweils 41% der Befragten hatten, reduzierte sich der Anteil von restriktiven Leitwerten wie ›Gehorsam und Unterordnung‹ von 25% (1951) auf 10% (1976). Im gleichen Zeitraum hat sich die Bedeutung offenerer und demokratischer Leitwerte wie ›Selbständigkeit und freier Wille‹ von 28% auf 51% nahezu verdoppelt (Ballerstedt/Glatzer 1979, S. 230, Tabelle 8; zitiert nach: Emnid-Informationen 6/7 1976, S. 16).

3 Den Begriff Sozialstruktur benutzen wir in Anlehnung an Stefan Hradil als ›pluralistischen Sozialstrukturbegriff‹: »Der Sozialstrukturbegriff bezieht sich auf *gesamtgesellschaftliche Strukturen*. (...) Bei der Sozialstrukturanalyse geht es immer zugleich um ›äußere‹ Lebens- und Handlungsbedingungen (Ressourcen, Rollen, Stereotype, soziale Bewegungen und so weiter) und um ›innere‹ Prägungen (Freiheitsgrade, Motive, Interessen, Mentalitäten und Handlungsmuster), um die gegenseitigen Verhältnisse und Verzahnungen beider Seiten und um die

ten: Welche Veränderungen in den sozialen Positionen haben sich in vier Jahrzehnten Bundesrepublik vollzogen? In welchen Zonen des sozialen Raums lassen sich diese Veränderungen am deutlichsten beobachten, und in welchen Feldern gibt es bis heute Kontinuitäten? Wie veränderten sich die ›alten‹ sozialen Ungleichheiten, und welche Bedeutung haben sogenannte ›neue‹ soziale Ungleichheiten erlangt, die nicht allein vom Erwerbsstatus abhängen?[4] Wie reagierten die Menschen auf die sich verändernden strukturellen Bedingungen? Schließlich: Welche Hinweise gibt es auf eine Pluralisierung sowie auf eine – in Relation zu den Strukturen in den Anfängen der Bundesrepublik – Entkoppelung sozialer Lagen und Mentalitäten?

Vor der Darstellung unserer Befunde (Zusammenfassung in Abschnitt 11.3. sowie detailliert an ausgewählten Beispielen in den Abschnitten 11.4. bis 11.8.) werden in den folgenden Abschnitten 11.1. und 11.2. die uns bei den Analysen zu Öffnungs- und Schließungsprozessen im sozialen Raum leitenden theoretischen und methodischen Überlegungen entwickelt.

1. Zur Analyse des sozialen Raums

Seit dem Ausgang der siebziger Jahre wird der tiefgreifende Wandel der Erwerbs- und Sozialstrukturen breit diskutiert. Das vorliegende Kapitel beschreibt die theoretischen und methodischen Überlegungen unseres Versuchs, diese Veränderungen, anders als bisher in den Sozialwissenschaften, nach dem Bourdieuschen Konzept des sozialen Raums zu rekonstruieren, und zwar am Beispiel des Raums der Erwerbs- und Berufspositionen.

Die Entwicklung der Erwerbstätigkeit zeigt für die alte Bundesrepublik ein *doppeltes Gesicht*. Einerseits sind mehr als die

Unterscheidung von Bevölkerungsgruppen (...) unter Verweis auf beide Seiten. Sozialstrukturanalyse ist somit keine Institutionenkunde oder Systemlehre – hier fehlt die ›innere‹ Seite –, sie ist aber auch keine Sozialpsychologie oder Zeitgeistanalyse – hier fehlen die ›äußeren‹ gesellschaftlichen Vorgaben« (Hradil 1990b, S. 75 f.).

4 Zur Diskussion von ›alte‹ und ›neue‹ soziale Ungleichheiten siehe u. a. Beck 1986; Berger 1986; Berger/Hradil 1990; Bolte/Hradil 1988; R. Geißler 1992; Hradil 1985, 1987, 1990a, 1990b, 1990c, 1992a, 1992b, 1993; Kreckel 1982, 1983a, 1992; Strasser/Goldthorpe 1985.

Hälfte der westdeutschen Bevölkerung nicht bzw. nicht mehr erwerbstätig (etwa 36 Millionen) und beziehen ihren überwiegenden Lebensunterhalt aus Renten, staatlichen Transferleistungen oder als Familienangehörige. Demgegenüber sind in den letzten Jahren aber immer mehr Menschen erwerbstätig geworden.

Diese scheinbar paradoxe Entwicklung erklärt sich aus dem veränderten Bild der Erwerbstätigkeit: Auffällig sind längere Ausbildungszeiten und frühere Verrentung, die Reduzierung von Lebens- und Wochenarbeitszeit und die verstärkte Inanspruchnahme von Teilzeitarbeit »als gelungenem Kompromiß zwischen Beruf und Familie«.[5] Sie legen den Schluß nahe, Erwerbsarbeit hätte etwas von ihrem zentralen gesellschaftlichen Stellenwert eingebüßt. Andererseits existiert aber eine nach wie vor sehr hohe Erwerbsquote bei den 20- bis 60jährigen Männern (> 90%) und den Frauen (20- bis 40jährige von 53% 1970 auf 67% 1985; 40- bis 60jährige von 45% auf 53%). Wir stehen also nicht vor dem »Ende der Arbeitsgesellschaft«, sondern befinden uns vielmehr in einem Umstrukturierungsprozeß, in dem sie ihre Form verändert und sich zunehmend auf das mittlere Lebensdrittel konzentriert.[6]

Flexibilisierung, Diversifizierung und Intensivierung beschreiben wohl am besten diese Veränderungen: In allen Wirtschaftssektoren, in akademischen und nichtakademischen Berufen haben diejenigen Beschäftigungen anteilmäßig zugenommen, die im weiteren Sinne mit Kommunikation, Information, Gesundheit und Bildung zu tun haben[7], Berufe also, zu deren Ausübung ein *vermehrter Erwerb von Bildung beziehungsweise (institutio-*

---

[5] Hradil 1990b, S. 84.

[6] Zapf 1989, S. 108.

[7] Dies betrifft jedoch nicht nur die sogenannten Humandienstleistungsberufe, sondern auch die Neuordnungen und Umstrukturierungen im betrieblichen Ausbildungswesen der Metall-, Elektro-, kaufmännischen und Umweltberufe im Zuge der Einführung neuer Technologien, die in erhöhtem Maße Verantwortungsbewußtsein und selbständiges Handeln erfordern. Vgl. dazu u. a. BIBB 1988; Biermann 1989; Kruse/Kühnlein/Paul-Kohlhoff/Strauss 1989; das Siemens-Projekt »Petra« (Projekt- und transferorientierte Ausbildung); zu veränderten ökologischen Bewußtseinsformen bei Industriefacharbeitern siehe u. a. Heine/Mautz 1988.

nalisiertem) kulturellem Kapital erforderlich war und ist. Diese Berufe bezeichnen wir hier – in Anlehnung an Bourdieu – als ›neue Berufe‹.[8] Dabei handelt es sich nicht um völlig neu entstandene Berufe. Hiermit sollen vielmehr zwei Aspekte hervorgehoben werden: einerseits die gestiegene Bedeutung kulturellen Kapitals im Raum der Berufspositionen, andererseits verzeichnen diese Berufe seit den fünfziger Jahren weit überdurchschnittliche Wachstumsraten der Berufsangehörigenzahlen, insbesondere bei den Frauen. Die Zonen des sozialen Raums, in denen infolge der gestiegenen Bedeutung kulturellen Kapitals verstärkt der Wunsch nach mehr Verantwortung und Selbstverwirklichung im beruflichen Alltag entwickelt werden konnte[9], geben uns Hinweise auf Modernisierungs- und Öffnungsprozesse bzw. -potentiale. Diesen Potentialen und *dynamischen Teilzonen des sozialen Raums galt unser Hauptinteresse* bei der Analyse sozialstruktureller Veränderungen in der Bundesrepublik seit den fünfziger Jahren. Hier, in bestimmten modernisierten Arbeitnehmerberufen, vermuteten wir ein Hauptrekrutierungsfeld neuer sozialer Milieus, aber auch dort, wo besondere Inkonsistenzen und Enttäuschungen erfahren wurden. In den sich modernisierenden Teilbereichen des gesellschaftlichen Raums wurden die Menschen, so unsere These, mit von außen vorgegebenen signifikanten Veränderungen ihrer Lebens- und Arbeitsverhältnisse konfrontiert, für deren Bewältigung sie neue Verhaltensstrategien entwickeln mußten beziehungsweise, im Sinne einer ›Horizonterweiterung‹, auch konnten.

Theoretisch und empirisch haben wir uns bei der Rekonstruktion und Analyse des sozialen Raums der Bundesrepublik von den Ansätzen Pierre Bourdieus[10] und Theodor Geigers[11] leiten lassen:

(1) Dabei gingen wir davon aus, daß die neuen sozialen Milieus und Akteure nur dann hinreichend analysiert werden können,

---

8 Bourdieu 1982, S. 221 ff., 561 ff.
9 Vgl. Baethge 1991.
10 Bourdieu 1974, 1981, 1982, 1983, 1985, 1987, 1988, 1991a; Zimmermann 1983; vgl. auch Eder 1989; H.-P. Müller 1986, 1989; Liebau 1987.
11 Geiger 1932b, 1933a, 1933b, 1962a, 1962b, 1962c, 1962d sowie D. Müller 1988. Wir stützen uns v. a. auf sein methodisches Vorgehen, das sog. »aszendierende Verfahren« (Geiger 1932b, S. 17 f.).

wenn sie *im Zusammenhang mit den Veränderungen gesamtgesellschaftlicher Sozialstrukturen* untersucht werden. Wir begreifen die neuen sozialen Milieus als Ausdruck eines umfassenderen sozialstrukturellen Wandels, der alle gesellschaftlichen Bereiche und Akteure betrifft. Die Notwendigkeit der Analyse neuer sozialer Milieus vor dem Hintergrund eines umfassenden gesellschaftlichen Modernisierungsprozesses bestätigte sich sowohl in den Arbeiten des ›Sinus‹-Instituts als auch in den Ergebnissen unserer Interviewreihen. Dabei wurde die spezifische Heterogenität der neuen sozialen Milieus deutlich. Sie entspricht den verschiedenen Dynamiken der Modernisierung bestimmter Berufsgruppen und sozialer Lagen.

(2) Unsere zweite Überlegung ging davon aus, daß unser *historischer* Ansatz eine Dynamisierung des Modells des Raumes der sozialen Positionen der (westlichen) Bundesrepublik erforderte, um die veränderten Bedeutungen kulturellen, ökonomischen und sozialen Kapitals genauer ermitteln zu können. Als ein bereits in den fünfziger Jahren angelegter historischer Prozeß war die Öffnung des sozialen Raums und die damit verbundene Genese neuer sozialer Milieus vor allem im Zusammenhang intra- und intergenerationeller Mobilitäten zu untersuchen.

(3) Obwohl seit dem Ausgang der siebziger Jahre umfangreiche empirische Untersuchungen mit einer Fülle detaillierter Daten über Dimensionen sozialer Ungleichheit und die damit verbunden Dynamiken in der Sozialstruktur der Bundesrepublik vorgelegt worden sind[12], sind auf die Gesamtstruktur sozialer Ungleichheit zielende Fragen eher selten gestellt worden. Deshalb beziehen wir uns in unserer Analyse auf die *Raumkonzepte* von Bourdieu[13] und Geiger, weil sie dem Anspruch einer historisch-

---

12 Zu nennen sind hier u. a. die Sozialindikatorenforschung des SPES-Projekts (Sozialpolitisches Entscheidungs- und Indikatorensystem für die Bundesrepublik Deutschland), die Arbeiten aus dem VASMA-Projekt (Vergleichende Analysen der Sozialstruktur mit Massendaten), die Projekte im Rahmen des Sonderforschungsbereichs 3 der Universitäten Frankfurt und Mannheim »Mikroanalytische Grundlagen der Gesellschaftspolitik« und des Sozioökonomischen Panels (SOEP) sowie die Untersuchungen des IMSF und des Projekts Klassenanalyse. Des weiteren sind verschiedene Arbeiten aus dem Kreis der Geschichtswissenschaften zu beachten, wie z. B. Mooser (1984).

13 Bourdieu 1982, S. 176 ff.; vgl. Kapitel 5.6.

gesamtgesellschaftlichen Analyse näher kommen als andere. Das dreidimensionale Raummodell von Bourdieu (vgl. Abb. 6, S. 46 f.) erlaubt es, eine horizontale und vertikale Pluralität sozialer Lagen und Positionen darzustellen. In der vertikalen Dimension lassen sich die Rangpositionen der Schichtungstheorien und die Herrschaftsverhältnisse der Klassentheorie sowie auch das hierarchische Geschlechterverhältnis ausdrücken. In der horizontalen Dimension lassen sich Differenzierungen der sozialen Arbeitsteilung abbilden. In der zeitlichen Dimension können durch die Darstellung der Dynamiken innerhalb und zwischen den verschiedenen Feldern des sozialen Raums auch soziale Mobilitäten und sozioökonomische Wandlungsprozesse nachvollzogen werden.

(4) Die Analyse sozialer Positionen sollte, dem Konzept des Sozialraums entsprechend, nicht eindimensional schichten, sondern die qualitativen Muster der Lebenschancen und Ressourcen identifizieren. Die sozialen Positionen konnten daher nicht durch einzelne Merkmale oder eine Summe oder eine Kette von Merkmalen, sondern nur durch die *Struktur der Beziehungen zwischen den relevanten Merkmalen definiert werden, d. h. durch Syndrome*[13] *(die dabei gewählte methodische Vorgehensweise ist im folgenden Abschnitt detailliert beschrieben).*[14] *Insbesondere nutzten wir das von Geiger entwickelte ›aszendierende Verfahren‹*[15]*, um kleinere homogene Teilgruppen der Bevölkerung nach und nach zu einem Mosaik des sozialen Raums zusammenzufügen.*

(5) Bei der Rekonstruktion des sozialen Raums haben wir uns zunächst auf die *Erwerbsbevölkerung* konzentriert, um in einem vereinfachenden Modell gesellschaftliche Strukturen als *Felder von Berufsgruppen* erkennbar werden zu lassen, die verschiedene vertikale Rangpositionen und horizontale Positionen von kulturellem und ökonomischem Kapital einnehmen. Ebenso wie sich damit als wichtiger Aspekt der Öffnung des sozialen Raums das säkulare Wachstum der Berufsgruppen mit höheren kulturel-

---

14 Eder (1989b, S. 23) spricht diesbezüglich – ähnlich wie Bourdieu – von einem »zirkulären Determinationszusammenhang«, in dem es keine unabhängigen Variablen mehr geben kann, da »jede unabhängige Variable bereits selbst Effekt« bestimmter, bereits vorhandener Strukturen ist.
15 Siehe Kapitel 5.6.

len Kapitalanteilen nachweisen läßt, offenbart das Modell die Benachteiligung bestimmter Geschlechts-, Alters- und Ethnogruppen und verschafft die Möglichkeit für Hinweise auf die Beziehung von sozialen Lagen, Mentalitäten und Milieus. Der sich in diesem Modell andeutende Fortbestand geschlechtsspezifischer Benachteiligungen und das Entstehen neuer sozialer Ungleichheiten läßt sich jedoch nur dann genauer ermitteln, wenn neben der Erwerbsbevölkerung auch die etwa 36 Millionen *Nichterwerbstätigen* der alten Bundesrepublik in die Konstruktion des sozialen Raums integriert werden. Zu ihnen zählen vor allem die verschiedenen Ausbildungspopulationen, die Nichterwerbspersonen im erwerbsfähigen Alter (z. B. Hausfrauen), die Arbeitslosen, die Rentner und Rentnerinnen, die Nichterwerbsfähigen und die marginalisierten Populationen. Diese Erweiterung der Analyse auf die sozialen Lagen der Gesamtbevölkerung konnte im Rahmen dieses Projekts nicht abgeschlossen werden und bleibt Folgeprojekten vorbehalten.

2. Methode und Operationalisierung

Grundlage für eine historische Berufsstrukturanalyse zwischen 1950 und 1987 mußte eine für diesen Zeitraum *vergleichbare Berufssystematik*[16] sein. Da die Berufe bzw. Berufsgruppen nach der Struktur ihres ökonomischen kulturellen und sozialen Kapitals sowie weiterer Merkmale untersucht werden sollten[17], konnten wir keine der existierenden vergleichenden Systematiken direkt übernehmen. Es mußte eine veränderte Berufssystematik entwickelt werden, auf deren Grundlage eine *vertikale und horizontale Differenzierung und Verortung der Berufe im sozialen Raum* vorgenommen werden konnte. Hierzu haben wir einen

16 Hermann 1989a, 1989b.
17 Elemente des ökonomischen Kapitals in der aus den Statistiken operationalisierbaren Form sind Einkommen, Stellung im Beruf, wöchentliche Arbeitszeit (Voll-/Teilzeitarbeit), Wirtschaftszweig, von Arbeitslosigkeit Betroffensein, Immobilien- und Kapitalbesitz. Operationalisierbare Merkmale des kulturellen Kapitals sind z. B. allgemeinbildende Schul- und berufliche Ausbildungsabschlüsse (Titel = institutionalisiertes kulturelles Kapital), aber auch die soziale Herkunft (inkorporiertes kulturelles Kapital).

> Der sozioökonomische Merkmalskatalog enthält für jede Berufsgruppe Angaben über
>
> - die absolute Größe der Berufsgruppe und ihre (absolute und prozentuale) Veränderung 1950 – 1987
> - die Anteile von Männern und Frauen
> - die Altersstruktur
> - die allgemeinen und beruflichen Ausbildungsabschlüsse
> - die Stellung im Beruf
> - die Verteilung auf Wirtschaftsabteilungen
> - die überwiegend ausgeübte Tätigkeit
> - die wöchentliche Arbeitszeit
> - das monatliche Nettoeinkommen von Voll- und Teilzeitbeschäftigten
> - die Anteile ausländischer Erwerbstätiger
> - die Betroffenheit durch Arbeitslosigkeit

sozioökonomischen Merkmalskatalog (einschließlich eines entsprechenden Datenblattes) für jede Berufsgruppe entwickelt. Unter Heranziehung der amtlichen »Klassifizierung der Berufe« sowie vorliegender Untersuchungen, die eine Vergleichbarkeit von Berufsfeldern über mehrere Zählungen zum Ziel hatten[18], wurde zunächst eine Berufssystematik mit insgesamt 131 Berufsgruppen entwickelt. Ein Vergleich dieses ersten Entwurfs mit der in Aufbau befindlichen Berufskartei des Statistischen Bundesamtes führte zu einer weiteren Differenzierung mit insgesamt *163 Berufsgruppen*.

Diese Berufskartei des Statistischen Bundesamtes wurde auf der Grundlage des Mikrozensus 1987 erstellt und ist nach Vorlage der Resultate der Volks- und Berufszählung von 1987 mit dieser abgeglichen worden. Da der Merkmalskatalog der von uns entwickelten Berufssystematik mit demjenigen der in Aufbau befindlichen Berufskartei in fast allen Punkten übereinstimmte, vereinbarten wir einen Probelauf im Rechner des Statistischen Bundesamtes mit insgesamt 83 uns besonders interessierenden Berufen. Nach erfolgreichem Abschluß dieser Berechnungen hat uns das Statistische Bundesamt die Berufskartei-Daten aller 328 Berufsordnungen der amtlichen Statistik zur Verfügung gestellt.

18 Statistisches Bundesamt 1975; Karr/Leupoldt 1976; Stockmann/Willms-Herget 1985; Schott-Winterer/Riede 1987.

Sie enthält für jede dieser Berufsordnungen die absoluten und prozentualen Angaben über die Größe, die Alterszusammensetzung, die allgemeinbildenden Schul- und beruflichen Ausbildungsabschlüsse (einschließlich der Kategorie ›ohne Abschluß‹), die Stellung im Beruf, die Verteilung auf Wirtschaftsabteilungen, die überwiegend ausgeübte Tätigkeit, die wöchentliche Arbeitszeit, das monatliche Nettoeinkommen der Voll- und Teilzeiterwerbstätigen sowie den Anteil ausländischer Erwerbstätiger. Alle Angaben werden jeweils für die gesamte Berufsordnung sowie für Männer und Frauen getrennt aufgeführt.

Abweichungen von den bestehenden Berufssystematiken ergaben sich insbesondere in Teilen der Fertigungsberufe, der technischen Berufe und der sog. Dienstleistungsberufe, etwa indem wir traditionelle Handwerkerberufe[19] aus den entsprechenden Berufsgruppen herauslösten oder im Gesundheits- und Bildungswesen Differenzierungen vornahmen. An einigen Stellen mußten wir aufgrund der verschiedenen Systematiken für die Berufszählungen von 1950 bis 1970 auf eine Vergleichbarkeit seit 1950 zugunsten der Feindifferenzierung nach Kapitalstruktur und -volumen verzichten. Dies betraf vor allem einige landwirtschaftliche Berufe (s. u.) sowie die technischen Berufe der Ingenieure und Techniker, die erst seit der Berufszählung von 1970 getrennt voneinander erhoben werden. In diesen Fällen sind die Berufe erst seit 1961 bzw. 1970 vergleichbar. Die folgenden zwei Beispiele verdeutlichen noch einmal die qualitativen Unterschiede zwischen bestehenden Berufssystematiken und unserer neu entwickelten Systematik:

Die *Tierärzte* haben wir aus dem Berufsfeld der gesundheitssichernden Berufe aus- und als eigenständige Berufsgruppe in die Systematik eingegliedert, da sie sich in Bildungs- und Qualifikationsniveau, sozialrechtlicher Stellung, sozialer Lage und Stellung, d. h. in der Zusammensetzung und Menge des ökonomischen, kulturellen und sozialen Kapitals, und dementsprechend auch im Habitus (hierzu zählt auch das Standesbewußtsein) in beträchtlicher Weise von den übrigen gesundheitssichernden Be-

19 Dies wurde vor allem auf dem Hintergrund relativ hoher Anteile von Selbständigen vollzogen, ist jedoch auch mit einem von den an Maschinen tätigen (Akkord-)ArbeiterInnen verschiedenen Habitus zu begründen. Beispiele in der Systematik sind u. a. die Schneider, Schmiede, Rohrinstallateure, Tischler, Friseure.

rufen, das heißt Desinfektoren, Schädlingsbekämpfern, Fleischbeschauern und Leichenbestattern, unterscheiden.[20]

Gleiches gilt auch für die *Agraringenieure, Verwalter und Berater in Landwirtschaft und Tierzucht*, die bei Karr/Leupoldt, Stockmann/Willms und Schott-Winterer/Riede aus Gründen der Vergleichbarkeit mehrerer Zählungen mit den Landwirten, Tierzüchtern und Tierpflegern in einer Gruppe zusammengefaßt wurden, obwohl über 90% von ihnen abhängig beschäftigt sind (im Gegensatz zu den meist selbständigen Landwirten) und ein viel höheres Bildungs- und Qualifikationsniveau, d. h. institutionalisiertes kulturelles Kapital, aufweisen.

Die Veränderungen der Berufsstruktur wurden jeweils für 10-Jahres-Abstände berechnet, um so die verschiedenen Phasen der Öffnung und Schließung sowie die berufsstrukturellen Dynamiken und Modernisierungsschübe herausarbeiten zu können. Die prozentualen Veränderungsraten der Erwerbstätigenzahlen in den einzelnen Berufsgruppen wurden bezogen auf die absoluten Veränderungen innerhalb jeder Berufsgruppe sowie auch in Abhängigkeit zur Veränderung der Gesamtheit der Erwerbstätigen (bzw. der erwerbstätigen Männer oder Frauen) berechnet.[21]

Die *Positionen der Berufe im sozialen Raum wurden durch ein Verfahren vergleichender Bewertung* bestimmt. Ohne Kenntnis der Berufsbezeichnung haben wir im *iterativen Gruppenverfahren* mit Hilfe der Daten der Berufskartei eine ›Grob-Verortung‹ der gesamten Berufsgruppe vorgenommen. Dabei wurden Angaben über die Stellung im Beruf, das monatliche Nettoeinkommen, die wöchentliche Arbeitszeit und die Wirtschaftsabteilung als operationalisierbare Kategorien des ökonomischen Kapitals, allgemeinbildende und berufliche Ausbildungsabschlüsse sowie die ausgeübte Tätigkeit als operationalisierbare Kategorien des

---

20 Schott-Winterer/Riede (1987, S. 25) führen in ihrer Systematik den Tierarzt zusammen mit den genannten Berufen unter der Kategorie »gesundheitssichernde Berufe«, da sie die Berufe nach Tätigkeitsschwerpunkten klassifizieren.

21 Die Veränderungsraten in Abhängigkeit zur Veränderung der Gesamtheit der Erwerbstätigen (bzw. der erwerbstätigen Männer oder Frauen) verdeutlichen stärker als die rein absoluten Veränderungen den unterschiedlichen Stellenwert der jeweiligen Berufsgruppe innerhalb der Berufsstruktur der Bundesrepublik im Zeitverauf.

kulturellen Kapitals einbezogen. Die innere *Differenzierung* jeder Berufsgruppe wurde durch askriptive Merkmale der Statuszuweisung (Frauenanteil, Ausländeranteil, Alter[22]) sowie weitere qualitative Merkmale (z. B. den Grad der Körperlichkeit der Arbeit, Schichtarbeit, den Grad der Gestaltungsfreiheit in der Berufsausübung, Art der Arbeitskleidung, gewerkschaftlicher Organisierungsgrad usw.[23]) bestimmt. Nicht die Einzelmerkmale jeder Berufsgruppe, sondern deren jeweils charakteristische Verknüpfung ermöglichte es, die Gruppen nach Kapitalvolumen (auf der vertikalen Achse des sozialen Raumes) und Kapitalstruktur (auf der horizontalen Achse des sozialen Raums) zu lokalisieren. Dieses *(Beziehungs-)Geflecht von Merkmalen* ›zog‹ gewissermaßen jede Berufsgruppe so lange hin und her, bis ein entsprechender *Berufsraum* lokalisiert werden konnte. Jede neue Berufsgruppe wurde von uns in Relation zu den bereits lokalisierten Gruppen eingeordnet. Das heißt, alle im folgenden dargestellten Berufsräume sind ausschließlich in ihren Relationen untereinander zu betrachten. So war bei der Einordnung des letzten Berufs die Möglichkeit zur Korrektur aller vorhergehenden Berufs-Verortungen gegeben (was auch teilweise erfolgte). Diese ständige Möglichkeit zur Korrektur sozialer Positionen stellt ein wesentliches qualitatives Element unseres Analyseprozesses dar. Auch Theodor Geiger betonte bei der Erläuterung seines aszendierenden Sondierungsverfahrens die Notwendigkeit einer »steten Bereitschaft zur Korrektur der arbeitshypothetisch vorgestellten Maßstäbe«.[24]

In der Analyse wurde deutlich, daß die einzelnen Berufe *keine punktuelle* Position im sozialen Raum, sondern *nach Kapitalstruktur und -volumen charakterisierte Teilräume* einnehmen. Je nach Geschlecht, Alter, Bildung, Einkommen, sozialrechtlicher Stellung (z. B. Selbständige mit/ohne Beschäftigte vs. Abhängige)

---

22 Hier ging es hauptsächlich darum, daß die jüngsten Berufszugehörigen aufgrund ihres geringen Alters in der Regel zwar gleiche oder höhere Bildungsqualifikationen nachweisen können, dem Einkommen und der Position in der Betriebshierarchie nach jedoch eher die unteren und mittleren Ränge einnehmen, was auf eine biographisch bedingte niedrigere Position im sozialen Raum hinausläuft.

23 Vgl. u. a. Berufs(kurz)beschreibungen der Arbeitsämter und Berufsinformationszentren.

24 Geiger 1932b, S. 17 ff.

usw. ließen sich unterschiedliche Positionen eines Berufs bestimmen.[25]

Zur Darstellung des Gesamtraumes der beruflichen Positionen, d. h. der Zusammenführung der Analysen zu Öffnungs- und Schließungsprozessen, berufsstrukturellen Dynamiken und Modernisierungsschüben (Mobilitäten im sozialen Raum, Modernisierungsgewinner und -verlierer) und zur Darstellung der im Raum herrschenden Kräfte- und Klientelverhältnisse wurden nach diesem Verfahren insgesamt 102 der 163 von uns systematisierten Berufsgruppen[26] im sozialen Raum verortet und in einem weiteren Schritt ähnlich Geigers aszendierendem Verfahren zu *Berufsbereichs-Räumen* zusammengefaßt: Bildungs-, Wissenschafts-, Kulturvermittlungsberufe, medizinisch-soziale Dienstleistungs- und sozialpflegerische Berufe, Ärzte, Apotheker, Rechtsanwälte, Ingenieure, Architekten, Techniker, Verwaltungs- und Büroberufe, Handels-, Banken- und Versicherungsberufe, Berufe der Papier-, Holz- und Metallherstellung und -verarbeitung, Landwirtschaftsberufe sowie traditionelle Handwerksberufe. Die Auswahl dieser Berufe war insofern exemplarisch, als annähernd alle Zonen des sozialen Raums damit berücksichtigt waren.

Aus der Lage der einzelnen Berufe und der Berufsbereiche konnten wir anschließend mit Hilfe der Variablen des sozioökonomischen Merkmalkatalogs wiederum Felder bzw. Teilräume sozialer Ungleichheiten (u. a. nach Geschlecht, Ethnie, Bildungsniveau) sowie die in der Bundesrepublik wirksamen berufsstrukturellen Dynamiken (etwa nach stark expandierten bzw. stark geschrumpften Berufsgruppen) identifizieren und abbilden. In Verbindung mit den Resultaten aus unserer Repräsentativbefragung ließen sich damit unsere Thesen zur Lage der neuen sozialen Milieus überprüfen.

---

25 Vgl. auch Bourdieu 1982, S. 215.
26 Dies entspricht 83 Berufsordnungen nach dem dreistelligen Berufsschlüssel der amtlichen Klassifizierung der Berufe (a. a. O.) und weiteren 19 Berufsgruppen nach dem darüber angeordneten zweistelligen Berufsschlüssel. Diese Berufsgruppen sind in sich relativ homogen, so daß eine weitere Differenzierung nicht notwendig war.

3. Neue Spannungsfelder in der pluralisierten Klassengesellschaft

Unsere bisherigen Ergebnisse[27] lassen verschiedene Grundmuster einer Restrukturierung des Raums sozialer Positionen und Lagen erkennen. Durch die Veränderung der Produktionsweise und der Staatsfunktionen sind neben den alten Klassengegensatz von Kapital und Arbeit neue Spannungsfelder getreten. Sie repräsentieren Ungleichheitsverhältnisse, die in verschiedenen älteren und neueren historischen Gesellschaftsformen entstanden sind und sich heute gewissermaßen in Ungleichzeitigkeit überlagern: Ungleichheitsdimensionen der sogenannten alten und der sogenannten neuen sozialen Frage treten gleichzeitig auf. Diese neuen Spannungsfelder stehen in Zusammenhang mit zunehmenden horizontalen Pluralisierungen, zunehmenden vertikalen Privilegienscheren und zunehmender Differenzierung sozialer Lagen außerhalb der Erwerbssphäre. Wie bereits in 2.4. dargestellt, lassen sie sich exemplarisch folgendermaßen zusammenfassen:

(1) *Horizontale Pluralisierung:* Seit den fünfziger Jahren sind, mit regionalen Unterschieden, immer neue Teilfelder der Erwerbstätigkeit von Modernisierungsschüben erfaßt worden. Auf Kosten traditionaler, körperlicher Arbeit wuchsen Berufsgruppen in der linken Hälfte des Sozialraums mit ihrem höheren Bedarf an kulturellem Kapital. Dem entsprach die Öffnung des Bildungssystems. Die Folge war eine im Saldo überwiegend horizontale Mobilität aus traditionellen Ar-

---

27 Sie stützen sich auf Auswertungen der im Juni/Juli 1991 in den alten Bundesländern einschließlich Westberlin durchgeführten Repräsentativbefragung, von Befunden aus unseren Interviewreihen (insbesondere den themenzentrierten Interviews) sowie von uns durchgeführten Sekundäranalysen sozioökonomischer Daten und Materialien aus den Bereichen der amtlichen Statistik (Volks- und Berufszählungen 1950-1987, Mikrozensuserhebungen seit 1973, Materialien der Bundesanstalt für Arbeit). Daneben wurden einbezogen Materialien und Analysen von Berufsverbänden, Gewerkschaften, Bildungsinstitutionen, den Markt- und Meinungsforschungsinstituten ›Sinus‹ (Heidelberg), ›Infratest‹ und ›Polis‹ (beide München) sowie mehrerer Forschungsprojekte (SPES, VASMA, Sfb-3, IMSF, Projekt Klassenanalyse, SOEP).

beiter- und Bauernberufen in Angestelltenberufe und die
›neuen Berufe‹[28]. Gewinner und Gewinnerinnen dieser Mobilität waren vor allem Bildungschancen nutzende Arbeiter- und Angestelltenkinder und viele jüngere Frauen. Aber auch außerhalb der Erwerbssphäre finden wir Beispiele horizontaler Pluralisierungen, etwa in der Ausdifferenzierung von (Zusammen-)Lebensformen, der Veränderung von Haushaltsgrößen und Familienstrukturen.

(2) *Vertikale Klassenbarrieren:* Trotz absolut wachsender Einkommen und Qualifikationen blieben die relativen Rangabstände sozialer Lagen seit 1950 annähernd gleich. Da die höheren Positionen sich nicht wesentlich vermehrten, entstand ein Mobilitätsstau und damit eine verschärfte Konkurrenz unter den Aufstiegswilligen. Seit Ausgang der siebziger Jahre wuchsen Tendenzen der sozialen Schließung.

(3) *Weitung der Privilegienschere:* Die Konkurrenz wurde vielfach nicht nach Leistungsunterschieden, sondern nach der Zugehörigkeit zu den klassischen unterprivilegierten Gruppen und ›neuen sozialen Ungleichheiten‹ entschieden. Sie benachteiligte vor allem Frauen, alte Menschen, gering qualifizierte junge ArbeiterInnen, AusländerInnen und EinwohnerInnen strukturschwacher Regionen. Trotz hoher Mobilität finden sich z. B. die Frauen noch meist in den subalternen Positionen ihrer Berufsfelder, sind immer noch 80% der Berufe typische Männer- oder Frauenberufe und werden ›feminisierte‹ Berufsgruppen abgewertet.

Zugleich weitet sich die Privilegienschere nach oben, wo einzelne Gruppen ohne erkennbare Höherqualifikation hochprivilegiert sind oder scheinen. Dies erklärt die Zunahme der Gruppen, die ihr Vertrauen auf Leistungsgerechtigkeit, ein Grundprinzip der Sozialordnung, enttäuscht, sich ›geprellt‹ (Bourdieu) sehen. Neben den alten Klassengegensatz zwischen Kapital und Arbeit und die alte Hierarchisierung nach Stufen des kulturellen Kapitals und der Leistung tritt nun wieder verstärkt die Hierarchisierung nach askriptiven Merkmalen der Zugehörigkeit. So differenzieren sich jenseits des Leistungsprinzips eine hochprivilegierte

---

28 Qualifizierte Kunst-, Kultur- und Kulturvermittlungsberufe, Bildungs- und Erziehungs-, Medizin- und Gesundheits-, Technik-, qualifizierte Verwaltungs- und Rechtsberufe sowie die Freien Berufe (selbständige Ärzte, Apotheker, Rechtsanwälte, Architekten usw.).

Spitze, ein – allerdings nur noch teilweise – gesicherter Kern und ein Rand prekärer Soziallagen und dequalifizierter Berufspositionen heraus.[29] Dazu hat beigetragen, daß die neuen Rationalisierungs- und Technologieentwicklungen nicht nur qualifiziertere, sondern auch dequalifizierte Arbeitsplatzprofile geschaffen haben.

(4) *Kumulative Lagebenachteiligungen:* Insbesondere seit der Verengung finanzieller Verteilungsspielräume und sich damit ausbreitender Verteilungskämpfe seit Anfang der achtziger Jahre geraten immer häufiger soziale Gruppen in den Blickpunkt, bei denen sich die Merkmale prekärer, sicherer oder privilegierter Lagen kumulieren oder aber ausgleichen. Hierzu gehören nicht zuletzt die nicht durch Erwerbstätigkeit, sondern durch staatliche Umverteilung und durch die Umverteilung in sozialen Vergemeinschaftungen ermöglichten Standards. Dies ist auch deshalb wichtig, weil die Nichterwerbstätigen, insbesondere die Ausbildungspopulation und die Rentenpopulation, einen immer größeren Stellenwert in der Klassenstruktur einnehmen. Dieser Aspekt stand jedoch nicht im Zentrum unserer Fragestellungen, so daß wir hier erst am Anfang unserer Analysen stehen und eine detaillierte Darstellung späteren Veröffentlichungen vorbehalten sein wird.

(5) *Klassenlagen der neuen sozialen Milieus:* Nach unserer Hypothese lassen sich die Akteure neuer sozialer Milieus und Bewegungen nicht klassenübergreifend verorten, sondern sind vor allem in spezifischen modernisierten Arbeitnehmerberufen konzentriert. Von besonderem Interesse waren daher die Arbeiterberufe mit erweiterten Qualifikationsprofilen und die neuen Berufe, d. h. die qualifizierten Kultur-, Sozial-, Technik- und Verwaltungsberufe sowie die freien Berufe. Die sehr detaillierte Untersuchung dieser Gruppen zeigte eine weit überdurchschnittliche Dynamik, seit 1950 z. B. ein Wachstum von 5% auf 22% der westdeutschen Erwerbstätigen. Tatsächlich ist die Berufsstruktur neuer sozialer Milieus nach den Befunden unserer themenzentrierten Interviews und der nachfolgenden Repräsentativbefragung schwerpunktmäßig an den neuen Berufen ausgerichtet. Allerdings

29 Vgl. Kapitel 3.5. und Galbraith 1992.

fanden wir auch in Oberklassenmilieus beträchtliche Anteile neuer Berufe, insbesondere in akademischen Positionen. Neben den echten ›Öffnungsgewinnern‹ und ›Aufsteigern‹ fand sich auch ein erheblicher Anteil von Modernisierungsgewinnern aus privilegierten Lagen. Darin äußern sich einerseits die ambivalenten Prozesse der Öffnung des sozialen Raums in ihrer Wirkung auf die sozialen Akteure, andererseits die vertikalen Spannweiten und klientelistischen Verhältnisse, als Grundlage einer Privilegienschere, innerhalb dieser Berufsfelder.

Aus dieser Zusammenfassung wird bereits deutlich, daß die Einzelaspekte sozialstruktureller Wandlungsprozesse in der Realität zeitlich und inhaltlich ineinandergreifen. Wir werden deshalb diese hier aus begriffslogischen Strukturierungsgründen erfolgte Trennung im Folgenden nicht fortführen, sondern *Öffnungen und Schließungen exemplarisch als historischen Prozeß* darstellen.

In Abschnitt 11.4. werden wir zunächst am Beispiel der Modernisierungs- und Umstrukturierungsphasen in der Wirtschafts-, Erwerbs- und Berufsstruktur zwischen 1950 und 1990 die Tendenzen der beginnenden Pluralisierung und Öffnung des sozialen Raums, d. h. im wesentlichen die Entwicklungen der fünfziger bis Anfang der siebziger Jahre, untersuchen. Hier werden – in Zahlen ausgedrückt – die zumeist horizontalen Mobilitäten in der Berufsstruktur von der rechten in die linke Hälfte des Raums der sozialen Positionen, d. h. die verstärkten Zuwendungen zu den Dimensionen des kulturellen Kapitals, sichtbar. Diese Öffnungsprozesse hatten jedoch insbesondere seit Mitte der siebziger Jahre nicht nur Gewinner, sondern auch viele *Modernisierungsverlierer* hervorgebracht – und zwar in zweierlei Hinsicht: Zum einen verloren durch die weltwirtschaftsstrukturellen Veränderungen Berufe, Tätigkeiten und Qualifikationen aus den rechten Teilfeldern des sozialen Raums an Bedeutung (sichtbar z. B. im Rückgang der Erwerbstätigenzahlen in der Landwirtschaft). Hier bedurfte es großer Umorientierungen in der eigenen (Erwerbs-)Biographie oder zwischen den Generationen. Andererseits gab es auch in den sogenannten modernisierten Zonen des Sozialraums *Grenzen der Öffnung:* die Entwertung etwa von höheren Bildungsabschlüssen durch deren ›Inflationierung‹ sowie vertikale Aufstiegsbarrieren. Diese Ambivalenzen gehen einher mit den insbesondere seit Anfang der achtziger Jahre stark einsetzenden Schließungsprozessen. Nicht zuletzt haben die damit verbundenen sozialen Auseinandersetzungen, neuen Verhaltenszumutungen und Lernaufforderungen in erheblichem Maße zum Entstehen neuer sozialer Bewegungen und Milieus beigetragen.

In Abschnitt 11.5. schließt sich ein Exkurs zu den verfügbaren Haushaltseinkommen an. Anhand ihrer ungleichen Verteilung im Zeitverlauf werden wir darstellen, wie sich durch Öffnungs- und Schließungsprozesse in der Erwerbssphäre soziale Ungleichheiten und unterschiedliche Lebensbedingungen manifestieren – als ein Beispiel für die genannten vertikalen Klassenbarrieren. Auch hier zeigen sich ambivalente Tendenzen: Zwischen 1950 und 1990 wurde die Verteilung der verfügbaren Haushaltseinkommen gleicher und ungleicher zugleich.[30]

In Abschnitt 11.6. werden wir Öffnungen und Schließungen des sozialen Raums am Beispiel des ›Wachstums‹ der neuen Berufe dokumentieren. In Kapitel 11.7. werden die Berufsmobilitäten im Rahmen der wachsenden Bedeutung und verstärkten Hinwendung zum kulturellen Kapital räumlich-graphisch gekennzeichnet. Der von uns vermutete Zusammenhang zwischen den dargestellten Umstrukturierungen in der Erwerbs- und Berufsstruktur und der Verortung der Akteure neuer sozialer Milieus im sozialen Raum wird in Kapitel 11.8. aufgegriffen.

4. Wirtschafts- und Erwerbsstruktur 1950-1990

Die Veränderungen in der Wirtschafts- und Erwerbsstruktur der Bundesrepublik, die es hier unter der Fragestellung einer Öffnung und Schließung des sozialen Raums zu interpretieren gilt, reihen sich ein in eine langfristige Entwicklung von einer überwiegend agrarisch geprägten und vorindustriellen Gesellschaft über die Industriegesellschaft zur heutigen industriellen Dienstleistungsgesellschaft. Umstrukturierungen in den Produktions- und Fertigungsverfahren, zunehmende Automatisierungen und

---

30 Zwar erhöhte sich der Anteil mittlerer Einkommen beträchtlich, doch vergrößerte sich gleichzeitig der Abstand zwischen den Beziehern höchster und niedrigster Einkommen.

Rationalisierungen, die Einführung neuer, insbesondere mikroelektronischer Technologien und die veränderte Nachfrage nach Gütern und Dienstleistungen führten zu erheblichen Umverteilungen der Erwerbstätigen in den Wirtschaftssektoren, der beruflichen Stellung und den Berufen selbst. So schrumpfte der Anteil der Erwerbstätigen im primären Sektor (Landwirtschaft usw.) von mehr als 40% vor einhundert Jahren kontinuierlich bis 1990 auf unter 4% (1950: 23%).[31] Das produzierende Gewerbe (Sekundärer Sektor) wuchs bis in die siebziger Jahre kontinuierlich von einem Drittel der Erwerbstätigen (1882) auf mehr als 48%. Umstrukturierungen und technische Modernisierungen in der Wirtschaft sowie die seit Anfang der siebziger Jahre anhaltende Weltwirtschaftskrise ließen den Anteil der Erwerbstätigen im produzierenden Gewerbe an der Gesamtheit der Erwerbstätigen auf unter 41% (1990) schrumpfen. Dagegen expandierte der tertiäre Sektor zwischen 1950 und 1990 kontinuierlich von 33% auf 56% aller Beschäftigten (1882: 23%).

Diese Umschichtungen – wir werden später auf diese beruflichen Mobilitäten detaillierter zurückkommen – lassen sich auch in der beruflichen Stellung nachvollziehen. Heute finden wir mehr als doppelt so viele Angestellte und Beamte wie Anfang der fünfziger Jahre (52% zu 21%), allerdings nur noch weniger als halb so viele Selbständige und mithelfende Familienangehörige (11% zu 28%; hier macht sich vor allem der drastische Rückgang in der Landwirtschaft bemerkbar).[32] Und auch der Anteil der Arbeiter ist seit 1950 kontinuierlich zurückgegangen (von 51%

31 Alle im folgenden genannten Daten entstammen, soweit nicht anders bemerkt, den Statistischen Jahrbüchern für die Bundesrepublik Deutschland, verschiedenen Fachserien des Statistischen Bundesamtes sowie dem Datenreport 1992 (Statistisches Bundesamt 1992).
32 Der Anteil der Selbständigen hat sich jedoch in den letzten Jahren stabilisiert bzw. ist sogar leicht angestiegen. Hradil (1990b, S. 84) verweist in diesem Zusammenhang auf (1) den Bedarf an neuen Dienstleistungen, (2) das Vordringen neuer Technologien und (3) auf die ungünstige Arbeitsmarktlage insbesondere Ende der siebziger und in den achtziger Jahren, die viele jüngere Menschen mit dem Versuch einer selbständigen Tätigkeit beantworten. Hinter dem letzten Aspekt stehe aber auch, so Hradil weiter, das Streben nach »alternativ-ökonomischen« Formen der Erwerbsarbeit. Der Anteil dieser »neuen Selbständigen«, deren Anspruch das verstärkte Einbringen sogenannter ›postmaterieller‹ Selbstverwirklichungs- und Kommuni-

auf 37% 1990), wobei er 1987 erstmals vom Angestelltenanteil übertroffen wurde. Dabei gibt es deutliche Unterschiede nach dem Geschlecht (alle Angaben für 1990): Frauen finden wir sehr viel häufiger in Angestelltenberufen als Männer (58% zu 33%), ebenso bei den mithelfenden Familienangehörigen (4% zu 0,5%). Dagegen gibt es bei den Männern doppelt so viele Selbständige (11% zu 5,5%) und Beamte (11% zu 4,5%). Der Arbeiteranteil beträgt bei den erwerbstätigen Männern 44% gegenüber nur 27,5% bei den erwerbstätigen Frauen.

Auch die geschlechtsspezifische Arbeitsteilung hat sich seit den Anfängen der Bundesrepublik verändert, was u. a. an der Entwicklung der Erwerbsquoten[33] abzulesen ist: Während sie bei den Männern von 63% (1950) auf knapp 61% (1990) geringfügig zurückging, stieg sie bei den Frauen von 31% auf 39% an, bei den verheirateten Frauen sogar von 25% auf 47%.[34] Von der Zunahme der Beschäftigungsverhältnisse insbesondere seit Anfang der achtziger Jahre (etwa 1 Million neue Arbeitsplätze) profitierten die Frauen zu zwei Dritteln. Die Teilzeitbeschäftigung hat sich seit den sechziger Jahren nahezu vervierfacht, wobei heute neun von zehn Teilzeitarbeitsplätzen (1988: 14% aller Arbeitsplätze) von Frauen eingenommen werden.

Anhand dieser Zahlen wird bereits deutlich, welche großen Umstrukturierungen es in der Erwerbssphäre der Bundesrepublik gegeben hat und wie insbesondere Frauen und Kinder aus Arbeiter- und Angestelltenfamilien, soweit sie an der Bildungsexpansion ab Mitte der sechziger Jahre teilhaben konnten und

kationswerte in das Wirtschaftsleben ist, wird auf etwa 1% der Erwerbstätigen geschätzt. Zu den Alternativbetrieben und den neuen Selbständigen siehe u. a. Gerd Vonderach 1980; Hollstein/Penth 1980; Arbeiterselbsthilfe Frankfurt 1980; Der Minister für Arbeit, Gesundheit und Soziales des Landes Nordrhein-Westfalen 1984; Kreutz 1985; Brand/Büsser/Rucht 1986; Themenschwerpunkt »Alternativökonomie zwischen Traum und Trauma« des Forschungsjournals Neue Soziale Bewegungen, Heft 2/1989; Beywl 1991.

33 Anteil der Erwerbspersonen an 100 Personen (bzw. Männern oder Frauen). Insgesamt blieb die Erwerbsquote in den fünfziger und sechziger Jahren relativ konstant bei etwa 47%, sank in den siebziger Jahren auf etwa 44% ab und stieg seit 1980 kontinuierlich auf fast 50% an.

34 Hradil (1990b, S. 83) verweist darauf, daß ebenso viele Mütter mit Kindern unter 18 Jahren erwerbstätig sind.

Abb. 26: Erwerbstätige in Deutschland nach Stellung
im Beruf 1882-1990 (geschichtetes Diagramm)

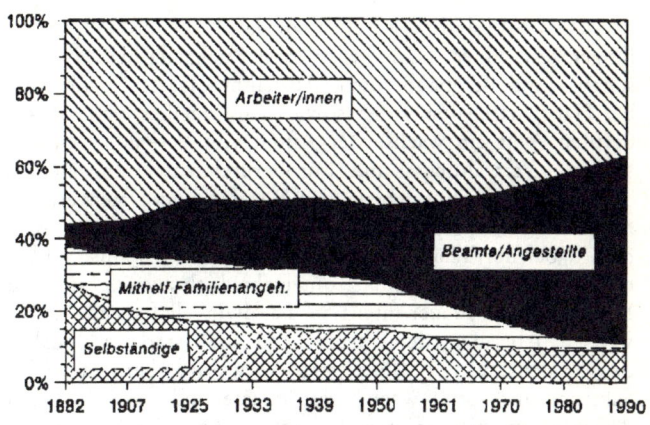

1882-1961 Erwerbspersonen (Erwerbstätige und Erwerbslose),
           1970 ff. Erwerbstätige
1882-1939 Deutsches Reich, 1950-1990 Bundesrepublik Deutschland
           (West)

Quellen: Statistische Jahrbücher für die Bundesrepublik Deutschland 1965 ff.; Statistisches Bundesamt 1972

wollten, gegebenenfalls von diesen Öffnungen profitieren konnten.

Unsere Sekundäranalysen zum Wandel der Berufsstruktur seit Gründung der Bundesrepublik lassen sich in *vier Modernisierungs- und Umstrukturierungsschübe* zusammenfassen. Neben den daraus ersichtlichen Öffnungen werden gleichzeitig auch Grenzen deutlich, die sich in vertikalen (Aufstiegs-) Barrieren, Weitungen der Privilegienschere (u. a. durch die ›Aushebelung‹ des meritokratischen Prinzips) und durch kumulative Lagebenachteiligungen äußern.

4.1. Die fünfziger Jahre: Übergang zum fordistischen Modell[35]

Zwischen 1950 und 1961 stellen wir dabei zwei große Entwicklungen fest: Einem bemerkenswerten Rückgang bei Landwirtschafts- und Bergbauberufen (Ausnahme: Garten[bau]berufe), bei Hauswirtschaftsberufen sowie traditionellen Handwerkerberufen steht ein wachsender Anteil von Verkaufs-, Geldgeschäfts-, Verwaltungs- und Büroberufen sowie Ingenieuren, Technikern, metallverarbeitenden Berufen und Datenverarbeitungsfachleuten gegenüber. Die Strukturveränderungen stimmen dabei der Tendenz nach bei Frauen und Männern überein, wenngleich der Umfang unterschiedlich ausfällt (stärkerer Rückgang des Frauenanteils in Landwirtschafts- und Hauswirtschaftsberufen, dementsprechend auch stärkere Zunahme des Frauenanteils in Büro- und Verwaltungsberufen). Diese Schrumpfungs- und Wachstumsprozesse sind wesentlich Ausdruck ökonomischer und technologischer Modernisierungsschübe im Weltmarktkontext. Sie lassen sich zumindest teilweise aber auch auf spezifische Strukturen des deutschen Arbeitsmarktes und dessen ›Normalisierung‹ bis 1961 zurückführen.

4.2. Die sechziger Jahre: Öffnung des sozialen Raums

Zwischen 1961 und 1970 setzen sich die genannten Schrumpfungsprozesse fort, wobei besonders die (weiblichen) familieneigenen Landarbeitskräfte, die (männlichen) Landwirte und Landarbeiter, die (weiblichen) mithelfenden Familienangehörigen außerhalb der Landwirtschaft sowie die (männlichen) traditionellen Handwerkerberufe auffallen. Dem steht eine starke Zunahme des Frauenanteils in Büro- und Verwaltungsberufen gegenüber. In einigen Berufsbereichen, in der Chemie, Kunststoffverarbeitung, Papierherstellung und im Druckgewerbe, bei Bauberufen sowie in der Metallerzeugung und -verarbeitung kann ein sichtbarer Rückgang des deutschen Arbeitskräfteangebots nur durch die steigende Zahl ausländischer Erwerbstätiger

---

[35] Das ›fordistische Modell‹ wird verbunden mit Systemintegration der Arbeitnehmer auf der Grundlage von modernen Produktionskonzepten und ausgeprägtem Massenkonsum (vgl. u. a. Hirsch/Roth 1986).

aufgefangen werden. Ausnahmen gerade im verarbeitenden Gewerbe bilden diejenigen Berufe, deren handwerkliche Tätigkeiten zunehmend mit Dienstleistungsaufgaben verbunden werden (Rohrinstallation, Kfz-Instandsetzung), und der gesamte Bereich der Elektroberufe, also hauptsächlich Berufe, die mit dem Schub der Produktion langlebiger Konsumgüter (im Rahmen der Etablierung des fordistischen Modells und der entsprechenden Öffnung des sozialen Raums) verbunden sind. Auffallend ist in dieser Dekade das *starke Wachstum von Bildungs-, Wissenschafts- und Gesundheitsberufen (Einsetzen der Bildungsreformen*[36]*, Ausbau des Wohlfahrtsstaates) und technischen Intelligenzberufen.*

Die Öffnung des sozialen Raums wirkt also sowohl über den *Weltmarkt* wie über die *fordistische Struktur des Arbeitsmarktes* als auch über die *Veränderung der Staatsfunktionen.* Die Umstrukturierung verläuft vor dem Hintergrund einer schon seit Mitte der fünfziger Jahre prosperierenden Volkswirtschaft mit ansteigendem Rationalisierungs- und Maschinisierungsgrad, Spezialisierungstendenzen und einer fortschreitenden Bodenkonzentration in der Landwirtschaft, der Substitution von Werkstoffen (von Holz über Metall zu Kunststoffen) sowie verschobener Nachfragestrukturen sowohl bei Investitions- als auch Konsumgütern.

---

36 Der ›Sputnik-Schock‹ und die Prophezeiung eines raschen Abflauens des wirtschaftlichen Aufschwungs Anfang der sechziger Jahre, wenn man die ›Bildungskatastrophe‹ (Georg Picht) nicht abwende, führten in den sechziger Jahren zu einem Bündel bildungspolitischer Maßnahmen, die vor allem unter dem Stichwort ›Systemintegration‹ die Beschränkungen des Zugangs zu höherer Bildung für bestimmte Gruppen aufweichen sollten. »Man kritisierte, daß der Status der Eltern und andere askriptive Merkmale (wie Geschlecht, Religion oder Wohnort) einen zu großen Einfluß auf den Schulerfolg hätten. (...) Solche traditionellen Bildungsbarrieren sollten durch ein ›Bürgerrecht auf Bildung‹ aufgebrochen werden. Ralf Dahrendorf (1968) betonte, daß jeder Mensch ohne Rücksicht auf Herkunft oder wirtschaftliche Lage ein Recht auf eine seiner Begabung entsprechende Erziehung und Ausbildung habe« (Blossfeld 1985, S. 15).

4.3. Die siebziger Jahre: Bildungsreformen

Die Dekade zwischen 1970 und 1980 ist gekennzeichnet von einer weiteren Abnahme der Erwerbstätigenzahlen im landwirtschaftlichen Bereich. Die seit Mitte der siebziger Jahre einsetzende weltweite Wirtschaftskrise nach dem ersten Ölschock 1973 bedingt weitere Rationalisierungs- und Maschinisierungsprozesse, die besonders im verarbeitenden Gewerbe (Metall- und Bauberufe, Chemie- und Kunststoffverarbeitung, traditionelle Handwerkerberufe wie Schmiede, Weber, Schneider, Schuhmacher), aber auch in Büro- und Verwaltungsberufen die Beschäftigtenzahlen sinken und die Arbeitslosenzahlen drastisch steigen lassen. Überdurchschnittliche Zuwachsraten gibt es bei Bildungs- und Wissenschaftsberufen, sozialpflegerischen und Gesundheitsberufen, im Bank- und Versicherungsgewerbe sowie im Rechtswesen bei Rechtsanwälten und auch bei Richtern, Staatsanwälten, Rechtsvollstreckern und Polizeibediensteten. Allerdings zeigen sich z. B. im Bildungs- und Wissenschaftsbereich deutliche Unterschiede. Während die Zahl der Volks-, Real-, Sonderschul- und Gymnasiallehrer und -lehrerinnen Anfang der siebziger Jahre sehr stark, danach bis zu Beginn der achtziger Jahre schwächer ansteigt, setzen schon Mitte der siebziger Jahre im Hochschulbereich insgesamt Stagnationstendenzen ein. (Dahinter verbirgt sich ein leichter Rückgang der Zahl der männlichen Hochschullehrer zugunsten der weiblichen). Insgesamt läßt sich für die erste Hälfte der siebziger Jahre eine Fortsetzung der Öffnung des sozialen Raums erkennen. Gegen Ende des Jahrzehnts werden jedoch schon erste Anzeichen einer *Schließung* in der Berufsstruktur der Bundesrepublik sichtbar: die langsame Schließung des Lehrerarbeitsmarktes, verschlechterte Eintrittsbedingungen in den Arbeitsmarkt für Berufsanfänger, die stagnierende Zahl des wissenschaftlichen Hochschulpersonals trotz steigender Studentenzahlen sowie die zum Teil starken Wachstumszahlen in Ordnungs- und Sicherheitsberufen als Folge der Auseinandersetzung mit den Protestbewegungen ab Ende der sechziger Jahre.

Die Turbulenzen auf dem Arbeitsmarkt seit Mitte der siebziger Jahre, die Verknappung gerade finanzieller Verteilungsspielräume staatlicherseits und die sogenannten ›Akademikerschwemme‹ relativieren in nicht unerheblicher Weise die Auswirkungen der

Bildungsexpansion: »Bildungsgrade gerieten angesichts der Bildungsexpansion und schlechter Arbeitsmarktchancen seit Mitte der siebziger Jahre von der zureichenden, aber oft nicht notwendigen, zur notwendigen, aber oft nicht zureichenden Bedingung für den Eintritt in höher entlohnte und angesehenere Berufsfelder. Bildungsgrade inflationierten. Neben der formalen Bildung spielen heute nachweislich zum Beispiel ›Beziehungen‹ [d. h. soziales Kapital] eine wachsende Rolle beim Berufseintritt. Auch das Geschlecht und die Herkunft als Facharbeiterkind – die als Bildungsdeterminante viel an Kraft verloren haben – haben ihre Kraft weitgehend bewahrt, im Berufsleben die jeweilige Qualifikation auf- beziehungsweise abzuwerten. Insbesondere Frauen geraten häufiger als Männer in eine berufliche Position unter ihrem Qualifikationsniveau (...). Damit wurden aber die Türen, die die Bildungsexpansion Frauen und Facharbeiterkindern geöffnet hatte, zum Teil auf dem Arbeitsmarkt wieder geschlossen. Damit verliefen Karrieren wiederum zum Teil nach personalen und askriptiven – das heißt individuell unbeeinflußbaren – Kriterien.«[37]

Bourdieu[38] spricht im Zusammenhang mit der Bildungsexpansion und dem zunehmenden Auseinanderfallen von Titel und Stelle und unter Berücksichtigung weiterer askriptiver Merkmale wie Geschlecht, Ethnie u. v. m. von der »geprellten Generation« und verweist damit auch auf die zunehmende Bedeutung sozialen Kapitals gerade für jüngere Menschen und Berufseinsteiger.

Allerdings geht die Bedeutung der *Bildungsexpansion als Horizonterweiterung* im Sinne unserer These von der Öffnung des sozialen Raums über die Zuweisung von Berufs- und Statuschancen hinaus: So sind Möglichkeiten der Selbstverwirklichung, Chancen politischer Partizipation, individuelle Interessendurchsetzung, Lebensstil, private Verkehrs- und Heiratskreise, d. h. die Vergesellschaftung und Vergemeinschaftung im unmittelbaren Umfeld und im sozialen ›Heimat‹-Milieu, zu einem

---

37 Hradil 1990b, S. 82. Dennoch haben Frauen gerade über die Bildungsexpansion und die Schaffung qualifizierter Arbeitsplätze insbesondere im öffentlichen Sektor ihre Chancen auf dem Arbeitsmarkt gegenüber früher stark verbessern können. Vgl. hierzu Blossfeld 1984a, 1984b, 1985, 1989; Willms-Herget 1985; Rabe-Kleberg 1987; Weymann 1987.
38 Bourdieu 1982, S. 221-276.

beträchtlichen Maße eine Frage der Bildung. Insofern, so resümiert Hradil, sei die Bildungsexpansion trotz ihrer zum Teil negativen Begleitumstände keine ›Fehlinvestition‹ gewesen: »Sie trug vielmehr zu Veränderungen bei, die – anders als Berufschancen – kaum von den ökonomischen Rezessionen der siebziger Jahre gebremst wurden.«[39]

4.4. Die achtziger Jahre: Soziale Schließungen

Die achtziger Jahre sind geprägt durch das Wachstum der sozialpflegerischen Berufe und Gesundheitsberufe (Ärzte und medizinische Hilfsberufe), der technischen Intelligenzberufe (Ingenieure, Chemiker, Physiker, Mathematiker, Techniker, Datenverarbeitungsfachleute) sowie der Rechts-, Ordnungs- und Sicherheitsberufe. Stagnierende bzw. leicht ansteigende Beschäftigtenzahlen finden sich bei den Büro- und Verwaltungsberufen. Weitere Rückgänge der Erwerbstätigen lassen sich bei Berufen im verarbeitenden Gewerbe (mit Ausnahme der Bediener von computergesteuerten Werkzeugmaschinen) feststellen. Im Bildungs- und Wissenschaftsbereich finden wir unterschiedliche Tendenzen: Während die Gruppe der allgemeinbildenden Lehrerberufe spätestens seit 1982 als Folge der Schließung des Zugangs zu Lehramtsstudiengängen und der Nichteinstellung von Berufsanfängern sowohl bei den Männern als auch bei den Frauen schrumpft[40], ist bei den Lehrern und Lehrerinnen außerhalb

---

39 Hradil 1990b, S. 82.
40 Die ›Schließungstendenzen‹ im Bildungsbereich werden auch sichtbar, wenn wir die Zusammensetzung nach Altersgruppen bei Volks-, Berufsschul-, Real- sowie GymnasiallehrerInnen betrachten, insbesondere die zunehmende Überalterung des Lehrkörpers. Aus der zunehmenden Konzentration des Lehrkörpers auf die mittleren und älteren Jahrgänge ergeben sich möglicherweise weitreichende Folgen für unser Bildungssystem. Das »Schmoren im eigenen Saft«, fehlende Diskussionen und Auseinandersetzungen mit (seit geraumer Zeit fehlenden – möglicherweise engagierteren – jüngeren) Kollegen dürften sich zunehmend auf Lehrinhalte sowie auf das Verhältnis zwischen Schülern und Lehrern (sich verringernde Lernmotivation) sowie der Lehrer untereinander negativ auswirken. Eine Bestätigung für diese Prognose findet sich z. B. in einer Untersuchung des GEW-Kreisverbandes Oldenburg an 33 allgemein- und berufsbildenden Schulen

Abb. 27: Veränderung der Zahl der Heilpraktiker 1950-1987

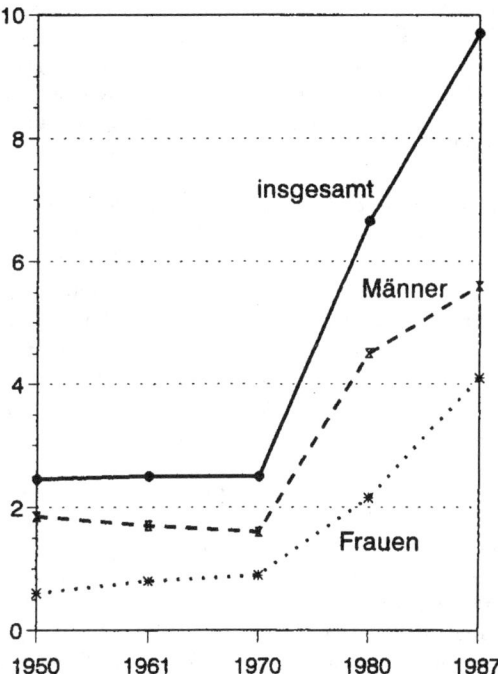

Quellen: Volks- und Berufszählungen 1950-1970, 1987, Mikrozensus 1980

(GEW Niedersachsen 1989, S. 3). Es ergab sich eine deutliche Überrepräsentanz der 36- bis 50jährigen (68%), also der Generationen, die ihre Ausbildung in den sechziger und siebziger Jahren abgeschlossen haben. Dagegen fehlen fast vollständig die im letzten Jahrzehnt ausgebildeten Lehrer und Lehrerinnen. Eine Überalterung war besonders an Realschulen, Orientierungsstufen und Gymnasien festzustellen, während die Altersstruktur an Berufsschulen vergleichsweise noch ausgeglichen ist.

des allgemeinbildenden Schulsystems, den Lehrern in musischen und künstlerischen Fächern, ein stetig wachsender Anteil besonders seit Mitte der sechziger Jahre zu verzeichnen. Auch diese Entwicklung ist im Rahmen einer Öffnung des sozialen Raums zu betrachten. Im Wissenschaftsbereich herrscht seit Anfang der achtziger Jahre die schon bei den Hochschullehrern früher einsetzende Stagnation der Erwerbstätigenzahl. Analog zu deren Entwicklung vollzieht sich bei den Sozial-, Geistes- und Wirtschaftswissenschaftlern allerdings ein nur auf die Frauen beschränktes Wachstum, während die Beschäftigungszahlen für die Männer zurückgehen.

Die Funktionsweise von Öffnungen und Schließungen des sozialen Raums im Zeitverlauf lassen sich exemplarisch an zwei Berufsgruppen verdeutlichen. Am Beispiel der *Heilpraktiker/ -innen* zeigt sich, wie ein Beruf durch diese Öffnung und deren horizonterweiternde Wirkungen (hier die zunehmende Sensibilisierung größerer Bevölkerungskreise für Ökologie- und Naturfragen sowie eine ganzheitlich orientierte Medizin) an Akzeptanz in der Bevölkerung gewinnt, was sich in den seit 1970 sprunghaft gestiegenen Zahlen der Berufszugehörigen dieser Profession niederschlägt.

Andererseits zeigen sich am Beispiel der Wirtschafts- und Sozialwissenschaftler auch die Ambivalenzen und Kehrseiten dieser Öffnungsprozesse. Es stellt sich die Frage, ob die *Feminisierungstendenzen* – ablesbar an dem insbesondere in den achtziger Jahren steigenden Frauenanteil in dieser Berufsgruppe – eine *reale* Öffnung im Sinne von geschlechtlicher Gleichstellung und Emanzipation bedeuten. Die Entwicklung der Gesamtzahl der Erwerbstätigen in den Berufen der Wirtschafts- und Sozialwissenschaften deutet darauf hin, daß mit der *Öffnung* dieser Berufe für die Frauen eine gleichzeitige gesellschaftliche *Abwertung*, d. h. ein Prestigeverlust, verbunden ist, wenn (1) die Gesamtzahl der Erwerbstätigen und (2) auch die Zahl der erwerbstätigen Männer dieses Berufs seit etwa zehn Jahren stagniert bzw. sogar schrumpft[41], d. h. Umorientierungsprozesse bei einem Teil der Erwerbstätigen (hier der Männer) auf prestigeträchtigere andere Berufe bzw. Berufspositionen innerhalb des Berufsbereichs (z. B.

---

41 Ähnliche Entwicklungen gibt es auch bei den HochschullehrerInnen und den Volks-, Haupt- und RealschullehrerInnen.

Abb. 28: Veränderung der Zahl der Wirtschafts- und Sozialwissenschaftler 1950-1987

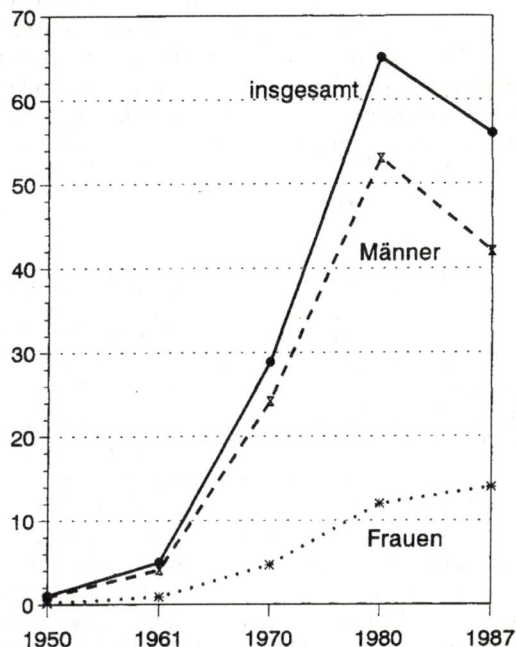

Quellen: Volks- und Berufszählungen 1950-1970, 1987, Mikrozensus 1980

Umorientierung der Männer von der Haupt- und Realschullehrer- auf die Gymnasiallehrerebene) stattfinden.

Theodor Geiger hat in seinen Schriften zur »dynamischen Analyse sozialer Mobilität«[42] auf die *doppelte Dynamik* in sozialen Mobilitätsprozessen hingewiesen: So bewegten sich nicht nur die Individuen im sozialen Raum zwischen verschiedenen Positionen, sondern das gesamte Positionsgefüge sei in Bewegung und

42 Geiger 1962b, 1962c.

verändere laufend seine Struktur. Um beim obigen Beispiel zu bleiben: Der von Geiger angesprochene Strukturwandel veranlaßt dann die Menschen (hier: die Männer unter den Wirtschafts- und Sozialwissenschaftlern), ihre Positionen zu wechseln, sich also den Markt-Gegebenheiten anzupassen. Hier vollziehen sich aufgrund von zunehmenden Konkurrenzen auf dem Arbeitsmarkt, mangelnden Aufstiegsmöglichkeiten usw. Verdrängungs- und Abstoßprozesse bzw. Sogeffekte. Die Umorientierung findet entweder innerhalb der Berufe statt, z. B. als Orientierung auf die höheren Positionen, von denen aus dann zur eigenen Absicherung Schließungsstrategien[43] betrieben werden, oder aber man(n) weicht auf prestigeträchtigere und zukunftssichernde andere Berufe aus (Sogeffekt).

5. Exkurs: Zur Verteilung der Haushaltseinkommen

Neben Bildung und Beruf gehört das Einkommen[44] zu den klassischen Indikatoren sozialer Ungleichheit. Zweifellos haben sich die Einkommen in der Bundesrepublik von 1950 bis 1980 (bis auf zwei Ausnahmen in den Rezessionsphasen 1967 und 1975) kontinuierlich auf rund das Vierfache erhöht, jedoch in unterschiedlichem Umfang, je nach Inflationsrate.[45] Damit wuchs zugleich auch der finanzielle Handlungsspielraum für fast alle Bevölkerungsgruppen insbesondere im Bereich des Konsums privater Haushalte. Allerdings erweisen sich trotz dieses Anstiegs die ungleichen Verteilungsstrukturen als außerordentlich konstant, die Einkommensunterschiede werden also bei steigendem Niveau reproduziert. Ulrich Beck hat diese Entwicklung – dies gilt auch für viele andere Bereiche der Sozialstruktur und die Ungleichheitsstrukturen in der Bundesrepublik – sehr anschau-

43 Vgl. Weber 1964; Parkin 1983; Cyba 1993; Kreckel 1992.
44 Zur Einkommensverteilung und -ungleichheit vgl. u. a. Miegel 1983; Glatzer 1984; Berntsen/Hauser 1987; Bedau 1988; Schüler 1990; Spies 1992; Hradil 1990b; Zapf 1989; Statistisches Bundesamt 1989, 1992; Geißler 1992; Rendtel/Wagner 1991a, 1991b; Döring/Hanesch/Huster 1990; Huster 1993.
45 Bis Mitte der achtziger Jahre folgte dann für fast alle Bevölkerungsgruppen eine Phase realer Nettoeinbußen, weil die nominellen Einkommenssteigerungen die Inflationsrate und steigende Abgaben (Steuern, Sozialabgaben) nicht mehr ausgleichen konnten.

Abb. 29: Einkommensungleichheit in Westdeutschland.

Anteile der Einkommensquintile am verfügbaren Einkommen aller Privathaushalte 1950-1985

	1950	1960	1970	1980	1985
1. einkommensstärkstes Fünftel	45,2 %	43,9 %	45,6 %	43,3 %	43,1 %
2. Fünftel	22,8 %	23,1 %	22,5 %	22,5 %	21,4 %
3. Fünftel	15,9 %	16,2 %	15,6 %	16,2 %	16,1 %
4. Fünftel	10,7 %	10,8 %	10,4 %	11,2 %	12,1 %
5. (einkommensschwächstes) Fünftel	5,4 %	6,0 %	5,9 %	6,9 %	7,3 %

Quellen: Ballerstedt/Glatzer 1979, S. 259; Hradil 1990b, S. 86; DIW 1986

lich als »Fahrstuhleffekt«[46] beschrieben. Unterteilt man die Einkommen aller privaten Haushalte in Quintile (vom einkommensschwächsten bis zum einkommensstärksten Fünftel), so wird diese Konstanz der Einkommensungleichheit im Zeitverlauf sehr deutlich.

Sehen wir einmal davon ab, daß die Anteile der Quintile am gesamten verfügbaren Einkommen höchst unterschiedlich sind, so verbergen sich hinter dieser scheinbaren Konstanz jedoch ganz unterschiedliche Einkommensverteilungsprozesse und -ungleichheiten. Gemessen an den Anteilen am Gesamtaufkommen der verfügbaren Einkommen gibt es eine *Tendenz der Annäherung* zwischen dem einkommensstärksten und dem einkommensschwächsten Quintil: Hatte das wohlhabendste Fünftel 1950 ein mehr als achtmal so hohes Einkommen zur Verfügung wie das am wenigsten begüterte, so reduzierte sich dieser Abstand bis Ende der achtziger Jahre auf ›nur‹ noch 1 : 5,4. Der »Fächer der Verteilung«[47] schließt sich demnach, im Zeitverlauf ist ein Abbau der Einkommensungleichheit festzustellen.[48] Trotz dieser Annäherung insbesondere bei der Masse der Bezie-

---

46 Beck 1986, S. 124 ff.
47 K.-P. Schmid 1990.
48 Aufgrund (bis zum Abschluß unserer Untersuchung – 1993) fehlender neuerer Zahlen nach der deutschen Einheit und angesichts der verschärften Verteilungskämpfe in der jetzigen wirtschaftlichen Re-

Abb. 30: Verfügbare Einkommen ausgewählter Haushaltsgruppen in Westdeutschland 1962/63-1990

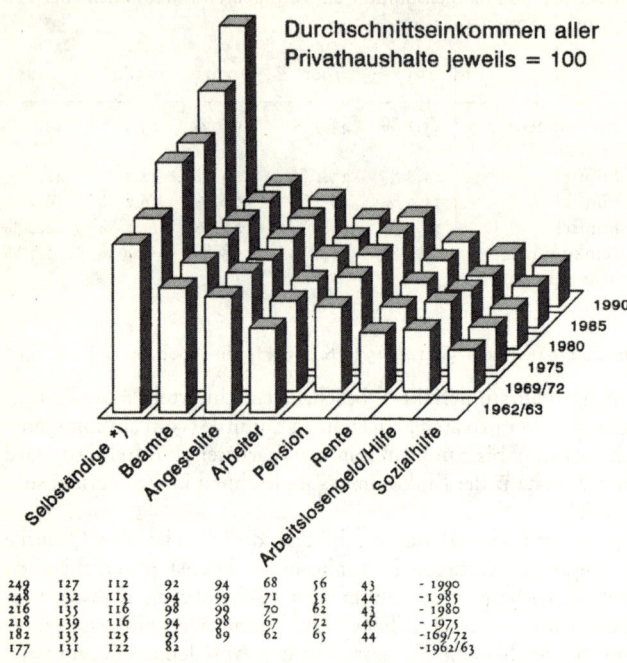

Selbständige*)	Beamte	Angestellte	Arbeiter	Pension	Rente	Arbeitslosengeld/Hilfe	Sozialhilfe	
249	127	112	92	94	68	56	43	-1990
248	132	115	94	99	71	55	44	-1985
216	135	116	98	99	70	62	43	-1980
218	139	116	94	98	67	72	46	-1975
182	135	125	95	89	62	65	44	-1969/72
177	131	122	82					-1962/63

*) ohne Landwirte

Nichterwerbstätigengruppen: 1962/63 keine Daten; 1969/72 Daten von 1972

Quellen: Ballerstedt/Glatzer 1979, S. 261; WiSta 7/1992, S. 418-430, 441*; eigene Berechnungen

her mittlerer bis höherer Einkommen und der Tatsache, daß immer mehr Menschen immer höhere Einkommen zur Verfügung haben[49], weitet sich andererseits die Schere der Einkommensungleichheit, wenn wir die Entwicklung bei verschiedenen Status-

zessionsphase (1993) lassen sich weitere Entwicklungen schlecht prognostizieren obwohl angenommen werden kann, daß die Anteile des wohlhabendsten und des bedürftigsten Fünftels am verfügbaren Einkommen wieder auseinanderstreben.

49 K.-P. Schmid 1990.

gruppen betrachten. Schon in den sechziger Jahren klaffte eine große Lücke zwischen den verfügbaren Einkommen der Selbständigen und denen der Angestellten, Beamten und Arbeiter.[50] Zwar lagen 1962 auch die Einkommen der Angestellten und Beamten über (22% bzw. 31%) und die der Arbeiterhaushalte rund 10% unter dem Durchschnittseinkommen. Doch während sich ihre Einkommensverhältnisse bis 1990 nicht wesentlich änderten, stiegen die verfügbaren Einkommen der Selbständigen auf fast das Dreifache des westdeutschen Durchschnittseinkommens (siehe Abb. 30).

Diese Entwicklung ist auch durch den Rückgang der Anzahl selbständiger Erwerbstätiger um etwa ein Drittel und den damit zusammenhängenden Strukturwandel (›Homogenisierung‹ durch Wegfall kleiner und unrentabler Betriebe, weltmarktbedingte Modernisierungsschübe) einerseits und durch die veränderte Besteuerung von Selbständigeneinkommen insbesondere in den achtziger Jahren andererseits begünstigt worden.[51] Auch die verfügbaren Einkommen der Transferzahlungsempfänger blieben im Zeitverlauf recht konstant in Relation zum Durchschnittseinkommen, wenn auch vom Niveau her beträchtliche Unterschiede bestehen. So liegen zwar die Rentnerhaushalte nach ihrem verfügbaren Einkommen um etwa 30% unter den Durchschnittseinkommen; sie stehen sich jedoch aufgrund der geringen Haushaltsgröße (ein bis zwei Personen) nicht wesentlich schlechter als normale Arbeitnehmerhaushalte.[52] Mit weniger als der Hälfte des Durchschnittseinkommens müssen die Sozialhilfeempfängerhaushalte auskommen.

Die relative und auf den ersten Blick hin erstaunliche Konstanz des Einkommensgefüges in den Jahren seit Gründung der Bundesrepublik entpuppt sich daher eher als Schein. Es zeigen sich *sowohl Tendenzen des Abbaus von Ungleichheiten als auch von Verschärfungen*: Die Einkommensdisparitäten haben sich zwischen 1950 und Ende der achtziger Jahre deutlich verändert. Insbesondere vergrößerte sich die Ungleichheit *zwischen* den Er-

---

50 1962 lagen die verfügbaren Einkommen der Selbständigen um 77% über dem Durchschnittseinkommen aller Privathaushalte; vgl. u. a. auch Noll/Habich 1990, S. 171 ff.
51 Vgl. R. Geißler 1992, S. 52 f.; Huster 1993, S. 20 ff.; K.-P. Schmid 1990.
52 Vgl. R. Geißler 1992, S. 50.

werbsstatusgruppen. Der Anteil dieser zwischen den Erwerbsstatusgruppen bestehenden Einkommensungleichheit hat im Rahmen der generellen Ungleichverteilung erheblich zugenommen.[53] Die bildungspolitischen und beruflichen Öffnungsprozesse im sozialen Raum haben also nicht zu mehr Einkommensgleichheit geführt. Vielmehr haben sich, bedingt durch den durch Weltmarkt und fiskalpolitische Steuerung beeinflußten Strukturwandel bei den Selbständigen, insbesondere in den achtziger Jahren Schließungsprozesse vollzogen, die ein Überwinden vertikaler Klassen-Schranken nur in Einzelfällen zuließen und zudem eine in ihrer Gesamtheit bereits privilegierte Statusgruppe noch weiter privilegiert haben. Inwiefern diese Schließungen in der näheren Zukunft zu weiteren Verschärfungen der Einkommensdisparitäten führen werden, läßt sich nur sehr schwer prognostizieren. Allerdings ist eine Situation, in der »die Körner in den Pferdeäpfeln die Spatzen nicht mehr sättigen können«[54] und in der die »Tugend des Teilens« den einkommensschwächeren sozialen Gruppen vorbehalten bleibt, mit Blick auf Gesamtdeutschland durchaus keine Fiktion mehr. Untersuchungen mit Hilfe des Gini-Index, dem gebräuchlichsten Maß zur Feststellung von Einkommensdisparitäten, weisen jedoch darauf hin, daß gleichzeitig die Einkommensunterschiede und -ungleichheiten *innerhalb* aller Statusgruppen abgenommen haben (›Homogenisierungstendenz‹).[55]

Am Beispiel der Modernisierungs- und Umstrukturierungsphasen in der Wirtschafts-, Erwerbs- und Berufsstruktur zwischen 1950 und 1990 haben wir in diesem Abschnitt die Tendenzen der beginnenden Pluralisierung und Öffnung des sozialen Raums untersucht. Dabei wurde an den weltmarktbedingten bzw. staatlich forcierten Umstrukturierungen in der Bildungs-, Erwerbs-, Berufsstruktur (Niedergang der Erwerbstätigenzahlen in der Landwirtschaft und in traditionellen industriellen Bereichen, starkes Ansteigen der Erwerbstätigenzahlen bei Bildungs-, Wissenschafts-, Kultur-, sozialpflegerischen und medizinisch-sozialen Dienstleistungsberufen, technischen Intelligenzberufen, qualifizierten Verwaltungsberufen sowie den

53 F. Schmid 1992, S. 145.
54 Arbeitsgruppe Armut und Unterversorgung 1990; vgl. auch Hickel/Huster/Kohl 1993.
55 F. Schmid 1992, S. 145.

klassischen freien Berufen) die verstärkte Zuwendung zu den Dimensionen des kulturellen Kapitals sichtbar. Die sich dahinter verbergenden (zumeist horizontalen) Mobilitäten in der Berufsstruktur von der rechten in die linke Hälfte des Raums der sozialen Positionen werden wir im anschließenden Abschnitt 11.6. genauer untersuchen.

Insbesondere seit Mitte der siebziger Jahre hatten die beschriebenen Öffnungsprozesse jedoch nicht nur Gewinner, sondern auch viele Modernisierungsverlierer hervorgebracht: Durch die weltwirtschaftsstrukturellen Veränderungen verloren Berufe, Tätigkeiten und Qualifikationen aus den rechten Teilfeldern des sozialen Raums an Bedeutung. Hier bedurfte es großer Umorientierungen in der eigenen (Erwerbs-)Biographie oder zwischen den Generationen. Auf der anderen Seite gab es auch in den modernisierten Zonen des Sozialraums *Grenzen* der Öffnung: Die Entwertung etwa von höheren Bildungsabschlüssen durch deren ›Inflationierung‹, vertikale Aufstiegsbarrieren und die zunehmende Bedeutung askriptiver Merkmale wie Geschlecht, Alter oder Ethnie deuten auf die Ambivalenzen dieser Öffnungsprozesse hin. Sie gehen einher mit den inbesondere seit Anfang der achtziger Jahre stark einsetzenden Schließungsprozessen. Als ein Beispiel für vertikale Klassenbarrieren haben wir anschließend anhand der ungleichen Verteilung der verfügbaren Haushaltseinkommen und ihrer Entwicklung zwischen 1950 und 1990 gezeigt, wie sich durch Öffnungs- und Schließungsprozesse in der Erwerbssphäre soziale Ungleichheiten und unterschiedliche Lebensbedingungen – trotz zum Teil gegenläufiger Prozesse der Verringerung und Verschärfung von Einkommensdisparitäten – eher verfestigt als aufgelöst haben.

6. Zur Expansion der neuen Berufe
1950-1987

Nach unserer Hypothese sind die neuen sozialen Milieus und Bewegungen vor allem in spezifischen modernisierten Arbeitnehmerberufen konzentriert. Von besonderem Interesse waren daher diejenigen Teilzonen des sozialen Raums, in denen sich die Öffnung des sozialen Raums (verstärkte Hinwendung zum kulturellen Kapital) und die damit verbundenen Horizonter-

Abb. 31: Erwerbstätige in ausgewählten Berufsbereichen
1950-1987 (1)

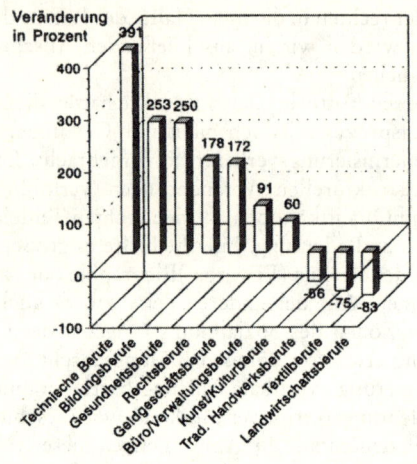

Quellen: Volks- u. Berufszählungen 1950-1970, 1987; Mikrozensus 1980

weiterungen abspielten. Es handelt sich hierbei um die mit *hohen kulturellen Kapitalanteilen* ausgestatteten
(1) *Bildungsberufe* (Lehrerinnen und Lehrer an Hochschulen, an Gymnasien und höheren Schulen, an Real-, Volks- und Sonderschulen, an Berufsschulen und für musische Fächer),
(2) *Wissenschaftsberufe* (Sozial-, Wirtschafts- und Naturwissenschaften),
(3) *Kulturvermittlungs- und künstlerischen Berufe* (Berufe der Kulturvermittlung, Publizistik, Kunstproduktion, Kunsthandwerk, Kunsthandel),
(4) *sozialpflegerischen Berufe* (Berufe der Sozialpädagogik, Sozialarbeit, Kindererziehung),
(5) *medizinisch-sozialen Dienstleistungsberufe,*
(6) *Freien Berufe* (Ärzte, Apotheker, Architekten, Rechtsanwälte usw.),
(7) *technischen (auch nichtakademischen) Intelligenzberufe* (Ingenieure, Berufe der Informatik und Datenverarbeitung, Techniker, Facharbeiterberufe im Metall- und Elektrobe-

Abb. 32: Erwerbstätige in ausgewählten Berufsbereichen
1950-1987 (II)

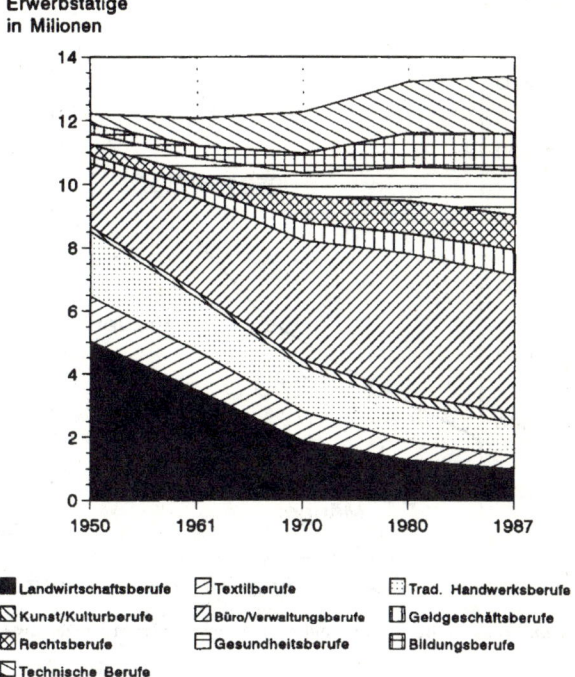

Quellen: Volks- u. Berufszählungen 1950-1970, 1987; Mikrozensus 1980; eigene Berechnungen

reich, die mit neuen Technologien [CNC usw.] arbeiten) sowie

(8) *qualifizierten Verwaltungsberufe* (im öffentlichen Dienst und in der Privatwirtschaft).

Die neuen Berufe zeichnen sich insbesondere durch zwei charakteristische Tendenzen aus: seit den fünfziger Jahren einen *überproportionalen Anstieg* von rund 5% auf fast ein Viertel aller westdeutschen Erwerbstätigen (1987: 22%) und überdurchschnittlich *steigende Frauenanteile*, insbesondere seit 1970. Hier

Abb. 33: Erwerbstätige in Berufen des Gesundheitswesens
1950-1987 (I)

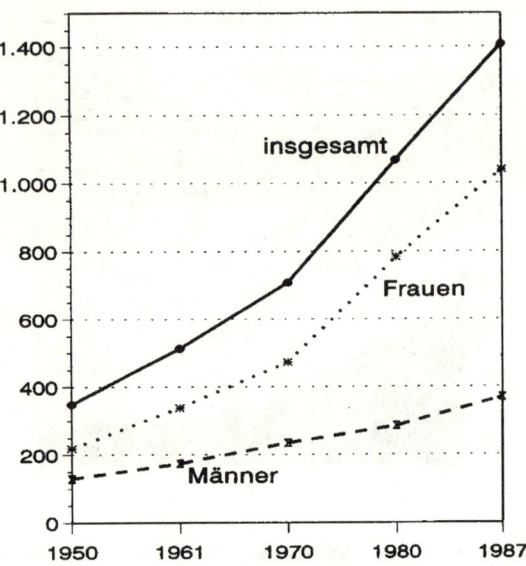

Quellen: Volks- u. Berufszählungen 1950-1970, 1987; Mikrozensus 1980

spiegeln sich die veränderten Bildungs- und Berufsverläufe im allgemeinen und vor allem der Frauen wider, die durch die Öffnung weiterführender Bildungsinstitutionen für breitere Gesellschaftsschichten (Bildungsreformen seit Mitte der sechziger Jahre) erst möglich wurden.

Die Entwicklungsprozesse in der Berufsstruktur der Bundesrepublik zwischen 1950 und 1987 verdeutlichen die Abbildungen 31 und 32 (siehe S. 406 und 407), in denen die absolute bzw. prozentuale Expansion und der Rückgang der Erwerbstätigenzahlen in ausgewählten Berufsbereichen dargestellt ist.

Innerhalb der expandierten Berufsbereiche vollzogen sich zum Teil ganz unterschiedliche Entwicklungsprozesse. So fielen z. B. im *Gesundheitswesen* die prozentualen Wachstumsraten der

Abb. 34: Erwerbstätige in Berufen des Gesundheitswesens 1950-1987 (II)

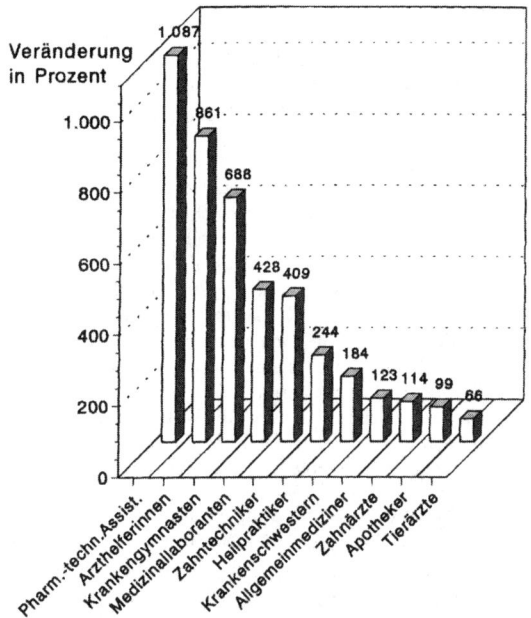

Quellen: Volks- u. Berufszählungen 1950-1970, 1987; Mikrozensus 1980; eigene Berechnungen

Berufe um so geringer aus, je höher diese Berufe in der Betriebs- oder Berufsbereichshierarchie angesiedelt sind (zum Beispiel Allgemeinmediziner, Zahn- und Tierärzte, Apotheker). Dementsprechend verzeichneten die medizinisch-technischen bzw. medizinisch-sozialen Hilfsberufe (u. a. Arzthelferinnen, Krankenschwestern, Medizinallaboranten, Masseure/Krankengymnasten) weitaus höhere Wachstumsraten als die akademischen Medizin-Berufe.[56] Gründe für diese Entwicklung liegen in der

---

56 Im Bildungs- und Erziehungswesen ist das überproportionale Wachs-

von den Ärzteorganisationen betriebenen ›Standespolitik‹ (Besitzstandswahrung als Akt der ›sozialen Schließung‹), aber auch in den (politisch und aus Arbeitsmarktgründen induzierten) begrenzten Kapazitäten von Studienplätzen an den Universitäten (Numerus clausus).

Hier haben sich also *gegenläufige* Tendenzen von Öffnung und Schließung beinahe zeitgleich und innerhalb eines Berufsbereichs vollzogen: Während die Bedeutung eines ganzen Berufsfelds wächst, behalten jedoch die Inhaber der alten Privilegien diese durch »vertikale Ausschließung« weiterhin bei. Parkin schreibt mit Rückgriff auf Weber:

»Unter sozialer Schließung versteht Weber den Prozeß, durch den soziale Gemeinschaften Vorteile zu maximieren versuchen, indem sie den Zugang zu Privilegien und Erfolgschancen auf einen begrenzten Kreis von Auserwählten einschränken. Das führt dazu, daß bestimmte, äußerlich identifizierbare soziale und physische Merkmale als Rechtfertigungsgrund für den Ausschluß von Konkurrenten hervorgehoben werden.(...) Ausschließungsstrategien können als die dominante Schließungsform in allen Schichtungssystemen gelten. Das gemeinsame Merkmal dieser Strategien besteht darin, daß eine soziale Gruppe den Versuch unternimmt, ihre Privilegien durch die Unterordnung einer anderen Gruppe zu erhalten oder zu vermehren, d. h. *eine andere Gruppe oder Schicht als unter der eigenen stehend auszugrenzen.*«[57]

Es handelt sich bei diesen Schließungsstrategien demnach um keinen Automatismus, sondern um Kämpfe zwischen sozialen Gruppen. Im Ergebnis wurde dabei das meritokratische Prinzip außer Kraft gesetzt: das heißt z. B. nach dem Besuch weiterfüh-

---

tum unterer und mittlerer Berufspositionen nicht sofort an den prozentualen Wachstumsraten ablesbar. Eine analoge Entwicklung wird dennoch deutlich, wenn wir die absoluten Steigerungen der Erwerbstätigenzahlen zur Bemessungsgrundlage machen. Bei den Bildungsberufen nehmen am stärksten Real-, Volks- und Sonderschullehrer (+ 229.200 Erwerbstätige) zu, gefolgt von den Gymnasiallehrern (+ 119 600) und den Hochschullehrern (+ 54 300). Bemerkenswert ist auch die annähernde Verdoppelung der Erwerbstätigenzahlen bei den Gesamtschullehrern seit ihrer amtlichen Registrierung im Jahre 1975 innerhalb von nur zehn Jahren (bis 1985 + 13 500). Bei den sozialpflegerischen Erziehungsberufen verzeichnen die Sozialarbeiter die höchste Zunahme (+ 123 900), danach folgen die Kindergärtnerinnen (+ 121 900) und die Sozialpädagogen (+ 91 500).

57 Parkin 1983, S. 123 f.; H. v. Verf.

render Schulen Verwehrung des Zugangs zu entsprechenden Studienplätzen, beschränkte Vergabe von Kassenzulassungen für frei praktizierende Ärzte usw. Diese Schließungsstrategien sind auch an der seit Mitte der achtziger Jahre kontinuierlich steigenden Akademikerarbeitslosigkeit (mit unterschiedlicher Betroffenheit für die verschiedenen Fächerrichtungen) nachzuvollziehen: Der Zugang zu den entsprechenden Arbeitsplätzen wurde verwehrt, die Hochschulabsolventen tappten in die ›Meritokratie-Falle‹.

Analoge Prozesse der Schließung wie im Gesundheitswesen vollzogen sich auch bei den Bildungsberufen. Beiden Berufsbereichen gemeinsam ist – wie oben beschrieben – das überproportionale Wachstum (prozentual und absolut) der Zahl der weiblichen Erwerbstätigen, allerdings eher in den mittleren und unteren (subalternen) Berufspositionen. Dabei zeigt sich, daß die Entwicklung der Erwerbstätigenzahlen in diesen Berufsbereichen jeweils mit denjenigen der erwerbstätigen Frauen annähernd parallel verläuft. Die angesprochenen Schließungen funktionieren auch hinsichtlich askriptiver Merkmale, etwa beim Geschlecht oder beim Alter.[58] Auf den Abbildungen 33 und 34 (siehe S. 408 und 409) sind diese Binnendifferenzierungen im Bereich der Gesundheitsberufe dargestellt.

7. Soziale Positionen und Berufsräume

Mit Hilfe der Daten unserer Berufskartei wurden die von uns systematisierten Berufsgruppen[59] im sozialen Raum nach der in Abschnitt 11.2. ausführlich beschriebenen methodischen Vorgehensweise (Positionierung der Berufe im sozialen Raum durch vergleichende Bewertung, iteratives Gruppenverfahren) verortet.

So wie die einzelnen Berufe im sozialen Raum je nach Kapitalstruktur und -volumen verschiedene Positionen einnahmen, zeigte sich – wie erwähnt – auch in der Binnenstruktur eines jeden Berufs, daß je nach Geschlecht, Alter, Bildung, Einkommen, sozialrechtlicher und beruflicher Stellung usw. sich *unterschiedliche Positionen* bestimmen ließen, d. h. *keine punktuelle*

---

58 Vgl. Weber 1964, S. 260.
59 Vgl. Fußnote 26.

Position, sondern ein *für diesen Beruf charakteristischen Teilraum im Gesamtraum sozialer Positionen*.[60] Dabei ergab sich eine für annähernd alle Berufe gültige innere Struktur:

Frauen verfügen auch im Fall gleicher Qualifikation und wöchentlicher Arbeitszeit (d. h. bei Ausklammerung von Teilzeitarbeit) über ein monatliches Einkommen, das teilweise weit unter dem der Männer liegt. Vor allem in den expandierten Berufsgruppen ist die Besetzung der jüngeren Altersgruppen bis 35 Jahre bei den Frauen in der Regel höher als bei den Männern. Trotz der zum Teil besseren Bildungsabschlüsse besetzen die Frauen danach Positionen, die vom Kapitalvolumen her gesehen unter denen der Männer liegen: Je geringer Einkommen und/oder Alter – und damit meist auch je niedriger die Position im Betrieb –, desto niedriger ist auch die soziale Position. Dies gilt auch bei den Selbständigen, wo in der Mehrzahl der Fälle die Frauen niedrigere Selbständigenanteile an einer Berufsgruppe aufzuweisen hatten. (Gleiches gilt für das Verhältnis von Selbständigen mit/ohne Beschäftigten, wo dann die Frauen ihre Hauptanteile in der Gruppe der Selbständigen ohne Beschäftigte zu verzeichnen hatten.) Diese Merkmale führen in bezug auf die Kapitalstruktur im Vergleich zu ihren männlichen Kollegen einmal zu niedrigeren (s. o.), andererseits zu weiter links liegenden sozialen Positionen (weniger ökonomisches Kapital bei annähernd gleich hohen kulturellen Kapitalanteilen).

Wollten wir die Lage der Berufe graphisch im sozialen Raum nach der Zahl der Erwerbstätigen und nach Geschlecht darstellen, würden wir jeweils zu tropfenähnlichen Gebilden kommen. In der zahlenmäßig dünn besetzten ›Spitze‹ der Tropfen fänden wir die akademischen Berufspositionen, mehrheitlich mit Männern besetzt. Im ›Bauch‹ des Tropfens fänden wir dementsprechend die nichtakademischen, mehrheitlich mit Frauen besetzten Berufspositionen. Das folgende Beispiel verdeutlicht die Binnen-Differenzierung einer Berufsgruppe:

Bei den *Hochschullehrern und -lehrerinnen* finden wir unterschiedliche soziale Positionen nach Geschlecht, Alter, Einkommen und sozialrechtlicher Stellung, obwohl die formale Bildungsqualifikation (Abitur, abgeschlossenes Hochschulstudium) bei allen Berufsangehörigen gleich ist. Dabei ist die *Geschlechtszugehörigkeit das primär differenzierende*

---

60 Vgl. Bourdieu 1982, S. 215.

Merkmal: Die Unterprivilegierung der Frauen gegenüber den Männern in dieser Berufsgruppe, d. h. die Zuweisung niedrigerer Positionen, drückt sich u. a. in einer anderen Altersschichtung (die meisten Frauen sind sehr viel jünger), in unsichereren (bzw. zeitlich befristeten) Arbeitsplätzen (60% der Männer, aber nur 20% der Frauen haben den Beamtenstatus) und in den geringeren Einkommen (55% der Männer, aber nur 8% der Frauen beziehen ein monatliches Nettoeinkommen von mehr als 4000 DM) aus. Diese unterschiedlichen Kapitalstrukturen und -volumina führen jedoch nicht nur zwischen den, sondern auch innerhalb der Geschlechtsgruppen zu unterschiedlichen sozialen Positionen; z. B. befinden sich die verbeamteten Hochschullehrerinnen – vom Kapitalvolumen her betrachtet – in einer höheren Position als die angestellten Dozentinnen. Beide Teilgruppen nehmen wiederum niedrigere soziale Positionen als die entsprechenden Männergruppen ein, z. B. weil die Frauen über ein geringeres Einkommen verfügen oder aufgrund ihres geringeren Alters noch nicht die gleichen Sprossen auf der Karriereleiter erklommen haben. Insgesamt befinden sich alle verschiedenen sozialen Positionen im linken, d. h. vom kulturellen Kapital dominierten, oberen Teilfeld des sozialen Raums.

Wie einzelne Berufe, so ließen sich auch größere Berufsgruppen (z. B. im Bildungs- und Wissenschaftsbereich, im Gesundheitswesen, in der Verwaltung, in den technischen Berufen, in der Landwirtschaft usw.) in Teilfelder des sozialen Raums mit *charakteristischen Strukturmerkmalen* einordnen. Einige dieser *Berufsbereichs-Räume* sind im Folgenden abgebildet.[61]

Die spezifischen Dynamiken im sozialen Raum werden deutlich, wenn er für bestimmte Populationen rekonstruiert wird. Wir zeigen dies exemplarisch an der Gruppe der *erwerbstätigen Frauen* (Abb. 39, S. 420). Dabei fällt auf, daß sie in der gesamten linken Hälfte des sozialen Raums (in der Relation mehr kulturelles als ökonomisches Kapital) starke Zuwachsraten zu verzeichnen hat. Hier finden wir eine überzeugende Bestätigung der Annahmen über die spezifische Dynamik der Öffnung des sozialen Raums. Die Lage der stark expandierten Berufe bei den

---

61 Aufgrund der vorgegebenen Struktur des Raums der sozialen Positionen und Lagen darf nicht von der Größe der eingekreisten Gebiete auf die Zahl der Erwerbstätigen eines Berufs geschlossen werden. So gibt es etwa im linken und mittleren Teil der unteren Hälfte des sozialen Raums sehr dicht ›besiedelte‹ Bereiche, gleichzeitig aber auch sehr dünn ›besiedelte‹ Bereiche etwa in der oberen Hälfte und im unteren rechten Bereich.

Abb. 35: Berufe des Bildungs- und Erziehungswesens im Raum der sozialen Positionen

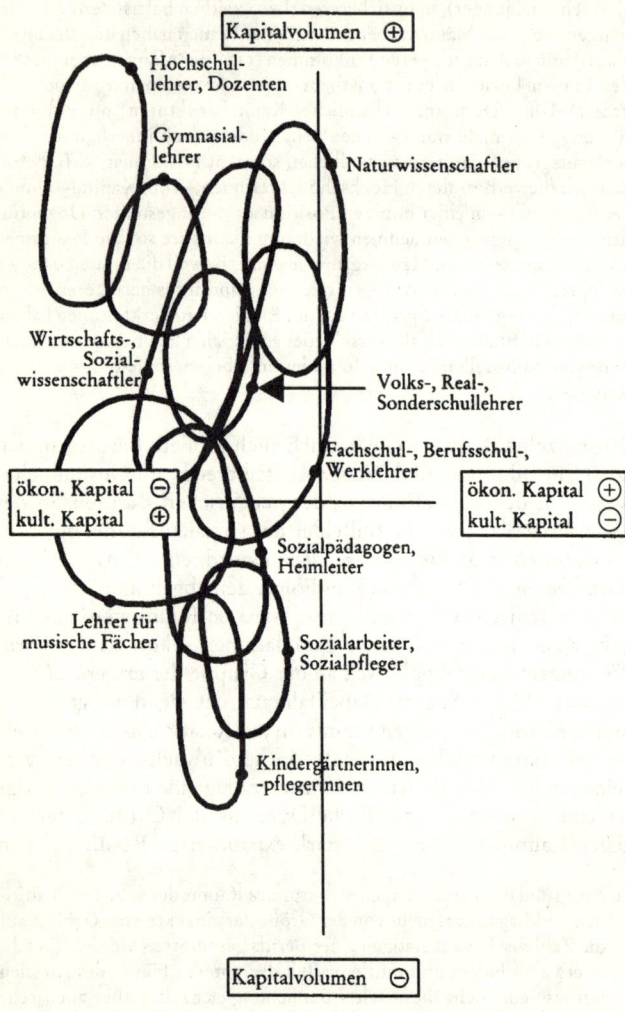

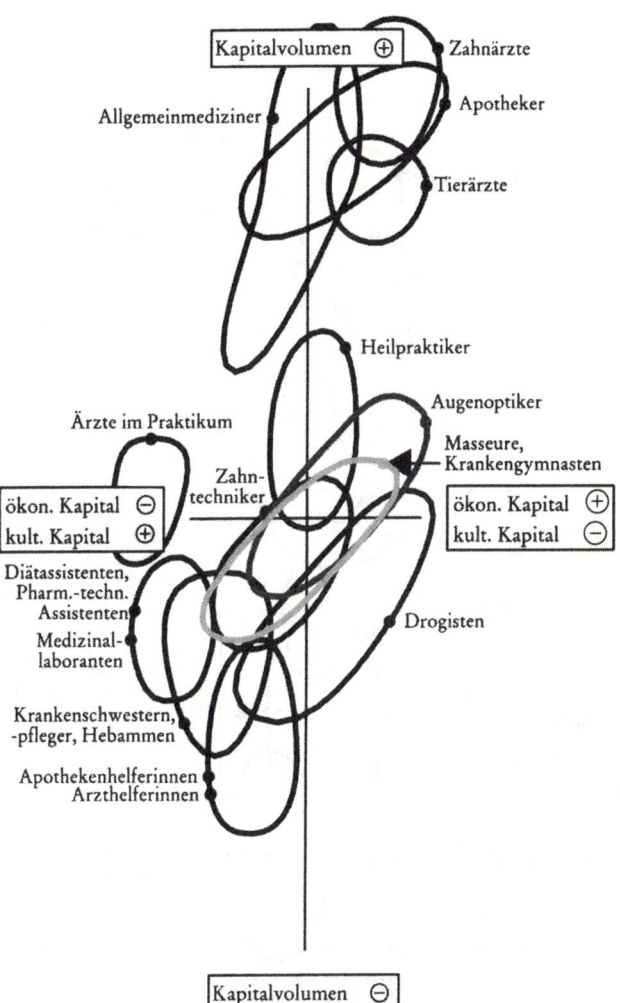

Abb. 36: Berufe des Gesundheitswesens im Raum der sozialen Positionen

Abb. 37: Technische Berufe im Raum der sozialen Positionen

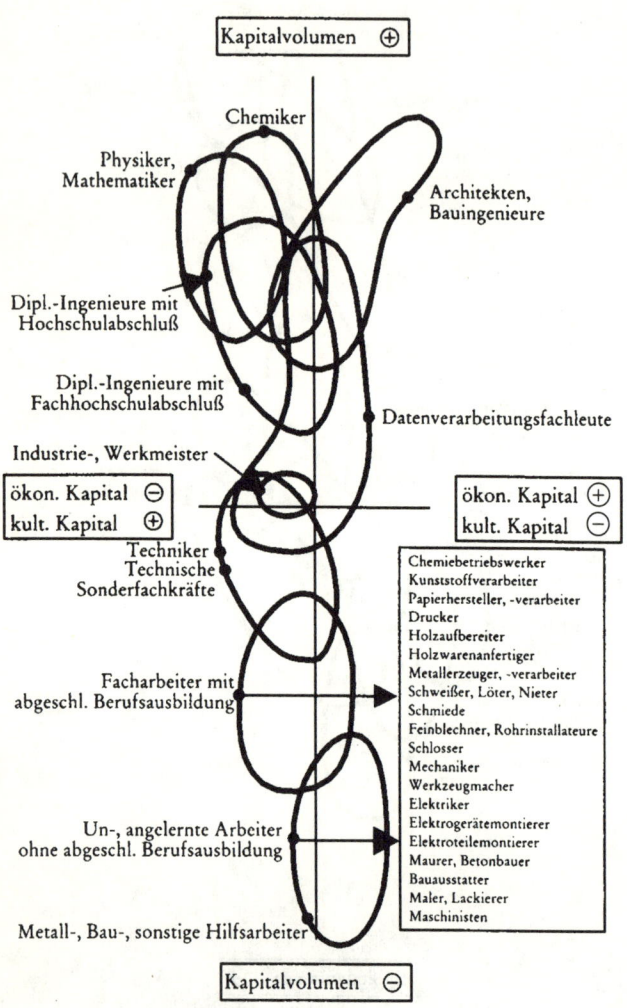

Abb. 38: Berufe in der Landwirtschaft im Raum
der sozialen Positionen

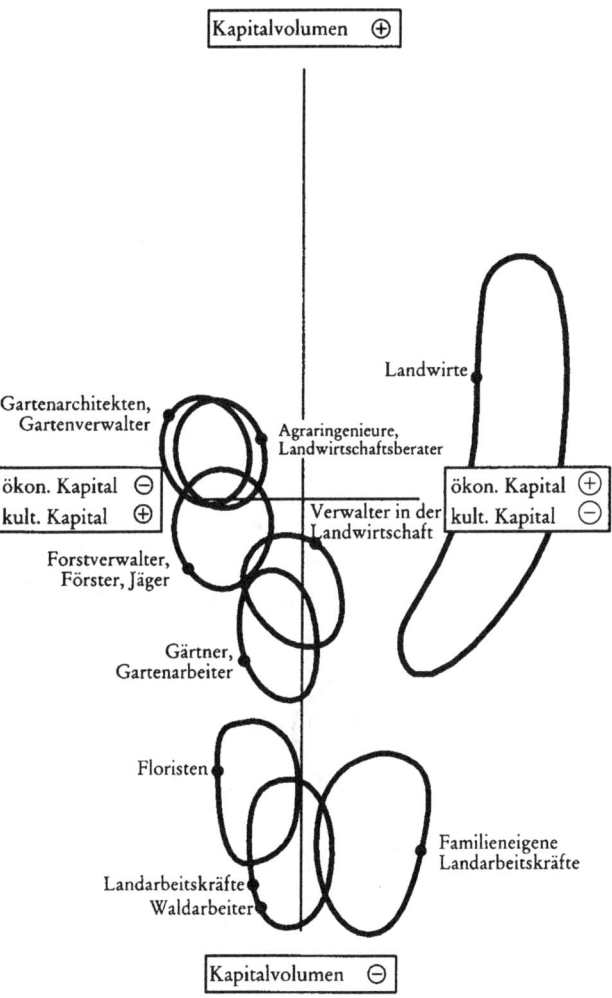

Abb. 39: Teilräume mit überdurchschnittlich gestiegenen und gesunkenen Anteilen erwerbstätiger Frauen

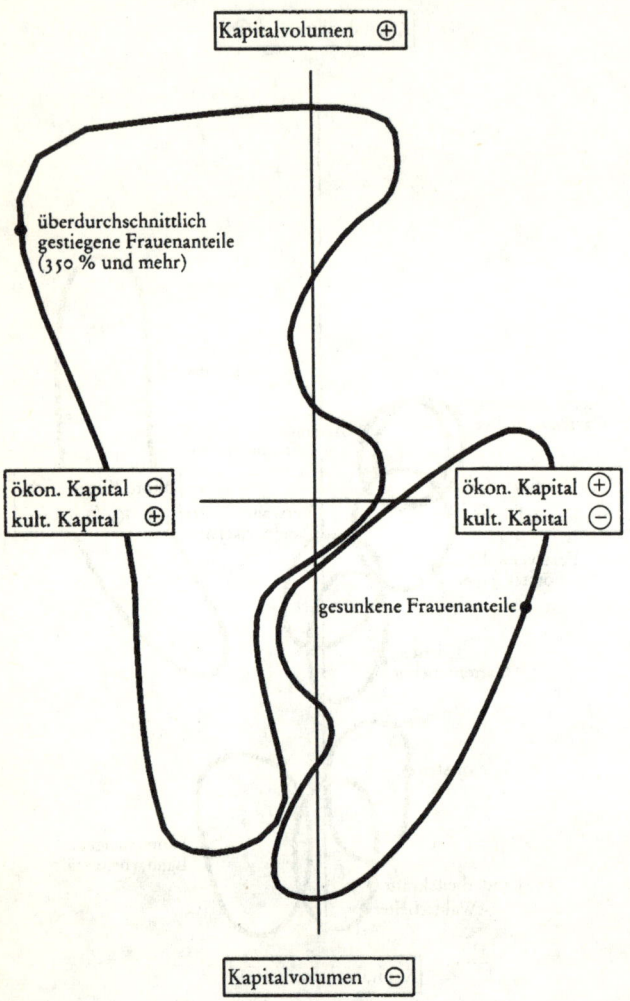

Abb. 40: Teilräume mit überwiegend ausgeübten beruflichen Tätigkeiten

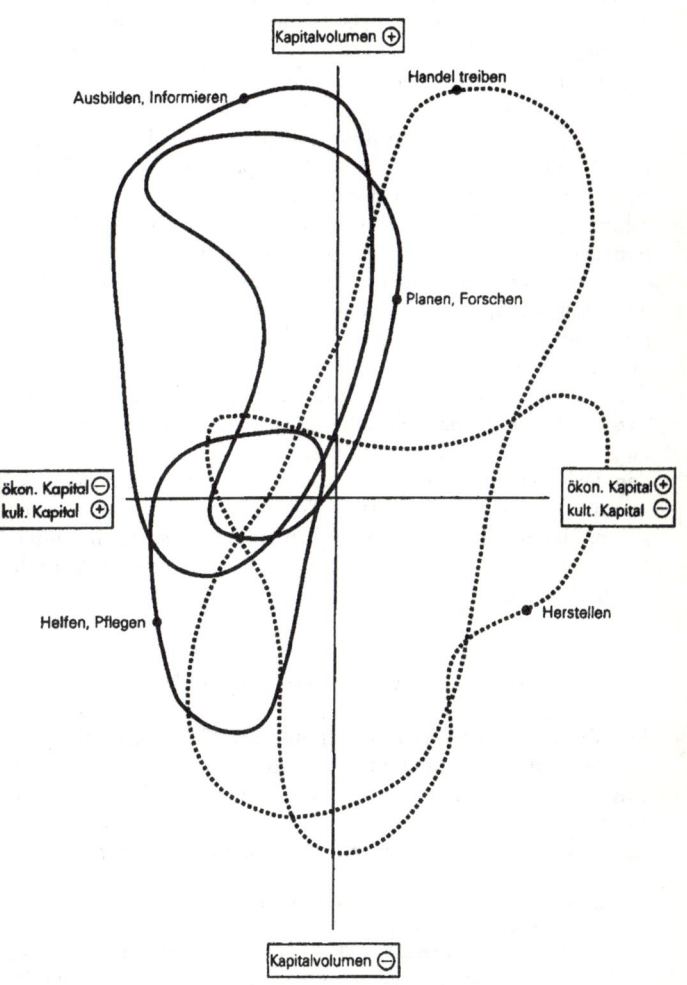

Frauen deutet einerseits auf einen sehr großen Nachholbedarf in der Verbesserung der beruflichen Qualifikation gegenüber den erwerbstätigen Männern hin. Andererseits zeigt sich, daß die Frauen den Weg zu einer Gleichstellung im Berufsleben – wenn überhaupt – nur über gute bis sehr gute berufliche Ausbildungsqualifikationen, d. h. über vermehrten Erwerb kulturellen Kapitals, beschreiten können.[62] Der Weg dorthin ist allerdings mit einer Reihe von Barrieren und Hindernissen gepflastert, wenn wir die Frauenanteile an höheren Berufspositionen generell oder an den privilegierten Berufen im oberen Drittel des sozialen Raums im speziellen betrachten. Hier zeigen sich die genannten Benachteiligungen aufgrund askriptiver Merkmale. Legen wir die Räume der stark gewachsenen und geschrumpften Berufe bei den Frauen einmal übereinander, werden mögliche *inter- und intragenerationelle berufliche Mobilitätswege* sichtbar, die sich im Zuge der Interviewauswertungen bestätigten.

Abb. 39 zeigt die Lage ausgewählter beruflicher Tätigkeiten im sozialen Raum. Es handelt sich um Tätigkeiten, die von den hier zugrunde gelegten Berufsgruppen überwiegend ausgeübt werden. Dabei fällt auf, daß die insbesondere mit den neuen Berufen verbundenen Tätigkeiten (Ausbilden, Informieren, Planen, Forschen, Helfen, Pflegen) in der linken Hälfte des sozialen Raums lokalisiert sind, da deren Ausübung an den vermehrten Erwerb kulturellen Kapitals gebunden ist.[63]

8. Neue Berufe und neue soziale Milieus

Die Modernisierung der Erwerbs- und Sozialstrukturen, d. h. die relative Zunahme von kulturellem Kapital und Dispositionsspielräumen, stellt nach unserer Hypothese einen Teilaspekt der Öffnung des sozialen Raums dar. Wir nehmen an, daß die neuen sozialen Milieus und Bewegungen insbesondere in moderni-

---

62 Vgl. dazu die Resultate der Bildungsverlaufsstudien von Blossfeld (1984a, 1984b, 1985, 1989).

63 Die Lokalisierung dieser Tätigkeiten in der verstärkt am kulturellen Kapital ausgerichteten Hälfte des sozialen Raums hat uns veranlaßt, auch bei der Auswertung der Repräsentativbefragung die neuen Berufe entlang dieser überwiegend ausgeübten Tätigkeiten zu operationalisieren (vgl. Kapitel 11.8.).

sierten Arbeitnehmerberufen konzentriert sind, den sogenannten neuen Berufen. Nach der Analyse der Modernisierungsschübe in der westdeutschen Erwerbs- und Berufsstruktur, der Prozesse der Öffnung und Schließung und der exemplarisch durchgeführten, qualitativen Verortung der Berufe im sozialen Raum werden wir nun unsere bisherigen Annahmen anhand ausgewählter Daten aus der Repräsentativbefragung in einer zusammenfassenden Darstellung überprüfen.

Unter der Bezeichnung ›neue Berufe‹ haben wir Berufe zusammengefaßt, die in erhöhtem Maße Bildung, Eigenverantwortung und kommunikative Kompetenz, d. h. kulturelles Kapital voraussetzen. Diese Charakterisierung findet sich in typischer Weise in bestimmten Tätigkeitsfeldern wieder. Hierzu gehören insbesondere die Tätigkeiten der Datenverarbeitung, der technischen und wissenschaftlichen Planung und Forschung, der Ausbildung, der Information sowie der sozialpflegerischen Hilfe (vgl. Kapitel 11.6.)

Aus diesem Grunde haben wir in der Repräsentativbefragung die neuen Berufe nicht nur über den zweistelligen Code der Berufsordnungen der amtlichen Statistik, sondern zusätzlich über die Variable der überwiegend ausgeübten Tätigkeiten operationalisiert. Hier konnten die Befragten anhand eines umfangreichen Tätigkeiten-Katalogs (60 Tätigkeiten, zusammengefaßt in 16 Kategorien, die ebenfalls den Kategorien der amtlichen Statistik entsprechen) ihre derzeitige bzw. letzte Berufsausübung kennzeichnen. Diese 16 Kategorien waren: Herstellen; Maschinen einstellen, warten; Reparieren; Transportieren; Handel treiben; Büro- und Verwaltungsarbeiten; Datenverarbeitung; Technisch planen, forschen; Wissenschaftlich forschen; Leiten; Ausbilden; Informieren; Helfen/Pflegen; Bewirten/Beherbergen; Entsorgen; Sichern, Bewachen, Überwachen.

Von den befragten Erwerbspersonen (Voll- und Teilzeiterwerbstätige, Arbeitslose) gaben 22,5% an, einer dieser für neue Berufe typischen Tätigkeiten (Datenverarbeitung; Technisch planen, forschen; Wissenschaftlich forschen; Leiten; Ausbilden; Informieren; Helfen/Pflegen) nachzugehen. Dies entspricht dem Anteil dieser Tätigkeiten unter den Erwerbspersonen im Mikrozensus von 1988. Eine Differenzierung dieser Tätigkeitsfelder nach Berufen ergab eindeutige Schwerpunkte im Bereich der neuen Berufe: sozialpflegerische Berufe, medizinische Hilfsberufe, Lehrer und erzieherische Berufe, technische Intelligenzberufe (akademische und nichtakademische), qualifizierte Rechts- und Verwaltungsberufe sowie Kunst- und Kulturberufe. Insgesamt entfallen auf sie 85% der Berufe aus den o. a. Tätigkeitsfeldern (etwa 45% Humandienstleistungsberufe sowie etwa je 20% technische und Verwaltungsberufe).

(1) Betrachten wir die Gesamtheit der Erwerbspersonen nach Altersgruppen, läßt sich das *überproportionale Ansteigen der Erwerbstätigenzahlen in den neuen Berufen* verdeutlichen. Gerade in den jüngeren Generationen finden sich überdurchschnittlich viele Akteure mit neuen Berufen: Während etwa bei den über 55jährigen etwa 13% in diesen Berufen und Tätigkeitsfeldern zu finden sind, steigt ihr Anteil an allen befragten Erwerbspersonen bis zur Gruppe der 25- bis 34jährigen kontinuierlich auf fast 30% an.
Diese Tendenz ist bei den *jüngeren Frauen* besonders stark ausgeprägt: von den 45- bis 54jährigen geht ein Drittel der erwerbstätigen Frauen den o. a. Tätigkeiten der neuen Berufe nach, bei den 25- bis 34jährigen sind es bereits mehr als die Hälfte (54%). Bei den erwerbstätigen Männern in den neuen Berufen hingegen liegt der Altersschwerpunkt bei den beruflich etablierten Mittvierzigern. Diese unterschiedliche Altersrekrutierung von Männern und Frauen untermauert auch die bereits geschilderten Prozesse der Öffnung und Schließung der neuen Berufe nach askriptiven Merkmalen, wie sie sich in den Positionen innerhalb eines Berufs oder Berufsbereiches darstellte.

(2) Die Bildungsstruktur der Angehörigen neuer Berufe hat im Zeitverlauf eine ähnliche Entwicklung wie die der Befragten insgesamt genommen: Je jünger die Alterskohorten sind, um so höher sind die Anteile mittlerer bis höchster allgemeiner Schulabschlüsse. Allerdings zeigen sich dabei zwei signifikante Unterschiede: Zunächst ist die Tendenz zu höheren Bildungsabschlüssen bei den Angehörigen neuer Berufe etwas stärker ausgeprägt, auch erfolgte sie etwa 10 Jahre früher, d. h., sie ist bereits in der Altersgruppe der 45- bis 54jährigen zu erkennen (alle Befragte: erst ab der Altersgruppe der 35- bis 44jährigen). Zudem erfolgte die Entwicklung zu vermehrtem institutionalisierten kulturellen Kapital von einem höheren Ausgangsniveau aus (soziale Herkunft; vgl. [3]).
Insgesamt verweisen diese Prozesse eher auf einen Fahrstuhleffekt, d. h., das höhere Bildungsniveau der Angehörigen neuer Berufe kann nur bedingt auf die besseren Ausbildungsmöglichkeiten seit den fünfziger Jahren oder die Bildungsreformen seit den sechziger Jahren zurückgeführt werden. Die frühzeitige und somit auch effektivere Ausnutzung verbesserter Bildungschancen deutet auf einen »Anlagesinn

für zukunftsträchtige Investitionen« (Bourdieu) hin, d. h. inkorporiertes, familial reproduziertes Kulturkapital. Nehmen wir den Bildungsabstand der älteren Kohorten mit neuen Berufen zum Bevölkerungsdurchschnitt als Richtwert, dann scheint sich mindestens ein Drittel der Angehörigen neuer Berufe als *Modernisierungsgewinner aus einer traditionellen Bildungselite*, d. h. aus privilegierten Lagen, zu rekrutieren.

(3) Sind die Angehörigen neuer Berufe nun eher Bildungsaufsteiger oder eher Modernisierungsgewinner aus privilegierten Lagen, oder finden wir – wie es sich nun anzudeuten scheint – beide Gruppen in beträchtlicher Stärke wieder? Die Bildungsabschlüsse der Befragten und ihrer Eltern sollen Aufschluß über die *soziale Herkunft* geben. Wir betrachten dabei die Befragten nach Geschlechtern getrennt.

Bei den Männern mit neuen Berufen fällt insbesondere auf, daß bei 45% der Abiturienten auch bereits der Vater das Abitur hat – bei den Erwerbspersonen insgesamt ist es nur etwas mehr als ein Drittel. Lesen wir die Daten aus Sicht der Herkunftsfamilie, wird die *Reproduktion der Elite* deutlicher: Die Väter der Angehörigen neuer Berufe, die selbst Abitur haben, konnten zu über 90% ihren Söhnen ein Abitur oder Fachabitur ermöglichen (in der gesamten Erwerbsbevölkerung etwa 70%). Andererseits kann für eine andere Teilgruppe auch ein wirklicher *Bildungsaufstieg* belegt werden: Von den Vätern mit Hauptschulabschluß konnte immerhin ein Drittel seinen Söhnen das Abitur oder Fachabitur ermöglichen (im Gegensatz zu nur 10% in der Erwerbsbevölkerung insgesamt).

Bei den Frauen hingegen dominiert eher eine *horizontale Mobilität*: Ein Bildungsaufstieg fand im Vergleich zur Entwicklung bei den Männern nur in geringerem Maße statt. Dies deutete sich bereits in der räumlichen Verteilung der geschrumpften und überproportional gewachsenen Berufe bei den Frauen an: eine meist horizontale Mobilität von dem rechten unteren in den unteren linken Teil des sozialen Raums, in dem die Anteile der Frauen an den Berufen zwischen zwei Dritteln und fast 100% liegen.

(4) Auch die Verteilung der neuen Berufe auf die sozialen Milieus (nach ›Sinus‹) gibt diese doppelte Entwicklung (Elitenreproduktion und Bildungsaufstieg) wieder: Deutlich überrepräsentiert sind die Angehörigen der neuen Berufe in den drei Milieus mit Oberklassenhabitus: dem Konservativen gehobenen, dem Technokratisch-liberalen und dem Alternativen Milieu (48%, 36% bzw. 42% zu 22% in der befragten Erwerbsbevölkerung insgesamt). Daneben finden wir leicht über dem Durchschnitt liegende Anteile im Hedonistischen und im Neuen Arbeitnehmermilieu (jeweils 24%). Deutlich unterrepräsentiert sind die neuen Berufe im Traditionellen und Traditionslosen Arbeitermilieu (13% bzw. 15%). Sehen wir einmal vom Konservativen gehobe-

nen Milieu ab, so sind die neuen Berufe in der Tat in den eher *modernisierten sozialen Milieus* zum Teil deutlich überrepräsentiert. Allerdings hat hier offensichtlich der schon bei der Bildungs- und Herkunftsstruktur beschriebene Prozeß einer Modernisierung aus privilegierten Lagen, insbesondere im Konservativen gehobenen und im Technokratisch-liberalen Milieu, einen erheblichen Anteil. Im Alternativen, Hedonistischen und im Neuen Arbeitnehmermilieu sind dagegen die Bildungsaufsteiger überrepräsentiert.

(5) Die Öffnung des sozialen Raums vollzog sich nach unserer Hypothese auch als Horizonterweiterung in den Lebensauffassungen und Lebensstilen eines beträchtlichen Teils der Bevölkerung. Dementsprechend müßten sich ebenso wie in den sozialen Milieus auch in den *Politikstilen* deutliche Schwerpunkte der Angehörigen neuer Berufe finden lassen. Da die Politikstile in Kapitel 12.2. ausführlich beschrieben werden, beschränken wir uns hier auf eine kurze Zusammenfassung. Überrepräsentiert sind die neuen Berufe im Lager der Radikaldemokraten (47% zu 22% aller Befragten) und leicht überdurchschnittlich bei den Sozialintegrativen (24%). Während in diesen beiden Lagern etwa 40% aller Angehörigen der neuen Berufe zu finden sind, gibt es eine deutliche Unterrepräsentanz im Lager der Deklassierten (Enttäuscht-Apathische: 10%; Enttäuscht-Aggressive: 17%). Leicht unterdurchschnittliche Anteile von Angehörigen der neuen Berufe finden wir im Lager der Skeptisch-distanzierten und in den beiden konservativen Lagern (zwischen 19% und 22%).

Die Befunde zeigen eine etwas stärkere Streuung der neuen Berufe über den sozialen Raum, als wir in unserer Hypothese angenommen hatten. Insbesondere war der Anteil der Modernisierungsgewinner aus privilegierten Lagen höher als erwartet. Diese doppelte, vertikale und horizontale Rekrutierung der Angehörigen der neuen Berufe entspricht analogen Tendenzen der Rekrutierung neuer sozialer Milieus aus unteren und oberen sozialen Herkunftsmilieus – wie sie Bourdieu bereits 1979 festgestellt hatte[64] und wie wir sie in unseren Zwei-Generationen-Interviews differenzierter nachweisen konnten. Insgesamt lassen sich die von uns vermuteten Entwicklungen und Zusammenhänge auch aus den Ergebnissen der Repräsentativbefragung bestätigen. Im folgenden, letzten Abschnitt wollen wir nun die bisherigen Ergebnisse dieses Kapitels in einem Schema zur Strukturierung des Feldes sozialer Ungleichheit zusammenfassen.

---

64 Bourdieu 1982 [1979], S. 563 ff.

12. Politik- und Gesellungsstile der Westdeutschen

Die abschließenden Kapitel dieses Buches sind der Beschreibung der sozialen Milieus in West- und Ostdeutschland (Kapitel 13 und 14) und der Beschreibung der Formen des sozialen Zusammenhalts und der gesellschaftspolitischen Lager in Westdeutschland (Kapitel 12) gewidmet. Diese Typologien liegen den Gesamtbildern der Gesellschaft zugrunde, deren Dynamik wir in den einleitenden Kapiteln (1,2 und 3) dargestellt haben.

Die Milieus entsprechen den großen Traditionslinien der Alltagskultur und des Habitus sozialer Klassen, Stände und Schichten. Die Lager entsprechen den Traditionslinien der politischen Kultur und der großen gesellschaftspolitischen Gruppen. Es sind die Gruppen, aus denen die politischen Parteien in verschiedenen Kombinationen schöpfen, wenn sie ihre Potentiale mobilisieren oder repräsentieren.

Die Mosaikbilder der Typologien beschreiben nicht nur die Vorstellungen, die sich die Menschen von der sozialen Welt machen und durch die sie sich auch voneinander abgrenzen. Zu jedem Typus gehören auch andere Dimensionen der Lebensweise. Wir haben sie, als sog. ›illustrierende Merkmale‹, in vielen Einzelheiten erfragt: die Formen des sozialen Zusammenhalts und der sozialen Lagen, der Ausbildung und des Berufs, der Arbeitstätigkeit und des Einkommens. Jeder Typus ist zudem auf bestimmte Weise nach Alter, Geschlecht, Ethnie usw. untergliedert. Auch wenn diese Erscheinungen in sich sehr vielfältig sind, ist ihre Kombination nicht nur Zufall, sondern auch ein Ergebnis der Ziele oder der (meist wenig bewußten) »Strategien« der Menschen, ihr Leben auf bestimmte Weise zu führen. Mentalität und soziale Lage sind aufeinander verwiesen.

Die Daten und Typologien sind Teil der Auswertung der großen repräsentativen Befragung »Gesellschaftlich-politische Milieus in Deutschland«, die wir nach dem mehrdimensionalen Konzept von Bourdieu konzipiert haben (vgl. Kapitel 6.4.1.). Da den Milieus und Lagern tiefere Grundeinstellungen und nachhaltige historische Traditionslinien zugrunde liegen, haben die Typologien seit unserer Befragung im Jahre 1991 inhaltlich nicht an

Aktualität verloren.[1] In der Untersuchung verbanden sich zwei Erkenntnisziele: die Einordnung der neuen sozialen Milieus und die Aufdeckung der neuen gesellschaftlichen Spannungslinien.

Zum einen ging es darum, die neuen Milieus als Teil der gesamten Sozialstruktur und ihrer Veränderung zu begreifen. Sie sind Teil des Wandels der sozialen Schichten und Klassen seit dem Zweiten Weltkrieg, bedingt durch die Veränderungen der ökonomischen Berufs- und Erwerbsstrukturen, des öffentlichen Bildungs- und Sozialsystems und der Alltagskultur. Hier wirkten, wie eingangs (in Kapitel 3) beschrieben, vertikale und horizontale Veränderungen zusammen, insbesondere die Zunahme des kulturellen Kapitals, der sozialen Teilhabe und der freieren Lebensstile. Im Generationenwechsel schrumpften traditionelle Milieus und wuchsen modernere Milieus. Dabei entstanden jedoch nicht vollständig neue Mentalitäten, sondern vor allem neue Differenzierungen der großen Traditionslinien, d. h. neue Zweige und Äste an den Familienstammbäumen der sozialen Milieus.

Zum anderen verschoben sich auch die Trennlinien der gesellschaftspolitischen Lager. Unterscheidbar sind drei solche Verschiebungen oder Re-Arrangements, die sich, nach der Alters- und Generationenstruktur, in unserer Befragung abbilden:
- der Aufstieg der großen Volksparteien, die in der ersten Nachkriegszeit ihre Integrationswirkung erheblich ausdehnen konnten;
- die Entstehung neuer, horizontaler Differenzierungen der Trennlinien seit den Studentenbewegungen und den neuen sozialen Bewegungen der sechziger und siebziger Jahre;
- die seit etwa 1990 sichtbare jetzige Krise der politischen Repräsentation, ein vertikales Auseinanderdriften zwischen den politischen Elitemilieus und einer Mehrheit von fast 60 Prozent der Bevölkerung, die über die Krise des bisherigen Sozialmodells ›verdrossen‹ ist.

1 Es haben sich lediglich die Größenordnungen der Untergruppen der Milieus prozentual etwas verschoben, d. h., aus den Traditionslinien haben sich mit dem Generationenwandel neue Varianten jüngerer Milieus und Lager herausdifferenziert. Die Anfänge dieser Differenzierungen waren schon in unserer Befragung von 1991 sichtbar. Ihren neuen Umfang können wir anhand neuerer Daten des ›Sinus‹-Instituts (›Spiegel‹ 1996 und 1998) im Text angeben.

Mit der deutschen Vereinigung und dem Zusammenbruch des Ostblocks hatten die Thesen des sozialen Bindungsverlustes, die bis dahin die schöne Seite des Wertewandels und der Individualisierung beleuchtet hatten, auch eine andere Aktualität bekommen. Fremdenfeindlichkeit und politische Verdrossenheit, Dauerarbeitslosigkeit und prekäre Sozialagen, aber auch neue, junge Bürgerbewegungen für Frieden und multiethnische Integration signalisierten neue soziale und politische Spannungsdynamiken – und das Ende des Nachkriegsmodells der deutschen Gesellschaft.

Dieses Kapitel beschreibt die Veränderungen des politischen und gesellschaftlichen Zusammenhalts in zwei Typologien. Die erste stellt das typologische Feld der gesellschaftspolitischen Lager bzw. ›Politikstile‹ vor (Kapitel 12.2.). Die zweite zeigt das typologische Feld der sozialen Kohäsion bzw. ›Gesellungsstile‹ in der alltäglichen Lebenswelt (Kapitel 12.3.). Zusammengenommen bestätigen diese Typologien, daß nicht die Rede sein kann von einer neuen, vor allem in den jüngeren Generationen wirksamen Tendenz der Auflösung lebensweltlicher Zusammenhänge oder gesellschaftspolitischer Grundauffassungen (wenn diese nicht im Sinne programmatischer ideologischer Konzepte, sondern im Sinne eines Gesellschaftsbildes und Gerechtigkeitsethos verstanden werden). Zudem zeigt ein Vergleich der beiden Typologien (Kapitel 12.3.), daß ein Zusammenhang zwischen den moderneren, ausgeprägt kohäsiven Lebensstilen und den modernen, offenen und toleranten Politikstilen besteht.

Der Zerfall von Bindungen betrifft im wesentlichen nur das Verhältnis zwischen den politischen Eliten und den Lagern, die sich absolut oder relativ als Verlierer der Modernisierungen sehen. Diese Dynamik ist am Anfang dieses Buches im Zusammenhang analysiert (Kapitel 3.5-8.).

1. ›Typen‹ und ›Züge‹ gesellschaftlicher und politischer Einstellungen

Die Typologien wurden auf der Grundlage statistischer Verfahren erarbeitet, mit deren Hilfe mehrdimensionale Grundmuster sozialer Einstellungen aufgedeckt werden können. Mit der sog. »Clusteranalyse« können statistisch mögliche Einstellungs*typen* gefunden werden. Mit der sog. »Faktorenanalyse« können die einzelnen Einstellungs*züge*, die je nach Typus verschieden kombiniert sind, aufgedeckt werden. Die multivariate Statistik erübrigt jedoch nicht die aufwendige Arbeit einer qualitativen Typenkonstruktion. Sie liefert nur verschiedene alternative Kolonnen von Variablen und quantitativen Werten, aus denen die qualitativ ›richtige‹ Variante erst durch langwierige Interpretationsarbeit (und unter Heranziehung der ›illustrierenden Variablen‹) herausgefunden werden kann.[2]

1.1. Faktorenanalysen

Die faktorenanalytische Auswertung der drei Fragebatterien zu den Politikstilen, den Gesellungsstilen und den Gesellungspraktiken[3] diente heuristischen Zwecken. Mit ihr sollten die Grundeinstellungen bzw. -orientierungen des politischen und gesselligen Verhaltens herausgearbeitet werden.

Mit der Faktorenanalyse[4] werden die korrelativen Beziehungen zwischen einer Vielzahl von Variablen – in unserem Fall zwischen den jeweiligen Statements zu den einzelnen Themen – untersucht. Ziel der Analyse ist es, die miteinander zusammenhängenden Variablen (Statements) auf komplexe Erklärungsvariablen (Grundorientierungen) zurückzuführen, d. h., den Untersuchungsgegenstand durch Reduktion der Datenfülle auf wenige, wichtige Dimensionen zu strukturieren. Dabei wird davon ausgegangen, daß die feststellbaren Wirkungszusammenhänge zwischen Einzelaussagen von bestimmten, voneinander unabhängigen Faktoren beeinflußt werden, die gewissermaßen ›hinter‹ den abgegebenen Meinungen zu den einzelnen Statements stehen. Die Analyse bildet diese hypothetischen Faktoren ab, indem sie die in ihrer Aussage ähnlichen Statements bündelt. Die Statements, die einen Faktor bestimmen, sind dabei unterschiedlich gewichtet. Der Grad der Zuordnung eines Statements

---

2 Fragebogen und Methoden sind ausführlich in Kapitel 6.4.1. dargestellt.
3 Die Fragebatterien sind im Anhang wiedergeben und in Kapital 6.4.1. erläutert.
4 Vgl. u. a. Überla 1977; Backhaus/Erichson/Plinke/Schuchard-Ficher/Weiber 1987.

zu einem Faktor wird durch die sog. Faktorladungen[5] quantifiziert. Art und Anzahl der Faktoren, die mit der Faktorenanalyse ermittelt werden sollen, sind abhängig von inhaltlichen und mathematischen Kriterien. In dem von uns verwendeten Faktorenmodell, der Hauptkomponentenanalyse mit orthogonaler Rotation, ist festgelegt, daß möglichst wenige unabhängige Faktoren möglichst viel der gemeinsamen Varianz der Statements erklären und daß die einzelnen Faktoren nur durch einen Teil der Statements (mit hohen Ladungen) beschrieben werden.[6]

Die vom faktorenanalytischen Modell nachgewiesenen Merkmalsbeziehungen bleiben sinnlos, wenn die *Bedeutung* der Faktoren nicht inhaltlich bestimmt werden kann. Unsere Aufgabe war daher, die Faktoren zu interpretieren. Dazu mußten wir ein begriffliches Konzept finden, das das Gemeinsame der Statements mit hohen Faktorladungen im Unterschied zu den Statements mit niedrigen Faktorladungen ausdrückt und das darüber hinaus erklärt, warum bestimmte Statements in ähnlicher, komplementärer oder gegensätzlicher Weise beantwortet werden. Hierbei konnten wir uns auf unsere qualitativen Untersuchungsergebnisse beziehen. Zu berücksichtigen war, daß die gefunde-

---

5   Ladungszahlen variieren in ihrer Größe zwischen den Werten + 1 und − 1. Das positive Vorzeichen drückt aus, daß ein bestimmtes Statement befürwortet wird. Das negative Vorzeichen drückt aus, daß ein Statement abgelehnt wird. Je höher ein Statement auf einen Faktor lädt, desto besser kann es den Faktor beschreiben. Ein Statement, das einen der Maximalwerte aufweist, ist praktisch mit einem Faktor identisch. Umgekehrt, je niedriger die Ladungszahl eines Statements ist, desto weniger kann es den Faktor beschreiben. Eine Ladung von 0 würde bedeuten, daß ein Statement mit dem Faktor in keinem Zusammenhang steht.
6   Wir haben die Faktorenanalysen mit der SPSS-Prozedur ›factor‹ durchgeführt (vgl. Brosius 1989, S. 137-173). Die wohl gebräuchlichste Extraktion der Faktoren nach der Hauptkomponentenmethode ist in dieser Prozedur voreingestellt. Die orthogonale Rotation der Faktoren wurde nach der von SPSS angebotenen ›Varimax‹-Methode vorgenommen. Bei diesem Verfahren werden die Achsen so gedreht, daß die Anzahl von Variablen mit hoher Faktorladung minimiert wird. Dadurch wird eine sinnvolle Interpretation der Faktoren ermöglicht. Beide Verfahren in diesem faktorenanalytischen Modell unterstellen, daß die Faktoren miteinander nicht korreliert, also unabhängig voneinander sind.

nen Faktoren einzelne Dimensionen der politischen bzw. geselligen Einstellungen und Verhaltensmuster ausdrücken, die je nach Kontext eine andere Semantik bekommen. Zum Beispiel fanden wir einen Politikstil-Faktor, der durch eine eher diffuse Angst vor ethnisch fremden Gruppen gekennzeichnet ist und den wir als »Insel-Syndrom« bezeichnet haben. Dieses »Insel-Syndrom« kann nur im Kontext sozialdarwinistischer und chauvinistischer Einstellungen als fremdenfeindlich interpretiert werden. Im Kontext harmonisierender oder unkonventioneller Politikvorstellungen kann es dagegen mit Sympathie, Toleranz oder neutraler Distanz zu anderen Kulturgruppen verbunden sein.

Das Beispiel verdeutlicht, daß Faktoren nicht mit Typen verwechselt werden dürfen, die andererseits aber durch spezifische Kombinationen der in den Faktorenanalysen gefundenen Dimensionen dargestellt werden können.[7] Die Individuen und die sozialen Gruppen definieren sich zu den einzelnen Themen (Politikstil, Geselligsstil, Gesellungspraxis) prinzipiell in bezug auf alle Dimensionen, und sie unterscheiden sich danach, welches Gewicht und welche Bedeutung sie den einzelnen Dimensionen beimessen. Dies leuchtet unmittelbar ein, wenn man bedenkt, daß sich die Befragten ja zu allen Statements geäußert haben und daß mit der Faktorenanalyse Variablen und nicht Fälle gruppiert wurden.

Ohne näher auf die Interpretation der Faktoren einzugehen – die von uns jeweils in den ›Faktornamen‹ zusammengefaßt wurde –, sollen im folgenden die Statements, die durch die gefundenen Faktoren repräsentiert werden, kurz dargestellt werden. Die zehn Dimensionen der Politikstile beschreiben unterschiedliche *gesellschaftspolitische Einstellungen*, die die Form der Auseinandersetzung mit Politik und mit sozialer Ungleichheit prägen. Die neun Dimensionen der Gesellungsstile beschreiben *Motive des geselligen Verhaltens*, d. h. Grundorientierungen im Umgang mit Verwandten, Freunden und Bekannten. Mit den fünf Dimensionen der Gesellungspraktiken können *soziale Orte und Kreise des geselligen Verhaltens* identifiziert werden.

---

7 Siehe dazu weiter unten die Erläuterungen zur Clusteranalyse und die nachfolgenden Beschreibungen der einzelnen Politik- und Gesellungsstiltypen.

Dimensionen gesellschaftspolitischer Einstellungen
10 Faktoren (Varianzaufklärung 50%)

Faktor 1: »Insel-Syndrom«
15,2 % aufgeklärte Varianz[8]

State-ments		Faktor-ladung
45	Gerade wir Deutschen sollten politisch verfolgten Menschen Asyl gewähren	−.72
47	Ich finde es gut, wenn Angehörige vieler Nationen in einem Land zusammenleben	−.69
49	Die vielen Flüchtlinge aus allen Teilen der Welt entwickeln sich zu einer ernsten Bedrohung für unser Land	.65
46	Bei uns in der Bundesrepublik werden Ausländer bevorzugt und Deutsche benachteiligt	.62
16	Die Ausländer, die bei uns in Deutschland leben, sollten das Wahlrecht bekommen	−.60
43	Um mit dem Ausländerproblem fertig zu werden, müssen unsere Behörden weit mehr Vollmachten als bisher erhalten	.51
42	Ich sehe nicht ein, daß wir unseren hart erarbeiteten Wohlstand mit anderen teilen sollen	.50

Faktor 2: »Sozialdarwinismus: Verteidigung der Leistungsideologie«
8,1 % Varianz

State-ments		Faktor-ladung
38	Die meisten, die heutzutage im Leben nichts erreichen, sind selber schuld	.66
40	Wenn jemand genügend leistet, braucht er sich keine Sorgen um seinen Arbeitsplatz zu machen	.62

8 Die aufgeklärte Varianz eines einzelnen Faktors drückt aus, wie bedeutsam der Faktor für die Erklärung der gefundenen Struktur des Merkmalsgefüges ist. Im Rechenmodell ist vorgegeben, daß derjenige Faktor als erster ausgewiesen wird, der den größten Teil der Gesamtstreuung aller Variablen erklärt, danach jeweils der Faktor, der den größten Teil der restlichen Streuung erklärt. Daß bei den gesellschaftspolitischen Wahrnehmungsformen gerade dieser Faktor an erster Stelle steht, deutet auf die aktuelle Brisanz der Themen Asyl, soziale Sicherheit und nationale Identität hin.

39	Soziale Gerechtigkeit heißt für mich, daß jeder den Platz in der Gesellschaft erhält, den er aufgrund seiner Leistungen verdient	.57
48	Wir sind ein reiches Land, weil wir fleißiger und tüchtiger sind als andere	.48
52	Ein Politiker verdient grundsätzlich Vertrauen, weil er sich um das Wohl der Allgemeinheit kümmert	.47
44	Wir Deutsche haben einige gute Eigenschaften, die andere Völker nicht haben	.44
36	Von der Politik erwarte ich in erster Linie, daß sie den erreichten Lebensstandard sichert	.38
37	In der heutigen Zeit muß sich jeder alleine durchsetzen und sollte nicht auf die Hilfe anderer rechnen	.35

Faktor 3: »Politische Enttäuschung«
5,5 % Varianz

Statements		Faktorladung
29	Politiker können versprechen, was sie wollen, ich glaube ihnen nicht mehr	.77
28	Moralische Grundsätze gelten heute in der Politik nichts mehr	.70
27	Es ist egal, welche Partei man wählt, ändern wird sich doch nichts	.69
26	In der Politik geschieht selten etwas, was dem kleinen Mann nützt	.60
30	Ich fürchte, daß ich meinen heutigen Lebensstandard in den nächsten Jahren nicht aufrechterhalten kann	.37

Faktor 4: »Politik als Sachautorität«
4,2 % Varianz

Statements		Faktorladung
51	Politische Parteien sollten sich als Dienstleister für den Bürger verstehen	.66
54	Politische Probleme sind durch kühlen Sachverstand zu lösen	.61
50	Ich meine, Politik sollte von Profis gemacht werden	.57

Faktor 5:»Klassische und traditionelle Arbeitnehmerorientierung«
3,6 % Varianz

State-ments		Faktor-ladung
15	Das Mitspracherecht der Arbeitnehmer an ihrem Arbeitsplatz muß sehr viel größer werden	.66
19	Das Profitdenken der Unternehmer steht einer Lösung des Arbeitslosenproblems im Wege	.62
22	Wenn es in einem Betrieb zu größeren Entlassungen kommt, sollten sich die Arbeitnehmer dagegen wehren, notfalls auch mit Streiks	.55
21	Die Gewerkschaften mit ihren überzogenen Forderungen behindern den wirtschaftlichen Aufschwung	−.55
20	Es ist die Aufgabe des Staates, die sozial Schwachen unbedingt abzusichern	.48

Faktor 6: »Chauvinismus«
3,4 % Varianz

State-ments		Faktor-ladung
17	Ich meine: Politik ist Männersache	.79
18	Frauen sind genauso wie Männer geeignet, führende Positionen in der Gesellschaft einzunehmen	−.72
23	Ich meine: Die Politiker sollen regieren und den Bürger in Ruhe lassen	.42
44	Wir Deutsche haben einige gute Eigenschaften, die andere Völker nicht haben	.36

Faktor 7: »Harmoniestreben/Konfliktabwehr«
2,9 % Varianz

State-ments		Faktor-ladung
32	Früher lebten die Menschen glücklicher, weil es noch nicht so viele Probleme gab	.65
33	Es ist Aufgabe der Politik, den Bürgern ein Gefühl der Geborgenheit zu geben	.63
34	Anstatt sich dauernd zu bekämpfen, sollten die Politiker lieber an einem Strang ziehen	.50
31	Ich meine, daß die Politiker viele Probleme unnötig verkomplizieren	.50

| 35 | Zu einem vertrauenswürdigen Politiker gehört für mich ein seriöses Auftreten | .33 |

Faktor 8: »Politische Teilhabe: Selbsttätigkeit«
2,6 % Varianz

Statements		Faktorladung
12	Ich finde es gut, wenn Leute für ihre politischen Ziele auf die Straße gehen	.69
11	Wenn man heute als Bürger politisch etwas erreichen will, muß man die Dinge selbst in die Hand nehmen	.59
13	Ich glaube, daß es in einer Bürgerinitiative menschlicher zugeht als sonst in der Politik	.57
14	Politiker, die immer höflich und beherrscht sind, kann ich nicht leiden	.44

Faktor 9: »Politisches Desinteresse«
2,3 % Varianz

Statements		Faktorladung
24	Für mich gibt es wichtigere Dinge zu tun, als mich um Politik zu kümmern	.71
25	Ich fühle mich ganz einfach überfordert, in der großen Politik mitreden zu können	.68
23	Ich meine: Die Politiker sollen regieren und den Bürger in Ruhe lassen	.45

Faktor 10: »Zynische Distanz zur Politik«
2,3 % Varianz

Statements		Faktorladung
53	Wirklich fähige Leute gehen nicht in die Politik, weil man dort nicht genug verdient	.58
30	Ich fürchte, daß ich meinen heutigen Lebensstandard in den nächsten Jahren nicht aufrechterhalten kann	.49
14	Politiker, die immer höflich und beherrscht sind, kann ich nicht leiden	.36

Dimensionen des gesälligen Verhaltens
9 Faktoren (Varianzaufklärung 51,1 %)

Faktor 1: »Gesellige Erlebnisorientierung«
17,4 % Varianz

Statements		Faktorladung
11	Ich feiere meinen Geburtstag gern mit vielen Leuten	.70
20	Mit meinen Freunden mache ich gern etwas Verrücktes	.66
14	Ich unternehme viel gemeinsam mit meinen Freunden und Bekannten	.66
38	Im Freundeskreis verabreden wir uns oft spontan	.62
44	Ich flirte gern	.56
18	Ich kenne unheimlich viele interessante Leute	.55
35	Viele Freunde zu haben ist für mich sehr wichtig	.54
22	Ich habe außerhalb meiner Familie kaum Freunde oder Bekannte	−.52
12	Ich habe Freunde aus allen Kreisen, vom Handwerker bis zum Akademiker	.46

Faktor 2: »Emotionale Anlehnung«
8,3 % Varianz

Statements		Faktorladung
48	Ich erwarte von meinen Freunden, daß sie sich in meine Probleme einfühlen können	.69
36	Mit meinen Freunden muß ich all meine Sorgen und Probleme besprechen können	.69
31	Mit meinen Freunden muß ich auch intime Dinge besprechen können	.63
33	Ich nehme meine Freunde auch gern mal in den Arm	.38

Faktor 3: »Anspruchsvolle Kommunikation«
6,1 % Varianz

Statements		Faktorladung
32	Im Freundeskreis unterhalten wir uns oft über Kunst und Kultur	.74
17	Im Freundeskreis philosophieren wir öfter über den Sinn des Lebens	.69

34	Wichtig ist, daß ich mich mit meinen Freunden über politische und soziale Fragen auseinandersetzen kann	.53
12	Ich habe Freunde aus allen Kreisen, vom Handwerker bis zum Akademiker	.47
33	Ich nehme meine Freunde auch gern mal in den Arm	.43
18	Ich kenne unheimlich viele interessante Leute	.42

Faktor 4: »Zurückhaltende Unsicherheit«
4,4 % Varianz

Statements		Faktorladung
19	Manchmal traue ich mich nicht, im Bekanntenkreis etwas zu sagen, weil ich einen dummen Fehler machen könnte	.72
24	Ich fürchte, daß andere Leute mich nicht leiden können	.59
46	Es fällt mir schwer, Freundschaften zu schließen	.52
22	Ich habe außerhalb meiner Familie kaum Freunde oder Bekannte	.46
13	Durch enge Freundschaften fühle ich mich zu sehr gebunden	.40
42	Manchmal habe ich gar keine Lust, mich mit meinen Freunden zu treffen	.34

Faktor 5: »Konventionelle Familienzentrierung«
3,7 % Varianz

Statements		Faktorladung
15	Ich lege Wert auf gute Manieren	.63
26	Ich finde es wichtig, daß die Familie auf jeden Fall zusammenhält	.62
47	Ich bin gern mit meinen Verwandten zusammen	.59
39	Ich gehe Streit lieber aus dem Weg	.57

Faktor 6: »Funktionale Rigidität«
3,1 % Varianz

Statements		Faktorladung
27	Im Freundeskreis haben wir oft Probleme, einen gemeinsamen Termin zu finden	.68
16	Für die Pflege von Freundschaften habe ich leider zu wenig Zeit	.65

30	Wenn ich mich mit Freunden treffen will, muß ich das richtig planen	.55
40	Wenn ich kurzfristig eingeladen werde, sage ich meistens ab	.37

Faktor 7: »Gesinnungsgemeinschaft«
2,8 % Varianz

Statements		Faktorladung
28	Meine Freunde und ich haben in etwa die gleichen Interessen	.71
45	Die Menschen, denen ich nahestehe, haben im großen und ganzen dieselben sozialen und politischen Vorstellungen wie ich	.67
23	Meine Freunde und ich haben in vielen Dingen die gleichen Ansichten	.66

Faktor 8: »Konventionelle Geselligkeit«
2,7 % Varianz

Statements		Faktorladung
49	Viele meiner Freunde habe ich im Verein kennengelernt	.72
41	Meine Freunde sind für mich wie eine große Familie	.41
21	Ich treffe mich öfter mit meinen Freunden, um gemeinsam zu kochen	.34

Faktor 9: »Trotzige Isolierung«
2,6 % Varianz

Statements		Faktorladung
29	Es interessiert mich überhaupt nicht, was die Leute über mich reden	.82
25	Ich mag es nicht, wenn man mich unangekündigt besucht	.33

Soziale Orte und Kreise der Geselligkeit
5 Faktoren (Varianzaufklärung 51,9 %)

Faktor 1: »Peer-group«
22,1 % Varianz

Items		Faktorladung
36	Cafés, Lokale oder Kneipen besuchen	.71
33	Parties, Feste feiern	.70
34	Mich mit Freunden und Bekannten treffen	.70
38	Sportveranstaltungen besuchen	.67
39	Gemeinsam mit Freunden und Bekannten Ausflüge machen	.60
44	In meinen Verein gehen	.53
37	Zum Stammtisch gehen	.50
32	Karten spielen, Brettspiele (z. B. Mensch ärgere Dich nicht)	.48

Faktor 2: »Politische Öffentlichkeit«
10,5 % Varianz

Items		Faktorladung
41	Mich im politischen Bereich engagieren (z. B. in Parteien, Bürgerinitiativen)	.77
48	Politische Veranstaltungen besuchen	.75
52	Gewerkschaftsarbeit machen, im Betriebs- oder Personalrat mitarbeiten	.61
40	Mich im sozialen Bereich engagieren (z. B. Freiwillige Feuerwehr, Rotes Kreuz, Altenbetreuung)	.48
46	Alternative Veranstaltungszentren besuchen	.42
47	Yoga, Meditation, Autogenes Training, Körpererfahrung	.39

Faktor 3: »Kulturelle Öffentlichkeit«
7,3 % Varianz

Items		Faktorladung
50	Museen, Ausstellungen, Galerien besuchen	.78
49	Konzerte, Oper und Theater besuchen	.77
31	Fortbildungskurse, Volkshochschule	.44
47	Yoga, Meditation, Autogenes Training, Körpererfahrung	.37
37	Zum Stammtisch gehen	−.35

Faktor 4: »Gemeinde«
7,0% Varianz

Items		Faktor-ladung
45	Gemeindezentren besuchen (z. B. Bürgerhaus, Dorfgemeinschaftshaus, Freizeitheim, Jugendzentrum, Kirchliche Einrichtungen)	.73
51	In die Kirche gehen (Gottesdienst, Messe, Andacht)	.63
44	In meinen Verein gehen	.49
40	Mich im sozialen Bereich engagieren (z. B. Freiwillige Feuerwehr, Rotes Kreuz, Altenbetreuung)	.42
46	Alternative Veranstaltungszentren besuchen	.42

Faktor 5: »Familie/Clan«
4,9% Varianz

Items		Faktor-ladung
35	Mich mit meinen Nachbarn unterhalten	.73
43	Meine Kinder, Eltern oder Verwandte besuchen	.63
42	Mit anderen Gespräche führen, über Probleme reden	.50

1.2. Clusteranalysen

Die Clusteranalysen hatten das Ziel, die Befragten nach ihren Politikstilen und ihren Gesellungsstilen zu wenigen größeren Gruppen bzw. *Typen* zusammenzufassen, die in sich möglichst homogen, aber untereinander deutlich verschieden sind.

Im Unterschied zu anderen Verfahren der Typenbildung können mit der Clusteranalyse[9] Gruppen auf der Basis mehrerer Merkmale gebildet werden. Für das Agglomerieren der Cluster, d. h. die Zusammenfassung der Fälle zu Clustern und der kleineren Cluster zu größeren Clustern, gibt es mehrere Verfahren. Das partitionierende, iterative Verfahren, für das wir uns entschieden haben, hat den Vorteil, daß die Ähnlichkeit der Fälle auf jeder Agglomerationsstufe neu geprüft wird, damit einzelne Fälle, wenn notwendig, von einem Cluster in ein anderes umgruppiert werden können. Mit dieser Methode kann gewährleistet werden, daß die Befragten, die einem Cluster zugeordnet sind, tatsächlich auch alle ähnliche Eigenschaftsstrukturen aufweisen. Letztendlich basiert auch die Clusteranalyse auf intensiven hermeneutischen Anstrengungen, da jede Konstellation der Cluster auf ihre qualitative bzw. inhaltliche Plausibilität hin zu überprüfen ist.

Für die Politikstile und die Gesellungsstile wurden getrennte Typologien berechnet. Als *aktive, typenbildende Variable* sind nur die jeweiligen Statements der entsprechenden Fragemodelle eingegangen, d. h. die Originalvariablen, nicht die gefundenen Faktoren bzw. Faktorwerte. Jeder Typus ist danach durch ein bestimmtes Antwortmuster über alle Einzelaussagen zu einem Thema charakterisiert. Zur näheren Interpretation der Typen haben wir zusätzlich weitere Merkmale als sogenannte *passive Variablen* herangezogen:

(1) die ›Sinus‹-Milieus;
(2) demographische und sozialstrukturelle Kriterien (Alter, Geschlecht, Familienstand, Haushaltsform, Bildungsabschlüsse, sozialrechtliche Stellung, Beruf, Einkommen, soziale Herkunft usw.);
(3) Einstellungen zu ausgewählten, jeweils relevanten Themen (für die Politikstile z. B. Einstellungen zur sozialen Ungleichheit, für die Gesellungsstile z. B. Einstellungen zur Familie);

---

9 Vgl. u. a. Backhaus/Erichson/Plinke/Schuchard-Ficher/Weiber 1987.

(4) bestimmte gesellige, soziale und politische Aktivitäten (z. B. Häufigkeit von Kontakten zu Nachbarn, Freunden und Verwandten, Gewerkschaftsmitgliedschaft, politisches und soziales Engagement);
(5) die Parteisympathien[10] und das Wahlverhalten[11].

Da sich die Cluster aus kleineren Einheiten aufbauen, ist die Zahl der zu bildenden Gruppen nicht von vornherein festgelegt, wenngleich sich nach den berechneten Distanz- bzw. Ähnlichkeitsmaßen bessere oder schlechtere Clustermodelle ergeben. Um die aus der repräsentativen Stichprobe gebildeten Typen mit

---

10 Unsere Untersuchung hat bewußt nicht die sogenannte »Sonntagsfrage« nach der Wahlabsicht gestellt, sondern die Befragten aufgefordert, für fünf Parteien: CDU/CSU, FDP, SPD, GRÜNE und Republikaner eine Rangfolge der Sympathien zu bilden. Da insgesamt fast 96 % der Befragten (einschließlich der noch nicht wahlberechtigten 14- bis 17jährigen) geantwortet haben, die Wahlbeteiligung aber wesentlich niedriger liegt, ist der Abstand zum tatsächlichen Wahlverhalten beträchtlich. Überdies war im Sommer 1991 die Stimmung für die Union besonders schlecht und für die SPD besonders gut (vgl. ›Politbarometer‹), so daß die Sympathieanteile hinsichtlich späterer Wahlergebnisse stark relativiert werden müssen. Für die CDU/CSU, die SPD, die FDP und die GRÜNEN wurden bei der Interpretation der Cluster nur die Erstpräferenzen und teilweise die Kombinationen von Erst- und Zweitpräferenz berücksichtigt. Die Sympathie für die Republikaner wurde von den Befragten in unserer Stichprobe nicht so offen bekundet. Um wenigstens ungefähr zu ermitteln, wie groß der Kreis derjenigen ist, die der Partei wohlwollend gegenüberstehen, haben wir alle diejenigen zusammengefaßt, die die Republikaner an erster, zweiter und dritter Stelle plaziert haben, also noch vor zwei der vier ›etablierten‹ und als demokratisch anerkannten Parteien. In der gesamten Stichprobe konnten wir auf diese Weise ein Sympathiepotential für die Republikaner von 6,3 % ermitteln.
11 Dabei interessierte uns weniger das Votum für eine bestimmte politische Partei als vielmehr das Wechsel- und Nichtwählerverhalten. Um hier Annäherungswerte zu erhalten, haben wir das Wahlverhalten der Befragten bei den Bundestagswahlen 1987 und 1990 retrospektiv erfragt und die Angaben miteinander verglichen. Als Nichtwähler definierten wir die Befragten, die bei beiden Wahlen wahlberechtigt waren und angaben, daß sie sich an beiden Wahlen nicht beteiligt hätten. Als Wechselwähler definierten wir die Befragten, die bei beiden Wahlen wahlberechtigt waren und angaben, bei der Bundestagswahl 1990 eine andere Partei als 1987 gewählt zu haben.

denen unserer qualitativen Untersuchungen vergleichen zu können, wurden mehrere Analysen mit unterschiedlichen Clusterzahlen durchgeführt und einer überprüften qualitativen Interpretation unterworfen. Die Clustermodelle, die wir unseren weiterführenden Untersuchungen zugrunde gelegt haben, erwiesen sich nach diesen Überlegungen als am besten geeignet, konsistente und annähernd vollständige Beschreibungen der Bevölkerungsstruktur zu gewährleisten. Für die Politikstile ergab sich dabei ein Sieben-Typen-Modell und für die Gesellungsstile ein Sechs-Typen-Modell. Sie wurden jeweils diskriminanzanalytisch überprüft.

Die zwei Typologien erbringen, vor allem in ihrer Kombination, wichtige Hinweise auf die Prozesse politischer und sozialer Integration bzw. Anomie. Die einzelnen Typen können für die Grundgesamtheit quantifiziert und auch bestimmten sozialstrukturellen Gruppen zugeordnet werden.[12]

2. Typen gesellschaftspolitischer Grundeinstellungen (Politikstile)

Die nachfolgende Typologie gesellschaftspolitischer Grundeinstellungen (›Politikstile‹) gibt uns Hinweise darauf, wie verschiedene soziale Milieus die Erfahrungen von sozialer Öffnung und Schließung sowie von Individualisierung und Deklassierung verarbeitet haben. In der Darstellung schließen sich nach einer zusammenfassenden Übersicht ausführliche Beschreibungen der einzelnen Typen an. Jeder Typus kann auch durch eine spezifische Kombination der in der Faktorenanalyse gefundenen

[12] Bei der Interpretation der Ergebnisse der Faktoren- und der hier nicht weiter dargestellten Clusteranalyse zu den »Gesellungspraktiken« war zu berücksichtigen, daß geselliges Verhalten ebenso vom Alter und vom Geschlecht wie von sozialen Positionen beeinflußt wird. Da zudem das Instrument auf die Fragestellungen nach modernen und gesellig sozialen Milieus eingegrenzt wurde, waren nicht alle Facetten möglicher geselliger Praktiken zu erfragen. Die Ergebnisse (21,7% ›modern-aktive‹ Typen; 30,9% ›gesellig-plebejische‹ Typen; 47,3% ›restriktive‹ Typen) der auf Intensität und Reichweite sozialer Kohäsionspraxis zielenden Clusteranalyse zu »Gesellungspraktiken« haben dementsprechend eingeschränkte Aussagekraft.

Grundeinstellungen beschrieben werden. Diese charakteristischen Profile sind für jeden Typus dargestellt. Die Typologie schließt mit zwei tabellarischen Übersichten: Die erste verdeutlicht die Schwerpunkte der einzelnen Typen im Milieumodell von ›Sinus‹ (Abb. 48, S. 470), die zweite gibt die Anteile der einzelnen Typen in den verschiedenen Altersgruppen wieder (Abb. 49, S. 471). Der altersgruppenspezifische Vergleich belegt unsere These, daß die offeneren, moderneren und demokratischeren Politikstile ihren Schwerpunkt in den jüngeren Generationen haben, die die Öffnung des sozialen Raums und die damit erweiterten individuellen Handlungsspielräume in besonderer Weise repräsentieren.

Die in der Darstellung gewählte Reihenfolge der Typen haben wir nach der Universalismus-Dimension festgelegt, d. h. nach dem *Integrationsradius* oder dem Ausmaß, in dem verschiedene benachteiligte Gruppen gleichgestellt oder ausgegrenzt werden sollen, darunter insbesondere Frauen, Ausländer, Arbeitnehmer und sozial Schwache. Der Typus des *Sozialintegrativen* ist als einziger vollständig universalistisch; er gesteht allen sozialen Gruppen die soziale und bürgerrechtliche Gleichstellung zu. Der Typus des *Radikaldemokraten* hat bereits blinde Flecke gegenüber Arbeitnehmern und sozial Schwachen. Der Typus des *Skeptisch-Distanzierten* ist eher indifferent. Beim Typus des *Gemäßigt-Konservativen* beginnt die Diskriminierung der Frauen und bei dem des *Traditionell-Konservativen* die der Ausländer und Ausländerinnen. Die beiden Typen der *Enttäuscht-Apathischen* und *Enttäuscht-Aggressiven* haben die ausgeprägtesten Ressentiments, auch gegenüber modernen Lebensstilen.

Der Überblick über die gesellschaftspolitischen Lager (Kap. 2.5. und 3.7-8.) wie auch die Einordnung in das Milieumodell von ›Sinus‹ und in die jeweiligen Altersgruppen zeigen für jeden Typus andere Merkmale und Einstellungen, die bei ihm besonders häufig vorkommen. Dabei erweist es sich, daß die politischen Einstellungstypen nicht unbedingt mit den Lebensstiltypen von ›Sinus‹ übereinstimmen. Dies kann mit dem ›praxeologischen Bruch‹ zwischen der Lebensstilebene und der Ebene politischgesellschaftlicher Praxis erklärt werden. Je nach ihren biographischen Konflikt- und Vergemeinschaftungserfahrungen können die Akteure eines bestimmten ›Lebensstilmilieus‹ zu verschiedenen Lernprozessen und Identitäten gelangen, um sich dann darüber verschiedenen ›Politikstilmilieus‹ zuzuordnen. Diese Umsortierung auf der gesellschaftspolitischen Ebene erfolgt freilich meist nicht beliebig, sondern nach deutlichen Schwerpunkten. So sind beispielsweise die Angehörigen der ersten beiden Typen der ›Politikstilmilieus‹ auch überwiegend die jüngeren, die geselligsten und die Angehörigen der moderneren ›Sinus‹-Makromilieus.

Insgesamt lassen sich die sieben Typen in die (in Kapitel 2.5. und 3.7-8. näher dargestellten) sechs Lager gruppieren. Sie bilden ein Spektrum, das von ausgesprochenen Reformorientierungen bis zu starken Ressentiments reicht.

2.1. Die Sozialintegrativen (12,8%)

Die Sozialintegrativen verbinden in ihren moralischen Vorstellungen von Gerechtigkeit klassische Arbeitnehmerorientierungen mit Kritik an neuen sozialen Ungleichheiten. Sie sind stolz auf das persönlich Erreichte und plädieren für eine stärkere politische Beteiligung der Bürgerinnen und Bürger. In ihrer Reformorientierung und mit ihrem kritischen Engagement bewegen sie sich in deutlicher Distanz zu den Parteipolitikern.

Die Sozialintegrativen repräsentieren die unteren und mittleren Ebenen der neuen sozialen Milieus. Ein Viertel ist dem Hedonistischen ›Sinus‹-Milieu zuzuzählen, 22,8% dem Leistungsorientierten, 11% dem Traditionslosen und 7,4% dem Modernen Arbeitnehmermilieu. Zwar sind die moderneren Milieus hier insgesamt stark überrepräsentiert, jedoch sind immerhin 13% der Sozialintegrativen dem Kleinbürgerlichen Arbeitnehmermilieu zuzuordnen. Der Altersschwerpunkt der Sozialintegrativen liegt bei den 20- bis 29jährigen, das Durchschnittsalter liegt bei 37 Jahren. Mit 60% sind die Frauen innerhalb dieser Gruppierung in der Mehrheit. Auffällig ist der überdurchschnittlich hohe Anteil von Realschulabsolventen (27,2%), der auf das mittlere Bildungsniveau der Sozialintegrativen verweist. Der Anteil der Abiturienten hat sich von der älteren Generation zur jüngeren Generation der bis zu 45jährigen auf 16,2% verdreifacht. Mit 58,5% überwiegen ›solide‹ Lehrabschlüsse in beiden Generationen. 58% der hier Befragten arbeiten in Angestelltenberufen (Büro-, Verwaltungs-, Medizin-, Bildungs- und Erziehungsberufe), 20% befinden sich noch in Ausbildung; dies sowie der überdurchschnittliche Anteil von 18% Teilzeitbeschäftigten (Durchschnitt aller Befragten: 6%) erklärt die niedrigen persönlichen und die mittleren Haushaltseinkommen. Überwiegend stammen die Sozialintegrativen aus Facharbeiter- und Handwerkerfamilien. Häufig sind die Mütter in Angestelltenberufen erwerbstätig (gewesen).

Kennzeichnend für diesen Typus sind eher soziale als politische Orientierungen. Das Gesellschaftsbild ist egalitär und von moralischen Gerechtigkeitsvorstellungen geprägt. Alle Menschen sollen die gleichen Chancen für ein Leben nach ihren Bedürfnissen und Fähigkeiten haben, unabhängig von ihrer Herkunft, ihrem Alter, ihrem Geschlecht oder ihrer Ethnie. Wie auch die Gruppe der Radikaldemokraten verurteilen die Sozialintegrativen ausländer- oder frauenfeindliche Chauvinismen und erstreben die Aufhebung bestehender Benachteiligungen; dies allerdings eher aus einer Perspektive ›von unten‹, d. h., ihre Wahrnehmung und Kritik sozialer Ungleichheit ist mit einer ausgeprägten Arbeitnehmerorientierung verbunden. Höchste Zustimmung mit 86% (Durchschnitt aller Befragten: 64,2%) findet z. B. die Meinung, daß »das Profitdenken der Unternehmer einer Lösung des Arbeitslosenproblems im Wege« stehe, oder mit 94,1% (Durchschnitt: 80,4%) die Meinung, daß sich die Arbeitnehmer mit Streiks gegen Entlassungen zur Wehr setzen sollten. Diesen Positionen entspricht ein relativ hoher gewerkschaftlicher Organisationsgrad[13] (18,7%; Durchschnitt: 15,9%), vor allem in den jüngeren Altersgruppen bis 45 Jahre (20,8%; Durchschnitt dieser Altersgruppen: 16,7%). Die Forderung nach einem Ausbau des Mitspracherechts der Gewerkschaften unterstützen 64,7% der Sozialintegrativen (Durchschnitt: 49,9%), die Forderung nach einem Ausbau des Mitspracherechts am Arbeitsplatz sogar 89,1% (Durchschnitt: 69,9%). Das Leistungsprinzip, verstanden als fachliche Qualifikation und persönliche Verantwortung für das eigene Handeln, wird als Regelungsmechanismus der Arbeitsbeziehungen befürwortet. Jedoch soll der Staat die Verpflichtung haben, »die sozial Schwachen unbedingt abzusi-

---

13 Der Organisationsgrad wird in dieser Typologie nicht an der Zahl der Erwerbstätigen gemessen, sondern an allen Angehörigen eines Typs bzw. der gesamten Stichprobe.

Abb. 41: Gesellschaftspolitische Einstellungen der Sozialintegrativen[14]

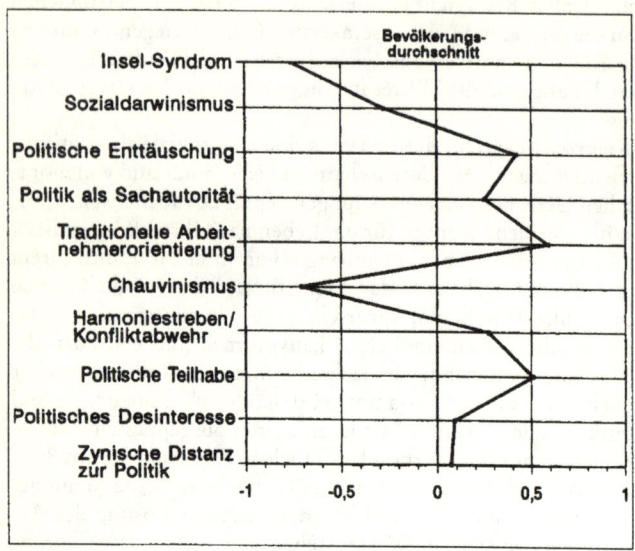

Forschungsgruppe Sozialstrukturwandel, Universität Hannover: Repräsentativbefragung 1991 (n = 2684) Faktorenanalyse: durchschnittliche standard. Faktorwerte

chern« (94,3% Zustimmung; Durchschnitt: 83,8%). Sozial parasitäres Verhalten und rücksichtsloser Egoismus werden gleichermaßen abgelehnt. Das Sozialstaatsprinzip wird eindeutig befürwortet.

Nach Auffassung der Sozialintegrativen soll, wie im Arbeitsleben, in der Politik das Prinzip der Selbstorganisation durchgesetzt werden, d. h., sie bevorzugen unkonventionelle Politikformen mit einer stärkeren persönlichen Beteiligung. Allerdings

14 Bei den Werten der Graphik handelt es sich um standardisierte Faktorenwerte. Die Mitte der Graphik, d. h. der O-Punkt, gibt die durchschnittliche Bewertung einer Grunddimension durch alle Befragten wieder. Die positiven Abweichungen (nach rechts) bezeichnen eine überdurchschnittliche Zustimmung, die negativen (nach links) eine überdurchschnittliche Ablehnung.

fallen hier Anspruch und Realität auseinander. Obwohl stärker im Freizeitbereich und sozial engagiert als andere Gruppen der Stichprobe, liegen sie mit ihrer Bereitschaft zu politischen Aktivitäten hinter den Gruppen der Radikaldemokraten und Skeptisch-Distanzierten an dritter Stelle, d. h. leicht über dem Durchschnitt. Das mag damit zu tun haben, daß sie sich in hohem Maße von der Politik enttäuscht fühlen, weil Wahlversprechen nicht eingehalten werden (83,1%; Durchschnitt: 64,7%), weil »die Politiker viele Probleme unnötig komplizieren« (92,7%; Durchschnitt: 77,2%) oder weil »in der Politik selten etwas geschieht, was dem kleinen Mann nützt« (84,8%; Durchschnitt: 66,7%). Auch scheint das grundsätzliche Bedürfnis nach Harmonie und Entlastung einem intensiven Engagement entgegenzustehen. Sie wünschen sich eine bessere Durchschaubarkeit politischer Prozesse und plädieren für ›unkomplizierte‹ pragmatische Lösungen wirtschaftlicher, sozialer und ökologischer Probleme. Besonders groß ist die Distanz zu politischen Parteien, bei denen Anständigkeit und Bürgernähe vermißt werden. Kritisiert werden deren Machterhaltungsinteressen und Bereicherungsstrategien. Sympathie hegen sie noch am ehesten für die SPD und die GRÜNEN. 13,4% der wahlberechtigten Sozialintegrativen sind nach eigenen Angaben bei den Bundestagswahlen 1987 und 1990 nicht zur Wahl gegangen. Dies ist der höchste konstante Nichtwähleranteil unter allen Gruppierungen.

Mit ihren Lebensformen und geselligen Aktivitäten folgen die Sozialintegrativen zumeist jugendlichen, erlebnisorientierten Verhaltensmustern. Daß sie dabei durchaus auf konventionelle Muster der Geselligkeit zurückgreifen und beides miteinander im Alltag verbinden, verweist auf ihre Fähigkeiten zur sozialen Integration. In den jüngeren Altersgruppen finden sich überdurchschnittliche Anteile von Ledigen und von erwerbstätigen Singles. Das überwiegend jugendkulturelle Muster des Freizeitverhaltens folgt Formen der geselligen Erlebnisorientierung mit dem Ziel der Zerstreuung und Entspannung. Konventionelle Formen der Geselligkeit in Familie, Verein und Gemeindezentrum sind für die Sozialintegrativen damit nicht ausgeschlossen, sondern dokumentieren, ebenso wie partielle Engagements in kulturellen und politisch-sozialen Bereichen, ihre von Ressentiments weitgehend freie Offenheit und Erlebnisorientierung.

2.2. Die Radikaldemokraten (10,8%)

Die Radikaldemokraten repräsentieren reformorientierte gesellschaftskritische Einstellungen ohne persönliche Zukunftsängste. Ihre politischen Zielvorstellungen sind von humanistischen Emanzipationsansprüchen geleitet und offenbaren eine hohe Sensibilität für neue soziale Ungleichheiten, jedoch eine geringer ausgeprägte für die alten sozialen Ungleichheiten.

Der radikaldemokratische Typus findet sich im oberen Drittel der modernisierten, neuen sozialen Milieus. Er zeichnet sich durch hohes kulturelles und ökonomisches Kapital aus. Als Bildungselite mit den vergleichsweise höchsten Haushaltseinkommen (41% haben ein monatliches Haushaltseinkommen von mehr als 4000 DM, während dies im Durchschnitt der Stichprobe nur bei 28% der Fall ist) repräsentieren die Radikaldemokraten jüngere Teile der gehobenen bzw. bessersituierten Milieus. 33,2% des Alternativen, 25,5% des Technokratisch-Liberalen, 13,8% des Hedonistischen und 14,5% des Konservativen Gehobenen ›Sinus‹-Milieus sind diesem Typus zuzuzählen. Ausgehend von den absoluten Zahlen stellen die Akteure des Technokratisch-Liberalen ›Sinus‹-Milieus den größten Anteil unter den Radikaldemokraten (19,3%); es folgen die Leistungsorientierten mit 17%, die Hedonisten mit 15,7% und die Angehörigen des Kleinbürgerlichen Arbeitnehmermilieus mit 15,4%. Auffällig ist, daß sich 26% der Angehörigen des Modernen Arbeitnehmermilieus bei den Radikaldemokraten wiederfinden und 18,7% bei den Sozialintegrativen. Mit zunehmendem Alter der Akteure in den einzelnen Milieus – mit Ausnahme bei den Hedonisten – verringert sich der Anteil dieses Typus. Besonders hervorzuheben ist die Neuorientierung im Konservativen Gehobenen Milieu: Nur 7,1% der in diesem Milieu Befragten über 45 Jahre, aber 33% der Befragten bis 45 Jahre bekennen sich zu radikaldemokratischen Positionen. Mit einem Durchschnittsalter von 36 Jahren (Altersschwerpunkt 20 – 39 Jahre) gehören die Radikaldemokraten zur jüngsten Gruppe unserer Stichprobe. In der Bevölkerung bis 45 Jahre stellen sie einen Anteil von 14,7%, darüber stellen sie nur noch 6,7%. Während im Durchschnitt aller Befragten nur 13,8% über eine Hochschulzugangsberechtigung verfügen, liegt diese bei den Radikaldemokraten mit 46,5% erheblich höher. Dies gilt für alle Altersgruppen der Radikaldemokraten. Bereits die Eltern der Radikaldemokraten hatten ein überdurchschnittliches Bildungsniveau. Ein gewisser Bildungsaufstieg kann allerdings für die Frauen angenommen werden, da das Bildungsgefälle zwischen den Geschlechtern sich in den jüngeren Generationen der bis 45jährigen dieser Gruppe stark verringert hat. Entsprechend der bei den Radikaldemokraten mehrheitlich vertretenen jüngeren Altersgruppen gibt es hier viele Ausbildungspopulationen und Erwerbstätige: 9,4% Schüler, 11,4% Studenten, 45,7% voll Berufstätige, 15,3% teilweise Berufstätige und/oder Arbeitslose. Die Angehörigen des Typus der Radikaldemokraten arbeiten überwiegend in qualifizierten oder leitenden Angestellten- und Beamtenpositionen. Mit 4,2% (Durchschnitt aller Befragten: 1,3%) sind sie vor allem in den freien Berufen stark vertreten. Zudem sind sie in den neuen Berufen überrepräsentiert, z. B. in den Bildungs- und Erziehungsberufen mit 16,3% (Durchschnitt: 5,7%), in der technischen Intelligenz mit 10,7% (4,4%), bei den Kunst- und Kulturvermittlern mit 3,7% (0,8%), in den Rechts- und Sicherheitsberufen mit 3,4% (1,8%) sowie in den Medizinberufen mit 5,9% (3,5%).

Kennzeichnend für die kritisch engagierten Radikaldemokraten ist ihre reformorientierte Grundhaltung. Von Politikverdrossenheit oder politischer Entfremdung ist bei ihnen kaum etwas zu spüren. Ihre Hauptanliegen sind die Verteidigung demokratischer Grundrechte und Freiheiten sowie der Ausbau politischer Partizipationschancen für den einzelnen. Ihre auffallend starke Sensibilität für die sogenannten neuen, horizontalen Ungleichheiten korrespondiert mit einer partiellen Blindheit für alte soziale Ungleichheiten. Soziale Belange der Arbeitnehmergruppen treten in den Hintergrund und werden von ihnen nicht mit derselben Entschiedenheit unterstützt wie etwa die Interessen von Frauen oder die von ethnischen Minderheiten. Die relative Ferne zu klassischen Arbeitnehmerinteressen erklärt sich v. a. daraus, daß die Radikaldemokraten nur geringe soziale Wahrnehmungen nach ›unten‹ haben, da sie sich in privilegierten und relativ sicheren sozialen Positionen bewegen. Dem entsprechen ihr geringer gewerkschaftlicher Organisationsgrad von 11,1% (Durchschnitt: 15,9%) und ihre überdurchschnittliche Ablehnung traditioneller gewerkschaftlicher Topoi. Die Gewerkschaftsbindung in den jüngeren Generationen der Radikaldemokraten ist weitaus geringer als in den älteren Generationen: Mit 8,1% haben sie in den Altersgruppen bis 45 Jahre den niedrigsten Anteil von Gewerkschaftsmitgliedern (Durchschnitt: 16,7%). Auf der anderen Seite zeigen die Radikaldemokraten unter allen Befragten das stärkste politische Interesse: nur 8% interessieren sich »weniger« oder »gar nicht« für Politik. Dementsprechend groß ist ihre Bereitschaft, sich zu informieren oder selbst politisch aktiv zu werden. Etwa ein Fünftel ist regelmäßig im politischen und sozialen Bereich engagiert. Ihr Engagement realisieren sie professionell und zumeist in institutionellen Bahnen. Obwohl Glaubwürdigkeit und Kompetenz politischer Institutionen gegenüber Ressentiments verteidigt werden, wird mit Kritik an überwiegend konventionellen Politikstilen nicht gespart. In Abgrenzung zur Gruppe der Traditionell-Konservativen zeigen die Radikaldemokraten überdurchschnittliche Partei-Sympathien bzw. Erstpräferenzen für die GRÜNEN, die SPD und die FDP.

Ihre politische Identität gewinnen die Radikaldemokraten aus der Abgrenzung gegenüber den vorherrschenden gesellschaftlichen Ideologien und Anschauungen. Die Leistungsideologie, jedenfalls in ihrer sozialdarwinistischen Form, wird von ihnen entschieden abgelehnt. Gegenüber dem rücksichtslosen wirtschaftlichen Konkurrenzkampf betonen sie die Verpflichtung zum Schutz der Schwächeren. Gegenüber der Vorstellung, soziale Unterschiede seien über Leistungen legitimiert, verweisen sie auf die bestehenden Chancenungleichheiten in der Gesellschaft, insbesondere auf die Benachteiligungen von Frauen und ausländischen Mitbürgern, also Benachteiligungen aufgrund askriptiver Merkmale. Die Einstellung der Radikaldemokraten zum Leistungsprinzip wirkt insgesamt zwiespältig: Obwohl sie sich gegen die Leistungsideologie aussprechen, besetzen sie gehobene, gutsituierte Positionen in der gesellschaftlichen Leistungshierarchie und halten dies für legitim, zumal sie für die Probleme niedriger Arbeitnehmerpositionen wenig Verständnis aufbringen. Gleichzeitig zeigen sie ein ausgeprägtes Gefühl für Benachteiligungen nach dem Muster askriptiver Merkmale. Die Radikaldemokraten bekennen sich zu einer offenen multikulturellen Gesellschaft. Wohlstandschauvinistische und ausländerfeindliche Haltungen werden von ihnen scharf verurteilt. Ihre Behandlung der Problematik ethnischer Minderheiten ist nicht von sozialen Ängsten geprägt, was v. a. mit ihrer privilegierten sozialen Lage zu erklären ist. Sie plädieren zu 66,6% für die Einführung des

Abb. 42: Gesellschaftspolitische Einstellungen der Radikaldemokraten

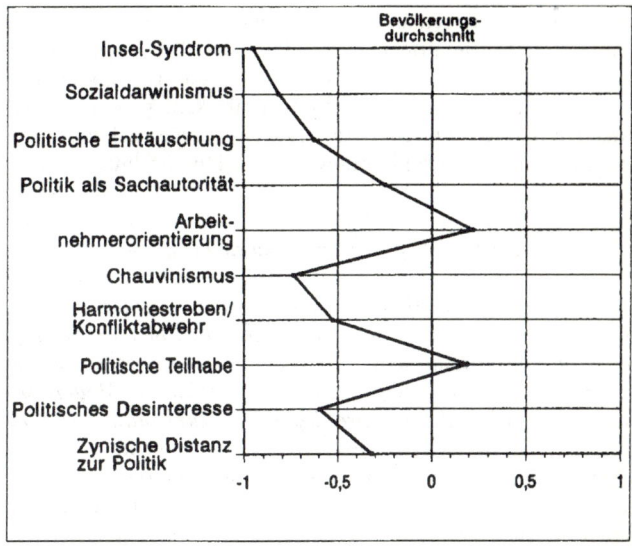

Forschungsgruppe Sozialstrukturwandel, Universität Hannover: Repräsentativbefragung 1991 (n = 2684); Faktorenanalyse: durchschnittliche standard. Faktorwerte

Ausländerwahlrechts (Durchschnitt: 31,9%) und setzen auf politische Lösungen in der Frage der Integration kultureller und ethnischer Minderheiten.

Lebensformen und gesellige Aktivitäten der Radikaldemokraten verweisen auf ihre überdurchschnittliche soziale Integration. Häufiger als andere praktizieren sie neue Formen des Zusammenlebens in Wohngemeinschaften, Ehen ohne Trauschein usw. Gegenüber anderen Gruppen der Stichprobe scheinen sie die traditionellen geschlechtsspezifischen Formen der Arbeitsteilung eher überwinden zu können, da häufig beide Partner trotz gemeinsamer Kinder erwerbstätig sind. In den mittleren und älteren Generationen der Radikaldemokraten finden sich überdurchschnittlich viele Alleinlebende. Geselligkeiten mit Nachbarn, Freunden und Bekannten werden von ihnen in modernisiert-anspruchsvollen Formen praktiziert. Ihre selbstbewußten und individualisierten Lebensstile sind auf unkonventionelle »Erlebnisorientierung« ausgerichtet und zugleich kommunikativ-anspruchsvoll gehalten. Beispielsweise bevorzugen sie gegenüber der konventionellen Enge familiärer Bindungen das Erweitern ihrer Erfahrungshorizonte über zum Teil ausgefallene Freizeit- und anspruchsvolle Kulturpraktiken. 51,5 % der Radikaldemokraten (Durchschnitt: 48 %) bekennen sich zum Protestantismus; 10,5 % sind konfessionslos (Durchschnitt: 5,5 %).

2.3 Die Skeptisch-Distanzierten (17,7 %)

Die Skeptisch-Distanzierten hängen keinem geschlossenen Gesellschaftsbild an. Von gängigen gesellschaftlichen Erklärungsmustern sind sie desillusioniert. Aus der von begrenztem Aufstieg charakterisierten Mittellage zwischen Tradition und Modernisierung heraus erstreckt sich ihre Einstellung zur Politik von zynischer Distanz bis zu besonders starkem Engagement.

Skeptisch-Distanzierte finden sich in den unteren und mittleren Segmenten der insbesondere von Modernisierungen betroffenen Sozialmilieus. Sie repräsentieren einen Großteil der moderneren Arbeitnehmermilieus. 20 % sind dem Hedonistischen Milieu zuzurechnen, 19,5 % dem Traditionslosen Arbeitnehmermilieu, 16,2 % dem Leistungsorientierten Milieu und 13,1 % dem Technokratisch-Liberalen Milieu der ›Sinus‹-Typologie. Die sich über die untere Hälfte des gesellschaftlichen Spektrums erstreckende Heterogenität dieser Gruppe zeigt sich darin, daß 25 % ihrer Akteure traditionellen Milieus zuzuordnen sind, wobei das Kleinbürgerliche Arbeitnehmermilieu mit 18,9 % am stärksten vertreten ist. Das Durchschnittsalter der Skeptisch-Distanzierten beträgt 42 Jahre und liegt damit nur leicht unter dem unserer Stichprobe. Leicht überrepräsentiert sind die Altersgruppen von 20 bis 29 Jahren und von 30 bis 39 Jahren. Der breiten Altersstreuung entspricht, daß Erwerbstätige, Rentner, Hausfrauen und Auszubildende etwa durchschnittlich in der Gruppe vertreten sind. Insgesamt verfügen sie über ein mittleres Bildungsniveau und sind als Vor- und Facharbeiter, qualifizierte Angestellte und Beamte mit mittleren Einkommen erwerbstätig. Überdurchschnittlich häufig sind die Skeptisch-Distanzierten im technisch-gewerblichen Bereich sowie im Bereich Handel, Banken und Versicherungen tätig. Daß diese Gruppe, wie schon die der Sozialintegrativen, zu den Gewinnern der Bildungsreform gehört, zeigt, daß zwar 74,9% der über 45jährigen Skeptisch-Distanzierten über einen Volksschulabschluß verfügen, aber nur noch 37,5% der unter 45jährigen; bei letzteren konnte sich statt dessen der Anteil der Realschulabsolventen auf 31,2% und der der Fachabiturienten auf 3,9% steigern. Wie schon die Tendenzen des begrenzten Bildungsaufstiegs in dieser Gruppe zeigen, rekrutieren sich deren Angehörige überwiegend aus der Handwerker- und Arbeiterschaft (57% der Väter sind Arbeiter, 18% sind Angestellte; Durchschnitt aller Befragten: 53% beziehungsweise 17,5%).

Gegenüber Politikern und etablierten politischen Institutionen wird eine skeptische, manchmal zynische Distanz deutlich. Daß es sich dabei teilweise um eine grundsätzliche Verweigerungshaltung gegenüber Politik handelt, offenbart die in gleichem Atemzug genannte Skepsis gegenüber neuen sozialen Bewegungen und Politikformen. Während diese von den Skeptisch-Distanzierten wegen ihrer Selbstidealisierungen und ihres elitären Habitus kritisiert werden, trauen sie den konventionellen politischen Parteien nicht zu, Lebensstandard und soziale Sicherheit auf Dauer zu gewährleisten. Ebenso wie sie die Topoi der Leistungsgesellschaft in ihrer sozialdarwinistischen Form ablehnen, zeigen sie sich gegenüber den Versprechungen des Sozialstaats grundsätzlich mißtrauisch. Übrig bleibt häufig eine teilweise polemische und teilweise resigniert illusionslose Wahrnehmung der Gesellschaft, in der sich nach ihrer Auffassung die Stärksten durchsetzen. So befürchtet etwa die Hälfte dieser Gruppe, ihren heutigen Lebensstandard in den nächsten Jahren nicht aufrechterhalten zu können. Trotz dieser skeptischen Grundhaltung existieren nur geringe wohlstandschauvinistische Ressentiments gegenüber Ausländerinnen und Ausländern. Hingegen äußern sie Vorbehalte gegenüber Gleichberechtigungsansprüchen von Frauen in der Politik und im Erwerbsleben. Obwohl die Skeptisch-Distanzierten sich auch den klassischen Arbeitnehmer- und Gewerkschaftstopoi nicht mehr vorbehaltlos anschließen, sind sie gewerkschaftlich engagiert. 17,7% sind Mitglied einer Gewerkschaft (Durchschnitt: 15,9%), und 5% geben an, mindestens einmal monatlich sich an der Gewerkschaftsarbeit zu

Abb. 43: Gesellschaftspolitische Einstellungen der Skeptisch-Distanzierten

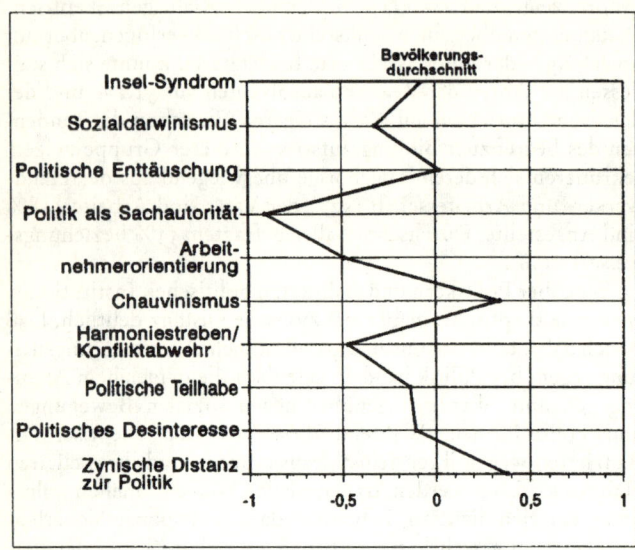

Forschungsgruppe Sozialstrukturwandel, Universität Hannover: Repräsentativbefragung 1991 (n = 2684); Faktorenanalyse: durchschnittliche standardisierte Faktorwerte

beteiligen oder sich im Betriebs- bzw. Personalrat zu engagieren (Durchschnitt: 4,3%). Diese Hinweise korrespondieren mit der Aussage, für Politik durchaus Interesse aufzubringen, ohne dabei das Gefühl eigener politischer Inkompetenz haben zu müssen. Entsprechend überdurchschnittlich ist ihr Engagement: 16% sind nach eigenen Angaben regelmäßig im sozialen (Durchschnitt: 14%) und 12% im politischen Bereich (Durchschnitt: 7,5%) engagiert. Hinsichtlich der parteipolitischen Sympathien zeigen sie eine leicht überdurchschnittliche Erstpräferenz für die SPD. In den jüngeren Generationen der bis 45jährigen existieren auch Sympathien für die GRÜNEN, für die FDP und die Republikaner.

Die Skeptisch-Distanzierten scheinen sich ihrer sozialen Standards und ihrer gesellschaftlichen Verortung nicht ganz sicher zu sein. Im Spannungsfeld zwischen modernisierten Lebensführungen – relativ viele erwerbstätige Singles und Doppelverdienerhaushalte – und kulturellen Mustern ihrer Herkunft bevorzugen sie bestätigende Formen der Gesellung im Freundeskreis. In bewußter Distanz zu konventioneller Familien- und Nachbarschaftsorientierung sind sie andererseits in der Konfrontation mit neuen Lebensstilen um ihre soziale Anerkennung besorgt. Dabei entstehende Unsicherheiten werden nur zu einem geringen Teil über offene Ressentiments zum Ausdruck gebracht. Eher überwiegt der Rückzug in den Freundeskreis, zu einem geringeren Teil in die Selbstisolation.

2.4. Die Gemäßigt-Konservativen (17,6%)

Die Gemäßigt-Konservativen akzeptieren grundsätzlich die bestehende Leistungsgesellschaft und deren soziale Ungleichheiten. Allerdings müssen Stabilität, Sicherheit und Harmonie gewährleistet sein. Hier sehen sie das Aufgabenfeld der Politik, zu der sie ansonsten persönlich Distanz halten.

Gemäßigt-Konservative finden sich in den unteren und mittleren Lagen des sozialen Raums. 33,2% sind dem Leistungsorientierten Milieu, 24,2% dem Kleinbürgerlichen Arbeitnehmermilieu und 11,2% dem Traditionslosen Arbeitnehmermilieu der ›Sinus‹-Typologie zuzuordnen. Aus der Perspektive einzelner Sozialmilieus zeigt sich, daß die gemäßigt-konservative Einstellung im Traditionellen Arbeitermilieu und im Traditionslosen Arbeitnehmermilieu (jeweils etwa 17% der Akteure aus diesen Milieus zählen zu den Gemäßigt-Konservativen) sowie auch im Konservativen gehobenen Milieu (11% der Akteure dieses Milieus zählen zu den Gemäßigt-Konservativen) relativ große Resonanz findet. Obwohl die Gruppe der 50- bis 69jährigen leicht überrepräsentiert ist, sind die Altersgruppen unter den Gemäßigt-Konservativen relativ gleichmäßig und durchschnittlich verteilt. Ihr Bildungsniveau ist geringfügig unterdurchschnittlich (z. B. 62% Volks- und Hauptschulabschluß im Vergleich zu durchschnittlich 56%). Der Anteil von Vor- und Facharbeitern liegt mit 29% leicht über dem Durchschnitt von 23%. In den jüngeren Altersgruppen der bis 45jährigen läßt sich ein Trend zu qualifizierten Angestellten- und Beamtenberufen feststellen. Im Hinblick auf die Struktur der unterschiedlichen Berufsgruppen finden sich in den traditionellen Bereichen der Landwirtschaft, der Textilindustrie, des Baugewerbes und der Rohstoffgewinnung ebenso leicht überdurchschnittliche Anteile wie in den Bereichen Handel, Banken und Versicherungen sowie Büro und Verwaltung – letzteres insbesondere für die jüngeren Altersgruppen. Insgesamt bewegen sich die Einkommen auf durchschnittlichem Niveau.

Nach dem Motto ›Jeder ist seines Glückes Schmied‹ zeigen sich die Gemäßigt-Konservativen in Übereinstimmung mit der Leistungsgesellschaft und ihren Hierarchien, sofern diese in der Lage sind, allzu große soziale Disparitäten über sozialstaatliche Absicherungen abzumildern. Die gesellschaftliche Arbeitsteilung wird von ihnen als funktional und sinnvoll anerkannt, solange das Maß einer gerechten Ordnung und des sozialen Ausgleichs für sie erkennbar bleibt. Konflikte und Interessengegensätze haben sich für die Gemäßigt-Konservativen in einer überschaubaren Ordnung der Ethik der Klassenkooperation, wie sie insbesondere auch die katholische Soziallehre fordert, zu vollziehen. Dieses Gesellschaftsbild ist verbunden mit Stolz auf die wirtschaftlichen und sozialen Errungenschaften der Bundesrepublik. Der Stolz wird mit Verweis auf persönliche Leistungen begründet und äußert sich in wohlstandschauvinistischen Haltungen; so sind 82,9% (Durchschnitt aller Befragten: 62,8%) der Meinung, daß »wir Deutsche einige gute Eigenschaften haben, die andere Völker nicht haben«, und 86,5% (Durchschnitt: 70,5%) sind der Auffassung »Wir sind ein reiches Land, weil wir fleißiger und tüchtiger sind als andere«. Andererseits sind die Ressentiments der Gemäßigt-Konservativen gegenüber Ausländern unterdurchschnittlich. So bejahen z. B. 74% der Gemäßigt-Konservativen das Grundrecht auf Asyl (Durchschnitt: 59%); und 37% befürworten ein Wahlrecht für Ausländer (Durchschnitt: 32%). Jedoch meinen 45,9% (Durchschnitt: 34,5%), daß Politik »Männersache« sei.

Gegenüber der Politik zeigen die Gemäßigt-Konservativen eine Art wohlwollende Distanz. 60,4% (Durchschnitt: 44,9%) sind der Auffassung »Ein Politiker verdient grundsätzlich Vertrauen, weil er sich um das Wohl der Allgemeinheit kümmert«.

Abb. 44: Gesellschaftspolitische Einstellungen der
Gemäßigt-Konservativen

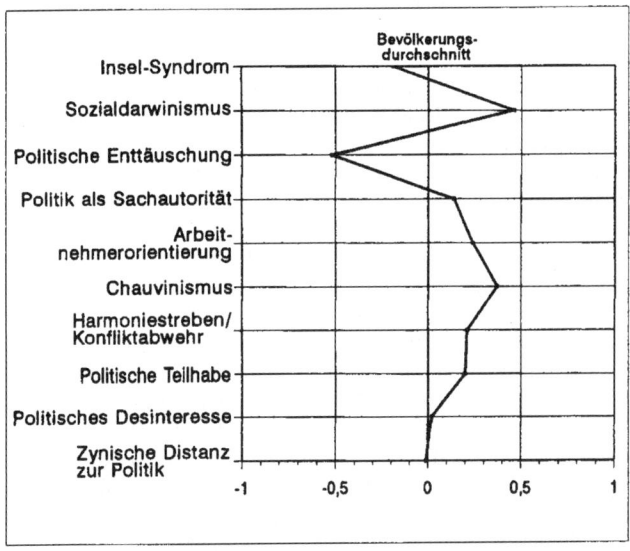

Forschungsgruppe Sozialstrukturwandel, Universität Hannover: Repräsentativbefragung 1991 (n = 2684); Faktorenanalyse: durchschnittliche standardisierte Faktorwerte

Sie wollen in Ruhe gelassen werden und delegieren ihre Interessen zur Entlastung an gewählte Vertreter. Dies entspricht ihrer geringen Bereitschaft, sich persönlich gesellschaftlich-politisch zu engagieren. Obwohl die Formel des ›Maßhaltens‹ an den Rändern der Gemäßigt-Konservativen ›law and order‹-Mentalitäten nicht verhindern kann, überwiegt das Bedürfnis nach Stabilität, Sicherheit und Harmonie. 90,8% sind der Meinung (Durchschnitt: 78,9%), daß die »Politik den Bürgern ein Gefühl der Geborgenheit zu geben« hat. Entsprechend werden soziale und ökologische Fragestellungen der neuen sozialen Bewegungen und der GRÜNEN dann akzeptiert, wenn diese mit »kühlem Sachverstand« und »menschlichen« Umgangsformen einhergehen. 18% aller Gemäßigt-Konservativen sind Gewerkschaftsmitglieder (Durchschnitt: 15,9%). Die Parteipräferenzen sind für

CDU/CSU und SPD etwa gleich stark. Die älteren Generationen der über 45jährigen tendierten bei den letzten beiden Bundestagswahlen vor 1991 eher zu den Unionsparteien, die jüngeren zur SPD. Insgesamt repräsentieren die politischen Parteien für die Gemäßigt-Konservativen nach wie vor ein hohes Maß an Glaubwürdigkeit. So äußern 81,2% (Durchschnitt: 60,3%), sie wüßten »genau, welches meine politische Partei ist, eine andere würde ich nie wählen«.

Die Gemäßigt-Konservativen sind im Kontext eher traditioneller Vergemeinschaftungsebenen die am stärksten sozial integrierte Gruppe der Stichprobe. Hier finden sich viele Familien mit Kindern, und ein überdurchschnittlicher Anteil der Befragten lebt in ländlichen und kleinstädtischen Regionen. Konformität und Selbstvergewisserung bilden die Leitmotive des Alltagsverhaltens. Zwar finden sich Hinweise auf Bedürfnisse nach Erlebnisorientierung und nach Ausbruch aus den Zwängen des Alltags, doch werden in der Mehrheit konventionelle Formen der Geselligkeit in der Familie, im erweiterten Freundeskreis, im Verein oder im Gemeindezentrum bevorzugt. Unter den Gemäßigt-Konservativen findet sich mit 52% ein überdurchschnittlicher Anteil von Katholiken (Durchschnitt: 44,5%), und 25% dieser Gruppe gehören zu den regelmäßigen Kirchgängern (Durchschnitt: 21%).

2.5. Die Traditionell-Konservativen (13,8%)

Die Traditionell-Konservativen haben grundsätzliches Vertrauen in das bestehende politische System. Ihre Vorstellungen einer gerechten sozialen Ordnung, die nicht frei von sozialdarwinistischen Zügen ist, begründen sie mit einem leistungsbedingten ›Oben‹ und ›Unten‹. Diese Ordnung der sozialen und politischen Hierarchie soll konsequent gegen Bedrohungen von innen und außen verteidigt werden.

Traditionell-Konservative finden sich in den oberen und mittleren Bereichen der traditionellen Sozialmilieus. Die älteren Generationen lassen sich in überdurchschnittlichen Anteilen dem Konservativ-gehobenen ›Sinus‹-Milieu zuordnen, die jüngeren den Kleinbürgerlichen Arbeitnehmermilieus. Mit durchschnittlich 51 Jahren bilden die Traditionell-Konservativen das zweitälteste Cluster. Mit 34,9% hat es den höchsten Rentneranteil. Die unterschiedlichen Strukturmerkmale dieser Gruppe folgen altersspezifischen Mustern. In den älteren Generationen der über 45jährigen sind Angehörige des Konservativ-gehobenen Milieus zu 32,9% und Angehörige der Kleinbürgerlichen Arbeitnehmermilieus zu 39,6% vertreten. In den jüngeren Generationen der bis 45jährigen finden sich zwar immer noch 24,5% aus dem Kleinbürgerlichen Arbeitnehmermilieu und 10,7% aus dem Konservativ-gehobenen Milieu, aber 43,7% der Jüngeren gehören zu dem ›moderneren‹ ›Sinus‹-Milieu der Leistungsorientierten. (Diesem Milieu wurde 1991 von ›Sinus‹ eine Gruppe zugeordnet, die heute als ›Modernes Bürgerliches Milieu‹, d. h. Teil der kleinbürgerlichen Traditionslinie, identifiziert wird [vgl. Kaptel 13.2]). Diese altersspezifische Strukturierung deutet zudem an, daß jüngere Akteure des Konservativ-gehobenen Milieus in zunehmendem Maße auch in anderen Clustern, wie z. B. bei den »Radikaldemokraten« zu finden sind. Die älteren Akteure der Traditionell-Konservativen haben ein überdurchschnittliches Bildungsniveau (z. B. zweithöchster Abiturientenanteil: 8,5%), während die jüngeren in Relation zu den gleichaltrigen Bevölkerungsteilen weniger qualifiziert sind. Während die Älteren überwiegend in mittleren und leitenden Angestellten- und Beamtenpositionen oder als selbständige Unternehmer tätig sind, arbeiten die Jüngeren zumeist als Arbeiter und Angestellte in niedrigen und mittleren Positionen. Insgesamt finden sich unter den Traditionell-Konservativen relativ viele Landwirte und Landarbeitskräfte, überrepräsentiert sind zudem Verwaltungs- und Büroberufe sowie Ernährungsberufe und Berufe der sogenannten technischen Intelligenz. Ihre soziale Herkunft läßt sich überwiegend aus mittleren sozialen Lagen bestimmen, insbesondere aus dem sogenannten alten Mittelstand. Trotz ihrer geringeren Qualifikationen und beruflichen Stellungen geben die Jüngeren mit durchschnittlich 2500 DM die höchsten persönlichen Durchschnitts-Netto-Einkommen an. Im gesamten Cluster sind Männer gegenüber dem Durchschnitt aller Befragten (47%) mit 50,9% etwas überrepräsentiert.

Die Traditionell-Konservativen haben grundsätzliches Vertrauen in das politische System der Bundesrepublik Deutschland. Zwar bekunden sie ein relativ starkes Interesse für Politik, zeigen jedoch eine eher geringe Bereitschaft für gesellschaftlich-politische Beteiligung (3,5% engagieren sich bis zu dreimal monatlich im politischen Bereich; Durchschnitt aller Befragten: 7,5%). Mit ihrer Anerkennung politischer Sachzwänge und Autoritäten, die sie von vermeintlich kompetenteren »Profis« durchgesetzt sehen wollen, verweisen sie auf eigene Entlastungsmotive. Daß die Parteien sich als »Dienstleister für den Bürger« verstehen sollen, befürworten 95% (Durchschnitt: 88%). Gegenüber neuen, unkonventionellen Politikstilen halten sie an den herkömmlichen Verhaltensstandards fest; geschätzt werden ›seriöses Auftreten‹, ›Höflichkeit‹, ›kühler Sachverstand‹ und ›Durchsetzungsvermögen‹. Unterschiedliche Interessen sollen nicht harmonisiert, sondern ›hart‹ gegeneinander ausgetragen werden. Basisdemokratische Reformen lehnen die Traditionell-Konservativen entschieden ab. Ihre Parteisympathien gelten in Erstpräferenz der CDU/CSU.

Nach Auffassung der Traditionell-Konservativen soll nicht nur die politische, sondern auch die soziale Ordnung bewahrt und gegen Bedrohungen verteidigt werden. Soziale Hierarchien werden dabei prinzipiell anerkannt und für »gerecht« befunden. Ihre Bejahung der Leistungsgesellschaft hat sozialdarwinistische Züge. Dabei wird der Sozialstaatsgedanke von ihnen nicht grundsätzlich in Frage gestellt. Sie entwickeln aber eine entschiedene Abwehrhaltung, wenn materielle Forderungen an sie herangetragen werden. Deutlich wird dies an ihrer scharfen Kritik und Abwehrhaltung gegenüber Arbeitnehmerforderungen. 67,6% sind gegen einen Ausbau des persönlichen Mitspracherechts am Arbeitsplatz, und 80,3% sind gegen den Ausbau des Mitspracherechts der Gewerkschaften (Durchschnitt: 30,2% und 50,2%). Den Gewerkschaften wird zu 64,4% unterstellt, daß sie mit ihren »überzogenen Forderungen den wirtschaftlichen Aufschwung behindern« (Durchschnitt: 45,2%). Die Traditionell-Konservativen setzen auf die ›Selbstheilungskräfte der Marktwirtschaft‹ und glauben, daß wirtschaftliche und soziale Probleme wie z. B. Arbeitslosigkeit nur mit, aber nicht gegen das »Profitdenken der Unternehmer« gelöst werden können. Als ein für den eigenen Status bedrohlicher Verteilungskonflikt wird auch die Auseinandersetzung zwischen In- und Ausländern wahrgenommen. Ausländer haben keine Ansprüche auf »unseren hart erarbeiteten Wohlstand«, sagen 78,4% (Durchschnitt: 63,5%). 82,9% der Traditionell-Konservativen meinen, daß »wir ein reiches Land

Abb. 45: Gesellschaftspolitische Einstellungen der Traditionell-Konservativen

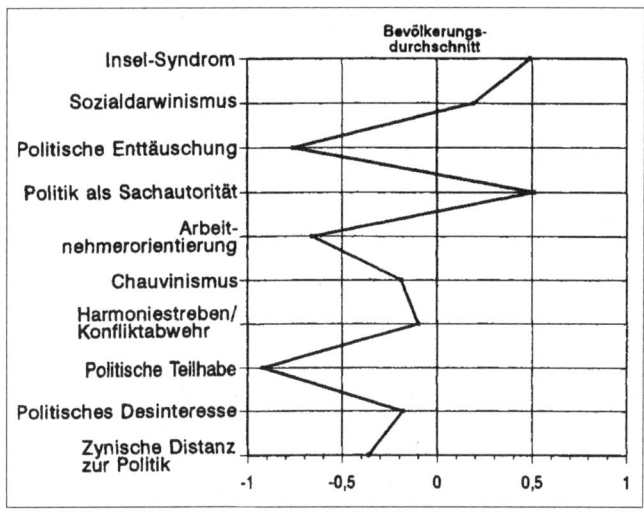

Forschungsgruppe Sozialstrukturwandel, Universität Hannover: Repräsentativbefragung 1991 (n = 2684); Faktorenanalyse: durchschnittliche standardisierte Faktorwerte

sind, weil wir fleißiger und tüchtiger sind als andere« (Durchschnitt: 70,5%). Mit entsprechenden ideologischen Fragmenten begründen sie die Ausgrenzung ausländischer Bevölkerungsteile von den wirtschaftlichen, sozialen und politischen Standards der Bundesrepublik. Dazu gehört, daß sie ein Ausländerwahlrecht von allen Gruppen am entschiedensten ablehnen (mit 94,7%; Durchschnitt: 68,1%). Im Unterschied zu anderen Gruppen politischer Grundeinstellung verknüpfen sie ihre nationalen Chauvinismen nicht in jedem Falle mit frauenfeindlichen Ressentiments. Gleichberechtigungsansprüche von Frauen werden zwar nicht gerade unterstützt, aber auch nicht offen abgewehrt.

Die Traditionell-Konservativen gehören in ihrer Mehrheit zu den sozial integrierten Gruppen der Gesellschaft. Ihre relativ sichere Identität verbinden sie mit dem Festhalten an traditionellen Praktiken der Vergemeinschaftung. Dazu gehören konventionelle Partnerschaftsbeziehungen und intensive Familienzentrierung. In Abhängigkeit von der jeweiligen sozialen Lage wird bei der Auswahl von Freunden und bei der Nachbarschaftspflege eine mehr oder weniger ausgeprägte Zurückhaltung praktiziert. Angehörige der oberen sozialen Lagen zeigen eine geringere Spontaneität im geselligen Verhalten. Sie sind dafür an der Gemeindeöffentlichkeit und am kulturellen Leben aktiver beteiligt. Unter den Traditionell-Konservativen finden sich überdurchschnittlich viele regelmäßige Kirchgänger beider Konfessionen (26,5% besuchen mindestens einmal in der Woche die Kirche; Durchschnitt: 21%).

2.6. Die Enttäuscht-Apathischen (13,4%)

Die Enttäuscht-Apathischen erleben die Konkurrenz- und Leistungsgesellschaft als schicksalhaft unabänderlich. Politik ist in der von ihnen wahrgenommenen gesellschaftlichen Dichotomie ›oben‹ angesiedelt und damit außerhalb des eigenen Horizonts. Mit ihren traditionellen Arbeitnehmerorientierungen verbinden sie keinerlei Engagement. Bei anwachsenden sozialen Disparitäten münden eigene Abstiegs- und Zukunftsängste in wohlstandschauvinistische Einstellungen.

Die Enttäuscht-Apathischen finden sich in den unteren Segmenten der traditionellen Sozialmilieus. Angehörige des Traditionellen Arbeiter-Milieus der ›Sinus‹-Typologie sind dabei stark überrepräsentiert. 31,2% der Enttäuscht-Apathischen gehören dem Kleinbürgerlichen und 19,4% dem Leistungsorientierten Arbeitnehmermilieu (vgl. die Fußnote in Abschnitt 2.5) an, 16,5% dem Traditionslosen Arbeitnehmermilieu und 14% dem Traditionellen Arbeitermilieu. In ihrer Altersstruktur ergeben sich leichte Schwerpunkte bei der Gruppe der 40- bis 49jährigen und der Gruppe der 60- bis 69jährigen. Insgesamt sind die Enttäuscht-Apathischen im Durchschnitt etwas älter als die übrigen Befragten. Sie haben eindeutig das niedrigste Bildungsniveau. Der Anteil von Volksschülern liegt 20% über dem Durchschnitt aller Befragten, in der jüngeren Generation sogar 25%. Entsprechend unterdurchschnittlich sind höhere Bildungsabschlüsse vertreten. Während dabei die jüngeren Enttäuscht-Apathischen zu 15,5% die mittlere Reife vorweisen (Durchschnitt dieser Altersgruppe: 25,9%), sind es bei den älteren nur 6,7% (Durchschnitt dieser Altersgruppe: 10,4%). 61,3% der Enttäuscht-Apathischen haben einen Lehrabschluß, 26,7% sind ohne Abschluß. Neben überdurchschnittlich vielen Erwerbslosen und Rentnern finden sich in dieser Gruppe relativ viele un- und angelernte Arbeiter (19,6%; Durchschnitt aller Befragten: 11,7%), Vor- und Facharbeiter (27,4%; Durchschnitt: 22,8%) und ausführende Angestellte (21,6%; Durchschnitt: 18,9%). Ein Viertel der Enttäuscht-Apathischen ist/war im technisch-gewerblichen Bereich beschäftigt (Durchschnitt: 17%). Die Akteure stammen zu 70,2% (Durchschnitt: 52,8%) aus Arbeiterfamilien und beziehen niedrige und mittlere Einkommen.

Die Enttäuscht-Apathischen haben ein fatalistisches Gesellschaftsbild, das ihren gedrückten sozialen Lagen entspricht. Für sie ist die wahrgenommene gesellschaftliche Dichotomie von ›unten und oben‹ bzw. ›arm und reich‹ unabwendbares Schicksal. Nach ihren Erfahrungen muß sich »in der heutigen Zeit jeder alleine durchsetzen und sollte nicht mit der Hilfe anderer rechnen« (74,6% Zustimmung; Durchschnitt: 64,9%). Allerdings sind damit für sie keine sozialdarwinistischen Einstellungen verbunden. Statt dessen überwiegen noch Muster traditioneller Arbeitnehmerorientierungen, von denen aus auf die ausgleichende Rolle des Sozialstaates verwiesen wird. Die eigene gesellschaftliche Verortung der Enttäuscht-Apathischen führt häufig zu begründeten Abstiegs- und Zukunftsängsten. Die Verarbeitung dieser Ängste erfolgt über beharrliches Festhalten an traditionellen Werten und Standards, wie z. B. dem der traditionellen Arbeitsteilung zwischen den Geschlechtern: Politik ist »Männersache«, sagen 73,7% (Durchschnitt: 34,5%). Darüber hinaus reagieren sie mit wohlstandschauvinistischen Abgrenzungen gegenüber Ausländern. Abgrenzungen erfolgen auch gegenüber dem politischen Establishment, nach dem Motto: »In der Politik geschieht selten etwas, was dem kleinen Mann nützt« (96,7% Zustimmung; Durchschnitt: 66,7%). Eigene Bedürfnisse nach Ordnung, Sicherheit und Harmonie, die insbesondere zur heftigen Ablehnung unkonventioneller Politikformen führen, werden nach ihren Erfahrungen in der Politik nicht angemessen berücksichtigt und gewürdigt. In ihrer Resignation und Enttäuschung setzen sie daher lieber auf das Privatleben, zumal die ›oben‹ angesiedelte Politik für sie keinerlei Ansatzpunkte für ei-

Abb. 46: Gesellschaftspolitische Einstellungen der Enttäuscht-Apathischen

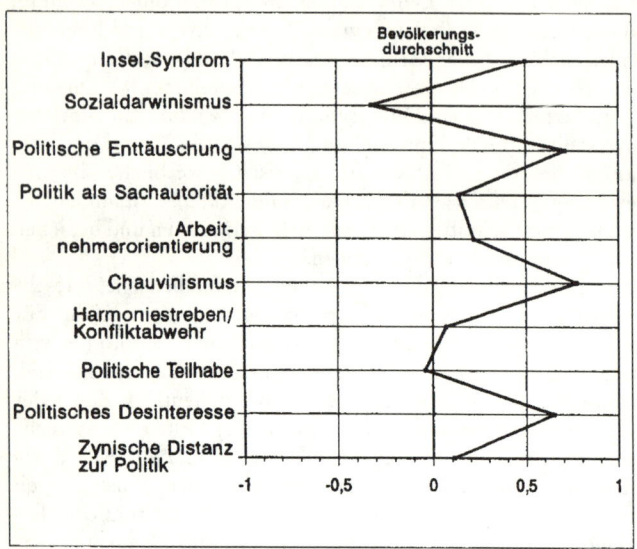

Forschungsgruppe Sozialstrukturwandel, Universität Hannover: Repräsentativbefragung 1991 (n = 2684); Faktorenanalyse: durchschnittliche standardisierte Faktorwerte

gene Beteiligung bereithält. Im Unterschied zur Gruppe der Enttäuscht-Aggressiven verfügen sie kaum über individualistische Verhaltensdispositionen. Anstelle ›lautstarker‹ Interessenbekundungen wählen sie den Rückzug. Und statt Beteiligung überwiegt das Gefühl eigener Inkompetenz und Ohnmachtserfahrung: »Die Politiker sollen regieren und den Bürger in Ruhe lassen« befürworten 86,7% (Durchschnitt: 50,9%). Aus traditionellen Bezügen heraus sind immerhin noch 20% der Enttäuscht-Apathischen (Durchschnitt: 15,9%) Mitglieder einer Gewerkschaft. Sie zeigen überdurchschnittliche Sympathie für die SPD, wenngleich mit 84,7% die Meinung vorherrscht, daß es »egal« sei, welche Partei man wählt, »ändern wird sich doch nichts« (Durchschnitt: 53,2%). Dem entspricht, daß mindestens 10% der Enttäuscht-Apathischen sich weigern, an politischen

Wahlen teilzunehmen. Ihren Protest gegen erfahrene oder vermeintliche Benachteiligungen drücken sie in einer zwar nicht mehrheitlichen, aber doch überdurchschnittlichen Sympathie für die Partei der Republikaner aus. Vor allem jüngere Befragte bis 45 Jahre, überwiegend Männer, wenden sich enttäuscht von den etablierten Parteien ab und zeigen entsprechende Präferenzen für die Republikaner.

Die soziale Integration der Enttäuscht-Apathischen ist problematisch. Einerseits gehören zu dieser Gruppe viele ältere Paare und alleinlebende Witwer und Witwen, die zumeist aus Altersgründen gesellige Aktivitäten zurückstellen müssen. Andererseits überwiegen in dieser Gruppe die Bezieher niedriger Einkommen und Transferempfänger, die häufig ökonomisch nicht in der Lage sind, am gesellschaftlichen Leben regelmäßig teilzunehmen. Entsprechend hoch ist bei den Enttäuscht-Apathischen das Bedürfnis nach emotionaler Anlehnung, Selbstbestätigung und Respektabilität. Die dabei praktizierte Form der konventionellen Familienzentrierung ist häufig nur ein erzwungener Rückzug auf die Familie.

2.7. Die Enttäuscht-Aggressiven (13,8%)

Das Gesellschaftsbild der Enttäuscht-Aggressiven ist durch die von ihnen empfundene Lage ›kleiner Leute‹ und von starken Verunsicherungen durch die Modernisierung der Gesellschaft geprägt. Gleichwohl befürworten sie eine sozialdarwinistisch interpretierte Leistungsgesellschaft. Persönliche Enttäuschungen und soziale Befürchtungen münden in ausgeprägte Ressentiments.

Enttäuscht-Aggressive finden sich hauptsächlich in den mittleren und unteren gesellschaftlichen Lagen. Sie rekrutieren sich überwiegend aus den traditionellen Sozialmilieus, aus dem Traditionellen Arbeitermilieu und dem Traditionslosen Arbeitnehmermilieu (zusammen 25,8%) sowie zu je einem Drittel aus dem Kleinbürgerlichen (30,0%) und dem Leistungsorientierten (29,5%) Arbeitnehmermilieu. Es handelt sich hier um die Gruppe mit dem höchsten Durchschnittsalter (51 Jahre); überrepräsentiert sind die Altersgruppen der über 50jährigen, insbesondere mit 18,7% die der über 70jährigen, die im Stichproben-Durchschnitt sonst nur mit 11,1% vertreten ist. Sowohl in den jüngeren Generationen als auch in den älteren finden sich überdurchschnittlich viele Frauen (57%) sowie insgesamt viele Volksschulabsolventen (70%; Durchschnitt aller Befragten: 56,7%). Die Zahl der Abiturienten ist im Vergleich zu den anderen Gruppen hier am geringsten. Mittlere Bildungsabschlüsse finden sich in den jüngeren Altersgruppen leicht überdurchschnittlich. Die beruflichen Schwerpunkte der Enttäuscht-Aggressiven liegen bei den un- und angelernten Arbeitern mit 15,7% (Durchschnitt: 11,7%), bei den ausführenden und qualifizierten Angestellten mit 22,8% und 18,3% (Durchschnitt: 18,9% und 24,5%), bei den statusbedrohten kleineren und mittleren Selbständigen mit 5,6% (Durchschnitt: 5%) und bei den Landwirten und Landarbeitern mit 4,6% (Durchschnitt: 2,5%). Überrepräsentiert sind Rentner, Erwerbslose und Hausfrauen mit Nebenerwerb. Weiterhin überdurchschnittlich sind die Anteile der Erwerbstätigen in der Landwirtschaft (4,9%; Durchschnitt: 3,8%), in der Rohstoffgewinnung (2,3%; Durchschnitt: 1%), im technisch-gewerblichen Bereich (19,6%; Durchschnitt: 16,9%), im Baugewerbe (6,1%; Durchschnitt: 4,8%) und im Einzelhandel (12,1%; Durchschnitt: 10,6%). Es findet sich eine breite Streuung der Einkommen, die im Durchschnitt über denen der Gruppe der Enttäuscht-Apathischen liegen. Die Enttäuscht-Aggressiven stammen – und das unterscheidet sie wiederum von der in weitaus höherem Ausmaß aus Arbeiterfamilien stammenden Gruppe der Enttäuscht-Apathischen – ›nur‹ zu 58% (Durchschnitt: 52,8%) aus Arbeiterfamilien, aber zu 11,9% (Durchschnitt: 7,9%) aus bäuerlichen Familien.

Das gesellschaftliche Oben und Unten ist nach Auffassung der Enttäuscht-Aggressiven nur durch einen individuellen sozialen Aufstieg überwindbar. Ihre ideologische Begründung zielt auf einen krassen wirtschaftlichen Individualismus, in dem jeder nur auf seinen persönlichen Vorteil bedacht sein und kein Mitleid mit den Schwächeren haben sollte. Entsprechend stimmen 77,2% der Enttäuscht-Aggressiven (Durchschnitt: 49%) der Meinung zu, daß »die meisten, die heutzutage im Leben nichts erreichen, selber schuld sind«. Auf der anderen Seite repräsentieren sie das Gefühl, ›als kleine Leute‹ immer zu den Betrogenen in der Gesellschaft zu gehören, zumal ihr Repertoire traditioneller Verhaltensorientierungen durch gesellschaftliche Modernisierungsprozesse ständigen Entwertungen ausgesetzt ist. Entstehende

Abb. 47: Gesellschaftspolitische Einstellungen der Enttäuscht-Aggressiven

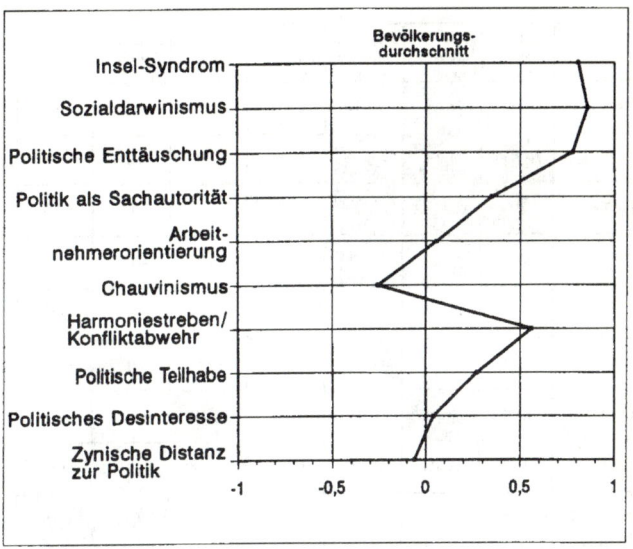

Forschungsgruppe Sozialstrukturwandel, Universität Hannover: Repräsentativbefragung 1991 (n = 2684); Faktorenanalyse: durchschnittliche standardisierte Faktorwerte

Ängste und Verunsicherungen werden auf Randgruppen projiziert und münden in extreme wohlstandschauvinistische Einstellungen. Weitere Ressentiments werden gleichermaßen gegen Gewerkschaften und Politiker geäußert. Der relativ hohe Anteil von Frauen unter den Enttäuscht-Aggressiven führt allerdings dazu, daß keine ausgeprägten Ressentiments gegenüber Frauen zum Ausdruck gebracht werden. Gesellschaftlich-politische Autoritäten, denen die Enttäuscht-Aggressiven entsprechend dem eigenen personalisierten Politikbild die Vertretung des Allgemeinwohls anvertrauen wollen, haben ihre Glaubwürdigkeit verloren. Obwohl die Politik den Bürgern »ein Gefühl der Geborgenheit« vermitteln sollte (95,9% Zustimmung; Durchschnitt: 78,9%), werden drängende politische und soziale Probleme nach Auffassung der Enttäuscht-Aggressiven von den Politikern in

Abb. 48: Typen gesellschaftspolitischer Grundeinstellungen nach sozialen Milieus

Typen \ Milieus	Sozial-integrative (12,8%)	Radikal-demokraten (10,8%)	Skeptisch-Distanzierte (17,7%)	Gemäßigt-Konservative (17,6%)	Traditionell-Konservative (13,8%)	Enttäuscht-Apathische (13,4%)	Enttäuscht-Aggressive (13,8%)
NEA 5,1%	7,4%	12,2%	2,3%	4,3%	4,0%	3,6%	4,4%
HED 12,3%	24,5%	13,7%	10,0%	8,5%	2,6%	10,4%	4,8%
ALT 2,2%	2,8%	6,8%	3,3%	0,9%	0,2%	1,3%	0,6%
TEC 8,2%	9,5%	19,3%	13,1%	7,5%	5,2%	2,5%	1,5%
AUF 13,2%	22,8%	17,0%	16,2%	33,8%	22,4%	19,4%	29,5%
TLO 12,3%	11,0%	2,5%	19,5%	11,2%	4,2%	16,5%	17,1%
KON 7,2%	5,7%	9,6%	3,3%	4,4%	24,9%	1,1%	3,4%
KLB 24,0%	13,1%	15,4%	18,9%	24,2%	36,1%	31,2%	30,0%
TRA 1,6%	3,3%	1,6%	3,2%	5,7%	2,4%	14,0%	8,7%

Repräsentativbefragung »Gesellschaftlich-politische Milieus in Westdeutschland 1991«: n = 2684; deutschsprachige Wohnbevölkerung ab 14 Jahre in Privathaushalten der BRD (West) und Berlin (West); Forschungsgruppe Sozialstrukturwandel, Universität Hannover

Lesebeispiel: Unter den Sozialintegrativen (12,8% der Befragten) ist das Neue Arbeitnehmermilieu (NEA; 5,1% von allen Befragten) mit 7,4% überdurchschnittlich vertreten.

undurchschaubaren komplizierten Prozeduren immer wieder aufgeschoben. So befürworten 93,3% (Durchschnitt: 66,8%) das Statement »Um mit dem Ausländerproblem fertig zu werden, müssen unsere Behörden weit mehr Vollmachten als bisher erhalten«. Ihre zum Teil bäuerliche Herkunft sowie die Existenz als ›kleine Selbständige‹ können zur Erklärung ihrer oft individualistischen und ›lautstarken‹ Verhaltensmuster beitragen. Dies führt überdurchschnittlich häufig zur Befürwortung einfacher und radikaler Problemlösungen und äußert sich im Ruf nach dem ›starken Mann‹: »Heutzutage brauchen wir in der Politik harte

Abb. 49: Typen gesellschaftspolitischer Grundeinstellungen nach Altersgruppen

Typen Alter	Sozial- integrative (12,8%)	Radikal- demokraten (10,8%)	Skeptisch- Distanzierte (17,7%)	Gemäßigt- Konservative (17,6%)	Traditionell- Konservative (13,8%)	Enttäuscht- Apathische (13,4%)	Enttäuscht- Aggressive (13,8%)
14-19; 7,7%	10,4%	13,8%	8,2%	7,0%	4,2%	6,2%	5,5%
20-29; 19,1%	32,1%	28,6%	22,8%	16,5%	11,4%	16,6%	8,4%
30-39; 15,9%	19,1%	20,0%	18,5%	15,2%	11,7%	11,3%	15,8%
40-49; 15,2%	14,6%	16,2%	13,8%	14,8%	16,6%	17,8%	13,2%
50-59; 16,6%	10,4%	10,9%	16,8%	20,3%	18,8%	16,2%	19,7%
60-69; 14,4%	7,0%	6,3%	11,5%	15,6%	20,2%	20,0%	18,7%
ab 70; 11,1%	6,4%	4,2%	8,5%	10,5%	17,0%	11,1%	18,7%

Repräsentativbefragung »Gesellschaftlich-politische Milieus in Westdeutschland 1991«: n = 2684; deutschsprachige Wohnbevölkerung ab 14 Jahre in Privathaushalten der BRD (West) und Berlin (West); Forschungsgruppe Sozialstrukturwandel, Universität Hannover

Lesebeispiel: Unter den Sozialintegrativen (12,8% aller Befragten) ist die Altersgruppe der 14- bis 19jährigen (7,7% aller Befragten) mit 10,4% überdurchschnittlich vertreten.

Männer«, sagen 88,1% (Durchschnitt: 59,3%). Gleichzeitig münden Ohnmachtserfahrungen und die geringe Bereitschaft zu eigenem Engagement in die ›Rebellion am Stammtisch‹ und bei Wahlen in ›Denkzettel‹ für die großen Parteien. Entsprechend optieren die Enttäuscht-Aggressiven in Erst-, Zweit- und Drittpräferenz überdurchschnittlich für die Partei der Republikaner, von denen sie sich ›Bewegung‹ in der Politik erhoffen. Im übrigen wählen sie überdurchschnittlich CDU/CSU.

Unter den Enttäuscht-Aggressiven gibt es viele ältere Alleinlebende und verwitwete ältere Frauen, deren alltäglicher Bezugspunkt in traditionellen Familien- und Vergemeinschaftungszusammenhängen zu finden ist. Im Unterschied zum Rückzugsverhalten der Gruppe der Enttäuscht-Apathischen sichert das demonstrative, eher nach außen gerichtete konformistische Verhalten der Enttäuscht-Aggressiven ein leicht höheres Maß sozialer Integration. Emotionale Erlebnisorientierungen oder kulturelle Distinktionen des modernen Freizeitverhaltens sind ihnen zutiefst fremd.

3. Typen sozialer Kohäsion (Gesellungsstile)

Die erhobenen Dimensionen des geselligen Verhaltens beziehen sich auf die Arten des Umgangs mit Verwandten, Freunden, Bekannten und Fremden und geben Hinweise auf Einstellungen und Praktiken sozialer Kohäsion. Die Darstellung der verschiedenen Typen der ›Gesellungsstile‹ erfolgt, nach der zusammenfassenden Übersicht, in ausführlichen Beschreibungen, denen sich jeweils die aus den vorangegangenen Faktorenanalysen[15] resultierenden Profile der Dimensionen des geselligen Verhaltens sowie der sozialen Orte und Kreise der Geselligkeit anschließen. Die Schwerpunkte der einzelnen Gesellungstypen in den verschiedenen sozialen Milieus (Abb. 63, S. 492) und ihre Anteile in den verschiedenen Altersgruppen der Bevölkerung (Abb. 64, S. 493) schließen in tabellarischen Übersichten diesen Abschnitt ab.

Insgesamt lassen sich sechs Typen der Gesellungsstile in Westdeutschland unterscheiden, die sich in drei Gruppen aufteilen. Neben den beiden konventionellen der Mitte fanden sich zwei reduziert-traditionelle und zwei geöffnet-moderne Gesellungsstile.

Die Gruppe der *offenen und modernen Gesellungsstile* ist mit 41,4% relativ groß und verweist auf die Expansion individualisierter Lebensstile insbesondere in den moderneren sozialen Milieus. Diese enge Kohäsion ausdrückenden Gesellungsstile sind in der Form überwiegend abwechslungsreich, informell und unkonventionell. Dabei lassen sich zwei Teilgruppen unterscheiden: Die *Erlebnisorientierten* leben in gutsituierten und gehobenen sozialen Lagen, sind recht selbstsicher und haben einen regen und weiten Gesellungskreis. Die *Suchenden* sind von eher bescheidener Lage und sozialer Herkunft. Sie sind relativ unsicher und sitzen gleichsam zwischen den Stühlen, da sie sich von

---

15 Vgl. Kapitel 12.1.1., S. 428 ff.

Abb. 50: Typen des geselligen Verhaltens (›Gesellungsstile‹)

Dimension	Offen und modern 41,3%			Konventionell 31,9%		Eingeschränkt und traditional 26,7%	
Typ der Gesellung	Erlebnisorientierte (21,1%)	Suchende (20,2%)	Unkomplizierte (17,8%)	Zurückhaltende (14%)	Bodenständige (12,4%)	Resignierte (14,3%)
Charakterisierung	vereinigen einen selbstbewußten und offenen Lebensstil mit geselligem und sozialem Engagement	stehen im Streß zwischen den Anforderungen modernisierter Lebensführungen und den kulturellen Mustern ihrer Herkunft	entlasten sich durch rege konventionelle Geselligkeit; Distanz zu Problematisierungen und sozialem Engagement	schätzen konventionelle Respektabilität; sind reserviert gegenüber betont hedonistischer und geselliger Expressivität	vom raschen Wandel der Lebensstile irritiert; finden Orientierung in konventionellen Lebensführungen und Gesellungskreisen über die Familie hinaus	stark verunsichert vom gesellschaftlichen Wandel; Orientierung auf konventionelle Werthaltungen; Rückzug auf enge Familienkreise und soziale Ressentiments
Soziale Lage	mittlere und höhere soziale Lagen; relativ viele Beamte, leitende Angestellte und Selbständige; Herkunft aus mittleren Milieus und Aufstieg aus Facharbeitermilieu; 70% sind jünger als 40 Jahre	mittlere soziale Lagen; überwiegend Facharbeiter und Angestellte, häufiger Aufstieg aus Arbeitermilieu; durchschnittliche Altersstruktur	mittlere soziale Lagen; überwiegend Facharbeiter und qualifizierte Angestellte; Herkunft entsprechend; Altersschwerpunkte bis 40 Jahre	höhere, aber auch mittl. und bescheidene soziale Lagen; relativ viele Beamte, leitende Angestellte, Selbständige, akademische Berufe; Herkunft teils, aus dem Bildungsbürgertum; Altersstruktur zwischen 30 u. 50 Jahre	untere soziale Lagen; überwiegend (verwitwete) Rentner, ältere Hausfrauen, ungelernte (Land-) arbeiter und Landwirte; Herkunft aus Arbeiter- u. Bauernmilieu; 76% sind älter als 50 Jahre	untere soziale Lagen; überwiegend (verwitwete) Rentner, ältere Hausfrauen, ungelernte (Land-) Arbeiter und Landwirte; Herkunft aus Arbeiter- und Bauernmilieus; 73% sind älter als 50 Jahre
Ideologische Lager	Kritisch-Engagierte 46% Desillusionierte 20% Zufriedene 13% Deklassierte 21%	Kritisch-Engagierte 16% Desillusionierte 50% Zufriedene 16% Deklassierte 18%	Kritisch-Engagierte 22% Desillusionierte 14% Zufriedene 35% Deklassierte 29%	Kritisch-Engagierte 18% Desillusionierte 21% Zufriedene 36% Deklassierte 25%	Kritisch-Engagierte 10% Desillusionierte 8% Zufriedene 47% Deklassierte 35%	Kritisch-Engagierte 12% Desillusionierte 12% Zufriedene 32% Deklassierte 44%
überdurchschnittl. Parteisympathie	GRÜNE REP	SPD GRÜNE	CDU/CSU REP	CDU/CSU	CDU/CSU	CDU/CSU REP Nichtwähler
unterdurchschnittl. Parteisympathie	CDU/CSU	CDU/CSU REP	SPD	GRÜNE REP	GRÜNE REP Nichtwähler	FDP GRÜNE

Repräsentativbefragung 1991: n = 2684; deutschsprachige Wohnbevölkerung ab 14 Jahren in Privathaushalten der BRD (West) und Berlin (West); Forschungsgruppe Sozialstrukturwandel, Universität Hannover. Parteisympathien: Die Werte liegen jeweils über bzw. unter dem Wählerdurchschnitt

ihren eher restriktiven Elternmilieus abgrenzen, sich aber in der Welt der besser situierten Erlebnisorientierten nicht ganz akzeptiert fühlen. Sie konzentrieren sich eher auf die Pflege ihres engeren Freundeskreises, sind dabei jedoch oft sozial und politisch engagiert – wie die Erlebnisorientierten. Die Hälfte der Suchenden tendiert zu einer skeptisch-distanzierten politischen Grundeinstellung.[16]

Zur Gruppe der *konventionellen Mitte* mit 31,9% gehören ebenfalls zwei Gruppen: eine selbstsichere, anspruchsvolle und eine, die sich durch alltagspraktische Bescheidenheit und Nüchternheit auszeichnet. Die *Zurückhaltenden* folgen einem asketischen Stil, mit ausgewählten, aber verläßlichen sozialen Beziehungen und wohldosiertem Engagement auf allen Reichweiten. Diesem offensichtlich erfolgreichen Stil der Lebensbewältigung folgen vor allem Angehörige konservativer Gruppen mit gehobenen Standards, aber auch entsprechende kleinere Fraktionen der gesellschaftlichen Mitte. Die *Unkomplizierten* folgen einer regen, gegenüber Anspruchsvollem distanzierten Geselligkeit im erweiterten Freundeskreis und verbinden dabei konventionelle Formen und Spontaneität. Sie stammen aus kleinbürgerlichen und leistungsorientierten Milieus und aus Lagen der unteren Mittelschichten. Ihr nüchterner Pragmatismus wird von Problemvermeidung, bestätigender Geselligkeit, eher konservativer Parteisympathie und nicht selten auch von Vorbehalten gegen Ausländer begleitet.

Zur Gruppe der *reduzierten und traditionellen Gesellungsstile* von 26,7% gehören vor allem ältere Menschen mit niedrigen sozialen Standards. Sie sind vom raschen Wandel der Lebensstile irritiert, leben konventionell auf einen engeren Kreis beschränkt und zeigen starke soziale Ressentiments. Diese sind bei dem Typus des *Resignierten* stärker ausgeprägt als bei den *Bodenständigen*, die durch einen etwas weiteren Bekanntenkreis und Harmoniestreben an Sicherheit gewinnen. Beide Typen verteilen sich auf alle nichtmodernen sozialen Milieus.

Wir können die sechs Einzeltypen des Gesellungsverhaltens als

---

16 Vgl. S. 454 ff. sowie Kapitel 12.4.

in sich durchaus plausible und konsistente Konstrukte praktischer Alltagsbewältigung betrachten. Als Typologie sind sie jedoch nicht linear einem Kontinuum zuzuordnen, sondern fungieren als qualitative Muster alltagspraktischer Abgrenzungen einzelner Gruppen. Wie insbesondere die Verteilungen der Parteisympathien und der gesellschaftspolitischen Einstellungen zeigen, ist die gesellige Orientierung der einzelnen Typen ganz verschieden motiviert und verweist auf die Notwendigkeit, einzelne Merkmalsausprägungen in ihren jeweiligen Beziehungsstrukturen bzw. in ihrem jeweiligen Begründungskontext zu analysieren.

3.1. Die Erlebnisorientierten (21,1%)

Die Erlebnisorientierten vereinigen einen selbstbewußten und offenen Lebensstil mit geselligem und sozialem Engagement.
Mehr als die Hälfte der Erlebnisorientierten findet sich im Hedonistischen Milieu (17,9%) sowie im Leistungsorientierten (27,2%) und im Modernen Arbeitnehmermilieu (13%). Nahezu ein Viertel gehört zu den drei Oberschicht-Milieus, das heißt zu den modernen Milieus der Technokratisch-Liberalen (11,5%) und der Alternativen (3,1%) sowie zu dem traditionellen Oberschicht-Milieu der Konservativen Gehobenen (6,4%). Vergleichsweise gering ist hingegen der Anteil des Traditionslosen Arbeitermilieus mit 10,5%. Zu den Erlebnisorientierten gehören überdurchschnittlich viele Jüngere bis 30 und 40 Jahre (70% sind jünger als 40 Jahre) sowie Ledige in Ausbildung, Studium und Beruf. Wie schon bei ihren Müttern und Vätern sind mittlere und höhere Bildungsabschlüsse etwas überrepräsentiert (Mittlere Reife 29%, Abitur 20% und nur 33% Hauptschulabschluß im Vergleich zum Durchschnitt von 56%). Ebenfalls wie schon bei ihren Müttern und Vätern liegt der Anteil an Beamten, leitenden Angestellten und Selbständigen bei ihnen über dem Durchschnitt. Entsprechend sind sie bei den Haushalten mit höheren Einkommen ab 3500 DM überrepräsentiert.

Die Erlebnisorientierten repräsentieren den jüngeren und moderneren Teil der Bevölkerung in gutsituierten mittleren und höheren Lagen, der besonders von der Öffnung des sozialen Raums profitiert hat. Sie haben relativ wenig Sorge um ihre soziale Aner-

Abb. 51: Dimensionen des gesitellen Verhaltens
der Erlebnisorientierten

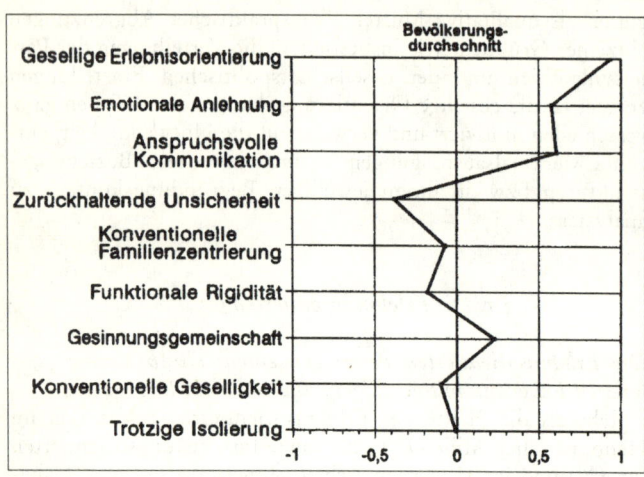

Forschungsgruppe Sozialstrukturwandel, Universität Hannover: Repräsentativbefragung 1991 (n = 2684) Faktorenanalyse: durchschnittliche standardisierte Faktorwerte

kennung, richten ihre Aufmerksamkeit nach außen, suchen Erlebnisse und können sich dabei über konventionelle Muster sozialer Beziehungen hinwegsetzen. Erlebnisorientierte legen Wert auf die Erweiterung ihres Erfahrungshorizonts. Dies kann im Rahmen von erweiterten Freundeskreisen wie auch in Situationen kommunikativer Selbsterfahrung geschehen. Ihre sozialen Beziehungspraktiken folgen dabei häufig den Mustern jugendkultureller Identitätsfindung, d. h. in ausgeprägten Gruppenorientierungen von Peer-groups, wo Selbstbewußtsein und Identität immer wieder bestätigt werden können. Anders als ihre Eltern wollen sie intensiver leben und aus den Zwängen des Alltags zeitweise ausbrechen. Kommunikation wird als Herausforderung der eigenen Möglichkeiten und Fähigkeiten verstanden. Werden ihre Bedürfnisse nach Unabhängigkeit und Individualität eingeschränkt, lehnen sie Traditionen und konventionelle Verhaltensstandards ab.

Abb. 52: Gesellungskreise der Erlebnisorientierten

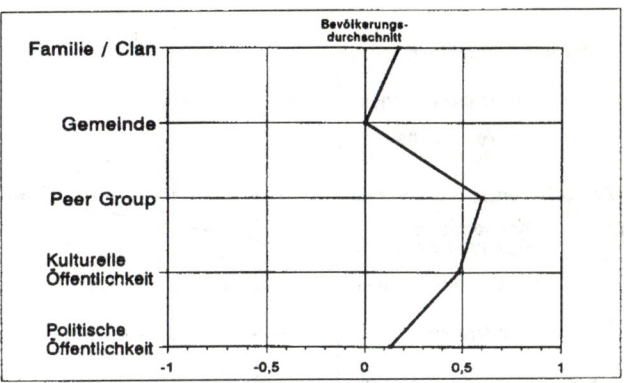

Forschungsgruppe Sozialstrukturwandel, Universität Hannover: Repräsentativbefragung 1991 (n = 2684) Faktorenanalyse: durchschnittliche standardisierte Faktorwerte

Erlebnisorientierte beteiligen sich überdurchschnittlich an den allgemeinen kulturellen und politischen Öffentlichkeiten von Parteien, Gewerkschaften, Alternativzentren, Gemeinden und Vereinen. In ihrem Wahlverhalten sind GRÜNE, SPD, FDP sowie das Wechselwählen überdurchschnittlich und die Unionsparteien unterdurchschnittlich repräsentiert. In Erstpräferenz bevorzugen sie die SPD vor CDU/CSU und GRÜNEN. Andererseits fällt auf, daß bei den Erlebnisorientierten die Sympathien (Erst-, Zweit- und Drittpräferenz) für die Partei der Republikaner etwas über dem Durchschnitt aller Befragten liegen. Dies korrespondiert damit, daß 20% der Erlebnisorientierten den politisch »Enttäuschten« zuzuzählen sind, die durch geringere soziale Standards und ausgeprägte soziale Ressentiments auffallen, d. h., sie repräsentieren den aktiveren, jüngeren Teil der politisch »Enttäuschten«, der offenbar eher als andere Gruppen Sympathien für die Republikaner bekundet. Bei zusammenfassender Betrachtung jedoch lehnen die Erlebnisorientierten soziale Ausgrenzungen und Ressentiments überdurchschnittlich ab. 58%

Abb. 53: Dimensionen des geselligen Verhaltens
der Suchenden

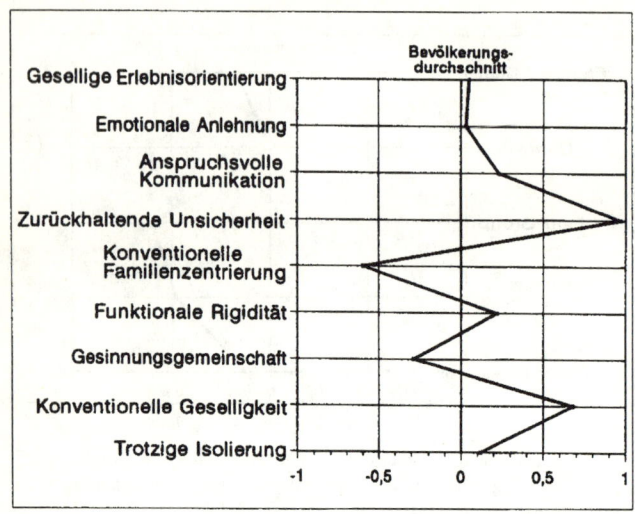

Forschungsgruppe Sozialstrukturwandel, Universität Hannover: Repräsentativbefragung 1991 (n = 2684) Faktorenanalyse: durchschnittliche standardisierte Faktorwerte

sprechen sich für ein größeres »Mitspracherecht der Gewerkschaften in der Wirtschaft« aus (Durchschnitt aller Befragten: 49,9%), und 40,9% (Durchschnitt: 31,8%) befürworten das Wahlrecht für in Deutschland lebende Ausländer.

3.2. Die Suchenden (20,2%)

Die Suchenden stehen im Streß zwischen den Anforderungen modernisierter Lebensführungen und den kulturellen Mustern ihrer Herkunft.

Die Suchenden gehören zum überwiegenden Teil den moderneren und jüngeren Sozialmilieus an und lassen sich in den mittleren sozialen Lagen gesellschaftlich verorten. Über 70% sind den modernen sozialen Milieus unterer und mittlerer Lage zu-

Abb. 54: Gesellungskreise der Suchenden

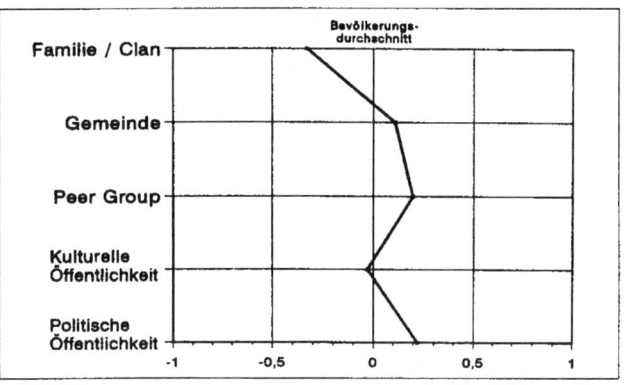

Forschungsgruppe Sozialstrukturwandel, Universität Hannover: Repräsentativbefragung 1991 (n = 2684) Faktorenanalyse: durchschnittliche standardisierte Faktorwerte

zuzählen: den Traditionslosen Arbeitnehmern (24,9%), den Hedonisten (26,7%) und den Leistungsorientierten (19,6%). Hierbei handelt es sich um Milieus, die besonders viele ›Neuzugänge‹ aus den traditionellen Sozialmilieus zu verzeichnen haben. Eine kleinere Gruppe von gut 16% der Suchenden ist den beiden modernen Oberschicht-Milieus zuzuordnen: den Technokratisch Liberalen (12,2%) und den Alternativen (4,4%). Es handelt sich um Milieus, die in ihrer Größenordnung stagnieren und starkem Streß unterliegen durch Konkurrenz, Fluktuation und Modernisierungsdruck. Angehörige des Modernen Arbeitnehmermilieus finden sich hingegen nur zu 1% unter den Suchenden. Ebenso wie die Altersstruktur ist das Bildungsniveau der Suchenden insgesamt durchschnittlich. Entsprechend sind höhere Berufspositionen bei den Suchenden – wie schon bei ihren Müttern und Vätern – unterdurchschnittlich zu verzeichnen. Untere bis mittlere Einkommen (bis 3000 DM) überwiegen. Es finden sich bei ihnen überwiegend Facharbeiter und Angestellte sowie auf der anderen Seite keine Freiberufler und nur wenige leitende Angestellte und höhere Beamte.

Das Gesellungsverhalten der Suchenden ist von Zurückhaltung und Offenheit zugleich geprägt. Zwischen den Stühlen der einengenden kulturellen Muster ihrer Herkunft und der horizonterweiternden Möglichkeiten der Modernisierung sitzend, organisieren sie ihren Alltag in skeptisch-kritischer Distanz zu vorgegebenen Konventionen. Traditionelle Familienorientierungen werden mit Skepsis betrachtet, aber nicht vollständig abgelehnt. Mit Interesse erproben sie modernisierte Formen kultureller Praxis, doch empfinden sie häufig Furcht, persönlich nicht anerkannt zu werden. Ihr Bedürfnis nach sorgsamer Pflege neuer sozialer Beziehungen und kommunikativer Nähe ist sicherheitsorientiert und widerspricht häufig den Angeboten narzißtischer, unverbindlicher Erlebnisorientierung der Freizeitkultur. Offenheit und Mobilität der Suchenden haben einschränkende, quasi ›bodenständige‹ Züge. Die Suchenden können so den mit den Modernisierungsprozessen verbundenen Gefahren der Überforderung und Desintegration weitgehend aus dem Weg gehen.

In diesen widersprüchlichen Lagen erscheint ihre Suche nach neuen Formen der Individualität noch als unabgeschlossen. In der Realität des Alltags hingegen wirkt die Schwerkraft der sozialen Herkunft: Die Suchenden orientieren sich auf die ›Ersatzfamilie‹ der Peer-groups, d. h., sie befriedigen ihr Bedürfnis nach Sicherheit und Geborgenheit überwiegend durch gruppenzentrierte Geselligkeit im Freundeskreis.

Die politische und gesellschaftliche Partizipation der Suchenden folgt einer verwandten Mischung von Engagement und Distanziertheit. Ihre von allen Gesellungstypen am stärksten ausgeprägten sozialen und politischen Aktivitäten bewegen sich im Spektrum parteipolitischer, gewerkschaftlicher und alternativer Veranstaltungen auf Gemeinde- und Vereinsebene. Parteisympathien zeigen die Suchenden insbesondere für die SPD, es folgen mit Abstand die Unionsparteien und die GRÜNEN; sie repräsentieren einen hohen Anteil der Wechselwähler. Ihr ausgeprägtes engagiertes Verhalten, das auf eine relativ stabile politische Integration schließen läßt, korrespondiert mit der geringen Zahl der Nichtwähler unter den Suchenden. Auf der anderen Seite ist unter den Suchenden erhebliche Distanziertheit gegenüber Politik und konventionellen ideologischen Lagern spürbar. Die Hälfte der Suchenden nimmt ein skeptisch-distanziertes Verhältnis zur Politik für sich in Anspruch.

Abb. 55: Dimensionen des geselligen Verhaltens der Zurückhaltenden

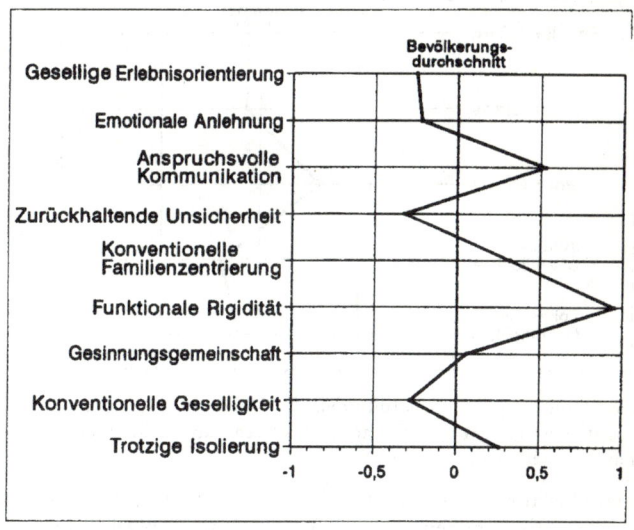

Forschungsgruppe Sozialstrukturwandel, Universität Hannover: Repräsentativbefragung 1991 (n = 2684) Faktorenanalyse: durchschnittliche standardisierte Faktorwerte

3.3. Die Zurückhaltenden (14,1%)

Die Zurückhaltenden schätzen eine konventionelle Respektabilität. Sie sind reserviert gegenüber betont hedonistischer und geselliger Expressivität.

Die Zurückhaltenden bilden eine Teilfraktion konventioneller und ihnen benachbarter Sozialmilieus. Sie erstrecken sich hierarchisch von einer konservativen Spitze bis zu Gruppen der unterprivilegierten Milieus. Die Werte der Zurückhaltung und Respektabilität haben eine nach diesen sozialen Lagen unterschiedliche Bedeutung. Eine elitär-distinktive Bedeutung haben sie für das obere Fünftel der Zurückhaltenden, welches als kulturell hegemoniale Gruppe Integrationsfunktion im Sinne einer

Abb. 56: Gesellungskreise der Zurückhaltenden

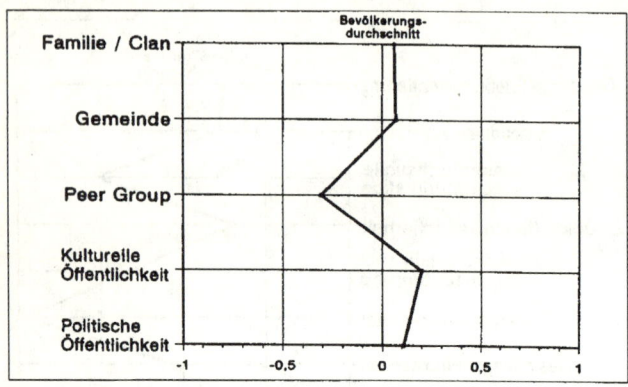

Forschungsgruppe Sozialstrukturwandel, Universität Hannover: Repräsentativbefragung 1991 (n = 2684) Faktorenanalyse: durchschnittliche standardisierte Faktorwerte

Leitbildgruppe ausübt. Sie setzt sich aus Angehörigen des Konservativ-gehobenen (14,3%), des Technokratisch-Liberalen (7,3%) und des Alternativen Milieus (2,0%) zusammen. Eine mehr statussichernde Bedeutung haben die Werte der Zurückhaltenden für die Milieuangehörigen mittlerer sozialer Lagen, die sich aus dem Kleinbürgerlichen (26,9%), dem Leistungsorientierten (23,4%) und dem Modernen Arbeitnehmermilieu (2,1%) zusammensetzen und 52,4% aller Zurückhaltenden stellen. Das untere Fünftel der Zurückhaltenden besteht aus Teilfraktionen der Arbeitermilieus: zu 5,4% aus Angehörigen des Traditionellen Arbeitermilieus und zu 13,1% aus Angehörigen des Traditionslosen Arbeitnehmermilieus. Die Werte der disziplinierten Zurückhaltung dienen hier der Bewältigung sozialer Deklassierungsgefahren. Die biographischen Schwerpunkte der Zurückhaltenden liegen bei der mittleren und älteren Generation ab 30 bzw. 50 Jahren. Wie schon bei den Vätern der Zurückhaltenden sind höhere Bildungsabschlüsse überdurchschnittlich – aber keineswegs ausschließlich – vertreten, ebenso wie mittlere und hohe Berufspositionen als qualifizierte oder leitende Angestellte und Beamte sowie in freien Berufen. Die Einkommensverteilung spiegelt die beiden Pole der gesamten Gruppe: Sie hat einen Schwerpunkt um 3000 DM und einen anderen Schwerpunkt von über 5000 DM Haushaltseinkommen.

Das Gesellungsverhalten ist durch Zurückhaltung, Konventionalität und eine dosierte Gemeinschaftspraxis gekennzeichnet. Die sozialen Beziehungen der Zurückhaltenden sind bewußt ausgesucht. Im Vordergrund steht die Konzentration auf die Familie. Vorherrschend ist hier die traditionelle Geschlechter-Arbeitsteilung bzw. das Doppelverdienertum mit Kindern. Gegenüber wechselnden modischen Erlebnisorientierungen üben sie Zurückhaltung und Distanz. Freundschaft hat für sie einen zu großen Wert, als daß sie leichtfertig übertriebenen und exaltierten Zeitgeistströmungen geopfert werden dürfte. Zwar finden sie Freunde in verschiedenen gesellschaftlichen Kreisen, doch sind diese – zum Teil aus Gründen knapper Zeitressourcen – sorgsam ausgesucht in dem Sinne, daß sie ein gewisses Niveau repräsentieren oder mit den eigenen Wertvorstellungen konform gehen. Entsprechend pflegsam wird mit den eigenen Freunden umgegangen – eine Sorgsamkeit, die nur noch im Umgang mit der eigenen Familie übertroffen wird.

Das soziale Engagement der Zurückhaltenden ist eher mäßig und konventionell gestaltet, wird gegebenenfalls aber regelmäßig praktiziert. Leicht überdurchschnittlich ist ihr Zeitaufwand für Aktivitäten in Politik, Kirche, Gemeinde und Nachbarschaft. Die Parteiensympathien der Zurückhaltenden liegen etwa gleich bei SPD und Unionsparteien. Ihre Einstellungen zur sozialen Ungleichheit sind gemischt, aber weniger ausgrenzend und ressentimentgeladen als im Durchschnitt.

3.4. Die Unkomplizierten (17,8%)

Die Unkomplizierten entlasten sich gerne durch eine rege konventionelle Geselligkeit. Zu Problematisierungen und sozialem Engagement halten sie Distanz.

Sie entstammen überwiegend aus den Sozialmilieus in mittlerer sozialer Lage und mittlerem Modernisierungsgrad. Dem entspricht eine Art von aufgeschlossener Konventionalität bzw. konventioneller Aufgeschlossenheit. Etwa 75% der Unkomplizierten finden sich in mittleren Milieus: dem Leistungsorien-

Abb. 57: Dimensionen des geselligen Verhaltens
der Unkomplizierten

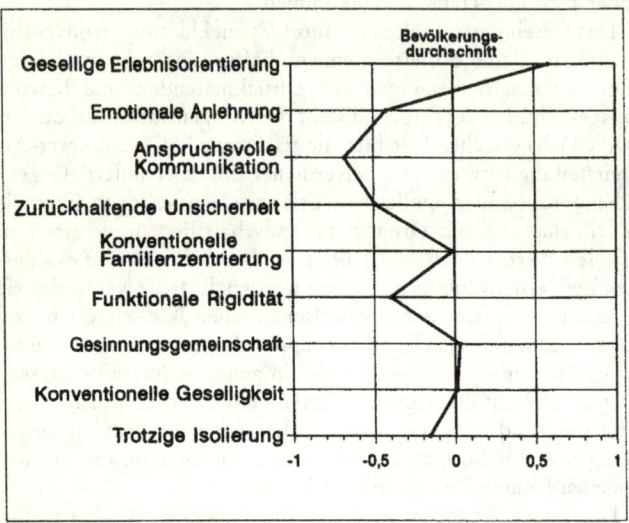

Forschungsgruppe Sozialstrukturwandel, Universität Hannover: Repräsentativbefragung 1991 (n = 2684) Faktorenanalyse: durchschnittliche standardisierte Faktorwerte

tierten (35,7%), dem Kleinbürgerlichen (23,8%), dem Modernen Arbeitnehmermilieu (7,3%) und dem Hedonistischen Milieu (7,5%). Weitere 15% gehören zu Oberschicht-Milieus: den Technokratisch-Liberalen (8,2%) und den Konservativen gehobenen (6,3%). Arbeiter- und Alternativmilieus sind zusammen nur mit 11,3% vertreten. Die sozialen Lagen der Unkomplizierten entsprechen mittleren Bildungsniveaus und Berufen der praktischen Intelligenz bei relativ hohen Haushaltseinkommen zwischen 3000 und 7000 DM. Überdurchschnittlich häufig ist der Bildungsabschluß der Mittleren Reife. Die biographischen Schwerpunkte liegen bei Schülern und Berufstätigen bis 40 Jahre. Studenten und Rentner sind unterrepräsentiert. Es handelt sich um die Gruppe mit dem höchsten Männeranteil (59%). Wie schon in der Elterngeneration finden sich unter den Unkomplizierten überwiegend Facharbeiter und qualifizierte Angestellte.

Abb. 58: Gesellungskreise der Unkomplizierten

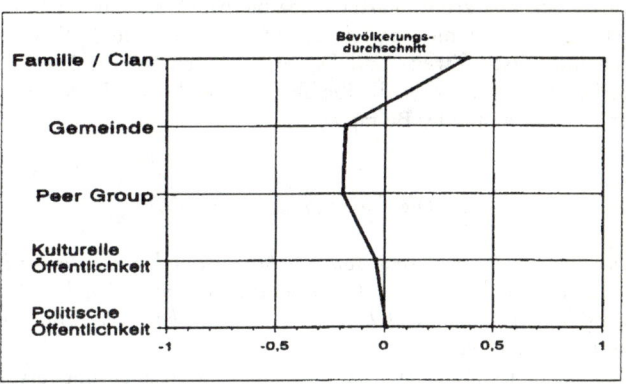

Forschungsgruppe Sozialstrukturwandel, Universität Hannover: Repräsentativbefragung 1991 (n = 2684) Faktorenanalyse: durchschnittliche standardisierte Faktorwerte

Höhere Positionen und vor allem freie Berufe sind eher selten.

Das Gesellungsverhalten der Unkomplizierten kreist um Entlastung und Bestätigung im erweiterten Freundeskreis. Sie suchen häufig nach Gelegenheiten der Zerstreuung, um sich von den Zwängen des Arbeitsalltags befreien zu können. Zwar wissen sie den familialen Zusammenhang zu schätzen, doch begnügen sie sich damit nicht und orientieren sich in der Regel auf einen erweiterten Freundeskreis. Freundschaften haben dabei kollegialen, nicht selten kumpelhaften Charakter. Der häufige Aufenthalt im Freundeskreis dient vor allem der sozialen Anerkennung und dem gemeinsamen Erleben. Dies setzt voraus, daß tiefschürfende Kommunikation und gefühlsbetonte Selbstäußerung eher vermieden werden. In diesem Sinne überwiegt eine Art Pragmatismus in ihren sozialen Beziehungen. Sie fühlen sich in konventionellen Rahmen wohl.

Über den Freundeskreis hinaus bleibt das soziale Engagement der Unkomplizierten eher gering und gemäßigt konservativ. Wenn auch unterdurchschnittlich, ist ihnen das Engagement in Vereinen, Nachbarschaft und Peer-groups wichtiger als in kirchlichen, politischen oder gewerkschaftlichen Zusammenhängen; gleichwohl sind sie überdurchschnittlich häufig Gewerkschaftsmitglieder. Die größte Parteisympathie haben sie mit der SPD, gefolgt von den Unionsparteien, den GRÜNEN und der FDP. Werden ihre Erst-, Zweit- und Drittpräferenzen für die Parteien berücksichtigt, erhalten die Republikaner mehr Zustimmung als im Durchschnitt aller Befragten.

3.5. Die Bodenständigen (12,4%)

Die Bodenständigen sind vom raschen Wandel der Lebensstile irritiert. Jedoch finden sie Orientierung in konventionellen Lebensführungen und Gesellungskreisen, die über den Familienkern hinausreichen.

Es handelt sich überwiegend um ältere Menschen mit relativ niedrigen sozialen Standards aus den konventionellen und traditionalen Sozialmilieus. Etwa zwei Drittel gehören den unteren Segmenten des Kleinbürgerlichen (46,0%) und des Leistungsorientierten Arbeitnehmermilieus (17,6%) an. Ein Fünftel kommt aus dem Traditionslosen Arbeitnehmermilieu (7,9%) und dem Traditionellen Arbeitermilieu (10,1%). 8,6% rekrutieren sich aus dem Konservativ-gehobenen Milieu. Hohes Alter – im Durchschnitt 58 Jahre – und niedrige soziale Standards kennzeichnen diese Gruppe. 76% der Bodenständigen sind älter als 50 Jahre. Entsprechend häufig finden sich Rentner, ältere Frauen bzw. Verwitwete. Wie schon ihre Eltern (90%) haben 80,3% der Bodenständigen einen Hauptschulabschluß (Durchschnitt: 56%); Lehrberufe und der Hausfrauenstatus sind überdurchschnittlich vertreten. Nur noch ein Drittel der Bodenständigen ist berufstätig. Ausgeübt wurden (werden) hauptsächlich Berufe mit traditional körperlicher Arbeit. Entsprechend sind Hausfrauen, an- und ungelernte Arbeiter sowie Landwirte und Landarbeiter überrepräsentiert. Dem niedrigen Sozialstatus entspricht ein ebenfalls niedriges Haushaltseinkommen zwischen 1000 und 2500 DM.

Das Gesellungsverhalten der Bodenständigen ist nicht auf den verbliebenen Familienkern reduziert, sondern umfaßt Verwandte, Freunde und Nachbarn. Ihre Grundhaltung ist bescheiden und harmonieorientiert. Der Zusammenhalt von Familie und

Abb. 59: Dimensionen des geselligen Verhaltens der Bodenständigen

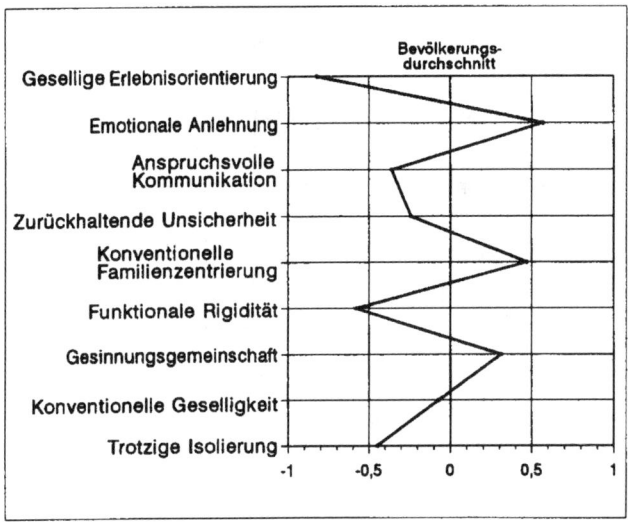

Forschungsgruppe Sozialstrukturwandel, Universität Hannover: Repräsentativbefragung 1991 (n = 2684) Faktorenanalyse: durchschnittliche standardisierte Faktorwerte

Nachbarschaft bietet ihnen gegen die Irritationen durch die gesellschaftlichen Modernisierungsprozesse relative Sicherheit. Von hedonistischen Ansprüchen und übertriebenen Selbstdarstellungsbedürfnissen in der übrigen Gesellschaft grenzen sie sich ab. Sie sind bemüht, sich ihre Traditionen und Konventionen als Wertorientierungen für den Alltag zu erhalten. Mögliche Konflikte im Umgang mit der modernisierten Umwelt vermeiden sie gern aufgrund ihres ausgeprägten Harmoniebedürfnisses. Momente der Verunsicherung können sie durch ihren Rückhalt im traditionellen sozialen Beziehungsrahmen kompensieren.

Während das soziale und politische Engagement der Bodenständigen eher selten ist, werden soziale Beziehungen und kleinere Aktivitäten außerhalb der Familie im engeren Umkreis von Kirche, Verwandtschaft, Nachbarn und Freunden gepflegt. Sie bevorzugen die SPD deutlich vor den Unionsparteien, der FDP

Abb. 60: Gesellungskreise der Bodenständigen

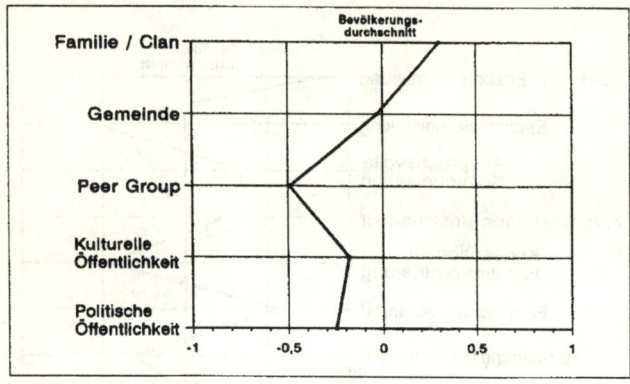

Forschungsgruppe Sozialstrukturwandel, Universität Hannover: Repräsentativbefragung 1991 (n = 2684) Faktorenanalyse: durchschnittliche standardisierte Faktorwerte

und den GRÜNEN. Ihr Verhältnis zu sozialen Ungleichheiten und zu fremden sozialen Gruppen ist durch überdurchschnittliche Ressentiments und Ausgrenzungswünsche gekennzeichnet. Andererseits zeigen sie von allen Gesellungstypen die geringste Sympathie (Erst-, Zweit- und Drittpräferenz) für die Partei der Republikaner.

3.6. Die Resignierten (14,3%)

Die Resignierten sind stark verunsichert vom gesellschaftlichen Wandel. Mit Orientierung auf konventionelle Werthaltungen ziehen sie sich auf ihren engen Familienkreis und auf soziale Ressentiments zurück.

Sie rekrutieren sich aus den konventionellen und traditionellen Sozialmilieus. Etwa 60% der Resignierten sind den mittleren Milieus der Kleinbürgerlichen (47,8%) und Leistungsorientierten Arbeitnehmermilieus (12,3%) zuzurechnen. 20% kommen aus den Milieus der Traditionellen Arbeiter (11,4%) und der Tradi-

Abb. 61: Dimensionen des geselligen Verhaltens der Resignierten

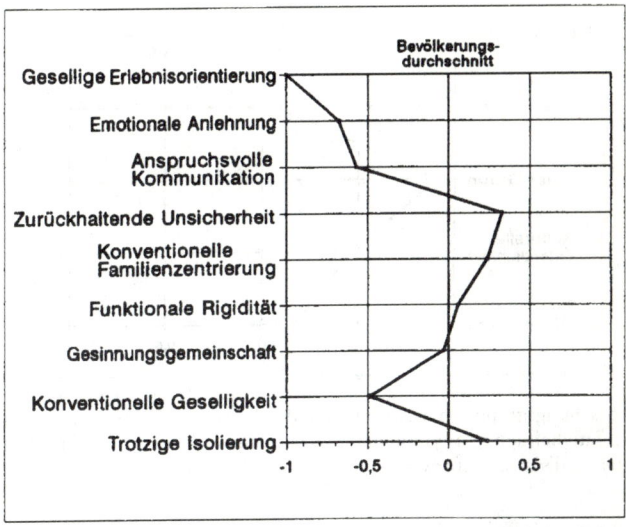

Forschungsgruppe Sozialstrukturwandel, Universität Hannover: Repräsentativbefragung 1991 (n = 2684) Faktorenanalyse: durchschnittliche standardisierte Faktorwerte

tionslosen Arbeitnehmer (9%). 10,5% sind dem Konservativgehobenen Milieu zuzuzählen. Vergleichbar mit den Bodenständigen sind die Resignierten durch niedrigere soziale Standards und höheres Alter gekennzeichnet. 73% sind älter als 50 Jahre, entsprechend überwiegen typische Lebensformen des Rentenalters, d. h., es finden sich viele Verwitwete und Alleinlebende. Neben der Gruppe der Bodenständigen haben die Resignierten den weitaus höchsten Anteil von Absolventen mit Hauptschulabschluß (80,5%). Und ebenso wie bei ihren Eltern finden sich unter den Resignierten häufig Berufe mit Lehrabschluß sowie der Hausfrauenstatus. Nur noch ein Drittel ist berufstätig. Bei den (früher) ausgeübten Berufen überwiegen Orientierungen an traditioneller körperlicher Arbeit. Hausfrauen, an- und ungelernte Arbeiter sowie Landwirte und Landarbeiter sind stark

Abb. 62: Gesellungskreise der Resignierten

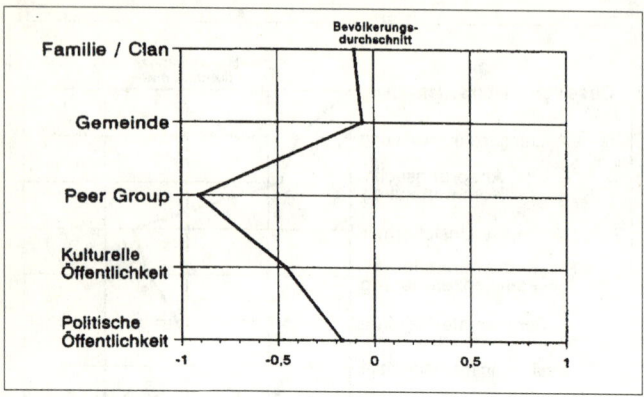

Forschungsgruppe Sozialstrukturwandel, Universität Hannover: Repräsentativbefragung 1991 (n = 2684) Faktorenanalyse: durchschnittliche standardisierte Faktorwerte

überrepräsentiert. Der Schwerpunkt der Haushaltseinkommen liegt zwischen 1000 und 2500 DM und entspricht dem niedrigen Sozialstatus.

Im Gesellungsverhalten der Resignierten überwiegt relativ heftige Abwehr von Spontaneität und Individualismus. Sie gehören zu jenem Teil der älteren Bevölkerung, der sich vom schnellen Wandel der Gesellschaft überrollt fühlt. Wechselnde Moden, Freizeitmöglichkeiten und schrillen Hedonismus nehmen sie mit Ressentiments wahr. Sie leben zumeist zurückgezogen und isoliert im engen Kreis der Familie. Ihre an konventionellen und traditionellen Wertorientierungen orientierten Verhaltensmöglichkeiten lassen sich in der ihnen voller Turbulenzen erscheinenden Umwelt nicht mehr umsetzen. Ihre Abwehr äußerer Einflüsse ist entsprechend resigniert und nach innen gerichtet. Für sie steht Konformität an Stelle von Individualität sowie Ruhe und Gleichmäßigkeit gegen Erlebnis und Aufregung.

Das politische und soziale Engagement der Resignierten ist stark reduziert. Überdurchschnittlich ist nur der Kirchgang. Selbst zu Nachbarn, Freunden und Verwandten besteht nur ein mäßiger Kontakt. Die Resignierten stellen einen weit über dem Durchschnitt stehenden Anteil der Nichtwähler. Ihre Sympathien für die politischen Parteien liegen bei der SPD, gefolgt von den Unionsparteien, der FDP und den GRÜNEN. Auf soziale Ungleichheiten reagieren sie mit den am stärksten ausgeprägten (wohlstands-)chauvinistischen Ressentiments.

4. Politische Orientierung und Gesellungsstil

Zu den offenen Fragen gehört auch der – wie immer geartete – Zusammenhang von gesellschaftspolitischen Grundeinstellungen und Orientierungen des Gesellungsverhaltens. Wie wir gesehen haben, geben die Politikstile Hinweise darauf, wie die Erfahrungen gesellschaftlicher Prozesse verarbeitet werden, d. h., sie beziehen sich auf das Verhältnis zur Gesellschaft als einem systemischen Ganzen; die Gesellungsstile hingegen repräsentieren die Arten des Umgangs mit dem lebensweltlichen Umfeld der Verwandten, Freunde, Bekannten oder aber mit denen, die nicht zu diesem Umfeld gehören, den ›Fremden‹. Politikstil und Gesellungsstil beziehen sich auf unterschiedliche Dimensionen gesellschaftsbezogener Einstellung; sollten sich spezifische Beziehungen zwischen ihnen ergeben, so könnten darin wichtige Aspekte des gesellschaftlichen Spannungsfeldes von ›systemischer Integration‹ und ›sozialer Milieukohäsion‹ sichtbar werden.

Um solchen möglichen Verbindungen nachzugehen, soll an die vorausgegangenen Versuche angeknüpft werden, die dargestellten konkreten Typologien der Politik- und Gesellungsstile in groben Umrissen in ein Modell des gesellschaftlichen Gesamtzusammenhangs bzw. des sozialen Raums einzuordnen (vgl. Kapitel 2.5. und 3.7-8.). Hinsichtlich der Typen des Politikstils hatte sich dabei eine Gliederung in sechs gesellschaftspolitische Lager als plausibel erwiesen:

Wenn wir diese »Lager«-Gliederung auf unsere Kernhypothese beziehen, wonach die Öffnung des sozialen Raums das historische und strukturelle Charakteristikum jenes Modernisierungsprozesses ist, der die gesellschaftliche Situation der Gegenwart bestimmt hat und bestimmt, dann können wir die von uns gewählte Reihenfolge und Einordnung der Typen des Politikstils

Abb. 63: Typen des geselligen Verhaltens nach sozialen Milieus

Typen Milieus	Erlebnis- orientierte (21,1%)	Suchende (20,2%)	Unkom- plizierte (17,8%)	Zurück- haltende (14,1%)	Boden- ständige (12,4%)	Resignierte (14,3%)
NEA 5,1%	13,0%	1,0%	7,3%	2,1%	2,5%	1,4%
HED 12,3%	17,9%	26,7%	7,5%	5,5%	2,5%	4,4%
ALT 2,2%	5,1%	1,4%	0,3%	2,0%	0,8%	1,0%
TEC 8,2%	11,5%	12,2%	8,2%	7,3%	4,1%	2,2%
LEO 23,2%	27,2%	19,6%	35,7%	23,4%	17,6%	12,3%
TLO 12,3%	10,5%	24,9%	5,0%	13,1%	7,9%	9,0%
KON 7,2%	6,4%	0,9%	6,3%	14,3%	8,6%	10,5%
KLB 24,0%	9,2%	7,3%	23,8%	26,9%	46,0%	47,8%
TRA 5,6%	1,2%	3,0%	6,0%	5,4%	10,1%	11,4%

Repräsentativbefragung »Gesellschaftlich-politische Milieus in Westdeutschland 1991«: n = 2684; deutschsprachige Wohnbevölkerung ab 14 Jahre in Privathaushalten der BRD (West) und Berlin (West); Forschungsgruppe Sozialstrukturwandel, Universität Hannover

Lesebeispiel: Unter den Erlebnisorientierten (21,1% der Befragten) ist das Neue Arbeitnehmermilieu (NEA; 5,1% von allen Befragten) mit 13,0% überdurchschnittlich vertreten.

nach der Universalismus-Dimension[17] auch als Verhältnis zum gesellschaftlichen Modernisierungsprozeß verstehen:

(1/2) Die ersten beiden Lager sind von den Modernisierungsprozessen zwar beide begünstigt, befürworten jedoch zwei verschiedene Pfade gesellschaftlicher Reformen. Die Sozialintegrativen wollen das bisherige Sozialmodell der Bundesrepublik, die »Arbeitnehmergesellschaft« (vgl. Kapitel 2.1.), nicht aufgeben, sondern durch mehr Flexibilität, Solidarität und Teilhabe moder-

17 Vgl. S. 441.

Abb. 64: Typen des geselligen Verhaltens nach Altersgruppen

Typen Alter	Erlebnis- orientierte (21,1%)	Suchende (20,2%)	Unkom- plizierte (17,8%)	Zurück- haltende (14,1%)	Boden- ständige (12,4%)	Resignierte (14,3%)
14-19; 7,7%	15,9%	7,7%	13,1%	1,2%	0,0%	1,6%
20-29; 19,1%	35,6%	22,7%	22,9%	10,5%	7,0%	3,9%
30-39; 15,8%	18,0%	17,7%	18,5%	12,5%	5,3%	8,5%
40-49; 15,2%	12,4%	18,3%	14,3%	21,3%	11,9%	12,7%
50-59; 16,6%	8,6%	13,4%	17,2%	22,3%	20,6%	22,8%
60-69; 14,5%	5,5%	12,4%	8,0%	13,9%	29,4%	26,2%
ab 70; 11,2%	3,9%	7,9%	5,6%	8,1%	25,8%	24,3%

Repräsentativbefragung »Gesellschaftlich-politische Milieus in Westdeutschland 1991«: n = 2684; deutschsprachige Wohnbevölkerung ab 14 Jahre in Privathaushalten der BRD (West) und Berlin (West); Forschungsgruppe Sozialstrukturwandel, Universität Hannover

Lesebeispiel: Unter den Erlebnisorientierten (21,1% der Befragten) ist die Altersgruppe der 14- bis 19jährigen (7,7% aller Befragten) mit 15,9% überdurchschnittlich vertreten.

ner machen. Die Radikaldemokraten wollen die politische Demokratie stärken, stützen aber auch Elemente der neoliberalen Politik, die die sozialen Risiken in die Mitte und nach unten verlagern.

(3) Die Skeptisch-Distanzierten sind von den Modernisierungsprozessen durch stärkere Diskontinuität ihrer Erwerbslagen betroffen. Ihre große Mehrheit – auch der kleinere Teil, dessen soziale Sicherheit aufgrund sehr guter Berufsqualifikation wenig gefährdet ist – ist zwar nicht gegen die Modernisierungen, befürchtet aber soziale Schieflagen durch eine Regierungspolitik, die ›die kleinen Leute‹ benachteiligt.

(4/5) Die beiden konservativen Lager sind von den Modernisierungsprozessen etwas weniger betroffen, aber es zeigen sich innere Spannungen. Die Gemäßigt-Konservativen sind zwar teilweise moderner geworden, insbesondere etwas offener für die Rechte der Frauen, der Ausländer und der Staatsbürger. Aber sie wünschen mehr Schutz der Arbeitnehmer vor den Risiken der Modernisierung. Die Traditionell-Konservativen haben Schwierigkeiten, ihren autoritär-klientelistischen Traditionalismus zugunsten eines moderneren Konservatismus zu überwinden.

(6) Die Enttäuscht-Autoritären sehen sich eher von den Modernisierungen benachteiligt und ausgegrenzt. Sie reagieren darauf autoritär, mit apathischem oder aggressiven Ressentiments gegen ›alles Moderne‹, ›die Jugend‹, ›die Ausländer‹ und ›die Politiker‹. Im Grunde halten sie am alten Sozialmodell der Bundesrepublik fest, wollen es aber nicht mit anderen teilen. Ihre von Ressentiments geleitete Einstellung ist also gegenüber Veränderungen ambivalent.[18]

Für die Typen des Gesellungsstils haben wir eine Einordnung vorgenommen, die sich innerhalb des gesellschaftlichen Gesamtzusammenhangs an einer Achse abnehmender Modernität orientiert. Wir charakterisieren danach

(1) die Erlebnisorientierten (ERL) und die Suchenden (SUCH) als ›*offen und modern*‹;
(2) die Zurückhaltenden (ZUR) und die Unkomplizierten (UNKO) als ›*konventionell*‹ und
(3) die Bodenständigen (BOD) und die Resignierten (RES) als ›*eingeschränkt und traditional*‹.

Bei näherem Zusehen ergeben sich freilich differenzierte Gesichtspunkte, die der Kategorie unterschiedlicher Modernisierungsgrade zwar nicht widersprechen, aber ihre Verdeutlichung und Ergänzung nahelegen. So kann von ›offener‹ im Unterschied zu ›geschlossener‹ Gesellung im Sinne des Spannungsverhältnisses von informell und institutionalisiert gesprochen werden (wobei institutionalisiert oder formell nicht unbedingt ›konventionell‹ zu bedeuten braucht). Der Unterschied ›offen‹–›geschlos-

---

18 Diese Haltung ist für rechtspopulistische oder faschistische Strömungen in den Unterklassen sehr typisch; vgl. hierzu Lipset 1962. Außerdem sei auf ein literarisches Zeugnis verwiesen: In dem großen Kriegsroman von Norman Mailer »Die Nackten und die Toten« findet sich eine eindringliche sozialpsychologische Charakteristik dieses gesellschaftlich-politischen Verhaltenstyps. Im Zeitraffer: Gallagher – der Revolutionär der anderen Seite.

sen‹ kann aber auch im Sinn von vielfältig – im Gegensatz zu begrenzt bzw. restriktiv verstanden werden. Ein bestimmter Gesellungsstil kann ein umfassendes, in diesem Sinne also offenes Verhältnis zu anderen Gesellungskreisen (Traditionen, Lebensstilen, sozialen Lagen) ausdrücken oder aber ein isolierendes, ausgrenzendes, in diesem Sinne also eingeschränktes Verhältnis.

Diese Überlegungen machen deutlich, daß die Orientierungen des Gesellungsverhaltens über die lebensweltliche Milieukohäsion hinaus auf das Verhältnis zur Gesellschaft als systemischem Zusammenhang verweisen können. Offenheit oder Unsicherheit in der geselligen Grundorientierung oder die Neigung zu Ab- und Ausgrenzung lassen sich durchaus als Indikatoren für unterschiedliche Erfahrungen und Einstellungen gegenüber der Gesellschaft insgesamt bzw. gegenüber der eigenen Position in ihr verstehen. Oder anders ausgedrückt: Der Gesellungsstil könnte als Indikator für soziale Identität und soziale Integration und insofern auch als Indikator für die Neigung zu bestimmten Politikstilen interpretiert werden. Sollte dies eine plausible Hypothese sein, dann müßten sich Hinweise darauf in der Verteilung der verschiedenen Gesellungsstil-Typen auf die Politikstil-Typen ergeben. Wir haben daher die Politikstil- und Gesellungsstil-Typen kreuztabelliert (siehe Abb. 65), die gewonnenen 42 Zellen näher untersucht und sie einer hermeneutischen Interpretation unterzogen.

Wie in Abb. 65 deutlich wird, verteilen sich die Gesellungsstil-Typen nicht gleichmäßig auf die Politikstil-Typen. Die entstandenen Zellen sind nicht nur in Relation zum unterschiedlichen quantitativen Umfang der Politikstil- und Gesellungsstil-Typen, sondern weit darüber hinaus verschieden groß.

Acht Zellen liegen unter 40 Fällen bzw. 1,5% der Stichprobe (und entziehen sich damit ohnedies jeder weiteren Korrelierung mit aussagekräftigen Ergebnissen). Sie umfassen zusammen weniger als 7% der Fälle, d. h. nur einen sehr kleinen Teil der Gesamtheit. In allen diesen Zellen liegen außerdem die relativen Anteile des jeweiligen Gesellungsstil-Typs am Politikstil-Typ deutlich unter dem Durchschnitt. In vier Zellen mit insgesamt 23% der Fälle – also fast einem Viertel der Gesamtheit – liegen hingegen die respektiven Anteile ganz erheblich, z.T. mehr als das Doppelte über dem Durchschnitt. In der ersten Gruppe haben wir also eine deutlich negative, in der zweiten eine ebenso deutliche positive Korrelation zwischen Politikstil- und Gesellungsstil-Typ. Eine qualitative Interpretation kann unabhängig von der statistischen Signifikanz die Plausibilität dieses Verhältnisses prüfen.

In der zuerst genannten Gruppe liegen bei den Politikstil-Typen Radikaldemokraten (RAD) und Sozialintegrative (SOZ) die Gesellungsstil-Typen Resignierte (RES) und Bodenständige (BOD) in ihren Anteilen weit unter dem Durchschnitt – übrigens in einem annähernd übereinstimmenden Grade. (Es handelt sich dabei außerdem um die vier kleinsten Zellen.) RAD und SOZ verbinden beide – wenn auch mit unterschiedlichen Akzenten – eine reformorientierte gesellschaftskritische Grundeinstellung mit Erfahrung und Bewußtsein einer anerkannten beruflichen Leistung und einer gesicherten sozialen Position. Das Gesellungsverhalten der BOD und der RES – konventionell beschränkt oder sogar extrem reduziert – drückt hingegen Distanz oder Abwehr gegenüber dem gesellschaftlichen Leben außerhalb des engeren Freundes- und Familienkreises aus. Ihre soziale Integration ist auf den engsten Kreis beschränkt, ja teilweise ausgesprochen prekär; höheres Alter und relativ niedriger sozialer Status ergänzen das Syndrom. Mit dem der Gesellschaft zugewandten kritisch-aktiven Habitus der RAD und SOZ ist ihr Gesellungsstil nur schwer vereinbar.

Ebenfalls weit unter dem Durchschnitt liegt der Anteil des Gesellungsstil-Typs der Suchenden (SUCH) an den Politikstil-Typen der Traditionell-Konservativen (TKO) und Enttäuscht-Aggressiven (EAG). Der offene, Konventionen gegenüber kritisch-distanzierte, zugleich oft ambivalente Gesellungsstil der SUCH drückt eine mobile, gleichzeitig aber unsichere Haltung gegenüber ihrer eigenen sozialen Position aus. Sowohl zu der selbstbewußten, ihrer gesellschaftlichen Verwurzelung sicheren konservativen Grundeinstellung der TKO als auch zu der engeren, abwehrenden, zu Ressentiment und Aggressionen neigenden konservativen Grundeinstellung der EAG steht der Habitus der SUCH im Widerspruch.

Auch die verbleibenden Klein-Zellen der Skeptisch-Distanzierten/Bodenständigen und der Enttäuscht-Apathischen/Zurückhaltenden zeigen in den Augen einer qualitativen Analyse vergleichbare Widersprüche: Der abwehrende, restriktive, stabile Gesellungsstil der BOD paßt nicht recht zur der offenen skep-

Abb. 65: Verteilung der Gesellungsstil-Typen auf die Politikstil-Typen

	Erlebnis-orientierte (21,1%)	Suchende (10,2%)	Zurück-haltende (14,1%)	Unkom-plizierte (17,8%)	Boden-ständige (12,4%)	Resignierte (14,3%)
Sozial-integrative (12,8%)	1,3 / 41,6	1,6 / 12,8	2,2 / 16,9	2,1 / 16,3	0,6 / 5,0	0,9 / 7,4
Radikal-demokraten (10,8%)	4,4 / 40,7	1,5 / 14,0	1,8 / 16,5	1,8 / 16,4	0,6 / 5,5	0,7 / 6,8
Skeptisch-Distanzierte (17,7%)	1,6 / 8,9	9,4 / 53,3	1,5 / 8,5	2,5 / 14,2	1,0 / 5,5	1,7 / 9,6
Gemäßigt-Konservative (17,6%)	3,4 / 19,2	3,6 / 20,7	2,2 / 12,2	3,6 / 20,6	3,1 / 17,7	1,7 / 9,7
Traditionell-Konservative (13,8%)	2,0 / 14,8	0,5 / 3,4	3,0 / 21,1	1,7 / 19,2	5,6 / 30,4	4,3 / 30,2
Enttäuscht-Apathische (13,4%)	1,9 / 13,8	2,3 / 16,9	1,0 / 7,1	2,4 / 17,6	3,1 / 23,7	3,9 / 28,4
Enttäuscht-Aggressive (13,8%)	2,5 / 18,2	1,4 / 9,8	2,6 / 18,5	2,8 / 20,3	1,2 / 14,7	2,4 / 17,5

Repräsentativbefragung »Gesellschaftlich-politische Milieus in Westdeutschland 1991«: n = 2684; deutschsprachige Wohnbevölkerung ab 14 Jahre in Privathaushalten der BRD (West) und Berlin (West); Forschungsgruppe Sozialstrukturwandel, Universität Hannover

Lesebeispiel: Die Sozialintegrativen mit erlebnisorientiertem Gesellungsstil repräsentieren 5,3% aller Befragten. Dies sind 41,6% aller Sozialintegrativen.

tisch-kritischen widersprüchlichen Haltung der SKED. Der auswählende, qualitätsorientierte, der Form nach konventionelle, aber gesellschaftliche Selbstsicherheit repräsentierende Gesellungsstil der Zurückhaltenden (ZUR) paßt ebensowenig zu der resignierenden, passiven, annähernd fatalistischen politischen Grundeinstellung der EAP. In diesem Zusammenhang ist von Interesse, daß der im ersten Zugriff eher konservativ erscheinende Gesellungsstil der ZUR bei den beiden Politikstil-Typen der RAD und SOZ leicht, aber deutlich überrepräsentiert ist. Dies legt die Vermutung nahe, daß der formal konventionelle Gesellungsstil der ZUR, der die Erfahrung einer sicheren sozialen Position und ein gefestigtes Selbstbewußtsein ausdrückt, damit auch auf Fähigkeit und Bereitschaft zu einer der Gesellschaft zugewandten kritisch-aktiven politischen Haltung verweist.

Bei den vier Zellen mit besonders signifikant positiver Korrelation zwischen Politikstil- und Gesellungsstil-Typus ergeben sich ähnlich plausible Zusammenhänge. Daß der im Sinne einer nichtformellen, vielfältigen und umfassenden, nicht ausgrenzenden geselligen Einstellung ›offene‹ Gesellungsstil der Erlebnisorientierten (ERL) bei den RAD und SOZ weit überrepräsentiert ist, bedarf nach dem zuvor Gesagten kaum einer näheren Begründung mehr, ebensowenig wie die erhebliche Überrepräsentation der Resignierten (RES) bei den EAP. Ebenso plausibel erscheint in den Augen der qualitativen Interpretation die extrem hohe positive Korrelation von SKED und SUCH. Die Schnittmenge beider Typen umfaßt mit 9,4% fast ein Zehntel der Gesamtbevölkerung. Das Zusammentreffen eines ›offenen‹, d. h. kritisch-distanzierten, zur sozialen Desillusionierung neigenden ambivalenten Politikstils, mit einem ebenfalls ›offenen‹, Konventionen gegenüber kritischen, Unsicherheit über die eigene Position ausdrückenden ambivalenten Gesellungsstil ergibt ein einsichtiges qualitatives Syndrom.

Der Erwähnung bedarf noch der Umstand, daß der Gesellungsstil-Typ der Unkomplizierten (UNKO) wenn man so will, der ganz und gar normalen ›Durchschnittsbürger und -bürgerinnen‹ mit nur leichten Abweichungen zugunsten der TKO und der EAG und zuungunsten der RAD und der SOZ in allen Politikstil-Typen mit gleichen Anteilen vertreten ist. Wie auch immer man die rege, aber eher konventionelle Geselligkeit dieses Typs beurteilen mag, ungeachtet einer gewissen Distanz gegenüber betont ›modernen‹ oder ›höheren‹ Formen der Geselligkeit scheint dieser Stil doch eine Situation auszudrücken, in der der Einzelne sich mit seinen Mitmenschen im reinen und in seiner sozialen Position nicht ernstlich angefochten fühlt.

Wir haben uns bei der Beurteilung der 42 Zellen aus Politikstil- und Gesellungsstil-Typen nicht allein auf die qualitative Interpretation beschränkt. Mit Ausnahme jener acht mit weniger als 40 Fällen haben wir unsere Zellen mit einer Reihe von Daten aus der Erhebung korreliert und auf dieser Grundlage eine Kurzcharakteristik jeder Zelle entwickelt. Es handelt sich dabei unter anderem um die sozialstatistischen Grunddaten über Geschlecht, Alter, Schulbildung, Stellung im Beruf, Einkommen sowie um einige von uns erhobene gesellschaftlich-politische Einstellungen und Verhaltensweisen, z. B. Bejahung/Ablehnung eines

Wahlrechts für Ausländer, Bejahung/Ablehnung eines unkonventionellen Politikverständnisses, parteipolitische Präferenzen (sowohl Erstpräferenzen der einzelnen Parteien als auch Kombinationspräferenzen von zwei Parteien, d. h. die Parteien x und y jeweils zusammen entweder auf Platz eins oder auf Platz zwei) und Häufigkeit sozialer oder politischer Aktivitäten. Außerdem wurden – sofern die relativ geringen Fallzahlen der einzelnen Zellen es einigermaßen sinnvoll erscheinen ließen – die Anteile der Milieus an den Zellen ermittelt.

Die Ergebnisse können hier nicht im einzelnen ausgebreitet werden; zusammenfassend läßt sich jedoch sagen, daß unsere qualitativen Interpretationen durch die statistische Analyse bestätigt und konkretisiert werden. So wird z. B. deutlich, daß innerhalb der Politikstil-Typen der reformorientierten Lager – RAD und SOZ – die Gesellungsstil-Typen ERL und ZUR eine besonders hohe Zustimmung zum Ausländerwahlrecht und zur kombinierten Parteipräferenz SPD/Grüne sowie ein überdurchschnittlich hohes soziales und politisches Engagement zeigen.

Allerdings hat die statistische Analyse auch einige nicht ohne weiteres zu erwartende Ergebnisse erbracht, die eine ergänzende qualitative Interpretation erfordern. So zeigen z. B. in allen Politikstil-Typen die Befragten des Gesellungsstil-Typs der SUCH die jeweils höchste Zustimmung zum Ausländerwahlrecht und das höchste oder jedenfalls ein sehr hohes soziales und politisches Engagement:

Dieser auf den ersten Blick ein wenig überraschende Befund erweist sich jedoch bei näherem Zusehen als durchaus plausibel. Wenn wir den gesellschaftlich-politischen Habitus zu verstehen suchen, der sich in der Bereitschaft, Nicht-Deutschen das Wahlrecht zuzugestehen, oder aber in einem hohen Grade gesellschaftlicher Aktivität ausdrückt, dann finden wir in beiden Fällen eine *Disposition, dem Unvertrauten, den außerhalb des engeren sozialen Umfelds liegenden Erfahrungen ohne Vorbehalte zu begegnen.* Es leuchtet ein, daß eine solche Disposition bei dem offenen, vielfältigen, nichtkonventionellen, wenn auch ambivalenten Gesellungsverhalten der SUCH deutlicher ausgeprägt ist als bei Stilen, die auf ein geschlosseneres, konventionelleres oder gar ein betont restriktives Gesellungsverhalten verweisen. Ein Blick auf den quantitativ sehr starken, in sich aber

Abb. 66: Überdurchschnittliche Zustimmung zum Ausländerwahlrecht

	Radikal-demokraten	Sozial-integrative	Skeptisch-Distanzierte
Suchende	76,8 %	69,1 %	47,8 %
Erlebnisorientierte	71,8 %	55,6 %	44,2 %
Zurückhaltende	60,3 %	56,0 %	45,5 %
Unkomplizierte	51,8 %	45,3 %	[24,9 %]

Repräsentativbefragung »Gesellschaftlich-politische Milieus in Westdeutschland 1991«: n = 2684; deutschsprachige Wohnbevölkerung ab 14 Jahre in Privathaushalten der BRD (West) und Berlin (West); Forschungsgruppe Sozialstrukturwandel, Universität Hannover

Lesebeispiel: Von allen Radikaldemokraten mit dem Gesellungsstil der Suchenden befürworten 78,8% das Wahlrecht für Ausländer (zum Vergleich: alle Befragte 31,7%).

differenzierten Politikstil-Typus der SKED bekräftigt diese Interpretation: Innerhalb der SKED liegen bei der Bejahung eines Ausländerwahlrechts die geschlossenen bis restriktiven Gesellungsstil-Typen knapp bis deutlich unter dem Bevölkerungsdurchschnitt von 32%, die offeneren bzw. – wie die ZUR – eine gefestigte soziale Identität ausdrückenden Gesellungsstil-Typen mit 44 bis 48% Bejahung erheblich über dem Durchschnitt.

Darüber hinaus liefern die Gesellungsstil-Typen auch für die nähere Interpretation des gesellschaftlich-politischen Lagers der Skeptisch-Distanzierten wichtige Hinweise. Dieses Lager repräsentiert – wenn man so will – vom Habitus her, aber auch hinsichtlich Alter oder Sozialstruktur so etwas wie die offene, nicht festgelegte, zwischen Reformorientierung und Skepsis oder Enttäuschung nicht entschiedene ›Mitte‹ des gesellschaftlich-politischen Spektrums. Bei dem Politikstil-Typus der SKED ist diese Charakterisierung offensichtlich. Innerhalb des auf den ersten Blick geschlosseneren und gefestigteren Typs der GKO haben uns erhebliche interne Differenzierungen dazu bewogen, einen Teil der Angehörigen dieses Typs nicht dem Lager der Zufriedenen, sondern eher dem der Skeptischen zuzuordnen.[19] Diese Differenzierungen der Einstellungen und Verhaltensweisen verlau-

19 Vgl. Kapitel 3.8.

fen sehr deutlich entlang der Grenzen der Gesellungsstil-Typen. Es sind die ›offeneren‹ Typen der ERL und der SUCH, die – ungeachtet ihres gemäßigt konservativen Grundhabitus – doch in vielem dem Politikstil-Typus der SKED näherstehen als dem Politikstil der ›zufriedenen‹ GKO und TKO. Beide – GKO/ERL und GKO/SUCH – gehören mit je etwa 3,5% der Gesamtheit zu den größeren Zellen. Die erste Gruppe ist jünger, mit einem sozialen Schwerpunkt bei mittleren Angestellten und Beamten, politisch leicht konservativ orientiert, allerdings mit starkem politischen Interesse. Die zweite Gruppe liegt im Altersdurchschnitt, hat ihren sozialen Schwerpunkt bei den Facharbeitern, ist überdurchschnittlich politisch engagiert, bejaht ausdrücklich das Ausländerwahlrecht (mit 59% gegenüber 32% im Durchschnitt aller Befragten) und hat eine ausgeprägte SPD-Parteipräferenz bei extrem geringen Sympathien für die GRÜNEN.

Schließlich haben wir noch versucht, das von uns zu Beginn unserer Untersuchungen hypothetisch umschriebene und sodann qualitativ interpretierte Feld der *neuen gesellschaftlich-politischen Milieus* auf der Grundlage der Repräsentativbefragung und ihrer Ergebnisse näher zu bestimmen. Wir haben alle Zellen mit überdurchschnittlicher Zustimmung zum Ausländerwahlrecht und überdurchschnittlicher Kombinationspräferenz für SPD/GRÜNE zusammengefaßt. Es handelt sich dabei um die Zellen der Politikstil-Typen RAD und SOZ mit den Gesellungsstil-Typen SUCH, ERL, ZUR und UNKO sowie um die Zelle GKO/ERL. Alle neun Zellen zeigen einen überdurchschnittlichen Grad sozialen und politischen Engagements, sieben eine überdurchschnittliche Erstpräferenz für die GRÜNEN, sechs eine überdurchschnittliche Bejahung eines unkonventionellen Politikverständnisses. Alle sind überdurchschnittlich jung, alle haben einen mittleren und/oder höheren Schul-Bildungsstand und sozialen/beruflichen Status, sieben von ihnen haben einen überdurchschnittlichen Anteil neuer Berufe (Kapitel 11.8). Insgesamt umfassen diese Zellen rund 24% der Bevölkerung. Der, wenn man so will, ›harte Kern‹ dieser Gruppierung (aus den SUCH, ERL und ZUR in den Politikstil-Typen der RAD und der SOZ) umfaßt rund 15% der westdeutschen Bevölkerung, d. h. also etwa jene Größenordnung, die wir bei Beginn unserer Untersuchung hypothetisch den von uns vermuteten ›neuen gesellschaftlich-politischen Milieus‹ zugeschrieben hatten.

Die Strukturierung dieses Segments der Bevölkerungsgesamtheit nach sozialen Milieus stößt wegen der geringen Größe der einzelnen Zellen sehr rasch an methodische Grenzen; jedoch kann mit Grund vermutet werden, daß diejenigen sozialen Milieus, in denen wir die Schwerpunkte der ›neuen sozialen Milieus‹ angenommen hatten (und aus deren Umfeld wir die Stichprobe für unsere themenzentrierten Interviews gewonnen haben), nämlich: Alternative, Hedonisten, Technokratisch-Liberale sowie Moderne, Leistungsorientierte und Traditionslose Arbeitnehmer, an die 90% dieses Segments umfassen, während die ›traditionalistischen‹ Milieus der Konservativen, der kleinbürgerlichen Arbeitnehmermilieus und der Traditionellen Arbeiter in ihnen praktisch nicht vertreten sind. Auch lassen sich bei einer ersten qualitativen Interpretation die Umrisse der von uns ermittelten Mentalitätstypen (Kapitel 10.1) in dem genannten Segment wiedererkennen. Eine darüber hinausgehende empirische Überprüfung dieser Vermutung muß späteren Untersuchungen vorbehalten bleiben.

Wenn wir die Ergebnisse unserer Überlegungen zum Verhältnis von Politikstil und Gesellungsstil in wenigen Worten zusammenfassen, ergibt sich folgendes Resultat:

Im Gesellungsstil drücken sich milieuspezifische Einstellungen und Praktiken der alltäglichen lebensweltlichen Kohäsion der Menschen aus. Sie können (unter anderem auch) als Indikatoren für bestimmte Akzente der grundlegenden gesellschaftlich-politischen Orientierungen betrachtet werden. Insbesondere die Dispositionen zu offenen, vielfältigen, gegenüber festen Formen und Konventionen kritischen Gesellungsformen, wie auf der anderen Seite die Dispositionen zu konventionellen, restriktiven, ausgrenzenden Gesellungsformen, finden Entsprechungen in den Grundeinstellungen der Politikstile. Vor allem im Verhältnis zu Andersdenkenden, Anderslebenden, ›Fremden‹ tritt dieser Zusammenhang deutlich in Erscheinung.

13. Die Typologie der westdeutschen sozialen Milieus

Der hier vorgestellte Überblick über die westdeutschen sozialen Milieus ist eine Weiterentwicklung der ursprünglichen Typologie des ›Sinus‹-Instituts auf der Grundlage der Theorie Bourdieus und eigener Forschungen. Bei den ›Sinus‹-Forschungen gehen wir vor allem von der nur als ›graue Literatur‹ verfügbaren großen Studie von 1984 über Wählerpotentiale aus, die in ihrer Differenziertheit und historischen Kategorienbildung einer Habitus-Analyse sehr nahekommt.[1] Für die späteren Entwicklungen liefern die ›Sinus‹-Studien Beschreibungen und Daten, die allgemeiner gehalten, aber dennoch als Orientierungsrahmen unverzichtbar sind.[2] Wir haben sie durch umfangreiche weitere Informationen über die sozialen Lagen, die Kohäsionsformen und die politischen Orientierungen jedes einzelnen Milieus aus unserer repräsentativen Befragung (vgl. Kapitel 6.4.1.) und aus anschließenden weiteren Untersuchungen[3] vervollständigt, erweitert und auch teilweise abgeändert und erweitert. Diese Daten haben wir durch weitere Informationen aus soziologischen und sozialhistorischen Studien ergänzt.

Wir gelangen bei den großen Volks- und Arbeitnehmermilieus, über die wir inzwischen mehr Forschungen haben, zu einer differenzierteren typologischen und räumlichen Einteilung als Bourdieu. Vertikal ist der soziale Raum nicht nur, wie bei Bourdieu, durch die Linien der Distinktion und Prätention unterteilt, an denen sich die oberen Milieus abteilen. Es gibt seit langem, wie Sozialhistoriker beobachtet haben[4], auch eine untere Scheidelinie, die »Grenze der Respektabilität«, die die mittleren Milieus der Volksklassen von den untersten Milieus trennt. Die Respektabilität besteht für die mittleren Milieus in einem gesicherten und anerkannten sozialen Status, der auf geordnete und stetige

---

1 SPD [›Sinus‹] 1984.
2 Becker u. a. 1992; Flaig u. a. 1993; ›Spiegel‹ [›Sinus‹] 1996; ›Spiegel‹ [›Sinus‹] 1998.
3 Insbesondere Vester u. a. 1995; Gardemin 1998; Bremer 1999; Bremer u. a. 1999; Wiebke 1999.
4 Vgl. u. a. Thompson 1987 [1963].

Arbeits- und Lebensverhältnisse gegründet und in einer bestimmten Leistungs- oder Pflichtethik verinnerlicht ist. Die Kultur der unterprivilegierten Milieus ist dagegen auf eine Situation sozialer Unsicherheit und Abhängigkeit, die die Betroffenen wenig beeinflussen können, abgestimmt.

Entsprechend unterscheidet unsere Typologie drei Stufen: (1) die hegemonialen Milieus, (2) die respektablen Volks- und Arbeitnehmermilieus und (3) die unterprivilegierten Volks- und Arbeitnehmermilieus. Jede dieser drei Stufen ist wiederum nach verschiedenen Traditionslinien unterteilt. Daraus ergibt sich, vereinfacht ausgedrückt, in unseren Raumbildern eine Art Gitterstruktur: drei vertikale Stufen und, auf jeder Stufe, etwa drei horizontal nebeneinanderliegende kulturelle Traditionslinien. Erstaunlicherweise ist diese Struktur auch international in ihren Grundmustern gleich. Änderungen und Modernisierungen der Mentalitäten finden hauptsächlich innerhalb der Traditionslinien, durch den Generationenwechsel, statt. Milieu-Mobilität, insbesondere der Wechsel in andere Milieus durch Aufstieg und Abstieg, ist nur für kleinere Gruppen von höchstens 5% nachweisbar, insbesondere im »Liberal-intellektuellen Milieu« (vgl. Kapitel 13.1.2.).

Diese Strukturierungen des sozialen Raums sind im zweiten Kapitel dieses Buches zusammenfassend dargestellt. Die Raumbilder der westdeutschen Milieus finden sich in Kapitel 2.3.

1. Die hegemonialen Milieus: Geist und Macht

Eine herrschende Klasse tritt in Deutschland mit eigenen Institutionen weniger in Erscheinung als in vielen anderen Ländern. Bis vor kurzem fehlte eine eindeutige Hauptstadt, die sich über die verschiedenen Provinzmetropolen erhebt. Das Bildungswesen ist föderal. Im Unterschied zu Frankreich, England oder den USA gibt es keine exklusiven staatlichen oder privaten Hochschulen, die die Eliten heranziehen und miteinander vernetzen. Das blaue Blut oder die Wirtschaftsimperien großer Familien konstituieren schon seit langem keine herrschende Klasse mehr.

Während die Entscheidungsspitzen der Gesellschaft winzig und teilweise unsichtbar bleiben, gibt es doch große soziale Milieus von mehr als 20% der Bevölkerung, die ihrem Habitus nach beanspruchen, wirtschaftlich, sozial, kulturell oder politisch tonangebend zu sein. Diese Gruppe ist zunächst allein durch ihren Habitus der Distinktion: ihren Geschmack, ihre Umgangsformen dingfest zu machen, ganz gleich ob es sich um die konservative oder die technokratisch-moderne oder die avantgardistische Fraktion der oberen Milieus handelt. Auch die akademischen Intellektuellen gehören dazu, sofern sie elitären Weltdeutungen anhängen und mit den anderen Fraktionen der oberen Klassenmilieus um die kulturelle Hegemonie über die übrige Gesellschaft konkurrieren.

1.1. Macht und Besitz: Das Konservativ-technokratische Milieu

Das »Konservativ-gehobene Milieu«, das sich heute zum »Konservativ-technokratischen Milieu« modernisiert hat, umfaßt zwischen 9% und 10% der Bevölkerung und rekrutiert sich aus Selbständigen, Freiberuflern und Wissenschaftlern sowie qualifizierten und leitenden Angestellten der Verwaltungs-, Bildungs-, Sozial- und Informationsberufe. Diese Gruppen haben hohe und höchste Bildungsabschlüsse sowie mittlere und gehobene Einkommen und befinden sich, da das Milieu über dem Altersdurchschnitt liegt, häufig auch im Ruhestand.

Der traditionellen Ausrichtung der Mehrheit des Milieus entspricht eine mindestens nach außen hin noch große Bedeutung der Tugenden der Innerlichkeit und Askese, der Disziplin, Pflichterfüllung und sozialen Verantwortung. Entsprechend der äußeren Machtstellung des Milieus verbindet sich eine gepflegte humanistische Tradition mit dem Respekt vor gewachsenen Strukturen. Soziale Verantwortung wird eher hierarchisch und gönnerhaft verstanden. Hierzu gehört auch das Streben, mit sich, der Familie und dem sozialen Umfeld in Harmonie zu leben.

Verbunden ist dies mit dem Hochkultur-Schema: der Wertschätzung von Kultur und Kunst und der traditionsbezogenen Distanz zu den »oberflächlichen« materiellen Dingen. Dies ist nicht Zeichen einer Konsumfeindschaft, sondern der Vorliebe für überlegten Konsum und langlebige Qualitätsgüter. Zur Hochkultur gehören ein distinguierter Lebensrahmen mit hohen Ansprüchen an Qualität und Kennerschaft und ein Elitebewußtsein, für das auch der materielle Erfolg und eine anerkannte gesellschaftliche Stellung wichtig sind. Allerdings darf dies nicht übertrieben zur Schau gestellt werden. Die Attribute der Macht und der Privilegien dürfen nicht nach Art der Parvenus provozieren. Sie werden im Stil einer distinktiven Einfachheit und Humanität symbolisch zurückgenommen.

Das Milieu hat sich in den neunziger Jahren durch eine etwas stärkere Repräsentanz technokratischer Eliten modernisiert. Es wird nun als »*Konservativ-technokratisches Milieu*« bezeichnet.[5] Gleichwohl ist es weiterhin durch ein ausgeprägtes Bedürfnis nach Exklusivität charakterisiert. Die Modernisierung scheint dem üblichen Generationenwechsel in herrschenden Klassen zu entsprechen: Der jüngeren Generation kommt es zu, durch Elemente eines neuen kooperativen und technokratischen Stils die Defizite an Legitimität und Akzeptanz zu korrigieren.[6] Diese Entwicklung entspricht dem Generationenwechsel in vielen Betrieben, der durch die wirtschaftlichen Strukturkrisen etwas beschleunigt worden ist.

1.2. Effizienz und Progressivität: Das Liberal-intellektuelle Milieu

Das westdeutsche »Technokratisch-liberale Milieu«, das sich zum »Liberal-intellektuellen Milieu« modernisiert hat, umfaßt ebenfalls zwischen 9% und 10%. In ihm konzentriert sich, nach dem Verständnis Bourdieus, die intellektuelle Fraktion der herrschenden Klasse. Seine Angehörigen haben, allerdings in etwas geringerem Maße als die Angehörigen des Konservativ-technokratischen Milieus, überwiegend hohe und höchste Bildungsabschlüssse sowie mittlere und hohe Einkommen. Und sie umfassen ebenfalls viele Freiberufler und selbständige Unternehmer. Aber noch größer ist das Gewicht der kulturellen Intelligenz und der hochqualifizierten Angestellten und Beamten in leitenden Positionen der staatlichen und privaten Dienstleistungen.

---

5 ›Spiegel‹ [›Sinus‹] 1998.
6 Bourdieu 1982 [1979]), S. 489-496.

Dieser relativen Modernität entsprechen auch die Mentalitäten. Durch die Erfahrung komplexer Entwicklungen ist das Vertrauen in die Machbarkeit und Rationalität der gesellschaftlichen Entwicklungen geschwunden. Die technischen, administrativen und kulturellen Eliten, die das Milieu heute ausmachen, kennen die Risiken des Fortschritts und die Grenzen eines autoritären Leitungsstils. Überlegenheit wird eher in flexiblen Führungsstilen und individualisierten Lebensweisen gesucht.

Gleichwohl werden Karriere und Leben bewußt und effektiv geplant. Gepflegt wird ein sich gegen das »Mittelmaß« abgrenzendes Perfektionsstreben und das Bewußtsein, zu einer gesellschaftlichen Elite zu gehören, die, auf der Grundlage eines hohen beruflichen Ethos und überdurchschnittlicher eigener Leistung, auch materiellen Erfolg und soziale Anerkennung beanspruchen kann.

Eine statistische Tiefenanalyse[7] hat ergeben, daß das Milieu sich aus zwei Teilmilieus zusammensetzt, die sich nach ihrer Herkunft aus verschiedenen Elternmilieus unterscheiden. Das erste Teilmilieu entstammt überwiegend der Traditionslinie älterer höherer Bildungsmilieus, die sich modernisiert hat, und pflegt ein entsprechend distinktives progressives Profil. Das zweite Teilmilieu besteht überwiegend aus Männern und Frauen, die in der Geschichte der Bundesrepublik aus bildungsnahen Arbeiter- und Angestelltenfamilien in verantwortliche Positionen aufsteigen konnten und gegenüber den neuen und alten Konventionen der Distinktion Unsicherheit und Vorbehalte empfinden.

Die »Progressive Bildungselite« (ca. 5%) umfaßt den größten Teil der wissenschaftlichen Intelligenz. Tätig ist sie insbesondere in den Natur- und Ingenieurwissenschaften, in den Sozial- und Geisteswissenschaften, im Buchhandel und im Verlagswesen, in der Werbung und in den Medien – und nicht zuletzt, mit höherem Anteil an Frauen, in pädagogischen, psychologischen und therapeutischen Berufen. Ihr hohes Arbeits- und Leistungsethos ist mit dem Sinn für Selbstverwirklichung und Selbstdarstellung verbunden, aber auch mit dem progressiv-elitären Bedürfnis, neue und ungewöhnliche Wege zu gehen und moderne Trends zu setzen. Beruf und Lebensstil sollen der Entwicklung der Persönlichkeit und neuen Erfahrungen dienen, Freiräume und eine be-

---

7 Wiebke 1999.

tonte individuelle Selbstdarstellung zulassen. Dem entspricht auch das Bedürfnis, kultivierte Kennerschaft zu demonstrieren, und bei vielen auch ein avantgardistischer, Trends setzender Stil.

Dieser elitäre Progressivismus entspricht der sozialen Herkunft des Teilmilieus. Es rekrutiert sich überdurchschnittlich aus Elternmilieus der gebildeten Oberschicht von Freiberuflern, Selbständigen und höheren Beamten, aber teilweise auch neuen Aufsteigern der Bildungsberufe. Es zeigt ein hohes geselliges und politisches Engagement, in dem es um kulturellen und politischen Gedankenaustausch, Mitgestaltung und Einflußnahme geht.

Für die Mehrheit des Teilmilieus ist die Leistungsorientierung zwar elitär, aber mit einem kritischen Engagement für politische Gleichstellung und soziale Gerechtigkeit verbunden. Neoliberale Sympathien vertreten nur Minderheiten.

Die »Moderne Dienstleistungselite« (ca. 4%) konzentriert sich in Berufen der mittleren und höheren Verwaltung, oft im Zusammenhang mit neuesten Datentechnologien, und zwar insbesondere im öffentlichen Dienst, im kaufmännischen Bereich und im Verlagswesen, bei Frauen außerdem besonders in beratenden, medizinisch-technischen und pädagogischen Tätigkeiten.

Die Angehörigen dieses Teilmilieus sind, im Gegensatz zur ›Progressiven Bildungselite‹, meist Aufsteiger aus Milieus der qualifizierten Facharbeit. Ihr Interesse an der hohen Kultur und an geselligem und politischem Austausch mit anderen höheren Bildungsmilieus ist daher eher begrenzt. Entsprechend suchen sie einen ungezwungenen Lebensstil, in Abgrenzung gegen die konventionellen Stile der konservativen Milieus (rechts oben im sozialen Raum) wie auch gegen die selbstdarstellerischen Lebensstile des elitären Progressivismus (etwas weiter links oben im sozialen Raum).

Gegenüber der großen Politik – und auch der Selbstidealisierung und Selbstinszenierung von Politikern – herrscht eine skeptische bis zynische Distanz, während gleichzeitig wenig Vorbehalte gegen Ausländer, sozial Schwächere, unkonventionelle Lebensformen bestehen. Diesem sozialen Ethos entspricht aber ein eher durchschnittliches aktives Engagement.

In den letzten Jahren haben sich beide Teilmilieus weiter verändert. Vor allem in der ›Progressiven Bildungselite‹ haben die progressiv-distinktiven Elemente zugenommen, insbesondere das Streben nach umwelt- und gesundheitsbewußter Lebensführung, das Understatement und die Verfeinerung des Geschmacks, die Zurückhaltung von überflüssigem Konsum und die weltoffene Teilnahme am gesellschaftlichen und kulturellen Leben. Dies steht im Zusammenhang damit, daß das Milieu inzwischen das winzige und realistischer gewordene Alternative Milieu aufgesogen hat. Es wird daher jetzt als »Liberal-intellektuelles Milieu« bezeichnet.[8]

Gemeinsam ist beiden Teilmilieus nach wie vor das hohe Ethos der Leistung, der Eigenverantwortung und der Chancengleichheit und eine realistische Reformbereitschaft, durch die sie sich gegen die konservative Beharrung und den postmodernen Avantgardismus der mit ihnen konkurrierenden anderen Elitemilieus abgrenzen. In beiden Teilmilieus konzentrieren sich weiterhin gesellschaftliche Schlüsselfunktionen und innovative Potentiale – allerdings verbunden mit einer großen Mehrheit für das Modell der Arbeitnehmergesellschaft (83%). Bei den Parteipräferenzen hat Rot-Grün eine leichte Mehrheit.

1.3. Bahnbrechend und wegweisend: Vom Alternativen zum Postmodernen Milieu

Zum »Alternativen Milieu«, das aus den Protestbewegungen seit 1968 entstanden war, gehörten nicht nur etablierte Akademiker mit gutbezahlten Berufen in Ausbildung, Forschung, Kulturwesen usw., sondern auch viele Schüler und Studenten mit geringerem Einkommen. Geeint wurden sie durch die Ansprüche der Selbstverwirklichung und Persönlichkeitsentfaltung, der Individualität und Authentizität. Diese Ideale wurden jedoch nach 1980 nicht mehr so rigoros praktiziert. Der Individualismus wurde durch den Anspruch, intensive zwischenmenschliche Beziehungen zu pflegen, relativiert. Von den Prinzipien der Konsumaskese und der postmateriellen Werte blieben vor allem die Mahnung übrig, umweltbewußte Qualität einzukaufen, und die Erlaubnis, sich in harmonische Idyllen zurückzuziehen. Auch der Anspruch, sich für die eigenen Ideale politisch, sozial und künstlerisch zu engagieren, wurde weniger unbedingt formu-

---

8 ›Spiegel‹ [›Sinus‹] 1998.

liert. Die Parteipräferenzen lagen bei der SPD, gefolgt von den GRÜNEN und dann der CDU/CSU.

Die realistische Wende kann daraus erklärt werden, daß die Alternativen, als ›Gegenelite‹, mit den etablierten Eliten konkurrierten und daher mit deren Standards mithalten mußten. Es erstaunt daher nicht, daß das Milieu bis 1991 auf 2% gesunken, schließlich als eigenständiges Milieu verschwunden ist, um nun eher als kritisches Ferment im Liberal-intellektuellen Milieu zu wirken.

Seine Stelle im sozialen Raum nimmt heute ein anderes avantgardistisches Milieu, das sog. »Postmoderne Milieu«, ein. Es umfaßt etwa 5%. In ihm mischen sich ästhetische Avantgardemilieus mit neuen Aufsteigermilieus von avantgardistischen Kultur- und Medienberufen sowie Unternehmern der neuen Technologien und symbolischen Dienstleistungen. Seine Angehörigen inszenieren ihr Selbstverständnis als ästhetische Avantgarde und ihr Bedürfnis nach Erlebnis, Konsum und Abwechslung als ichbezogenes Privileg ohne einschränkende Verpflichtungen. Zu ihnen gehören viele Jüngere unter 35 Jahren und Singles mit gehobenen Bildungsabschlüssen. Sie sind entweder noch Schüler oder Studierende oder Jungakademiker, die als mittlere Angestellte und kleinere Freiberufler und Selbständige tätig sind. Der Drang nach Autonomie und Unabhängigkeit von Hierarchien ist mit der Neigung zu unkonventionellen Karrieren, auch phasenweise mit Jobben unter Qualifikationsniveau, verbunden.

2. Die Milieus der ›respektablen‹ arbeitenden Klassen: Der Kern der ›Arbeitnehmergesellschaft‹

Die Milieus der Arbeitnehmer bzw. der Volksklassen umfassen etwa drei Viertel der Bevölkerung. Nach ihrer Lebensführung teilen sie sich in verschiedene Einzelmilieus. Diese Unterteilungen richten sich nicht danach, ob sie Dienstleistende oder Arbeiter sind, sondern wesentlich nach der Art ihres Bildungskapitals, die wiederum von der kulturellen Tradition des jeweiligen Milieus abhängt. Es lassen sich hauptsächlich drei solcher Milieu- und Mentalitätstraditionen unterscheiden, die in sich weiter unterteilt sind:

- Zur Traditionslinie der Facharbeit und der praktischen Intelligenz [2.1.], mit ca. 30%, gehören Arbeiter und Angestellte, die eigenverantwortliche und qualifizierte Facharbeit leisten und daher weder im Betrieb noch in der Gesellschaft als Untertanen behandelt werden wollen.
- Zur kleinbürgerlich-ständischen Traditionslinie [2.2.], inzwischen ca. 23%, gehören Arbeiter und Angestellte, für die Pflichterfüllung und die Einordnung in Hierarchien wichtig sind. Dafür erwarten sie im Gegenzug Fürsorge und soziale Verantwortung von den Unternehmern, Vorgesetzten und Politikern.
- Eigene geschichtliche Wurzeln hat auch die Traditionslinie der Unterprivilegierten [3.], mit ca. 12%, deren Angehörige aufgrund geringerer Qualifikation teils auf flexible Gelegenheitsarbeit, teils auf Routinejobs in Industrie und Dienstleistungen verwiesen sind. Diese Jobs eignen sich nicht zu hoher Identifikation und Mitverantwortung. Die Arbeit wird daher »instrumentell«, als Mittel zur Sicherung des Lebensstandards gesehen.

Die erlebnisorientierten Jugendmilieus [2.3.], die mit ca. 11% relativ groß sind, bilden nach unserer statistischen Tiefenanalyse[9] keine eigene Traditionslinie. Sie bestehen aus Kindern der ersten beiden großen Traditionslinien, die sich in der jugendtypischen Phase der Rebellion gegen die Leistungs- und Pflichtethik der Eltern befinden.

2.1. Eigenverantwortung und Gegenseitigkeit: Die Traditionslinie der Facharbeit[10]

Entgegen allen Vermutungen bilden die ›klassischen Arbeitnehmermilieus‹ auch heute noch den größten einzelnen ›Familienstammbaum‹ sozialer Milieus. Sie sind nicht ›erodiert‹, sondern haben ihren historischen Anteil an der Bevölkerung gehalten. Dieser beträgt nach wie vor in West- wie Ostdeutschland um 30%, etwa ebensoviel wie in den anderen großen Ländern

---

9 Wiebke 1999.
10 Zur historischen Typologie der Arbeitermentalitäten vgl. insbes.: Lucas 1976, 1983; Popitz/ Bahrdt u. a. 1957.

Westeuropas.[11] Geändert haben sich die Erscheinungsformen. Insbesondere bei den jüngeren Generationen haben Berufe, Mentalitäten und Lebensstile sich »enttraditionalisiert« und modernere Formen angenommen. Eine genaue Analyse zeigt, daß diese ›neuen‹ Mentalitäten hauptsächlich Abwandlungen der früher gültigen Grundeinstellungen sind. Deren zentrale Werte sind nach wie vor die persönliche Unabhängigkeit, die gegenseitige Hilfe und die gute fachliche Arbeit.

Diese Werte sind keine bloßen Ideale. Sie gehen auf die historische Produktions- und Lebensweise der freien Volksklassen zurück, die vor allem aus den relativ autonom wirtschaftenden Handwerkern und Bauern bestanden haben.[12] Die Werteverbindung von Autonomie, Mutualismus und Arbeitsethos entspricht nicht dem Mythos eines wesenhaften Kollektivismus, zu dem die arbeitenden Klassen lange von Intellektuellen stilisiert wurden. Aber aus ihr erklärt sich der Wandel der Erscheinungsformen. Je nach historischer Lage traten jeweils andere Momente in den Vordergrund. In der kollektiven Notlage der Proletarisierung, die die industrielle Revolution erzeugte, wurde das solidarische Moment die Quelle der Arbeiterbewegung und ihres Zusammenhalts. Als nach 1880 der Anteil der qualifizierten Arbeit langfristig wieder zunahm und die Tendenzen zur monotonen ungelernten Fabrikarbeit in Grenzen hielt, erhielt auch das Ethos der Facharbeit wieder mehr Raum. Als schließlich, nach dem Zweiten Weltkrieg, die proletarische Not und Unsicherheit auch mit politischen Mitteln für längere Zeit überwunden wurde, entfaltete sich erneut das lange zurückgedrängte Moment der Autonomie. Damit sind heute jedoch die anderen Dispositionen kei-

---

11 Vgl. Kapitel 2.3. – Klaus von Bismarck (1957) hat die gleiche Prozentzahl schon für die protestantische Bevölkerung der fünfziger Jahre festgestellt, und es gibt Hinweise auf eine lange historische Kontinuität dieser Größenordnung in Deutschland – und eine etwas größere z. B. in England (Kocka 1990).

12 Diese Milieus waren einander mit bestimmten Formen der Nachbarschafts- und Nothilfe und der genossenschaftlichen Institutionen in Dorf- und Stadtgemeinden verbunden (vgl. Weber 1964 [1920]). Schon die erste Arbeiterbewegung, die überwiegend aus diesen Milieus hervorgegangen war, hatte sich auf diese *präfeudal-genossenschaftliche Vorstellung der Gesellschaftsordnung* berufen (vgl. u. a. Vester 1970; Thompson 1987 [1963]).

neswegs ausgelöscht. Die Solidarität ist als Moment des Alltagslebens vielfältig präsent und kann auch im Politischen wieder mehr Gewicht gewinnen, wenn ihre Bedingungen wiederkehren. Der neue Mythos der eindimensionalen Individualisierung ist nicht mehr als die Umkehrung des alten Mythos der eindimensionalen Kollektivität.

In der Traditionslinie der Facharbeit wird eine Person nicht nach ihrem Rang in vorgegebenen Hierarchien, sondern hauptsächlich nach ihren Werken bzw. dem beurteilt, was sie durch ihre Arbeit schaffen kann. Die übrigen Werte schließen sich daran an. Solidarität wird nicht als Selbstzweck, sondern aus Einsicht in die Notwendigkeit geübt. Dem liegt die Überzeugung zugrunde, daß persönliche Autonomie ohne gegenseitige Hilfe und Zusammenarbeit nicht erfolgreich sein kann. Auch das nachhaltige Bildungsstreben wird um der persönlichen Autonomie willen von Generation zu Generation weitergegeben. Bildung soll der Emanzipation von Abhängigkeit und Unmündigkeit dienen.

2.1.a. Autonomie und Selbstdisziplin: Das Traditionelle Arbeitermilieu

Das »Traditionelle Arbeitermilieu« ist in der alten Bundesrepublik durch die Abwanderung jüngerer Generationen erheblich geschrumpft – und auch gealtert. Es umfaßt nur noch 5%, war aber vermutlich früher einmal mindestens so groß gewesen wie das ostdeutsche ›Traditionsverwurzelte Arbeiter- und Bauernmilieu‹, das 1991 noch etwa 27% umfaßte (vgl. Kapitel 14.2.1.a). Die ostdeutschen wie die westdeutschen ›Traditionellen‹ folgen heute noch der klassischen Bescheidenheitsethik, die eine Art Überlebensstrategie unter historischen Bedingungen des Mangels und der Einschränkung darstellt. Diese Ethik entspricht alten Gerechtigkeitstraditionen, die in selbstbewußten Handarbeiterberufen, in der (heute säkularisierten) Volksreligion[13] und in den demokratischen Volksbewegungen gepflegt wurden. Ihr

---

13 Der Kodex der Bescheidenheitsethik ist in besonders entwickelter Form im Evangelium des Matthäus und im Brief des Jakobus dargestellt.

Sinn ist es, die eigene Identität und Würde unter verschiedensten sozialen und politischen Systemen zu sichern. Die Devise »arm, aber ehrlich« erlaubt eine Anpassung ohne Opportunismus. Die Alltagsmoral ist stark auf die Bedingungen sozialer Not und Unsicherheit ausgerichtet, mißbilligt aber moralische Kompromisse mit den Herrschenden. Der Obrigkeit gebührt keine Ehrfurcht, aber Konflikte mit ihr werden realistisch begrenzt. Grundsätzlich soll man sich so geben, wie man ist, und offen und ehrlich seine Meinung sagen.

Dem entspricht ein besonderes Arbeits- und Gemeinschaftsethos. Wesentlich ist der sorgsame Umgang mit allem Lebensnotwendigen: mit der Sicherung des Arbeitsplatzes und der Altersvorsorge, mit dem eigenen Arbeitsvermögen und den hart erarbeiteten Gütern. Zusammenhalt und Anerkennung in überschaubaren Gemeinschaften von Familie, Arbeitskollegen, Gemeinde sind wichtiger als individueller sozialer Aufstieg. Das Bewußtsein der eigenen Grenzen zeigt sich in der einfachen und nüchternen Lebensweise und in der Verpönung von Selbstlob, Prahlerei, Prestigedenken, überzogenen Ansprüchen und modischem Konsum. Genuß und Anerkennungsbedürfnis haben vielmehr ihren Ort und ihre Zeit in den Vergemeinschaftungen, nach dem Wort: Saure Wochen, frohe Feste – tags Arbeit, abends Gäste.

2.1.b. Leistung und Teilhabe: Das Leistungsorientierte Arbeitnehmermilieu

Das westdeutsche »Leistungsorientierte Arbeitnehmermilieu«[14] grenzt sich durch seine stringente »meritokratische« Leistungsmoral[15] und seine relativ guten Ausbildungsstandards deutlich von anderen Milieus ab. Ihr Leistungs- und Anerkennungsstreben folgt der Devise »Jeder muß durch seine eigene Leistung vorankommen«. Die erreichte gesellschaftliche Stufe wird nicht

---

14 In den ›Sinus‹-Typologien wird das Milieu als »Aufstiegsorientiertes Milieu« bezeichnet. Nach unseren eingehenden Analysen des Milieus (Gardemin 1998; Bremer 1999; Bremer u. a. 1999; Wiebke 1999) ist sozialer Aufstieg nur ein sekundärer Effekt der zentralen Werte, insbesondere der Leistungsorientierung, des Milieus.
15 Young 1958

so sehr mit Gesichtspunkten der »guten Beziehungen« und ständischen Etablierung verbunden als mit dieser eigenen Leistung. Man hat sich »hochgearbeitet«, nicht »hochgedient«.

Durch ihr Bildungsstreben haben die Leistungsorientierten deutlich mehr kulturelles Kapital erworben als das benachbarte Kleinbürgerliche Arbeitnehmermilieu (vgl. Kapitel 13.2.2.). Viele Leistungsorientierte haben die mittlere Reife oder einen Fachschulabschluß erreicht, mindestens aber eine abgeschlossene Berufsausbildung. Die Schwerpunkte des Milieus liegen in drei Berufsfeldern mit relativ guten Qualifikationen. Das Berufsfeld der Metall- und Bauindustrie ist männlich besetzt und reicht von spezialisierten Facharbeitern und Meistern bis zu Technikern und Ingenieuren. Im Berufsfeld der Angestellten befinden sich nicht so viele der (begrenzt qualifizierten) kaufmännischen Angestellten wie im Kleinbürgerlichen Arbeitnehmermilieu, aber insgesamt die meisten Bank- und Versicherungsangestellten (überwiegend Frauen) und sonstigen Dienstleistenden der westlichen Bundesrepublik. Die Berufe der alten Mitte (Selbständige sowie kleine und mittlere Beamte) sind bei den *Leistungsorientierten* eher gering vertreten.

Eine vertiefte Datenanalyse[16] zeigt außerdem, daß das Milieu eine innere sozialräumliche Gliederung aufweist, die nach der geschlechtlichen Arbeitsteilung und den historischen Mobilitätswegen aus den handwerklichen und selbständigen Volksmilieus in modernere Arbeiter- und Angestelltenpositionen strukturiert ist. (Diese Strukturierung ist in Kapitel 2.4. und 6.4.3. näher dargestellt.)

Das Arbeitsethos der Leistungsorientierten beruht auf einer starken Leistungsmotivation und Identifikation mit der Arbeitstätigkeit. Gestützt auf moderne Ausbildungen, haben sie meist Tätigkeiten gewählt, die ihnen persönlich entsprechen oder die zumindest Aufstiegschancen bieten. Sie sind bemüht, aktiv, umsichtig und kompetent zu arbeiten, um beruflich voranzukommen. Dazu stützen sie sich auf ihre persönliche Leistungsfähigkeit, auf ihr Fachkönnen, auf ihr Selbstbewußtsein und auf ihre Bereitschaft zur Konkurrenz. Interessante bzw. gut entlohnte Tätigkeiten sollen ein unabhängiges und gesichertes Leben, Selbständigkeit, Anerkennung, vorzeigbare Erfolge und Teilhabe am

---

16 Gardemin 1998.

Konsum ermöglichen. Von ihrer Arbeit erhoffen sie sich Herausforderungen und Selbstbestätigung. Dafür akzeptieren sie erhebliche zeitliche Belastungen und sind bereit, sich aktiv weiterzubilden.

Aufgrund neuerer Erfahrungen beruflicher Unsicherheit lassen sich nach unseren Daten bereits 1991 zwei verschiedene Varianten dieser Mentalität unterscheiden.[17] Beide Gruppen, je etwa 9% der Bevölkerung, orientieren sich stark an einer asketischen Leistungsethik und ordnen die Lebensbereiche Freizeit und Familie oft den beruflichen Erfordernissen unter. Aber nur eine der beiden Gruppen, die der »Ungebrochen Asketischen«, vertraut noch darauf, daß Leistung zur inneren Arbeitszufriedenheit und zu einem gerechten sozialen Aufstieg führt. Die Gruppe der »Geprellten« dagegen sieht den Ertrag ihrer Leistung durch die Erfahrung der wirtschaftlichen Krise bedroht. Sie befürchtet, sich trotz ihrer Leistungen nicht auf der Gewinnerseite der Modernisierung halten zu können. Verbittert beklagt sie, daß Leistungsgerechtigkeit nicht mehr gelte.

2.1.c. Emanzipation und Realismus: Das Moderne Arbeitnehmermilieu[18]

Die »Modernen Arbeitnehmer« (7%) sind ein seit den achtziger Jahren neu entstandenes Milieu, das trotz ihrer hoher und moderner Berufsqualifikation die kulturellen Wurzeln ihrer Herkunft nicht aufgegeben hat. Vielmehr haben seine Angehörigen, unter den Bedingungen erweiterter sozialer Chancen, das Verhaltensrepertoire des »innengeleiteten« Traditionellen Arbeitermilieus weiterentwickelt. Stärker sind vor allem die Momente des Hedonismus und der Individualisierung. Jedoch sind sie in Ethiken einer methodischen und realistischen Lebensführung eingebettet. Man will sich leisten können, was einem gefällt, aber nicht im Sinne eines außengeleiteten Konsums, sondern einer autonomen Gestaltung, die zugleich im Rahmen des Möglichen bleibt. Dieser Realismus entspricht dem der Eltern. Im Beruf

---

17 Gardemin 1998.
18 Zuerst beschrieben in: Müller 1990, Vester 1992a, Ueltzhöffer/Flaig 1992; vgl. auch Baethge 1991.

besteht der Ehrgeiz, sich lebenslang fachlich weiterzuentwickeln und verantwortungsvolle Tätigkeiten auszuüben. Die Modernen Arbeitnehmer arbeiten bevorzugt als Fachhandwerker, als Fachleute in Schrittmacherindustrien und in technisch, sozial und pädagogisch interessanten Teilen des öffentlichen Dienstes. Auf das Vertrauen auf die eigene Fachleistung, auch ein Erbe des traditionellen Arbeitsethos, stützt sich auch die Bereitschaft, sich häufiger im Leben einen neuen Arbeitsplatz zu suchen.

Diese Mobilität und die Aufgeschlossenheit für Neues und auch unkonventionelle Lebensformen werden mit dem ererbten Sinn für die eigenen Grenzen ausbalanciert. Zufriedenheit ist wichtiger als unermüdlicher Aufstieg. Das Aufstiegsstreben begrenzt sich oft auf Fachhochschulabschlüsse und auf Berufsgruppen moderner technischer und sozialer Fachintelligenz. Neben dem Aufstieg muß Raum bleiben für vielfältige gesellige Beziehungen mit Gleichaltrigen, aber auch den Arbeitnehmerfamilien, aus denen sie stammen.

Von ihren Eltern hat etwa die Hälfte der Modernen Arbeitnehmer die Bereitschaft zu sozialem, gewerkschaftlichem und politischem Engagement übernommen. Gleichwohl wollen sie sich nicht von Politikern und Institutionen vereinnahmen lassen, sondern lieber »Politik von unten« machen. Soziale Unterschiede sehen sie nicht aus der Perspektive sozialer Aufsteiger, sondern »von unten«. Den Zugang zu den Problemen suchen sie nicht über Weltanschauungen oder intellektuelle Konzepte, sondern praktisch: durch Gefühl, Erfahrung und fachkompetente Kritik an sozialer Ungleichheit. Sie beteiligen sich weit überdurchschnittlich an Veranstaltungen der politischen Bildung[19] und lehnen zugleich politische Ideologien, Führungsansprüche von Parteien sowie traditionelle bürokratische Politikformen entschieden ab. Sie engagieren sich lieber in der Basisarbeit als in entfremdeter Politik, in der Partizipation schwierig ist. Gewerkschaften und Parteien haben es schwer, sie dauerhaft zu gewinnen.

Die Modernen Arbeitnehmer knüpfen häufig an historische oder auch familiale Traditionen der wandernden Handwerker[20] an, eines immer schon kosmopolitischen Milieus. Als Gruppe der

---

19 Vgl. Friedrich-Ebert-Stiftung 1993.
20 Vgl. Weber 1964, S. 401; Schieder 1963; Gardemin 1995.

weltoffenen praktischen Intelligenz haben sie sich vor allem im Zusammenhang mit der Ausweitung entsprechender Berufsfelder und Lebensweisen in der neuen technologisch-sozialen Revolution aus der jüngeren Generation der facharbeiterischen Traditionslinie herausdifferenziert. Ihnen wird ein weiteres rasches Wachstum vorausgesagt.

2.2. Pflicht und Hierarchie: Die ständisch-kleinbürgerliche Traditionslinie

2.2.a. Konventionelle Statusorientierung: Das Kleinbürgerliche Arbeitnehmermilieu

Wie ihre Nachbarn, die Traditionellen Arbeiter (Kapitel 2.1.a.), hegen auch die »Kleinbürgerlichen Arbeitnehmermilieus«, in Ost und West, eine Vorliebe für eine zuverlässige, oft restriktive Moral, die der gemeinsamen Verwurzelung in der traditionellen Gesellschaft des Mangels und der Klassenschranken entspricht. Deutliche Unterschiede bestehen jedoch in den Einstellungen zur sozialen Ungleichheit. Während die Traditionellen Arbeiter den höheren Ebenen der Hierarchie eher mißtrauen, bringen die Kleinbürgerlichen allen Menschen mit höherem Status besondere Ehrfurcht entgegen. Die erreichte eigene Respektabilität wird vor allem durch einen sicheren und gemehrten materiellen Wohlstand symbolisiert. Er soll – in Maßen – die Zugehörigkeit zum gehobenen Mittelstand auch nach außen demonstrieren.

Im Stolz auf das Erreichte und im betonten Statusstreben klingt auch eine innere Unsicherheit an – die geheime Furcht, daß das Erreichte erneut durch Deklassierungen in Frage gestellt werden könnte. Es wird besonderer Wert auf den äußeren Eindruck gelegt. Eventuelle Makel sollen nicht zu sehr auffallen, man will sich nicht gern exponieren. Dies setzt auch einem aggressiven Aufstiegsstreben Grenzen. Man gibt sich mit seinem Platz in der sozialen Ordnung zufrieden und will »das Beste aus den Dingen machen«. Traditionelle Werte wie Disziplin, Ordnung, Pflichterfüllung und Verläßlichkeit werden mit einem ›Blick nach oben‹ hochgehalten.

Die innere Unsicherheit mag auch der eher kleinen Dimension der ökonomischen und kulturellen Kapitalien geschuldet sein, die eben das Kleinbürgertum so klein macht. Das Bildungskapital ist solide, aber begrenzt und wenig modern. Es besteht überwiegend aus dem Hauptschulabschluß und zum Teil auch aus einer abgeschlossenen Fachausbildung. Entsprechend sind die fünf Berufsgruppen, aus denen das Kleinbürgerliche Arbeitnehmermilieu hauptsächlich besteht, alle durch eine mittlere Position in hierarchischen Gefügen gekennzeichnet. Die fünf Berufsgruppen teilen sich wiederum in zwei Stufen, eine selbstbewußtere und eine subalterne.

Die ersten beiden Berufsgruppen können sich auf traditionelles Fachkönnen und eine eigenverantwortliche, handwerklich solide Arbeit stützen. Sie haben einen anerkannten Status in der gesellschaftlichen Hierarchie. Dies gilt einerseits für die kleinen Selbständigen (insbes. Bäcker, Fleischer, Tischler und Landwirte), auch wenn sie eine mittlere ständische Lage einnehmen, die besonders abhängig vom äußeren Ansehen ist. Andererseits gilt es für die industriellen Fachleute (insbes. Bergleute, Schweißer, Schlosser, Mechaniker, Meister und Ingenieure), die sich in homologen Positionen in Betriebshierarchien befinden.

In den übrigen drei Berufsgruppen fehlt das selbstbewußte Element weitgehend. Sie nehmen eher subalterne Positionen in geschlossenen Hierarchien ein. Dies gilt nicht nur für die kleinen und mittleren kaufmännischen Angestellten in Büro- und Verwaltungstätigkeiten und für die kleinen und mittleren Beamten. Es gilt auch für die Frauen, die in der Landwirtschaft, in der Textilindustrie, in der Sozialpflege und der Hauswirtschaft die klassischen schlechtbezahlten und dienenden Frauentätigkeiten ausüben. In allen drei Berufsfeldern geht es darum, an ›seinem Platz‹ zu bleiben und dort diszipliniert und zuverlässig zu arbeiten. Wer im Beruf aufsteigen will, vertraut weniger auf seine Fähigkeiten und paßt sich lieber den ›Erfordernissen‹ an, um sich ›nach oben zu dienen‹.

Bei allen Kleinbürgerlichen besitzt die Arbeit einen hohen Stellenwert, allerdings nicht als Feld der Selbstverwirklichung, sondern unter Gesichtspunkten des Status und der sozialen Einordnung. Im Vordergrund steht das Streben nach einer ›guten Stellung‹, die den Einzelnen und ihrer Familie eine geachtete soziale Position und materielle Sicherheit verschaffen soll. Diese Position zu bewahren oder möglichst noch zu erweitern erfordert eine Mentalität der Pflichterfüllung.

Der gesellschaftliche Interessenhorizont im Kleinbürgerlichen Arbeitnehmermilieu ist verhältnismäßig eng. Er geht nicht so weit wie die Nachbarschaftsethik[21] der Traditionslinie der Facharbeit, die besonderen Wert auf die Verantwortung für die Gemeinschaft legt, in der man lebt und arbeitet. Die Verantwortung gilt vielmehr der eigenen Familie, die nach dem kleinbürgerlichen Ideal der Hort der Geborgenheit ist. Die soziale Verantwortung ist erfüllt, solange alles ›seine Ordnung‹ hat und jeder ›seine Aufgaben erfüllt‹.

Entsprechend wird Verantwortung zur eigenen Entlastung auch gerne an Vorgesetzte oder an die betriebliche Interessenvertretung delegiert. Es gibt zwar nicht wenige Gewerkschaftsmitglieder in dem Milieu. Aber sie sind eher passiv. Gegenüber betrieblichen und gewerkschaftlichen Auseinandersetzungen halten sie wohlwollende Distanz. Sie wollen eher in Ruhe gelassen werden. Insgesamt unterstützen sie die Forderungen der aktiveren Arbeitnehmer nach mehr Mitspracherechten am wenigsten. Ihrem Harmoniebedürfnis entspricht, daß sie Kompromisse offenen Konflikten vorziehen und auch wenig davon halten, für politische Forderungen »auf die Straße zu gehen«. Gegen Entlassungen gegebenenfalls zu streiken, halten sie aber für notwendig.

2.2.b. Modernisierte Statusorientierung:
Das Moderne kleinbürgerliche Milieu

Die traditionelle und enge berufliche und soziale Orientierung des Kleinbürgerlichen Arbeitnehmermilieus hat sich durch die Übernahme verschiedener Elemente moderner Lebensstile seit den 1980er Jahren relativiert. Dies hat aber nicht dazu geführt, daß die Kleinbürgerlichen insgesamt den engen und unselbständigen Habitus hinter sich gelassen hätten, der sie nicht gerade zu den begehrtesten Arbeitskräften dynamischer Branchen macht. Vielmehr hat sich, nach neueren Befunden[22], das Milieu in ein moderneres und ein traditionelleres Milieu auseinanderdividiert. Dem engen Kleinbürgermilieu, das von 1982 bis 1991 bereits von

---

21 Weber 1964, S. 279-282
22 Zuerst in: ›Spiegel‹ [›Sinus‹] 1996.

26% auf 22% geschrumpft ist, gehörten 1995 nur noch ca. 15% der Westdeutschen an. Die Moderneren und Erfolgreicheren sind in ein besser situiertes »Modernes kleinbürgerliches Milieu« (ca. 8%) übergewechselt. Sie verfügen über solide Fachausbildungen und vergleichsweise sichere Positionen in handwerklichen und kaufmännischen Berufen. Sie zeigen »insgesamt etwas mehr Kompetenz im Umgang mit Veränderungen und Modernisierungen als ihre Eltern und Großeltern. Aber auch bei ihnen finden sich, wenn auch in abgeschwächter Form, Hinweise auf Ressentiments gegen Randgruppen, sozial Schwächere und Personen mit unkonventionellen Lebensstilen.«[23]

2.3. Jugendkulturelle Abgrenzung: Das Hedonistische Milieu

Die beachtliche Größe des westdeutschen »Hedonistischen Milieus« (ca. 10%) läßt sich strukturell aus der durch Bildungsreformen und sozialen Wandel verlängerten Jugendphase erklären. Das betonte Abgrenzungsstreben des Jugendalters drückt sich vor allem in einem radikalen Antikonformismus und Individualismus aus. Die Hedonisten definieren sich als Gegenteil der angepaßten Normalbürger der Elterngeneration. Das Milieu hat eine eher gemischte Herkunft, d. h., es besteht vorwiegend aus Kindern der Traditionslinie der Facharbeit und der ständischkleinbürgerlichen Traditionslinie. Aber es unterscheidet sich stark von ihnen. Im Mittelpunkt steht die Selbstverwirklichung in der Freizeit und im Konsum, nicht in der Arbeit.

Das Milieu entspricht auf den ersten Blick dem Bild der »Erlebnisgesellschaft«[24] und dem »Zuerst komme ich«. Bei genauerem Hinsehen relativiert sich dieser Eindruck. Die Angehörigen des Milieus sind noch recht jung und eher in der Ausbildung bzw. beim Jobben als im Beruf. Der Jugendphase entsprechend, grenzen sie sich betont gegen die »spießige« Moral ihrer Elternmilieus, d. h. die Leistungsmoral der Leistungsorientierten und die Pflichtmoral der Kleinbürgerlichen Arbeitnehmermilieus, ab. Auf dieser gemeinsamen Basis haben sie in der Jugendkultur star-

23 Wiebke 1999, S. 120.
24 Schulze 1992.

ke Berührungen miteinander. Die vertiefte statistische Untersuchung[25] zeigt allerdings, daß nur ein Fünftel von ihnen einem »schrillen« Hedonismus huldigt. Die Mehrheit besteht aus »Freizeithedonisten«. Sie wünschen sich am Abend und am Wochenende mehr Freiräume, während sie alltags in die Schule oder zu ihren wenig sicheren kleinen Jobs gehen. – Die »übertriebene« verbale Abgrenzung gegen die Moral der Herkunftsmilieus weist darauf hin, daß hier eine verdeckte innere Bindung an deren Werte mitspielt, auf die in späteren Lebensphasen dann auch nicht selten wieder zurückgegriffen wird.

Schon in den 1980er Jahren umfaßte das Milieu ein großes Spektrum sozialer Lagen, von prekären bis zu privilegierten Positionen. Denn die Hedonisten befinden sich meist in der Übergangsphase zwischen 20 und 30 Jahren, die zwischen Ausbildung und Jobs verläuft und in der die angestrebten Bildungsabschlüsse und Einkommen noch nicht erreicht sind. Die Wirtschaftskrise hat inzwischen die Brüche in den Ausbildungs- und Berufswegen verstärkt. Die meisten Hedonisten haben, dem Alter und der sozialen Situation entsprechend, nicht die Mittel, die Ansprüche auf ein gutes Leben, Luxus und Komfort ohne starke Abstriche zu verwirklichen. Diese abhängige soziale Situation erklärt auch, warum sich bei den Hedonisten, wie bei den anderen Arbeitnehmermilieus, eine Zustimmung von mehr als 80% für die Grundwerte der Arbeitnehmergesellschaft (vgl. Kapitel 3.1. und 12.1.) findet.

3. Spontaneität und Anlehnung: Die Traditionslinie der Unterprivilegierten

Das »Traditionslose Arbeitnehmermilieu« wird, als Gegentypus der facharbeiterischen Traditionslinie mit ihrer hohen Arbeits- und Solidaritätsmoral, oft als autoritär, ungebildet, sittenlos und anomisch[26] stigmatisiert. So gut wie allen Traditionslosen ist die Gefahr sehr bewußt, mit solchen Vorurteilen auf einen Teufelskreis moralischer und materieller Ausgrenzung festgelegt zu

---

25 Wiebke 1999.
26 Viele Autoren (am prominentesten: Lipset 1962) schreiben diese Züge praktisch allen Arbeitermilieus zu.

werden. Ihre Lebensführung ist nicht asketisch auf äußere und innere Stabilität eingerichtet. Sie ist mehr am Heute als an einer Lebensplanung orientiert, mehr an Entlastung und Lebensgenuß als an einem Ethos aktiver Verantwortung und Arbeit. Der Neigung, sich gehenzulassen, wird weniger Selbstkontrolle entgegengesetzt. Die Vergemeinschaftungsnetze sind kleiner oder auch unvollständiger.

Die Angehörigen des Milieus versuchen einerseits, durch Anlehnung an höhere Milieus mehr soziale Anerkennung zu gewinnen. Andererseits werten sie die gesellschaftlich wenig respektierten Eigenarten teilweise positiv: ihre Fähigkeit zu Spontaneität und Improvisation, ihre Flexibilität bei der Suche nach Gelegenheiten, ihr Gefühl für herzliche menschliche Beziehungen, ihr körperliches oder sportliches Können und ihre Fähigkeit, mit chaotischen Bedingungen und Schicksalsschlägen umzugehen.

Gegen die Gefahren der Destabilisierung entwickeln viele Traditionslose Strategien des »Mithaltens« mit der materiellen Sicherheit, den Moden des Konsums und der sozialen Anerkennung, die die breite Mitte der Gesellschaft genießt. Hierzu verhelfen ihnen nicht Maximen einer innengeleiteten Leistungsmoral, sondern außengeleitete[27] Formen des Selbstzwangs und vor allem der Anlehnung an stabile Lebenspartner, Arbeitskollektive, staatliche Hilfen usw. Dies entspricht den historischen Wurzeln der Traditionslosen in den unterständischen dörflichen und städtischen Milieus der vorindustriellen Zeit[28], die weniger auf Leistung setzten als auf »das Glück«: auf Almosen oder Protektion, eine günstige Gelegenheit oder eine gute Heirat.

Diese Muster der Lebensführung sind auf die geringe Qualifikation und die prekären sozialen Lagen abgestimmt. Die Mithaltestrategien werden zirkulär begründet: Initiativen der Bildung, Leistung, Politik usw. sind vergebliche Mühe[29], die nicht aus dem Schicksal des ›underdog‹ herausführen kann. Soziale

---

27 Es wäre sinnvoll, Riesmans »innengeleitete« und »außengeleitete« Verhaltensstile auf verschiedene Milieutypen zu beziehen (vgl. Riesman u. a. 1956).
28 Vgl. u. a. Conze 1966.
29 Die Ungleichheitsforschung belegt für Westdeutschland die Existenz von sozialen »Grundschichten«, offenbar weitgehend identisch mit den »Traditionslosen«, die am »Fahrstuhleffekt« kollektiver Chan-

Ungleichheit und Hierarchie werden hingenommen – und für Anlehnungsstrategien ausgenutzt.

Dieses Bild gilt aber nicht für alle Traditionslosen gleichermaßen. In einer differenzierenden Clusteranalyse haben wir drei Untergruppen ermittelt, von denen zwei mit ihren Anlehnungsstrategien ihre soziale Situation auch erfolgreich stabilisieren konnten.

Die »Unangepaßten« umfassen etwa 20% der Traditionslosen. Sie orientieren sich besonders an den Werten des Hedonistischen Milieus in der gesellschaftlichen Mitte. Die Teilhabe an Konsum und erlebnisreichem Lebensgenuß, zu der man aber gerne mehr Mittel hätte, ist ihnen wichtiger als Strategien, etwa durch Arbeitsfleiß, Bravheit und Sparen zu einem Häuschen zu kommen. Wie den kleinbürgerlichen Werten wird auch der Hochkultur, dem Staat und der Kirche wenig Respekt gezollt. Kaum akzeptiert ist auch die patriarchalische Bindung der Frauen an Heim und Herd, allerdings eher aus hedonistischen als aus allgemein gesellschaftskritischen Motiven. Denn ein Engagement »gegen Unterdrückung und Ausbeutung« wird ebenso wie das kulturelle Engagement abgelehnt.

Die »Respektablen« umfassen etwa 30% der Traditionslosen. Sie lehnen sich aus äußerer Notwendigkeit an die kleinbürgerlichen Werte der Respektabilität und Pflicht an. Ihr Ziel, sich ein angenehmeres Leben im Kreis einer möglichst intakten Familie leisten zu können, rechtfertigt es, sich anzustrengen und beruflich hochzuarbeiten. Im Vertrauen auf die eigene Leistungsfähigkeit sehen sie die Zukunft eher zuversichtlich. Ihre mühsam erworbene Sicherheit wollen sie nicht durch ein Ausbrechen aus dieser Ordnung aufs Spiel setzen. Dazu gehört auch, daß die Frauen ihre Erfüllung in erster Linie in der Familie finden sollen und daß auch der Neigung, für ein aufregendes Leben »auf Sicherheit zu pfeifen«, nicht nachgegeben werden darf.

Die »Resignierten« umfassen etwa 50% der Traditionslosen. Sie glauben nicht oder nicht mehr an den Erfolg der Strategien der Respektabilität und sind zu entmutigt, um auf andere Strategien zu setzen. Dieses der Anomie nahe Bild entspricht am ehe-

cenverbesserung durch Sozial- und Bildungsreformen nicht haben teilnehmen können (Geißler 1994).

sten dem des »underdog«, dem die Gesellschaft keine Perspektive bietet und der sich verbittert darein schicken muß. Die Werte der Resignierten sind denen der Respektablen genau entgegengesetzt. Dies läßt vermuten, daß ein Teil der Resignierten aus früheren Respektablen besteht, deren Strategien an äußeren Schwierigkeiten gescheitert sind.

Die ersten beiden Typen verkörpern durchaus gewisse Erfolge der Integrationsmechanismen der »Arbeitnehmergesellschaft«, die heute durch neoliberale Deregulierungen wieder in Frage gestellt werden. Wenn auch die Bildungsreform und einige andere soziale Chancenöffnungen an den meisten Traditionslosen vorbeigegangen sind[30], haben die Unangepaßten Traditionslosen (denen in Ostdeutschland das sog. Hedonistische Arbeitermilieu weitgehend entspricht, vgl. Kapitel 14.3.) und die Respektablen Traditionslosen vom System der sicheren Arbeitsplätze und der Sozialstaatlichkeit profitiert.

Die Angehörigen des Traditionslosen Arbeitnehmermilieus, von denen etwa 40% an- und ungelernte Arbeiter und ebenfalls etwa 40% Angestellte mit geringer oder mittlerer Qualifikation sind, fanden insbesondere in der Großindustrie und in bestimmten Teilen des öffentlichen Dienstes Arbeitsplatz-Sicherheit, und zwar in Westdeutschland wie auch in Ostdeutschland.

Insofern haben sich die »Reproduktionsstrategien« der Anlehnung, durch die der spontane Habitus des Milieus sich gleichsam von außen selber diszipliniert, durchaus als sinnvolle Stabilisierung erwiesen. Von einer unvermeidlichen Tendenz zur Anomie kann also auch in diesem Milieu keine Rede sein. Vielmehr sind es die Wirtschaftskrise und deren politisches Management, die eine Destabilisierung des Gleichgewichts der Lebensorientierungen vieler »Traditionsloser« herbeigeführt haben. Aber auch darauf sind viele Milieuangehörige, aufgrund ihrer Strategien der flexiblen Gelegenheitsorientierung, nicht unvorbereitet (vgl. Kapitel 3.6.).

---

30 Geißler a.a.O.

14. Die Typologie der ostdeutschen sozialen Milieus

Der nachfolgende Überblick über die ostdeutschen Milieus knüpft, wie die westdeutsche Typologie, an die Typologie des ›Sinus‹-Instituts und seine repräsentativen Daten an.[1] Sie wurde aufgrund eigener qualitativer Forschungen weiterentwickelt.[2] Für eine breitere und repräsentative Untersuchung gab es bisher keine Projektförderung. Die Typologie bleibt daher zwar in manchem hypothetisch, kann aber doch die Grundmuster der historischen Traditionslinien und ihrer Formung durch die sozialen Veränderungsprozesse seit 1945 deutlich machen. Die Typologie ist unmittelbar aus der typenbildenden Auswertung von Forschungen in Ostdeutschland gewonnen. Sie weicht daher in vielem von der westdeutschen Milieugliederung ab, zeigt aber auch Parallelen.

Die ostdeutsche Gesellschaft zeigt einerseits eine ähnliche Grundstruktur wie die anderen hochentwickelten Gesellschaften, nämlich drei Stufen und deren horizontale Unterteilung nach jeweils etwa drei Traditionslinien. Auch die Größenproportionen sind sehr ähnlich. Andererseits sind diese Traditionslinien in sich deutlich anders *unterteilt* als in den anderen Ländern. Die Ähnlichkeiten deuten auf einen gemeinsamen historischen Ursprung und auch ähnliche Grundmuster der Gesellschaftsformationen hochentwickelter Gesellschaften hin. Die Verschiedenheiten, die sich in den beiden Landkarten der ostdeutschen Milieus ausdrücken (Abb. 8a-b, S. 50 f.), lassen sich als die Folge von zwei einschneidenden und teilweise schockartigen Veränderungen erklären, die nicht aus der inneren Entwicklung, sondern von außen gekommen sind.

Die Landkarte von 1991 zeigt noch das Gefüge der Milieus, wie es sich in den vierzig Jahren der DDR entwickelt hatte. Am Anfang der DDR standen tiefgreifende Umschichtungen der oberen

---

1 Insbesondere: Becker u. a. 1992; Flaig u. a. 1993; ›Spiegel‹ [›Sinus‹] 1996, 1998.
2 Vgl. insbes.: Vester/Hofmann/Zierke (Hg.) 1995; Hofmann/Rink 1993; Lange 1993, 1996; Völker 1996; Schweigel/Segert/Zierke 1994.

Milieus. Dies führte zu einer Umformung oder Verformung der Sozialstruktur, die nach 1970 in eine lange Stagnation der Entwicklung mündete. So fehlten noch 1991 im ostdeutschen Milieubild (Abb. 8a) fast alle modernen Differenzierungen, die wir im westdeutschen Milieubild (Abb. 7a-b, S. 48 f.) sehen.

Die Landkarte von 1997 zeigt die Folgen einer neuen Dynamik, die durch die deutsche Vereinigung von 1990 ausgelöst worden ist. Die quantitativ größten Veränderungen sind in der Mitte zu sehen. Dort ist die Milieustruktur jetzt unruhiger und uneinheitlicher als in Westdeutschland. In Westdeutschland sehen wir in den großen Milicus der Mitte eine eher evolutionäre Differenzierung nach aufeinanderfolgenden Generationen (Abb. 7b). In Ostdeutschland koexistieren hier dagegen zwei verschiedene, annähernd gleichzeitige Entwicklungen, gleichsam Gabelungen der Milieustammbäume (Abb. 8b).

1. Die hegemonialen Milieus: Funktions-, Herrschafts- und Oppositionseliten

Die ostdeutsche Oberschicht zeigt heute noch die Spuren des einschneidenden, politisch erzwungenen Elitewechsels nach 1945. Damals waren große Teile der alten besitzenden und kulturellen Oberschicht verfolgt, außer Landes getrieben oder deklassiert worden. Die Deklassierten, die blieben, fanden sich auf der mittleren Stufe der Gesellschaft wieder. Eine ganze Fraktion der Gruppe wurde in corpore in mittlere Berufspositionen des Kultur-, Bildungs- und Gesundheitsbereichs (ca. 5% der Erwerbsbevölkerung von 1981) herabgestuft. Andere, mit einem makelloseren antifaschistischen Stammbaum, wurden Teil der intellektuellen Oberschicht der DDR. Auf dieser beruflichen Basis oben und in der Mitte konnte die bildungshumanistische Intelligenz in der DDR eine Art subkulturelles Eigenleben entwikkeln und sogar zum Kristallisationsfeld für viele der in der DDR geförderten Bildungsaufsteiger(innen) aus Arbeiter- und Bauernfamilien werden. Aus diesen Prozessen, die auch über das engere kulturelle Berufsfeld hinaus wirkten, ist vermutlich das treibhausmäßige Wachstum der humanistischen und linksintellektuellen Milieus (bis 1991 auf zusammen 17%) zu erklären.

An der Stelle der Vertriebenen und Deklassierten aus der alten Oberklasse waren in der Macht- und Bildungselite der DDR, die etwa 20% der Erwerbstätigen der DDR umfaßte[3], Gruppen zur Dominanz gelangt, die dorthin während des Elitewechsels der 1950er Jahre aufgestiegen waren: die sog. HJ- und FDJ-Generation. Zur Machtelite, der »herrschenden Fraktion der herrschenden Klasse« (Bourdieu), gehörten insbesondere zwei Berufsgruppen, die nach der Berufszählung der DDR von 1981 zusammen etwa 14% umfaßten: die Leitungskader der Macht- und Sicherheitsorgane (ca. 6%) und die Leitungskader der kommunalen, staatlichen und wirtschaftlichen Führungseliten (ca. 8%). Zur letzteren Gruppe zählte allerdings auch eine Fraktion fachlich fähiger Technokraten, die der Bildungselite näherstanden und die in der DDR einen langen Kampf gegen die bürokratischen Blockierungen geführt hatten. Auf das Fach- und Erfahrungswissen dieser oppositionellen Elitefraktion, die es in allen Ostblockländern gab, wurde in der Wende aus politischen Gründen, zum Schaden der ostdeutschen Wirtschaft, kaum zurückgegriffen.

Die Bildungselite der DDR, die aus den Berufstätigen der technischen Intelligenz (ca. 1,5%) und der kulturellen Intelligenz aus Medizin, Erziehungswesen, Kultur und Wissenschaft (ca. 4,5%) bestanden hatte, war nach dem Fall des alten Regimes sehr unterschiedlich von sozialen Deklassierungen betroffen. Die Funktionseliten im Gesundheits-, Sozial- und Schulwesen litten nach 1989 nur partiell unter Entlassungen.[4] In vielen Bereichen stieg der Bedarf eher. Andere Gruppen der wissenschaftlichen Intelligenz wurden, teils verdrängt durch Westdeutsche, empfindlich deklassiert. Im Bereich des »Wasserkopfes«, der die Machtelite und das Personal des ihr untergeordneten übergroßen bürokratischen Machtapparates umfaßte, veränderten sich die Proportionen erheblich. In den lokalen und zentralen staatlichen Verwaltungen kam es zu begrenzten, im Sicherheits- und Machtapparat (mit Ausnahme von Polizei und Heer) zu umfassenden Entlassungen. Bemerkenswerterweise haben viele der Betroffenen ihr hohes Ausbildungs- und Beziehungskapital nutzen und,

---

3 Die Daten zur Struktur der ›Macht- und Bildungselite‹ beruhen auf der Volks- und Berufsbefragung der DDR von 1981 und sind aufgearbeitet von Schwarzer/Rink 1995.
4 Vgl. u. a. Schwarzer 1995.

trotz gewisser Statusverluste, in der neuen ostdeutschen Gesellschaft Ersatzpositionen finden können, die ihnen einen Abstieg in die Mitte oft ersparten.

1.1. Die andere DDR: Technokratische Funktionseliten

Das »*Rationalistisch-technokratische Milieu*« (ca. 7%) war, mit einer gewissen Modernitätsdifferenz, 1991 ähnlich zusammengesetzt wie das westdeutsche *Technokratisch-Liberale Milieu* (ca. 9%). Es bestand aus Angestellten, Beamten und Selbständigen mit hohen Bildungsabschlüssen, die leitende Positionen in Staat und Wirtschaft einnahmen und mittlere und hohe Einkommen hatten. Geringer vertreten waren Freiberufler und hohe und höchste Einkommen.

In unseren Milieudiagrammen haben wir die ostdeutschen *Technokraten* am rechten, d. h. traditionellen Pol des oberen sozialen Raums verortet. Ihr Vertrauen in Machbarkeit und Rationalität erinnert noch sehr an den Fortschrittsglauben älterer deutscher Eliten, zuletzt der sog. »Helmut-Schmidt-Generation«, die inzwischen ihre Funktion als Leitbild verloren hat. Trotz ihrer relativen Unbeweglichkeit oder vielleicht gerade wegen ihres Bestehens auf Rationalität standen die ostdeutschen *Technokraten* häufig in kritischer Opposition zu der blockierenden Macht der Bürokratien. Enttäuscht davon, daß sie nach 1989 vom Prozeß des wirtschaftlichen und gesellschaftlichen Umbaus ausgeschlossen wurden, besinnen sich diese Milieus heute stärker auf die DDR zurück. ›Sinus‹ bezeichnete sie daher 1998 als »*DDR-verwurzeltes Milieu*«.[5]

Die ostdeutschen und die westdeutschen *Technokraten* haben aber auch Wesentliches gemeinsam, vor allem das hohe Arbeitsethos, das Karriere- und Perfektionsstreben und das Elitebewußtsein. Während diese Haltung sich im Westen inzwischen mit flexiblen Führungsstilen und individualisierten Lebensweisen verbindet, ist sie im Osten in ein konventionelles Pflichtethos (»Erfolg als Pflicht«) eingebaut und in die konformistische Maxime, sich pragmatisch anzupassen, wenn dies nötig sei. Von dem gehoben-anspruchsvollen Konsumstil der ostdeut-

---

5 ›Spiegel‹ [›Sinus‹] 1998.

schen *Technokraten* unterscheiden sich die westdeutschen häufig durch ein ausgeprägtes Trendsetter-Verhalten: die Kultivierung der kulturellen Kennerschaft und eines avantgardistischens Stils.

1.2. Bildung ohne Besitz: Das Bürgerlich-humanistische Milieu

Das »*Bürgerlich-humanistische Milieu*« war zwar durch die Verfolgungen nach 1945 zunächst auf die Bildungsfraktion des alten Bürgertums reduziert, aber durch seine Leitbildfunktion, die es für viele Bildungsaufsteiger der DDR gewann, relativ groß geworden (ca. 10%). 1991 bestand es aus qualifizierten und leitenden Angestellten der Verwaltungs-, Bildungs-, Sozial- und Informationsberufe sowie auch Wissenschaftlern und einem kleineren Anteil von Selbständigen und Freiberuflern, insbesondere Ärzten und Rechtsanwälten. Alle Gruppen hatten hohe und höchste Bildungsabschlüsse sowie mittlere und gehobene Einkommen und befanden sich, teils altersbedingt und teils wendebedingt, 1991 bereits zu einem Drittel im Ruhestand.

Die Lücke, die nach 1945 durch Vertreibung, Verfolgung, Enteignung und Abwanderung vieler bürgerlicher Eigentümer und Akademiker gerissen wurde, ist offensichtlich durch ostdeutsche Bildungsaufsteiger mindestens ausgeglichen worden. In vielen Interviews fanden wir Hinweise auf eine charakteristische Milieu-Mobilität. Vor allem Jugendliche aus Berufen der praktischen Intelligenz und der protestantischen Handwerkertradition kultivierten Wahlverwandtschaften mit der in der DDR verbliebenen humanistisch-protestantischen Akademiker-Intelligenz. Sie nutzten von der Schulzeit an die Gelegenheit, sich über ihren Bildungsgang, ihre Freundschaften und ihren beruflichen Aufstieg mit diesem Milieu zu verbinden. Diese Verbindung wurde auch dadurch erleichtert, daß die bürgerliche »Restklasse« ihren Charakter veränderte. Politisch abgedrängt, reaktivierte sie die alten protestantisch-preußischen Tugenden der Innerlichkeit und Askese, der Disziplin, Pflichterfüllung und sozialen Verantwortung und erneuerte deren Verbindung mit der Pflege der humanistischen Traditionen der Toleranz und Menschenwürde. Diese Werte der Solidarität und der Gesellschaftskritik überbrückten auch die soziale Distanz, die durch das elitäre Hochkultur-Schema und die traditionsbezogene Ablehnung der »oberflächlichen« materiellen Dinge nahelag.

Eine Wiederherstellung der distinguierten Kombination von Bildung und Besitz ist in Ostdeutschland, wo sich jetzt eine eher neureiche Aufsteigerklasse neben der gepflegten bürgerliche Tradition etabliert, kaum zu erwarten. Ein ungeschmälerter Erhalt der ostdeutschen *Bürgerlichen Humanisten* ist wegen der aktuellen Deklassierungs- und Modernisierungsprozesse in den DDR-Intelligenzschichten wenig wahrscheinlich. Die erhebliche Größe des Milieus ist Ausdruck einer historisch vergangenen Situation, in der das Milieu von vielen als Zuflucht und Nische und vom Staat aus Prestige- und Legitimationsgründen gebraucht wurde.

1.3. Zwischen Rückzug und Innovation: Alternativmilieus[6]

In den Bürgerbewegungen vor und während der Wende zeigte sich eine jüngere Generation der humanistischen Intelligenz, die ihrer Innerlichkeit eine politische Öffentlichkeit schuf, zunächst im Schutzraum der Kirchen, später als »Stimme« der Bewegungen, die 1989 den Zusammenbruch des SED-Systems auslösten. Viele haben allerdings die Enttäuschung darüber, daß die Mehrheit der Ostdeutschen ihre Führungsrolle und ihre basisdemokratischen Ideale nicht akzeptierte, kaum verarbeitet. Sie können sich das Scheitern ihrer Ansprüche auf kulturelle Hegemonie nur aus Defiziten des Volksbewußtseins an Subjektivität, Modernität, Universalismus usw. erklären. Es fällt ihnen schwer zu erkennen, daß gerade diese geringschätzige Haltung sie das Vertrauen von Menschen gekostet hat, denen ihr Leben lang zuviel versprochen worden ist.

Die soziale Basis des *»Linksintellektuell-alternativen Milieus«* mit seinen bisher unverändert 7% oder 0,95 Millionen Ostdeutschen ist freilich viel breiter. Es umfaßt viele qualifizierte Angestellte und Selbständige in den Bereichen Wissenschaft, Forschung, Technologie und Ausbildung, alle mit hohen, meist kulturwissenschaftlichen Bildungsabschlüssen und gehobenen

---

6 Rink 1995, Zierke 1995.

Einkommen. Ähnlich wie das westdeutsche *Alternative Milieu* betonen sie die Ansprüche eines hohen Arbeitsethos, der Selbstverwirklichung im Beruf, der Persönlichkeitsentfaltung und der Authentizität. Die Prinzipien der Konsumaskese und der postmateriellen Werte werden, als Abwertung materieller Bedürfnisse und Gebot einer einfachen naturnahen Lebensweise, noch ernster genommen als im Westen. Die Mehrheit des Milieus be- fürwortet ein praktisches, kritisches Engagement.

2. Die Milieus der ›respektablen‹ arbeitenden Klassen: Hauptbetroffene der sozialen Umstrukturierung

2.1. Eigenverantwortung und Gegenseitigkeit: Die Traditionslinie der Facharbeit

Die Gründe dafür, daß das »*Traditionsverwurzelte Arbeiter- und Bauernmilieu*« 1991 in Ostdeutschland mit etwa 27% noch mehr als fünfmal so groß war wie das westdeutsche *Traditionelle Arbeitermilieu*, lagen nicht zuletzt in dem spezifischen staatlichen Management der Wirtschafts- und Klassenverhältnisse. Die DDR hatte nicht nur die traditionellen Branchen- und Berufsstrukturen weitgehend konserviert[7], sondern auch, als Ausgleich für die Restriktionen des Konsums und der Freizügigkeit, ein »Arrangement«[8] angeboten, das die Arbeiter offiziell zu einer ›respektablen Klasse‹ machte, das ihre Vergemeinschaftungen besonders stützte und das ihr kulturelles Leben im Offiziellen zwar reglementierte, im Informellen aber oft unangetastet ließ. Kristallisationspunkte waren die Brigade-, Sozial- und Freizeiteinrichtungen der Betriebe, aber auch die informellen Betriebsöffentlichkeiten, die »Nischengesellschaft« der Datschen und die informellen Tauschwirtschaft, die partiell geduldet waren.

---

7 1981 bildeten in Ostdeutschland die Arbeiter der traditionellen Fachberufe in Industrie, Verkehr und Landwirtschaft die größte einzelne Gruppe. Sie stellten 44% der Erwerbsbevölkerung. Zusammen mit den Dienstleistenden in Handel, Gastronomie usw., weiteren 12%, umfaßten die eher traditionell qualifizierten Arbeitnehmergruppen sogar 56% (Schwarzer/Rink 1995).
8 Niethammer 1990.

Seit den 1970er Jahren hat dieses Arrangement, das der DDR den Charakter einer »arbeiterlichen Gesellschaft«[9] gegeben hatte, schrittweise seine Integrationskraft verloren. Die jüngere Generation suchte modernere und offenere Formen – und verabschiedete sich innerlich von der DDR. Nach 1980 brach auch das betriebliche Engagement der Älteren in Resignation zusammen. Die verdeckte Wirtschaftskrise und die neuen Oppositionsströmungen ließen den »Überwachungsstaat«, der nun flächendeckend wurde, immer tyrannischer auch in die informellen Strukturen eingreifen. Doch gerade dadurch wurden die für Arbeitermilieus typischen Lebensweisen und Mentalitäten verstärkt zum Halt und Rückzugsbereich der mittleren und älteren Generationen.

Nach der Wende von 1989 sollte dieser Rückzugsbereich noch mehr benötigt werden. Die berufliche Basis der Arbeitermilieus wurde durch die radikale Deindustrialisierung und durch die Restrukturierung der Landwirtschaft in Ostdeutschand extrem verkleinert. Ursache war nicht nur, daß die Belegschaften zu groß und ihre Fachausbildung zu veraltet waren, um mit der internationalen Konkurrenz mithalten zu können. Ursache war auch die übergangslose Einführung der Währungsunion mit Westdeutschland, durch die viele Produkte für die bisherigen Absatzmärkte in Osteuropa plötzlich zu teuer wurden. Vor allem aber bedingte die Wirtschaftskrise, daß viele westliche Firmen sich durch Investitionen in Ostdeutschland nicht potentielle Konkurrenten heranziehen wollten.

So wurden die Arbeitermilieus auch zu den größten Verlierern der deutschen Vereinigung. Getroffen wurden nicht nur die unterprivilegierten »*Traditionslosen Arbeiter*«, sondern auch die einst in die Mitte integrierten »*Traditionsverwurzelten*« und »*Kleinbürgerlichen*« Facharbeitermilieus.[10] Bis zu 50% der Milieus wurden aus dem Erwerbsleben ausgegliedert und in Rentner, Vorruheständler, Kräfte in Arbeitsbeschaffungsmaßnahmen,

---

9 Engler 1999.
10 So entsprechen die 8% des Traditionslosen Arbeitermilieus etwa den 10% An- und Ungelernten in Hilfstätigkeiten in Industrie, Verkehr und Dienstleistungen. Die 27% des Traditionsverwurzelten Arbeiter- und Bauernmilieus entsprechen etwa den Facharbeitern und Meistern in Industrie und Verkehr (32%) und Landwirtschaft (6%). (Schwarzer/Rink 1995).

kapitalschwache Kleinstunternehmer, Hausfrauen bzw. Arbeitslose verwandelt.[11] Eine Minderheit jüngerer männlicher Facharbeiter profitierte aber auch von der Reindustrialisierung auf mittlerem technischen Niveau und von einzelnen hochspezialisierten Neoindustrialisierungen auf hoher Qualifikationsstufe. Daneben konnten große Teile der mobileren bzw. bildungsaktiven jüngeren Generation, nicht zuletzt der Frauen, versuchen, in modernere Angestelltenberufe überzuwechseln, auch als Pendler über große Entfernungen.

Die Arbeitermilieus hatten, ähnlich wie in Westdeutschland, zur integrierten Mitte der DDR gehört. Nun polarisierten sie sich erneut in Verlierer und Gewinner. Die folgenden Darstellungen der einzelnen Milieus und ihrer Veränderungen bis 1997 (vgl. Abb. 8a-b, S. 50 f.) bestätigen, daß die ausgegliederten Älteren (und teilweise Jüngeren) ihre alte Milieukultur kompensatorisch verstärkten, während die Jüngeren in zwei verschiedene modernere Arbeitnehmermilieus überwechselten.

2.1.a. Aktive Realitätsbewältigung: Die Traditionellen Facharbeiter[12]

Das westdeutsche *Traditionelle Arbeitermilieu* hatte 1991 diese Prozesse schon hinter sich und umfaßte nur noch einen überalterten Rest von etwa 5 %. Das »*Traditionsverwurzelte Arbeiter- und Bauernmilieu*« im Osten umfaßte dagegen damals noch 27 %. In ihren Mentalitäten glichen beide Milieus sich noch sehr. Auch die *Traditionsverwurzelten* im Osten folgen noch ihren historischen Tugenden, die in der protestantischen und der sozialdemokratischen Tradition besonders gehegt worden waren: Bescheidenheitsethik, Gerechtigkeitssinn, Arbeits- und Gemein-

---

11 Weit überproportional betroffen waren die qualifizierten Frauen in allen Industrien und die weniger qualifizierten Belegschaften der Problemindustrien, insbesondere der Braunkohlechemie. In unseren regionalen Fallstudien fanden wir für Leipzig etwa 50 % Ausgegliederte, für das Industriezentrum Brandenburg 65 % und für die Braunkohlechemie von Espenhain eine noch höhere Zahl von Ausgegliederten (Vester u. a. 1995).

12 Hofmann 1995a; Segert 1995; Lange 1993, 1996; vgl. Schieder 19.62, Lucas 1976 u. Popitz/Bahrdt u. a. 1957.

schaftsethos und Mißtrauen gegen die Mächtigen über ihnen und die ›Faulpelze‹ unter ihnen.

Die Geschichte der DDR kennt bis in die 1970er Jahre zähe Kämpfe um Kompromisse, in denen selbstbewußte Facharbeiter zweierlei eigensinnig verteidigt haben: ein Stück innerbetriebliche Öffentlichkeit und den Stolz auf intelligente Qualitätsproduktion. Eine unserer Fallstudien zeigt dies am Beispiel der hochqualifizierten Facharbeiter einer exportstarken Kranfabrik in Leipzig, die jahrzehntelang »resistent« blieben, bis sie um 1980, als ihnen eine jede Initiative entmutigende Betriebsleitung aufgezwungen wurde, endgültig resignierten.[13] Es gab auch Beispiele größerer Verhandlungsmacht, wie unsere Untersuchungen zum Stahl- und Walzwerk von Brandenburg (Havel) belegen.[14] Hier konnte eine starke technokratische Fraktion der Arbeiterintelligenz und der Ingenieure längere Zeit doch immer wieder Modernisierungen heraushandeln, wenn auch mit erheblichen Blockierungen und Rückschlägen. Diese technokratische Elite entwickelte in der Wende weitere tragfähige Modernisierungskonzepte, die aber von der »Treuhand« – in gewisser Nachfolge der Blockierung zu DDR-Zeiten – keine Chance erhielten.

Die ostdeutschen *Traditionsverwurzelten* repräsentieren ein zwar traditionelles, aber gerade deswegen im Vergleich zu Westdeutschland sehr vielfältig spezialisiertes und daher doch innovationsfreudiges Berufespektrum. Zur vielfältigen Qualifikation der ostdeutschen Facharbeiter hat paradoxerweise auch die Innovations- und Investitionsschwäche der ostdeutschen Ökonomie beigetragen. Die technologisch verschlissene Industrie benötigte ein übergroßes Heer vielseitiger und ingeniöser Reparaturarbeiter, das noch 1990 mehr als 25 % umfaßte.[15] Während diese Potentiale bei der älteren Generation durch ihre Ausgliederung verlorengehen, können Minderheiten der jüngeren Generation, vor allem ihre mobilsten und männlichen Teile, in modernere Arbeiter- und Angestelltenberufe überwechseln. Wer nicht in solche modernen Berufssituationen kommen kann, bleibt einerseits auf die in der DDR-Gesellschaft gepflegten solidarischen

---

13 Hofmann 1995a.
14 Segert 1995, Schwarzer 1995.
15 Wittich 1994, S. 40 f.

Gesellungsmuster verwiesen. Die Netze der informellen Versorgungsökonomie und die intensive Gesellungskultur können eine krasse Deklassierung verhindern.

2.1.ba/bb. Das Aufstiegsorientierte Pioniermilieu und das Moderne Arbeitnehmermilieu

Seit 1991 haben sich aus der facharbeiterischen Traditionslinie zwei neue Milieus herausdifferenziert. Beide haben sich nicht nur notgedrungen, durch den enormen Verlust an industriellen und landwirtschaftlichen Arbeitsplätzen, entwickelt. Es hat, wie wir in unseren Fallstudien bestätigt fanden[16], unter der Decke der einheitlichen Arbeiterkultur schon länger Generationenrisse gegeben, unter anderem auch einen Typus des innovativen und unternehmerischen jungen Facharbeiters, der aus dem engen Herkunftsmilieu heraus- und auf eigene Füße wollte. Es überrascht daher nicht, daß die beiden ›neuen‹ Milieus in relativ kurzer Zeit eine erhebliche Größe erreichten. Da neuere vertiefende Untersuchungen zu diesen Milieus noch fehlen, lassen sich hier nur die allgemeinen, vor allem vom ›Sinus‹-Institut festgestellten Merkmale[17] beschreiben.

Das ostdeutsche *Moderne Arbeitnehmermilieu* war 1997, mit 9%, bereits etwa 2% größer als sein westdeutsche Pendant. Von diesem unterscheidet es sich nur durch einige wenige ostdeutsche Besonderheiten. Zum einen liegt sein Altersschwerpunkt etwa zehn Jahre höher, bei den Jahrgängen bis 40. Zum anderen umfaßt die Berufsstruktur, obwohl sie sonst sehr ähnlich ist, etwas mehr kleinere Selbständige und Angehörige helfender und pflegender Berufe. Dies könnte ein Ausgleich dafür sein, daß aufgrund der radikalen De-Industrialisierung in Ostdeutschland nicht so viele neue industrielle Arbeitsplätze zur Verfügung stehen. Schließlich hat für das ostdeutsche Milieu die Zukunft von Familie und Kindern – ein ›glückliches Familienleben‹ – einen besonders hohen Stellenwert, vermutlich, weil das Milieu altersbedingt weniger aus Singles besteht als in Westdeutschland und auch noch der DDR-Tradition, früher und mehr Kinder zu haben, verbunden ist.

16 Segert 1995, Völker 1996.
17 ›Spiegel‹ [›Sinus‹] 1998.

Das ›*Aufstiegsorientierte Pioniermilieu*‹ (ca. 8%) entwickelt eine andere Variante der facharbeiterischen Traditionslinie. Es betont den auf eigene Leistung gegründeten Erfolg, auf der wirtschaftlichen Gewinnerseite der Modernisierung zu stehen. Das Milieu besteht einerseits aus neuen Selbständigen, die nach 1989 Handwerksbetriebe, Ingenieurbüros, Fachhandels-, Gastronomie- und Baubetriebe aufgebaut haben, und andererseits aus jüngeren aufstrebenden Angestellten und Beamten in Wirtschaft und Verwaltung sowie Studierenden, die nebenher in diesen Bereichen berufstätig sind. Das Milieu hat gehobene Einkommens- und Bildungsstandards, teilweise auch über den Fachhochschulabschluß hinaus. Nicht alle Facetten des Habitus sind untersucht. Im Vordergrund stehen bisher die Züge der Leistungs- und Durchsetzungsfähigkeit, der Risikobereitschaft und Unabhängigkeit und auch einer gewissen hemdsärmeligen Machermentalität, die sich über starre Normen und Konventionen hinwegsetzen kann. Damit grenzt sich das Milieu unter anderem gegen das kleinbürgerliche Sicherheitsdenken ab. Die alten leistungsasketischen Züge der Herkunftsmilieus sind, als Voraussetzung des beruflichen Erfolgs, weiter aktiv. So kontrastieren der hohe Arbeitseinsatz und die Anspruchslosigkeit in einigen Bereichen, z. B. der Kleidung, mit der Selbstinszenierung durch Unkonventionalität und einzelnen prestigeträchtigen Attributen des Konsums.

2.2. Konventionell und wendig:
Die ständisch-kleinbürgerliche Traditionslinie

Mit seiner beachtlichen Größe von 23% bestätigt noch 1991 das ostdeutsche »*Kleinbürgerlich-materialistische Milieu*« die schon von Theodor Geiger betonte systemüberdauernde Beharrungskraft.[18] In Ostdeutschland, wo die Selbständigen in den 1950er Jahren verfolgt und vertrieben und nach 1970 neu deklassiert worden waren, hatte der kleinbürgerliche Habitus bei Facharbeitern und Meistern sowie bei einfachen und mittleren Angestellten der staatlichen Verwaltung, der Banken und des Bildungs- und Gesundheitswesens gleichsam überwintert, oft in

---

18 Geiger 1932, S. 85.

mittleren Hierarchie-Positionen, die diesem Habitus auch entsprachen. In seiner konventionellen Statusorientierung glich das Milieu weitgehend dem *Kleinbürgerlichen Milieu* im Westen. Allerdings wurde im Osten der materielle Gütererwerb (vermutlich auch wegen des Nachholbedarfs aus DDR-Zeiten) höher bewertet, während im Westen etwas mehr Elemente des modernen Lebensstils übernommen worden sind. Inzwischen sind aus dem Milieu, durch Umstellungen in die entgegengesetzte Richtung, wieder die kleinen Beamten, Angestellten und Selbständigen entstanden, die immer schon zu den tragenden Säulen des Milieus gehört haben. Allerdings hat sich die kleinbürgerliche Traditionslinie in diesem Zusammenhang auch in zwei Varianten deutlicher modernisiert und differenziert.

Das ostdeutsche *»Status- und karriereorientierte Milieu«*, das hauptsächlich aus der früheren Funktionärsschicht der DDR stammt, entsprach um 1991 in vielem noch der traditionellen Mitte der früheren deutschen Karriereangestellten und -beamten, die im DDR-System sehr verfestigt worden war. Doch bereits damals, als es noch etwa 9% umfaßte, stand das Milieu mitten in dem Umstellungsprozeß, mit dem seine Angehörigen, die oft mittlere und höhere Führungskader von Partei und Verwaltung der DDR gewesen waren, sich anschickten, in die entsprechenden Etagen der westdeutschen Gesellschaft überzuwechseln. Wie in jeder Bürokratie war der vergangene Status durch Privilegien, Macht und »gute Beziehungen« gekennzeichnet gewesen. Diese Muster setzten sich in dem Streben fort, den Leitbildern westlicher Manager und westlicher Lebensstandards zu folgen, möglichst viel Geld zu verdienen, aufzusteigen und seinen Status auch symbolisch zu demonstrieren. Die damit verbundene Unsicherheit wurde mitunter auch nach dem Parvenu-Muster kompensiert: in einer kritiklosen Identifikation mit marktwirtschaftlichem Ellenbogendenken, mit einem in Westdeutschland schon relativierten Fortschrittsglauben und einer entsprechenden High-Tech-Faszination. Das Milieu verarbeitet die Wende deutlich flexibler und aggressiver als andere Milieus. Es hat sich allerdings bis 1997 auf 5% verkleinert.

Die Berufsmuster zeigen, daß diese Umstellungsstrategien häufig eine Deklassierung vermeiden halfen. Durch ihre Beziehungen, aber auch ihre guten Bildungsabschlüsse erreichten viele die Positionen von Handwerksmeistern, qualifizierten und leitenden Angestellten oder Selbständigen. Diese Stufenleiter scheint grundsätzlich der der DDR-Gesellschaft zu entsprechen, in der die Führungskader aufgrund ihres »politischen Kapitals«[19] in jeder gesellschaftlichen Etage als »Sahne« oben schwammen – und die Initiativen anderer blockierten.

Nach 1991 hat sich in Ostdeutschland zugleich ein »Modernes bürgerliches Milieu« von etwa 10% entwickelt, dessen Statusorientierung nicht mehr so konventionell gefärbt ist und das dem gleichnamigen westdeutschen Milieu (vgl. Kapitel 13.2.2.b.) weitgehend entspricht.

2.3. Jugendkulturelle Abgrenzung: Von der asketischen zur hedonistischen Spontaneität[20]

Auch in der DDR hat es auf allen drei Stufen der Gesellschaft einen Pol radikal individualisierter junger Milieus gegeben. 1991 waren diese drei Milieus am modernen Rand des Sozialgefüges kaum kleiner als ihre Schwestermilieus im Westen. Auf der mittleren Stufe wurde dieser avantgardistische Platz 1991 noch vom *»Subkulturellen Jugendmilieu«* eingenommen, das stark durch die oppositionelle Jugendkultur der DDR geprägt war. Die Angehörigen des Milieus hatten geringe Einkommen. Sie waren teils noch in der Schul- und Berufsausbildung, teils Abbrecher und teils als Hilfskräfte, als kleine Angestellte oder in Kurzarbeit und Arbeitsbeschaffungsmaßnahmen tätig. Dies entsprach der Übergangsphase im dritten Lebensjahrzehnt, wie bei den westdeutschen Verwandten, dem *Hedonistischen Milieu* (vgl. Kapitel 13.2.3.). Allerdings waren die *Subkulturellen* mit 5% nur knapp halb so groß.

Mit den westdeutschen *Hedonisten* teilten sie ihren radikalen Individualismus, die Ablehnung einer strikten Lebensplanung und die Abgrenzung von der »Spießern« der Elterngeneration. Aber während die westdeutschen *Hedonisten* Freude am guten Leben, an Luxus und Komfort zeigen, stellten die ostdeutschen *Subkulturellen* die Geringschätzung der materiellen Güter ostentativ zur Schau, wie ein Negativbild des Konsummaterialis-

---

19 Bourdieu 1991a.
20 Rink 1995; vgl. Becker u. a. 1992; Flaig u. a. 1993; ›Spiegel‹ [›Sinus‹] 1996, 1998.

mus der ostdeutschen Kleinbürger. Die Konsumaskese und auch die enge Bindung an Gruppen Gleichgesinnter erinnern, bis in feine Geschmacksnuancen hinein, an die »Urspontis« der westdeutschen Universitätsstädte. (Auch die sog. Sponti-Milieus der frühen 1970er Jahre lebten auf gewisse Weise in einem aufgezwungenen und zugleich selbstgewollten Abseits, das einzelne Parallelen zu der DDR-Nischengesellschaft aufwies.)

Inzwischen hat sich das Milieu durch weitere Teile der jüngeren Generation der facharbeiterischen und der kleinbürgerlichen Traditionslinie auf etwa 10% aufgefüllt und weiter an den gerade nicht asketischen Habitus des westdeutschen Parallelmilieus angenähert. Es trägt nun auch den gleichen Namen: *»Hedonistisches Milieu«*.

3. Spontaneität und Anlehnung: Die Traditionslinie der Unterprivilegierten

Die Mentalität des *»Traditionslosen Arbeitnehmermilieus«* entspricht weitgehend den außengeleiteten und wenig selbstdisziplinierten Grundhaltungen der westdeutschen *Traditionslosen*. In der DDR rekrutierte es sich vor allem aus den 10% der Ostdeutschen, die an- und ungelernte Tätigkeiten in Industrie, Verkehr und Dienstleistungen ausführten. Sie arbeiteten einerseits in den Problemindustrien (Textil und Braunkohlechemie), für deren verschlissene Anlagen an- und ungelernte Kräfte gebraucht wurden, die für ihre materielle Absicherung gesundheitliche Risiken und monotone Tätigkeiten in Kauf nahmen. Andererseits waren die sicheren Arbeitsplätze für An- und Ungelernte bei Post, Bahn und Stadtgastronomie bevorzugt, wo ebenfalls weniger Initiative verlangt war. Nach der Wende führten ausgedehnte Rationalisierungen und Stillegungen dazu, daß heute viele Milieuangehörige arbeitslos oder prekär beschäftigt sind.

In den Feldforschungen in der Stahlstadt Brandenburg (Havel) und im Braunkohlegürtel um Leipzig fanden wir eine unverdrossene Rückwendung auf die »Festung Alltag«[21], die als sicherer Ort genutzt wurde. Die Devise »arm, aber lebensfroh« bedeutet auch, daß dem verlorenen Arbeitsplatz (der ja bei *Tradi-*

---

21 Hofmann 1995 a, b.

tionslosen nicht für die Identität, sondern für das Einkommen notwendig war) nicht so viele Tränen nachgeweint wurden. Viele sahen sich nun auf staatliche Versorgungskarrieren angewiesen. Manche machten auch mit ihren flexiblen Talenten im Westen oder auf ›westliche Weise‹ ihr Glück. Für andere, insbesondere viele Frauen, die schon in ›normalen Zeiten‹ die Konsequenzen der Instabilität zu tragen hatten, konnte der Verlust des Arbeitskollektivs und der staatlichen Kinderbetreuung eine Spirale materieller und moralischer Destabilisierung einleiten.

Eine andere Teilgruppe, das Submilieu der »*Hedonistischen Arbeiter*«[22], entspricht in vielem dem Stamm-Milieu der Traditionslosen Arbeiter, allerdings auf einer etwas höheren Ebene der Bildungs-, Berufs- und Lebensstandards. Das Milieu lebt nicht mehr unter den Bedingungen der Unsicherheit, des Mangels und der Enge wie die Generation der Eltern. Das Milieu gleicht weitgehend den oben beschriebenen ›Unangepaßten Traditionslosen Arbeitnehmern‹ (vgl. Kapitel 13.3.), einer Teilgruppe des westdeutschen Traditionslosen Arbeitermilieus, das heute vom ›Sinus‹-Institut nicht mehr als selbständiges Milieu ausgewiesen wird.[23]

Das ostdeutsche *Hedonistische Arbeitermilieu* besteht aus meist jüngeren Leuten, die die mittleren Bildungsstandards der zehnklassigen Polytechnischen Oberschule mit anschließender Berufsausbildung erreicht haben. Sie sind nicht so stark von Arbeitslosigkeit betroffen wie die älteren *Traditionslosen*, sondern als Facharbeiter, teilweise auch als einfache Angestellte und Beamte mit mittleren und (besonders bei den in Niedriglohnbereichen beschäftigten Frauen) auch mit geringeren Einkommen doch relativ gesichert. Ihre Berufspositionen, obwohl sicher, bieten wenig Selbstverwirklichung, sondern sind Mittel zum Zweck eines hedonistischen Lebensstils. Die Lebensführung ist auf das »Heute« und das Mithalten mit der westlichen Konsum- und Freizeitwelt ausgerichtet. Man ist im Trend und häufig demonstrativ selbstbewußt. Die Angehörigen des Milieus »verlieren den eigenen Vorteil niemals aus den Augen und nehmen alle sich bietenden Vergünstigungen in Anspruch.«[24]

22 Becker u. a. 1992; Flaig u. a. 1993; Völker 1996; vgl. Segert 1995; Hofmann 1995b.
23 ›Spiegel‹ [Sinus‹] 1998.
24 Becker u. a. 1992, S. 110.

Anhang I: Verzeichnis der Abbildungen

Abb. 1:	Die Dimensionen des sozialen Raums	25
Abb. 2:	Der soziale Raum. Vertikale Struktur	27
Abb. 3:	Der soziale Raum. Horizontale Struktur	31
Abb. 4:	Traditionslinien sozialer Milieus in West- und Ostdeutschland	34
Abb. 5:	Traditionslinien sozialer Milieus in Italien, Frankreich und Großbritannien	36
Abb. 6:	Bourdieus Raum der sozialen Positionen und die Lage der Milieus	46
Abb. 7a:	Die Milieus der alltäglichen Lebensführung im sozialen Raum Westdeutschlands 1982	48
Abb. 7b:	Die Milieus der alltäglichen Lebensführung im sozialen Raum Westdeutschlands 1995	49
Abb. 8a:	Hypothetische Landkarte der sozialen Milieus in Ostdeutschland 1991	50
Abb. 8b:	Hypothetische Landkarte der sozialen Milieus in Ostdeutschland 1997	51
Abb. 9a:	Hypothetische Landkarte der sozialen Milieus in Frankreich 1991	52
Abb. 9b:	Hypothetische Landkarte der sozialen Milieus in Großbritannien 1991	53
Abb. 9c:	Hypothetische Landkarte der sozialen Milieus in Italien 1991	54
Abb. 10:	Berufsgruppen und Geschlecht im Leistungsorientierten Arbeitnehmermilieu	56
Abb. 11a:	Die gesellschaftspolitischen Lager im Überblick	59
Abb. 11b:	Die gesellschaftspolitischen Lager Westdeutschlands I: Lager mit gesellschaftspolitischen Konzepten	61
Abb. 11c:	Die gesellschaftspolitischen Lager Westdeutschlands II: Lager der gesellschaftspolitischen Abhängigkeit	63
Abb. 12:	Bewältigung der Umstellungskrise in den verschiedenen Milieutraditionen	91
Abb. 13:	Forschungsprojekt ›Sozialstrukturwandel und neue soziale Milieus‹. Projektteile und Untersuchungsschritte 1988-1992	212
Abb. 14:	Die Integrationsideologie der neuen sozialen Bewegungen	216
Abb. 15:	Arbeitshilfe zur hermeneutischen Textinterpretation	217

Abb. 16:	Erhebungsinstrument der Repäsentativbefragung (Synopse)	232
Abb. 17:	Untersuchungssteckbrief	242
Abb. 18:	Die Merkmale der Dimensionen ›soziale Lage‹ und ›urbane Verdichtung‹	299
Abb. 19:	Räume privilegierter sozialer Lagen in Hannover	301
Abb. 20:	Räume sozialer Problemlagen in Hannover	303
Abb. 21:	Hannoversche Stadtteile im Raum sozialer Lagen und urbaner Verdichtung	305
Abb. 22:	Lebensqualität aus der Sicht der Stadtteilbevölkerung in Hannover	307
Abb. 23:	Wahlverhalten und Sozialstruktur in Hannover 1987/1990, Korrelation mit ›sozialer Lage‹ und ›urbaner Verdichtung‹	309
Abb. 24:	Typologie neuer sozialer Mentalitäten in den Bewegungsmilieus in Reutlingen, Oberhausen und Hannover 1990	332
Abb. 25:	Raum der Mentalitäten neuer sozialer Bewegungsmilieus in Reutlingen, Oberhausen und Hannover 1990	334
Abb. 26:	Erwerbstätige in Deutschland nach Stellung im Beruf 1882-1990 (geschichtetes Diagramm)	393
Abb. 27:	Veränderung der Zahl der Heilpraktiker 1950-1987	399
Abb. 28:	Veränderung der Zahl der Wirtschafts- und Sozialwissenschaftler 1950-1987	401
Abb. 29:	Einkommensungleichheit in Westdeutschland	403
Abb. 30:	Verfügbare Einkommen ausgewählter Haushaltsgruppen in Westdeutschland 1962/63-1990	404
Abb. 31:	Erwerbstätige in ausgewählten Berufsbereichen 1950-1987 (I)	408
Abb. 32:	Erwerbstätige in ausgewählten Berufsbereichen 1950-1987 (II)	409
Abb. 33:	Erwerbstätige in Berufen des Gesundheitswesens 1950-1987 (I)	410
Abb. 34:	Erwerbstätige in Berufen des Gesundheitswesens 1950-1987 (II)	411
Abb. 35:	Berufe des Bildungs- und Erziehungswesens im Raum der sozialen Positionen	416
Abb. 36:	Berufe des Gesundheitswesens im Raum der sozialen Positionen	417
Abb. 37:	Technische Berufe im Raum der sozialen Positionen	418
Abb. 38:	Berufe in der Landwirtschaft im Raum der sozialen Positionen	419

Abb. 39:	Teilräume mit überdurchschnittlich gestiegenen und gesunkenen Anteilen erwerbstätiger Frauen	420
Abb. 40:	Teilräume mit überwiegend ausgeübten beruflichen Tätigkeiten	421
Abb. 41:	Gesellschaftspolitische Einstellungen der Sozialintegrativen	448
Abb. 42:	Gesellschaftspolitische Einstellungen der Radikaldemokraten	453
Abb. 43:	Gesellschaftspolitische Einstellungen der Skeptisch-Distanzierten	456
Abb. 44:	Gesellschaftspolitische Einstellungen der Gemäßigt-Konservativen	459
Abb. 45:	Gesellschaftspolitische Einstellungen der Traditionell-Konservativen	463
Abb. 46:	Gesellschaftspolitische Einstellungen der Enttäuscht-Apathischen	466
Abb. 47:	Gesellschaftspolitische Einstellungen der Enttäuscht-Aggressiven	469
Abb. 48:	Typen gesellschaftspolitischer Grundeinstellungen nach sozialen Milieus	470
Abb. 49:	Typen gesellschaftspolitischer Grundeinstellungen nach Altersgruppen	471
Abb. 50:	Typen des geselligen Verhaltens (›Gesellungsstile‹)	473
Abb. 51:	Dimensionen des geselligen Verhaltens der Erlebnisorientierten	476
Abb. 52:	Gesellungskreise der Erlebnisorientierten	477
Abb. 53:	Dimensionen des geselligen Verhaltens der Suchenden	478
Abb. 54:	Gesellungskreise der Suchenden	479
Abb. 55:	Dimensionen des geselligen Verhaltens der Zurückhaltenden	481
Abb. 56:	Gesellungskreise der Zurückhaltenden	482
Abb. 57:	Dimensionen des geselligen Verhaltens der Unkomplizierten	484
Abb. 58:	Gesellungskreise der Unkomplizierten	485
Abb. 59:	Dimensionen des geselligen Verhaltens der Bodenständigen	487
Abb. 60:	Gesellungskreise der Bodenständigen	488
Abb. 61:	Dimensionen des geselligen Verhaltens der Resignierten	489
Abb. 62:	Gesellungskreise der Resignierten	490
Abb. 63:	Typen des geselligen Verhaltens nach sozialen Milieus	492
Abb. 64:	Typen des geselligen Verhaltens nach Altersgruppen	493

Abb. 65:	Verteilung der Gesellungsstil-Typen auf die Politikstil-Typen	497
Abb. 66:	Überdurchschnittliche Zustimmung zum Ausländerwahlrecht	500

Anhang II: Erhebungsinstrument Repräsentativbefragung

Fragenkatalog zur Repräsentativbefragung ›Der Wandel der Sozialstruktur und die Entstehung neuer gesellschaftlich-politischer Milieus‹, durchgeführt im Auftrag des Projektes von Marplan, Forschungsgesellschaft mbH, Projekt 11803, zuerst veröffentlicht in Vester u. a. 1991, S. 391-421. – NB! Der Katalog führt die Fragen in systematischer Folge auf, abweichend von der in der Befragung benutzten Folge (vgl. Kapitel 6.4.1., S. 228-232).

1. Mentalitäten und Politik

1.1 Habitus (Mentalitätstypen)

Grundeinstellungen zu verschiedenen Aspekten des Alltagslebens (Arbeit, Familie, Freizeit, Konsum, Gesellschaft, Konsum usw.). ›Milieu-Indikator‹ (nach ›Sinus‹), Erhebungsinstrument von Sinus, Heidelberg, seit 1981 entwickelt und fortlaufend validiert: Vorgabe von 44 Statements (Kartensatz) mit einer vierstufigen Skala (trifft überhaupt nicht zu; trifft eher nicht zu; trifft eher zu; trifft ganz genau zu), auf der die Befragten das Maß ihrer Zustimmung bzw. Ablehnung angeben sollten. Zuordnung der Befragten zu den acht sozialen Milieus: individueller Profilvergleich mit der Sinus-Eichstichprobe; Abfragedauer: 12 Min.

- Ich habe oft den Drang, etwas Starkes und Neues zu erleben.
- Obwohl mir meine Arbeit Spaß macht, ist mir mein Privatleben wichtiger.
- Ich träume davon, einmal nicht mehr für andere die Dreckarbeit machen zu müssen.
- Der Sinn des Lebens besteht für mich darin, Spaß zu haben und mir einiges leisten zu können, was mir gefällt.
- Ich habe großes Verständnis für Leute, die nur tun, wozu sie gerade Lust haben.
- Im Grunde ist das Leben ganz einfach, man kann sich immer irgendwie arrangieren.
- Durch Weiterbildung kann man seine berufliche Zukunft heute auch nicht mehr sichern.
- In meinem Leben spielen christliche Wertvorstellungen keine Rolle.

- Immer, wenn ich Zeit dazu finde, beschäftige ich mich mit Kultur und Kunst.
- Ich arbeite gern mehr, um mir einiges leisten zu können.
- Für unsereins gibt es wenig Chancen, es zu etwas zu bringen.
- Lebenserfüllung ist nur durch Pflichterfüllung möglich.
- Ideal ist ein Beruf, in dem man politisches und soziales Engagement verwirklichen kann.
- Es ist mir ganz wichtig, daß nichts nach außen dringt, wenn es in meiner Familie Probleme gibt.
- Überstunden sollten verboten werden.
- In einer Ehe sollten beide Partner ihren eigenen Freundes- und Bekanntenkreis haben.
- Bei der Arbeit ist mir vor allem wichtig, mir nichts zuschulden kommen zu lassen.
- Ich persönlich stehe voll und ganz hinter unserem Staat.
- Erfolg im Beruf ist nicht so wichtig.
- Auf Sicherheit pfeife ich, ich möchte vor allem ein aufregendes Leben führen.
- Ich überlege mir oft, wie ich aus dieser Gesellschaft aussteigen kann.
- Ich bin unzufrieden, weil ich mir finanziell zu wenig leisten kann.
- Ein eigenes Haus zu haben ist sicherlich sehr schön, aber ich habe keine Lust, mich dafür jahrelang einzuschränken.
- Wenn ich genügend Geld hätte, würde ich nie mehr arbeiten.
- Was die Zukunft betrifft, vertraue ich voll auf meine Leistungsfähigkeit.
- Arbeit ist etwas, womit ich mein Geld verdiene, mehr ist es eigentlich nicht.
- Meine Devise ist: Genießen und möglichst angenehm leben.
- Am liebsten würde ich alles hinschmeißen und abhauen.
- Computer und andere moderne elektronische Geräte machen mir einfach Spaß.
- Ich kaufe mir oft Dinge, ohne lange darüber nachzudenken, ob ich mir das Oberhaupt leisten kann.
- Ich fürchte, daß der technische Fortschritt unser Leben zerstört.
- Ob ich gesellschaftliches Ansehen genieße oder nicht, ist mir gleichgültig.
- Nach meiner Auffassung belastet materieller Besitz und schränkt die persönliche Freiheit ein.
- Wenn ich es mir richtig überlege, haben die alten Werte Sparsamkeit, Sauberkeit und Ordnung für mein Leben eine ziemlich große Bedeutung.
- Ich möchte nicht an später denken, ich lebe hier und jetzt.
- Eine Frau findet ihre Erfüllung in erster Linie in der Familie.

- Es sind vor allem die Arbeitsscheuen, die immer vom Leistungsdruck in unserer Gesellschaft reden.
- Richtig eingesetzt, können neue Technologien den Menschen nur nützen.
- Man sollte sich politisch engagieren, um Unterdrückung und Ausbeutung in unserer Gesellschaft zu bekämpfen.
- Die alten Arbeitstugenden Disziplin und Pflichtbewußtsein sind mir ein Greuel.
- Das Mitspracherecht der Gewerkschaften in der Wirtschaft muß erheblich größer werden.
- Jeder, der sich anstrengt, kann sich hocharbeiten.
- Wer sich alles leistet, was er für sein Geld haben kann, handelt unmoralisch.
- Der technische Fortschritt macht für mich das Leben lebenswert.

1.2 Soziale Kohäsion (Gesellungsstile)

Grundeinstellungen zum Umgang mit Familie, Freunden und Bekannten. Vorgabe mit 39 Statements (Fragebogen zum Selbstausfüllen) mit einer vierstufigen Skala (trifft überhaupt nicht zu; trifft eher nicht zu; trifft eher zu; trifft ganz genau zu), auf der die Befragten das Maß ihrer Zustimmung bzw. Ablehnung angeben sollten; Abfragedauer: 10 Min.

- Ich feiere meinen Geburtstag gern mit vielen Leuten.
- Ich habe Freunde aus allen Kreisen, vom Handwerker bis zum Akademiker.
- Durch enge Freundschaften fühle ich mich zu sehr gebunden.
- Ich unternehme viel gemeinsam mit meinen Freunden und Bekannten.
- Ich lege Wert auf gute Manieren.
- Für die Pflege von Freundschaften habe ich leider zu wenig Zeit.
- Im Freundeskreis philosophieren wir öfter über den Sinn des Lebens.
- Ich kenne unheimlich viele interessante Leute.
- Manchmal traue ich mich nicht, im Bekanntenkreis etwas zu sagen, weil ich einen dummen Fehler machen könnte.
- Mit meinen Freunden mache ich gern etwas Verrücktes.
- Ich treffe mich öfter mit meinen Freunden, um gemeinsam zu kochen.
- Ich habe außerhalb meiner Familie kaum Freunde oder Bekannte.
- Meine Freunde und ich haben in vielen Dingen die gleichen Ansichten.
- Ich fürchte, daß andere Leute mich nicht leiden können.
- Ich mag es nicht, wenn man mich unangekündigt besucht.
- Ich finde es wichtig, daß die Familie auf jeden Fall zusammenhält.
- Im Freundeskreis haben wir oft Probleme, einen gemeinsamen Termin zu finden.

- Meine Freunde und ich haben in etwa die gleichen Interessen.
- Es interessiert mich überhaupt nicht, was die Leute über mich reden.
- Wenn ich mich mit Freunden treffen will, muß ich das richtig planen.
- Mit meinen Freunden muß ich auch intime Dinge besprechen können.
- Im Freundeskreis unterhalten wir uns oft über Kunst und Kultur.
- Ich nehme meine Freunde auch gern mal in den Arm.
- Wichtig ist, daß ich mich mit meinen Freunden über politische und soziale Fragen auseinandersetzen kann.
- Viele Freunde zu haben ist für mich sehr wichtig.
- Mit Freunden muß ich all meine Sorgen und Probleme besprechen können.
- Ich stehe ganz gern im Mittelpunkt.
- Im Freundeskreis verabreden wir uns oft spontan.
- Ich gehe Streit lieber aus dem Weg.
- Wenn ich kurzfristig eingeladen werde, sage ich meistens ab.
- Meine Freunde sind für mich wie eine große Familie.
- Manchmal habe ich gar keine Lust, mich mit meinen Freunden zu treffen.
- Ich kann immer auf die Hilfe meiner Freunde rechnen.
- Ich flirte gern.
- Die Menschen, denen ich nahestehe, haben im großen und ganzen dieselben sozialen und politischen Vorstellungen wie ich.
- Es fällt mir schwer, Freundschaften zu schließen.
- Ich bin gern mit meinen Verwandten zusammen.
- Ich erwarte von meinen Freunden, daß sie sich in meine Probleme einfühlen können.
- Viele meiner Freunde habe ich im Verein kennengelernt.

1.3 Freizeit (Gesellungspraktiken)

Häufigkeiten und Reichweite bestimmter geselliger, sozialer und politischer Aktivitäten. Vorgabe von 22 Items (Liste) mit einer sechsstufigen Skala, auf der die Befragten den Grad ihrer Aktivität (fast täglich/mehrmals in der Woche/einmal in der Woche/1-3mal im Monat/so gut wie nie) angeben sollten; Abfragedauer: 6 Min.

- Fortbildungskurse, Volkshochschule
- Karten spielen, Brettspiele
- Parties/Feste feiern
- Mich mit Freunden und Bekannten treffen
- Mich mit meinen Nachbarn unterhalten
- Cafés, Lokale oder Kneipen besuchen
- Zum Stammtisch gehen

- Sportveranstaltungen besuchen
- Gemeinsam mit Freunden und Bekannten Ausflüge machen
- Mich im sozialen Bereich engagieren (z. B. Freiwillige Feuerwehr, Rotes Kreuz, Altenbetreuung)
- Mich im politischen Bereich engagieren (z. B. in Parteien, Bürgerinitiativen)
- Mit anderen Gespräche führen, über Probleme reden
- Meine Kinder, Eltern oder Verwandte besuchen
- In meinen Verein gehen
- Gemeindezentren besuchen (z. B. Bürgerhaus, Dorfgemeinschaftshaus, Freizeitheim, Jugendzentrum, kirchliche Einrichtungen)
- Alternative Veranstaltungszentren besuchen
- Yoga, Meditation, autogenes Training, Körpererfahrung
- Politische Veranstaltungen besuchen
- Konzerte, Oper und Theater besuchen
- Museen, Ausstellungen, Galerien besuchen
- In die Kirche gehen (Gottesdienst, Messe, Andacht)
- Gewerkschaftsarbeit machen, Mitarbeit im Betriebs- oder Personalrat

1.4 Gesellschaftspolitische Lager (Politikstile)

Grundeinstellungen zu verschiedenen Aspekten des gesellschaftlichen und politischen Lebens. Vorgabe von 45 Statements (Listen) mit einer vierstufigen Skala (trifft überhaupt nicht zu; trifft eher nicht zu; trifft eher zu; trifft ganz genau zu), auf der die Befragten das Maß ihrer Zustimmung bzw. Ablehnung angeben sollten; Abfragedauer: 12 Min.

- Wenn man heute als Bürger politisch etwas erreichen will, muß man die Dinge selbst in die Hand nehmen.
- Ich finde es gut, wenn Leute für ihre politischen Ziele auf die Straße gehen.
- Ich glaube, daß es in einer Bürgerinitiative menschlicher zugeht als sonst in der Politik.
- Politiker, die immer höflich und beherrscht sind, kann ich nicht leiden.
- Das Mitspracherecht der Arbeitnehmer an ihrem Arbeitsplatz muß sehr viel größer werden.
- Die Ausländer, die bei uns in Deutschland leben, sollten das Wahlrecht bekommen.
- Ich meine: Politik ist Männersache.
- Frauen sind genauso wie Männer geeignet, führende Positionen in der Gesellschaft einzunehmen.
- Das Profitdenken der Unternehmer steht einer Lösung des Arbeitslosenproblems im Wege.

- Es ist die Aufgabe des Staates, die sozial Schwachen unbedingt abzusichern.
- Die Gewerkschaften mit ihren überzogenen Forderungen behindern den wirtschaftlichen Aufschwung.
- Wenn es in einem Betrieb zu größeren Entlassungen kommt, sollten sich die Arbeitnehmer dagegen wehren, notfalls auch mit Streiks.
- Ich meine: Die Politiker sollen regieren und den Bürger in Ruhe lassen.
- Für mich gibt es wichtigere Dinge zu tun, als mich um Politik zu kümmern.
- Ich fühle mich ganz einfach überfordert, in der großen Politik mitreden zu können.
- In der Politik geschieht selten etwas, was dem kleinen Mann nützt.
- Es ist egal, welche Partei man wählt, ändern wird sich doch nichts.
- Moralische Grundsätze gelten heute in der Politik nichts mehr.
- Politiker können versprechen, was sie wollen, ich glaube ihnen nicht mehr.
- Ich fürchte, daß ich meinen heutigen Lebensstandard in den nächsten Jahren nicht aufrechterhalten kann.
- Ich meine, daß die Politiker viele Probleme unnötig verkomplizieren.
- Früher lebten die Menschen glücklicher, weil es noch nicht so viele Probleme gab.
- Es ist Aufgabe der Politik, den Bürgern ein Gefühl der Geborgenheit zu geben.
- Anstatt sich dauernd zu bekämpfen, sollten die Politiker lieber an einem Strang ziehen.
- Zu einem vertrauenswürdigen Politiker gehört für mich ein seriöses Auftreten.
- Von der Politik erwarte ich in erster Linie, daß sie den erreichten Lebensstandard sichert.
- In der heutigen Zeit muß sich jeder alleine durchsetzen und sollte nicht auf die Hilfe anderer rechnen.
- Die meisten, die heutzutage im Leben nichts erreichen, sind selber schuld.
- Soziale Gerechtigkeit heißt für mich, daß jeder den Platz in der Gesellschaft erhält, den er aufgrund seiner Leistungen verdient.
- Wenn jemand genügend leistet, braucht er sich keine Sorgen um seinen Arbeitsplatz zu machen.
- Heutzutage brauchen wir in der Politik harte Männer.
- Ich sehe nicht ein, daß wir unseren hart erarbeiteten Wohlstand mit anderen teilen sollen.

- Um mit dem Ausländerproblem fertig zu werden, müssen unsere Behörden weit mehr Vollmachten als bisher erhalten.
- Wir Deutsche haben einige gute Eigenschaften, die andere Völker nicht haben.
- Gerade wir Deutsche sollten politisch verfolgten Menschen Asyl gewähren.
- Bei uns in der Bundesrepublik werden Ausländer bevorzugt und Deutsche benachteiligt.
- Ich finde es gut, wenn Angehörige vieler Nationen in einem Land zusammenleben.
- Wir sind ein reiches Land, weil wir fleißiger und tüchtiger sind als andere.
- Die vielen Flüchtlinge aus allen Teilen der Welt entwickeln sich zu einer ernsten Bedrohung für unser Land.
- Ich meine, Politik sollte von Profis gemacht werden.
- Politische Parteien sollten sich als Dienstleister für den Bürger verstehen.
- Ein Politiker verdient grundsätzlich Vertrauen, weil er sich um das Wohl der Allgemeinheit kümmert.
- Wirklich fähige Leute gehen nicht in die Politik, weil man dort nicht genug verdient.
- Politische Probleme sind durch kühlen Sachverstand zu lösen.
- Ich weiß genau, welches meine politische Partei ist, eine andere würde ich nie wählen.

1.5 Politische Partizipation

Grad des persönlichen Interesses für aktuelle Ereignisse aus der Politik und dem öffentlichen Leben; geschlossene Fragen mit fünf alternativen Antwortangaben (... sehr stark; ... stark; ... mittel; ... weniger oder; ... gar nicht?); Abfragedauer: 0,5 Min.

Parteisympathien. Kartensatz mit fünf politischen Parteien (CDU/CSU, SPD, FDP, Grüne, Republikaner), den die Befragten in eine Rangreihe ihrer Präferenz legen sollten, Abfragedauer: 2 Min.

Wahlentscheidung bei der Bundestagswahl 1987; geschlossene Frage mit neun alternativen Antwortvorgaben: Bei der vorletzten Bundestagswahl am 6. März 1987 habe ich gewählt CDU/CSU; SPD; FDP; Die Grünen; Andere Partei; habe nicht gewählt; War noch nicht wahlberechtigt; Erinnere mich nicht mehr; Abfragedauer: 0,5 Min.

Wahlentscheidung bei der Bundestagswahl 1990; geschlossene Frage mit

12 alternativen Antwortvorgaben: Bei der letzten Bundestagswahl am 2. Dezember 1990 habe ich gewählt CDU/CSU; SPD; FDP; Die Grünen; Linke Liste/PDS; Republikaner; Die Grauen; Andere Partei; habe nicht gewählt; War noch nicht wahlberechtigt; Erinnere mich nicht mehr; Abfragedauer: 0,5 Min.

1.6 Gesellschaftspolitische Traditionslinien

Gewerkschaftsmitgliedschaft des Vaters; offene Frage; Abfragedauer: 0,5 Min.

2. Soziale Lagen und Positionen

2.1 Vergemeinschaftungsform (Haushalts- und Familienformen)

Familienstand; geschlossene Frage mit vier alternativen Antwortvorgaben (ledig; verheiratet; verwitwet; geschieden/getrennt lebend); Abfragedauer: 0,5 Min.

Feste Beziehungen zu einem Partner/einer Partnerin; offene Frage; Abfragedauer: 0,5 Min.

Derzeitige Wohnform (mit Partner/in, bei Eltern/Kindern, WG, allein); geschlos- sene Frage mit vier alternativen Antwortmöglichkeiten; Abfragedauer: 0,5 Min.

Anzahl der ständig im Haushalt lebenden Personen; offene Frage; Abfragedauer: 0,5 Min.

Alterszusammensetzung des Haushalts (Anzahl der Personen in bestimmten Altersgruppen: Kinder unter 3 Jahren; Kinder von 3 bis 5 Jahren; Kinder von 6 bis 13 Jahren; Kinder von 14 bis 17 Jahren; Personen ab 18 Jahren); offene Fragen; Abfragedauer: 1 Min.

2.2 Vergemeinschaftungsstatus (Geschlecht, Alter, Religionsgemeinschaft)

Geschlecht; Angabe wurde von dem/der Interviewer/in notiert
Alter; offene Frage; Abfragedauer: 0,5 Min.

Konfession/Religionsgemeinschaft; geschlossene Frage mit vier alternativen Antwortmöglichkeiten (evangelisch; katholisch; andere Konfession; keine Konfession); Abfragedauer: 0,5 Min.

2.3 Sozialstatus des Partners/der Partnerin (Soziales, kulturelles und ökonomisches Kapital)

Derzeitige Tätigkeit (sozialrechtliche Stellung) des Partners/der Partnerin; geschlossene Frage mit 11 alternativen Antwortvorgaben (voll berufstätig [mindestens 35 Wochenstunden]; teilweise berufstätig [20 bis 34 Wochenstunden]; Hausfrau/Hausmann mit Nebenerwerbstätigkeit [unter 20 Wochenstunden]; Hausfrau/Hausmann ohne Berufsausübung; nur von Fall zu Fall oder von ›Job zu Job‹ berufstätig; zur Zeit arbeitslos; Rentner, Pensionär; in Berufsausbildung, Lehrling [auch Fachschule]; Schüler; Student; Wehrpflichtiger, Zivildienstleistender); Abfragedauer: 0,5 Min.

Derzeitiger bzw. zuletzt ausgeübter Beruf des Partners/der Partnerin; offene Frage (die Angaben wurden nach dem zweistelligen Code der amtlichen Berufsstatistik vercodet); Abfragedauer: 0,5 Min.

2.4 Territoriales Milieu (Region, Wohnort, Wohnung)

Größe des Wohngebäudes (Anzahl der Wohnungen im Haus); Angabe wurde von dem/der Interviewerin notiert

Ortsgröße (politisch); Die Angaben zur Wohnortgröße und zum Bundesland wurden aus der Ortskennziffer (Sample Points) ermittelt
Bundesland

2.5 Sozialstatus des/der Befragten (Kulturelles und ökonomisches Kapital)

Höchster erreichter Schulabschluß; geschlossene Frage mit sieben alternativen Antwortmöglichkeiten (Volks-/Hauptschule; Mittel-/Realschule oder Gymnasium/Oberschule;ohne Abschluß verlassen; mittlere Reife; Fachabitur; Abitur; Fachhochschul-/Hochschulzugangsberechtigung; über den zweiten Bildungsweg, z. B. Immaturenprüfung; keinen Abschluß); Abfragedauer: 0,5 Min.

Höchster beruflicher Abschluß; geschlossene Frage mit sechs alternativen Antwortmöglichkeiten (Anlernausbildung; Lehre; Fachschulabschluß, z. B. auch Meister- und Technikerschulen; Fachhochschulstudium mit Abschluß; Hochschulstudium mit Abschluß; keinen Berufsabschluß und nicht in Ausbildung); Abfragedauer: 0,5 Min.

Derzeitige Tätigkeit (sozialrechtliche Stellung); geschlossene Frage mit 12 alternativen Antwortmöglichkeiten (voll berufstätig [mindestens 35 Wochenstunden, auch Frauen im Mutterschutz oder Erziehungsjahr]; teilweise berufstätig [20 bis 34 Wochenstunden, auch Frauen im Mutterschutz oder Erziehungsjahr]; Hausfrau/Hausmann mit Nebenerwerbstätigkeit [unter 20 Wochenstunden]; nur von Fall zu Fall oder von ›Job zu Job‹ berufstätig; zur Zeit arbeitslos; Rentner, Pensionär, früher berufstätig gewesen; nicht mehr berufstätig, aber früher einmal berufstätig; in Berufsausbildung, Lehrling [auch Fachschule]; Schüler; Student; Wehrpflichtiger, Zivildienstleistender; noch nie berufstätig und zur Zeit auch nicht in Ausbildung, sowie Rentner/Pensionär, wenn früher nie berufstätig); Abfragedauer: 0,5 Min.

Derzeit bzw. zuletzt ausgeübter Beruf; offene Frage (die Angaben wurden nach dem zweistelligen Code der amtlichen Berufsstatistik verschlüsselt); Abfragedauer: 0,5 Min.

Tätigkeitsfeld im Beruf; geschlossene Frage mit 17 alternativen Antwortvorgaben (Herstellen, z. B. Anbauen, Züchten, Fördern, Verarbeiten, Kochen; Maschinen einstellen, warten, z. B. technische Anlagen bedienen, einrichten, warten; Reparieren; z. B. Ausbessern, Restaurieren, Erneuern; Transportieren, z. B. Personen, Güter; Handel treiben, z. B. Kaufen/Verkaufen, Kassieren, vermitteln, Kunden beraten, Verhandeln, Werben; Büro- und Verwaltungsaufgaben, z. B. Schreibarbeiten, Formulararbeiten, Kalkulieren, Berechnen, Buchen, Büroarbeiten an Bildschirmen; Datenverarbeitung, z. B. Programmieren, Tätigkeiten am Computer/am PC, Dateneingabe an Bildschirmen; Technisch planen, forschen, z. B. Prüfen, Messen, Konstruieren, Entwerfen, Zeichnen; Wissenschaftlich forschen, z. B. Untersuchen, Erfinden, Entdecken; Leiten, z. B. Koordinieren, Organisieren, Führen, Management; Ausbilden, z. B. Erziehen, Lehren; Informieren, z. B. Beraten, Publizieren, Unterhalten, Vortragen; Helfen/Pflegen, z. B. Medizinisch oder kosmetisch behandeln, individuelle soziale Dienstleistungen; Bewirten/Beherbergen, z. B. Arbeiten in Gaststätten, Hotels; Entsorgen, z. B. Reinigen, Abfall beseitigen; Sichern, Bewachen, Überwachen, z. B. Arbeitssicherheit, Verkehr regeln und überwachen; Sonstiges); Abfragedauer: 1 Min.

Derzeitige bzw. letzte berufliche Stellung; geschlossene Frage mit 26 alternativen Antwortmöglichkeiten (Arbeiter: Ungelernte/angelernte Arbeiter [ohne bzw. ohne abgeschlossene Lehre], Landarbeiter, Facharbeiter mit Lehre/nicht selbständige Handwerker, Vorarbeiter/Kolonnenführer, Meister/Poliere/Handwerksmeister; Angestellte: Leitende Angestellte mit umfassenden Führungsaufgaben [z. B. Direktor, Geschäftsführer, Vorstände größerer Betriebe], Leitende Angestellte [z. B. Abteilungsleiter, Prokurist, Dipl.-Ingenieur, wissenschaftlicher Mitarbeiter], Qualifizierte Angestellte [z. B. Sachbearbeiter, Buchhalter, Technischer Zeichner, Techniker, Krankenschwester, Sozialarbeiter], Ausführende Angestellte [z. B. Verkäufer, Schreibkraft], Industrie- und Werkmeister im Angestelltenverhältnis, Haus- und Dienstpersonal; Beamte [einschließlich Richter, Berufssoldaten], im einfachen Dienst [bis einschließlich Oberamtsmeister], im mittleren Dienst [z. B. Assistent, Hauptsekretär, Amtsinspektor], im gehobenen Dienst [z. B. Amtmann, Amtsrat, Volks-, Haupt-, Realschullehrer], im höheren Dienst [z. B. Assessor, Studienrat, Hochschullehrer, Regierungsrat, Regierungsdirektor, Richter], Berufssoldaten; Selbständige Landwirte im Vollerwerbsbetrieb: große [20 ha und mehr/80 Morgen und mehr], mittlere [5 ha bis 20 ha/20 bis 80 Morgen] kleine [bis 5 Morgen/bis 20 Morgen]; Selbständige und mithelfende Familienangehörige: Kleinere Selbständige [z. B. Einzelhändler mit kleinem Geschäft, Handwerker mit eigenem Handwerksbetrieb], Mittlere Selbständige [z. B. Einzelhändler mit großen Geschäft, Hauptvertreter], Größere Selbständige [z. B. Fabrikbesitzer]; Freie Berufe: selbständige Akademiker [z. B. Ärzte, Apotheker, Architekten, Anwälte], mithelfende Familienangehörige in der Landwirtschaft, mithelfende Familienangehörige außerhalb der Landwirtschaft; Auszubildende: Berufsausbildung/Lehrling); Abfragedauer: 1 Min.

Quellen des Lebensunterhaltes; geschlossene Frage mit zehn Antwortmöglichkeiten (zwei Nennungen möglich: Eigene Erwerbs-/Berufstätigkeit; Eigene Rente/Pension; Arbeitslosengeld; Arbeitslosenhilfe; Unterhalt durch Eltern; Unterhalt durch (Ehe-)Partner; Eigenes Vermögen, Vermietung, Zinsen, Altenteil; Sozialhilfe und sonstige Unterstützungen; Bafög/Stipendium; Rente des Ehepartners/Witwenrente); Abfragedauer: 1 Min.

Persönliches Netto-Einkommen (monatlich); geschlossene Frage mit 12 alternativen Antwortmöglichkeiten (unter 480 DM; 480 bis unter 1000 DM; 1000 bis unter 1500 DM; 1500 bis unter 2000 DM; 2000 bis unter 2500 DM; 2500 bis unter 3000 DM; 3000 bis unter 3500 DM; 3500 bis unter 4000 DM; 4000 bis unter 5000 DM; 5000 bis unter 7000 DM; 7000 bis unter 10 000 DM; 10 000 DM und mehr); Abfragedauer: 1 Min.

Haushalts-Netto-Einkommen (monatlich); geschlossene Frage mit 12 alternativen Antwortmöglichkeiten (Liste wie bei persönlichem Nettoeinkommen); Abfragedauer: 1 Min.

2.6 Sozialstatus der Eltern und Großeltern
(Intergenerationelle Mobilität)

Höchster Schulabschluß des Vaters und der Mutter; geschlossene Frage mit sieben alternativen Antwortvorgaben (Volks-/Hauptschule; Mittel-/Realschule oder Gymnasium/Oberschule ohne Abschluß verlassen; mittlere Reife; Abitur/Fachabitur; Hochschulstudium/Fachhochschulstudium mit Abschluß; Keinen Schulabschluß; weiß nicht/Abschluß unbekannt); Abfragedauer: 1 Min.

Letzte berufliche Stellung des Vaters, der Mutter und der beiden Großväter; geschlossene Frage mit 26 alternativen Antwortvorgaben (Liste wie bei derzeitiger oder letzter beruflicher Stellung des Befragten, s.o.; falls sich die Berufe nicht zuordnen ließen, wurde die genaue Berufsbezeichnung erfragt und notiert); Abfragedauer: 2 Min.

Fragebogen insgesamt   60 Min.

Literatur

Adorno, Theodor W./Frenkel-Brunswick, Else/Levinson, Daniel J./Sanford, R. Nevitt 1950: The Authoritarian Personality. New York/Evanston/London.
Adorno, Theodor W. 1963: Veblens Angriff auf die Kultur, in: ders., Prismen. Kulturkritik und Gesellschaft, München.
Adorno, Theodor W. 1973: Studien zum autoritären Charakter, Frankfurt am Main.
Alheit, Peter 1992: Kultur und Gesellschaft. Plädoyer für eine kulturelle Neomoderne, Bremen.
Alisch, Monika/zum Felde, Wolfgang 1992: Zur Bedeutung des Raumes für Lebensbedingungen und Lebensstile von Bewohnern innenstadtnaher Nachbarschaften in Hamburg, in: Hradil 1992a, S. 173-194.
Allardt, Erik/Littunen, Yrjö (Hg.) 1964: Cleavages, Ideologies and Party Systems, Helsinki.
Althusser, Louis 1977: Ideologie und ideologische Staatsapparate, Berlin.
Anhut, Reimund/Heitmeyer, Wilhelm (Hg.) 2000: Bedrohte Stadtgesellschaft. Weinheim.
Arbeiterselbsthilfe Frankfurt 1980: Anders leben – Anders arbeiten, Bd. 1, Oberursel.
Arbeitsgruppe Armut und Unterversorgung 1990: Die Körner in den Pferdeäpfeln sättigen nicht die Spatzen, in: Frankfurter Rundschau, 25. 5. 1990, S. 32.
Arbeitsgruppe Bielefelder Soziologen (Hg.) 1980: Alltagswissen, Interaktion und gesellschaftliche Wirklichkeit 1 + 2, Opladen.
Atteslander, Peter/Hamm, Bernd (Hg.) 1974: Materialien zur Siedlungssoziologie, Köln.

Bachelard, Gaston 1988 [1934]: Der neue wissenschaftliche Geist, Frankfurt am Main.
Backhaus, K./Erichson, B./Plinke, W./Schuchard-Ficher, C./Weiber, R. 1987: Multivariate Analysemethoden, Berlin.
Baethge, Martin 1991: Arbeit, Vergesellschaftung, Identität – Zur zunehmenden Subjektivierung der Arbeit, in: Zapf 1991, S. 260-278.
Baethge, Martin/Hantschke, Brigitte/Pelull, Wolfgang/Voskamp, Ulrich 1988: Jugend: Arbeit und Identität. Lebensperspektiven und Interessenorientierungen von Jugendlichen, Opladen.
Baethge, Martin/Denkinger, Joachim/Kadritzke, Ulf 1995: Das Führungskräfte-Dilemma. Manager und industrielle Experten zwischen Unternehmen und Lebenswelt, Frankfurt am Main.
Bahrdt, Hans Paul 1962: Artikel ›Die Angestellten‹, ›Die Industriearbei-

ter‹, ›Die Beamten‹, in: Marianne Feuersenger (Hg.), Frankfurt am Main.
Ballerstedt, Eike/Glatzer, Wolfgang 1979: Soziologischer Almanach, Frankfurt am Main/New York.
Barnett, Lincoln 1950: Einstein und das Universum, Amsterdam.
Bausinger, Susanne 1990: Milieubiographie Reutlingen, Manuskript, Tübingen.
Beck, Ulrich 1983: Jenseits von Klasse und Stand? Soziale Ungleichheiten, gesellschaftliche Individualisierungsprozesse und die Entstehung neuer sozialer Formationen und Identitäten, in: Kreckel 1983, S. 35-74.
Beck, Ulrich 1986: Risikogesellschaft. Auf dem Weg in eine andere Moderne, Frankfurt am Main.
Beck, Ulrich 1993: Vom Verschwinden der Solidarität, in: Süddeutsche Zeitung, 14./15. Februar 1993.
Beck, Ulrich/Giddens, Anthony/Lash, Scott 1996: Reflexive Modernisierung, Frankfurt/Main.
Beck, Ulrich/Sopp, Peter (Hg.) 1997: Individualisierung und Integration, Opladen.
Becker, Ulrich/Becker, Horst/Ruhland, Walter 1992: Zwischen Angst und Aufbruch. Das Lebensgefühl der Deutschen in Ost und West nach der Wiedervereinigung, Düsseldorf.
Becker, Ulrich/Nowak, Horst 1982: Lebensweltanalyse als neue Perspektive der Meinungs- und Marketingforschung, in: E. S. O. M. A. R.-Kongreß 1982, Bd. 2, S. 247-267.
Becker, Ulrich/Nowak, Horst 1985: ›Es kommt der ›neue‹ Konsument«. Analysen, Thesen, Vermutungen, Modelle. Werte im Wandel, in: form – Zeitschrift für Gestaltung, H. 111, S. 14.
Bedau, Klaus-Dietrich 1988: Einkommensverteilung, in: Krupp/Schupp 1988, S. 61-87.
Beer, Max 1971 [1931]: Allgemeine Geschichte des Sozialismus und der sozialen Kämpfe, Erlangen.
Beer, Ursula 1989: Geschlecht, Struktur, Geschichte. Soziale Konstituierung des Geschlechterverhältnisses, Frankfurt am Main.
Beer, Ursula 1992: Das Geschlechterverhältnis in der ›Risikogesellschaft‹, Überlegungen zu den Thesen von Ulrich Beck, in: Feministische Studien, H. 1, S. 99-104.
Bell, Daniel 1985 [1973]: Die nachindustrielle Gesellschaft, Frankfurt am Main [The Coming of Post-Industrial Society. A Venture in Social Forecasting, New York].
Bendix, Reinhard/Lipset, Seymour Martin (Hg.) 1953: Class, Status and Power. A Reader in Social Stratification, Glencoe/Illinois.
Berger, Johannes (Hg.) 1986: Die Moderne – Kontinuitäten und Zäsuren, Göttingen (Soziale Welt – Sonderband 4).
Berger, Peter A. 1986: Entstrukturierte Klassengesellschaft? Klassenbil-

dung und Strukturen sozialer Ungleichheit im historischen Wandel, Opladen.
Berger, Peter A. 1987: Klassen und Klassifikationen. Zur ›neuen Unübersichtlichkeit« in der soziologischen Ungleichheitsdiskussion, in: Kölner Zeitschrift für Soziologie und Sozialpsychologie, 39. Jg., S. 40-58.
Berger, Peter A. 1987: Klassen und Klassifikationen. Zur ›neuen Unübersichtlichkeit« in der soziologischen Ungleichheitsdiskussion, in: Kölner Zeitschrift für Soziologie und Sozialpsychologie, 39. Jg., S. 40-58.
Berger, Peter A. 1988: Die Herstellung sozialer Klassifikationen, in: Leviathan, 16. Jahrgang, H. 4, S. 501-520.
Berger, Peter A. 1991: Von Bewegungen in zur Beweglichkeit von Strukturen. Provisorische Überlegungen zur Sozialstrukturanalyse im vereinten Deutschland, in: Soziale Welt, 42. Jg., H. 1, S. 68-92.
Berger, Peter 1996: Individualisierung, Opladen.
Berger, Peter A./Hradil, Stefan (Hg.) 1990a: Lebenslagen, Lebensläufe, Lebensstile, Göttingen (Soziale Welt – Sonderband 7).
Berger, Peter A./Hradil, Stefan 1990b: Die Modernisierung sozialer Ungleichheit – und die neuen Konturen ihrer Erforschung, in: dies. 1990a, S. 3-24.
Berger, Peter A./Sopp, Peter 1992: Bewegtere Zeiten? Zur Differenzierung von Erwerbsverlaufsmustern in Westdeutschland, in: Zeitschrift für Soziologie, 21. Jg., H. 3, S. 166-185.
Berger, Peter A./Vester, Michael (Hg.) 1998: Alte Ungleichheiten – neue Spaltungen, Opladen.
Bergmann, Joachim/Brandt, Gerhard/Körber, Klaus/Mohl, Ernst Theodor/Offe, Claus 1969: Herrschaft, Klassenverhältnis und Schichtung, in: Adorno, Theodor W. (Hg.): Spätkapitalismus oder Industriegesellschaft? Verhandlungen des 16. Deutschen Soziologentags, Stuttgart, S. 67-99.
Berking, Helmuth/Neckel, Sighard 1990: Die Politik der Lebensstile in einem Berliner Bezirk, in: Berger/Hradil 1990a, S. 481-500.
Berntsen, Roland/Hauser, Richard 1987: Strukturen der Einkommensverteilung von Haushalten und Personen, in: Krupp/Hanefeld 1987, S. 19-42.
Bertram, Hans 1992: Regionale Disparitäten, soziale Lage und Lebensführungen, in: Hradil 1992a, S. 123-150.
Bertram, Hans/Bayer, Hiltrud/Bauereiß, Renate 1993: Familienatlas, Lebenslagen und Regionen in Deutschland. Karten und Zahlen, Opladen.
Bertram, Hans/Bormann-Müller, Renate 1988: Individualisierung und Pluralisierung familialer Lebensformen, in: Aus Politik und Zeitgeschichte, B 13/88, S. 14-23.
Bertram, Hans/Dannenbeck, Clemens 1990: Pluralisierung von Lebens-

lagen und Individualisierung von Lebensführungen. Zur Theorie und Empirie regionaler Disparitäten in der Bundesrepublik Deutschland, in: Berger/Hradil 1990a, S. 207-229.

Betz, Hans-Georg 1992: Wahlenthaltung und Wählerprotest im westeuropäischen Vergleich, in: Aus Politik und Zeitgeschichte, B 19/92, S. 31-41.

Beywl, Wolfgang 1991: Selbstorganisierte Betriebe im Kontext neuer sozialer Bewegungen. Zum sichtbaren Teil der alternativen Ökonomie, in: Roth/Rucht 1991, S. 280-297.

Bialas, Christiane/Ettl, Wilfried 1993: Wirtschaftliche Lage, soziale Differenzierung und Probleme der Interessenorganisation in den neuen Bundesländern, in: Soziale Welt, 44. Jg., H. 1, S. 52-74.

BIBB 1988: Gesamtdokumentation des Fachkongresses über ›Neue Berufe – Neue Qualifikationen« vom 07. bis 09. Dezember 1988 in Berlin.

Bickel, Cornelius 1990: ›Gemeinschaft« als kritischer Begriff bei Tönnies, in: Schlüter/Clausen 1990, S. 17-46.

von Bismarck, Klaus 1957: Kirche und Gemeinde in soziologischer Sicht, Zeitschrift für evangelische Ethik, H. 1, 1957, S. 17-31.

Blasius, Jörg/Winkler, Joachim 1989: Gibt es die ›feinen Unterschiede«?, in: Kölner Zeitschrift für Soziologie und Sozialpsychologie, 41. Jg., S. 72-94.

Blauner, Robert, 1964: Alienation and Freedom. The Factory Worker and His Industry, Chicago/London.

Blossfeld, Hans-Peter 1984a: Bildungsexpansion und Tertiarisierungsprozeß: Eine Analyse der Entwicklung geschlechtsspezifischer Arbeitsmarktchancen von Berufsanfängern unter Verwendung eines loglinearen Pfadmodells, in: Zeitschrift für Soziologie, 13. Jg., H. 1, S. 20-44.

Blossfeld, Hans-Peter 1984b: Bildungsreform und Beschäftigung der jungen Generation im öffentlichen und privaten Sektor, in: Soziale Welt, 35. Jg., S. 159-189.

Blossfeld, Hans-Peter 1985: Bildungsexpansion und Berufschancen, Frankfurt am Main/New York.

Blossfeld, Hans-Peter 1989: Kohortendifferenzierung und Karriereprozeß. Eine Längsschnittstudie über die Veränderung der Bildungs- und Berufschancen im Lebensverlauf, Frankfurt am Main/New York.

Boguslawski, Gerd-Uwe/Irrek, Bodo (Hg.) 1985: Ohne Utopien kann der Mensch nicht leben. Beiträge zur Gewerkschaftsarbeit, Göttingen.

Bolte, Karl Martin (Hg.) 1979: Materialien aus der soziologischen Forschung – Verhandlungen des 18. Deutschen Soziologentages, Darmstadt/Neuwied.

Bolte, Karl Martin 1990: Strukturtypen sozialer Ungleichheit. Soziale

Ungleichheit in der Bundesrepublik Deutschland im historischen Vergleich, in: Berger/Hradil 1990a, S. 27-50.

Bolte, Karl-Martin/Hradil, Stefan 1988: Soziale Ungleichheit in der Bundesrepublik Deutschland, Opladen.

Bortz, Jürgen 1989: Statistik. Für Sozialwissenschaftler, Berlin, Heidelberg, New York.

Bourdieu, Pierre 1971a: Genèse et structure du champ religieux, in: Revue française de Sociologie, XII, 1971, S. 295-334.

Bourdieu, Pierre 1971b: Une interprétation de la théorie de la religion selon Max Weber, in: Archives Européennes de Sociologie, XII, 1971/1, S. 3-21.

Bourdieu, Pierre 1974: Zur Soziologie der symbolischen Formen, Frankfurt am Main.

Bourdieu, Pierre 1982 [1979]: Die feinen Unterschiede. Kritik der gesellschaftlichen Urteilskraft, Frankfurt am Main.

Bourdieu, Pierre 1985: Sozialer Raum und ›Klassen‹. Leçon sur la leçon, Frankfurt am Main.

Bourdieu, Pierre 1987 [1980]: Sozialer Sinn. Kritik der theoretischen Vernunft, Frankfurt am Main.

Bourdieu, Pierre 1991a: Politisches Kapital als Differenzierungsprinzip im Staatssozialismus, in: ders., Die Intellektuellen und die Macht, hg. v. Irene Dölling, Hamburg 1991, S. 33-39.

Bourdieu, Pierre 1991b: Physischer, sozialer und angeeigneter physischer Raum, in Wentz 1991, S. 25-34

Bourdieu, Pierre 1992 [1983]: Ökonomisches Kapital – Kulturelles Kapital – Soziales Kapital, in: Bourdieu, Pierre 1992: Die verborgenen Mechanismen der Macht. Schriften zu Politik und Kultur 1, hg. v. Margareta Steinrücke, Hamburg.

Bourdieu, Pierre 1997: Die männliche Herrschaft, in: Dölling, Irene/Krais, Beate (Hg.): Ein alltägliches Spiel. Geschlechterkonstruktion in der sozialen Praxis, Frankfurt am Main, S. 153-217.

Bourdieu, Pierre/Boltanski, Luc/de Saint-Martin, Monique/Maldidier, Pierre 1981a: Titel und Stelle, Frankfurt am Main.

Bourdieu, Pierre/Boltanski, Luc/Castel, Robert/Chamboredon, Jean-Claude/Lagneau, Gérard/Schnapper, Dominique 1981b [1965]: Eine illegitime Kunst. Die sozialen Gebrauchsweisen der Photographie, Frankfurt am Main.

Bourdieu, Pierre/Chamboredon, Jean-Claude/Passeron, Jean-Claude 1991 [1968]: Soziologie als Beruf. Wissenschaftstheoretische Voraussetzungen soziologischer Erkenntnis, Berlin/New York.

Bourdieu, Pierre u. a. 1997 [1993]: Das Elend der Welt. Zeugnisse und Diagnosen alltäglichen Leidens an der Gesellschaft, Konstanz [La misère du monde, Paris].

Brand, Karl-Werner/Büsser, Detlef/Rucht, Dieter 1983: Aufbruch in eine andere Gesellschaft. Neue soziale Bewegungen in der Bundesrepublik, Frankfurt am Main.

Brand, Karl-Werner/Büsser, Detlef/Rucht, Dieter 1986: Aufbruch in eine andere Gesellschaft. Neue soziale Bewegungen in der Bundesrepublik, Frankfurt am Main [2., aktualisierte Neuauflage].

Brandt, Arno/Jüttner, Wolfgang/Weil, Stephan (Hg.) 1991: Das EXPO-Projekt. Weltausstellung und Stadtzukunft, Hannover.

Brandt, Gerhard 1961: Die Neue Linke in England, in: ›neue kritik – informationen‹ [Frankfurt], H. 6, S. 22-30.

Bremer, Helmut 1999: Soziale Milieus und Bildungsurlaub. Angebote, Motivationen und Barrieren der Teilnahme am Programm von ›Arbeit und Leben Niedersachsen e. V.‹, Hannover: agis texte 22.

Bremer, Helmut/Vester, Michael/Teiwes-Kügler, Christel/Wiebke, Gisela 1999: Das Forschungsprojekt, in: Vögele, Wolfgang/Vester, Michael (Hg.), Kirche und Milieus der Gesellschaft, Bd. 1: Vorläufiger Abschlußbericht der Studie (Loccumer Protokolle, Bd. 56/1999 I), Loccum 1999, S. 36-265.

Brose, Hans-Georg (Hg.) 1985: Berufsbiographien im Wandel, Opladen.

Brosius, Gerhard 1988: SPSS/PC + Basics und Graphics, Hamburg, New York.

Brosius, Gerhard 1989: SPSS/PC + Advanced Statistics und Tables, Hamburg, New York.

Budde, Rüdiger/Eckey, Hans-Friedrich/Klemmer, Paul/Lageman, Bernhard/Schrumpf, Heinz 1991: Die Regionen der fünf neuen Bundesländer im Vergleich zu den anderen Regionen der Bundesrepublik, Essen (Untersuchungen des Rheinisch-Westfälischen Instituts für Wirtschaftsforschung, H. 3).

Buitkamp, Martin/Gaisreiter, Stephan 2000: Verfahren zur Einstufung sozialer Belastung und zur Planstellenverteilung im Kommunalen Sozialdienst (KSD). Endbericht des Forschungsprojektes ›Sozialstrukturanalyse im Rahmen einer Neuordnung des Kommunalen Sozialdienstes (KSD) der Landeshauptstadt Hannover‹, Hannover.

Bundeszentrale für politische Bildung (Hg.) 1990: Umbrüche in der Industriegesellschaft, Bonn (Schriftenreihe der Bundeszentrale für politische Bildung, Bd. 284).

Bürklin, Wilhelm/Rebenstorf, Hilke u. a. 1997: Eliten in Deutschland. Rekrutierung und Integration, Opladen.

Buttler, Friedrich/Stooß, Friedemann 1992: Europäischer Wirtschaftsraum – wachsender Qualifikationsbedarf, in: Schlaffke 1992.

Cassirer, Ernst 1969 [1905]: Substanzbegriff und Funktionsbegriff, Darmstadt.

Clarke, John 1979: Stil, in: Clarke/Hall u. a. 1979, S. 133-157.

Clarke, John/Jefferson, Tony 1976: Jugendliche Subkulturen in der

Arbeiterklasse, in: Ästhetik und Kommunikation, 7. Jg., H. 24, S. 48-61.
Clarke, John/Hall, Stuart u. a. 1979: Jugendkultur als Widerstand. Milieus, Rituale, Provokationen, hg. von Axel Honneth, Frankfurt am Main.
Clemens, Bärbel 1989: Zur Anlage und Strukturierung unserer Tiefeninterviews, Forschungsprojekt ›Sozialstrukturwandel und neue soziale Milieus«: Arbeitspapier Nr. 16, Hannover.
Clemens, Bärbel 1990a, Mein feministischer Alltag: Die Zeichnungen von Franziska Becker, in: Forschungsprojekt ›Sozialstrukturwandel und neue soziale Milieus«, Arbeitsheft Nr. 3, Hannover, S. 5-27.
Conze, Werner 1966: Vom ›Pöbel« zum ›Proletariat«, in: Hans-Ulrich Wehler (Hg.), Moderne deutsche Sozialgeschichte, Köln – Berlin 1966, S. 111-136.
Conze, Werner/Lepsius, M. Rainer (Hg.) 1983: Sozialgeschichte der Bundesrepublik Deutschland, Stuttgart.
Cyba, Eva 1985: ›Schließungsstrategien und Abteilungsmythen‹, in: Östereichische Zeitschrift für Soziologie, 16. Jg., H. 1, S. 25-42.
Cyba, Eva 1993: Überlegungen zu einer Theorie geschlechtsspezifischer Ungleichheit, in: Frerichs/Steinrücke 1993a, S. 33-49.

Dahme, Heinz-Jürgen/Rammstedt, Ottheim (Hg.) 1983: Georg Simmel. Schriften zur Soziologie, Frankfurt am Main.
Dahrendorf, Ralf 1957: Soziale Klassen und Klassenkonflikt in der industriellen Gesellschaft, Stuttgart.
Dahrendorf, Ralf 1959 [1958]: Ein Versuch zur Geschichte, Bedeutung und Kritik der Kategorie der sozialen Rolle, Köln-Opladen.
Dahrendorf, Ralf 1961: Homo Sociologicus, Köln.
Dahrendorf, Ralf 1994: Der moderne soziale Konflikt. Essay zur Politik der Freiheit, München.
Dalton, Russell J. 1984: Cognitive Mobilization and Partisan Alignment in Advanced Industrial Democracies, in: Journal of Politics, vol. 46 (2), S. 264-284.
Dangschat, Jens/Blasius, Jörg (Hg.) 1994: Lebensstile in Städten. Konzepte und Methoden, Opladen.
Das Haus (Hg.) 1986: Wohnwelten in Deutschland., Offenburg.
Das Haus (Hg.) 1989: Wohnwelten in Deutschland 2, Offenburg [Autoren: Ulrich Becker, Berthold Flaig, Sinus].
Deppe, Frank, 1971: Das Bewußtsein der Arbeiter, Köln.
Der Bundesminister für Bildung und Wissenschaft (Hg.) 1989: Das soziale Bild der Studentenschaft in der Bundesrepublik Deutschland. 12. Sozialerhebung des Deutschen Studentenwerkes, Bonn.
Der Bundesminister für Bildung und Wissenschaft (Hg.) 1991: Grund- und Strukturdaten 1991/92, Bonn.

Der Minister für Arbeit, Gesundheit und Soziales des Landes Nordrhein-Westfalen (Hg.) 1984: Alternative Betriebe in Nordrhein-Westfalen. Bestandsaufnahme und Beschreibung von alternativ-ökonomischen Projekten in NRW (verfaßt von Wolfgang Beywl, Hartmut Brombach und Matthias Engelbert), Bonn.

Détraz, Albert, 1965: L'ouvrier consommateur, in: Leo Hamon (Hg.), Les nouveaux comportements politiques de la classe ouvrière, Paris.

Deutscher Städtetag 1979: Hinweise zur Arbeit in sozialen Brennpunkten, in: Reihe D, DST-Beiträge zur Sozialpolitik, H. 10, Köln.

Deutsches Jugendinstitut (Hg.) 1988: Wie geht‹s der Familie? Ein Handbuch zur Situation der Familien heute, München.

Diezinger, Angelika 1991: Frauen: Arbeit und Individualisierung. Chancen und Risiken. Eine empirische Untersuchung anhand von Fallgeschichten, Opladen.

Döhring, Herbert/Smith, Gordon (Hg.) 1982: Party Government and Political Culture in West Germany, London.

Döring, Diether/Hanesch, Walter/Huster, Ernst-Ulrich (Hg.) 1990: Armut im Wohlstand, Frankfurt am Main.

Dümcke, Wolfgang/Vilmar, Fritz (Hg.) 1996: Kolonialisierung der DDR. Kritische Analysen und Alternativen des Einigungsprozesses, Münster.

Durkheim, Émile 1988 [1893/1902]: Über soziale Arbeitsteilung, Frankfurt am Main.

Durkheim, Émile 1961 [1894/1895]: Die Regeln der soziologischen Methode, Neuwied.

Durkheim, Émile 1983 [1897]: Der Selbstmord, Frankfurt am Main.

Eder, Klaus (Hg.) 1989a: Klassenlage, Lebensstil und kulturelle Praxis, Frankfurt am Main.

Eder, Klaus 1989b: Klassentheorie als Gesellschaftstheorie. Bourdieus dreifache kulturtheoretische Brechung der traditionellen Klassentheorie, in: ders. 1989a, S. 15-43.

Elias, Norbert 1970: Was ist Soziologie?, München.

Elias, Norbert 1976: Über den Prozeß der Zivilisation, 2 Bde., Frankfurt am Main.

Elias, Norbert 1991: Die Gesellschaft der Individuen, Frankfurt am Main.

empirica 1988: Die wirtschaftlichen Auswirkungen der Entwicklung zum Binnenmarkt auf Sektoren und Regionen der Bundesrepublik Deutschland, Bonn, 10 Bde.

Engels, Friedrich [1887]: Anti-Dühring, in: Marx-Engels-Werke, Bd. 20, Berlin.

Engler, Wolfgang 1999: Die Ostdeutschen, Berlin: Aufbau.

Erd, Rainer/Jacobi, Otto/Schumm, Wilhelm (Hg.) 1986: Strukturwandel in der Industriegesellschaft, Frankfurt am Main.

Erdheim, Mario 1988: Die gesellschaftliche Produktion von Unbewußtheit, Eine Einführung in den psychoanalytischen Prozeß, Frankfurt am Main.

Erikson, Erich H. 1966: Identität und Lebenszyklus, Frankfurt am Main.

Esping-Andersen, Gösta 1990: The Three Worlds of Welfare Capitalism, Oxford.

Esping-Andersen, Gösta 1993: Changing Classes. Stratification and Mobility in Post-Industrial Societies, London.

Eysenck, Hans J. 1952: The Scientific Study of Personality, New York.

Eysenck, Hans J. 1960: The Structure of Human Personality, New York (2. Aufl.).

Feist, Ursula 1992: Niedrige Wahlbeteiligung – Normalisierung oder Krisensymptom der Demokratie in Deutschland?, in: Starzacher u. a. 1992, S. 40-57.

Feist, Ursula/Krieger, Hubert 1987: Alte und neue Scheidelinien des politischen Verhaltens. Eine Analyse zur Bundestagswahl 1987, in: Aus Politik und Zeitgeschichte, B 12/87, S. 33-47.

Feuersenger, Marianne (Hg.) 1962: Gibt es noch ein Proletariat?, Frankfurt am Main.

Fischer, Wolfram 1978: Struktur und Funktion erzählter Lebensgeschichten, in: Kohli 1978, S. 311-336.

Flaig, Berthold Bodo/Meyer, Thomas/Ueltzhöffer, Jörg 1993: Alltagsästhetik und politische Kultur: Bonn.

Frerichs, Petra 1997: Klasse und Geschlecht 1. Arbeit. Macht. Anerkennung. Interessen, Opladen.

Frerichs, Petra/Steinrücke, Margareta (Hg.) 1993a: Soziale Ungleichheit und Geschlechterverhältnisse, Opladen.

Frerichs, Petra/Steinrücke, Margareta 1993b: Frauen im sozialen Raum. Offene Forschungsprobleme bei der Bestimung ihrer Klassenposition, in: dies. 1993a, S. 191-205.

Freud, Sigmund 1976 [1931]: Über libidinöse Typen, in: Gesammelte Werke, Bd. XIV, Frankfurt am Main [5. Auflage], S. 509-513.

Friedrich-Ebert-Stiftung (Hg.) [verantw.: Thomas Meyer] 1993: Lernen für Demokratie. Politische Weiterbildung für eine Gesellschaft im Wandel, 4 Bde., Bonn.

Friedrichs, Jürgen 1983: Stadtanalyse. Soziale und räumliche Organisation der Gesellschaft, Opladen.

Friedrichs, Jürgen (Hg.) 1985: Die Städte in den 80er Jahren. Demographische, ökonomische und technologische Entwicklungen, Opladen.

Friedrichs, Jürgen (Hg.) 1988: Soziologische Stadtforschung, Opladen.

Friedrichs, Jürgen 1989: Gesellschaftlicher Wandel, Hauptreferat auf dem ›Wiener Stadtentwicklungs-Symposium‹ 13./14. November 1989 in Wien, in: Wiener Stadtentwicklungs-Symposium 1989, Wien, Bd. 2.
Friedrichs, Jürgen (Hg.) 1998: Die Individualisierungsthese, Opladen.
Friedrichs, Jürgen/Häußermann, Hartmut/Siebel, Walter (Hg.) 1986: Süd-Nord-Gefälle in der Bundesrepublik?, Opladen.
Fromm, Erich 1970: Analytische Sozialpsychologie und Gesellschaftstheorie, Frankfurt am Main.
Fromm, Erich 1983: Arbeiter und Angestellte am Vorabend des Dritten Reiches. Eine sozialpsychologische Untersuchung, bearb. u. hg. von Wolfgang Bonß, München.

Gächter, Ernst K. 1988: Die Quartiere der Stadt Bern und ihre Struktur – eine Untersuchung mit quantitativen Methoden, in: Berner geographische Mitteilungen, S. 51-69.
Galbraith, John Kenneth 1956: Der amerikanische Kapitalismus im Gleichgewicht der Wirtschaftskräfte, Stuttgart [American Capitalism. The Concept of Countervailing Power, Boston 1952].
Galbraith, John Kenneth 1959: Gesellschaft im Überfluß, München/Zürich [The Affluent Society, Harmondsworth 1958].
Galbraith, John Kenneth 1992: Die Herrschaft der Bankrotteure. Der wirtschaftliche Niedergang Amerikas, Hamburg [The Culture of Contentment, Boston 1992].
Gans, H. 1993: From ›underclass‹ to ›undercaste‹. Some observations about the future of the post-industrial economy and its major victims, in: International Journal of Urban and regional Research, S. 327-335.
Gardemin, Daniel 1998: Mentalitäten der ›neuen Mitte«. Forschungsbericht, Hannover: agis.
Gaus, Günter 1986: Wo Deutschland liegt. Eine Ortsbestimmung, München.
Gehrke, Birgit/Legler, Harald 1993: Die Umweltwirtschaft im Großraum Hannover, in: NIW 1993, S. 119-149.
Geiger, Theodor 1932a: Die Mittelschichten und die Sozialdemokratie, in: Die Arbeit, 8. Jg., Berlin, S. 619-635.
Geiger, Theodor 1932b: Die soziale Schichtung des deutschen Volkes, Stuttgart.
Geiger, Theodor 1933a: Soziale Gliederung der deutschen Arbeitnehmer, in: Archiv für Sozialwissenschaften und Sozialpolitik, Bd. 69, Tübingen, S. 151-188.
Geiger, Theodor 1933b: Statistische Analyse der wirtschaftlich Selbständigen, in: Archiv für Sozialwissenschaften und Sozialpolitik, Bd. 69, Tübingen, S. 407-439.
Geiger, Theodor 1949: Die Klassengesellschaft im Schmelztiegel, Köln/Hagen.

Geiger, Theodor 1948/1949: Über Soziometrik und ihre Grenzen, in: Kölner Zeitschrift für Soziologie und Sozialpsychologie, 1. Jg., S. 292-302.

Geiger, Theodor 1962a: Arbeiten zur Soziologie, hg. von Paul Trappe, Neuwied/Berlin-Spandau.

Geiger, Theodor 1962b: Eine dynamische Analyse der sozialen Mobilität, in: ders. 1962a, S. 100-113.

Geiger, Theodor 1962c: Typologie und Mechanik der gesellschaftlichen Fluktuation, in: ders. 1962a, S. 114-167.

Geiger, Theodor 1962d: Theorie der sozialen Schichtung, in: ders. 1962a, S. 186-205.

Geiling, Heiko 1985: Die moralische Ökonomie des frühen Proletariats. Die Entstehung der hannoverschen Arbeiterbewegung aus den arbeitenden und armen Volksklassen bis 1875, Frankfurt am Main.

Geiling, Heiko 1988: ›Keine Gardinenpredigt« – Zur Wohnkultur neuer sozialer Milieus in Hannover, in: Forschungsjournal Neue Soziale Bewegungen, H. 3, S. 55-57.

Geiling, Heiko 1989: Milieubiographie Hannover, Manuskript, Hannover.

Geiling, Heiko 1990a: Zur Hermeneutik sozialer Distinktionen, in: Forschungsprojekt ›Sozialstrukturwandel und neue soziale Milieus«, Arbeitsheft Nr. 2, Hannover, S. 7-14.

Geiling, Heiko 1990b: Hartenholm 1988 – Woodstock des traditionslosen Arbeitermilieus. Ein Beitrag zur modernen Arbeiterkultur am Beispiel der ›Werner«-Comics von Brösel, in: ›Sozialstrukturwandel und neue soziale Milieus«, Arbeitsheft Nr. 2, Hannover, S. 17-39.

Geiling, Heiko 1990c: Die feinen ›68er und kein Ende? Cartoons und Karikaturen von Gerhard Seyfried, in: Forschungsprojekt ›Sozialstrukturwandel und neue soziale Milieus«, Arbeitsheft Nr. 3, Hannover, S. 29-45.

Geiling, Heiko 1990d: Ob Provinz oder Provinzmetropole: ›Die Wüste lebt« – Anmerkungen zu ›Bewegungsmilieus‹ in Reutlingen, Oberhausen und Hannover, in: Forschungsjournal Neue Soziale Bewegungen, H. 3, S. 46-56.

Geiling, Heiko 1990e: Thesen zum Lebensstil- und Wertewandel als ›Metamorphose‹ der Klassengesellschaft, in: Loccumer Protokolle 6/90, S. 57-66.

Geiling, Heiko 1990f: Zum ›ganzheitlichen‹ Typus, Forschungsprojekt ›Sozialstrukturwandel und neue soziale Milieus«: Arbeitspapier, Hannover.

Geiling, Heiko 1996: Das andere Hannover. Jugendkultur zwischen Rebellion und Integration in der Großstadt, Hannover.

Geiling, Heiko/Hermann, Thomas 1991: Epochenwechsel – Anmerkungen zu politischen Mentalitäten und sozialen Strukturen in Hannover, in: Brandt/Jüttner/Weil 1991, S. 188-197.

Geiling, Heiko/Vester, Michael 1991: Die Spitze eines gesellschaftlichen Eisbergs. Sozialstrukturwandel und neue soziale Milieus, in: Roth/Rucht 1991, S. 237-260.

Geiling, Heiko/Schwarzer, Thomas 1999: Abgrenzung und Zusammenhalt. Zur Analyse sozialer Milieus in Stadtteilen Hannovers, Hannover: agis texte.

Geißler, Heiner 1976: Die neue soziale Frage, Freiburg i. Br.

Geißler, Rainer 1985: Die Schichtungssoziologie von Theodor Geiger. Zur Aktualität eines fast vergessenen Klassikers, in: Kölner Zeitschrift für Soziologie und Sozialpsychologie, 37. Jg., H. 3, S. 387-410.

Geißler, Rainer 1992a: Die Sozialstruktur Deutschlands, Opladen.

Geißler, Rainer 1992b: Die ostdeutsche Sozialstruktur unter Modernisierungsdruck, in: Aus Politik und Zeitgeschichte, B 29-30/92, S. 15-28.

Geißler, Rainer (Hg.) 1994: Soziale Schichtung und Lebenschancen in Deutschland, Stuttgart.

Geißler, Rainer 1996: Kein Abschied von Klasse und Schicht. Ideologische Gefahren der deutschen Sozialstrukturanalyse, in: Kölner Zeitschrift für Soziologie und Sozialpsychologie, Jg. 48, S. 319-338.

Gerhard, Uta/Schütze, Yvonne (Hg.) 1988: Frauensituation, Frankfurt am Main.

GEW Niedersachsen 1989: Erziehung und Wissenschaft Niedersachsen, Ausgabe 1/89.

Georg, Werner 1998: Soziale Lage und Lebensstil. Eine Typologie, Opladen.

Giddens, Anthony 1997 [1994]: Jenseits von Links und Rechts. Die Zukunft radikaler Demokratie, Frankfurt/Main.

Giddens, Anthony 1999: Der dritte Weg – die Erneuerung der sozialen Demokratie, Frankfurt am Main.

Giegel, Hans-Joachim 1989: Distinktionsstrategie oder Verstrickung in die Paradoxien gesellschaftlicher Umstrukturierung? Die Stellung der neuen sozialen Bewegungen im Raum der Klassenbeziehungen, in: Eder 1989a, S. 143-187.

Giesen, Bernd/Leggewie, Claus 1991: Sozialwissenschaften vis-à-vis, in: dies. (Hg.), Experiment Vereinigung. Ein sozialer Großversuch, Berlin.

Glatzer, Wolfgang 1984: Einkommensverteilung und Einkommenszufriedenheit, in: Glatzer/Zapf 1984, S. 45-72.

Glatzer, Wolfgang/Zapf, Wolfgang (Hg.) 1984: Lebensqualität in der Bundesrepublik. Objektive Lebensbedingungen und subjektives Wohlbefinden, Frankfurt am Main/New York.

Gluchowski, Peter 1987: Lebensstile und Wandel der Wählerschaft in der

Bundesrepublik Deutschland, in: Aus Politik und Zeitgeschichte, B 12/87, S. 18-32.
Gluchowski, Peter 1988: Freizeit und Lebensstile. Plädoyer für eine integrierte Analyse von Freizeitverhalten, Erkrath.
Goldthorpe, John H./Lockwood, David/Bechhofer, Frank/Platt, Jennifer 1968: The Affluent Worker. Industrial Attitudes and Behaviour, London, Cambridge University Press [Der ›wohlhabende‹ Arbeiter in England, München 1970/1971].
Gorz, André 1965: Work and Consumption, in: Anderson, Perry/Blackburn, Robin (Hg.), Towards Socialism, London.
Gorz, André 1980: Abschied vom Proletariat. Jenseits des Sozialismus, Frankfurt am Main.
Gottschall, Karin 2000: Soziale Ungleichheit und Geschlecht, Opladen.
Grathoff, Richard/Sprondel, Walter M. (Hg.) 1976: Maurice Merleau-Ponty und das Problem der Struktur in den Sozialwissenschaften, Stuttgart.
Grathoff, Richard 1989: Milieu und Lebenswelt. Einführung in die phänomenologische Soziologie und in die sozial-phänomenologische Forschung, Frankfurt am Main.
Günther, Wolfgang (Hg.) 1981: Sozialer und politischer Wandel in Oldenburg, Oldenburg.

Habermas, Jürgen 1962: Strukturwandel der Öffentlichkeit. Untersuchungen zu einer Kategorie der bürgerlichen Gesellschaft, Neuwied.
Habermas, Jürgen 1988: Theorie des kommunikativen Handelns, 2 Bde., Frankfurt am Main.
Haller, Max 1983: Theorie der Klassenbildung und sozialen Schichtung, Frankfurt am Main/New York.
Haller, Max/Müller, Walter (Hg.) 1983: Beschäftigungssystem im gesellschaftlichen Wandel, Frankfurt am Main/New York.
Handl, Johann 1993: Zur Berücksichtigung von Frauen in der empirisch arbeitenden Mobilitäts- und Schichtungsforschung, in: Frerichs/Steinrücke 1993a, S. 13-29.
Handl, Johann/Mayer, Karl Ulrich/Müller, Walter 1977: Klassenlagen und Sozialstruktur, Frankfurt am Main/New York.
Hartmann, Michael 1996: Top-Manager. Die Rekrutierung einer Elite, Frankfurt am Main.
Hartmann, Michael 1998: Homogenität und Stabilität – Die soziale Rekrutierung der deutschen Wirtschaftselite im europäischen Vergleich, in: Berger/Vester (Hg.) 1998.
Hasenpflug, Henry/Kowalke, Hartmut 1991: Gedanken zur wirtschaftlichen Gliederung der ehemaligen DDR, in: Zeitschrift für Wirtschaftsgeographie, H. 2, S. 68-82.

Häußermann, Hartmut/Siebel, Walter 1995: Dienstleistungsgesellschaften, Frankfurt am Main.
Heilmann, Dieta 1989: Gesellschaftliche Wahrnehmungs- und Klassifikationsschemata in der Werbung – dargestellt an ausgewählten Beispielen, Diplomarbeit am Institut für Politische Wissenschaft der Universität Hannover, Hannover.
Heine, Hartwig/Mautz, Rüdiger 1988: Haben Industriefacharbeiter besondere Probleme mit dem Umweltthema?, in: Soziale Welt, 39. Jg., H. 2, S. 123-143.
Heinze, Rolf G./Voelzkow, Helmut/Hilbert, Josef 1992: Strukturwandel und Strukturpolitik in Nordrhein-Westfalen, Opladen (Schriften des Instituts Arbeit und Technik, Bd. 3).
Heiß und Kalt 1986: Die Jahre 1945-69. Ein BilderLeseBuch, Berlin.
Heitmeyer, Wilhelm (Hg.) 1997: Was treibt die Gesellschaft auseinander? Frankfurt am Main.
Hennig, Eike 1991a: Wahlen in Kassel 1989-1991. Eine Aggregatdatenanalyse der Kommunalwahl vom 12. 03. 1989, Europawahl vom 18. 06. 1989, Bundestagswahl vom 02. 12. 1990 und Landtagswahl vom 20. 01. 1991 in Verbindung mit Sozialstrukturdaten insbesondere der Volkszählung vom 25. 05. 1987. Eine Studie im Auftrag der Stadt Kassel, Kassel.
Hennig, Eike 1991b: Die Republikaner im Schatten Deutschlands, Frankfurt am Main.
Henrich, Rolf 1989: Der vormundschaftliche Staat. Vom Versagen des real existierenden Sozialismus, Reinbek.
Herlyn, Ulfert 1991: Marginalisierte Gruppen in der Stadt. Langfassung des Vortrags auf dem Symposium ›Die Zukunft der Großstadt/The Future of the Medium-Sized City‹ der Universitäten Bristol und Hannover zum 750. Stadtjubiläum vom 23.-26. 05. 1991 in Hannover, Manuskript, Hannover.
Herlyn, Ulfert/Lakemann, Ulrich/Lettko, Barbara 1991: Armut und Milieu. Benachteiligte Bewohner in großstädtischen Quartieren, Basel.
Hermann, Thomas 1988: Sozialstruktur und Wertewandel-Kritik der empirischen Ansätze zur Untersuchung der neuen sozialen Bewegungen, Hannover (Bd. 1 der Schriftenreihe des Instituts für Politische Sozialforschung IPSO, Hannover).
Hermann, Thomas 1989a: Entwurf einer Berufssystematik zur Rekonstruktion und Analyse des Raums der sozialen Positionen, Forschungsprojekt ›Sozialstrukturwandel und neue soziale Milieus‹: Arbeitspapier Nr. 13, Hannover.
Hermann, Thomas 1989b: Vergleichsliste für 163 Berufsgruppen und Berufsordnungen für die Volks- und Berufszählungen 1950, 1961, 1970 und 1987 sowie die Mikrozensuserhebungen (1973 ff.), Forschungs-

projekt ›Sozialstrukturwandel und neue soziale Milieus‹: Arbeitspapier Nr. 14, Hannover.

Hermann, Thomas 1990: ›Neue Berufe« im Raum der sozialen Positionen, in: Forschungsjournal Neue Soziale Bewegungen, H. 3, S. 33-43.

Hermann, Thomas 1992a: Die sozialen und politischen Strukturen Hannovers in kleinräumlicher Gliederung 1987/1990, hg. vom Niedersächsischen Sozialministerium, der Landeshauptstadt Hannover und dem Kommunalverband Großraum Hannover, Hannover, Bd. I: Bericht, Bd. II: Materialien (Beiträge zur regionalen Entwicklung, H. 30.1 und 30.2).

Hermann, Thomas 1992b: Politikverdrossenheit, Wahlenthaltung und Krise der Volksparteien in Hannover. Analysen zur Kommunalwahl vom 6. Oktober 1991, zur EXPO-BürgerInnenbefragung vom Juni 1992 und zur Lage der SPD eineinhalb Jahre vor der niedersächsischen Landtagswahl 1994, als Manuskript vervielfältigt, Hannover.

Hermann, Thomas 1992c: Die soziale Spaltung der Stadt. Bevölkerungsentwicklung und soziale Strukturen in der Stadt Hannover anhand ausgewählter Beispiele, in: Mayer, Jörg, Die Produktion von Stadt-Land-Schaft II, Rehburg-Loccum, S. 103-141 (Loccumer Protokolle 58/92, hg. von der Evangelischen Akademie Loccum).

Hettlage, Robert (Hg.) 1990: Die Bundesrepublik. Eine historische Bilanz, München.

Hickel, Rudolf/Huster, Ernst-Ulrich/Kohl, Heribert (Hg.) 1993: Umverteilen. Schritte zur sozialen und wirtschaftlichen Einheit Deutschlands, Köln.

Hirsch, Joachim/Roth, Roland 1986: Das neue Gesicht des Kapitalismus. Vom Fordismus zum Post-Fordismus, Hamburg.

Hochschule der Künste Berlin (Hg.) 1988: Fächergruppe Designwissenschaft, Objektalltag – Alltagsobjekte, Berlin.

Hochschule der Künste Berlin (Hg.) 1991: Fächergruppe Designwissenschaft, Lebens-Formen: Alltagsobjekte als Darstellung von Lebensstilveränderungen am Beispiel der Wohnung und Bekleidung der ›Neuen Mittelschichten«, Berlin (HdK Materialien 1/1991)

Hombach, Bodo 1998, Aufbruch. Die Politik der Neuen Mitte, Düsseldorf.

Hörning, Karl H./Michailow, Matthias 1990: Lebensstil als Vergesellschaftungsform. Zum Wandel von Sozialstruktur und sozialer Integration, in: Berger/Hradil 1990a, S. 501-521.

Hofmann, Michael 1995a: Die Leipziger Metallarbeiter, in: Vester u. a. 1995, S. 136-192.

Hofmann, Michael 1995b: Die Kohlearbeiter von Espenhain, in: Vester u. a. 1995, S. 91-135.

Hofmann, Michael/Rink, Dieter 1993: Die Auflösung der ostdeutschen Arbeitermilieus, in: Aus Politik und Zeitgeschichte, B 26-27.

Hofstätter, Peter R. 1962: Faktorenanalyse, in: König 1962, Bd. 1.

Hollstein, Walter/Penth, Boris 1980: Alternativprojekte. Beispiele gegen die Resignation, Reinbek.

Homma, Norbert/Ueltzhoeffer, Joerg 1991: The Internationalization of Every-Day-Life-Research. Markets and Milieux, in: Esomar-Kongreßbericht 1991, Stockholm.

Hopf, Christel 1978: Die Pseudo-Exploration – Überlegungen zur Technik qualitativer Interviews in der Sozialforschung, in: Zeitschrift für Soziologie, 7. Jg., H. 2, S. 97-115.

Hradil, Stefan 1983: Die Ungleichheit der ›Sozialen Lage‹, in: Kreckel 1983a, S. 101-118.

Hradil, Stefan (Hg.) 1985: Sozialstruktur im Umbruch, Opladen.

Hradil, Stefan 1987: Sozialstrukturanalyse in einer fortgeschrittenen Gesellschaft. Von Klassen und Schichten zu Lagen und Mileus, Opladen.

Hradil, Stefan 1990a: Individualisierung, Pluralisierung, Polarisierung, Was ist von den Schichten und Klassen geblieben?, in: Hettlage 1990, S. 111-138.

Hradil, Stefan 1990b: Epochaler Umbruch oder ganz normaler Wandel? Wie weit reichen die neueren Veränderungen der Sozialstruktur in der Bundesrepublik?, in: Bundeszentrale für Politische Bildung 1990, S. 73-99.

Hradil, Stefan 1990c: Postmoderne Sozialstruktur? Zur empirischen Relevanz einer ›modernen‹ Theorie sozialen Wandels, in: Berger/Hradil 1990a, S. 125-150.

Hradil, Stefan (Hg.) 1992a: Zwischen Bewußtsein und Sein. Die Vermittlung ›objektiver‹ und ›subjektiver‹ Lebensweisen, Opladen.

Hradil, Stefan 1992b: Alte Begriffe und neue Strukturen. Die Milieu-, Subkultur- und Lebensstilforschung der 80er Jahre, in: ders. 1992a, S. 15-55.

Hradil, Stefan 1999: Soziale Ungleichheit in Deutschland, 7. Aufl., Opladen.

Hübinger, Werner 1996: Prekärer Wohlstand. Neue Befunde zu Armut und sozialer Ungleichheit, Freiburg i. Br.

Huinink, Johannes/Mayer, Karl Ulrich 1993: Lebensverläufe in der DDR-Gesellschaft, in: Joas/Kohli 1993.

Husserl, Edmund 1968: Phänomenologische Psychologie, Den Haag.

Huster, Ernst-Ulrich 1993: Schroffe Segmentierung in Ost und West. Die doppelt gespaltene Entwicklung in Deutschland, in: Hickel/Huster/Kohl 1993, S. 15-38.

Huster, Ernst-Ulrich (Hg.) 1997: Reichtum in Deutschland. Die Gewinner der sozialen Polarisierung, Frankfurt am Main.

Inglehart, Ronald 1977: The Silent Revolution. Changing Values and Political Styles among Western Publics, Princeton.

Jackson, Brian 1972 [1968]: Working Class Community. Some general notions raised by a series of studies in northern England, Harmondsworth.

Jaide, Walter 1988: Generationen eines Jahrhunderts. Wechsel der Jugendgenerationen im Jahrhunderttrend. Zur Sozialgeschichte der Jugend in Deutschland 1871-1985, Opladen.

Jahoda, Marie/Lazarsfeld, Paul F./Zeisel, Hans 1975: Die Arbeitslosen von Marienthal. Ein soziographischer Versuch über die Wirkungen langandauernder Arbeitslosigkeit, Frankfurt am Main.

Jaerisch, Ursula 1975: Sind Arbeiter autoritär? Zur Methodenkritik politischer Psychologie, Frankfurt am Main.

Joas, Hans/Kohli, Martin (Hg.) 1993: Der Zusammenbruch der DDR, Frankfurt am Main.

Jürke, Erhard 1988: Vision und Realpolitik. Die britische Independent Labour Party im Lernprozeß (1893-1914), Frankfurt am Main.

Jurczyk, Karin/Rerrich, Maria S. 1993: Die Arbeit des Alltags. Beiträge zu einer Soziologie der alltäglichen Lebensführung, Freiburg i. Br.

Kaase, Max 1984: The Challenge of the ›Participation Revolution‹, in: International Political Science Review, vol. 5 (3), S. 299-318.

Kampmann, Ricarda 1991: Großstädte im Wandel – eine Analyse der Auswirkungen regionaler und sektoraler Entwicklungstendenzen, in: RWI-Mitteilungen. Zeitschrift für Wirtschaftsforschung, 42. Jg., S. 215 bis 248.

Karl, Frank D. (Hg.) 1991: Die Älteren. Zur Lebenssituation der 55-bis 75jährigen. Eine Studie der Institute Infratest Sozialforschung, Sinus und Horst Becker, Bonn.

Karr, Werner/Leupoldt, Rudolf 1976: Strukturwandel des Arbeitsmarktes 1950 bis 1970 nach Berufen und Sektoren, Nürnberg (Beiträge aus der Arbeitsmarkt- und Berufsforschung Bd. 5).

Karrer, Dieter 1998: Die Last des Unterschieds: Biographie, Lebensführung und Habitus von Arbeitern und Angestellten im Vergleich, Opladen.

Kaschuba, Wolfgang/Korff, Gottfried/Warneken, Bernd Jürgen (Hg.) 1991: Arbeiterkultur seit 1945 – Ende oder Veränderung, Tübingen.

Katz, M. 1995: Improving poor people. The welfare state, the ›underclass‹, and urban schoools as history, Princeton.

Keller, Mario 1988: Rund um den Freiheitsbaum. Die Bewegung von unten und ihr Sprecher Mathias Metternich in der Zeit der Mainzer Republik (1789-1799), Frankfurt am Main.

Kern, Horst/Schumann, Michael 1970: Industriearbeit und Arbeiterbewußtsein, Frankfurt am Main.
Kern, Horst/Schumann, Michael 1982: Arbeit und Sozialcharakter: Alte und neue Konturen, Vortrag bei 21. Deutschen Soziologentag, in: SOFI-Mitteilungen, Nr. 7.
Kern, Horst/Schumann, Michael 1985: Das Ende der Arbeitsteilung? Rationalisierung in der industriellen Produktion, München.
Kirchheimer, Otto 1965: Der Wandel des westeuropäischen Parteiensystems, in: Politische Vierteljahresschrift, 6. Jg., H. 1, S. 20-41.
Klemm, Olaf 1991: Wohnstile und soziale Milieus in der Werbung. Ein empirischer Vergleich, Diplomarbeit am Institut für Politische Wissenschaft der Universität Hannover, Hannover.
Kohli, Martin (Hg.) 1978: Soziologie des Lebenslaufs, Darmstadt/Neuwied.
Konietzka, Dirk 1997: ›Verberuflichung‹ und ›Destandardisierung‹, Berlin (Dissertation FU).
König, René (Hg.) 1962 ff.: Handbuch der empirischen Sozialforschung, Stuttgart.
Korsch, Karl 1967 [1938]: Karl Marx, Frankfurt, Wien.
Krais, Beate 1980: Der deutsche Akademiker und die Bildungsexpansion oder: die Auflösung einer Kaste, in: Soziale Welt, 31. Jg, H. 1, S. 68-87.
Kreckel, Reinhard 1982: Class, Status and Power? Begriffliche Grundlagen für eine politische Soziologie der sozialen Ungleichheit, in: Kölner Zeitschrift für Soziologie und Sozialpsychologie, 34. Jg., H. 4, S. 617-648.
Kreckel, Reinhard (Hg.) 1983: Soziale Ungleichheiten, Göttingen (Soziale Welt – Sonderband 2).
Kreckel, Reinhard 1992: Politische Soziologie sozialer Ungleichheit, Frankfurt am Main/New York.
Kreckel, Reinhard 1993: Doppelte Vergesellschaftung und geschlechtsspezifische Arbeitsmarktstrukturierung, in: Frerichs/Steinrücke 1993a, S. 51-63.
Kreutz, Henrik 1985: Eine Alternative zur Industriegesellschaft? Alternative Projekte in der Bewährungsprobe des Alltags (unter Mitarbeit von Gerhard Fröhlich und Heinz Dieter Maly), Nürnberg (Beiträge zur Arbeitsmarkt- und Berufsforschung BeitrAB 86).
Kretschmar, Albrecht 1991: Zur sozialen Lage der DDR-Bevölkerung, Teil 1 und 2, in: Biss publik, H. 5, S. 38-116.
Krovoza, Alfred/Leithäuser, Thomas 1970: Vorwort zu: Vester 1970a, S. 12-16.
Krüger, Helga 2000: Ein expandierender Arbeitsmarkt mit sieben Siegeln, in: Frankfurter Rundschau, 16. 2. 2000, S. 11.
Krupp, Hans-Jürgen/Hanefeld, Ute (Hg.) 1987: Lebenslagen im Wandel: Analysen 1987, Frankfurt am Main/New York.

Krupp, Hans-Jürgen/Schupp, Jürgen (Hg.) 1988: Lebenslagen im Wandel: Daten 1987, Frankfurt am Main/New York.
Kruse, Wilfried/Kühnlein, Gertrud/Paul-Kohlhoff, Angela/Strauss, Jürgen 1989: Berufsausbildung im Wandel – Neue Aufgaben für die Berufsschule, Gutachten für die Max-Träger-Stiftung, Frankfurt am Main (MTS-Script Nr. 3).
Kruse, Wilfried/Lichte, Rainer 1991a: Milieubiographie Oberhausen, Manuskript, Dortmund.
Kruse, Wilfried/Lichte, Rainer (Hg.) 1991b: Krise und Aufbruch in Oberhausen. Zur Lage der Stadt und ihrer Bevölkerung am Ausgang der achtziger Jahre, Oberhausen.
Kühr, Herbert (Hg.) 1979: Vom Milieu zur Volkspartei. Funktionen und Wandlungen der Parteien im kommunalen und regionalen Bereich, Königstein/Ts.

Lämmert, Eberhard (Hg.) 1982: Erzählforschung, Ein Symposium, Stuttgart.
Lamnek, Siegfried 1989: Qualitative Sozialforschung, Bd. 2: Methoden und Analysen, München.
Landeshauptstadt Hannover 1987: Neukonzeption Unterkunftsgebiete, Beschlußdrucksache Nr. 1183/87, Hannover.
Landeshauptstadt Hannover (Hg.) 1988: Warum Menschen Hannover verlassen und in die Stadt zuziehen. Ergebnisse einer schriftlichen Befragung, Hannover (Schriftenreihe zur Stadtentwicklung, Bd. 38).
Landeshauptstadt Hannover 1990: Fragebogen zur kommunalen Repräsentativerhebung 1990, Hannover.
Landeshauptstadt Hannover 1991a: Hannover aus der Sicht seiner Bewohner 1990. Gesamtergebnisse der Repräsentativerhebung 1990 und Vergleichsdaten aus früheren Erhebungen, Hannover (Schriften zur Stadtentwicklung Bd. 51).
Landeshauptstadt Hannover 1991b: Ergebnistabellen der Repräsentativerhebung 1990 nach Prognosebezirken (unveröffentlichte Tabellenausdrucke des Referats für Stadtentwicklung), Hannover.
Landeshauptstadt Hannover 1991c: Zukünftige Entwicklung der Schüler im berufsbildenden Schulwesen in der Stadt und im Großraum Hannover. Modellentwicklung, Implementation, Prognose bis zum Jahr 2000, Gutachten des Niedersächsischen Instituts für Wirtschaftsforschung e. V. (NIW) im Auftrag des Referats für Stadtentwicklung, Hannover (Schriften zur Stadtentwicklung Bd. 53).
Landeshauptstadt Hannover 1992: Stadtteilbezogene Bewertungen durch die Bewohner. Ergebnisse aus der Repräsentativerhebung 1990 mit Vergleichsdaten aus früheren Erhebungen, Hannover.
Landeshauptstadt Hannover/Landkreis Hannover/Zweckverband Großraum Hannover (Hg.) 1988: Die Bevölkerungsentwicklung im

Landkreis Hannover und in der Landeshauptstadt Hannover von 1821 bis 1987, Sonderband des Statistischen Vierteljahresberichts Hannover, 87. Jahrgang, Hannover.

Landeshauptstadt Hannover/Landkreis Hannover/Zweckverband Großraum Hannover (Hg.) 1989a: Volks- und Berufszählung 1987 in der Landeshauptstadt Hannover und im Landkreis Hannover nach Statistischen Bezirken, Sonderband des Statistischen Vierteljahresberichts Hannover, 88. Jg., Hannover.

Landeshauptstadt Hannover/Landkreis Hannover/Zweckverband Großraum Hannover (Hg.) 1989b: Gebäude- und Wohnungszählung 1987 in der Landeshauptstadt Hannover und im Landkreis Hannover nach Statistischen Bezirken, Sonderband des Statistischen Vierteljahresberichts Hannover, 88. Jg., Hannover.

Landeshauptstadt Hannover/Landkreis Hannover/Zweckverband Großraum Hannover (Hg.) 1989c: Räumliche Gliederung der amtlichen Statistik im Großraum Hannover, Hannover.

Landeshauptstadt Hannover/Landkreis Hannover/Zweckverband Großraum Hannover (Hg.) 1990: Arbeitsstättenzählung 1987 in der Landeshauptstadt Hannover und im Landkreis Hannover nach Statistischen Bezirken, Sonderband des Statistischen Vierteljahresberichts Hannover, 89. Jg., Hannover.

Landeshauptstadt Wiesbaden (Hg.) 1992: Sozialräumliche Ungleichheiten in Wiesbaden 1987, Wiesbaden (Wiesbadener Stadtanalysen Nr. 7).

Lange, Andrea 1990a: Zum ›humanististisch-aktiven‹ Typus, Forschungsprojekt ›Sozialstrukturwandel und neue soziale Milieus«: Arbeitspapier, Hannover.

Lange, Andrea 1990b: Zum ›erfolgsorientierten‹ Typus, Forschungsprojekt ›Sozialstrukturwandel und neue soziale Milieus«: Arbeitspapier, Hannover.

Lange, Andrea 1993: ›Man muß eben det Beste draus machen, Kopp in'n Sand stecken hilft nischt« – Strategien zur Bewältigung der ›Wende‹ am Beispiel von zwei Brandenburger Facharbeiterinnen, in: Frerichs/Steinrücke1993a, S. 117-144.

Lange, Andrea 1996: Mentalitätstraditionen in der Befreiungsgeschichte einer DDR-Ausreiserin, in: ›Bios‹, H. 2/1996, S. 233-253.

Lange-Vester, Andrea 2000: Kontinuität und Wandel des Habitus. Handlungsspielräume und Handlungsstrategien in der Geschichte einer Familie, Hannover (Dissertation).

Lange, Ingrid 1992: Schülerdemonstrationen in Hannover gegen den Golfkrieg. Eine empirische Untersuchung über politische Partizipation von Jugendlichen, Magisterarbeit im Fach Politische Wissenschaft an der Universität Hannover, Hannover.

Laplanche, J./Pontalis, J.-B. 1972 [1967]: Das Vokabular der Psychoanalyse, Frankfurt am Main.

Läpple, Dieter 1986: ›Süd-Nord-Gefälle‹ – Metapher für die räumlichen Folgen einer Transformationsphase: Auf dem Weg zu einem posttayloristischen Entwicklungsmodell?, in: Friedrichs/Häußermann/Siebel 1986, S. 97-116.

Leithäuser, Thomas 1997: Kinder in stabilen und instabilen Beziehungswelten, in: Journal für Psychologie, Jg. 5/H. 4, Dez. 1997, S. 3-26.

Lehmbruch, Gerhard 1996: Der Beitrag der Korporatismusforschung zur Entwicklung der Steuerungstheorie, in: Politische Vierteljahresschrift, 37. Jg., H. 4, Dezember 1996, S. 735-751.

Lepsius, M. Rainer 1973a [1966]: Parteiensystem und Sozialstruktur: zum Problem der Demokratisierung der deutschen Gesellschaft, in: Ritter, G. A. 1973, S. 56-80.

Lepsius, M. Rainer 1973b: Wahlverhalten, Parteien und politische Spannungen, in: Politische Vierteljahresschrift 1973, S. 295-313.

Lepsius, M. Rainer 1974: Sozialstruktur und soziale Schichtung in der Bundesrepublik Deutschland, in: Löwenthal/Schwarz 1974, S. 263-288.

Levy, Frank 1988: Dollars and Dreams: The Changing American Income Distribution, New York.

Lewin, Kurt 1953: Die Lösung sozialer Konflikte, Bad Nauheim.

Lewin, Kurt 1982 [1939]: Feldtheorie und Experiment in der Sozialpsychologie, in: Kurt-Lewin-Werkausgabe, Bd. 4 – Feldtheorie, S. 187 bis 213.

Liebau, Eckhart/Müller-Rolli, Sebastian (Hg.) 1985: Lebensstil und Lernform, Neue Sammlung, H. 25.

Liebau, Eckart 1987: Gesellschaftliches Subjekt und Erziehung. Zur pädagogischen Bedeutung der Sozialisationstheorien von Pierre Bourdieu und Ulrich Oevermann, Weinheim/München.

Lindig, Dieter 1990: Datenreport zum Thema ›Lebenslage der Bevölkerung der DDR vor und nach dem Umbruch‹, Berlin.

Lipset, Seymour Martin 1959: Democracy and Working Class Authoritarianism, in: American Sociological Review, XXIV, S. 482-501.

Lipset, Seymour Martin 1962 [1960]: Soziologie der Demokratie, Neuwied/Berlin.

Lipset, Seymour Martin/Rokkan, Stein (Hg.) 1967: Party Systems and Voter Alignments, New York.

Lockwood, David 1979 [1964]: Soziale Integration und Systemintegration, in: Zapf 1979, S. 124-137.

Lösche, Peter 1990: Einführung zum Forschungsprojekt ›Solidargemeinschaft und Milieu‹. Sozialistische Kultur- und Freizeitorganisationen in der Weimarer Republik, in: Walter 1990, S. 9-25.

Lösche, Peter (Hg.) 1990 ff.: Solidargemeinschaft und Milieu. Sozialistische Kultur- und Freizeitorganisationen in der Weimarer Republik, 3 Bde., Bonn.

Lösche, Peter/Walter, Franz 1992: Die SPD: Klassenpartei – Volkspartei – Quotenpartei, Darmstadt.

Lötsch, Manfred 1992: Soziale Strukturen als Wachstumsfaktoren und als Triebkräfte des wissenschaftlich-technischen Fortschritts, in: Deutsche Zeitschrift für Philosophie, 30 (1982) 6, S. 721 ff.

Lötsch, Ingrid/Lötsch, Manfred 1985: Soziale Strukturen und Triebkräfte. Versuch einer Zwischenbilanz und Weiterführung der Diskussion, in: Jahrbuch für Soziologie und Sozialpolitik, Berlin, S. 159 ff.

Löwenthal, Richard/Schwarz, Hans Peter (Hg.) 1974: Die zweite Republik. 25 Jahre BRD – eine Bilanz, Stuttgart.

Loll, Bernd-Uwe/Müller, Joachim 1990: Sozialräumliche Gliederung Hamburgs 1987, in: Hamburg in Zahlen, H. 3, S. 72-123.

Loll, Bernd-Uwe/Müller, Joachim 1991: Statistische Gebiete als kleinräumige Gliederungseinheiten Hamburgs, in: Hamburg in Zahlen, H. 4, S. 92-99.

Lucas, Erhard 1976: Arbeiterradikalismus, Frankfurt am Main.

Lucas, Erhard 1983: Vom Scheitern der deutschen Arbeiterbewegung, Frankfurt am Main.

Lüdtke, Hartmut 1989: Expressive Ungleichheit, Opladen.

Ludwig-Mayerhofer, Wolfgang 1996: Was heißt, und gibt es kumulative Arbeitslosigkeit? Untersuchungen zu Arbeitslosigkeitsverläufen über 10 Jahre, in: Zapf, Wolfgang/Schupp, Jürgen/Habich, Roland (Hg.) 1996, Lebenslagen im Wandel: Sozialberichterstattung im Längsschnitt, Frankfurt am Main/New York, S. 210-239.

Maas, Utz 1980: Kulturanalyse. Bibliographische Hinweise und Anmerkungen zu den Arbeiten des Birminghamer Centre for Contemporary Cultural Studies, in: OBST 16, S. 118-162.

Mansel, Jürgen/Brinkhoff, Klaus-Peter (Hg.) 1998: Armut im Jugendalter, Weinheim und München.

Marcuse, Herbert 1967 [1964]: Der eindimensionale Mensch. Studien zur Ideologie der fortgeschrittenen Industriegesellschaft, Darmstadt/Neuwied [One Dimensional Man. Studies in the Ideology of Advanced Industrial Society, London].

Marx, Karl 1974 [1844]: Zur Kritik der Hegelschen Rechtsphilosophie. Einleitung, in: Marx-Engels-Werke, Bd. 1, Berlin.

Marx, Karl/Engels, Friedrich 1959 [1848]: Manifest der Kommunistischen Partei, in: Marx-Engels-Werke, Bd. 4, Berlin.

Maslow, Abraham H. 1954: Motivation and Personality, New York [dt.: Motivation und Persönlichkeit, Olten 1977].

Matthias, Erich 1957: Kautsky und der Kautskyanismus. Die Funktion der Ideologie in der deutschen Sozialdemokratie vor dem Ersten Weltkrieg, in: Marxismusstudien, 2. Folge, Tübingen.

Matthiesen, Ulf (Hg.) 1998: Die Räume der Milieus. Neue Tendenzen in der sozial- und raumwissenschaftlichen Milieuforschung, in der Stadt- und Raumplanung, Berlin.

Mauke, Michael 1970: Die Klassentheorie von Marx und Engels, Frankfurt am Main.

Mauss, Marcel 1969: Cohésion sociale et divisions de la sociologie (Œuvres, 3.) Paris.

Mayer, Karl Ulrich (Hg.) 1990: Lebensverläufe und sozialer Wandel, Opladen.

Mayer, Karl Ulrich/Allmendinger, Jutta/Huinink, Johann (Hg.) 1991: Vom Regen in die Traufe, Berufsverläufe und Familienentwicklung von Frauen, Frankfurt am Main.

Mayer, Karl-Ulrich/Blossfeld, Hans-Peter 1990: Die gesellschaftliche Konstruktion sozialer Ungleichheit im Lebensverlauf, in: Berger/Hradil 1990a, S. 297-318.

Mayring, Philipp 1990: Einführung in die qualitative Sozialforschung: eine Anleitung zu qualitativem Denken, München.

Meinlschmidt, Gerhardt/Imme, Uwe/Kramer, Ramona 1990: Sozialstrukturatlas Berlin (West), hg. von der Senatsverwaltung für Gesundheit und Soziales, Berlin.

Merleau-Ponty, Maurice 1965 [1945]: Phänomenologie der Wahrnehmung, Berlin.

Metz-Göckel, Sigrid 1987: Die zwei (un)geliebten Schwestern. Zum Verhältnis von Frauenbewegung und Frauenforschung im Diskurs der neuen sozialen Bewegungen, in: Beer 1987, S. 25-57.

Meuschel, Sigrid 1992: Legitimation und Parteiherrschaft. Zum Paradox von Stabilität und Revolution in der DDR 1945-1989, Frankfurt am Main.

Meyer, Hansgünter (Hg.) 1992: Soziologen-Tag Leipzig 1991. Soziologie in Deutschland und die Transformation großer gesellschaftlicher Systeme, Berlin.

Meyer, Thomas u. a. (Hg.) 1992: Bürger – Parteien – Bewegungen. Krise oder Normalisierung, Bonn-Bad Godesberg.

Miegel, Meinhard 1983: Die verkannte Revolution (1). Einkommen und Vermögen der privaten Haushalte, Stuttgart.

Miller, Susanne/Ristau, Malte (Hg.) 1988: Gesellschaftlicher Wandel – Soziale Demokratie –125 Jahre SPD, Köln.

Mills, C. Wright 1956: The Power Elite, Oxford.

Misselwitz, Hans 1996: Nicht länger mit dem Gesicht nach Westen. Das neue Selbstbewußtsein der Ostdeutschen, Bonn.

Moore, Barrington 1969: Soziale Ursprünge von Diktatur und Demokratie, Frankfurt am Main.

Moore, Barrington 1982: Ungerechtigkeit. Die sozialen Ursachen von Unterordnung und Widerstand, Frankfurt am Main.

Mooser, Joseph 1983: Abschied von der ›Proletarität‹. Sozialstruktur und

Lage der Arbeiterschaft in der Bundesrepublik in historischer Perspektive, in: Conze/Lepsius 1983, S. 143-186.

Mooser, Joseph 1984: Arbeiterleben in Deutschland 1900-1970, Frankfurt am Main.

Muchembled, Robert 1984 [1978]: Kultur des Volks– Kultur der Eliten. Die Geschichte einer erfolgreichen Verdrängung, Stuttgart.

Mückenberger, Ulrich/Schmidt, Eberhard/Zoll, Rainer (Hg.) 1996: Die Modernisierung der Gewerkschaften in Europa, Münster.

Mühlberg, Dietrich (Hg.), 1978/1978/1985: Textsammlung zu Problemen der marxistisch-leninistischen Kulturgeschichtsschreibung, 3 Bde., Berlin: Akademie für Weiterbildung beim Ministerium für Kultur.

Müller, Dagmar 1988: Soziale Lagen und Mentalitäten in der Schichtungsanalyse Theodor Geigers, Diplomarbeit am Institut für Politische Wissenschaft der Universität Hannover, Hannover.

Müller, Dagmar 1989: Anmerkungen zu Zielsetzung, Methode und Strukturierung der biographisch orientierten Tiefeninterviews, Forschungsprojekt ›Sozialstrukturwandel und neue soziale Milieus«: Arbeitspapier Nr. 20, Hannover.

Müller, Dagmar 1990a: Zur Rekonstruktion von Habitus-›Stammbäumen‹ und Habitus-‹Metamorphosen‹ der neuen sozialen Milieus, in: Forschungsjournal Neue Soziale Bewegungen, H. 3, S. 57-65.

Müller, Dagmar 1990b: ›Pseudoprogressivität«? Eine Inhaltsanalyse der Karikaturen von Chlodwig Poth, in: Forschungsprojekt ›Sozialstrukturwandel und neue soziale Milieus«, Arbeitsheft Nr. 2, Hannover, S. 41-83.

Müller, Dagmar 1990c: Zum Typus der ›neuen ArbeiterInnen‹, Forschungsprojekt ›Sozialstrukturwandel und neue soziale Milieus«: Arbeitspapier, Hannover.

Müller, Dagmar 1990d: Zum Typus der ›neuen traditionslosen ArbeiterInnen‹, Forschungsprojekt »Sozialstrukturwandel und neue soziale Milieus«: Arbeitspapier, Hannover.

Müller, Dagmar 1991: Der diskrete Charme der Bourgeoisie – Zur Werbebotschaft der Zeitschrift ›Hannovers feine Adressen«, in: Forschungsprojekt ›Sozialstrukturwandel und neue soziale Milieus«, Arbeitsheft Nr. 3, Hannover, S. 47-61.

Müller, Dagmar/Buitkamp, Martin 1996: Soziale Ungleichheit und Lebensweisen in Niedersachsen. Zur Entwicklung regionaler Sozialstrukturen, Hannover: agis texte.

Müller, Hans-Peter 1986: Kultur, Geschmack, Distinktion. Grundzüge der Kultursoziologie P. Bourdieus, in: Neidhardt u. a. 1986, S. 162-190.

Müller, Hans-Peter 1989: Lebensstile. Ein neues Paradigma der Diffe-

renzierungs- und Ungleichheitsforschung?, in: Kölner Zeitschrift für Soziologie und Sozialpsychologie, 41. Jg., S. 53-71.
Müller, Hans-Peter 1992: Sozialstruktur und Lebensstile. Der neuere theoretische Diskurs über soziale Ungleichheit, Frankfurt am Main.
Müller, Hans-Peter/Weihrich, Margit 1991: Lebensweise – Lebensführung – Lebensstile, München.
Müller, Klaus 1991: Nachholende Modernisierung? Die Konjunkturen der Modernisierungstheorie und ihre Anwendung auf die Transformation der ostdeutschen Gesellschaft, in: Leviathan, H. 2, S. 261-291.
Müller, Walter (Hg.) 1997: Soziale Ungleichheit. Neue Befunde zu Strukturen, Bewußtsein und Politik, Opladen.
Murphy, Raymond 1988: Social Closure. The Theory of Monopolization and Exclusion, Oxford.
Mutz, Gerd/Ludwig-Mayerhofer, Wolfgang u. a. 1995: Diskontinuierliche Erwerbsverläufe. Analysen zur postindustriellen Arbeitslosigkeit, Opladen.
Myrdal, Gunnar 1974: Ökonomische Theorie und unterentwickelte Regionen, Frankfurt am Main.

Na'aman, Sholomo 1979: Gibt es einen ›Wissenschaftlichen Sozialismus‹? Marx, Engels und das Verhältnis zwischen sozialistischen Intellektuellen und den Lernprozessen der Arbeiterbewegung, Hannover.
Naßmacher, Karl-Heinz 1979: Zerfall einer liberalen Subkultur – Kontinuität und Wandel des Parteiensystems in der Region Oldenburg, in: Kühr 1979, S. 29-134.
Naßmacher, Karl-Heinz 1981: Regionale Tradition als Bestimmungsfaktor des Parteiensystems, in: Günther 1981, S. 153-188.
Negt, Oskar/Kluge, Alexander 1972: Öffentlichkeit und Erfahrung. Zur Organisationsanalyse von bürgerlicher und proletarischer Öffentlichkeit, Frankfurt am Main.
Negt, Oskar/Kluge, Alexander 1981: Geschichte und Eigensinn, Frankfurt am Main.
Negt, Oskar/Morgenroth, Christine/Geiling, Heiko/Niemeyer, Edzard 1989: Emanzipationsinteressen und Organisationsphantasie. Eine ungenutzte Wirklichkeit der Gewerkschaften?, Köln.
Neidhardt, Friedhelm u. a. (Hg.) 1986: Kultur und Gesellschaft, Opladen.
Neuendorff, Hartmut/Sabel, Charles 1979: Zur relativen Autonomie der Deutungsmuster, in: Bolte 1979, S. 842-863.
Neumann, Enno 1984a: Gesellschaftsbilder und alltagspraktische Orientierungen in sozialen Deutungsmustern, in: Zoll 1984, S. 25-44.
Neumann, Enno 1984b: Zur Methode der Durchführung und hermeneutischen Interpretation von Interviews, in: Zoll 1984, S. 118-134.

Niethammer, Lutz (Hg.) 1983 ff.: Lebensgeschichte und Sozialkultur im Ruhrgebiet, 3 Bde., Berlin, Bonn.
Niethammer, Lutz (Hg.) 1985: Lebenserfahrung und kollektives Gedächtnis. Die Praxis der ›Oral History‹, Frankfurt am Main.
Niethammer, Lutz 1990: Das Volk der DDR und die Revolution, in: Schüddekopf 1990.
Niethammer, Lutz 1991: Prolegomena zu einer Geschichte der Gesellschaft der DDR, Vortragsmanuskript, Essen.
NIW (Hg.) 1993: Wirtschaftsregion Hannover. Ausgewählte Untersuchungsergebnisse des Niedersächsischen Instituts für Wirtschaftsforschung, hg. von Ludwig Schätzl, Hannover (NIW-Vortragsreihe, Bd. 8).
Noll, Heinz-Herbert/Habich, Roland 1990: Individuelle Wohlfahrt: vertikale Ungleichheit oder horizontale Disparitäten, in: Berger/Hradil 1990a, S. 153-188.

Oertzen, Peter von 1976 [1963]: Die Betriebsräte in der Novemberrevolution, Berlin, Bonn-Bad Godesberg.
Oertzen, Peter von 1985: Zum Verhältnis von ›neuen sozialen Bewegungen‹ und Arbeiterbewegung, in: Boguslawski/Irrek 1985, S. 243-260.
Oertzen, Peter von 1992: Die grüne Wählerschaft, das (ziemlich) unbekannte Wesen, in: Kantstein, Mai 1992, S. 25-31.
Oertzen, Peter von 1994: Klasse und Milieu als Bedingungen gesellschaftlich-politischen Handelns, in: Greven, Michael Th., Peter Kühler und Manfred Schmitz (Hg.), Politikwissenschaft als kritische Theorie, Baden-Baden, S. 387-421.
Oevermann, Ulrich u. a. 1979: Die Methodologie einer objektiven Hermeneutik und ihre allgemeine forschungslogische Bedeutung in den Sozialwissenschaften, in: Soeffner 1979.
Oevermann, Ulrich 1989: Objektive Hermeneutik – Eine Methodologie soziologischer Strukturanalyse, Frankfurt am Main.
Offe, Claus 1980: Konkurrenzpartei und kollektive politische Identität, in: Roth 1980, S. 26-42.

Pappi, Franz Urban 1983: Konfliktlinien, in: Schmidt 1983, S. 183-191.
Pappi, Franz Urban/Terwey, Michael 1982: The German Electorate: Old Cleavages and New Political Conflicts, in: Döhring/Smith 1982, S. 174-196.
Park, Robert E. 1925: The Urban Community as a Spatial Pattern and a Moral Order, in: Publications of the American Sociological Association, Vol. 20, S. 1-14 [dt. leicht gekürzt unter dem Titel: ›Die Stadt als räumliche Struktur und als sittliche Ordnung‹ in: Atteslander/Hamm 1974, S. 90-100].
Parkin, Frank 1983: Strategien sozialer Schließung und Klassenbildung,

in: Reinhard Kreckel (Hg.) Göttingen 1983a, S. 121-135 [zuerst engl. 1974].
Parsons, Talcott 1937: The Structure of Social Action, New York.
Parsons, Talcott 1940: An Analytical Approach to the Theory of Social Stratification, in: American Journal of Sociology, vol. 45, S. 841-862.
Parsons, Talcott 1951: The Social System, Glencoe/Illinois.
Parsons, Talcott/Smelser, Neil J. 1964 [1956]: Economy and Society – A Study in the Integration of Economic and Social Theory, London.
Peyke, Gerd 1989: Testrechnungen zur Abgrenzung von Agglomerationsräumen, Hannover (Arbeitsmaterial der Akademie für Raumforschung und Landesplanung, Nr. 155).
Pfau-Effinger, Birgit 1996: Analyse internationaler Differenzen in der Erwerbsbeteiligung von Frauen – theoretischer Rahmen und empirische Ergebnisse, in: Kölner Zeitschrift für Soziologie und Sozialpsychologie, H. 3/1996.
Picht, Georg 1964: Die deutsche Bildungskatastrophe, Freiburg.
Piore, Michael J./Sabel, Charles F. 1985 [1984]: Das Ende der Massenproduktion, Berlin.
Podszuweit, Ulrich/Schütte, Wolfgang/Swiertka, Norbert 1992: Sozialatlas Hamburg. Datenhandbuch. Analysen, Karten und Tabellen zur sozialräumlichen Entwicklung, Hamburg.
Pöhler, Willi 1969: Information und Verwaltung. Versuch einer soziologischen Theorie der Unternehmensverwaltung, Stuttgart.
Pohl, Jörg 1989: Soziale Aus- und Abgrenzung in der Tagespresse – Eine qualitative Analyse am Beispiel der ›Frankfurter Allgemeinen Zeitung‹ und der ›tageszeitung‹, Diplomarbeit am Institut für Politische Wissenschaft der Universität Hannover, Hannover.
Pollock, Friedrich (Hg.) 1955: Das Gruppenexperiment. Ein Studienbericht, Franfurt/Main.
Popitz, Heinrich/Bahrdt, Hans-Paul/Jüres, Ernst August/Kesting, Hanno 1957: Das Gesellschaftsbild des Arbeiters. Soziologische Untersuchungen in der Hüttenindustrie, Tübingen.
Poulantzas, Nicos 1980: Politische Macht und gesellschaftliche Klassen, Frankfurt am Main.
Preuss-Lausitz, Ulf (Hg.) 1991 [1983]: Kriegskinder, Konsumkinder, Krisenkinder. Zur Sozialisationsgeschichte seit dem Zweiten Weltkrieg, Weinheim/Basel.
Projektgruppe ›Das Sozio-ökonomische Panel« (Hg.) 1991: Lebenslagen im Wandel: Basisdaten und -analysen zur Entwicklung in den Neuen Bundesländern, Frankfurt am Main/New York.
Projekt Klassenanalyse 1973, 1974: Materialien zur Klassenstruktur der BRD, 1. Teil: Theoretische Grundlagen und Kritiken, 2. Teil: Grundriß der Klassenverhältnisse 1950-1970, Westberlin.

Rabe-Kleberg, Ursula 1987: Frauenberufe – Zur Segmentierung der Berufswelt, Bielefeld (Schriftenreihe des Instituts Frau und Gesellschaft, Bd. 6).
Raschke, Joachim (Hg.) 1982: Bürger und Parteien. Ansichten einer schwierigen Beziehung, Opladen.
Raschke, Joachim 1985a: Soziale Bewegungen. Ein historisch-systematischer Grundriß, Frankfurt am Main/New York.
Raschke, Joachim 1985b: Soziale Konflikte und Parteiensystem in der Bundesrepublik, in: Aus Politik und Zeitgeschichte, B 49/85, S. 22-39.
Raschke, Joachim 1992: Das Unbehagen an den Parteien – Ein Blick auf die dauerhaften Ursachen, in: Gewerkschaftliche Monatshefte, 43. Jg., H. 9, S. 523-530.
Regionalbarometer neue Länder, Bundesforschungsanstalt für Landeskunde und Raumordnung (Hg.), Bonn 1993: (Materialien zur Raumentwicklung, H. 50).
Reich, Wilhelm 1933: Charakteranalyse, Wien.
Reißmann, Jens 1985: Pseudoprogressivität und insulare Pädagogik. Verständigungsschwierigkeiten an der Glockseeschule, Hannover: Pädagogisches Institut der Universität Hannover.
Rendtel, Ulrich/Wagner, Gert 1991a: Arbeitseinkommen und Einkommensarmut in Westdeutschland von 1984 bis 1989, in: DIW-Wochenbericht, 58. Jg., 32/1991.
Rendtel, Ulrich/Wagner, Gert (Hg.) 1991b: Lebenslagen im Wandel: Zur Einkommensdynamik in Deutschland seit 1984, Frankfurt am Main, New York.
Rerrich, Maria S. 1988: Balanceakt Familie. Zwischen alten Leitbildern und neuen Lebensformen, Freiburg.
Riesman, David/Denney, Reuel/Glazer, Nathan 1956: Die einsame Masse. Untersuchungen zum Wandel des amerikanischen Charakters, Darmstadt/Berlin/Neuwied.
Rink, Dieter 1995: Das Leipziger Alternativmilieu zwischen alten und neuen Eliten, in: Vester u. a. 1995, S. 193-229.
Rink, Dieter 1999: Historische versus moderne Milieus. Die Rezeption des Milieukonzepts von M. Rainer Lepsius in der deutschen Geschichtsschreibung und Soziologie, in: Sociologia Internationalis, Bd. 37, H. 2, S. 245-276.
Ritsert, Jürgen 1998: Soziale Klassen, Münster.
Ritter, Claudia 1990: Zum Potential der Alltagspraxis – Einige Anmerkungen zur Analyse soziokultureller Voraussetzungen neuer sozialer Bewegungen, in: Forschungsjournal Neue Soziale Bewegungen, H. 3, S. 12-21.
Ritter, Gerhard A. (Hg.) 1973: Deutsche Parteien vor 1919, Köln.
Rokkan, Stein 1965: Zur entwicklungssoziologischen Analyse von Par-

teisystemen, in: Kölner Zeitschrift für Soziologie und Sozialpsychologie, 17. Jg., S. 675-702.
Roberts, Robert 1977: The Classic Slum. Salford Life in the First Quarter of the Century, Harmondsworth.
Rosa, Hartmut 1999: Bewegung und Beharrung: Überlegungen zu einer sozialen Theorie der Beschleunigung, in: Leviathan, 27. Jg., H. 3, Sept 1999, S. 386-414.
Rosenbaum, Heidi 1992: Proletarische Familien. Arbeiterfamilien und Arbeiterväter im frühen 20. Jahrhundert zwischen traditioneller, sozialdemokratischer und kleinbürgerlicher Orientierung, Frankfurt am Main.
Rostow, Walt Whitman 1948: British Economy in the Nineteenth Century, Oxford.
Roth, Roland (Hg.) 1980: Parlamentarisches Ritual und politische Alternativen, Frankfurt am Main/New York.
Roth, Roland/Rucht, Dieter (Hg.) 1991: Neue soziale Bewegungen in der Bundesrepublik Deutschland, Bonn (Schriftenreihe der Bundeszentrale für Politische Bildung, Bd. 252).
Rothenbacher, Franz 1989: Soziale Ungleichheit im Modernisierungsprozeß des 19. und 20. Jahrhunderts. Eine theoretisch-empirische Analyse der Entwicklung der Ungleichheit in Deutschland, Frankfurt am Main/New York.
Rudzio, Wolfgang 1981: Wahlverhalten und kommunales Personal in ausgewählten Oldenburger Gemeinden, in: Günther 1981, S. 253-297.
Rudzio, Wolfgang 2000: Das politische System der Bundesrepublik Deutschland, 5. Aufl., Opladen.
Runciman, W. G. 1990: ›How many clases are there in contemporary British society?‹, in: Sociology, 24 (3), S. 377-396.
Rupp, Jan C. C. 1995: Les classes populaires dans un espace social à deux dimensions, in: Actes de Recherche en Sciences Sociales, No. 109, Oct. 1995, S. 93-98.
Rupp, Jan C. C. 1997: Rethinking Cultural and Economic Capital, in: John R. Hall (Hg.), Reworking class, Ithaca (N. Y.), S. 221-241.
Rüschemeyer, Dietrich 1958: Mentalität und Ideologie, in: König, René (Hg.), Fischer Lexikon «Soziologie", Frankfurt am Main, S. 180-184.

Samuel, Ralph 1960: ›Bastard« Capitalism, in: Thompson 1960, S. 19-55.
Saunders, Peter 1987: Soziologie der Stadt, Frankfurt am Main/New York.
Schachtel, Ernst 1983: Schreibstil und Persönlichkeitszüge, in: Fromm 1983, S. 277-293.
Schad, Helmut/Graß, Christoph 1988: Stadtteiltypisierungen von Frankfurt am Main. Sozialraumanalyse, Faktorialökologie und Clusterana-

lyse im Vergleich, Trier (Trierer Beiträge zur Stadt- und Regionalplanung, Bd. 15).

Schelsky, Helmut 1965 [1954]: Die Bedeutung des Schichtungsbegriffes für die Analyse der gegenwärtigen deutschen Gesellschaft, in: ders., Auf der Suche nach Wirklichkeit, Düsseldorf – Köln.

Scheuch, Erwin K./Scheuch, Ute 1992a: Cliquen, Klüngel und Karrieren. Über den Verfall der politischen Parteien, Reinbek.

Scheuch, Erwin K./Scheuch, Ute 1992b: Inner- und zwischenparteiliche Interessenverflechtungen, in: Aus Politik und Zeitgeschichte, B 34-35/92.

Schieder, Wolfgang 1962: Anfänge der deutschen Arbeiterbewegung. Die Auslandsvereine im Jahrzehnt nach d. Julirevolution v. 1830, Heidelberg.

Schlaffke, Winfried (Hg.) 1992: Qualifizierter Nachwuchs in Europa, Köln.

Schlegelmilch, Cordia 1993: Deutsche Lebenszeit. Erkundungen in einer sächsischen Kleinstadt, in: Prokla H. 91, 23. Jg., Nr. 2, S. 269-298.

Schlüter, Carsten/Clausen, Lars (Hg.) 1990: Renaissance der Gemeinschaft? Stabile Theorie und neue Theoreme, Berlin.

Schmid, Friedrich 1992: Einkommensdisparität der privaten Haushalte in der Bundesrepublik Deutschland 1950 bis 1988, in: DIW (Hg.), Vierteljahreshefte zur Wirtschaftsforschung, H. 3/4, Berlin.

Schmid, Josef 1990: Die Verschiebung der Bevölkerungsstruktur in der Bundesrepublik und ihre Folgen, in: Hettlage 1990, S. 35-56.

Schmid, Klaus-Peter 1990: Wachsender Wohlstand. Trotz sinkender Lohnquote geht es den Menschen in Westdeutschland besser, in: Die Zeit vom 9. 11. 90.

Schmidt, Manfred G. (Hg.) 1983: Westliche Industriegesellschaften. Wirtschaft – Gesellschaft – Politik, München, Zürich (Pipers Wörterbuch zur Politik, Bd. 2).

Schmidt, Manfred G. 1985: Allerweltsparteien in Westeuropa? Ein Beitrag zu Kirchheimers These vom Wandel des westeuropäischen Parteiensystems, in: Leviathan, 13. Jg., H. 3, S. 376-397.

Schmidt-Renner, G. 1962: Wirtschaftsterritorium DDR, Berlin.

Schmitter, Philippe C./Grote, Jürgen R. 1997: Der korporatistische Sisyphus. Vergangenheit, Gegenwart und Zukunft, in: Politische Vierteljahresschrift, Jg. 38, H. 3, Sept. 1998, S. 530-554.

Schott-Winterer, Andrea/Riede, Thomas, 1987: Äquivalenzlisten für 143 vergleichbare Berufsfelder und 33 Wirtschaftszweigunterabteilungen der Volks- und Berufszählungen 1950-1970 sowie des Mikrozensus 1982 – Bundesrepublik Deutschland, Mannheim (internes Arbeitspapier des Sfb-3-Teilprojekts ›Soziale Dienstleistungen als Beruf‹).

Schüddekopf, C. 1990: ›Wir sind das Volk‹. Flugschriften, Aufrufe und Texte einer deutschen Revolution, Hamburg.

Schüler, Klaus u. a. 1990: Verfügbares Einkommen nach Haushaltsgruppen in erweiterter Haushaltsgliederung 1972 bis 1988, in: Wirtschaft und Statistik, H. 3, S. 182-194.
Projekt zur Erforschung von kommunalen Machtstrukturen, Bielefeld.
Schulze, Gerhard 1990: Die Transformation sozialer Milieus in der Bundesrepublik Deutschland, in: Berger/Hradil 1990a, S. 409-432.
Schulze, Gerhard 1992: Die Erlebnisgesellschaft. Kultursoziologie der Gegenwart, Frankfurt am Main/New York.
Schumann, Michael 1999: Das Lohnarbeiterbewußtsein des ›Arbeitskraftunternehmers‹, in: SOFI-Mitteilungen Nr. 27.
Schumann, Michael u. a. 1971: Am Beispiel der Septemberstreiks – Anfang der Rekonstruktionsperiode der Arbeiterklasse?, Frankfurt am Main.
Schumpeter, Joseph A. 1934 [1911]: Theorie der wirtschaftlichen Entwicklung, Berlin.
Schumpeter, Joseph A. 1961 [1931]: Konjunkturzyklen, Eine theoretische, historische und statistische Analyse des kapitalistischen Prozesses, Göttingen.
Schumpeter, Joseph A. 1950 [1942]: Kapitalismus, Sozialismus und Demokratie, Bern (2. Aufl.).
Schumpeter, Joseph A. 1953 [1927]: Die sozialen Klassen im ethnisch homogenen Milieu, in: ders. 1953: Aufsätze zur Soziologie, Tübingen, S. 147-213.
Schütz, Alfred 1932: Der sinnhafte Aufbau der sozialen Welt. Eine Einleitung in die verstehende Soziologie, Wien.
Schütz, Alfred 1971: Das Problem der Relevanz, Frankfurt am Main.
Schütze, Fritz 1984: Kognitive Figuren des autobiographischen Stegreiferzählens, in: Kohli, M./Roberts, G. (Hg.), Biographie und soziale Wirklichkeit, Neue Beiträge und Forschungsperspektiven, Stuttgart.
Schütze, Fritz 1987: Die Technik des narrativen Interviews in Interaktionsfeldstudien – dargestellt an einem Projekt zur Erforschung von kommunalen Machtstrukturen, Bielefeld.
Schwarzer, Thomas 1995: Brandenburg. Industriestadt zwischen Stahlmodell und wirtschaftlicher Vielfalt, in: Vester u. a. (1995), S. 230-288.
Schwarzer, Thomas/Rink, Dieter 1995: Die Tätigkeits- und Qualifikationsstruktur der DDR. Eine Analyse auf der Grundlage der Volks- und Berufsbefragung von 1981, Hannover – Leipzig (Manuskript).
Schweigel, Kerstin/Segert, Astrid/Zierke, Irene 1994: Ostdeutsche Lebensgeschichten, in: Mitteilungen zur kulturwissenschaftlichen Forschung, Jg. 17. H. 34, März 1994, S. 192-398.
Schwengel, Hermann 1992: Aufrichtigkeit, Authentizität und Stil. Die Grenzen der feinen Unterschiede, in: Hradil 1992a, S. 81-101.
Schwingel, Markus 1995: Bourdieu zur Einführung, Hamburg.
Segert, Astrid 1995: Das Traditionelle Arbeitermilieu in Brandenburg.

Systematische Prägung und regionale Spezifika, in: Vester u. a. 1995, S. 289-329.
Segert, Astrid/Zierke, Irene 1997: Sozialstruktur und Milieuerfahrungen. Aspekte des alltagskulturellen Wandels in Ostdeutschland, Opladen.
Sennett, Richard 1998: Der flexible Mensch. Die Kultur des neuen Kapitalismus, Berlin.
Simmel, Georg 1983a: Das Geld in der modernen Kultur, in: Dahme/Rammstedt 1983.
Simmel, Georg 1983b: Zur Psychologie der Mode, in: Dahme/Rammstedt 1983.
Sinus-Lebensweltforschung o. J.: Sinus-Lebensweltforschung – Ein kreatives Konzept, Heidelberg.
Sinus-Lebensweltforschung 1991: Internationalisierung der Lebensweltforschung, Heidelberg.
Sinus-Lebensweltforschung 1992a: Das neue Arbeitnehmermilieu in Westdeutschland, Heidelberg.
Sinus-Lebensweltforschung 1992b: Lebensweltforschung und soziale Milieus in West- und Ostdeutschland, Heidelberg.
Smelser, Neil J. 1960: Social Change in the Industrial Revolution – An Application of Theory to the Lancashire Cotton Industry 1770-1840, London.
Smith, Adam 1937 [1776]: An Inquiry into the Nature and Causes of the Wealth of Nations, New York.
Soeffner, Hans Georg (Hg.) 1979: Interpretative Verfahren in den Sozial- und Textwissenschaften, Stuttgart.
Solga, Heike 1995: Auf dem Weg in eine klassenlose Gesellschaft? Klassenlagen und Mobilität zwischen Generationen in der DDR, Berlin.
Sombart, Werner 1969 [1916]: Der moderne Kapitalismus, 3 Bde., München.
Sopp, Peter/Konietzka, Dirk 1998: Gespaltener Arbeitsmarkt – Ausgeschlossene Individuen, Vortrag (Ms.).
SPD 1984: Planungsdaten für die Mehrheitsfähigkeit der SPD. Ein Forschungsprojekt des Vorstandes der SPD, Bonn.
Speier, Hans 1933: Bemerkungen zur Erfassung der sozialen Struktur, in: Archiv für Sozialwissenschaft und Sozialpolitik, 69. Bd., Tübingen, S. 705-725.
Spellerberg, Annette 1995: Soziale Differenzierung durch Lebensstile. Eine empirische Untersuchung zur Lebensqualität in West- und Ostdeutschland, Berlin.
Spencer, Herbert 1897: The Principles of Sociology, 3 Bde., New York.
Spiegel-Verlag (Hg.) 1986: Outfit. Kleidung, Accessoires, Duftwässer, Hamburg.
Spiegel-Verlag (Hg.) 1990: Outfit 2. Kleidung, Accessoires, Duftwässer, Hamburg.

Spiegel-Verlag/manager magazin (Hg.) 1996: SPIEGEL-Dokumentation Soll und Haben 4, Hamburg.

Spiegel-Verlag (Hg.) 1998: Outfit 4. Kleidung, Accessoires, Duftwässer, Hamburg.

Spies, Veronika (u. Mitarb.) 1992: Verfügbares Einkommen nach Haushaltsgruppen, in: Wirtschaft und Statistik, H. 7, S. 416-430.

Sprondel, Walter M. 1976: Die Kategorie der Sozialstruktur und das Problem des sozialen Wandels, in: Grathoff/Sprondel 1976, S. 176-189.

Starzacher, Karl/Schacht, Konradt/Friedrich, Bernd/Leif, Thomas (Hg.) 1992: Protestwähler und Wahlverweigerer: Krise der Demokratie?, Köln.

Statistischer Vierteljahresbericht Hannover 1990: 89. Jg., H. III, IV, hg. von der Landeshauptstadt Hannover, dem Landkreis Hannover und dem Kommunalverband Großraum Hannover.

Statistisches Bundesamt (Hg.) 1950 ff.: Statistisches Jahrbuch für die Bundesrepublik Deutschland, Stuttgart/Mainz (ab 1990 Stuttgart).

Statistisches Bundesamt (Hg.) 1972: Bevölkerung und Wirtschaft 1872-1972, Stuttgart/Mainz.

Statistisches Bundesamt (Hg.) 1975: Klassifizierung der Berufe. Ausgabe 1975, Stuttgart/Mainz.

Statistisches Bundesamt (Hg.) 1988: Bildung im Zahlenspiegel 1988, Stuttgart, Mainz.

Statistisches Bundesamt (Hg.) 1989: Datenreport 1989. Zahlen und Fakten über die Bundesrepublik Deutschland, Bonn (durchgeseh. u. aktual. Nachdruck 1990).

Statistisches Bundesamt (Hg.) 1990: Fachserie 1: Bevölkerung und Erwerbstätigkeit. Volkszählung vom 25. Mai 1987, H. 3: Demographische Struktur der Bevölkerung, Stuttgart.

Statistisches Bundesamt (Hg.) 1992: Datenreport 1992. Zahlen und Fakten über die Bundesrepublik Deutschland, Bonn.

von Stein, Lorenz 1959 [1850]: Geschichte der sozialen Bewegung in Frankreich von 1789 bis auf unsere Tage, Bd. 1: Der Begriff der Gesellschaft und die Französische Revolution bis zum Jahre 1830, Hildesheim.

Stockmann, Reinhard/Willms-Herget, Angelika 1985: Erwerbsstatistik in Deutschland. Die Berufs- und Arbeitsstättenzählungen seit 1875 als Datenbasis der Sozialstrukturanalyse, Frankfurt am Main, New York.

Strasser, Hermann/Goldthorpe, John H. (Hg.) 1985: Die Analyse sozialer Ungleichheit. Kontinuität, Erneuerung, Innovation, Opladen.

Thomas, Michael 1997: Die Entwicklung in der DDR zwischen »Klasse« und »Individualisierung«, in: BISS public, H. 23/24, Berlin, S. 167-187.

Thompson, Edward P. (Hg.) 1960: Out of Apathy, London.
Thompson, Edward P. 1978 [1965]: The Peculiarities of the English, in: ders., The Poverty of Theory & other Essays, London.
Thompson, Edward P. 1980a: Das Elend der Theorie, hg. von Michael Vester, Frankfurt am Main/New York.
Thompson, Edward P. 1980b: Plebejische Kultur und moralische Ökonomie, hg. von Dieter Groh, Berlin.
Thompson, Edward P. 1980c: Die englische Gesellschaft im 18. Jahrhundert: Klassenkampf ohne Klasse? in: ders. 1980b.
Thompson, Edward P. 1987 [1963/1968]: Die Entstehung der englischen Arbeiterklasse, 2 Bde., Frankfurt am Main [The Making of the English Working Class, London/Harmondsworth].
Tjaden-Steinhauer, Margarete/Tjaden, Hermann 1973: Klassenverhältnisse im Spätkapitalismus, Stuttgart.
Touraine, Alain 1971: The Post-industrial Society, New York.
Touraine, Alain/Ragazzi, Orietta 1961: Ouvriers d'origine agricole, Paris.

Überla, Karl 1977: Faktorenanalyse, Berlin/Heidelberg/New York.
Ueltzhöfer, Jörg/Flaig, Berthold (Sinus) 1992: Spuren der Gemeinsamkeit? Soziale Milieus in Ost- und Westdeutschland, Heidelberg.

Veblen, Thorstein 1986: Theorie der feinen Leute. Eine ökonomische Untersuchung der Institutionen, Frankfurt am Main [The Theory of the Leisure Class, 1899].
Verband Deutscher Städtestatistiker – Ausschuß Wahlforschung (Hg.) 1987: Politische Wahlen in 65 Großstädten und in den Bundesländern 1949-1987, Duisburg.
Vester, Michael 1970a: Die Entstehung des Proletariats als Lernprozeß, Frankfurt am Main.
Vester, Michael 1970b: Die Frühsozialisten, Bd. 1, Reinbek.
Vester, Michael 1971: Die Frühsozialisten, Bd. 2, Reinbek.
Vester, Michael 1981: Der ›Dampf-Marxismus‹ von Friedrich Engels – Zum Verhältnis von Marxismus und Lernprozessen der Arbeiterbewegung im ›Anti-Dühring‹, in: Prokla, H. 2, S. 85-101.
Vester, Michael 1988: Neuformierung von Milieus und Bewegungen, in: Miller/Ristau 1988, S. 58-71.
Vester, Michael 1989: Neue soziale Bewegungen und soziale Schichten, in: Wasmuht 1989, S. 38-63.
Vester, Michael 1991: Modernisierung und Unterentwicklung in Südportugal 1950-1990, Hannover.
Vester, Michael 1992a: Die Modernisierung der Sozialstruktur und der Wandel von Mentalitäten, in: Hradil 1992a, S. 223-249.
Vester, Michael 1992b: Milieuwandel und Sozialstruktur in den neuen

Bundesländern – Ansätze eines Forschungsprojektes, in: Meyer, H. 1992, S. 347-364.
Vester, Michael 1993: Das Janusgesicht sozialer Modernisierung. Sozialstrukturwandel und soziale Desintegration in Ost- und Westdeutschland, in: Aus Politik und Zeitgeschichte, B 26-27/93, S. 1-19.
Vester, Michael 1998: Was wurde aus dem Proletariat?, in: Jürgen Friedrichs/M. Rainer Lepsius/Karl Ulrich Mayer (Hg.), Die Diagnosefähigkeit der Soziologie (Sonderheft 38 der Kölner Zeitschrift für Soziologie und Sozialpsychologie), Opladen, S. 164-206.
Vester, Michael/Clemens, Bärbel/Geiling, Heiko/Hermann, Thomas/Müller, Dagmar/von Oertzen, Peter 1987: Der Wandel der Sozialstruktur und die Entstehung neuer gesellschaftlich-politischer Milieus in der Bundesrepublik Deutschland, Forschungsantrag an die Volkswagen-Stiftung, Hannover [2. Aufl., Hannover 1989].
Vester, Michael/Geiling, Heiko 1985: Industrialisierung, Emanzipation und Geschichtsschreibung: Über offenen und heimlichen Dogmatismus bei Karl Marx und Ernst Nolte, in: Leviathan, 13. Jg., H. 4, S. 486-536.
Vester, Michael/Hofmann, Michael/Zierke, Irene 1994: Soziale Milieus in Ostdeutschland, Köln.
Vester, Michael/von Oertzen, Peter/Geiling, Heiko/Hermann, Thomas/Müller, Dagmar 1992: Neue soziale Milieus und pluralisierte Klassengesellschaft. Endbericht des Forschungsprojekts ›Der Wandel der Sozialstruktur und die Entstehung neuer gesellschaftlich-politischer Milieus‹, Hannover.
Vester, Michael/Schwarzer, Thomas 1997: Soziale Mentalitäten und technologische Modernisierung, in: Kahsnitz, Dietmar/Ropohl, Günter/Schmid, Alfons (Hg.) 1997: Handbuch zur Arbeitslehre, München/Wien, S. 573-591.
Vögele, Wolfgang/Vester, Michael (Hg.) 1999: Kirche und Milieus der Gesellschaft, Bd. I: Vorläufiger Abschlußbericht der Studie (Loccumer Protokolle, Bd. 56/1999 I), Loccum 1999.
Völker, Susanne 1994: Habitus und Geschlecht. Ungleichheitsdimensionen weiblicher Lebenszusammenhänge und geschlechtsspezifischer Habitusformen in der alten Bundesrepublik. Forschungsbericht, Hannover: agis. Manuskript.
Völker, Susanne 1996: Zwei junge ostdeutsche Arbeitnehmer und ihre Strategien der Lebensführung, in: ›Bios‹, H. 2/1996, S. 254-270.
Vonderach, Gerd 1980: Die ›neuen Selbständigen‹, in: Mitteilungen aus der Arbeitsmarkt- und Berufsforschung, H. 2, S. 153 ff.

Wallow, Hans (Hg.) 1993: Die verdrossene Gesellschaft. Richard von Weizsäcker in der Diskussion, Düsseldorf.

Walter, Franz 1990: Sozialistische Akademiker- und Intellektuellenorganisation in der Weimarer Republik, Bonn.
Walter, Franz 1991: Sachsen – ein Stammland der Sozialdemokratie?, in: Politische Vierteljahresschrift, 32. Jg., H. 2, S. 207-231.
Walter, Franz 1992: Thüringen – einst Hochburg der sozialistischen Arbeiterbewegung? in: Int. Wiss. Korrespondenz zur Geschichte der deutschen Arbeiterbewegung, 28. Jg., H. 11, S. 21-39.
Wasmuht, Ulrike C. (Hg.) 1989: Alternativen zur Politik? Neue soziale Bewegungen in der Diskussion, Darmstadt.
Weber, Max 1964: Wirtschaft und Gesellschaft. Grundriß der verstehenden Soziologie, Köln/Berlin.
Weber, Max 1972 ff. [1920, 1921]: Gesammelte Aufsätze zur Religionssoziologie, 3 Bde., Tübingen.
Weber, Max 1988a [1921]: Der Nationalstaat und die Volkswirtschaftspolitik. Akademische Antrittsrede [Freiburg, Mai 1895], in: ders., Gesammelte Politische Schriften, Tübingen.
Weber, Max 1988b [1904/05]: Die protestantische Ethik und der Geist des Kapitalismus, in: ders., Gesammelte Aufsätze zur Religionssoziologie I, Tübingen, S. 17-206.
Weidenfeld, Werner/Zimmermann, Hartmut (Hg.) 1989: Deutschland-Handbuch. Eine doppelte Bilanz 1949-1989, Bonn (Schriftenreihe der Bundeszentrale für Politische Bildung, Bd. 275).
Wentz, Martin (Hg.) 1991: Stadt-Räume, Frankfurt am Main/New York (Die Zukunft des Städtischen, Frankfurter Beiträge Bd. 2).
Weßels, Bernhard 1991: Erosion des Wachstumsparadigmas: Neue Konfliktstrukturen im politischen System der Bundesrepublik?, Opladen.
Weymann, Ansgar (Hg.) 1987: Bildung und Beschäftigung, Göttingen (Soziale Welt – Sonderband 5).
Wiebke, Gisela 1999: Ergebnisse des quantitativen Untersuchungsteils, in: Vögele, Wolfgang/Vester 1999, S. 89-205.
Wiesendahl, Elmar 1992: Volksparteien im Abstieg. Nachruf auf eine zwiespältige Erfolgsgeschichte, in: Aus Politik und Zeitgeschichte, B 34-35/92, S. 3-14.
Williams, Raymond 1972 [1963]: Gesellschaftsgeschichte als Begriffsgeschichte. Studien zur historischen Semantik von ›Kultur‹, München [Culture and Society 1780-1950, Harmondsworth].
Williams, Raymond 1965: The Long Revolution, Harmondsworth.
Williams, Raymond 1977: Marxism and Literature, Oxford.
Willis, Paul 1979: Spaß am Widerstand. Gegenkultur in der Arbeiterschule, Frankfurt am Main.
Willis, Paul 1981: ›Profane Culture‹: Rocker, Hippies. Subversive Stile der Jugendkultur, Frankfurt am Main.
Willis, Paul 1991 [1990]: Jugend-Stile. Zur Ästhetik der gemeinsamen Kultur, Berlin, Hamburg.

Willms-Herget, Angelika 1985: Frauenarbeit – Zur Integration der Frauen in den Arbeitsmarkt, Frankfurt am Main/New York.

Wilson, William Julius 1987: The truly disadvantaged. The inner city, the underclass, and public policy, Chicago/London.

Wittich, Dietmar (Hg.) 1994: Sozialstruktur und Lebensqualität in Ostdeutschland, Berlin.

Witzel, Andreas 1982: Verfahren der qualitativen Sozialforschung: Überblick und Alternativen, Frankfurt am Main/New York.

Wright, Erik Olin u. a. 1989: The Debate on Classes, London.

Wright, Erik Olin 1997: Class counts, Cambridge: Cambridge University Press.

Young, Michael 1961 [1958]: Es lebe die Ungleichheit. Auf dem Weg zur Meritokratie, Düsseldorf [The Rise of the Meritocracy 1870-2033, London].

Zapf, Wolfgang (Hg.) 1979: Theorien des sozialen Wandels, Königstein/Ts.

Zapf, Wolfgang u. a. 1987: Individualisierung und Sicherheit, München.

Zapf, Wolfgang 1989: Sozialstruktur und gesellschaftlicher Wandel in der Bundesrepublik Deutschland, in: Weidenfeld/Zimmermann 1989, S. 99-124.

Zapf, Wolfgang (Hg.) 1991: Die Modernisierung moderner Gesellschaften, Frankfurt am Main/New York.

Zerger, Frithjof 2000: Klassen, Milieus und Individualisierung. Eine empirische Untersuchung zum Umbruch der Sozialstruktur, Frankfurt am Main.

Zerwick, Iris 1991: Räumliche Gliederung Nürnbergs nach sozialstrukturellen Merkmalen, in: Stadt Nürnberg, Statistische Nachrichten 1/91, S. 4-17.

Ziehe, Thomas 1975: Pubertät und Narzißmus, Frankfurt am Main/Köln.

Zierke, Irene 1995: Das Politisch-alternative Submilieu in Brandenburg. Zwischen Ausgrenzung und Emanzipation, in: Vester u. a. 1995, S. 330-364.

Zimmermann, Hans-Dieter 1983: Die feinen Unterschiede, oder: Die Abhängigkeit aller Lebensäußerungen vom sozialen Status, in: L '80, H. 28, S. 131-143.

Zinn, Karl Georg 1998: Wie Reichtum Armut schafft, Köln.

Zoll, Rainer (Hg.) 1984: ›Hauptsache, ich habe meine Arbeit!‹ – Krisenangst und Identität von Arbeitern, Frankfurt am Main.

Zoll, Rainer 1993: Alltagssolidarität und Individualismus. Frankfurt am Main.

Zoll, Rainer (Hg.) 1999: Ostdeutsche Biographien. Lebenswelten im Umbruch, Frankfurt am Main.

Soziologie im Suhrkamp Verlag
Eine Auswahl

Pierre Bourdieu
- Die feinen Unterschiede. Kritik der gesellschaftlichen Urteilskraft. Übersetzt von Bernd Schwibs und Achim Russer. stw 658. 910 Seiten
- Homo academicus. Übersetzt von Bernd Schwibs. stw 1002. 455 Seiten
- Praktische Vernunft. Zur Theorie des Handels. Übersetzt von Hella Beister. es 1985. 226 Seiten
- Rede und Antwort. Übersetzt von Bernd Schwibs. es 1547. 237 Seiten
- Die Regeln der Kunst. Genese und Struktur des literischen Feldes. Übersetzt von Bernd Schwibs und Achim Russer 552 Seiten. Gebunden
- Sozialer Sinn. Kritik der theoretischen Vernunft. stw 1066. 503 Seiten
- Soziologische Fragen. Übersetzt von Hella Beister und Bernd Schwibs. es 1872. 256 Seiten
- Über das Fernsehen. Übersetzt von Achim Russer. es 2054. 140 Seiten
- Zur Soziologie der symbolischen Formen. Übersetzt von Wolfgang Fietkau. stw 107. 201 Seiten

Pierre Bourdieu/ Loïc J. D. Wacquant. Reflexive Anthropologie. Übersetzt von Hella Beister. 351 Seiten. Gebunden

Emile Durkheim
- Erziehung, Moral und Gesellschaft. Vorlesung an der Sorbonne 1902/1903. Einleitung: Paul Fauconnet. Übersetzt von Ludwig Schmidts. stw 487. 339 Seiten

- Physik der Sitten und des Rechts. Vorlesungen zur Soziologie der Moral. Übersetzt von Michael Bischoff. Herausgegeben von Hans-Peter Müller. stw 1400. 351 Seiten
- Die Regeln der soziologischen Methode. Herausgegeben und Einleitung: von René König. stw 464. 247 Seiten
- Schriften zur Soziologie der Erkenntnis. Übersetzt von Michael Bischoff. Herausgegeben von Hans Joas. stw 1076. 292 Seiten
- Der Selbstmord. Übersetzt von Sebastian und Hanne Herkommer. stw 431. 485 Seiten
- Soziologie und Philosophie. Einleitung von Theodor W. Adorno. Übersetzt von Eva Moldenhauer. stw 176. 157 Seiten
- Über soziale Arbeitsteilung. Studie über die Organisation höherer Gesellschaften. Einleitung von Niklas Luhmann. Nachwort von Hans-Peter Müller und Michael Schmid. stw 1005. 544 Seiten

André Gorz. Arbeit zwischen Misere und Utopie. Übersetzt von Jadja Wolf. Edition Zweite Moderne. 208 Seiten. Broschur

Soziologie und Systemtheorie
im Suhrkamp Verlag
Eine Auswahl

Dirk Baecker
- Die Form des Unternehmens. stw 1453. 288 Seiten
- Information und Risiko in der Marktwirtschaft.
  382 Seiten. Gebunden
- Organisation als System. stw 1434. 384 Seiten
- Womit handeln Banken? Eine Untersuchung zur Risikoverarbeitung in der Wirtschaft. stw 946. 207 Seiten

Claudio Baraldi/Giancarlo Corsi/Elena Esposito. GLU.
Glossar zu Niklas Luhmanns Theorie sozialer Systeme.
stw 1226. 248 Seiten

Karl-Heinrich Bette. Systemtheorie und Sport.
stw 1399. 307 Seiten

Peter Fuchs
- Die Erreichbarkeit der Gesellschaft. Zur Konstruktion und Imagination gesellschaftlicher Einheit. 291 Seiten. Gebunden
- Intervention und Erfahrung. stw 1427. 160 Seiten
- Moderne Kommunikation. Zur Theorie des operativen Displacements. 248 Seiten. Gebunden
- Die Umschrift. Zwei kommunikationstheoretische Studien: »japanische Kommunikation« und »Autismus«.
  stw 1216. 198 Seiten
- Das Unbewußte in Psychoanalyse und Systemtheorie. Die Herrschaft der Verlautbarung und die Erreichbarkeit des Bewußtseins. stw 1373. 240 Seiten

Peter Fuchs/Andreas Göbel (Hg.). Der Mensch – das Medium der Gesellschaft? stw 1177. 368 Seiten

Matthias Grundmann (Hg.). Konstruktivistische Sozialisationsforschung. Lebensweltliche Erfahrungskontexte, individuelle Handlungskompetenzen und die Konstruktion sozialer Strukturen. Beiträge zur Soziogenese der Handlungsfähigkeit. stw 1429. 352 Seiten

André Kieserling. Kommunikation unter Anwesenden. Studien über Interaktionssysteme. 520 Seiten. Gebunden

Werner Krawietz/Michael Welker (Hg.). Kritik der Theorie sozialer Systeme. stw 996. 386 Seiten

Niklas Luhmann
- Ausdifferenzierung des Rechts. Beiträge zur Rechtssoziologie und Rechtstheorie. stw 1418. 459 Seiten
- Die Gesellschaft der Gesellschaft. stw 1360. 1164 Seiten
- Die Kunst der Gesellschaft. stw 1303. 517 Seiten
- Die Politik der Gesellschaft. 448 Seiten. Leinen
- Das Recht der Gesellschaft. stw 1183. 598 Seiten
- Die Religion der Gesellschaft. 368 Seiten. Leinen
- Die Wissenschaft der Gesellschaft. stw 1001. 732 Seiten
- Die Wirtschaft der Gesellschaft. stw 1152. 356 Seiten
- Gesellschaftsstruktur und Semantik. Studien zur Wissenssoziologie der modernen Gesellschaft.
  Band 1. stw 1091. 319 Seiten
  Band 2. stw 1092. 294 Seiten
  Band 3. stw 1093. 458 Seiten
  Band 4. stw 1438. 185 Seiten
- Funktion der Religion. stw 407. 324 Seiten
- Legitimation durch Verfahren. stw 443. 261 Seiten
- Liebe als Passion. Zur Codierung von Intimität. stw 1124. 231 Seiten
- Protest. Systemtheorie und soziale Bewegungen. Herausgegeben und eingeleitet von Kai-Uwe Hellmann. stw 1256. 216 Seiten

- Soziale Systeme. Grundriß einer allgemeinen Theorie.
  stw 666. 675 Seiten
- Zweckbegriff und Systemrationalität. Über die Funktion
  von Zwecken in sozialen Systemen. stw 12. 390 Seiten

Niklas Luhmann/Peter Fuchs. Reden und Schweigen.
stw 848. 227 Seiten

Niklas Luhmann/Robert Spaemann. Paradigm lost: Über
die ethische Reflexion der Moral. Rede von Niklas Luhmann
anläßlich der Verleihung des Hegel-Preises 1989. Laudatio
von Robert Spaemann: Niklas Luhmanns Herausforderung
der Philosophie. stw 797. 73 Seiten

Niklas Luhmann/Karl Eberhard Schorr. Reflexionsprobleme
im Erziehungssystem. stw 740. 390 Seiten

Niklas Luhmann/Karl Eberhard Schorr (Hg.)
- Zwischen Absicht und Person. Fragen an die Pädagogik.
  stw 1036. 217 Seiten
- Zwischen Anfang und Ende. Fragen an die Pädagogik.
  stw 898. 227 Seiten
- Zwischen Intransparenz und Verstehen. Fragen an die
  Pädagogik. stw 572. 325 Seiten
- Zwischen System und Umwelt. Fragen an die Pädagogik.
  stw 1239. 294 Seiten
- Zwischen Technologie und Selbstreferenz. Fragen an die
  Pädagogik. stw 391. 261 Seiten

Niklas Luhmann/Stephan H. Pfürtner (Hg.). Theorietechnik und Moral. stw 206. 267 Seiten

Rudolf Maresch/Niels Werber (Hg.). Kommunikation – Medien – Macht. stw 1408. 450 Seiten

Frithard Scholz. Freiheit als Indifferenz. Alteuropäische Probleme mit der Systemtheorie Niklas Luhmanns.
287 Seiten. Kartoniert

Rudolf Stichweh
- Der frühmoderne Staat und die europäische Universität. Zur Interaktion von Politik und Erziehungssystem im Prozeß ihrer Ausdifferenzierung im 16.-18. Jahrhundert. 427 Seiten. Gebunden
- Wissenschaft, Universität, Profession. Soziologische Analysen. stw 1146. 402 Seiten

Helmut Willke
- Ironie des Staates. Grundlinien einer Staatstheorie polyzentrischer Gesellschaft. stw 1221. 399 Seiten
- Supervision des Staates. 380 Seiten. Gebunden

Politische Ökonomie, Staats- und Politiktheorie im Suhrkamp Verlag
Eine Auswahl

Dirk Baecker
- Die Form des Unternehmens. stw 1453. 288 Seiten.
- Information und Risiko in der Marktwirtschaft. 382 Seiten. Gebunden
- Organisation als System. stw 1434. 384 Seiten
- Womit handeln Banken? Eine Untersuchung zur Risikoverarbeitung in der Wirtschaft. stw 946. 207 Seiten

Klaus von Beyme
- Die Kunst der Macht und die Gegenmacht der Kunst. Studien zum Spannungsverhältnis von Kunst und Politik. stw 1368. 405 Seiten
- Die politische Klasse im Parteienstaat. stw 1064. 224 Seiten
- Theorie der Politik im 20. Jahrhundert. Von der Moderne zur Postmoderne. stw 969. 394 Seiten

Hauke Brunkhorst (Hg.). Demokratischer Experimentalismus. Politik in der komplexen Gesellschaft. stw 1369. 397 Seiten

Hauke Brunkhorst/Matthias Kettner (Hg.). Globalisierung und Demokratie. Wirtschaft, Recht, Medien. stw 1448. 416 Seiten

Hauke Brunkhorst/Wolfgang R. Köhler/Matthias Lutz-Bachmann (Hg.). Recht auf Menschenrechte. Menschenrechte, Demokratie und internationale Politik. stw 1441. 352 Seiten

Hauke Brunkhorst/Peter Niesen (Hg.). Das Recht der Republik. stw 1392. 403 Seiten

Christine Chwaszcza/Wolfgang Kersting (Hg.). Politische Philosophie der internationalen Beziehungen.
stw 1365. 604 Seiten

Jacques Derrida. Das andere Kap. Die vertagte Demokratie Zwei Essays zu Europa. Übersetzt von Alexander García Düttmann. es 1769. 97 Seiten

Diether Döring (Hg.). Sozialstaat in der Globalisierung. Unter Mitarbeit von Erika Mezger. es 2096. 204 Seiten

Hans Joas/Martin Kohli (Hg.). Zusammenbruch der DDR. es 1777. 325 Seiten

Matthias Kettner (Hg.). Angewandte Ethik als Politikum. stw 1458. 416 Seiten

Ekkehart Krippendorff
- Kritik der Außenpolitik. es 2139. 240 Seiten
- Schöpferische Unzufriedenheit. Ethische Politik von Sokrates bis Mozart. 468 Seiten. Gebunden
- Staat und Krieg. Die historische Logik politischer Unvernunft. es 1305. 436 Seiten

Ernst-Joachim Lampe (Hg.). Zur Entwicklung von Rechtsbewußtsein. stw 1315. 520 Seiten

Niklas Luhmann. Die Wirtschaft der Gesellschaft.
stw 1152. 356 Seiten

Ulrich Menzel. Auswege aus der Abhängigkeit. Die entwicklungspolitische Aktualität Europas. es 1312. 649 Seiten

Ulrich Menzel/Dieter Senghaas. Europas Entwicklung und die Dritte Welt. Eine Bestandsaufnahme. es 1393. 295 Seiten

Ulrich Menzel u.a. (Hg.). Die Neue Weltwirtschaft. Entstofflichung und Entgrenzung der Ökonomie.
es 1983. 336 Seiten

Wolfgang Merkel/Andreas Busch (Hg.). Demokratie in Ost und West. Für Klaus von Beyme. stw 1425. 718 Seiten

Julian Nida-Rümelin. Demokratie als Kooperation.
stw 1430. 224 Seiten

Karl Polanyi. The Great Transformation. Politische und ökonomische Ursprünge von Gesellschaften und Wirtschaftssystemen. Übersetzt von Heinrich Jelinek. stw 260. 394 Seiten

Dieter Senghaas
- Friedensprojekt Europa. es 3333. 226 Seiten
- Konfliktformationen im internationalen System. Weltpolitische Betrachtungen. es 1509. 230 Seiten
- Rüstung und Militarismus. es 498. 370 Seiten
- Weltwirtschaftsordnung und Enwicklungspolitik. Plädoyer für Dissoziation. es 856. 358 Seiten
- Zivilisierung wider Willen. Der Konflikt der Kulturen mit sich selbst. es 2081. 228 Seiten
- Die Zukunft Europas. Probleme der Friedensgestaltung. es 1339. 273 Seiten

Dieter Senghaas (Hg.). Frieden machen. es 2000. 592 Seiten

Gary Smith/Avishai Margalit (Hg.). Amnestie oder Die Politik der Erinnerung in der Demokratie. es 2016. 243 Seiten

Horst Steinmann/Andreas Georg Scherer (Hg.). Zwischen Universalismus und Relativismus. Philosophische Grundlagenprobleme des interkulturellen Managements.
stw 1380. 424 Seiten

Zivilisationstheorie im
Suhrkamp Verlag
Eine Auswahl

Hans Peter Duerr
- Frühstück im Grünen. Essays und Interviews.
  es 1959. 166 Seiten
- Gänge und Untergänge. es 2140. 120 Seiten
- Der Mythos vom Zivilisationsprozeß.
  Band I: Nacktheit und Scham. Mit 222 Abbildungen.
  st 2285 und Leinen. 516 Seiten
  Band II: Intimität. Mit zahlreichen Abbildungen.
  st 2335 und Leinen. 626 Seiten
  Band III: Obszönität und Gewalt. Mit zahlreichen Abbildungen. st 2451. Leinen. 742 Seiten
  Band IV: Der erotische Leib. Mit zahlreichen Abbildungen. st 3036 und Leinen. 670 Seiten
- Ni Dieu – ni mètre. Anarchische Bemerkungen zur Bewußtseins- und Erkenntnistheorie. stw 541. 239 Seiten
- Satyricon. Essays und Interviews. Erweiterte Neuausgabe. es 1346. 187 Seiten
- Traumzeit. Über die Grenze zwischen Wildnis und Zivilisation. es 1345. 656 Seiten

Norbert Elias
- Engagement und Distanzierung. Arbeiten zur Wissenssoziologie I. Herausgegeben und übersetzt von Michael Schröter. stw 651. 272 Seiten
- Die Gesellschaft der Individuen. Herausgegeben von Michael Schröter. stw 974. 316 Seiten
- Die höfische Gesellschaft. Untersuchungen zur Soziologie des Königtums und der höfischen Aristokratie. Mit einer Einleitung: Soziologie und Geschichtswissenschaft. stw 423. 456 Seiten
- Los der Menschen. Gedichte/Nachdichtungen. 98 Seiten. Leinen
- Mozart. Zur Soziologie eines Genies. Herausgegeben von Michael Schröter. BS 1071. 187 Seiten
- Studien über die Deutschen. Machtkämpfe und Habitusentwicklung im 19. und 20. Jahrhundert. Herausgegeben von Michael Schröter. stw 1008. 555 Seiten
- Über den Prozeß der Zivilisation. Soziogenetische und psychogenetische Untersuchungen. Zwei Bände in Kassette. 826 Seiten
  Erster Band: Wandlungen des Verhaltens in den weltlichen Oberschichten des Abendlandes. stw 158. 334 Seiten
  Zweiter Band: Wandlungen der Gesellschaft. Entwurf zu einer Theorie der Zivilisation. stw 159. 492 Seiten
  Die Bände sind einzeln und zusammen erhältlich.
- Über die Einsamkeit der Sterbenden in unseren Tagen BS 772. 100 Seiten
- Über die Zeit. Arbeiten zur Wissenssoziologie II. Aus dem Englischen von Holger Fliessbach und Michael Schröter. stw 756. 198 Seiten
- Über sich selbst. A. J. Heerma van Voss und A. van Stolk, Biographisches Interview mit Norbert Elias. Norbert Elias, Notizen zum Lebenslauf. Das biographische Interview wurde von Michael Schröter übersetzt. es 1590. 199 Seiten

Norbert Elias/John L. Scotson. Etablierte und Außenseiter. Übersetzt von Michael Schröter. st 1882 und Leinen. 315 Seiten

Zu Norbert Elias

Gesellschaftliche Prozesse und individuelle Praxis. Bochumer Vorlesungen zu Norbert Elias' Zivilisationstheorie. Herausgegeben von Hermann Korte. stw 894. 280 Seiten

Norbert Elias und die Menschenwissenschaften. Studien zur Entstehung und Wirkungsgeschichte seines Werkes. Herausgegeben von Karl-Siegbert Rehberg. stw 1149. 451 Seiten